Mauricio, Reunión y las Seychelles

Seychelles
p. 279

Madagascar

Mauricio
p. 46

Rodrigues
p. 161

Reunión
p. 175

EDICIÓN ESCRITA Y DOCUMENTADA POR

Edición escrita y documentada por
Anthony Ham, Jean-Bernard Carillet

COSTA OESTE DE MAHÉ, SEYCHELLES P. 281

LONELY PLANET ©

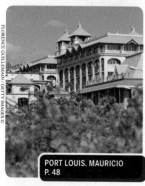

PORT LOUIS, MAURICIO P. 48

FLORENCE GUILLEMIN / GETTY IMAGES ©

Sumario

GUÍA PRÁCTICA

CONTENIDOS ESPECIALES

Bienvenidos a Mauricio, Reunión y las Seychelles

Embellecidas por paisajes excepcionales y playas idílicas, Mauricio, Reunión y las Seychelles brindan el mejor antídoto a la melancolía invernal.

De la playa a una aventura

Aunque cueste creerlo, llegará el día en que el viajero decida que ya basta de holgazanear en la playa. Si bien Mauricio, Rodrigues, Reunión y las Seychelles se prestan a un continuo *dolce far niente,* también deparan grandes sorpresas para subir los niveles de adrenalina: salir de excursión por pistas zigzagueantes o cuestas agotadoras que atraviesan montañas; practicar submarinismo en aguas irresistibles; dominar el viento y las olas en una tabla de *kitesurf;* participar en un circuito en barco; explorar cañones hipnóticos o descubrir el interior a caballo.

Qué pena de vida en la playa

Probablemente las Seychelles (y Mauricio, pero algo menos) acojan las playas más irresistibles del mundo. Las opciones son infinitas, desde íntimas calas a medialunas de arena blanca de 1 km. Es tal su perfección que es imposible quedarse impasible. No hay nada mejor que pasar los días bajo un radiante sol tropical en la playa, mecerse en una hamaca, chapotear en el mar y beberse otro cóctel. Incluso Reunión, que no encaja en el cliché de paraíso tropical, tiene bonitas franjas de arena, aunque pocas.

Lujo o no lujo

A nadie le sorprende que las Seychelles y Mauricio sean destinos recurrentes para lunas de miel: aquí los hoteles más exclusivos compiten por ofrecer la cota más alta de lujo, desde mayordomos personales y piscinas privadas a masajes en la habitación y cartas de almohadas, por no hablar de los sugerentes *spas.* Que semejante tren de vida no amilane al mochilero: también hay hotelitos de gestión familiar, pensiones y apartamentos independientes que permiten integrarse más en la cultura del país, y a unos precios más asequibles.

Joyas culturales

Es un error pensar que estas islas son solo para vacaciones de playa, naturaleza y adrenalina: en cada destino aguardan infinidad de vivencias inolvidables. Se puede descubrir el fascinante pasado colonial de Mauricio en sus mansiones o museos, asistir a un festival de música o al ritual de caminar sobre brasas ardientes, visitar un antiguo trapiche azucarero o una restaurada villa criolla o, simplemente, impregnarse del ambiente de una aldea pintoresca. Ningún amante de la cultura saldrá decepcionado.

JON ARNOLD / GETTY IMAGES ©

Por qué me encantan Mauricio, Reunión y las Seychelles

Por Jean-Bernard Carillet, autor

La primera vez que fui a Mauricio me quedé impresionado por la cantidad de edificios religiosos y el rico patrimonio cultural hindú. En Rodrigues jamás olvidaré las inmersiones en La Passe St François. En viajes posteriores salí mucho de senderismo por Reunión; nunca olvidaré la semana que pasé caminando a través del Cirque de Mafate ¿Y las Seychelles? He de confesar que siento debilidad por La Digue: la vida es muy plácida y bastante asequible en esta isla diminuta y las playas son, simplemente, maravillosas. Mi preferida es Anse Cocos ¡Nos vemos allí!

Para más información sobre los autores, véase p. 360.

Arriba: Black River (Rivière Noire) (p. 91) y Le Morne Brabant (p. 104), Mauricio.

Mauricio, Reunión y las Seychelle

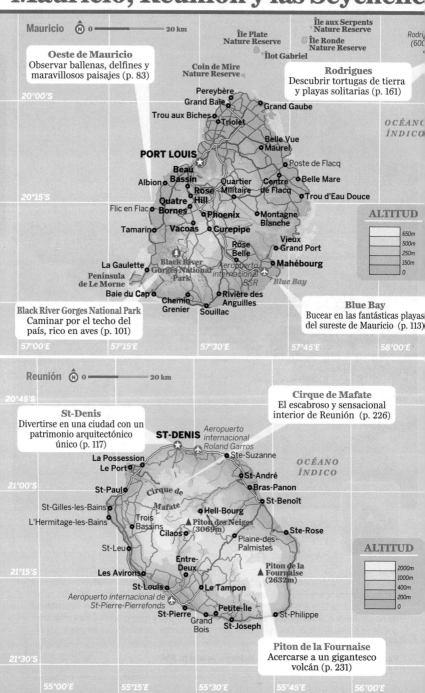

Mauricio (N) 0 ———— 20 km

Île aux Serpents
Nature Reserve
Île Plate
Nature Reserve
Île Ronde
Nature Reserve
Îlot Gabriel
Coin de Mire
Nature Reserve

Rodri
(600

Oeste de Mauricio
Observar ballenas, delfines y
maravillosos paisajes (p. 83)

Rodrigues
Descubrir tortugas de tierra
y playas solitarias (p. 161)

20°00'S

OCÉANO
ÍNDICO

Pereybère
Grand Baie
Grand Gaube
Trou aux Biches
Triolet

Belle Vue
Maurel

PORT LOUIS

Poste de Flacq

Beau
Bassin
Albion
Quartier
Militaire
Centre
de Flacq
Belle Mare

Rose
Hill
Trou d'Eau Douce

Flic en Flac
Quatre
Bornes
Phoenix
Montagne
Blanche

20°15'S

Tamarin
Vacoas
Curepipe

Vieux
Grand Port

Rose
Belle
Mahébourg

La Gaulette
Black River Gorges National Park
Aeropuerto
internacional
SSR
Blue Bay

Península
de Le Morne
Baie du Cap
Chemin
Grenier
Rivière des
Anguilles

ALTITUD
650m
500m
250m
150m
0

Black River Gorges National Park
Caminar por el techo del
país, rico en aves (p. 101)

Souillac

Blue Bay
Bucear en las fantásticas playas
del sureste de Mauricio (p. 113)

57°00'E   57°15'E   57°30'E   57°45'E   58°00'E

Reunión (N) 0 ———— 20 km

20°45'S

Cirque de Mafate
El escabroso y sensacional
interior de Reunión (p. 226)

St-Denis
Divertirse en una ciudad con un
patrimonio arquitectónico
único (p. 117)

ST-DENIS
Aeropuerto
internacional
Roland Garros

La Possession
Le Port
Ste-Suzanne

OCÉANO
ÍNDICO

21°00'S

St-Paul
Cirque de
Mafate
St-André
Bras-Panon
St-Benoît

St-Gilles-les-Bains
L'Hermitage-les-Bains
Trois
Bassins
Hell-Bourg
▲ Piton des Neiges
(3069m)

Cilaos
Ste-Rose

St-Leu
Plaine-des-
Palmistes

Entre-
Deux
Piton de la
Fournaise
(2632m)

ALTITUD
2000m
1000m
400m
200m
0

21°15'S

Les Avirons

St-Louis
Le Tampon

Aeropuerto internacional de
St-Pierre-Pierrefonds
Petite-Île

St-Pierre
Grand
Bois
St-Joseph
St-Philippe

Piton de la Fournaise
Acercarse a un gigantesco
volcán (p. 231)

21°30'S

55°00'E   55°15'E   55°30'E   55°45'E   56°00'E

Isla de Denis
Escapar a esta fabulosa
isla escondite (p. 323)

Isla Bird   Isla de
                Denis
Islas Interiores   Praslin
(véase mapa principal)
                Mahé

ISLAS
ALMIRANTES
        Isla de   Île
        Desroches   Platte

Ⓝ 0 ———————— 400 km

ISLAS   ISLAS   Isla de
EXTERIORES   ALPHONSE   Coëtivy

ISLAS ALDRABA
Atolón   ISLAS FARQUHAR
Aldraba Atolón   Isla de   Atolón   OCÉANO
         Cosmolédo St Pierre Provinde   ÍNDICO
Isla de   Isla de   Atolón
Assomption Astove   Farquhar   Seychelles

Vallée de Mai
Caminar a través de antiguos
bosques de palmeras (p. 303)

Anse Lazio
Experimentar una de las playas
más encantadoras (p. 303)

Isla de
Aride

Curieuse Marine
National Park   Petite   Grande
Isla de   Soeur   Soeur
Curieuse   Isla de
Isla de   Anse   Cocos   Isla de
Cousin Praslin ●Volbert   Felicité
        Grand Anse   ●La Passe Marianne
Isla de Baie Ste Anne Isla
Cousine   Round   La Digue

ISLAS

Isla
North

INTERIORES

Las
Mamelles

●La Passe

Isla de
Silhouette

Brissare
Rocks

Isla de
Frégate

Baie Ternay Marine
National Park

Ste Anne Marine
National Park
Beau   Isla de
Vallon●   Ste Anne

VICTORIA Isla de Cerf

Île aux
Récifs

Îlot
Frégate

Port Launay Marine
National Park

Morne
Seychellois
National Park

✈ Aeropuerto
internacional
de las Seylleches

Mahé

ALTITUD

1500m
1000m
500m
200m
0

OCÉANO
ÍNDICO

Morne Seychellois National Park
Descubrir el lado salvaje
de las Seychelles (p. 295)

Ⓝ 0 ———————— 20 km

55°15'E   55°30'E   55°45'E

Las
17 mejores
experiencias

1

De excursión por el Cirque de Mafate (Reunión)

1 El Cirque de Mafate (p. 226) quizá tenga la mejor oferta de excursiones de varios días del océano Índico, de hecho es como si se atravesara el fin del mundo. Salvaje y remoto, salvaguardado por crestas a modo de fortaleza y escindido por hondonadas, es una experiencia extraordinaria. Se pueden combinar cuatro días de excursión por la Haut Mafate con otros cuatro por el Bas Mafate, más recóndito si cabe. Lo mejor de estas excursiones es recalar en tranquilas aldeas de montaña con *gîtes* (refugios) que deparan una acogida cálida y genuina.

Isla de Denis (Seychelles)

2 Bienvenidos al paraíso. Quizás se haya abusado demasiado de este cliché, pero la coralina isla de Denis (p. 323) es la candidata idónea a ostentar dicho título: un lugar donde las cálidas aguas tropicales acarician la arena blanca y una laguna costera resplandece con mágicos tonos azules. El alojamiento de lujo de la isla aúna romanticismo y aislamiento, el idilio perfecto entre suntuosidad y rusticidad (sin TV ni teléfonos móviles) a compartir con las tortugas gigantes y las preciosas aves.

SIMEON / GETTY IMAGES ©

PITAMITZ SERGIO / HEMIS.FR / GETTY IMAGES ©

ARCO IMAGES GMBH / ALAMY STOCK PHOTO ©

Submarinismo y delfines (Mauricio)

3 La costa oeste de Mauricio (p. 83) esconde algunos de los mejores puntos de inmersión del océano Índico. Las formaciones rocosas y los bancos de peces convierten las aguas que bañan Flic en Flac, en particular, en un destino de submarinismo de talla mundial. Se recomiendan las paredes submarinas que lindan con la laguna costera de color turquesa, y La Cathédrale, cerca de Flic en Flac, es maravillosa. Frente a Tamarin, las ballenas y los delfines surcan las aguas en mar abierto.

Una tierra ajena al tiempo (Rodrigues)

4 Como a la deriva en el océano Índico, la criolla Rodrigues (p. 161) es ese tipo de lugar donde la vida transcurre a un ritmo diferente. Hay mucho que hacer: visitar el concurrido mercado del sábado de Port Mathurin, salir en barco hasta la Île aux Cocos, pasear por la costa desde Graviers a St François pasando por playas paradisíacas, bucear frente a la costa sur o practicar submarinismo en La Passe St François. Y, sobre todo, dejar atrás el mundanal ruido. Mercado del sábado, Port Mathurin (p.162)

El poderoso volcán (Reunión)

5 Piton de la Fournaise (p. 231) pone el broche a todos los encantos de Reunión. Visto desde el mirador de Pas de Bellecombe, el precioso *le volcan* (así lo llaman los isleños) reposa negro y meditabundo mientras su esbelta silueta sobresale con la isla a sus pies. Aunque sigue activo, el viajero podrá asomarse al abismo desde el borde del cráter; un espectáculo para el recuerdo. Se puede subir a la cima a pie o a caballo, aunque las salidas en helicóptero ofrecen vistas globales de la caldera.

Anse Lazio (Seychelles)

6 En la punta noroccidental de la isla de Praslin, Anse Lazio (p. 303) es un recordatorio de por qué las Seychelles se han convertido en uno de los destinos más seductores del Índico. La playa roza la perfección, el estereotipo hecho realidad, con arenas doradas, peñascos de granito en cada extremo, palmeras y aguas de insuperable belleza, entre turquesa y lapislázuli. Ideal para tumbarse horas en la arena, bucear o comer en un restaurante viendo el horizonte marino, es ese tipo de sitio para no irse jamás.

Sureste de Mauricio

7 Escoger una playa en Mauricio es difícil, todas son estupendas. Las costas del este y sureste son más plácidas, sobre todo Pointe d'Esny, cerca de Blue Bay, y Belle Mare, y no quedan lejos de los bosques autóctonos del Vallée de Ferney y la costera Île aux Aigrettes (p. 113). Esta última, con sus especies de aves muy amenazadas, tortugas gigantes y bajos bosques de ébano, es tal cual era Mauricio antes de que la pisara ningún ser humano. Paloma de Mauricio, Île aux Aigrettes (p. 113).

PUESTA A PUNTO LAS 17 MEJORES EXPERIENCIAS

Morne Seychellois National Park (Seychelles)

8 Muchos viajeros, en su búsqueda de la playa perfecta, pasan por alto las fantásticas experiencias que pueden vivir en este exuberante y espléndido parque nacional (p. 295). Si se sale de excursión por los tupidos bosques, los manglares costeros y las montañas accidentadas, enseguida uno creerá que ha sido transportado a otro planeta. Por el camino se encontrarán insólitas especies de aves, reptiles y plantas, por no hablar de sus impresionantes miradores.

Parapente en St-Leu (Reunión)

9 Las fabulosas vistas y las ascendentes corrientes térmicas durante todo el año convierten St-Leu (p. 202) en un paraíso para lanzarse y planear en parapente, y ver la tierra a vista de pájaro, rodeado de silencio y una sensación incontenible de libertad. Cada nuevo giro depara un espectáculo natural sobrecogedor: los elevados volcanes del interior, las aguas turquesas de la laguna costera... Y aterrizar en una playa de arenas blancas es el colofón perfecto.

JEVGENIJS SULINS / EYEEM / GETTY IMAGES ©

OLIVIER CIRENDINI / GETTY IMAGES ©

'Chambres' y 'tables d'hôtes' (Mauricio)

10 Alojarse en una *chambre d'hôte* (pensión familiar; p. 150) de la costa oeste de Mauricio o de las apacibles tierras altas de Rodrigues permite integrarse maravillosamente en la vida local. Las habitaciones suelen ser sencillas, pero la cálida y personalizada hospitalidad y la *table d'hôte* (comida tradicional) que se sirve cada noche a clientes e invitados se recordarán más que todo el lujo que pueda desplegar un complejo turístico.

Marisco y pescado en la playa

11 En Mauricio, Reunión y las Seychelles comer la pesca del día en una mesa con los pies hundidos en la arena es una realidad cotidiana. En cualquier mesa del Índico no faltan la langosta, el pulpo, el pescado asado y los calamares, y para quien no pueda decidirse siempre hay platos combinados de pescado y marisco. Se puede probar en la Cabanne du Pecheur (p. 69), en Trou aux Biches. Y lo mejor de todo: el rico surtido de salsas, desde curris indios a mezclas criollas.

Joyas arquitectónicas en St-Denis (Reunión)

12 Que St-Denis (p. 177) no tenga playa facilita centrar la atención en su conjunto arquitectónico. El ayuntamiento del s. XIX, la prefectura y algunos palacios y mansiones adornan la ciudad con columnas neoclásicas, verandas y *lambrequins* (dinteles y jambas ornamentales). Mezquitas, catedrales, pagodas chinas y templos hindúes coexisten con las mansiones criollas. Conseil Général de la Réunion-Direction de la Culture (p. 177)

ALES A / GETTY IMAGES ©

Gargantas del Río Negro y Chamarel (Mauricio)

13 Algunos de los paisajes más espectaculares de Mauricio están en el suroeste. Los bosques tupidos del Black River Gorges National Park (p. 101) albergan fantásticas aves en peligro de extinción y cuentan con infinidad de sendas que regalan unas vistas excepcionales. Después de una excursión matinal, se recomienda encarecidamente almorzar en Chamarel, que cuenta con restaurantes soberbios y una prestigiosa destilería de ron junto a las montañas. Cascada de Chamarel (p. 97)

Avistamiento de tiburones en las Seychelles

14 Ya hace mucho tiempo que los submarinistas más curtidos saben que las Seychelles son uno de los mejores destinos del Índico. Destacan sobre todo por su variada vida marina, que permite la posibilidad de nadar junto a enormes rayas frente a Mahé (p. 281). Hay barcos hundidos y una variedad asombrosa de peces frente a Brissare Rocks, pero nada supera el escalofrío que se siente al estar a un palmo de los tiburones ballena que frecuentan la zona. Tiburón ballena (p. 292)

Vallée de Mai (Seychelles)

15 Si alguien consigue apartarse de la playa por un momento, el Vallée de Mai (p. 303), en Praslin, es otro tipo de paraíso. Patrimonio Mundial por la Unesco y hábitat de aves amenazadas, de insólitas palmeras coco de mar, de una belleza singular y de otras plantas endémicas, visitar este valle consiste sobre todo en sumergirse en el exuberante bosque tropical, acompañado del canto de los pájaros, y en perderse por las tranquilas y zigzagueantes sendas de la verde y minúscula selva.

Jardines y casas fantásticas (Mauricio)

16 Casi todo el interior de Mauricio es accidentado, lo que protege lugares excepcionales. La lista de prioridades de muchos viajeros está encabezada por el enorme jardín botánico de Pamplemousses (p. 81); los nenúfares gigantes son impresionantes. Cerca se hallan dos bonitos vestigios de la arquitectura colonial de las plantaciones: el Chateau Labourdonnais, al norte de los jardines; y Eureka, más al sur, en Moka. Nenúfares gigantes, Pamplemousses.

Fiestas hindúes y criollas

17 Los festivales hindúes son una buena manera de endulzar la visita. El más grande (feb o mar) es la peregrinación de 500 000 fieles hinduistas hasta el sagrado lago de Grand Bassin (p. 98), en Mauricio. Marzo es el mes de los multicolores festejos del Holi, octubre equivale al Divali y, en lugares con mayoría hindú, en la festividad del Teemeedee, en diciembre o enero, se camina sobre brasas. Octubre es importante para las celebraciones criollas, especialmente vistosas en Rodrigues, las Seychelles y Reunión. Fiesta del Cavadee (p. 256)

Lo esencial

Para más información, véanse p. 147 (Mauricio), p. 272 (Reunión), p. 331 (Seychelles).

Moneda

Rupia mauriciana (MUR) en Mauricio, euro (€) en Reunión, rupia de las Seychelles (SCR) y euro (€) en las Seychelles.

Idioma

Francés (Mauricio, Reunión, Seychelles), inglés (Mauricio, Seychelles), criollo (Mauricio, Reunión, Seychelles).

Visados

La mayoría de los ciudadanos occidentales no lo necesitan para estancias inferiores a tres meses.

Dinero

Hay bastantes cajeros automáticos en localidades grandes. Muchos establecimientos aceptan tarjetas de crédito.

Teléfonos móviles

Se puede ajustar la itinerancia en los teléfonos móviles GSM; se venden tarjetas SIM locales de prepago.

Hora local

GMT/UTC + 4 h; no hay horario de verano

Cuándo ir

• **Victoria (Seychelles)**
abr-dic

Madagascar

Port-Louis (Mauricio)
mar-dic

Port Mathurin (Rodrigues)
mar-dic

St-Denis (Reunión) •
abr-nov

Temporada alta (dic-ene y jul-ago)

➡ Festivales hindúes y eventos culturales en diciembre y enero.

➡ Tiburones ballena y ballenas llegan en julio y agosto.

➡ Los hoteles suben los precios en Navidad y Año Nuevo, y suelen exigir estancias mínimas de una semana.

Temporada media (abr-may y sep-nov)

➡ Menos lluvia y cielos azules.

➡ Semana Santa se llena.

➡ Actividades al aire libre, sobre todo excursionismo y observación de ballenas.

➡ Temperaturas agradables, mar tranquilo y menos visitantes.

Temporada baja (feb-mar y jun)

➡ Algunos complejos tienen ofertas.

➡ Billetes de avión más económicos.

➡ En Mauricio y Reunión la lluvia y los ciclones (feb y mar) pueden alterar los planes.

Webs útiles

Lonely Planet (www.lonelyplanet.es) Información del destino, reservas de hotel, foro de viajeros y demás.

Île de la Réunion Tourisme (www.reunion.fr) La web oficial de la oficina de turismo; información sobre atracciones, restaurantes, alojamiento, actividades y mucho más.

Seychelles Travel (www.seychelles.travel) La web oficial de la oficina de turismo; información sobre atracciones, alojamiento, actividades y mucho más.

Mauritius Tourism Promotion Authority (www.tourism-mauritius.mu) El principal portal de turismo del país; excelente en conjunto pero con algunas secciones algo pobres.

Teléfonos importantes

No hay prefijos de zona en Mauricio, Reunión o las Seychelles. Para llamar desde el extranjero, márquese el prefijo internacional, el de país y el número deseado (sin el "0").

Prefijo de país Mauricio	☏	230
Prefijo de país Reunión	☏	262
Prefijo de país Seychelles	☏	248
Policía (Mauricio y las Seychelles)	☏	999
Policía (Reunión)	☏	17

Tipos de cambio

Para tarifas de cambio, véanse p. 151 (Mauricio), p. 274 (Reunión) y p. 332 (Seychelles).

Presupuesto diario

Económico: hasta 150 €

➡ Cama en un *gîte* (refugio) en Reunión: 17 €

➡ Habitación doble en una pensión: 60 €

➡ Comida para llevar: 4-8 €

➡ Billete de autobús: 0,40-4 €

Precio medio: 150-300 €

➡ Habitación doble en un hotel o B&B: 90-150 €

➡ Almuerzo y cena en restaurantes locales: 20-50 €

➡ Trayecto en ferri en las Seychelles: 60 €

➡ Carrera corta en taxi: 8-20 €

Precio alto: más de 300 €

➡ Habitación en un complejo turístico (oferta promocional): desde 200 €

➡ Cena en un buen restaurante: 40-80 €

➡ Excursión en helicóptero: desde 150 €

Horario comercial

Bancos 8.00 o 9.00 a 14.00, 15.00 o 16.00 (lu-vi), a veces también sábados por la mañana.

Oficinas gubernamentales 8.30-12.00 y 14.00-17.00 (lu-ju), hasta 15.00 (vi)

Restaurantes 11.30 o 12.00 a 14.00 y 18.30 o 19.00 a 21.00 (más tarde en núcleos turísticos)

Tiendas y negocios 8.00 o 9.00 a 17.00 o 18.00 (lu-sa); algunas tiendas cierran al mediodía, y también los lunes en Reunión.

Cómo llegar

Aeropuerto internacional Sir Seewoosagur Ramgoolam (Mauricio; p. 57) Hay autobuses no muy frecuentes entre Port Louis o Curepipe y Mahébourg; recogen pasajeros delante del vestíbulo de llegadas del aeropuerto. La mayoría de los viajeros prefieren tomar un taxi (hay un mostrador de precio fijo en el vestíbulo de llegadas).

Aeropuerto internacional Roland Garros (Reunión; p. 277) De 6.30 a 18.00 hay autobuses regulares entre el aeropuerto y el centro de St-Denis (4 €, 12 diarios). Un taxi cuesta desde 20 € (20 min).

Aeropuerto internacional de las Seychelles (p. 334) El único aeródromo internacional de las Seychelles está en Mahé, 8 km al sur de Victoria. Los hoteles grandes facilitan el traslado a/desde él. Hay taxis al salir del aeropuerto.

Cómo desplazarse

Automóvil Alquilar uno fuera de las ciudades da más flexibilidad y es práctico. Se alquilan en localidades importantes y aeropuertos. En las Seychelles y Mauricio se conduce por la izquierda; en Reunión, por la derecha.

Avión Los más prácticos son los que vuelan entre Mauricio y Rodrigues y entre Mahé y Praslin.

Barco El medio preferido para moverse entre las Seychelles. Rápido y fiable pero bastante caro.

Autobús Muy económico. En los tres países el transporte público es, a veces, complicado y bastante lento.

Taxi En algunos casos es una forma maravillosa de descubrir la zona, sobre todo si se comparten gastos con otros viajeros.

Para más información sobre **Cómo desplazarse**, véanse p. 157 (Mauricio), p. 277 (Reunión), y p. 334 (Seychelles).

PUESTA A PUNTO LO ESENCIAL

En busca de...

Playas

Anse Lazio, Seychelles En la isla de Praslin, es la playa más maravillosa del Índico. Sin más. (p. 307)

Anse Soleil, Seychelles En la costa oeste de Mahé, esta playa roza el cielo. (p. 299)

Grand Anse, Seychelles Una preciosidad y más plácida que otras joyas de las Seychelles. (p. 304)

Anse Source d'Argent, Seychelles El pedacito de paraíso más popular de La Digue, y con razón. (p. 313)

Trou d'Argent, Rodrigues La favorita del autor de esta guía, aunque todas las playas de la costa este de Rodrigues están muy bien. (p. 170)

Costa sur, Mauricio Por algo los *resorts* de cinco estrellas prefieren esta zona. (p. 118)

Le Morne y Tamarin, Mauricio Bonitas playas con espectaculares montañas de fondo al oeste de Mauricio. (p. 104)

Plage de Grande Anse, Reunión Acantilados y arenas blancas en el agreste sur de la isla. (p. 243)

L'Hermitage-les-Bains, Reunión La más larga y atractiva playa de arena blanca de Reunión. (p. 197)

Excursionismo

Piton de la Fournaise, Reunión Asomarse al borde de un volcán activo: un clásico. (p. 231)

Tour des Cirques, Reunión Quizás una de las excursiones más bonitas del planeta: cinco días de éxtasis entre montañas. (p. 42)

Haut Mafate, Reunión Expedición de cuatro días por una de las zonas más indómitas de Reunión. (p. 39)

Bas Mafate, Reunión Cuatro días de paseo por el techo de Reunión. (p. 41)

Black River Gorges National Park, Mauricio Excursiones por una fronda plagada de aves, y el último gran bosque de la isla. (p. 100)

Lion Mountain, Mauricio Aunque algo subestimada, ofrece vistas fantásticas y buena observación de aves. (p. 117)

De Graviers a St François, Rodrigues Bonito paseo por las mejores playas de Rodrigues. (p. 170)

Morne Seychellois National Park, Seychelles La mejor excursión del país. (p. 295)

Vallée de Mai, Seychelles Salidas cortas y fáciles por un fabuloso y antiguo bosque de palmeras. (p. 303)

Fauna

Isla de Curieuse, Seychelles La tortuga gigante de Aldabra es la última de su especie que sobrevive en el Índico. (p. 311)

Isla Bird, Seychelles Zona de cría de aves acuáticas, tortugas gigantes y carey. (p. 323)

Île aux Aigrettes, Mauricio Esta isla habitan tortugas y palomas de Mauricio como lo hacían años ha en el resto de la región. (p. 113)

Black River Gorges National Park, Mauricio Una experiencia de primera gracias a sus insólitas aves y al bosque primigenio. (p. 101)

Vallée de Ferney, Mauricio Donde descubrir el cernícalo de Mauricio, antaño el ave más amenazada del planeta. (p. 116)

Le Grand Brûlé, Reunión El mejor lugar para observar aves está en el salvaje y precioso sur. (p. 253)

Paisajes espectaculares

Piton de la Fournaise, Reunión El accidente geográfico más espectacular del Índico, sin excepción. (p. 231)

Cirque de Cilaos, Reunión Excursiones perfectas entre

paisajes que alcanzan los cielos. (p. 211)

Plaine des Sables, Reunión Una planicie de lava que parece de otro planeta. (p. 231)

Cirque de Salazie, Reunión Un sugerente reino montañoso. (p. 221)

Península de Le Morne, Mauricio En la lista de la Unesco por su impresionante belleza y una historia trágica. (p. 104)

Black River Gorges National Park, Mauricio Cascadas que se precipitan desde la altiplanicie, bosque tupido y un profundo cañón. (p. 101)

Silhouette, Seychelles La isla más espectacular de las Seychelles. (p. 322)

Isla de Denis, Seychelles Una idílica isla coralina que desierta al niño que todos llevamos dentro. (p. 323)

Escapadas románticas

North, Seychelles Híbrido de paraíso celestial, glamur y la última tendencia en lujo. (p. 323)

Alphonse, Seychelles Isla remota con un complejo turístico discreto y pesca y submarinismo fantásticos. (p. 324)

Le Saint Géran, Mauricio Mayordomos, tratamientos de belleza y alojamientos para estar en la gloria. (p. 129)

Le Prince Maurice, Mauricio Este complejo sublime roza lo divino. (p. 129)

Le Touessrok, Mauricio Lo más lujoso de la costa este, con sus propias islas privadas. (p. 125)

Lux Le Morne, Mauricio Lujo a cada paso, a los pies de la montaña más bonita de Mauricio. (p. 105)

Arriba: tortuga gigante (p. 330), Cousi, Seychelles.
Abajo: Le Touessrok (p. 125), Trou d'Eau Douce, Mauricio.

Mes a mes

Enero

Enero es temporada alta en todas las islas, con temperaturas cálidas, pero llueve y pueden producirse ciclones, sobre todo en Mauricio y Reunión. Los precios de los hoteles se disparan en Navidad y Año Nuevo.

✨ Año Nuevo chino

En Mauricio y Reunión se celebra el Año Nuevo chino, a finales de enero o principios de febrero. La última noche del año, los hogares se limpian a fondo y se visten de rojo, el color de la felicidad; además, se tiran petardos para protegerse de los espíritus malignos.

Febrero

Febrero es similar a enero, pero más húmedo y lluvioso. Sin embargo, suele haber menos gente pues es época laboral en Europa y América.

✨ Maha Shivaratri

En febrero o marzo, esta masiva peregrinación reúne hasta 500 000 hindúes que se abren paso hasta el lago sagrado de Grand Bassin, en Mauricio, cerca del Black River Gorges National Park; se dice que sus aguas proceden del sagrado Ganges. (p. 98)

Marzo

Marzo sigue con la tendencia de temperaturas cálidas y posibilidad de lluvias. También pueden producirse ciclones, pero es menos probable. En todas las islas se celebran fiestas con mucho color.

✨ Holi hindú

En Mauricio y Reunión se celebra el Holi, un colorido festival donde la gente se lanza polvos de colores y agua indiscriminadamente. La fiesta simboliza la victoria del poder divino sobre las fuerzas demoníacas. La noche previa se encienden piras que representan la destrucción del diabólico Holika.

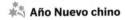 Fiesta del Pescado

Rodrigues vive solo para el pescado, y la Fête du Poisson, que se celebra la primera semana de marzo, señala el inicio de la temporada de pesca. Se celebra con todo tipo de actos, sobre todo salidas de pesca y mucha comida.

Abril

Abril señala el cambio de tiempo, de hecho suele ser el último mes que los ciclones aparecen en toda la región. Las temperaturas bajan un poco y llueve menos.

✨ Año Nuevo tamil

El Año Nuevo tamil se celebra a bombo y platillo donde las comunidades indias son más numerosas (Mauricio y Reunión). El centro de la fiesta suele ser la danza. En las zonas de mayoría tamil el Año Nuevo lo paraliza todo.

Mayo

Aunque puede cambiar según el calendario escolar francés, el mes de mayo suele ser una época fantástica: menos turistas, temperaturas más suaves y poca lluvia y viento.

 FetAfrik

Con la posible excepción de Rodrigues, las Seychelles son las islas más africanas del Índico, y celebran sus raíces con el FetAfrik, un fin de semana de música y baile a finales de mayo. Es uno de los festivales más animados de la región.

Junio

En general el mes de junio es temporada baja y algunos hoteles reducen los precios. El invierno ha llegado al Índico, aunque es algo imperceptible si se llega de Europa.

Julio

Un mes bastante tranquilo, con temperaturas suaves, pocas lluvias y precios más bajos en los hoteles (eso si las vacaciones escolares en Francia no caen este mes).

 'Kitesurf' en Rodrigues

Algunos de los mejores *kitesurfistas* del mundo visitan Rodrigues a finales de junio o principios de julio para el Rodrigues International Kitesurfing Festival, que se viene celebrando desde el 2013.

Agosto

Es uno de los meses más secos en el Índico, y las temperaturas y la humedad son moderadas. Las vacaciones en Europa suelen subir los precios.

Septiembre

Septiembre, como prórroga del invierno en el Índico, sigue siendo fresco y, en general, seco, aunque en las Seychelles hace más calor y las lluvias están al caer o incluso se pueden adelantar.

 Día de Padre Laval

El 9 de octubre, el Día del Padre Laval (Père Laval), que señala el aniversario de la muerte del sacerdote, es la fecha más importante para los cristianos de Mauricio. Peregrinos de todo el mundo acuden hasta su santuario en Ste-Croix, en las afueras de Port Louis, para rezar por curas milagrosas.

Octubre

Es un mes excelente para visitar las Seychelles, con un clima en general seco y tranquilo. En otros lugares empieza la temporada alta y llega la gente, aunque a principios de mes aún se pueden encontrar chollos.

 Festival Kreol

A finales de octubre la cultura criolla pasa a primer plano. En Rodrigues, de mayoría criolla, se celebra el Festival Kreol, de tres días, mientras que las Seychelles dedican una semana entera a la cocina, teatro, arte, música y danza criollas en su propio Festival Kreol. Reunión también se contagia de ese espíritu festivo con su Semaine Créole.

 Divali

Reunión y Mauricio celebran el Divali (Dipavali), festival tamil de la luz, a finales de octubre o principios de noviembre. Festeja la victoria de Rama sobre la deidad maligna de Ravana, y conmemora esta dichosa hazaña con el encendido de innumerables velas y lámparas de aceite para mostrar a Rama el camino a casa tras un período en el exilio.

Noviembre

Un buen mes para visitar las islas, sobre todo Mauricio y Reunión. Hace más calor, las lluvias no han aparecido y aún no han llegado las multitudes.

Diciembre

La primera mitad de diciembre se parece a noviembre, con la salvedad de que puede llover. A medida que se acerca Navidad, los precios se disparan hasta alcanzar las cotas más altas del año.

 Teemeedee

Este ritual hinduista y tamil rinde homenaje a varios dioses. En cualquier época del año se puede ver a los participantes caminando sobre brasas candentes pero los meses fuertes de fiesta son diciembre y enero.

Itinerarios

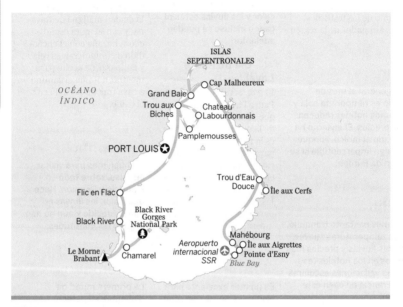

 Mauricio indispensable

Este itinerario propone ir desde la costa suroriental de Mauricio a los paisajes montañosos del interior y el lejano suroeste y explorar algunas de las islas, el jardín botánico de Pamplemousses y los cañones del Black River Gorges National Park.

La playa de **Pointe d'Esny** es el punto de partida, después se puede bucear en la **Blue Bay,** explorar la **Île aux Aigrettes** y asistir al mercado de los lunes de **Mahébourg.**

Luego hay que subir por la carretera costera hasta **Trou d'Eau Douce,** para después surcar la laguna hasta la **Île aux Cerfs.** Después se puede seguir rumbo norte hasta el **Cap Malheureux.** Cerca, en **Grand Baie,** se recomienda zarpar en catamarán hasta las pintorescas **islas septentrionales** y regresar a tierra firme para concederse un banquete en el animado **Trou aux Biches.** Acto seguido se puede pasar un día en el jardín botánico y la antigua fábrica de azúcar de **Pamplemousses** y en el encantador **Chateau Labourdonnais.**

Tras descender por la costa oeste se bucea en **Flic en Flac** y se prosigue hasta el distrito de **Black River** para practicar barranquismo en el **Black River Gorges National Park,** ciclismo en **Chamarel** o escalada en el emblemático **Le Morne Brabant.**

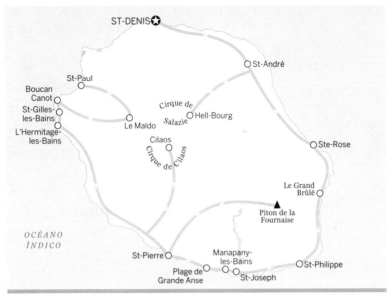

Circuito por Reunión

Al menos se recomiendan dos semanas para conocer la variada oferta de Reunión: de complejos de playa a aldeas de montaña, de galerías de arte a volcanes, pero podría pasarse un mes en las rutas de senderismo de la isla. Este circuito recorre 400 km.

Se empieza en **St-Paul,** un buen trampolín para ir a **Le Maïdo,** en el interior, y disfrutar del Cirque de Mafate. Después se puede ir por carretera a la costa, hasta **Boucan Canot,** para disfrutar de un poco de playa y conocer una de las localidades más modernas de Reunión. A solo 5 min por carretera, al sur, está **St-Gilles-les-Bains,** un clásico centro de veraneo del Índico, con bonitas playas y diversión nocturna. Para recuperarse, la mejor playa es **L'Hermitage-les-Bains.** Se aconseja quedarse tres días para sacar provecho de los jardines botánicos, museos y deportes acuáticos de la zona.

Acto seguido hay que desviarse a **Cilaos** y quedarse un par de días para empaparse de su paisaje montañoso. Las muchas excursiones y salidas de barranquismo permiten conocer unos parajes espectaculares, con fuentes termales, viñedos y ecoturismo.

Lo siguiente es dirigirse a las hipnóticas luces de **St-Pierre,** a ser posible en sábado, para coincidir con su mercado. Desde allí queda un viaje largo en automóvil, pero con buenas vistas, hasta Bourg-Murat, punto de partida para ascender al **Piton de la Fournaise,** uno de los volcanes más accesibles del planeta.

De regreso a St-Pierre hay que tomar la RN2 que orilla la bucólica costa sur, con posibles paradas en la **Plage de Grande Anse** para comer, **Manapany-les-Bains** para descansar y cerca de **St-Joseph** para pasar la noche. Rumbo al este se atravesará la entrañable y rural **St-Philippe** y los paisajes lunares de **Le Grand Brûlé** para acabar en **Ste-Rose,** donde la lava llega casi a la puerta de su iglesia.

Al norte hay que desviarse al interior y quedarse dos noches en **Hell-Bourg** para explorar el Cirque de Salazie. Se puede recalar en **St-André,** de influencia hindú. Y como colofón, conocer la cultura cafetera y la arquitectura criolla de la capital, **St-Denis.**

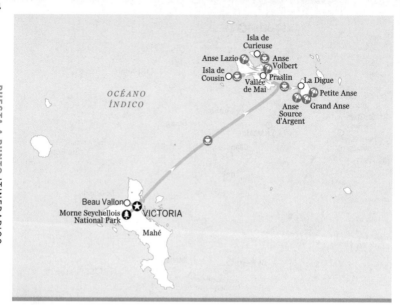

 Seychelles indispensables

Para una introducción a las islas Seychelles con dos semanas bastan, eso sí, hay que invertir mucho tiempo para disfrutar de sus maravillosas playas.

El primer día hay que sintonizar con la vida isleña en la capital, **Victoria,** y visitar el mercado y el jardín botánico. Después hay que ir a **Beau Vallon** y pasar tres días en la playa. Se recomienda invertir otros dos en las playas y caminos vecinales de Mahé, y visitar el **Morne Seychellois National Park,** que tiene un poco de todo: ruinas coloniales, una fábrica de té y senderos fabulosos.

El siguiente paso es tomar un barco hasta la paradisíaca Praslin y allí disfrutar de los voluptuosos frutos de las palmeras coco de mar en el **Vallée de Mai,** Patrimonio Mundial de la Unesco, caminar entre la espesura y retozar en la perfecta y nívea playa de **Anse Lazio,** una de las más bonitas que imaginarse pueda. Se pueden dedicar cuatro días a bucear y nadar frente a **Anse Volbert,** para estar a un palmo de las tortugas gigantes en la **isla de Curieuse,** sede de una gran granja de cría de tortugas gigantes de Aldabra, y caminar entre cacofónicas bandadas de aves marinas en la **isla de Cousin,** con más de 300 000 aves y numerosas especies endémicas; incluso los menos aficionados a la ornitología disfrutarán de la experiencia.

Se puede ir de Praslin a La Digue en barco: si se cree que Praslin es el paraíso, mejor esperar a perderse en La Digue. Tres días es el tiempo perfecto para contagiarse de la calma de esta isla. Se puede visitar la idílica playa de **Anse Source d'Argent,** pero no es, en absoluto, la única. Hay que evitar la pleamar, momento en el que la playa prácticamente desaparece. Se aconseja bucear por las islas cercanas y después disfrutar de la soledad en las playas de **Grand Anse** y **Petite Anse.** La Grand Anse es muy bucólica y cuenta con un restaurante fantástico, **Loutier Coco,** que sirve sobresalientes bufés al mediodía. La Petite Anse, a la que solo se puede acceder a pie, es más agreste y recóndita.

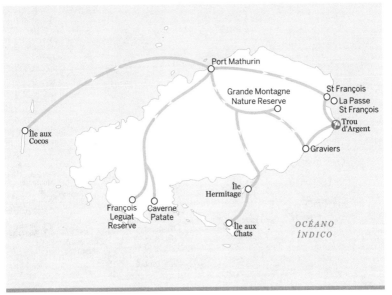

 SEMANA 1 Rodrigues: la otra Mauricio

Una semana basta para descubrir los encantos de esta islita montañosa. Se pueden repartir el tiempo entre caminar, practicar submarinismo y navegar hasta las islas aledañas, además de relajarse en la playa y comer una buena mariscada en los fabulosos restaurantes de gestión familiar de Rodrigues.

Primero se recomienda medio día de callejeo por **Port Mathurin,** mejor en sábado, cuando la aletargada capital resucita gracias a su mercado semanal. Se dedica otro día a las dos maravillas imprescindibles de la isla: las tortugas gigantes de la **François Leguat Reserve** y la **caverna Patate.** Se puede invertir otro día en recorrer la costa (un clásico) desde **Graviers a St François,** con parada en la preciosa playa de **Trou d'Argent,** quizás el mejor paseo por la costa de Mauricio. En St François se puede alargar la sobremesa en uno de los excelentes restaurantes del pueblo, regresar a pie o tomar un autobús hasta Port Mathurin. Otro día debe dedicarse a una excursión en barco hasta la **Île aux Cocos,** con sus plácidas playas y sus vivarachas colonias de aves marinas. Ese mismo día se pueden reservar un par de horas para visitar **Grande Montagne Nature Reserve** y buscar especies amenazadas.

Tampoco faltan opciones para el submarinismo. Se puede empezar en el canal de St François, **La Passe St François,** al filo de la laguna costera, y otros puntos más allá de los arrecifes. Para algo no tan emocionante pero igual de maravilloso se recomienda salir un día en barco y buceo con tubo en las poco visitadas **Île aux Chats e Île Hermitage,** frente a la costa sur.

Y por supuesto, hay que dedicar el mayor tiempo posible a disfrutar de la playa y de las mariscadas en uno de los fantásticos restaurantes familiares de la isla. El último día se recomienda reservar mesa en La Belle Rodriguaise, en **Graviers,** para almorzar: la guinda perfecta a una semana en Rodrigues.

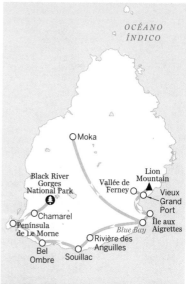

El Sud Sauvage y las Hautes Plaines de Reunión

1 SEMANA

El "sur salvaje" y la meseta central de Reunión deparan parajes volcánicos, barrancos, acantilados azotados por las olas y sensacionales senderos. Se puede descubrir todo en solo una semana, y sin prisas.

Desde **Ste-Rose** se emprende rumbo sur para ver las primeras lenguas de lava que se precipitan al mar. Se cruzarán los intimidatorios campos de lava de **Le Grand Brûlé** y se podrá pasar una o dos noches cerca de **St-Joseph;** se recomienda alojarse en las montañas para disfrutar la genuina vida rural. Desde allí se puede explorar el pintoresco valle del **Rivière Langevin.**

De camino al oeste, se recomienda un chapuzón en la **Plage de Grande Anse** y salir de fiesta en la animada **St-Pierre.** A la mañana siguiente hay que ir a la **Plaine-des-Cafres** para visitar la Cité du Volcan. Se recomienda subir por la magnífica carretera del bosque hasta el **Piton de la Fournaise,** el intranquilo volcán de Reunión, y regresar a la Plaine-des-Cafres, donde pasar dos días de excursión por los alrededores de **Grand Bassin,** un pueblo en el fin del mundo. Para terminar, hay que ir a la **Plaine-des-Palmistes** y recorrer el Forêt de Bébour-Bélouve.

Sur de Mauricio

1 SEMANA

Una combinación perfecta de playas sobresalientes y glorioso paisaje natural.

Blue Bay hace honor a su nombre (bahía Azul), y es el trampolín perfecto para visitar el sureste de la isla. Imperdonable sería no ir a la **Île aux Aigrettes,** donde se puede espiar a las palomas de Mauricio y las tortugas gigantes. Al norte, en **Vieux Grand Port** se inició hace siglos la historia humana de Mauricio. Se nota una sensación primitiva en los cercanos bosques de **Vallée de Ferney,** hábitat del icónico cernícalo de la Mauricio. La **Lion Mountain** es una montaña que exige más esfuerzo, pero compensa. Desde la ciudad de Blue Bay se puede salir a pasar el día a Eureka, en **Moka,** en la meseta central.

Luego se va al oeste, con un descanso en La Vanille, en **Rivière des Anguilles,** y después, en **Souillac** y **Bel Ombre** para disfrutar del precioso litoral. Se puede seguir hasta **Le Morne,** Patrimonio Mundial, donde aguardan espectaculares senderos, y subir a las montañas hasta **Chamarel,** con su extraordinaria oferta gastronómica y su destilería de ron: la base perfecta para recorridos panorámicos y caminatas por el **Black River Gorges National Park.**

Submarinismo

El submarinismo es cada vez más popular en Mauricio, Reunión y las Seychelles, aunque quede eclipsado sobre todo por las icónicas islas Maldivas. Bajo las cristalinas aguas color turquesa aguardan tesoros increíbles: peces multicolores y grandes especies pelágicas, incluidos tiburones, un espectacular paisaje marino y un escenario de pendientes submarinas y arrecifes. No es el lugar más económico para practicarlo, pero es ideal para aprender y, de paso, sentir un flechazo por el submarinismo. Además, la mayoría de los puntos de inmersión nunca están abarrotados.

Mauricio

Mauricio depara una vida marina muy variada, paisajes submarinos espectaculares, pecios misteriosos y, como guinda, operadores consolidados y de primera calidad. Una barrera de coral rodea la isla casi por completo, y forma lagunas de color turquesa perfectas para buceadores, bañistas y submarinistas novatos. Y luego está la joya del lugar: Rodrigues, con lugares intactos y peces asombrosos.

Dónde bucear

Norte

La costa norte atrae a submarinistas de todos los niveles, y no sorprende: ofrece la combinación óptima de inmersiones emocionantes y sencillas, barcos hundidos y pendientes abruptas.

Las islas costeras (Île Plate, Coin de Mire) son los principales reclamos, con lugares espléndidos, una vida submarina diversa y la sensación de naturaleza en estado puro. Al noroeste, Trou aux Biches es el principal trampolín para sumergirse en algunos puntos soberbios.

➡ **La Fosse aux Requins** (plano p. 64) Famoso por su colonia de tiburones punta negra.

➡ **The Wall** (plano p. 64) Espectacular precipicio submarino.

Las mejores inmersiones para...

Pecios

Stella Maru (Mauricio)
Kei Sei 113 (Mauricio)
Antonio Lorenzo (Reunión)
Aldebaran (Seychelles)

Novatos

Tug II (Mauricio)
Le Jardin des Kiosques (Reunión)
Anse Sévère (Seychelles)

Expertos

Manioc (Mauricio)
Shark Bank (Seychelles)
Haï Siang (Reunión)
Tombant de la Pointe aux Canonniers (Mauricio)

⇒ **'Djabeda'** (plano p. 64) Evocador pecio.

⇒ **Holt's Rock** (plano p. 67) Bóvedas y peñascos a 25 m de profundidad.

⇒ **Tombant de la Pointe aux Canonniers** (plano p. 67) Emocionante y abrupta pendiente a 60 m.

⇒ **Kingfish** (plano p. 67) Para dejarse llevar por la corriente a 28 m.

⇒ **'Waterlily & Emily'** (plano p. 67) Pecio ideal para submarinistas primerizos.

⇒ **'Stella Maru'** (plano p. 67) Imprescindible barco hundido a 25 m.

Oeste

Flic en Flac es una de las mejores zonas de Mauricio: las condiciones son óptimas todo el año (queda protegida de los vientos predominantes) y la visibilidad suele ser excelente.

En la costa suroeste, la zona comprendida entre la península de Le Morne y el río Negro (Rivière Noire) cuenta con lugares populares pero tampoco son una maravilla; sus puntos débiles son la visibilidad media y una topografía bastante aburrida.

⇒ **Rempart Serpent** (Snake Rampart; plano p. 84) Un sinuoso muro a 25 m que esconde gran cantidad de peces.

⇒ **La Cathédrale** (plano p. 87) Un paisaje submarino pintoresco y memorable.

⇒ **Couline Bambou** (plano p. 87) Un caleidoscopio de paisajes, menos popular que La Cathédrale.

⇒ **Manioc** (plano p. 87) A los submarinistas expertos les encanta por su profundidad y misterio.

⇒ **'Kei Sei 113'** (plano p. 87) Barco hundido recomendado para submarinistas con experiencia.

⇒ **'Tug II'** (plano p. 85) Pecio para buenas inmersiones entre peces preciosos.

⇒ **Passe St Jacques** (plano p. 85) Uno de los mejores sitios de Mauricio para dejarse llevar por la corriente, a profundidades de entre 3 y 30 m.

Sureste

Frente a la costa sureste se expande un espectacular terreno submarino con muchas cuevas, túneles y arcos gigantes donde no faltan los peces pelágicos. La pega es que, entre junio y agosto, los vientos azotan la zona, limitando la visibilidad; además, si hace mal tiempo la mar suele estar muy picada.

⇒ **Colorado** (plano p. 108) Un cañón de 400 m, con abismos y grietas.

⇒ **Roches Zozo** (plano p. 108) Recuerda al Colorado; tremendamente recomendable.

⇒ **Grotte Langouste** (plano p. 108) Una gruta abarrotada de langostas.

⇒ **'Sirius'** (plano p. 108) Ideal para devotos de los barcos hundidos.

⇒ **Blue Bay** (p. 108) Lugar seguro y bonito para aprender a bucear, con toda suerte de peces coralinos.

Este

No es una zona que destaque por su submarinismo, pero hay un par de lugares destacables si no apetece desplazarse a otros sitios de la isla.

⇒ **Belmar Pass** (plano p. 125) Buenos paisajes y posibilidad de ver tiburones grises de arrecife o tiburones toro gracias a las fuertes corrientes.

⇒ **Passe de Trou d'Eau Douce** (plano p. 125) Recomendable aunque menos espectacular que Belmar.

Rodrigues

El Índico en todo su esplendor. Rodrigues, un diamante en bruto, esconde rincones intactos para quienes deseen una vivencia un poco diferente. Tiene insólitas colonias

---

CONSERVACIÓN MARINA

Las mayores presiones para los ecosistemas marinos son la polución, la sobreexplotación y las prácticas inapropiadas, como la utilización de anclas de arrastre y la pesca con explosivos. En los últimos años Mauricio, Reunión y las Seychelles han introducido leyes que prohíben las prácticas destructivas tales como la recogida de conchas y coral, la amputación de aletas a los tiburones y la pesca con arpón. Es más, cada una ha creado reservas marinas para proteger, como mínimo, algunos de sus arrecifes de coral. Si alguien quiere ayudar, hay buenos programas de voluntariado, sobre todo en Mauricio y las Seychelles.

LA PRIMERA VEZ

Mauricio, Reunión y las Seychelles son perfectos para submarinistas novatos, ya que las aguas cálidas y los arrecifes superficiales ofrecen un entorno perfecto para estrenarse. La mayoría de los centros de submarinismo ofrece cursos para principiantes y emplea a instructores con experiencia.

Casi todo el mundo (con buena salud) puede apuntarse a una clase de introducción (desde 50 €), también los niños de ocho años y mayores. Se lleva a cabo en aguas poco profundas (3-5 m) y dura unos 30 min, siempre en compañía de un submarinista experto.

Quien quiera enrolarse en un curso en aguas abiertas, debería reservar unos cuatro días, con clases teóricas y prácticas en mar abierto. Ya con el certificado, se dispone de una *C-card* sin fecha de caducidad y con validez en todo el mundo.

de coral y una asombrosa concentración de peces. Otro reclamo es el paisaje, con un mosaico de cañones, arcos y cuevas.

➡ **La Passe St François** (plano p. 165) Un canal de 1 km desciende a 30 m y permite ver todo un muestrario de especies coralinas.

➡ **Le Canyon** (plano p. 165) Un evocador cañón por debajo del arrecife.

➡ **La Basilique** (plano p. 165) Túneles, cuevas y fabulosa topografía submarina.

➡ **Karlanne** (plano p. 165) Densa vida marina y colonias de coral sano.

➡ **La Grande Passe** (plano p. 165) Uno de los mejores arrecifes de profundidad media de la zona según los profesores.

De interés

Condiciones de buceo

En Mauricio se puede practicar submarinismo todo el año por las mejores épocas son de octubre a diciembre, marzo y abril; enero y febrero son los meses de máxima actividad de ciclones. En julio y agosto, cuando los vientos alisios del sureste soplan fuerte, el mar está demasiado revuelto para sumergirse en las costas sur y este, y alrededor de Rodrigues. La visibilidad depende enormemente del tiempo y, por consiguiente, varía mucho (entre 10 y 40 m según el sitio y el momento).

Las corrientes también cambian mucho, pueden ser imperceptibles o arrolladoras. La temperatura del agua va de 22°C en agosto a una máxima de 28°C entre diciembre y febrero.

Operadores

En Mauricio hay al menos 40 centros profesionales; casi todos ellos afiliados a la **Mauritius Scuba Diving Association** (MSDA; ☑454 0011; www.msda.mu), parte de la Confédération Mondiale des Activités Subaquatiques (CMAS), que realiza controles regulares y rigurosos. La mayoría, además, está asociada a la agencia que tramita los títulos más reconocidos internacionalmente, la Professional Association of Diving Instructors (PADI).

Muchos centros tienen su oficina en hoteles, pero todos aceptan, claro está, a clientes externos. En general ofrecen equipos en perfecto estado, buen servicio y personal cualificado, pero se aconseja comparar precios, porque pueden variar bastante de un centro a otro.

Reunión

La isla tiene más fama por sus rutas de senderismo pero su paisaje submarino no debería ignorarse, pues depara sorpresas muy positivas: hay muchos sitios a poca profundidad para practicar si se es primerizo y otros a entre 25 y 40 m para submarinistas con experiencia, por no hablar de los barcos hundidos a propósito para que no falte de nada.

Dónde bucear

Casi todos los puntos de inmersión están en la costa oeste, entre Boucan Canot y St-Pierre.

St-Gilles-les-Bains

St-Gilles gustará a quienes prefieran una inmersión relajada por arrecifes que descienden escalonadamente formando valles hasta llegar a un lecho marino de arena a 25 m (muy placentero). Pelágicos no hay muchos, pero sí especies coralinas pequeñas.

➡ **Tour de Boucan** (plano p. 189) Un maravilloso territorio submarino para todos los niveles, con un enorme peñasco donde proliferan muchas especies.

➡ **Le Pain de Sucre** (plano p. 189) El marco es el punto fuerte, con un terreno contorneado e infinidad de pequeñas criaturas en sus recovecos: damiselas azules, escáridos, peces ballesta y langostas, así como abanicos de mar. Ideal para principiantes.

➡ **Petites Gorgones** (plano p. 189) Saliba, como también se le conoce, es apto para todos los niveles. Mucha atención a las escorpinas y las tortugas.

➡ **La Passe de L'Hermitage** (plano p. 189) Tremenda inmersión: un terreno bellamente esculpido, con pequeños cañones y grandes rocas, que concentra a muchas especies. Lástima que suela haber poca visibilidad.

➡ **'Haï Siang'** (plano p. 189) A 55 m, este evocador barco solo se recomienda a submarinistas con experiencia. Apenas hay peces.

➡ **'Navarra'** (plano p. 189) Este pecio está bastante estropeado, pero atrae a infinidad de especies coralinas. Está a 55 m; solo para submarinistas expertos.

➡ **'La Barge'** (plano p. 189) Frente a St-Paul, un descenso relajado (menos de 22 m) a un pecio deteriorado que aloja infinidad de pececitos. Ideal para principiantes.

St-Leu

St-Leu tiene espléndidas pendientes y bonitos arrecifes de coral, pero menos peces que St-Gilles-les-Bains. Aquí las paredes submarinas tocan fondo a docenas de metros.

➡ **Tombant de la Pointe au Sel** (Sur de St-Leu) Considerado unánimemente como el mejor punto de inmersión de Reunión, esta impresionante pendiente es un escenario fantástico, un ecosistema abarrotado de peces, incluidos pelágicos, sobre todo atunes, barracudas y jureles plateados. Solo para expertos.

➡ **Le Jardin des Kiosques** Edén de principiantes, muy seguro y sugestivo, a profundidades de entre 3 y 18 m. Con pequeños cañones y canales.

➡ **La Maison Verte** Un lugar relajante, con bonitas formaciones coralinas a menos de 6 m.

➡ **'Antonio Lorenzo'** Los entusiastas de los barcos hundidos no deben perderse este navío bien conservado que yace en el lecho de arena a 38 m, frente a Pointe des Chateaux. Hay muchos peces y se puede acceder al casco.

St-Pierre

St-Pierre se reserva para los submarinistas más duchos. Apenas se publicita, por lo que hay sitios intactos entre St-Pierre y Grand Bois, pero su mayor reclamo es la topografía, con infinidad de cordilleras, cañones y pendientes.

➡ **Les Ancres y Le Tombant aux Ancres** Un arrecife inclinado engalanado con sanas colonias de coral y algunas viejas anclas.

➡ **Demhotel** Bonita inmersión frente a Grand Bois por una contorneada llanura con protuberantes formaciones basálticas y arcos. Suele haber muchos peces.

De interés

Condiciones de buceo

Entre octubre a abril es la mejor época porque el agua está más cálida (28°C aprox.), pero se puede bucear todo el año. No obstante, deberían evitarse febrero y marzo, época de ciclones. En agosto las temperaturas pueden descender a 21°C.

Operadores

Los centros de submarinismo se concentran en St-Gilles-les-Bains, St-Leu y St-Pierre. El nivel de los servicios es alto. Hay centros profesionales con instructores cualificados para alumnos de todos los niveles. La mayoría está afiliada a PADI, Scuba Schools International (SSI) o CMAS, todos ellos organismos reconocidos internacionalmente.

Conviene saber que para practicar submarinismo en territorio francés es obligatorio presentar un certificado médico que demuestre que se está en buenas condiciones físicas. Se puede pedir al médico del viajero en el país de residencia y mandarlo por fax o correo electrónico al centro de submarinismo, o buscar a un facultativo en Reunión.

Seychelles

Las Seychelles, que se venden como uno de los principales destinos de submarinismo

QUÉ SE VERÁ

Hay que ser francos: el Índico occidental no es el reino marino más rico del mundo (hay partes del Caribe, el sur del Pacífico y el mar Rojo con más variedad de peces). Pero eso no quiere decir que sea pobre, de hecho, tiene desde minúsculos nudibranquios a enormes tiburones ballena. Es solo cuestión de cantidad, no de variedad.

Peces de arrecifes
En los arrecifes merodea una variedad mareante de especies, incluidos los peces payaso, escáridos, peces ángel, letrínidos, peces mariposa y varios tipos de meros. Con frecuencia también se ven morenas.

Pelágicos
Los pelágicos (animales grandes que viven en mar abierto, como el atún y las barracudas) a veces frecuentan los arrecifes en busca de presas. De las especies de tiburón que habitan en estas aguas, los más comunes son el tiburón de arrecife de punta blanca, el martillo y el tiburón ballena, bastante dócil.

Rayas
La manta gigante es la especie que más se ve en las Seychelles y Mauricio. Una de las pastinacas más grandes que frecuenta Shark Bank, delante de Mahé, es la raya látigo manchada (puede alcanzar los 2 m de longitud). La raya de arrecife suele planear en zonas arenosas entre los peñascos graníticos de las Seychelles.

Tortugas
El mejor lugar para ver quelonios en estado salvaje son las Seychelles, donde hay zonas importantes de desove para tortugas carey y verdes.

Coral
El coral no es un punto fuerte en la zona. Los arrecifes superficiales del Índico fueron seriamente dañados por el blanqueo en 1997 y 1998. En algunas partes de las Seychelles hasta el 90% de los corales duros fueron aniquilados. Se sigue luchando por recuperarlo y hay signos alentadores de nuevo crecimiento.

del Índico, son casi tan interesante como las Maldivas, pero se las da mucho menos bombo. No es necesario ser un experto, hay sitios para todos los niveles.

Se pueden practicar excelentes inmersiones en Mahé, Praslin y La Digue, las tres islas principales, pero también en aguas de islas más apartadas. El mayor reclamo es la topografía submarina, donde no faltan grandes rocas de granito ni montañas submarinas.

Dónde bucear
Mahé

➡ **Shark Bank** Los expertos no deberían perdérsela. El nombre puede desorientar (banco de tiburones), porque, aunque los hay, son muy pocos los escualos que pueblan esta llanura de granito a 30 m de profundidad y a 9 km de la costa de Beau Vallon (Mahé). En su lugar, se verán rayas látigo manchadas (del tamaño de un automóvil pequeño), rayas jaspeadas, barracudas, peces murciélagos e infinidad de pargos de cola amarilla y atunes de ojos grandes. Aquí las corrientes casi siempre son fuertes.

➡ **Îlot** Este islote de granito, en la punta norte de Mahé, consta de varios peñascos grandes coronados por palmeras. La corriente en el canal puede ser bastante fuerte, pero los peñascos permiten una de las mayores densidades de peces de las Seychelles. Los *Tubastrea aurea* engalanan los cañones y hondonadas, y también abundan las gorgonias y otros corales blandos. Îlot está a 15 min en barco de Beau Vallon.

➡ **Brissare Rocks** Desde Beau Vallon se puede ir a este pináculo granítico, 5 km al norte de Mahé. Aquí habitan abundantes corales de fuego y grandes bancos de pargos de cola amarilla, lábridos, escáridos y fusileros, así como meros y rayas jaspeadas. Está cubierto de esponjas naranjas y gorgonias blancas.

JEAN-BERNARD CARILLET / GETTY IMAGES ©

Arriba: submarinismo en Brissare Rocks (p. 294), Mahé, Seychelles.

Abajo: buceo frente a Cocos (p. 312), La Digue, Seychelles.

➡ **Twin Barges** Estas dos barcazas hundidas yacen sobre el lecho marino a 20 m de profundidad en la bahía de Beau Vallon.

➡ **'Aldebaran'** Este barco fue hundido en el 2010 frente a Anse Major, la profundidad máxima es de 40 m. Sirve de refugio a morenas, meros y rayas.

➡ **Alice in Wonderland** Famoso por sus sanas formaciones coralinas. Frente a Anse à la Mouche.

➡ **Jailhouse Rock** Enérgica inmersión a la deriva para submarinistas expertos, con una variedad apabullante de peces. Frente a Pointe Lazare.

➡ **Shark Point** Se suelen ver tiburones de arrecife de punta blanca, tiburones nodriza y tiburones grises. Delante de Pointe Lazare.

Praslin y La Digue

➡ **Aride Bank** Frente a la isla de Aride, a este cristalino lugar se puede ir desde Praslin en una tediosa travesía de 30 min. A los submarinistas locales más duchos les encanta porque pueden ver rayas, pargos, tiburones nodriza, jureles plateados, barracudas, peces Napoleón y preciosos abanicos de mar.

➡ **Booby Islet** Casi a medio camino entre las islas de Aride y Praslin, esta montaña submarina expuesta acoge infinidad de peces: escáridos, peces Napoleón, morenas, tortugas, rayas jaspeadas y tiburones nodriza a menos de 20 m de profundidad.

➡ **Anse Sévère** Está cerca de la costa de La Digue y es de fácil inmersión.

➡ **Cousin** Un sitio sencillo en aguas de la isla de Cousin.

➡ **Isla de Marianne** Un islote al este de La Digue, célebre por su densa población de peces (tiburones grises, rayas látigo, barracudas, rayas jaspeadas y tiburones nodriza, entre otros) y por un contorneado paisaje submarino.

➡ **White Bank** Impresionante paisaje submarino (túneles, arcos) y muchos peces, entre los que destacan bancos de jureles plateados y algún que otro rinobátido.

➡ **Ave Maria Rocks** Una montaña submarina al noroeste de La Digue con rica vida marina, incluidos tiburones.

Otros puntos de las Islas Interiores y Exteriores

Para submarinistas con alto poder adquisitivo, las islas privadas de Frégate, North, Silhouette y Denis se prestan a un buceo inolvidable, con sitios 100% intactos y una única embarcación: la del viajero. Más apartados están Aldabra, Cosmoledo y Astove, que ya son palabras mayores. Cuentan con los mejores lugares de submarinismo del Índico oriental, con un frenesí de vida submarina en un territorio totalmente virgen y enérgicas inmersiones a la deriva. El gran problema para acceder a ellas es la fuerte presencia de piratas en la zona.

➡ **Napoleon** (islas Alphonse) Una de las inmersiones emblemáticas en las Alphonse, con mucha actividad submarina: peces Napoleón, *Plectorhinchus albovittatus,* pargos, bonitos, tortugas laúd, jureles de aleta azul, barracudas y peces ballesta a menos de 20 m de profundidad. El paisaje es muy pintoresco, con enormes pináculos de coral que sobresalen en una extensa llanura.

➡ **The Abyss** (islas Alphonse) Cornisas y salientes cubiertas de fotogénicos caprichos coralinos y abanicos de mar caracterizan este pintoresco tramo de arrecife. Se verán *Plectorhinchus vittatus,* rayas jaspeadas, tortugas, meros gigantes y casartes ojón.

➡ **The Arcade** (islas Alphonse) Para magia, la de este lugar, célebre por su rica vida submarina y sus saludables jardines de coral. Deja boquiabiertos a los submarinistas por la increíble variedad de peces, incluidos bancos de *Plectorhinchus albovittatus* y fusileros, atunes de ojos grandes y jureles de aleta azul, peces murciélago de labios rojos, pargos, peces ballesta y peces globo. También hay tortugas laúd.

➡ **The Pinnacles** (islas Alphonse) En este lugar siempre hay muchos peces. Aquí el arrecife se precipita a un increíble abismo por una pendiente escalonada decorada con grandes abanicos de mar pero no hace falta bajar tanto: *anthiinae,* pargos de rayas azules y de dos manchas, *Gymnothorax favagineus,* meros, jureles de aleta azul e incluso tiburones de puntas plateadas se suelen ver a menos de 25 m.

➡ **Morane** A 50 min en barco desde Silhouette, Morane luce un conjunto de peñascos repartidos por un lecho de arena a 20 m. Es un edén frecuentado por enormes rayas látigo y jaspeadas, mantas gigantes, escorpinas, jureles y peces león, entre otros. Las corrientes son fuertes: solo se recomienda a submarinistas con experiencia. El largo trayecto en barco vale la pena.

PUESTA A PUNTO SUBMARINISMO

BUCEO CON TUBO

Si no apetece una inmersión total, se puede bucear con tubo en los tres países, que cuentan con muchos centros que alquilan equipos. Es una forma fantástica de explorar el mundo submarino con un equipo mínimo y sin los gastos asociados al submarinismo. Incluso los arrecifes coralinos más superficiales acogen a infinidad de criaturas multicolor.

Mauricio
Entre los principales puntos de buceo están el parque marino de Blue Bay y, la costa oeste, frente a Flic en Flac y Trou aux Biches, sin olvidar la laguna que rodea Rodrigues.

Reunión
La laguna que orilla la costa oeste entre St-Gilles-les-Bains y La Saline-les-Bains permite practicar un buceo estupendo, con fauna marina especialmente visible frente a L'Hermitage-les-Bains. Se recomienda atender a los consejos antes de sumergirse pues las corrientes pueden ser peligrosas y hay que ceñirse a las zonas vigiladas.

Seychelles
La lagunas protegidas son refugios seguros para bañistas y buceadores. Los parques nacionales de Ste Anne y de Port Launay, en las aguas de Mahé, gustan mucho y nunca fallan. En septiembre y octubre los buceadores pueden nadar junto a tiburones ballena. En las inmediaciones de Praslin se recomiendan las playas de Anse Lazio y Anse Volbert, o las salidas en barco desde Anse Volbert a la isla de St Pierre. Cerca de La Digue, los peñascos de granito sumergidos que rodean las islas Cocos, Grande Soeur y Marianne están atestados de peces.

➡ **Sprat City** (Silhouette) Un gran arrecife al norte de la isla de Silhouette que atrae a barracudas, petos, fusileros y peces murciélago de labios rojos, entre otros, y está generosamente cubierto por colonias diversas de coral. Durante el monzón del sureste proliferan los espadines.

➡ **Turtle Rock** Cerca de la punta nororiental de Silhouette, a unos 10 km, Turtle Rocks acoge un conjunto de caprichosas formaciones coralinas. Conviene fijarse para ver rayas jaspeadas, barracudas, jureles, fusileros y tortugas verdes.

➡ **Barracuda Rock** Su fuerte es el paisaje, con muchas cuevas pequeñas, arcos y grietas que esconden infinidad de pececitos de colores muy fotogénicos si hay buena visibilidad. También se pueden ver rayas jaspeadas, atunes, jureles gigantes, tiburones nodriza y rayas látigo.

➡ **Lion Rock** Es el punto de inmersión obligado en Frégate. Consiste en un diminuto islote visible desde la isla principal. El variado paisaje reúne a muchas especies, entre otras, tiburones nodriza, rayas jaspeadas, peces león y langostas. Tiburones toro y tigre patrullan la zona con regularidad.

➡ **Little Fregate** Famosa por su nutrida vida marina y su variopinto terreno submarino.

De interés

Condiciones de bucear

Sumergirse en las Seychelles depende, y mucho, de las condiciones climatológicas, las corrientes y la dirección del viento. No obstante, hay sitios resguardados donde se puede bucear todo el año. El agua está más calmada de abril a mayo y de octubre a noviembre. Las corrientes y los vientos no garantizan la buena visibilidad, que puede ser de solo 5 m, pero que, en condiciones normales, puede alcanzar los 25 m.

Operadores

En las Seychelles hay unos 15 centros de submarinismo con personal y servicios de primera. Los hay en Mahé, Praslin, La Digue, Ste Anne, Silhouette, Frégate, Denis, North y las Alphonse. La mayoría está afiliada a PADI.

Mirador Le Maïdo (p. 189) al borde del Cirque de Mafate (p. 226).

Puesta a punto
Senderismo en Reunión

La gran baza, y la mejor, de Reunión son las excursiones. La isla, formada a partir de un volcán extinto (Piton des Neiges) y otro activo (Piton de la Fournaise), es un paraíso para senderistas, entusiastas de los deportes de aventura y cualquier persona que sepa apreciar la belleza de un entorno natural indómito.

Consejos

La seguridad es básicamente una cuestión de sentido común y preparación previa. Hay que recordar:

Antes de salir

➡ Conseguir un mapa detallado y actualizado.

➡ Cerciorarse del estado de los senderos.

➡ Consultar la previsión meteorológica.

➡ Informar a alguien de dónde se va si se camina solo.

➡ Salir lo bastante temprano para llegar al destino antes del anochecer.

Qué llevar

➡ Botas cómodas de senderismo.

➡ Equipo impermeable.

➡ Mucha agua y tentempiés de alto contenido calórico.

➡ Un botiquín de primeros auxilios.

Cuándo salir de excursión

La mejor época para calzarse las botas es la estación seca, de finales de abril a finales de octubre aproximadamente. Tal vez los mejores meses sean mayo y junio, pero también septiembre y octubre. Julio y agosto son más frescos, y durante los meses lluviosos hay algunos senderos inaccesibles.

El clima es tremendamente variable en toda la isla y tiende a empeorar a medida que avanza el día. Con el paso de las horas, las nubes se van acumulando en las zonas altas. Empezar temprano es una de las mejores defensas contra los antojos atmosféricos.

Los dos canales principales de TV emiten la previsión meteorológica después de las noticias de la noche. Otra opción es telefonear al servicio de voz de Météo France al ☎0892 68 02 00 (0,35 €/min.). Los boletines informativos sobre ciclones están disponibles en ☎0897 65 01 01

(0,6 €/llamada). Ambos servicios son en francés. También se puede consultar el portal www.meteofrance.re.

Qué llevar

Un buen calzado es vital para los senderos de Reunión, que son de gravilla y piedra y suelen ser empinados, resbaladizos y estar embarrados.

Se aconseja llevar agua (2 l para una excursión de un día, como mínimo), ropa impermeable, una prenda de abrigo, sombrero, protección solar, gafas de sol, repelente de insectos, silbato, linterna y botiquín de primeros auxilios que incluya gasas, vendas elásticas y bálsamo muscular para ampollas y lesiones menores. Los *gîtes* (refugios) facilitan sábanas y mantas, pero si se quiere dormir al raso en las tierras altas habrá que llevar un buen saco, porque las temperaturas en los Cirques caen por la noche.

La mayoría de los alojamientos y restaurantes solo acepta el pago en efectivo, de modo que se recomienda llevar un buen fajo de euros. En los Cirques solo se puede retirar dinero en los cajeros automáticos de las oficinas de correos en Salazie, Hell-Bourg y Cilaos, pero no hay que fiarse mucho.

En las tiendas de artículos deportivos o en los grandes supermercados de Reunión o Cilaos se pueden comprar la mayoría de las provisiones de última hora.

Rutas

Hay dos importantes rutas de excursionismo: la Grande Randonnée® Route 1 (GR® R1) y la Grande Randonnée® Route 2 (GR® R2), con muchos ramales. La GR® R1 emprende un recorrido por el Piton des Neiges, atraviesa Cilaos, el Forêt de Bébour-Bélouve, Hell-Bourg y el Cirque de Mafate. La GR® R2 propone una ardua travesía de punta a punta de la isla, desde St-Denis a St-Philippe, pasando por los tres Cirques, la Plaine-des-Cafres y el Piton de la Fournaise. Hay una tercera ruta, la Grande Randonnée® Route 3 (GR® R3), que traza un circuito por el Cirque de Mafate y coincide con tramos de la GR® R1 y la GR® R2.

Los senderos están bien cuidados pero las lluvias tropicales se comen el pavimento y arrasan escaleras y barandillas. Hasta

Excursionista en el Cirque de Cilaos (p. 211).

los excursionistas más expertos deberían prepararse para cuestas tortuosas, resbaladizas torrenteras de barro y estrechas pistas al filo de vertiginosos precipicios. En conjunto las rutas están bien señalizadas pero es vital llevar un buen mapa y comprobar el estado de las rutas; a veces se cierran por mantenimiento, sobre todo después de fuertes tormentas.

Información

Se puede obtener información sobre excursionismo en la Centrale d'Information et de Réservation Régionale-Île de la Réunion

Tourisme (p. 185) y en las oficinas de turismo asociadas, incluidas las de Cilaos, Salazie, Hell-Bourg, Ste-Suzanne, St-Gilles-les-Bains, St-Pierre, St-Leu, Plaine-des-Palmistes, Ste-Anne, St-Joseph y Bourg-Murat. Todas hacen reservas en los *gîtes d'étape et de randonnée* (refugios) e informan de los caminos inaccesibles.

La web de la agencia (www.reunion.fr) es, con diferencia, el portal más útil para excursionistas. Permite reservar alojamientos en línea. También son prácticas www.randopitons.re y www.gites-refuges.com.

Para información sobre el estado de los senderos, consúltese www.onf.fr/la-reunion/sommaire/loisirs_en_foret/randonner/organiser.

La **Fédération Française de la Randonnée Pédestre** (FFRandonnée; www.ffrandonnee.fr) se encarga de ampliar y cuidar los senderos de la GR®.

La guía definitiva para las GR® R1, GR® R2 y GR® R3 es la TopoGuides GR® Grande Randonnée *L'Île de la Réunion* (2014), publicada por FFRandonnée. Utiliza mapas del IGN a escala 1:25 000 y detalla los itinerarios. La GR® R1 está trazada en seis *étapes* (etapas), la GR® R2 en 12, y la GR® R3 en cinco.

Excursionista disfrutando de un alto en el camino

La FFRandonnée edita además las Topo-Guide PR® *Sentiers forestiers de L'Île de la Réunion* (2011), que abarcan 25 itinerarios a pie, desde paseos de 1 h a caminatas de 6 h.

Publicada localmente por Orphie, *52 Balades et Randonnées Faciles* se ha diseñado pensando en los niños y propone salidas de menos de 4 h. *62 Randonnées Réunionnaises* (también de Orphie) abarca un espectro más amplio de excursiones.

Mapas

Seis mapas de escala 1:25 000, publicados por el Institut Géographique National (www.ign.fr), abarcan toda la isla, están bastante actualizados y señalan los senderos y *gîtes*. El mapa nº 4402 RT es uno de los más prácticos porque comprende el Cirque de Mafate, el Cirque de Salazie y la parte norte del Cirque de Cilaos.

Circuitos y guías

Los caminos de montaña están más que probados y bastante bien señalizados pero se conocerá mejor el entorno que se pisa si se contrata un guía.

Se puede contactar con guías de montaña, totalmente cualificados, a través de la Centrale d'Information et de Réservation Régionale-Île de la Réunion Tourisme (p. 185) y oficinas de turismo locales. Los precios son negociables y se modifican según la duración y el nivel de dificultad; una sencilla salida de un día cuesta desde 50 € por persona (cuatro mín.).

Aparksa Montagne (p. 213)

Austral Aventure (p. 223)

Kokapat Rando (☑0262 33 30 14, 0692 69 94 14; www.kokapatrando-reunion.com)

Réunion Mer et Montagne (☑0692 83 38 68; www.reunionmeretmontagne.com)

Run Évasion (p. 213)

Dónde dormir y comer

Casi todos los alojamientos para excursionistas consisten en *gîtes de montagne* (la mayoría en los senderos, en lugares aislados) o en *gîtes d'étape,* de gestión privada,

Hell-Bourg (p. 221), Cirque de Salazie.

junto a los caminos de montaña. Ambos ofrecen camas en dormitorios colectivos y comidas. Los dos tipos de *gîte* apenas se distinguen en términos de comodidad o instalaciones. Casi todos tienen duchas de agua caliente (calentada con energía solar). Una tercera opción son las pequeñas *chambres d'hôtes* de gestión familiar, la mayoría en los pueblos sitos en ambos extremos de los senderos. Seguramente se elegirá una u otra opción en función de la disponibilidad de camas. Además, hay algunos hoteles en Hell-Bourg y Cilaos, para esa última noche de lujo (y calefacción central) antes de emprender la marcha.

Una noche en un alojamiento sin comida cuesta 16-18 €. Uno con media pensión, unos 45 € por persona.

También se puede acampar gratis en zonas de los Cirques, pero solo una noche cada vez. Plantar la tienda en el Piton de la Fournaise, el volcán, está prohibido por razones obvias.

La mayoría de los *gîtes* sirven comidas criollas, que suelen ser consistentes, aunque básicas para según qué paladares. Los platos habituales son *carri poulet* (pollo al curri), *boucané* (cerdo ahumado) o *rougail*

saucisses (salchichas con arroz y especias) y, a menudo, vino local o *rhum arrangé* (ponche de ron) para acompañar. Como desayuno se acostumbra a servir solo una taza de café con *biscottes* (biscotes) o, con suerte, pan y mermelada.

Si el viajero quiere autoabastecerse, se aconseja llevar mucha comida rica en carbohidratos. Conviene tener en cuenta que hay pocos *gîtes* con cocina para los clientes; se recomienda llevar un hornillo. Huelga decir que está prohibido encender fuego en ninguna zona forestal. Algunos pueblos de los Cirques tienen colmados con poca variedad de alimentos.

Reservas

Se recomienda reservar el alojamiento antes de llegar a Reunión, sobre todo en las épocas más concurridas (julio, agosto y Navidad). En otros momentos se debería reservar al menos con dos meses de antelación como mínimo, especialmente para lugares populares como los *gîtes* en Caverne Dufour (para ir al Piton des Neiges) y el Piton de la Fournaise.

Los *gîtes de montagne* los gestiona la Centrale de Réservation-Île de la Réunion (p. 185) y deben reservarse y pagarse por adelantado, a través de su web y en las oficinas de turismo. Como comprobante de pago se obtendrá un recibo que debe enseñarse al gerente del *gîte* escogido. Si se quiere comer en el *gîte* hay que encargarlo un día antes, como mínimo; si se prefiere, se puede encargar cuando se reserve el alojamiento, pero las comidas deben abonarse en el sitio.

Para las *gîtes* de propiedad privada la logística es menos restrictiva; se puede reservar directamente a través de la *gîte*.

Excursiones largas

Haut Mafate

¿Quién no se enamoraría del Haut Mafate? Entre sus encantos cabe destacar la arbolada Plaine des Tamarins, el profundo valle de la Rivière des Galets, la cascada en Trois Roches y las ruinas de la Maison Laclos que, según parece, es la vivienda más antigua en el Cirque. Y cómo no, también se disfrutará de vistas encomiables en todas direcciones.

Arriba: cascada de Trois Bassins.

Abajo: de excursión al Piton de la Fournaise (p. 231).

AZAM JEAN-PAUL/GETTY IMAGES©

CAMINATAS ECOLÓGICAS

Para ayudar a conservar la belleza de Reunión deben tenerse en cuenta los siguientes consejos.

Basura

➡ Hay que llevarse consigo toda la basura, también los desperdicios fáciles de olvidar como el papel de plata, la piel de naranja, las colillas y los envoltorios de plástico. Los envases vacíos deben depositarse en bolsas de basura específicas.

➡ No enterrar jamás la basura: sepultarla altera el suelo y la cubierta vegetal y estimula la erosión. Puede que los animales desentierren la basura soterrada y, de paso, se hagan daño o envenenen.

➡ Minimizar los desperdicios llevando solo lo que se necesita y la comida justa. Usar contenedores reutilizables o bolsas de almacenamiento.

➡ Los productos sanitarios, preservativos y papel higiénico deben llevarse de vuelta: no se destruyen ni se descomponen totalmente.

Eliminación de residuos humanos

➡ La contaminación de las fuentes de agua por heces humanas puede provocar la transmisión de todo tipo de enfermedades. Allí donde haya un inodoro, debe utilizarse. Si no lo hay, deben enterrarse los excrementos.

Erosión

➡ Las paredes y laderas montañosas, sobre todo a gran altitud, se erosionan con facilidad. Hay que ceñirse a los senderos ya existentes y evitar atajos.

➡ Si un transitado sendero atraviesa un charco de barro hay que cruzarlo para no aumentar su tamaño.

➡ No llevarse ninguna planta, pues conservan la capa superficial del suelo.

Se pueden ver las zonas más panorámicas del Haut Mafate en una ruta circular de cuatro días que recala en las aldeas de La Nouvelle, Roche-Plate y Marla. Esta excursión se puede combinar fácilmente con el Bas Mafate (sumando otros cuatro días).

Se puede ir al Haut Mafate por varios puntos pero el más conveniente es el aparcamiento del Col des Bœufs, en el Cirque de Salazie. Desde allí a La Nouvelle, en el Haut Mafate, se tardan unas 2 h.

El mapa topográfico 4402 RT del IGN y a escala 1:25 000 abarca toda la zona.

Haut Mafate de un vistazo

Duración 4 días

Distancia 20,4 km

Dificultad Media

Inicio/final Aparcamiento del Col des Bœufs

Población más próxima Grand Îlet

Bas Mafate

El circuito más popular arranca en el valle de la Rivière des Galets y pasa por todas las *îlets* (aldeas) del Bas Mafate, que incluyen Aurère, Îlet à Malheur, La Plaque, Îlet à Bourse, Grand Place Les Hauts, Grand Place, Cayenne, Les Lataniers e Îlet des Orangers. Se trata de una excursión de cuatro días pero se puede planear un itinerario más largo o más corto en función del tiempo y energía disponibles.

De tener tiempo, el viajero puede enlazar con el itinerario de la Haut Mafate (otros cuatro días). Un camino comunica Îlet des Orangers y Roche-Plate. Desde Les Lataniers, también se puede ir a Roche-Plate vía el Sentier Dacerle.

El mapa topográfico 4402 RT del IGN a escala 1:25 000 abarca la zona.

Bas Mafate de un vistazo

Duración 4 días

Distancia 30 km

Dificultad Media

Lago Grand Étang (p. 259), St-Benoî

Inicio Deux Bras

Final Sans Souci

Poblaciones más próximas Rivière des Galets y Sans Souci

Tour des Cirques

El Tour des Cirques (Circuito por los Cirques) es todo un clásico en Reunión que deja en la memoria del senderista recuerdos inolvidables. Aúna lo mejor de los tres Cirques, con tres entornos distintos y paisajes variados. Y como regalo, se atravesarán pueblos con alojamientos acogedores y bien equipados.

Es mejor salir desde Cilaos, que cuenta con excelentes instalaciones para senderistas y con un *spa* para mimarse después de la excursión. Recorre 51,5 km y se puede completar en cinco días, pasando por el Piton des Neiges, Hell-Bourg, Grand Îlet, La Nouvelle (vía el Col des Bœufs) y el Col du Taïbit.

Tour des Cirques de un vistazo

Duración 5 días

Distancia 51,5 km

Dificultad Alta

Inicio/final Cilaos

Excursiones cortas

De no disponer de tiempo para un recorrido de varios días, se ofrecen fabulosas excursiones de un día que permiten saborear la vida rural en Reunión. Una de las imprescindibles es la subida al volcán Piton de la Fournaise, desde el Pas de Bellecombe.

Si se está en buena forma se puede alcanzar el punto más elevado de Reunión, el Piton des Neiges, en un día, pero la mayoría de visitantes prefieren pasar la noche en el Gîte de la Caverne Dufour (p. 217).

Otra actividad popular es la exploración de las cuevas de lava ubicadas en la costa sureste. Se caminará (o gateará) por resbaladizas rocas a través de túneles y cuevas formados por erupciones volcánicas.

Las oficinas de turismo disponen de mucha información sobre salidas cortas y sencillas.

De un vistazo

Cuatro destinos isleños únicos en medio de las cálidas aguas color celeste del océano Índico: Mauricio, Rodrigues, Reunión y las Seychelles pueden presumir de ser un pedacito del paraíso. Pero cada una tiene sus particularidades y el viajero podrá elegir las que mejor se adapten a sus necesidades. Mauricio combina cultura y costa, y alcanza el equilibrio perfecto, mientras que Reunión, con sus oníricos paisajes montañosos, es un edén para los viajeros más activos. Los más playeros deberían dirigirse a las Seychelles, con algunas de las playas más atractivas del planeta. Rodrigues es una joya rural olvidada en el tiempo que hará las delicias de quienes busquen algo diferente.

Mauricio

Cultura
Playas
Deportes acuáticos

Pasado y presente

Los visitantes suelen quedarse boquiabiertos con la devoción desatada de las coloridas fiestas (sean hinduistas, cristianas, chinas o musulmanas) que se celebran en la isla. Los interesados en la arquitectura tienen una cita con los edificios históricos del país, sobre todo las casas coloniales de las plantaciones.

Playas de infarto

El viajero no sabrá por qué playa decantarse. La mayoría de los complejos turísticos y pensiones da a playas perfectas de arena blanca e impresionantes aguas azul zafiro. Lo mejor de todo es que, pese al gentío, cada uno puede estar fácilmente a sus anchas en su pedacito del paraíso.

Maravillas acuáticas

Mauricio es el lugar indicado para actividades acuáticas. De hecho, se puede hacer de todo, desde *kitesurf,* kayak y *windsurf* a buceo y submarinismo de primera. Y los largos paseos por la playa también cuentan.

P. 46

Rodrigues

Submarinismo
Vida de pueblo
Paseos

Un mundo submarino intacto

Como no hay complejos turísticos y los ecosistemas marinos están prácticamente intactos, Rodrigues es uno de los mejores destinos para submarinismo del Índico, con tiburones, jureles gigantes y barracudas a montones.

Perdido en el tiempo

Port Mathurin, la soñolienta capital de Rodrigues, invita a sumergirse en el tiempo isleño y así saborear su ritmo de vida al ralentí. Alojamientos accesibles en casas particulares, mercados pequeños, aldeas ancladas en el tiempo y sonrisas de bienvenida. Al viajero le costará encontrar un destino más despreocupado para abandonarse a unas vacaciones sin preocupación alguna.

Paseos por la costa

El litoral que va de Graviers a St François es una sucesión de ensenadas y calas acariciadas por aguas azul zafiro, con playas y vastas extensiones de rocas. Quién sabe, quizá se encuentre algún botín pirata escondido.

P. 161

Reunión

Al aire libre
Paisajes
Comida

Dosis de adrenalina

Con un territorio tan polifacético, Reunión es un escenario increíble para quienes busquen acción, desde barranquismo y parapente a *rafting* en aguas bravas y paseos a caballo, y todo un mundo a descubrir en lo que a senderismo se refiere.

Montañas espectaculares

Picos colosales, valles exuberantes, cimas majestuosas, miradores asombrosos, cascadas más altas que rascacielos, bosques impresionantes y uno de los volcanes más activos del mundo: la quebrada topografía de Reunión deja sin habla.

'Bon appétit'

Los sibaritas están de enhorabuena: en Reunión, hasta el sabor de la comida más simple jamás se olvidará. Piénsese en gastronomía francesa, con los ingredientes más frescos aquí y un toque criollo allá y otro hindú allá.

P. 175

Seychelles

Playas
Fauna
Fabulosos 'resorts'

Arena blanca perfecta

Muchos piensan que las imágenes de mares turquesa y arenas blancas de los folletos están retocadas digitalmente pero, al llegar, se percatan de que las fotografías apenas les hacen justicia. Las Seychelles son el paraíso tropical con el que siempre se ha soñado.

Observación de fauna

Aquí cualquier amante de la naturaleza puede cumplir con su sueño: acercarse y fotografiar variados y carismáticos animales. Se puede rascar el cuello de una tortuga gigante, nadar junto a un enorme tiburón ballena, observar el desove de miles de charranes sombríos o buscar la rana más pequeña del planeta. Siempre hay que llevar la cámara encima.

Vida de lujo

Pocos lugares tienen la concentración de *resorts* de talla mundial que hay aquí. Y para todos los gustos: pequeño y romántico, 100% glamuroso o lujoso rústico.

P. 279

En ruta

Mauricio

1,34 MILLONES DE HAB. / ☑230

Los mejores restaurantes

➡ Eureka Table d'Hôte (p. 60)

➡ Le Château Restaurant (p. 120)

➡ Chez Tante Athalie (p. 83)

➡ Palais de Barbizon (p. 99)

➡ Cabanne du Pêcheur (p. 69)

➡ Lambic (p. 54)

Los mejores alojamientos

➡ Le Saint Géran (p. 129)

➡ Le Prince Maurice (p. 129)

➡ Lux Le Morne (p. 105)

➡ La Maison d'Été (p. 130)

➡ Le Preskîl (p. 115)

Por qué ir

En su día, Mark Twain escribió: "Mauricio se hizo antes que el cielo y, para hacer el cielo, copiaron Mauricio". Es verdad en casi todo, las aguas azul zafiro, las playas de fina arena blanca y los complejos de lujo justifican su fama, pero Mauricio tiene otros encantos aparte de las playas: observación de aves, senderismo por la fronda y las montañas del interior o buceo y submarinismo de talla mundial. También se puede navegar hasta islotes casi perfectos y salir de excursión para visitar fabulosos jardines botánicos y las casas coloniales de las plantaciones. En cualquier caso, las opciones parecen infinitas, y la verdadera Mauricio (un picante curri de culturas, tráfico y plácidas aldeas de pescadores) siempre está a un paso.

Básicamente se trata de una isla donde cualquier intento de exploración, por mínimo que sea, tiene su recompensa. Así es que, si el mayor descubrimiento que haya podido hacer el viajero es el servicio de mayordomos de playa de su hotel de lujo, quizás debería plantearse una segunda visita.

Cuándo ir

➡ Mauricio disfruta del típico clima tropical, con calor todo el año. Los meses de verano van de diciembre a abril, y pueden ser rematadamente húmedos. El invierno, más fresco o menos húmedo, va de mayo a noviembre. Las temperaturas en la costa oscilan entre 25 y 33°C en verano y entre 18 y 24°C en invierno; en la meseta central, unos 5°C menos.

➡ Enero y febrero son los meses de los ciclones, que se pueden alargar hasta abril.

➡ La temporada alta abarca de noviembre a abril (aprox.), con un pico en el período de Navidad y Año Nuevo, aunque hay otros factores (como las vacaciones escolares francesas, por ejemplo) que pueden disparar los precios y el número de visitantes.

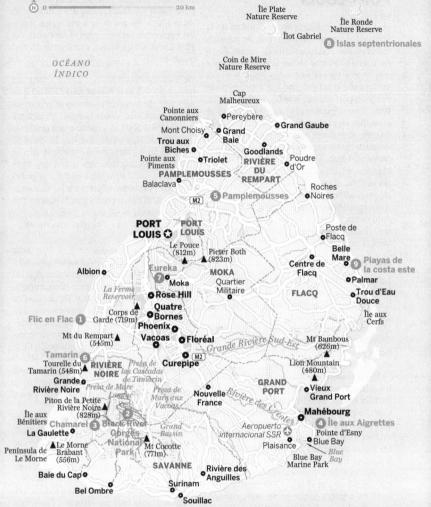

Imprescindible

1 Flic en Flac (p. 85) El mejor submarinismo y buceo.

2 Black River Gorges National Park (p. 101) Gargantas boscosas, cascadas y aves en peligro de extinción.

3 Chamarel (p. 96) Pueblo de montaña con oferta gastronómica al alza.

4 Île aux Aigrettes (p. 113) Navegar hasta esta preciosa isla y descubrir cómo era Mauricio en tiempos pasados.

5 Pamplemousses (p. 113) Visitar un jardín botánico, un museo del azúcar y una bonita reliquia arquitectónica.

6 Tamarin (p. 91) Buscar ballenas y delfines frente a la costa oeste.

7 Eureka (p. 59) La mejor arquitectura colonial de las plantaciones.

8 Islas septentrionales (p. 118) Orillar los bonitos picos de la costa en catamarán.

9 Playas de la costa este (p. 122) Dar con la playa perfecta al oriente de la isla.

PORT LOUIS

140 430 HAB.

Port Louis, la capital y mayor ciudad de la isla, recuerda un caleidoscopio de países y culturas, con destellos de India, África, Europa, China y Oriente Medio. Aunque, a menos que se esté en viaje de negocios o de visita prolongada en el país, no hay muchas razones para permanecer mucho tiempo en ella. Pero, si por casualidad el viajero debe pasar unos días en la ciudad, es un buen sitio para tomarle el pulso al país y tener un punto de vista alternativo al mundo exclusivo de complejos turísticos y playas privadas de la isla. Más interés aguarda en las bulliciosas calles del centro, el mosaico de barrios étnicos y algunos edificios coloniales magníficamente conservados. Salvo Le Caudan Waterfront, todo cierra al caer la noche, cuando muchos trabajadores regresan a sus hogares en la meseta central.

Historia

Los neerlandeses fueron los fundadores de lo que hoy es Port Louis en el s. XVII, al que llamaron Noordt Wester Haven. Sin embargo, fue el gobernador francés Bertrand François Mahé de Labourdonnais quien se hizo cargo de convertir la colonia en una verdadera ciudad y puerto en 1735. La fotogénica estatua en Place d'Armes le recuerda.

Pocas ciudades se han recuperado de tantos desastres naturales como Port Louis, o Port Napoleon, tal y como se la conoció brevemente a principios del s. XIX antes de que los británicos tomaran la isla. Entre 1773 y 1892 una serie de incendios, epidemias y tormentas tropicales arrasaron la ciudad. En 1819, la fragata *Topaz,* procedente de Manila, trajo consigo el cólera, provocando una epidemia que acabó con la vida de 700 personas. Se vivió en relativa calma hasta 1866, cuando un brote de malaria segó 3700 vidas. Fue en esta época cuando la gente empezó a emigrar a la meseta central en busca de un clima más fresco y saludable. Gracias a ello la pérdida de vidas humanas fue menor cuando, en 1892, un ciclón arrasó la ciudad y destruyó 3000 hogares.

En el s. XX Port Louis se convirtió en uno de los centros financieros y puertos más importantes de África, como atestigua el creciente número de bancos y rascacielos del centro.

◉ Puntos de interés

Port Louis tiene algunos museos excelentes, impresionantes joyas arquitectónicas y un frenético mercado central, razón suficiente para pasar medio día o un día entero lejos de la playa. Se puede ir a pie a casi todos los lugares de interés, pero el santuario del Père Laval queda lejos y es mejor ir en taxi o autobús.

★ **Mercado central**   MERCADO

(plano p. 50; ⊙5.30-17.30 lu-sa, hasta 23.30 do) Este mercado de merecida fama es el centro de la economía local desde la época victoriana, aunque en el 2004 se sometió a una profunda renovación. Hay quien dice que ha perdido parte de su encanto roñoso, aunque aún se puede ver alguna que otra rata, pero sigue siendo un buen sitio para tomarle el pulso a la vida cotidiana, observar a los tenderos y comprar algunos recuerdos. Más genuinas son las secciones de frutas y verduras, con medicinas naturales y afrodisíacos chinos.

★ **Blue Penny Museum**   MUSEO

(plano p. 50; ☑210 8176; www.bluepennymuseum.com; Le Caudan Waterfront; adultos/niños 245/120 MUR; ⊙10.00-17.00 lu-sa) Este museo, aunque dedicado a los mundialmente famosos sellos mauricianos de uno y dos peniques de 1847, abarca mucho más de lo que su nombre sugiere, pues documenta la historia de la exploración, asentamiento y colonización de la isla, e incluso aborda la leyenda de Pablo y Virginia. Es el mejor de la ciudad, aunque se advierte a los viajeros con problemas de movilidad que los sellos están en el 1er piso y no hay ascensor.

La pieza central de la colección son los dos sellos más raros del mundo, ambos de 1847, uno rojo de un penique y otro azul de dos peniques. Para que no pierdan color, se iluminan solo 10 min, 25 min después de cada hora en punto. Son un tesoro nacional, probablemente los objetos más valiosos de toda la isla.

En la planta baja aguarda una fantástica selección de mapas antiguos, grabados de diferentes períodos históricos y fotografías, así como la obra de arte más famosa del país: una estatua minuciosamente realista del escultor mauriciano Prosper d'Épinay, de 1884. Inspirada en la novela *Pablo y Virginia*, de Bernardin de St-Pierre, la escultura muestra al joven héroe cruzando un embravecido torrente con su amor en brazos.

Aapravasi Ghat   EDIFICIO HISTÓRICO

(plano p. 50; ☑217 7770; www.aapravasighat.org; 1 Quay St; ⊙9.00-16.00 lu-vi, hasta 12.00 sa) GRATIS El Aapravasi Ghat es un pequeño conjunto de edificios en el frente marítimo que fun-

SELLOS DE UN MILLÓN DE DÓLARES

A los filatélicos les flaquean las piernas cuando se les mencionan los sellos Post Office de uno y dos peniques de Mauricio. Emitidos en 1847, estos sellos se imprimieron incorrectamente con las palabras "Post Office" en lugar de "Post Paid". Al descubrirse el error, se retiraron de circulación, pero no antes de que la esposa del gobernador británico hubiera ya mandado decenas de invitaciones para uno de sus famosos bailes de sociedad.

Estas estampillas ahora están entre las más valiosas del mundo. La "Bordeaux Cover", una carta con ambos sellos que se mandó a Francia, se vendió por la friolera de 3,8 millones de dólares. En 1993 un consorcio de compañías mauricianas pagó 2,2 millones de dólares por dos ejemplares de ambas estampillas sin utilizar, que ahora se exponen en el Blue Penny Museum de Port Louis. Es el único lugar del mundo donde se exponen al público juntos.

cionó como principal terminal de inmigración de la isla para los trabajadores procedentes de la India. Lo mejor del recinto es el Beekrumsing Ramlallah Interpretation Centre, que ofrece muchas actividades infantiles. Para aprovechar mejor la visita se recomienda llamar antes para participar en el circuito guiado gratuito. Si se va por libre, se verán edificios de piedra de la época victoriana y maniquíes a tamaño real que representan a los inmigrantes estratégicamente colocados.

El *ghat* está en la lista del Patrimonio Mundial de la Unesco desde el 2006 por el importante papel que desempeñó en la historia social de la isla. Y aunque a primera vista no parezca gran cosa, es un referente nacional. En 1834 Gran Bretaña emitió la ley de servidumbre obligada por contrato y escogió Mauricio para llevarla a cabo. Entre 1849 y 1923 casi medio millón de personas llegaron aquí para trabajar en las plantaciones de caña de la isla o ser transferidos a otras colonias como Reunión y Australia, o a las posesiones británicas en África y el Caribe. Hoy casi el 70% de los ciudadanos de Mauricio tienen antepasados que pasaron por Aapravasi Ghat.

Mauritius Postal Museum · MUSEO

(plano p. 50; ☏ 213 4812; www.mauritiuspost.mu; Place du Quai; adultos/niños 150/90 MUR; ☺ 9.30-16.30 lu-vi, hasta 15.30 sa) Junto a la oficina central de correos, este interesante museo atesora una colección filatélica conmemorativa y parafernalia postal de todo el mundo. Una exposición relativamente nueva repasa la historia del correo en Mauricio a través de variadas fotografías y artefactos. De particular interés es la exposición sobre el servicio postal en las dependencias remotas de Agaléga y St Bandon.

Place d'Armes · PLAZA

(plano p. 50) El bulevar más imponente de la ciudad, arbolado con palmeras *Roystonea regia,* desemboca en la Government House, un precioso edificio de estilo colonial francés de 1738. Delante hay una estatua de la reina Victoria, con la consabida solemnidad y su cara de "no me lo paso nada bien". La estatua de Mahé de Labourdonnais, en el extremo de la avenida que da al muelle, se ha convertido en todo un emblema de Port Louis.

Natural History Museum & Mauritius Institute · MUSEO

(plano p. 50; ☏ 212 0639; La Chaussée St; ☺ 9.00-16.00 lu, ma, ju y vi, hasta 12.00 sa) GRATIS La principal atracción de este pequeño pero imponente museo es la famosa (aunque algo ajada) reconstrucción de un dodo. A finales del s. XIX, unos científicos escoceses montaron el ave de curiosa mirada a partir del único esqueleto completo de dodo existente, aunque algunos expertos mantienen que quizás este extinto animal fue un poco más grande.

Jardins de la Compagnie · JARDINES

(plano p. 50; ☺ 6.00-20.00 oct-mar, hasta 19.00 abr-sep) De lejos, los jardines más bonitos de la ciudad, con sus enormes higueras de Bengala, su profusión de estatuas, sus bancos tranquilos y sus fuentes. De día son totalmente seguros pero de noche se convierten en punto de reunión de prostitutas y drogadictos: evítense a toda costa. Durante el dominio colonial galo fueron campos de hortalizas de la Compañía Francesa de las Indias Orientales. Hoy es más conocido por las esculturas del artista local Prosper d'Épinay y por el queridísimo músico Ti Frère.

Capilla y santuario de Marie Reine de la Paix · IGLESIA

(plano p. 50; Monseigneur Leen Ave) Esta moderna capilla y santuario es muy frecuentada por

Port Louis

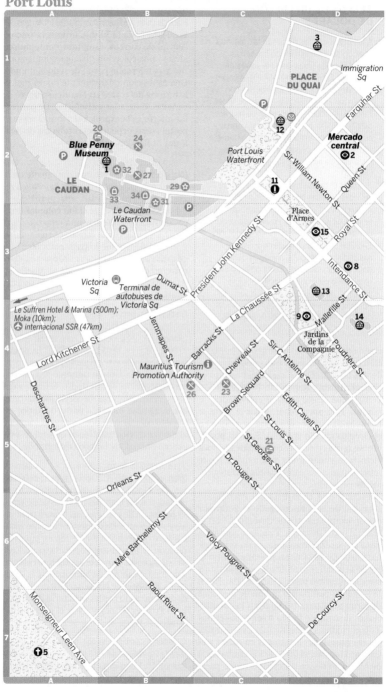

N 0 —————————————— 200 m

MAURICIO

Terminal del ferri (1km);
Pamplemousses (11km);
Grand Baie (25km)

Estación de
autobuses de
Immigration Sq

Emmanuel Anquetil St

Royal St

Seeneevassen St

17

CHINATOWN

10

Joseph Rivière St

6

Coraline Shipping
Agency (1,1km)

Pasteur St

Jummah Mosque St

25

28

L'Homme St

Rémy Ollier St

Coderie St

Sir Seewoosagur Ramgoolam St

Arsenal St

La Paix St

Bourbon St

Sir Virgil Naz St

16

PLAINE
VERTE

22

Dauphine St

30

Old Council
St

7

Jules Koenig St

Lislet Geoffrey St

19

Church St

Suffren St

Eugène Laurent St

Pope Hennessy St

Monseigneur Gonin St

Poudrière St

St Denis St

18

D'Estaing St

4

Labourdonnais St

Frère Felix de Valois St

Vishnu Kchetra St

Le Pouce
(4km)

Port Louis

los devotos, y sus jardines ornamentales brindan vistas de la ciudad. El papa Juan Pablo II ofició su primera misa aquí cuando visitó la isla. Las horas de apertura varían.

Musée de la Photographie MUSEO
(plano p. 50; ☎211 1705; www.voyaz.com/museephoto; Old Council St; entrada 150 MUR; ☺9.00-15.00 lu-vi) Al final de una calle adoquinada, delante del Municipal Theatre, este pequeño pero cautivador museo es un acto de amor del fotógrafo local Tristan Bréville. Ha coleccionado toda suerte de cámaras y grabados antiguos, entre los que destacan varios daguerrotipos (el predecesor de la fotografía) producidos en Mauricio en 1840, pocos meses después de descubrirse la técnica en Francia. También atesora un enorme archivo de fotografías históricas de la isla, aunque solo expone una parte.

Champ de Mars Racecourse HIPÓDROMO
(plano p. 50; ☎212 2212; www.mauritiusturfclub.com) El Mauritius Turf Club, fundado en 1812, convirtió este otrora campo de instrucción militar en el segundo hipódromo más antiguo del mundo. Aquí se declaró la independencia de Mauricio en 1968. La temporada de carreras va de abril a finales de noviembre, con competiciones los sábados o domingos. La **Maiden Cup** de septiembre es la prueba

más importante. Para conocer el calendario, contáctese con el Mauritius Turf Club o consúltese los medios de comunicación locales.

Fort Adelaide FORTALEZA
(plano p. 50) El Fort Adelaide parece un castillo morisco. Construida por los británicos, la fortaleza corona una colina, con vistas estupendas de la ciudad y el puerto. Se han restaurado y convertido los antiguos barracones en fascinantes *boutiques,* ideales para pasar un rato de compras. La ruta más rápida para subir es por Suffren St. Allow, unos 10 min.

SSR Memorial
Centre for Culture CENTRO CULTURAL
(plano p. 50; ☎242 0053; Sir Seewoosagur Ramgoolam St, Plaine Verte; ☺9.00-16.00 lu-vi, hasta 12.00 sa) GRATIS En esta sencilla casa, hoy museo, próxima al Jardin Plaine Verte, vivió el padre de la independencia de Mauricio, Seewoosagur Ramgoolam, entre 1935 y 1968. Ofrece un recorrido interesante por su vida, con fotografías, algunas de sus pertenencias e incluso películas sobre el gran hombre, muy querido por los mauricianos.

Chinatown ZONA
(plano p. 50) Los chinos siempre han ocupado una posición importante en la vida de Port Louis, y la zona comprendida entre las dos "puertas de la amistad" en Royal St consti-

tuye el centro del Chinatown de la ciudad. Es un buen sitio para comprobar la copiosa vida comercial de la comunidad china y ver los concurridos restaurantes y tiendas de alimentación, y las calles donde resuena el repiqueteo inconfundible de las fichas del *mah-jong*.

Mezquita Jummah   MEZQUITA
(plano p. 50; Royal St; ◷8.00-12.00 y 14.00-16.00 lu-ju, sa y do) La mezquita más importante de Mauricio se construyó en la década de 1850 y ofrece una impresionante combinación de arquitectura hinduista, criolla e islámica. Se puede visitar el apacible patio interior, salvo los viernes y durante todo el mes de Ramadán.

Plaine Verte   ZONA
(plano p. 50) En el punto más alejado de la ciudadela, Plaine Verte es el barrio musulmán de la ciudad, un fuerte contraste con los rascacielos de cristal del centro. Las descuidadas fachadas de la zona dan al barrio un cierto aire de abandono, pese al bullicio reinante. Tras callejear un poco en busca de panaderías escondidas, se recomienda ir a las animadas tiendas de telas de Papillon Street.

Catedral de San Jaime   CATEDRAL
(plano p. 50; Poudrière St) Inaugurada en 1850, esta es la iglesia anglicana más antigua de Mauricio, y presenta un interior plácido y enmaderado con placas que recuerdan a los personajes más respetables del lugar.

Catedral de San Luis   CATEDRAL
(plano p. 50; Sir William Newton St) Esta catedral, bastante austera, data de 1932 y es muy popular entre la comunidad cristiana china.

🛏 Dónde dormir

En general, no se recomienda pernoctar en Port Louis: hay pocos alojamientos de calidad y, cuando cae la noche, se convierte prácticamente en una ciudad fantasma. Aun así, hay algunas opciones, incluidas dos excelentes en Le Caudan Waterfront.

Le St Georges Hotel   HOTEL €€
(plano p. 50; ☎211 2581; www.saintgeorgeshotel-mu. com; 19 St Georges St; i/d desde 2500/3550 MUR; ❋@🛜⛱) En la AAA Tower y con el barrio residencial a sus pies, Le St Georges ofrece una relación calidad-precio magnífica. Las habitaciones son bastante anodinas pero están limpias y equipadas con todas las comodidades. Está bien ubicado, a 5 min a pie del centro.

MERECE LA PENA

SANTUARIO DEL PÈRE LAVAL

El Père Laval's Shrine (plano p. 58; ☎242 2129; ◷8.30-12.00 y 13.00-16.45 lu-sa, 10.00-12.00 y 13.00-16.00 do), el santuario del sacerdote y misionero católico francés padre Jacques-Désiré Laval viene a ser como Lourdes en el Índico, pues los peregrinos que acuden a él le atribuyen muchos milagros. El padre murió en 1864 y lo beatificó el papa Juan Pablo II en 1979 durante su visita a la isla. Al Père Laval se le atribuye la conversión de 67 000 personas al cristianismo durante sus 23 años en Mauricio. Para llegar, tómese un autobús con el rótulo "Cité La Cure" o "Père Laval" desde la estación de Immigration Sq.

El Père Laval es una figura muy popular entre los mauricianos de todos los credos. Los devotos acuden desde lugares lejanos como Sudáfrica, Gran Bretaña y Francia para conmemorar el aniversario de su muerte, el 9 de septiembre. Sobre la tumba luce la efigie de yeso coloreado del sacerdote manoseada por los peregrinos en busca de milagros.

En otras épocas del año reina la calma, aunque las misas del viernes a las 13.00 y 17.00 congregan a bastantes creyentes. En el mismo complejo hay una iglesia grande y moderna y una tienda que expone la sotana, la mitra, cartas y fotografías del sacerdote.

★ Le Suffren Hotel & Marina   HOTEL €€€
(plano p. 58; ☎202 4900; www.lesuffrenhotel.com; Le Caudan Waterfront; h desde 225 €; ❰P❱❋@🛜⛱) Alojamiento moderno y tranquilo, al que solo se puede ir en barco, en un breve trayecto. Para bien o para mal, el viajero se sentirá como alejado de la ciudad, aunque esté cerca del paseo marítimo. En el hotel se respira un ambiente muy agradable y alegre, con un agradable bar-*lounge*, un buen restaurante y habitaciones de contemporánea elegancia.

Labourdonnais Waterfront Hotel   HOTEL €€€
(plano p. 50; ☎202 4000; www.labourdonnais.com; Le Caudan Waterfront; h desde 265 €; ❋@🛜⛱) Este hotel ejecutivo de elegancia superior en Le Caudan Waterfront propone habitaciones intachables y luminosas; hasta las estándar

son enormes. Se ha reformado hace poco y luce una elegancia comedida, como de otra época. Todas las habitaciones tienen baño, pequeño eso sí, y la mayoría ofrece buenas vistas de la ciudad y el puerto, sobre todo las que coronan la torre de cada esquina.

Cuenta con gimnasio, piscina, sala de convenciones y varios restaurantes.

🍴 Dónde comer

Port Louis tiene una fantástica oferta de restaurantes donde impera la multiculturalidad. Como la clase media vive fuera de la ciudad, muchos solo abren al mediodía (de noche y en fin de semana hay que ir a Le Caudan Waterfront).

✕ Centro

El mercado central, Chinatown y las estaciones de autobuses son buenas zonas para picar algo en la calle, pero hay puestos por toda la ciudad que venden *samousas (samosas)*, *gâteaux piments* (buñuelos de guindilla) y *dhal puri* (tortitas de lentejas). La norma general es colocarse en la cola más larga, que suele ser garantía de calidad.

Bombay Sweets Mart DULCES €
(plano p. 50; 📋212 1628; www.bombaysweetsmart. com; 7 Rémy Ollier St; ⊗9.30-17.00 lu-vi, hasta 12.30 sa) Es célebre por sus aperitivos hindúes llamados jocosamente *caca pigeon* ("caca de paloma").

First Restaurant CHINA €
(plano p. 50; 📋212 0685; Royal St esq. Coderie St; principales desde 175 MUR; ⊗11.30-14.30 y 18.30-21.30 ma-do) Uno de los mejores restaurantes cantoneses de Chinatown, abarrotado de familias. Además, los precios son muy razonables.

Ru Yi CHINA €
(plano p. 50; 📋217 9888; 32 Joseph Rivière St; principales desde 175 MUR; ⊗11.00-14.00 y 18.00-22.00) Todos los restaurantes de Chinatown están bien, pero este gusta mucho por su comida genuina, con todos los clásicos chinos. La decoración no es nada del otro mundo.

★Lambic MAURICIANA, INTERNACIONAL €€
(plano p. 50; 📋212 6011; www.lambic.mu; 4 St Georges St; principales 275-650 MUR; ⊗8.00-hasta tarde lu-ju, 8.00-hasta tarde vi, 11.00-22.00 sa) En una casa colonial rehabilitada en pleno caos del centro, es un edén para los cerveceros, con decenas de marcas locales e importadas, en-

tre ellas una amplia selección belga. Propone también los típicos platos de pescado y carne, con algunas especialidades locales poco frecuentes como la liebre silvestre criolla.

Los camareros están muy versados en maridar los platos con pintas de cerveza, y si la barra de madera oscura, las vigas de añejos maderos y las servilletas dobladas a modo de abanicos no convencen al viajero, seguro que sí lo hacen los botelleros acristalados que revisten las paredes, con centenares de botellas de todo el mundo.

Courtyard EUROPEA €€
(plano p. 50; 📋210 0810; St Louis esq. Chevreau St; principales 500-1200 MUR; ⊗12.00-16.00 lu-vi) Este restaurante de estilo europeo, en torno a un bonito patio, también cuenta con un elegante comedor interior en un recinto de piedra restaurado. La carta es impresionante y se especializa en toda suerte de platos de fusión recién hechos, con propuestas como una selección de *carpaccio* y pescado y marisco.

✕ Le Caudan Waterfront

Hay restaurantes y cafés muy diversos en el complejo de Le Caudan, desde atestadas zonas de restauración a exclusivos establecimientos junto al mar.

Deck PESCADO €€
(plano p. 50; 📋5759 2344; Le Caudan Waterfront; principales 550-890 MUR; ⊗12.00-15.00 y 18.30-22.30 lu-sa) En su propio pontón del puerto, el Deck destaca por su ubicación, un poco apartada del bullicio de los bares ribereños, y regala buenas vistas, siempre y cuando se ignoren los desperdicios que flotan en el agua. La comida está bien, sin exagerar, en especial, el *vindaloo* de calamares y el pescado a la parrilla.

Yuzu ASIÁTICA, FUSIÓN €€
(plano p. 50; 📋202 4000; www.labourdonnais.com; Le Caudan Waterfront; menú 1600 MUR, principales 550-1300 MUR; ⊗12.00-15.00 y 19.00-22.30 lu-vi, 19.00-22.30 sa) Este elegante y sofisticado restaurante del Labourdonnais Waterfront Hotel funde cocinas tailandesa, vietnamita, china y japonesa. Un sabroso ejemplo lo constituye el pato al curri rojo tailandés de cocción lenta atemperado con leche de coco, tirabeques y berenjena frita; y, de postre, *dim sum* de piña y cacahuetes.

Brasserie Chic INTERNACIONAL €€
(plano p. 50; 📋202 4017; www.labourdonnais.com; Le Caudan Waterfront; principales desde 450 MUR;

⊙6.30-22.30) Esta elegante *brasserie* del Labourdonnais Waterfront Hotel (p. 53) sirve ensaladas, *bagels,* pasta, cazuelitas y cortes de carne. Hay incluso un bar de curris con seis tipos a elegir.

Namaste
INDIA €€
(plano p. 50; ☎211 6710; Le Caudan Waterfront; principales 375-675 MUR, menú 1175-1800 MUR; ⊙11.30-15.00 y 18.30-22.30) El evocador Namaste sirve excelentes especialidades del norte de la India como *tandooris, tikkas* y pollo a la mantequilla. Hay que intentar sentarse en una mesa del balcón. Se anima los sábados por la noche, cuando a la comidas (desde 450 MUR) le siguen las canciones de Bollywood.

🍷 Dónde beber y vida nocturna

Con la excepción de Le Caudan Waterfront, donde siempre pasa algo, Port Louis no se caracteriza por su animación nocturna: cuando cae la noche los trabajadores se retiran a sus casas de la meseta central y la ciudad queda prácticamente en silencio.

☆ Ocio

Municipal Theatre
TEATRO
(plano p. 50; Jules Koenig St; entradas desde 100 MUR) El atractivo Teatro Municipal apenas ha cambiado desde su inauguración en 1822 y hoy es el teatro más antiguo de la región del océano Índico. A imagen y semejanza de un teatro clásico londinense, tiene capacidad para 600 personas repartidas en tres pisos y un techo abovedado con lámparas de araña y exquisitamente pintado con querubines. Las funciones son a las 20.00.

Para conocer su programación, consúltense los anuncios en la prensa local o llámese a la oficina de turismo. Se pueden comprar las entradas en las taquillas del teatro.

Keg & Marlin
MÚSICA EN DIRECTO
(plano p. 50; ☎210 2050; Le Caudan Waterfront; ⊙12.00-24.00 lu-ju, 12.00-3.00 vi, 12.00-1.00 sa y do) Los fines de semana, el bar Keg & Marlin se transforma en la sala de conciertos de Port Louis, con una oferta muy variada, desde bandas de *rock* a *séga* (música y danza africanas tradicionales), que es cuando realmente se anima el local.

Port Louis Casino
CASINO
(plano p. 50; ☎210 4203; www.casinosofmauritius.mu; Le Caudan Waterfront; ⊙9.30-2.00, mesas de juego 20.00-4.00 lu-sa, 14.00-4.00 do) El casino de la ciudad es muy popular, de hecho es el lugar más animado después de medianoche. Su rasgo exterior más destacado (hay quien diría el más hortera) es su diseño en forma de barco, cuya proa está rematada por el león más amanerado jamás visto, Miau. En la parte de abajo hay máquinas tragaperras y, en el primer piso, *blackjack* y ruleta americana. Para entrar hay que vestir con elegancia.

Star Cinema
CINE
(plano p. 50; ☎211 5361; Le Caudan Waterfront; entradas desde 150 MUR) El mejor y mayor cine de Port Louis, con tres salas donde estrenan películas internacionales dobladas al francés. Cuatro o cinco sesiones diarias.

🛍 De compras

Casi cada calle principal del centro congrega a vendedores que comercian con artículos similares: Bourbon St es la de las floristas; Coderie St (o Corderie St), la de los vendedores de sedas y telas; La Chaussée St, la de aparatos electrónicos.

Le Caudan Waterfront es zona de chismes modernos, caras *boutiques* de diseño, libros, artesanías y recuerdos. Y si se quiere vivir una experiencia más auténtica, siempre está el mercado central (p. 48).

★MAST
ARTESANÍA
(plano p. 50; ☎5423 8959, 211 7170; www.voiliersocean.intnet.mu; Le Caudan Waterfront; ⊙9.30-17.00 lu-sa, hasta 12.00 do) El modelista de barcos Voiliers de l'Océan (p. 62) tiene un establecimiento delante del mercado de artesanías.

Bookcourt
LIBROS
(plano p. 50; ☎211 9146; Le Caudan Waterfront; ⊙10.00-18.00 lu-sa, hasta 12.30 do) La mejor librería del país vende un amplio surtido de libros en inglés, francés y criollo, que incluye guías de viaje, mapas y un excelente catálogo de libros sobre Mauricio.

Mercado de artesanías
MERCADO
(plano p. 50; ☎210 0139; Le Caudan Waterfront; ⊙9.30-17.30) Es menos divertido pero también menos agobiante que el mercado central (p. 48). Se encontrarán recuerdos de mejor calidad, como cristal de Mauricio, objetos de arte y aceites esenciales en sus puestos distribuidos en dos plantas.

ℹ Información

PELIGROS Y ADVERTENCIAS

Port Louis no es segura por la noche, en especial casi cualquier lugar que quede al sur de la

DE COMPRAS EN MAURICIO

Mauricio cada vez apuesta más por ser un destino de compras. Aparte de ropa, un clásico, también se pueden adquirir los emblemáticos barcos en miniatura de la isla, cristalería, objetos decorativos y cestería. En general, Port Louis propone la mayor oferta de recuerdos y artesanías, donde además hay un mercado diario, aunque también Mahébourg y Port Mathurin (Rodrigues) tienen su mercado semanal.

Ropa

Aunque la industria textil del país haya sido eclipsada por la de China, aún es una de las mayores fuentes de ingresos de Mauricio, hasta el punto de que muchas de las prendas de marca vendidas en Europa y EE UU se producen en fábricas de Curepipe, Floréal y Vacoas. Las prendas se venden a mejor precio en el lugar de origen que en las tiendas, de ahí que muchos de los proveedores más grandes tengan *outlets*.

En Floréal, Floreal Knitwear tiene renombre por sus elegantes jerséis y otras piezas de punto. La compañía suministra a Gap, Next y otras firmas internacionales, pero se pueden comprar las mismas prendas por menos en el emporio Floréal antes que se les añada la etiqueta de la marca final.

Artesanías

La cestería, los aceites esenciales, el azúcar, las especias, los rones, los tés y las camisetas, todo ello de producción local, son recuerdos fáciles de transportar. El mercado de artesanías (p. 55) en el complejo Caudan Waterfront de Port Louis seguramente ofrece la mayor variedad. Casi todos los artículos del mercado central (p. 48) de Port Louis y en el Grand Baie Bazaar (p. 76), como cinturones y bolsos de piel, máscaras, bordados y juegos de *senku* de piedras semipreciosas, están hechos en Madagascar.

Barcos en miniatura

Es difícil no quedarse boquiabierto con la laboriosidad invertida en los famosos barcos en miniatura de Mauricio. La construcción de maquetas navales se ha convertido en un negocio boyante y se verán elaboradas réplicas de navíos famosos, tales como el *Bounty*, el *Victory*, el *Endeavour*, el *Golden Hind* e incluso el *Titanic*, a la venta en toda la isla. Esta manufactura se remonta solo a 1968, cuando un mauriciano desconocido hizo una maqueta por diversión sembrando así las semillas de una industria incipiente.

Las piezas se elaboran con madera de teca o caoba (la de alcanforero, más económica, tiende a romperse), y se tardan hasta 400 h en completar uno de los barcos más grandes. Los hombres se encargan del armazón y las mujeres de las jarcias y las velas, que se sumergen en té para envejecerlas.

Uno de los mejores miniaturistas es Voiliers de l'Océan (p. 62), en Curepipe, pero también tiene una tienda, MAST (p. 55), en el complejo Le Caudan Waterfront de Port Louis.

Para transportarlas de forma segura, las tiendas las preparan para que quepan en el equipaje de mano o las meten en cajas resistentes para llevarlas en la bodega del avión, y las entregan en el hotel o en el aeropuerto sin costes extra.

autopista; casi todas las calles quedan desiertas cuando termina la jornada laboral. Cuando oscurece se recomienda ceñirse a las calles principales bien iluminadas y apartarse de los Jardins de la Compagnie (p. 49), punto de encuentro de todo tipo de maleantes. De no estar seguro del camino, mejor tomar un taxi. Le Caudan suele ser seguro siempre y cuando haya mucha gente.

De día es una ciudad muy segura pero hay que tener cuidado con los carteristas, están por todas partes, sobre todo el mercado y aledaños de las estaciones de autobuses.

URGENCIAS

Policía (☑urgencias 999, comisaría central 203 1212; Line Barracks, Lord Kitchener St)
Ambulancias (☑114)
Bomberos (☑995)

ASISTENCIA MÉDICA

Dr. Jeetoo Hospital (☑212 3201; Volcy Pougnet St) Farmacia y atención médica 24 h, también dentistas. El personal habla inglés y francés.
Medical Training Pharmacy (☑210 4146;

La Chaussée St) Una de las mejores farmacias de la ciudad. Cerca de los Jardins de la Compagnie.

INFORMACIÓN TURÍSTICA

Mauritius Tourism Promotion Authority (MTPA; plano p. 50; ☑210 1545; www.tourism-mauritius.mu; 4ª y 5ª plantas, Victoria House, St Louis St; ☺9.00-16.00 lu-vi, hasta 12.00 sa) Facilita mapas de Port Louis y Mauricio, y orienta sobre alquiler de automóviles, excursiones y hoteles en todo el país.

Transporte

CÓMO LLEGAR Y SALIR

Autobús

Las dos estaciones de autobuses de Port Louis están en el centro. Los autobuses que van a destinos del norte y este, como Trou aux Biches, Grand Baie y Pamplemousses, salen desde Immigration Sq (plano p. 50), al noreste del mercado central. Los autobuses a destinos del sur y del oeste, como Mahébourg, Curepipe y Flic en Flac, utilizan la terminal de Victoria Sq (plano p. 50), al suroeste del centro urbano.

En casi todas las rutas el primer autobús sale a las 6.00 y el último, a las 18.00 (aprox.).

DESTINO	TARIFA (MUR)	DURACIÓN (H)	ESTACIÓN
Centre de Flacq	38	2	Immigration Sq
Curepipe	38	1	Victoria Sq
Grand Baie	38	1	Immigration Sq
Mahébourg	38	1½	Victoria Sq
Pamplemousses	33	½	Immigration Sq

Ferri

Los ferris a Rodrigues y Reunión amarran al lado de la terminal de pasajeros, en el muelle D del puerto de Port Louis, 1 km al noroeste de la ciudad.

Coraline Shipping Agency (☑217 2285; www.mauritiusshipping.net; Nova Bldg, 1 Military Rd, Port Louis)

Taxi

Un taxi de Port Louis a Grand Baie o a Flic en Flac cuesta 1000 MUR; a Mahébourg, 1600 MUR; y a Belle Mare, 1800 MUR. Si se prefiere ir en vehículo propio, hay que contactar con las agencias de alquiler, que harán entrega del automóvil en el hotel.

CÓMO DESPLAZARSE

A/desde el aeropuerto

No hay autobuses especiales, pero los servicios regulares entre Port Louis y Mahébourg paran en el **aeropuerto internacional Sir Seewoosagur Ramgoolam** (SSR; plano p. 106; ☑603 6000; aml.mru.aero); la parada está a unos 300 m del complejo, cerca de la gran rotonda. Para ir de Port Louis al aeropuerto deben calcularse unas 2 h para ir sobre seguro y comunicar al cobrador el destino porque, a veces, el conductor se pasa de largo del desvío al aeropuerto.

Un taxi de Port Louis al aeropuerto cuesta 1200 MUR y se tarda, como mínimo, 1 h.

Automóvil

No vale la pena moverse en automóvil por Port Louis: hay muchos atascos. Si se va un solo día se debería dejar el automóvil en uno de los aparcamientos de Le Caudan Waterfront; abren de 7.00 a 23.00 y cuestan 50 MUR las primeras 4 h, más 50 MUR por cada hora adicional. El desvío a Le Caudan está en una ronda señalizada al sur del centro. Dicho esto, si se llega desde el norte de la isla, hay que cruzar la ciudad y después del complejo del frente marítimo hacer un cambio de sentido y regresar por una carretera secundaria señalizada.

En la calle se puede aparcar solo 2 h como máximo; el cupón de control para aparcar, disponible en cualquier gasolinera y en algunas de las pequeñas tiendas chinas, debe dejarse a la vista en el salpicadero.

Taxi

Por norma general no se recomienda moverse en taxi de día por el congestionado centro: de hecho, los peatones se desplazan más deprisa que los automóviles. Cuando oscurece, una carrera corta cuesta unas 100-150 MUR. Debe acordarse siempre el precio de antemano.

MESETA CENTRAL

Hogar de la inmensa mayoría de los mauricianos, el fresco y lluvioso centro de la isla viene a ser, casi por completo, una extensión del caos urbano de Port Louis. Hay muy poco por ver en la concatenación casi ininterrumpida de poblaciones desde la capital hasta Curepipe; de hecho, es prácticamente lo contrario de las clásicas postales de Mauricio.

Aun así, para los viajeros que deseen conocer la vida en la isla más allá de la arena y el sol, hay algunos, pocos, lugares recomenda-

Meseta central

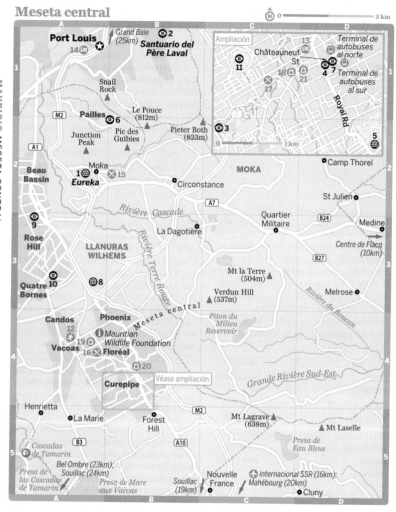

bles escondidos en esta cuadrícula campestre, entre ellos un volcán inactivo; Eureka, una encantadora casa-museo de las plantaciones en Moka; las tiendas de Curepipe y Floréal; y el que podría ser el único parque temático azucarero del mundo, en Pailles.

❶ Cómo llegar y salir

Autobuses frecuentes comunican las localidades de la meseta central con Port Louis. También resultan prácticas las rutas directas entre Quatre Bornes y Flic en Flac, en la costa oeste, y entre Curepipe y Mahébourg, al sureste; la segunda pasa por el aeropuerto.

Pailles

11 618 HAB.

A escasos kilómetros de Port Louis, el Domaine Les Pailles ha convertido a Pailles en un destino a tener en cuenta para una salida de medio día.

◉ Puntos de interés y actividades

Domaine Les Pailles PARQUE DE ATRACCIONES
(plano p. 58; ☎286 4225; www.domainelespailles.net; 105 MUR; ◷10.00-16.30) El curioso parque temático-finca de caña de azúcar de Domaine

MAURICIO MOKA Y ALREDEDORES

Les Pailles ha sido transformado en un centro cultural y patrimonial. Entre las atracciones se incluyen paseos en coches de caballos, un trenecito, una réplica de un trapiche accionado por un tiro de bueyes, una destilería que produce el ron de la propia finca, una huerta de especias, un circuito cerrado para *quads* y un parque infantil. Además, cuenta con algunos restaurantes de categoría. La mayoría de las atracciones se pagan aparte de la entrada al parque.

Les Écuries du Domaine PASEOS A CABALLO
(☑286 4240; ⏰8.00-17.30 lu-vi, hasta 12.00 sa) Entre semana se puede dar un paseo a caballo por la finca de Domaine Les Pailles. Llámese a Les Écuries du Domaine para hacer la reserva.

❶ Cómo llegar y salir

Para ir a Domaine hay que tomar cualquier autobús que circule entre la terminal de Victoria Sq de Port Louis y Curepipe, y pedir apearse en el desvío a Domaine Les Pailles (muy bien señalizado). Desde la carretera principal se tarda menos de 30 min a pie en llegar al centro de recepción. En taxi se tardan 10 min desde Port Louis o Moka.

Moka y alrededores
8846 HAB.

Moka es la población más interesante de la meseta central, el centro académico del país y la residencia oficial del presidente de Mauricio: un lugar estupendo para acercarse a la historia local. Además, tiene unos parajes naturales espectaculares, con cascadas, valles y el alto Le Pouce al fondo. No obstante, el mayor reclamo de Moka es Eureka, una cautivadora hacienda colonial, casi intacta desde mediados del s. XIX, que abre una ventana al pasado de plantaciones de la isla.

❶ Puntos de interés

⭐**Eureka** EDIFICIO HISTÓRICO
(plano p. 58; ☑433 8477; www.maisoneureka.com; Moka; casa 300 MUR, casa y cascada 400 MUR; ⏰9.00-17.00 lu-sa, hasta 15.30 do) Quienes solo quieran visitar una atracción relacionada con la nutrida historia colonial de Mauricio, deberían elegir Eureka. Esta hacienda criolla, perfectamente conservada, se construyó en la década de 1830 y hoy es un museo y efectiva máquina del tiempo que transporta al pasado de las plantaciones de la isla. La principal casa solariega es una obra maestra de arquitectura tropical que, al parecer, mantenía fresco el interior durante los sofocantes veranos; cuenta con 109 puertas y un sinfín de habitaciones.

Las estancias están decoradas con muebles impecablemente conservados e importados en la época por la Compañía Francesa de las Indias Orientales; conviene fijarse en los mapas antiguos, el curioso artilugio para ducharse (todo un lujo hace 150 años) y el decrépito piano.

Detrás de la mansión principal hay un patio con unos jardines preciosos rodeados por un conjunto de casas de piedra que antaño fueron las dependencias del servicio y

DE EXCURSIÓN POR LA MESETA CENTRAL

La cordilleras montañosas que acotan la meseta central invitan a paseos y excursiones memorables. Dos buenas cartas de presentación son **Le Pouce** (812 m), un pico que sobresale a modo de pulgar en los lindes septentrionales de la meseta, y **Corps de Garde** (719 m), una cordillera al suroeste que exige un poco más de esfuerzo.

Ambas excursiones regalan unas vistas asombrosas de las llanuras costeras aunque las salidas se aprovechan más si se va con un guía local, que puede aderezarlas con información sobre flora e historia. Si se decide ir solo, se debería consultar **Fitsy** (www.fitsy.com), una web maravillosa que detalla cada ruta con información por GPS y satélite. Si se sale desde la cabecera del camino hay que contar con 2 h para cada excursión.

la cocina. Por detrás hay un sendero que, en 15 min, llega a la bonita **cascada de Ravin.**

El atípico nombre de la finca, según dicen, responde a la reacción de Eugène Le Clézio cuando al hacer la puja en la subasta de la casa logró comprarla en 1856.

🛏 Dónde dormir y comer

★**Eureka Maison d'Hôte**   PENSIÓN €€
(plano p. 58; ☎433 8477; www.maisoneureka.com; h 3500 MUR, desayuno incl.) En Eureka hay un par de casitas que se han transformado en bonitos alojamientos, con baño y cocina. Las dos habitaciones de esta *maison d'hôte* (pensión) lucen muebles de época de la Compañía Francesa de las Indias Orientales. La más pequeña, la cabaña St George, fue en su día la celda del sacerdote de la hacienda.

★**Escale Créole**   MAURICIANA €€
(plano p. 58; ☎5422 2332; www.escalecreole.net; principales 250-600 MUR; ⊗12.00-15.00) A 1 km de Eureka, en una transversal de la carretera Bois Cheri, y bien señalizado en la vía principal que cruza Moka, este encantador y ajardinado *table d'hôte* prepara especialidades mauricianas como salchichas criollas y caldo de pulpo con *chutney* de coco. Los anfitriones son las encantadoras Majo y Marie-Christine, madre e hija. Se recomienda reservar, como mínimo, con un día de antelación. Muy recomendable.

★**Eureka Table d'Hôte**   MAURICIANA €€
(plano p. 58; ☎433 8477; www.maisoneureka.com; comidas 800 MUR; ⊗12.00-15.00) Aunque no se pase la noche en la hacienda, se recomienda disfrutar de un ágape pausado en la *table d'hôte* de la casa. En un encantador entorno histórico se pueden probar clásicos mauricianos como *marlin fumée* (marlín ahumado), lentejas y pescado al curri. Llámese con antelación porque a veces, el restaurante está reservado para grupos en viaje organizado.

ℹ Cómo llegar y salir

Para ir a Eureka, hay que tomar un autobús en Curepipe o la estación de Victoria Sq, en Port Louis, y apearse en Moka. La señal a Eureka está 1 km al norte de la parada de autobuses. Muchos hoteles y casi todos los operadores de circuitos de la isla organizan excursiones de medio día; además, todos los taxistas la conocen.

Curepipe
85 049 HAB.

Curepipe es la segunda ciudad de Mauricio, un animado centro comercial en la meseta célebre por su clima lluvioso, su cráter volcánico y sus tiendas minoristas. Según dicen, el origen de su curioso nombre ("cura de pipa") se remonta a la epidemia de malaria de 1867, cuando la gente huyó de Port Louis, en las tierras bajas, para limpiar sus pipas de la bacteria de la malaria, aunque es más que probable que el nombre reproduzca el de un pueblo de Francia.

Curepipe es el pueblo a mayor altitud de la meseta; a 550 m sobre el nivel del mar, disfruta de temperaturas refrescantes en verano aunque, según los habitantes de la llanura costera, la localidad tiene dos estaciones: la corta, con grandes precipitaciones, y la larga, con lloviznas. El clima húmedo empapa los edificios envejeciéndolos y enmoheciéndolos. No hay que olvidar el paraguas.

◎ Puntos de interés

Trou aux Cerfs   VOLCÁN
(plano p. 58) Apenas 1 km al oeste del centro de Curepipe, el Trou aux Cerfs es un cráter de un volcán extinto de 100 m de profundidad y 1 km de circunferencia. Está muy arbolado y la carretera que lo bordea brinda unas vistas preciosas de la llanura. Hay bancos para descansar y contemplar las vistas, y una estación con radar para detectar la llegada de ciclones.

Botanical Gardens JARDINES
(plano p. 58; ☺6.00-18.00 may-sep, 7.00-19.00 oct-abr) GRATIS Estos acicalados jardines se crearon en 1870 para fomentar la vegetación de climas frescos, ya que los de Pamplemousses eran demasiado tórridos para algunas especies. No son tan espectaculares como aquellos, pero sí muchísimo más tranquilos.

Domaine des Aubineaux EDIFICIO HISTÓRICO
(plano p. 58; ☎676 3089; www.saintaubin.mu/la routeduthe; Royal Rd; adultos/niños 350/175 MUR; ☺9.00-17.00 lu-sa) Esta casa solariega se construyó en 1872 en estilo colonial clásico; en 1889 fue la primera residencia de la isla en tener electricidad. La plantación se transformó en museo en el año 2000 y hoy es la primera parada en la histórica Route du Thé (p. 122). A la sombra de los alcanfores proliferan las plantas exóticas, y se pueden probar tés sabrosos en el salón de billar rehabilitado.

Hôtel de Ville ARQUITECTURA
(ayuntamiento; plano p. 58; Châteauneuf St) Con vistas a un pequeño parque del centro de Curepipe, el Hôtel de Ville es uno de los mejores edificios coloniales que quedan en la ciudad. Conviene fijarse en las ventanas de gablete, la veranda y los decorativos frisos de madera conocidos como *dentelles,* todos ellos elementos peculiaridades de la arquitectura de las plantaciones de la isla.

MAURICIO CUREPIPE

CIRCUITO POR LA MESETA CENTRAL

La zona sureste de Port Louis y el interior parecen una gran conurbación y, de alguna forma, lo es. Aunque la mayoría de los viajeros pase de largo de camino a la costa, la zona reúne suficientes puntos de interés como para dedicarles medio día o un día entero de un recorrido en taxi (se desaconseja ir en vehículo propio porque se perderá mucho tiempo en encontrar casa sitio). Aparte de los lugares reseñados, se recomienda añadir Moka, Pailles y Curepipe.

La localidad de Rose Hill, entre Beau Bassin y Quatre Bornes y en plena conurbación urbana de la meseta central, viene a ser una zona residencial de Port Louis. Aquí, los aficionados a la arquitectura apreciarán el atípico edificio criollo que acoge el ayuntamiento de Beau Bassin-Rose Hill (plano p. 58; St Jean Rd). El edificio se construyó en 1933 como teatro municipal. Al lado, la bonita casa parroquial criolla la Maison Le Carne (plano p. 58; St Jean Rd) alberga el Mauritius Research Council.

En Quatre Bornes, otra localidad satélite de Port Louis, no hay mucho que ver, salvo el jueves o domingo, cuando los mauricianos acuden en tropel para rebuscar entre los puestos del bullicioso mercado de alimentos y tejidos (plano p. 58); los sábados también hay un popular mercado vegetariano.

En Phoenix, la Mauritius Glass Gallery (plano p. 58; ☎696 3360; mgg@pbg.mu; Pont Fer, Phoenix; entrada 50 MUR; ☺8.00-17.00 lu-vi, hasta 12.00 sa) produce atípicos *souvenirs* de vidrio reciclado. En el taller, a su vez pequeño museo, se puede ver cómo se hacen las piezas utilizando métodos tradicionales.

En el vecino Vacoas está el campo de golf más antiguo del Índico, el Mauritius Gymkhana Club (plano p. 58; ☎696 1404; www.mgc.mu; Suffolk Close, Vacoas; uso del campo 1500 MUR por persona). Es el cuarto más antiguo del mundo (los otros tres están en Gran Bretaña y la India).

Otra posibilidad es Floréal, el "Beverly Hills" de Mauricio y un barrio residencial bastante sofisticado al noroeste de Curepipe. La zona se ha convertido en sinónimo de géneros de punto de primera calidad producido por la compañía Floreal Knitwear. Se puede adquirir prendas en Floréal Square (plano p. 58; ☎698 8011; Swami Sivananda Ave; ☺9.30-17.30 lu-vi, hasta 16.00 sa), en la carretera principal desde Curepipe.

De estar en el barrio, se recomienda buscar La Clef des Champs (plano p. 58; ☎686 3458; www.laclefdeschamps.mu; Queen Mary Ave; menú desde 1250 MUR por persona; ☺12.00-14.00 y 19.00-23.00 lu-vi), la *table d'hôte* (y proyecto favorito) de Jacqueline Dalais, chef de las estrellas. Conocida por su impresionante recetario de cosecha propia, Jacqueline se ha granjeado buena fama en toda la isla por su incomparable cocina: se suele recurrir a ella para que atienda en ceremonias de Estado, sobre todo cuando hay visitas de dignatarios extranjeros. Los platos se sirven en su pintoresco comedor donde se apuesta por los sabores provenzales; la presentación es impecable.

Carnegie Library   BIBLIOTECA, ARQUITECTURA
(plano p. 58; 🖉674 2278; ⏱9.30-18.00 lu-vi, hasta 15.00 sa) GRATIS Este edificio de piedra con un característico porche neoclásico alberga la biblioteca municipal Carnegie. Su colección conserva libros únicos sobre Mauricio del s. XVIII.

🛏 Dónde dormir y comer

A menos que se vaya a visitar a la familia, cuesta imaginar que alguien desee hacer noche en Curepipe: está a 1 h o menos por carretera de cualquier punto de la isla y se puede visitar tranquilamente en un día.

Se crea o no, la cafetería del hospital, la Clinique de Lorette, sirve un espectacular *quiche* al mediodía; es un secreto local.

Auberge de la Madelon   PENSIÓN €
(plano p. 58; 🖉670 1885; www.auberge-madelon.com; 10 Sir John Pope Hennessy St; h 25-45 €; 🕭@🛜) Esta céntrica pensión, de excelente relación calidad-precio, es sencilla, pequeña y sorprendentemente elegante, con cómodas habitaciones con baño y un personal muy atento.

La Potinière   MAURICIANA €€
(plano p. 58; 🖉670 2648; Bernardin de St-Pierre St; creps y principales desde 225 MUR; ⏱10.00-15.00 y 18.30-22.00 ma-sa) Es el mejor restaurante de Curepipe. Aunque está en un sencillo bloque de hormigón, luce manteles almidonados y servicio de mesa reluciente. La carta presenta el surtido de platos mauricianos por excelencia: palmitos, jabalí y pescado y marisco.

🔒 De compras

Cuando los isleños salen de compras van a Curepipe; entre el Royal College y Arcade Currimjee se encontrará cualquier tipo de artículo con descuento.

Voiliers de l'Océan   ARTESANÍA
(plano p. 58; 🖉674 6764, 676 6986; www.voilierso cean.intnet.mu; Winston Churchill St; ⏱9.00-18.00 lu-sa) Sala de exposición y taller de modelismo naval que produce unas 200 maquetas al mes. Se puede hacer un circuito en el que se verá a los artesanos mientras trabajan.

Beauté de Chine   ANTIGÜEDADES
(plano p. 58; 🖉676 3270; Les Arcades, Rue du Jardin; ⏱9.30-17.30 lu-vi, hasta 13.00 sa) Es una de las tiendas más veteranas de la isla y vende toda suerte de reliquias, como cobre, jade, seda y porcelana antigua.

Galerie des Îles   CENTRO COMERCIAL
(plano p. 58; 🖉670 7516; Arcade Currimjee; ⏱9.30-17.30 lu-sa) Una docena de tiendas que reúne una generosa selección de diseños y a artesanías locales.

ℹ Cómo llegar y salir

Curepipe es un importante núcleo de transporte, con autobuses frecuentes a Port Louis (Victoria Sq), Mahébourg, Centre de Flacq, Moka y cualquier otro punto de la isla. Hay dos estaciones: la terminal de autobuses al norte (plano p. 58) y la terminal de autobuses al sur (plano p. 58). Casi todos salen de la primera (Port Louis, Rose Hill, Quatre Bornes) pero, para Mahébourg, hay que salir desde la del sur. Las dos están a ambos lados de Châteauneuf St, en el cruce con Victoria Ave.

Un taxi de Curepipe al aeropuerto cuesta 1000 MUR; a Grand Baie, 1700 MUR; a Belle Mare, 1600 MUR; a Port Louis y Flic en Flac, 1000 MUR; a Black River (Rivière Noire), 650 MUR.

EL NORTE

El norte de Mauricio recoge lo mejor y lo peor del turismo de la isla. Grand Baie, el ojo del huracán, tiene un ambiente algo sobrevalorado, pero es el tipo de sitio donde se encontrará de todo: la mejor oferta nocturna de Mauricio, algunos restaurantes excelentes y muchos sitios donde salir de excursión, por ejemplo, y después, siempre se puede ir a otro sitio.

En lo que a alojamientos se refiere, quizá sean preferibles los pueblos de playa más pequeños próximos a Grand Baie: Trou aux Biches, Mont Choisy, Cap Malheureux y Pereybère. Aunque se están urbanizando a toda prisa aún conservan playas sin gente y esa sensación de aldea que atrajo a los primeros viajeros hasta Mauricio.

La llanura interior, de campos de cañas de azúcar separados por peñascos volcánicos colocados por la servidumbre obligada por contrato, se conoce como Pamplemousses y desciende gradualmente hasta desembocar en el mar. Aquí se encontrarán tres maravillas: los Sir Seewoosagur Ramgoolam Botanical Gardens, el Château Labourdonnais y L'Aventure du Sucre, un museo dedicado a la exportación tradicional de Mauricio.

ℹ Cómo llegar y desplazarse

Las rutas de autobús más prácticas por esta zona y alrededores son las que salen de la estación de Immigration Sq, en Port Louis, y recorren la carretera de la costa hasta Trou aux

Biches, Grand Baie, Pereybère y Cap Malheureux. También hay servicios exprés directos desde Port Louis a Grand Baie. De Port Louis salen los autobuses que van a Grand Gaube vía Pamplemousses.

Para ir a esta zona desde el aeropuerto, hay que cambiar de autobuses en Port Louis. Un taxi cuesta 800 MUR de Port Louis a Balaclava, 1000 MUR hasta Grand Baie y 1100 MUR hasta Grand Gaube. Hay que añadir 1000 MUR a/desde el aeropuerto.

Casi todos los hoteles y pensiones alquilan bicicletas y pueden gestionar el alquiler de un automóvil. Otra opción es ir directamente a las agencias de alquiler. La mayor oferta se concentra en Grand Baie, aunque hay varios establecimientos en Trou aux Biches, Pereybère y alrededores.

De Balaclava a Pointe aux Piments

Entre la desparramada Port Louis y la concurrida Grand Baie, este tramo de costa desde Balaclava (10 km al norte de Port Louis) a Pointe aux Piments es tranquilo y bonito, con buenas playas, hoteles excelentes y un ambiente más plácido que en las citadas localidades, que quedan al norte y al sur.

◉ Puntos de interés

Rivulet Terre Rouge
Bird Sanctuary   RESERVA NATURAL
(plano p. 64; ☑217 2886; ◷9.00-14.00) GRATIS Al norte de Port Louis, los observadores de aves deben tomar el desvío señalizado hacia el este que conduce a este parque ornitológico. Situada en uno de los estuarios más grandes de Mauricio, esta reserva, reconocida por la Convención de Ramsar, atrae a innumerables especies migratorias, sobre todo entre octubre y marzo cuando hay grandes poblaciones.

Ruinas de Baie de l'Arsenal   RUINAS
(plano p. 64) Aún se pueden ver las ruinas del arsenal francés, así como las de un molino de harina y un horno de cal en los jardines del Maritim Hotel, en Baie de l'Arsenal, al sur de Pointe aux Piments. Si el viajero no se hospeda en el hotel y quiere ver las ruinas, puede pedirle permiso al guardia de seguridad de la entrada. Tras pasar la entrada, el camino empieza 30 m a la derecha.

Mauritius Aquarium   ACUARIO
(plano p. 64; ☑261 4561; www.mauritiusaquarium. com; Coastal Rd, Pointe aux Piments; adultos/niños/familias 250/125/650 MUR; ◷9.30-17.00 lusa, 10.00-16.00 do) Este acuario es pequeño pero tiene una colección aceptable de peces tropicales, incluidos peces payaso, aunque los reyes del recinto son los tiburones de arrecife de punta blanca y las tortugas carey. Todos los días se da de comer a los tiburones a las 11.00, y tres veces diarias a los peces.

🛏 Dónde dormir

En este tramo de costa, los alojamientos tienden a ser exclusivos y lujosos; en el extremo sur hay pueblos muy poco concurridos, donde los hoteles gozan de una idílica sensación de aislamiento.

★ Le Récif Attitude   HOTEL €€
(plano p. 64; ☑204 3820; www.recif-hotel-mauritius.com; Royal Rd, Pointe aux Piments; i/d con vistas al jardín desde 85/120 €, con vistas al mar 98/145 €, desayuno incl.; ❉@🛜🏊) Un elegante complejo de playa de calidad superior, con habitaciones decoradas con mucho gusto a precios sorprendentemente razonables. Las relajantes zonas comunitarias tienen recovecos con cojines, y dispone de un bar de playa, centro de *spa,* piscina y las características sombrillas de paja de la isla.

★ Oberoi   HOTEL €€€
(plano p. 64; ☑204 3600; www.oberoihotels.com; Pointe aux Piments; h desde 410 €, con piscina privada desde 660 €, desayuno incl.; ❉@🛜🏊) En unos jardines extensos, cuenta con una playa fabulosa y un entorno impresionante, presidido por una alta cascada. Las mejores casitas tienen piscina y jardines propios que les dan mayor privacidad, ideales para recién casados. En el interior se palpa un lujo comedido, imaginativo híbrido de diseño africano y asiático.

Maritim Hotel   HOTEL €€€
(plano p. 64; ☑204 1000; www.maritim.mu; Royal Rd, Balaclava; i/d desde 215/300 €, desayuno incl.; ❉@🛜🏊) Este hotel de propiedad alemana está en un lugar envidiable y resguardado, en Turtle Bay, y tiene habitaciones bonitas y lujosas. Su mayor reclamo es un parque de 25 Ha, con campo de golf de nueve hoyos, pistas de tenis y cuadras de caballos. Dispone de una playa maravillosa, donde se puede practicar desde buceo a esquí acuático, y de tres restaurantes, incluido un fantástico espacio en una casa parroquial rehabilitada.

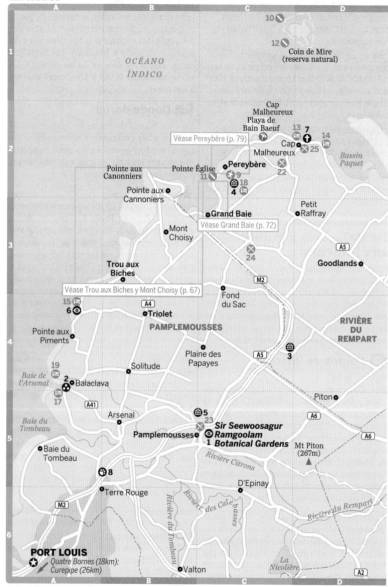

OCÉANO
ÍNDICO

Coin de Mire
(reserva natural)

Cap
Malheureux
Playa de
Bain Baeuf

Cap
Malheureux

Bassin
Paquet

Pointe aux
Canonniers

Pointe Église

Pereybère

Véase Pereybère (p. 79)

Pointe aux
Cannoniers

Grand Baie

Véase Grand Baie (p. 72)

Petit
Raffray

Mont
Choisy

Trou aux
Biches

A5

Goodlands

Véase Trou aux Biches y Mont Choisy (p. 67)

M2

Fond
du Sac

A4

Triolet

PAMPLEMOUSSES

RIVIÈRE
DU
REMPART

Pointe aux
Piments

A5

3

Plaine des
Papayes

Baie de
l'Arsenal

Balaclava

Solitude

Piton

A41

Arsenal

A6

Baie du
Tombeau

Pamplemousses

Sir Seewoosagur
Ramgoolam
Botanical Gardens

A6

A6

Baie du
Tombeau

Mt Piton
(267m)

Rivière Citrons

Terre Rouge

D'Epinay

M2

Rivière du Tombeau

Rivière des Calebasses

Rivière du Rempart

PORT LOUIS
Quatre Bornes (18km);
Curepipe (26km)

La
Nicolière

A2

Valton

ℹ Cómo llegar y salir

Los autobuses no van ni a Balaclava ni a Baie de l'Arsenal. Un taxi desde Port Louis costará 400-500 MUR, según las dotes de regateo de cada cual.

Trou aux Biches y Mont Choisy sí están comunicados por los autobuses que circulan entre la estación de Immigration Sq, en Port Louis, y Cap Malheureux, vía Grand Baie. Hay paradas de autobús en la carretera de la costa (cada 500 m). Un taxi de Port Louis a Grand Baie cuesta unas 600 MUR.

cos en rápida expansión que se llenan de gente en busca de playas mejores (y más tranquilas) que las de Grand Baie. Trou aux Biches ("abrevadero de ciervas") disfruta de preciosas franjas de arena, ribeteadas por casuarinas, casi ininterrumpidas hasta la aletargada Mont Choisy. Trou aux Biches, en particular, tiene excelentes alojamientos y restaurantes.

No hay duda alguna de que la urbanización ha empezado a arrebatar a la zona su sensación primigenia de paz y virginidad, pero sigue siendo más económica y mucho menos frenética que Grand Baie. Las playas están prácticamente vacías entre semana, pero en fin de semana ya es otra

Trou aux Biches y Mont Choisy

La relajada Trou aux Biches y la vecina Mont Choisy (o Mon Choisy) son destinos turísti-

historia, cuando los visitantes luchan por el mejor sitio para hacer un pícnic.

Actividades

Mont Choisy y Trou aux Biches son importantes centros para practicar deportes acuáticos, desde salidas en barca de fondo de cristal por la laguna a parapente, esquí acuático, pesca a gran profundidad y submarinismo.

Blue Safari Submarine SUBMARINO
(plano p. 67; ☑265 7272; www.blue-safari.com; Royal Rd, Mont Choisy; adultos/niños 4400/2700 MUR; ☺9.00-16.00) Si gusta el submarinismo pero sin mojarse, Blue Safari Submarine es una opción fabulosa para bajar a 35 m de profundidad y pasearse entre colonias de coral. La salida dura 2 h (aprox.) pero bajo el agua se estarán 40 min. Se recomienda reservar con un día de antelación, mínimo. Hay salidas cada hora pero dependen de la demanda; con mala mar se suspenden.

Cobertizo ACTIVIDADES ACUÁTICAS
(plano p. 67; ☑5727 0821; ☺9.00-17.00) En el cobertizo de la playa pública de Trou aux Biches alquilan patines/kayaks/tablas de surf de remo (desde 700/400/1000 MUR la hora) y ofrecen otras muchas actividades, que incluyen circuitos en barca de fondo de cristal (desde 600 MUR/h por persona), neumáticos hinchables (600 MUR por persona) y parapente (1600 MUR/10 min).

Submarinismo

Hay muchos centros en Mont Choisy; cobran 1500/2000 MUR al día por inmersión de día/ noche. Organizan cursos para obtener titulación PADI.

Dive Dream Divers SUBMARINISMO, BUCEO
(plano p. 67; ☑265 5552; www.divedreamdivers.com; Mont Choisy; inmersiones 1500 MUR por persona, curso PADI con 1/2 inmersiones 2500/3500 MUR por persona; ☺8.30-16.30 ma-do) Un centro con acreditación PADI que ofrece magníficos paquetes para principiantes. Está en una bocacalle de Trou aux Biches Rd.

Divers' Ocean SUBMARINISMO, BUCEO
(plano p. 67; ☑265 5889; www.diversocean.com; Royal Rd, Mont Choisy; inmersiones día/noche 1500/2000 MUR, curso PADI con 1/2 inmersiones 2500/4000 MUR; ☺9.00-16.30) Unos franceses llevan este centro, que ofrece también salidas de submarinismo (1000 MUR por persona).

Blue Water Diving SUBMARINISMO, BUCEO
(plano p. 67; ☑265 6700; www.bluewaterdivingcenter.com; Royal Rd, Mont Choisy; inmersiones día/no-
che 1400/2200 MUR; ☺8.00-16.00) Una buena opción tanto para principiantes como para submarinistas expertos.

Paseos a caballo

El Maritim Hotel de Balaclava tiene un centro ecuestre. **Horse Riding Delights** (plano p. 67; ☑265 6159; www.horseridingdelights.com; Mont Choisy Sugar Estate; adultos/niños 2100/1900 MUR; ☺8.30 y 15.00 lu-vi), excelente escuela de equitación en los lindes septentrionales de Mont Choisy, ofrece salidas de 90 min por más de 200 Ha de terreno entre ciervos y tortugas gigantes.

🛏 Dónde dormir

En este tramo de costa parece como si todos los edificios estuvieran en alquiler. Casi todos los alojamientos son de precio medio y consisten en apartamentos con cocina, casitas y bungalós, a menudo con terrazas o balcones con vistas al atardecer. Lo que se pierde en servicios y restaurantes que ofrecen los complejos turísticos y hoteles se gana en privacidad y tamaño de las habitaciones.

Be Cosy Apart Hotel APARTAMENTOS €€
(plano p. 67; ☑204 5454; www.beapart.com; Trou aux Biches; estudios/apt desde 73/98 €; P🅿❄🛜🏊) A una manzana de la playa de Trou aux Biches y en una bocacalle de Royal Rd, sus nuevos y bonitos apartamentos dan a una piscina y dispone de un elegante café. Tanto los jardines como el servicio podrían mejorar, pero los precios salen muy a cuenta y la ubicación está bien.

Veranda Pointe aux Biches Hotel HOTEL, CENTRO VACACIONAL €€
(plano p. 67; ☑265 5901; www.veranda-resorts.com; Royal Rd, Trou aux Biches; h/f desde 68/ 80 €; P❄🛜🏊) Con una relación calidad-precio muy buena, este remoto establecimiento de la cadena Veranda aúna sencillez en las habitaciones (literas de madera de pino en las familiares, por ejemplo) con un entorno indiscutiblemente tropical en un complejo de categoría: piscina de horizonte infinito, centro de *spa,* deportes acuáticos, club infantil, muchas palmeras y sillas colgantes de mimbre.

Le Grand Bleu Hotel HOTEL €€
(plano p. 67; ☑265 5812; lgbtab@intnet.mu; Royal Rd; i/d 60/80 €, media pensión incl.; P❄🛜🏊) Este hotel de precio medio-bajo, con un simpático personal, apuesta por la sencillez. Las habitaciones son grandes pero insulsas, el wifi es gratis pero solo funciona en las zonas

Trou aux Biches y Mont Choisy

N 0 ━━━━━ 1 km

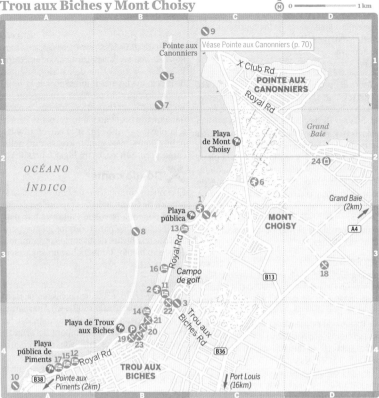

Trou aux Biches y Mont Choisy

Actividades, cursos y circuitos

Dónde dormir

Dónde comer

De compras

comunitarias, y la relación calidad-precio es excelente, aunque la comida no sea ninguna maravilla. Queda cerca de los centros de submarinismo, pero al otro lado de la carretera de la playa.

★Trou aux Biches Resort & Spa HOTEL €€€

(plano p. 67; ☎204 6565; www.beachcomber-hotels.com/hotel/trou-aux-biches-resort-spa; Royal Rd, Trou aux Biches; h 118-762 €, media pensión incl.; ❄@📶🏊) El lujo es la característica principal de este cinco estrellas, con un conjunto de suites y casitas junto a la playa de inspiración tradicional. La decoración incorpora elementos rústicos como techos de paja, mimbre y piedras cortadas a mano a un entorno incuestionablemente moderno. Los *spas,* las piscinas y los 2 km de playa lo convierten en el hotel más deseable de Trou aux Biches.

★Le Sakoa HOTEL €€€

(plano p. 67; ☎265 5244; www.lesakoa.com; Royal Rd, Trou aux Biches; d desde 195/250 €, desayuno/media pensión incl.; ❄@📶🏊) A simple vista es la opción más sofisticada de Trou aux Biches: sus tejados en punta casan de maravilla con las palmeras vecinas tanto en altura como en lozanía. De la fantástica playa irradian cual abanico los alojamientos, en espaciosas y bonitas construcciones de dos pisos, con una encantadora piscina de mármol oscuro y horizonte infinito en el centro.

Bon Azur APARTAMENTOS €€€

(plano p. 67; ☎204 6565; www.innlov.com/bon-azur-trou-aux-biches-mauritius/; Royal Rd, Trou aux Biches; apt desde 250 €; P❄📶🏊) Una buena opción: apartamentos elegantes y modernos con espaciosos balcones con vistas a la piscina y a una pequeña playa, no muy apta para el baño. En conjunto es excelente; la presencia de grupos es mínima, pero las familias son bienvenidas. Está a un corto trayecto en automóvil (o a un paseo más bien largo) hasta la hilera de restaurantes del pueblo. Para ir al supermercado se necesita un automóvil.

Plage Bleu APARTAMENTOS €€€

(plano p. 67; ☎265 6507; www.plage-bleue-appartements.com; Royal Rd, Trou aux Biches; apt 3 dormitorios desde 250 €; P❄📶🏊) Apartamentos grandes y lujosos con servicio de habitaciones en un tranquilo tramo de playa, equipados con barbacoas Weber de gas, cargadores de iPod y máquinas de café Nespresso, y con vistas al mar. La única pega es que la playa adyacente no es apta para el baño (tiene un lecho de lodo).

Casuarina Hotel HOTEL €€€

(plano p. 67; ☎204 5000; www.hotel-casuarina.com; Royal Rd, Trou aux Biches; i/d desayuno incl. desde 150/225 €; ❄📶🏊) Uno de los alojamientos de precio medio más interesantes de la zona, decorado en estilo morisco a juego con los imaginativos apartamentos. Además, es agradablemente pequeño y muy relajado. Para ir a la playa hay que cruzar la carretera y las habitaciones más económicas son un pelín caras, pero, aun así, es un lugar fantástico.

Dónde comer

El espíritu competitivo de la oferta gastronómica de Grand Baie ha empezado a extenderse por toda la costa. Cada vez hay más establecimientos para todos los gustos, pero en Trou aux Biches destacan los restaurantes de precio medio. También hay un supermercado (p. 69).

Kafé La Zétée CAFÉ €

(plano p. 67; ☎5767 4300; Trou aux Biches; principales 250-350 MUR; ⏲9.00-16.00 lu-sa) Alternativa al aire libre a su restaurante hermanado, La Pescatore, justo al lado. Prepara desayunos, *paninis,* sándwiches, ensaladas de pez aguja ahumado y platos del día que van desde ceviche o pollo *tandoori.* Además, sirven buen café. En una bocacalle de Royal Rd.

Bollywood Curry INDIA €

(plano p. 67; ☎5758 2404; A4, Triolet; principales 150-275 MUR; ⏲10.30-14.30 y 17.30-22.30; 🌶) Sirve buenos curris en un entorno básico, más genuino imposible. También preparan *kormas, biryanis* y *masalas,* además de algunas sorpresas. Si se llega desde Grand Baie por la M2 y la A4, queda 500 m a la izquierda después del desvío a Mont Choisy.

La Marmite Mauricienne MAURICIANA €

(plano p. 67; ☎265 7604; Trou aux Biches Rd, Trou aux Biches; principales 100-215 MUR; ⏲12.00-14.30 y 18.00-22.00) En este básico pero entrañable establecimiento se respira un agradable ambiente, con muchas mesas en la terraza, lástima que esté en la transitada Trou aux Biches Rd. La carta es mauriciana y consta, básicamente, de pescado, marisco, fideos y curris.

Snack Kwan Peng CHINA €

(plano p. 67; Royal Rd, Trou aux Biches; comidas 95 MUR; ⏲9.00-16.00) Al mediodía se forman colas para probar algunos de los mejores platos chinos de la isla. Cada comensal señala lo que le apetece de las cazuelas: ternera, *boulettes* (albondiguillas al vapor de diferentes sabores), fideos, sopa. Una comida completa difícilmente supera las 95 MUR, bebidas aparte.

L'Assiette du Nord
INTERNACIONAL €
(plano p. 67; ☑265 7040; Trou aux Biches Rd, Trou aux Biches; principales 100-650 MUR; ⊙12.00-14.30 y 18.00-22.00) Aquí se puede elegir por la terraza o por el comedor interior, un poco más elegante, con una pecera. Es muy popular. Sirve muchos platos de pescado y marisco, al estilo chino, hindú y criollo. Se recomiendan el pescado en hoja de banano con salsa de Madrás y las gambas con mantequilla de ajo.

Chez Popo
SUPERMERCADO €
(plano p. 67; ☑265 5463; Royal Rd, Trou aux Biches; ⊙9.00-19.00 lu-ma y ju, 9.00-20.00 vi y sa, 10.00-12.30 do) En una zona donde reinan los apartamentos con cocina, un supermercado es imprescindible. Este está bien surtido, aunque el aparcamiento escasea y el horario puede variar.

★ Cabanne du Pêcheur
MAURICIANA €€
(plano p. 67; ☑5711 2729; Royal Rd, Trou aux Biches; principales desde 450 MUR; ⊙12.00-22.00) Si no se sale nunca del complejo turístico es imposible vivir experiencias como esta. Este quiosco a pie de mar, llevado por Nathalie y su equipo de chicas, sirve fabulosas especialidades locales como gambas o pescado en salsa roja criolla o curri de pescado con berenjenas. Las raciones son grandes y sus destartaladas mesas junto al mar resultan muy agradables.

★ Café International
INTERNACIONAL €€
(Flame Grill Cafe; plano p. 67; ☑5765 8735; Royal Rd, Trou aux Biches; principales 300-850 MUR; ⊙15.00-22.00 ma-vi, 12.00-22.00 sa y do) Este popular café, regentado por sudafricanos, sirve un excelente surtido de platos de todo el mundo. Las hamburguesas, los curris, el pescado fresco y los sándwiches son los pilares de su cocina, pero las chuletas y los filetes sudafricanos también son muy recomendables.

Todo está supervisado por el simpático Deon (ex guardaespaldas de Nelson Mandela) y además hay intercambio de libros.

★ 1974
ITALIANA, PESCADO €€
(plano p. 67; ☑265 7400; Royal Rd, Trou aux Biches; principales 350-600 MUR; ⊙6.30-23.00 ma-ju, 12.00-14.30 y 18.30-23.00 vi y sa, 12.00-17.00 do) Este fabuloso establecimiento de cálidas tonalidades terracota es obra de los italianos

Antonio y Giulia. La comida incluye pasta y pescado y marisco con especial hincapié en los ingredientes frescos de proximidad; la carta cambia con regularidad.

Restaurant Souvenir
MAURICIANA, INTERNACIONAL €€
(plano p. 67; ☑5291 1440; Royal Rd esq. Trou aux Biches Rd, Trou aux Biches; principales 150-540 MUR; ⊙9.00-23.00) Este recién llegado, ya muy popular en la oferta gastronómica de Trou aux Biches, prepara de todo, desde básicos fideos fritos mauricianos a filetes de carne. En general, la comida es más que buena, pero los camareros parecen desbordados con frecuencia; se recomienda reservar si se quiere ir en hora punta. También tiene un bar muy surtido.

Le Pescatore
PESCADO €€€
(plano p. 67; ☑265 6337; Mont Choisy; menús 1500-4000 MUR, principales 850-1470 MUR; ⊙12.00-14.00 y 19.00-21.00 lu-sa) Una decoración espléndidamente sencilla y una terraza maravillosa con vistas a las barcas de pesca son el escenario para una experiencia culinaria realmente soberbia. Platos como la langosta con salsa de jengibre y sake dan una idea de lo que cabe esperar, aunque vale la pena tener en cuenta los menús. Está junto a Royal Rd.

ⓘ Información

Shibani Foreign Exchange (☑265 5306; www.shibanifinance.com; Royal Rd, Mont Choisy; ⊙8.00-17.30 lu-sa, 8.00-11.30 do)

ⓘ Cómo llegar y salir

Los autobuses que circulan entre la estación de autobuses de Immigration Sq en Port Louis y Cap Malheureux, vía Grand Baie, paran en Trou aux Biches y Mont Choisy. Las paradas están en la carretera de la costa, cada 500 m.

Un taxi a Grand Baie cuesta unas 500 MUR, depende de dónde empiece el recorrido. Hasta Pereybère cuesta 600 MUR.

ⓘ Cómo desplazarse

Calcúlense 200 MUR para cualquier trayecto en taxi por la zona de Trou aux Biches/Mont Choisy.

Grand Baie
10 000 HAB.

En el s. XVII los neerlandeses llamaban De Bogt Zonder Eynt ("la bahía sin fin") a Grand Baie, aunque hoy parece que son las urbanizaciones las que no tienen fin. Grand

Pointe aux Canonniers

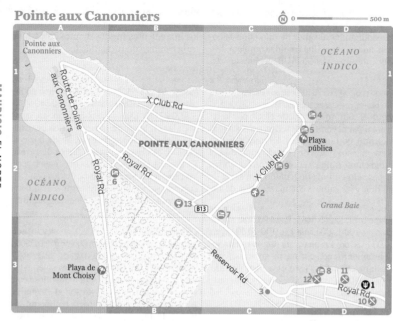

Baie tiene todos los vicios y virtudes de las localidades vacacionales de playa de todo el mundo. Entre las virtudes están los buenos alojamientos, bares y restaurantes; entre los vicios, un litoral cosido a hormigón y lleno de buscavidas que, muy al estilo mauriciano,

no presionan, sino que animan. Para escapar del ambiente del centro se puede ir a la encantadora y tranquila Pointe aux Canonniers.

◉ Puntos de interés

Los únicos lugares de interés de Grand Baie son un par de templos tamiles de vivos colores.

Surya Oudaya Sangam HINDÚ
(plano p. 70; Royal Rd; ⊙8.00-17.00 lu-sa) Se halla en el extremo occidental de la localidad y está dedicado a Shiva. Se puede visitar pero hay que descalzarse antes.

Shiv Kalyan Vath Mandir HINDÚ
(plano p. 72; Royal Rd; ⊙8.00-17.00 lu-sa) Es un templo tamil muy colorido y más antiguo que el Surya Oudaya Sangam. Antes de entrar hay que descalzarse.

🏃 Actividades

La principal atracción de Grand Baie es la variada oferta de actividades acuáticas.

Croisières Australes CIRCUITOS EN BARCO
(📞263 1669; www.croisieres-australes.mu; adultos 27-90 €, niños 14-40 €) Nadie le puede discutir que es la agencia más profesional de la localidad, con toda suerte de salidas en catamarán de un día entero o de medio día.

**Grand Bay Travel
& Tours** CIRCUITOS EN BARCO

(plano p. 72; ☑5757 8754, 263 8771; www.gbtt.com; Royal Rd) Es uno de los operadores más fiables de Grand Baie. Propone salidas de un día en catamarán hasta las islas septentrionales (desde 1600 MUR por persona) y muchas más excursiones.

Cruceros CIRCUITOS EN BARCO

(plano p. 70; ☑263 8395; www.isla-mauritia.com) El *Isla Mauritia*, magnífico velero construido en 1852, tiene fama de ser la goleta en activo más antigua del mundo. Los precios varían según la temporada, el itinerario y el número de personas.

Solar Sea Walk DEPORTES DE AVENTURA

(plano p. 72; ☑263 7819; www.solarunderseawalk. com; Royal Rd; 1700 MUR por persona; ⊗9.00-16.30) Solar Sea Walk proporciona una experiencia única a los no submarinistas: caminar por el fondo marino ataviados con una escafandra y un cinturón de lastre. En el barco hay una bomba (que funciona con paneles solares) que suministra aire al buzo durante los 25 min del paseo. Apto para cualquier persona mayor de siete años. En temporada alta se recomienda reservar con un día de antelación. El último paseo sale a las 15.00.

Grand Baie Gym & Hydro Spa GIMNASIO, SPA

(plano p. 70; ☑263 9290; 3 X Club Rd; socio por un día 690 MUR; ⊗7.30-19.30) Cuenta con una fabulosa piscina y gimnasio; además, propone una enorme carta de tratamientos de *spa* y *hammam* (baño turco), y sirve platos bajos en grasas en su café al otro lado de la calle.

Skydive Mauritius DEPORTES DE AVENTURA

(☑499 5551; www.skydivemauritius.com; salto en paracaídas 13 000 MUR) Este establecimiento ofrece una forma totalmente diferente de ver la isla: a 3000 m de altura y cayendo en paracaídas tras saltar de un avión. Tiene su oficina en un descampado al este, en dirección a Roches Noires, pero organiza los traslados desde Gran Baie; hay comerciales que informan cómo por toda la ciudad.

Sportfisher PESCA

(plano p. 72; ☑263 8358; www.sportfisher.com; Royal Rd; medio día completo desde 23 000/26 450 MUR por barco; ⊗7.00-18.00) Con sede junto al muelle de Sunset Blvd, dispone de cuatro embarcaciones para seis personas cada una (tres pescadores de caña y tres acompañantes). Hay que recordar su política: "Todos los peces pertenecen al barco. Sin embargo, a

VILLAS DE ALQUILER EN GRAND BAIE

Grand Baie, como la mayoría de los pueblos turísticos de Mauricio, también tiene agencias que alquilan chalés y apartamentos, una opción excelente si se va con amigos y/o en temporada baja.

Grand Bay Travel & Tours (plano p. 72; ☑263 8771; www.gbtt.com; Royal Rd) Dispone de varias urbanizaciones en la zona de Grand Baie, con alojamientos de básicos a lujosos.

Idyllic Villas (☑697 1602; www.idyllic-mauritius.com) Gestiona un conjunto de chalés privados en la costa: hay buenas ofertas en el encantador vecindario de Pointe aux Canonniers.

CG Villas (☑262 5777; www.villas-mauri ce.com) Este servicio de reserva de alojamientos ofrece chalés y apartamentos directamente en la bahía.

quien quiera probar su captura, con mucho gusto le complaceremos".

🛏 Dónde dormir

Grand Baie tiene dos tipos de hoteles diferentes: los mastodónticos complejos turísticos y los estudios y apartamentos económicos alejados de la calle principal. Hay menos complejos de lujo de los imaginables, pero sí hay algunos establecimientos elegantes en el lado este de la bahía. Si Grand Baie resulta demasiado ajetreada, se puede pernoctar en la vecina Pereybère.

★**Sous Le Badamier** PENSIÓN €

(plano p. 70; ☑263 4391; www.souslebadamier.com; X Club Rd, Pointe aux Canonniers; i 51-66 €, d 60-78 €, desayuno incl.; ✳@🛜) En su día conocida como Chez Vaco por las bonitas pinturas del artista que adornaban casi cada pared, esta maravillosa pensión recibe ahora el nombre de los árboles *badamier* (almendro malabar) que guarecen la encantadora entrada. Las acogedoras habitaciones están decoradas en tonos balsámicos y muebles con acabados de junco de Indias; se respira un minimalismo cálido, elegante pero hogareño. Un gran descubrimiento.

Résidence Peramal APARTAMENTOS €

(plano p. 70; ☑263 8109; www.residence-peramal. com; Royal Rd; estudios 1200-1400 MUR, apt desde

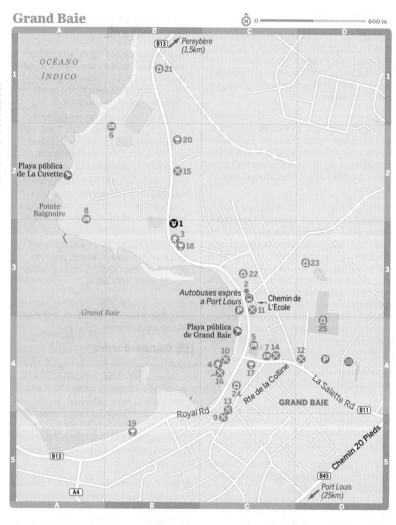

Grand Baie

N 0 ———————— 400 m

OCÉANO
ÍNDICO

B13 ↗ Pereybère
(1,5km)

21

6

20

Playa pública
de La Cuvette

15

Pointe
Baignoire
8

1

3

18

22

23

2

Autobuses exprés
a Port Louis
11

Chemin de
L'Ecole

Playa pública
de Grand Baie

5

25

7 14

10

12

4

17

16

24

13

GRAND BAIE

9

Royal Rd

Rte de la Colline

La Salette Rd   B11

19

B13

Chemin 20 Pieds

A4

B45

Port Louis
(25km)

2000 MUR; ❋) Alojamiento con cocina y excelente relación calidad-precio en una loma de
la entrada occidental de Grand Baie.

Pépère Guest House   PENSIÓN, APARTAMENTOS €
(plano p. 72; ☑263 5790; www.pepere-appartement.
com; Royal Rd; i 20-30 €, d 30-40 €, apt 4 dormitorios 50-60 €; ❋🛜) En pleno corazón de la
localidad, estas sencillas habitaciones tienen
buen precio y están bien cuidadas por sus
simpáticos propietarios. La propiedad estaba
en venta cuando se visitó, o sea, que podría
cambiar en cualquier momento.

Trendzone Apartments   APARTAMENTOS €€
(plano p. 70; ☑263 8277; www.trendzonemauri
tius.com; La Salette Rd; apt 1/2 dormitorios 55/
80 €; ❋🛜) Apartamentos modernos, aunque cada vez más usados, encima de la
boutique Trendzone, en el corazón, entre
el Super U y el mar.

★**Esprit Libre**   PENSIÓN €€
(plano p. 70; ☑269 1159; www.espritlibremaurice.
com; Rue Bourdet, Pointe aux Canonniers; h 60-
110 €, ste 90-140 €, desayuno incl.; ❋🛜❄) Esta
encantadora pensión, una de las opciones

Grand Baie

con mejor relación calidad-precio de la isla, ofrece una estupenda atención al cliente. Las habitaciones son sencillas y están decoradas con gusto, y el restaurante propone una carta imaginativa que ha atrapado a una clientela fiel de lugareños. Está bien señalizado en una bocacalle de Royal Rd.

Ocean Villas   HOTEL €€
(plano p. 70; ☑263 6788; www.ocean-villas.com; Royal Rd, Pointe aux Canonniers; h desde 40 € desayuno incl.; ❋@☎☀) Amplia oferta de alojamientos, desde habitaciones sencillas a apartamentos con cocina para hasta ocho personas y sofisticadas suites para recién casados con bañeras. De sus instalaciones cabe destacar la excelente piscina, su playa (con casa privada y una reducida oferta de deportes acuáticos) y un restaurante.

★20° Sud   HOTEL €€€
(plano p. 70; ☑263 5000; www.20degressud.com; X Club Rd, Pointe aux Canonniers; d desde 225 €, media pensión incl.; ❋@☎☀) Probablemente sea el complejo más *boutique* de la isla; propone habitaciones elegantes, inspiradas en las plantaciones. Las paredes están pintadas en riguroso color blanco, con tules colgantes y refinadas molduras de madera oscura. Las palaciegas puertas de roble dan paso a la zona comunitaria cubierta de parras, un exuberante palmeral con una sugerente piscina y una acogedora biblioteca rústica. No aceptan menores de 12 años.

Baystone Hotel & Spa   HOTEL-BOUTIQUE €€€
(plano p. 70; ☑209 1900; www.baystone.mu; X Club Rd; h con vistas al mar/acceso directo a la playa 350/390 €, media pensión incl.; Ⓟ❋@☎☀) En una bonita y tranquila playa con vistas al otro lado de la bahía, este elegante hotel-*boutique* es uno de los mejores de Grand Baie. Acogedor allí donde muchos hoteles de precio alto pecan de anodinos, ofrece lujo con un toque personal y sobrio. Las habitaciones son muy luminosas y confortables.

Royal Palm   HOTEL €€€
(plano p. 72; ☑209 8300; www.beachcomber-hotels.com/hotel/royal-palm; h desde 375 € por persona; ❋@☎☀) El buque insignia del grupo Beachcomber es el lujo llevado al extremo, patio de recreo de ricos y famosos. El personal lleva uniformes de mayordomo de safari (incluidos salacots), y los ramos de flores arreglados con cariño son la pieza central de cada habitación. Está en una transversal de Royal Rd.

Veranda Hotel   HOTEL €€€
(plano p. 72; ☑209 8000; www.veranda-resorts.com; i/d desde 110/160 €, desayuno incl.; ❋@☎☀) Sus zonas comunitarias y elegantes le otorgan una sensación de exclusividad. Las dos piscinas, las buenas instalaciones y la rehabilitación relativamente reciente de las habitaciones también ayudan. La playa está bien, pero sin exagerar, está bien situado para ir al centro y dispone de un completo *spa*. Está en una bocacalle de Royal Rd.

SALIDAS EN BARCO A LAS ISLAS SEPTENTRIONALES

Coin de Mire, Île Plate e Îlot Gabriel

La peculiar Coin de Mire (cuña de cañón), a 4 km de la costa, se llamó así porque parece la *quoin* (cuña) utilizada para fijar un cañón. Ahora la isla es una reserva natural y hogar de algunas especies insólitas, como el rabijunco colirrojo y el *Gongylomorfus bojerii*. Ninguno de los catamaranes importantes fondea aquí, porque es difícil desembarcar. Pese a la impresionante forma de la isla tampoco hay mucho por ver, es ese tipo de sitio que gana con la distancia.

La mayoría de los operadores se acerca a la laguna que hay entre la Île Plate y la Îlot Gabriel, 7 km al norte, donde se puede bucear. Se sirven barbacoas para almorzar en una playita de la Îlot Gabriel.

Desde Grand Baie salen barcos rumbo a la isla. Se puede reservar en línea en www.catamarancruisesmauritius.com, a través de cualquier agencia de circuitos local o directamente con las compañías de cruceros. La excursión cuesta 1000-1500 MUR por persona, con almuerzo incluido; en fueraborda, 2000 MUR (aprox.).

Île Ronde e Île aux Serpents

La Île Ronde (isla Redonda) y la Île aux Serpents (isla de las Serpientes) son dos importantes reservas naturales a 20 y 24 km, respectivamente, de Mauricio. No se puede desembarcar. Aunque irónicamente, la Île Ronde no es redonda y tiene serpientes, y la Île aux Serpents sí que es redonda pero en ella no hay serpientes; al parecer, uno de los primeros cartógrafos se equivocó, sin más.

La Île Ronde comprende aproximadamente 170 Ha y los científicos creen que tiene más especies amenazadas por kilómetro cuadrado que cualquier otro lugar del mundo. Muchas plantas, como la palmera huracán (*Dictyosperma album*, de la que queda solo un ejemplar) y la palma botella, son únicas de la isla. La fauna autóctona incluye la boa *Cassarea dussumieri* y la boa *Bolyeria multocarinata* (posiblemente extinguida), tres tipos de escíncido y tres de geco. En la isla también crían aves marinas como la pardela del Pacífico, el rabijunco colirrojo y el petrel de Bulwer, entre otros. El naturalista Gerald Durrell describe la isla de forma muy gráfica en su libro *Murciélagos dorados y palomas rosadas*.

La Île aux Serpents, más pequeña (42 Ha), es una conocida reserva de aves. En la isla habitan el charrán sombrío, la tiñosa picofina, la tiñosa boba y el piquero enmascarado, entre otras. También hay gecos *Nactus serpensinsula* y escíncidos de Bojer.

✖ Dónde comer

Aunque hay muchos restaurantes en el centro, se recomienda alejarse un poco, sobre todo hacia Pointe aux Canonniers y Pereybère. Hay vendedores ambulantes y puestos de verduras en toda Royal Rd. Suelen concentrarse cerca de las playas.

★**Domaine**　　　　　　MAURICIANA €
(plano p. 64; ☎263 5286; Narainen St, Upper Vale, The Vale; principales 75-150 MUR; ⊗16.00-23.00 lu, 11.00-23.00 ma-do) Este es el local que aconsejan todos los lugareños cuando se les pregunta por un lugar con cocina casera mauriciana, con especialidades locales como *ourite safrané* (pulpo con azafrán, jengibre y ajo) y cordero con chile. Solo se puede ir en vehículo privado o taxi, porque cuesta encontrar. Hay que tomar la M2 en dirección a Port Louis; después, el desvío de la izquierda que sale de la autopista en la primera rotonda y

seguir las señales hasta The Vale. Una vez en el pueblo, hay que buscar el rótulo "Snack Mustapha" donde la carretera principal zigzaguea un poco hacia la izquierda: hay que girar todo a la derecha y después tomar la segunda carretera asfaltada de la izquierda, 250 m cuesta abajo.

Como lo recomiendan todos los lugareños, hay que ir rápido antes de que el dueño se dé cuenta de que los precios son demasiado bajos para los turistas.

★**Boulette Ti Kouloir**　　MAURICIANA €
(plano p. 72; *boulettes* 7 MUR, fideos 80-90 MUR; ⊗11.30-16.00 y 18.00-21.30 lu-sa, 17.30-21.30 do) En una transversal de Royal Rd, este minúsculo local es uno de los mejores de tentempiés de Grand Baie. Prepara *boulettes* y cuencos rebosantes de fideos. Se pueden escoger entre *boulettes* de pollo, cerdo, pescado, calamares o cordero.

Para llegar, hay que seguir el cartel que indica La Rougaille Créole, rebasar el aparcamiento del centro comercial Sunset Boulevard y después torcer a la derecha (está unos 50 m más a la derecha, al lado de La Rougaille Créole).

Lazy Dodo
MAURICIANA, EUROPEA €

(plano p. 72; 263 6926; La Salette Rd; principales 250-395 MUR; 8.00-21.00 lu-sa) Este local de carretera propone platos combinados de ensalada y curri (desde 540 MUR) y platos principales al mediodía con patatas fritas, ensalada o arroz por solo 295 MUR, así como cocina mauriciana y francesa en un marco informal con música *lounge* de fondo. Es uno de los mejores de la localidad.

Luigi's
ITALIANA €

(plano p. 72; 269 1125; luigis.restaurant.mu; Royal Rd; *pizza* 170-300 MUR, principales 230-550 MUR; 18.00-22.30 ma-ju, 18.00-23.00 vi, 12.00-14.30 y 18.00-23.00 sa) En este lugar no hay florituras, solo ricas *pizzas* al horno de leña, excelentes platos de pasta y un comedor ventilado. Con razón está lleno casi siempre.

★ Sauterelle
MAURICIANA, FRANCESA €€

(plano p. 72; 263 8836; www.sauterellerestaurant. mu; Royal Rd; principales 390-890 MUR; 12.00-14.30 y 19.00-22.00 ma-sa, 19.00-22.00 lu) Este oasis de sofisticación destaca en el centro comercial Sunset Boulevard y es una buena opción. Hay platos de todo tipo, entre ellos filete de pargo rojo a la parrilla con salsa de pomelo y romero, o curri de gambas con fideos infusionados con té verde. Los camareros son atentos y la comida nunca falla.

La Rougaille Créole
MAURICIANA €€

(plano p. 72; 263 8449; principales 350-800 MUR; 12.30-14.30 y 19.30-22.30) Escondido (pero bien indicado) en una bocacalle de Royal Rd, detrás del centro comercial Sunset Boulevard, este agradable establecimiento prepara buenos platos locales a precios comedidos. Se recomienda el cangrejo salteado y el pescado rojo en salsa criolla.

Café de Grand Baie Plage
INTERNACIONAL €€

(plano p. 72; 263 7041; Royal Rd; principales 490-850 MUR; 10.00-22.00) Sirve una correcta selección de carnes asadas, marisco y pescado, y básicos internacionales, aunque lo que de verdad atrae son las vistas de la bahía desde su terraza. Es vital reservar para almorzar y cenar, especialmente si se quiere una mesa en primera línea.

Sunset Cafe
CAFÉ €€

(plano p. 72; 263 4172; Royal Rd; principales 250-690 MUR; 8.00-22.30) Propone una carta internacional bastante genérica, con pastas (también sin gluten), parrilladas y sándwiches, pero lo que es estupendo es su ubicación junto al mar, ideal para comer o tomar un batido a cualquier hora.

Happy Rajah
INDIA €€

(plano p. 72; 263 2241; www.happyrajah.com; La Salette Rd; 290-650 MUR, platos del día almuerzo desde 230 MUR; 11.30-14.30 y 18.00-22.30) Al lado de la entrada al Super U Hypermarket, en el 1er piso, este reputado restaurante hindú tiene todos los clásicos. Si se quiere tirar la casa por la ventana, pruébese el *masala* de langosta. Si no, los curris, *tikkas* y *tandooris*, aunque los *thalis* de mediodía están igual de sabrosos.

Cocoloko
INTERNACIONAL €€

(plano p. 72; 263 1241; Royal Rd; tapas 175 MUR, principales 295-725 MUR; 9.00-23.00;) Al cruzar la calle de la playa, el Cocoloko, que abraza un patio de guijarros, aporta un poco de sofisticación pretenciosa al centro de Grand Baie. La comida internacional no despertará pasiones, pero el marco es ideal para un café, unos cócteles y una comida al fresco. Hay ensaladas, filetes, tapas, sándwiches y *pizzas*. A ello hay que añadir wifi gratuito, conciertos casi cada noche y una *happy hour* de 16.00 a 20.00.

Coolen-Chez Ram
MAURICIANA, PESCADO €€

(plano p. 70; 263 8569; Royal Rd; principales 260-480; 11.30-14.00 y 18.30-22.00 ju-ma) De los restaurantes de Royal Rd, los lugareños se decantan por este. El comensal será recibido con un chupito de ron de bienvenida mientras estudia la carta de básicos de pescado y marisco, y de cocina criolla y del norte de la India. El curri de pulpo con papaya es muy recomendable, y hay que dejar hueco para la banana flambeada de postre.

Café Müller
CAFÉ €€

(plano p. 70; 263 5230; Royal Rd; bufé desayuno/ *brunch* 310/450 MUR, vi bufé y asador adultos/ niños 450/225 MUR; 8.00-17.00 lu-vi, hasta 16.00 sa) Encantador café, regentado por alemanes, ideal para probar tartas, *crêpes,* café y zumos; además prepara un excelente *brunch* los sábados en su bonito jardín con parterres de césped y bufé de desayuno cada día. Los viernes organiza un bufé y asador de 12.00 a 14.00.

MAURICIO GRAND BAIE

Le Capitaine
PESCADO €€€

(plano p. 70; ☎263 6867; www.lecapitaine.mu; Royal Rd; principales 590-1950 MUR; ⏱12.00-15.00 y 18.30-22.30) Este popular establecimiento sirve buenos platos de pescado y marisco en un espacio agradable que combina elegancia con informalidad y regala vistas parciales de la bahía. En la carta con especialidades de toda la isla sobresale la langosta, aunque hay otros platos suculentos, como el centollo al vino blanco y los ravioli de langosta con setas naturales y *quenelles* de pepino. Por la noche es imprescindible reservar.

Dónde beber y vida nocturna

Si se busca fiesta en Grand Baie, muchos restaurantes de la zona, incluido el Cocoloko, tienen también una animada vida nocturna. Cerca del Luigi's (p. 75), al norte del centro, los locales nocturnos abren y cierran cada temporada; se aconseja preguntar por el que esté de moda.

★Les Enfants Terribles
CLUB

(Ferrari Club; plano p. 70; ☎5263 1076; Royal Rd, Pointe aux Canonniers; ⏱19.00-3.00 vi y sa) Los "diablillos", la primera opción para una noche de fiesta en la localidad, cuenta con una escandalosa pista de baile, un salón *chill-out* y una sección especial VIP donde el champán fluye a mares. Paredes forradas con fotos arrugadas de fiesteros subrayan el ambiente sociable y local de la discoteca.

Beach House
BAR

(plano p. 72; ☎263 2599; www.thebeachhouse.mu; Royal Rd; ⏱11.30-hasta tarde ma-do) Propiedad de Kabous Van der Westhuisen, un ex jugador de *rugby* sudafricano, este animado garito se mueve con un ajetreo similar al de un partido en tiempo de prórroga. A veces el dueño se pasea sin camisa y firma autógrafos. La incomparable ubicación es su mayor reclamo: el bar está justo donde rompen las olas de la laguna de Grand Baie.

B52
COCTELERÍA

(plano p. 72; ☎263 0214; La Salette Rd esq. Royal Rd; ⏱10.00-24.00 lu-sa) Este gran y popular local al aire libre prepara buenos cócteles durante todo el día; en pleno centro.

Stardance
CLUB

(plano p. 72; ☎5977 5566; Royal Rd; entrada 250 MUR; ⏱22.00-4.00 vi y sa) En este rincón de la localidad los locales nocturnos abren y cierran continuamente, pero siempre hay una discoteca que se llame Stardance. Esta enésima encarnación programa noches temáticas, con algunos de los mejores DJ de la isla.

Zanzibar
CLUB

(plano p. 72; ☎263 0521; Royal Rd; ⏱23.30-hasta tarde) Al lado del Banana Bar y la gasolinera, este local nocturno ha cambiado de nombre muchas veces en los últimos años, pero mantiene la animación. La pista de baile se suele llenar y la música es ideal para bailar sin parar. Una buena opción en plena localidad.

Banana Bar
BAR

(plano p. 72; ☎263 0326; www.bananabeachclub. com; Royal Rd; entrada 150 MUR; ⏱10.00-3.00 lu-sa, 12.00-3.00 do) Uno de los mejores sitios para una copa y una charla... ¡en el aparcamiento de una gasolinera! También organiza conciertos (mi-sa 20.30).

De compras

Sunset Boulevard
CENTRO COMERCIAL

(plano p. 72; Royal Rd) Sunset Boulevard, que se expande a ambos lados de Royal Rd en plena localidad, acoge *boutiques* chic, incluidas Floreal, Maille St y Shibani, especialistas en géneros de punto; Harris Wilson para ropa de hombre; y Hémisphère Sud para fabulosos artículos de piel.

Françoise Vrot
ARTE

(plano p. 67; ☎263 5118; Reservoir Rd; ⏱10.00-13.00 y 15.00-18.30) Si se quieren comprar obras de arte original, se debería visitar el estudio de Françoise Vrot para ver sus expresivos retratos de campesinas.

Grand Baie Bazaar
ARTESANÍA

(plano p. 72; ⏱9.30-16.30 lu-sa, hasta 12.00 do) Escondido en una calle del interior, lejos de Royal Rd, este mercado tiene un amplio surtido de artesanías turísticas mauricianas y malgaches. No hay precios fijos, pero los artículos no son caros y los vendedores no resultan incordiantes.

Galerie Vaco
ARTE

(plano p. 72; ☎263 6862; Dodo Sq; ⏱10.00-17.00 lu-sa) Se recomienda ir a esta galería, cerca de Royal Rd y detrás de Galito's Restaurant, para comprar una de las obras de Vaco Baissac, se reconocen al instante.

Del Sol
ACCESORIOS

(plano p. 72; ☎757 4917; www.delsol.com; Royal Rd; ⏱10.00-18.00 lu-sa) Los fascinantes productos Del Sol, desde camisetas a esmaltes de uñas, son sensibles a la luz y se venden en una agradable *boutique* en Ventura Plaza.

Super U Hypermarket SUPERMERCADO, LIBROS
(plano p. 72; La Salette Rd; ☻9.00-20.30 lu-ju, hasta 21.30 vi y sa, hasta 16.30 do) Unos 250 m al interior desde la calle principal de Grand Baie, el enorme Super U Hypermarket es, con diferencia, el mejor supermercado de la isla y vende casi de todo, incluido el mejor surtido de libros y revistas del norte.

ℹ Información

En Gran Baie los cibercafés abren y cierran sin cesar, y muy pocos aguantan más de una o dos temporadas. Seguro que en la calle mayor del centro hay alguno.

Mauritius Commercial Bank (MCB; Royal Rd; ☻oficina de cambio 8.00-18.00 lu-sa, 9.00-12.00 do) Tiene un cajero automático.

Thomas Cook (Royal Rd; ☻8.30-16.45 lu-sa, hasta 12.30 do) La mejor oficina de cambio que no pertenece a un banco.

ℹ Cómo llegar y salir

Del aeropuerto a Grand Baie no hay autobuses directos, de modo que hay que cambiar en Port Louis y para ello hay que ir de una estación de autobuses a la otra. Casi todos los viajeros tendrán un medio de transporte facilitado por su hotel; a aquellos que lleguen después de un vuelo de 12 h, se les recomienda tomar un taxi o, mejor aún, pedir uno con antelación a través del hotel si es que este no facilita el transporte.

Los autobuses exprés (plano p. 72) circulan directamente entre Immigration Sq, en Port Louis, y Grand Baie cada 30 min. La estación término para autobuses exprés a/desde Port Louis (38 MUR) está en Royal Rd, 100 m al norte del cruce de Royal Rd y La Salette Rd. Los autobuses (no exprés) a Cap Malheureux pueden dejar al viajero en Grand Baie. Los autobuses entre Pamplemousses y Grand Baie salen cada hora (aprox.). Los no exprés que pasan por Trou aux Biches paran a menudo en la carretera de la costa.

Se pagan 2000 MUR por un taxi a/desde el aeropuerto. Un viaje de ida y vuelta a Pamplemousses, tiempo de espera incluido, debería salir por unas 600 MUR.

ℹ Cómo desplazarse

BICICLETA

Muchos hoteles y pensiones alquilan bicicletas, y los hay que las dejan gratis. Los precios varían entre 150 y 250 MUR al día, menos si se alquilan para varios días. Casi todos los operadores de circuitos alquilan bicicletas; basta con bajar por Royal Rd y ver la oferta.

AUTOMÓVIL

Hay muchas compañías que alquilan automóviles en Grand Baie, y también está ABC Car Rental (p. 80), en la vecina Pereybère, de modo que se debe regatear, sobre todo si se alquila para varios días. Un pequeño utilitario suele costar desde 1000 MUR diarias. Hay que averiguar si el hotel del viajero se beneficia de algún descuento especial con alguna compañía local. En Grand Baie es fácil alquilar motocicletas de 50 y 100 cc (unas 500 MUR al día, menos si se alquila para varios días).

Pereybère

8450 HAB.

Con la incontrolada urbanización de la costa norte, resulta bastante difícil definir dónde termina Grand Baie y empieza Pereybère. Esta localidad y sus alrededores es la segunda más urbanizada del litoral, después de la propia Grand Baie, pero está en un cómodo punto intermedio entre el bullicioso centro turístico y el plácido lugar de veraneo, aunque, cada año que pasa, se acerca más al primero.

◉ Puntos de interés

Galerie du Moulin Cassé GALERÍA
(plano p. 64; ☏263 0672; Old Mill Rd, Chemin de Vieux Moulin Cassé; ☻10.00-18.00 vi) En un trapiche restaurado con encanto, esta galería expone las intensas escenas florales del pintor Malcolm de Chazal (1902-1982) y una colección de fotografías de Diane Henry. Sin embargo, lo que más impresiona es la colección de más de 20 000 macetas de terracota que trufan los arcos abovedados del techo.

Mirador MIRADOR
(plano p. 79) Buenas vistas de la costa y las islas septentrionales.

⃗ Actividades

Ocean Spirit Diving SUBMARINISMO, BUCEO
(plano p. 79; ☏263 4428; www.osdiving.com; Royal Rd; 1/3 inmersiones 1200/3360 MUR; ☻8.00-16.30) Llevado por franceses y con una oficina en la calle principal de la localidad, este centro de submarinismo es el mejor de Pereybère.

Orca Dive Club SUBMARINISMO, BUCEO
(plano p. 64; ☏5940 2016; www.orca-diveclub-merville.com) Este centro de submarinismo de ges-

EL ESCULTOR DE ARENA DE PEREYBÈRE

Se puede visitar la playa principal de Pereybère por muchas razones, pero una de las más atípicas es la de presenciar las portentosas esculturas de arena del lugareño Sanjay Jhowry. Durante los 10 últimos años y dos veces por semana, el simpático Sanjay ha levantado verdaderas obras de arte con arena, desde grandes castillos a piezas maestras de 6 m de altura en las que ha invertido días enteros; cuando se visitó acababa de hacer una maravillosa versión de la Torre Eiffel. La marea barre sus creaciones casi a diario pero el artista guarda un álbum con las fotografías de más de 400 esculturas realizadas a lo largo de los años (se le puede pedir verlo).

tión alemana tiene su oficina en el Merville Hotel, entre Pereybère y Grand Baie.

Surya Ayurvedic Spa SPA

(plano p. 79; ☑263 1637; www.suryaspa.com; Royal Rd; ☺9.00-20.00) Para concederse un relajante regalo, el elegantísimo Surya Ayurvedic Spa propone masajes hindúes y un *hammam*.

Chi SPA

(plano p. 64; ☑263 9621; Old Mill Rd (Chemin de Vieux Moulin Cassé); ☺9.00-19.00) El "Chi Balance" de 90 min (un baño de pies con cinco aceites esenciales) cuesta 1375 MUR, un precio bastante razonable si se compara con los de los *spas* de los hoteles aledaños.

🛏 Dónde dormir

La mayoría de los alojamientos de la población son encantadoras pensiones y hotelitos en las calles secundarias, a unos pasos del centro urbano y la playa. Aunque hay algunos hoteles más grandes dispersos por la calle principal.

★ Bleu de Toi PENSIÓN €€

(plano p. 79; ☑269 1761; www.bleudetoi.mu; Coastal Rd; h desde 92€; ❄@☎🏊) No hay pensión en esta zona que haga sombra a este bonito B&B propiedad de unos simpáticos belgas. Las habitaciones tienen muebles sencillos, pero con buen gusto, y adorables soportales. Por la noche, la encantadora *table d'hôte* (12-18 €) no tiene desperdicio. Descuentos para estancias largas. No admite niños.

Flowers of Paradise Hotel HOTEL €€

(plano p. 79; ☑5934 5320; www.hotel-paradisemauritius.mu; Beach Lane; i 75-90 €, d 90-110 €, desayuno incl.; ❄☎🏊) Apartado de la calle principal, pero a un corto paseo de la playa, este fabuloso hotel tiene un aire vagamente *boutique*, con habitaciones con muebles bonitos y buen servicio. Muy recomendable.

Hibiscus Hotel HOTEL €€

(plano p. 79; ☑263 8554; www.hibiscushotel.com; Royal Rd; i 90-125 €, d 125-180 €, media pensión incl.; ❄☎🏊) Luce un caminito de piedra que se abre paso entre jardines selváticos, una maravillosa piscina y una playa casi privada (aunque con rocas por sortear). Propone habitaciones limpias y cómodas en bloques de tres pisos. Los muebles de madera son, quizá, demasiado recios.

Le Beach Club HOTEL €€

(plano p. 79; ☑263 5104; www.le-beach-club.com; Royal Rd; h con vistas al mar/jardín desde 95/75 €, apt 4 dormitorios desde 125€; ❄☎) Este complejo de estudios y apartamentos de dos dormitorios es uno de los pocos sitios frente al mar y cuenta con una fantástica playa, perfecta para nadar. Las habitaciones están decoradas con festivos colores tropicales y la ubicación es ideal, aunque empieza a parecer un poco anticuado y las zonas comunes son tan diminutas que parecen trasteros.

La recepción tiene un horario limitado; se recomienda concertar la llegada de antemano.

Ocean Beauty HOTEL €€

(plano p. 79; ☑263 6039; www.ocean-beauty.com; Pointe d'Azur; h 60-225 €, desayuno incl.; ❄@☎🏊) Enfocado descaradamente a los recién casados, este hotel-*boutique* es acogedor, pero algo básico: las habitaciones son elegantes y evocadoras, pero ofrece poco más. Pese a ello, es un nidito de amor en estado puro, con servicio de desayuno en la habitación y acceso directo a la bonita playa local.

Casa Florida Hotel & Spa HOTEL €€

(plano p. 79; ☑262 6208; web.casaflorida.net; Mt Oreb Lane; i/d 1750/2140 MUR, desayuno incl.; ❄☎🏊) Opción a buen precio, con un personal simpático y bonitas habitaciones de colores terrosos. A solo 5 min a pie de la playa.

Pereybère Hotel & Apartments HOTEL €€

(plano p. 79; ☑263 8320; www.pereyberehotel.com; Royal Rd; d/apt/ste 56/70/75 €; ❄@☎🏊) En pleno meollo, al otro lado de la carretera desde la playa, este decano parece anticuado por

Pereybère

Pereybère

fuera, pero las habitaciones están impecables. Las vistas del mar que asegura tener, eso sí, no son nada espectaculares, y los *jacuzzis* de algunas habitaciones son, en realidad, duchas con varios chorros de agua.

Oasis Villas VILLA €€€

(plano p. 64; ☑422 8435; www.oasis-villas-mauritius. com; Old Mill Rd, Chemin de Vieux Moulin Cassé; vi-

llas desde 222 €; ❄︎📶⛱︎) La última tendencia en decoración asiática realza el espléndido diseño de espacios al aire libre. La seguridad es rigurosa; la privacidad, sagrada; y la sensación VIP impregna el ambiente. La única pega es que se necesita transporte para llegar a la playa. Si se viaja en familia o grupo, los chalés son un chollo.

✗ Dónde comer

En Pereybère hay buenos restaurantes, pero la oferta es más variada en Grand Baie.

Caféteria Pereybère CAFÉ €

(plano p. 79; ☑263 8539; Royal Rd; principales 250-620 MUR; ⏱︎10.30-22.00) Detrás de la playa, este agradable y sencillo café-restaurante abre todo el día y propone una carta amplia con opciones básicas, como pescado a la parrilla, curris y filetes con patatas fritas. Las raciones tienden a pequeñas y solo se puede pagar en efectivo. Más recomendable por la proximidad a la playa y los precios bajos que por la comida.

★Wang Thai TAILANDESA €€

(plano p. 79; ☑263 4050; www.thai.mu; Royal Rd; principales 290-490 MUR, menús 250-500 MUR; ⏱︎12.00-14.30 ma y mi, 12.00-14.30 y 18.00-22.00 ju-do) Es el mejor restaurante de Pereybère desde hace mucho tiempo, un pionero en genuina comida tailandesa en Mauricio, un lugar sofisticado y ventilado con imágenes de Buda y sedas sin tratar, que prepara platos sorprendentemente asequibles. Para darse un gusto, se recomiendan clásicos como *tom yum thalay* (sopa de marisco con trazas de pasto de limón), curri verde, pescado en salsa de tamarindo o *phad thai* (fideos fritos).

Sea Lovers Restaurant　　　PESCADO €€
(plano p. 79; ☑263 6299; Royal Rd; principales 350-750 MUR; ☺12.00-14.30 y 18.00-21.00 mi-lu) Este es, sin duda, el restaurante más elegante de la zona, con una fabulosa terraza en la arena y muebles muy refinados. No obstante, los camareros pueden estar un poco dispersos y la comida no le hace justicia al local, aunque el filete de pescado envuelto en hoja de banano tampoco está nada mal.

❶ Cómo llegar y salir

Los autobuses entre Port Louis y Cap Malheureux paran en Pereybère y en Grand Baie. Pasan cada 30 min (aprox.).

❶ Cómo desplazarse

Se pueden alquilar automóviles, motocicletas y bicicletas en las agencias de circuitos de la zona. Los automóviles cuestan desde 1000 MUR al día; las motocicletas de 50 o 100 cc, desde 500 MUR; las bicicletas, a partir de 150 MUR. Casi todas las compañías de Grand Baie de alquiler de automóviles entregan y recogen los vehículos en Pereybère.
ABC Car Rental (☑263 1888; www.abc-car rental.com) Puesto en el norte de esta cadena de confianza.
Ara Tour (☑262 7158; www.aratoursmauritius. com) Compañía local de alquiler de automóviles.

Cap Malheureux

5070 HAB.
El vértice norte de Mauricio regala unas vistas encomiables de las islas frente a la costa, en especial, del espectacular promontorio de Coin de Mire. Aunque hoy parezca un lugar dejado de la mano de Dios, Cap Malheureux ("cabo del Infortunio", nombre que se debe a los muchos barcos que naufragaron en sus escollos) es muy relevante en la historia de Mauricio: aquí fue donde las tropas británicas invasoras consiguieron derrotar a los franceses en 1810 y, por ende, ocupar la isla. Más allá del cabo aguarda la minúscula y pintoresca Cap Malheureux, una aldea de pescadores.

⦿ Puntos de interés

Notre Dame Auxiliatrice　　　IGLESIA
(plano p. 64; Royal Rd) Vale la pena entrar a esta fotogénica iglesia de tejado rojo por su elaborada construcción en madera y una pila de agua bendita esculpida cual gigantesca concha marina. Hay una señal que prohíbe tajantemente a los recién casados "falsear" bodas en la iglesia con el fin de hacerse fotos, pero estos, de verdad o no, con sus respectivos fotógrafos, frecuentan los jardines de la iglesia. Se ofician misas los sábados a las 18.00 y los domingos a las 9.00.

⨋ Dónde dormir

Cap Malheureux, sin tener la oferta de las cercanas Grand Baie o Pereybère, tiene hoteles excelentes, perfectos para quienes busquen tranquilidad lejos de los epicentros turísticos.

Kuxville　　　APARTAMENTOS €€
(plano p. 64; ☑262 8836; www.kuxville.com; Royal Rd; estudios/apt/villas desde 70/110/190 €; ✻☏) Apenas 1,5 km al oeste de la aldea de Cap Malheureux, este popular complejo propone alojamiento de varios tipos: estudios o apartamentos para cuatro personas y módulos en un complejo nuevo, al otro lado de la carretera. Tiene una playita y una pequeña escuela de parapente y *kiteboarding* llevada por el afable dueño, Nico Kux (véase www. sindbad.mu).

★ Le Paradise Cove　CENTRO VACACIONAL €€€
(plano p. 64; ☑204 4000; www.paradisecovehotel. com; Anse la Raie; i/d/ste desde 380/520/850 €, media pensión incl.; ✻@☏☲) Este discreto complejo-*boutique* de cinco estrellas enfocado a los recién casados es tan lujoso como sugiere su nombre. Se halla en una bonita caleta; la playa está al final de una ensenada que le aporta una valiosa privacidad. También incluye detalles fabulosos tales como un campo de golf, pistas de tenis, deportes acuáticos gratuitos, un centro de submarinismo y "niditos de amor" en el promontorio con vistas a las islas septentrionales.

✕ Dónde comer

Aparte de los restaurantes de hotel, hay pocas opciones en la zona. De todas maneras, Pereybère y Grand Baie tampoco están tan lejos.

Helena's Cafe　　　CAFÉ €
(plano p. 64; ☑5978 1909; Royal Rd; principales 225-490 MUR; ☺7.30-16.00) Al cruzar la carretera desde el aparcamiento de la iglesia y cerca de la punta más septentrional de la isla, este

atractivo y pequeño café está decorado en colores azul y blanco, y sirve sándwiches, *paninis,* y platos principales como pollo o pescado a la parrilla, fideos o arroz.

⭐**Amigo** PESCADO €€

(plano p. 64; ☑5251 9264; amigo.restaurant.mu; Le Pavillon, Royal Rd; principales 225-950 MUR; ⊗12.00-15.00 y 18.00-22.00 lu-sa) A todo el mundo le encanta este agradable local escondido en la parte de atrás de Cap Malheureux, cerca de las plantaciones de caña de azúcar. Los clientes satisfechos garabatean mensajes en cualquier superficie lisa del restaurante, excepto en las mesas, que se reservan a las excelentes especialidades de pescado y marisco.

Las letras del nombre corresponden a las primeras iniciales del dueño y a las de sus cuatro hijos. Irónicamente, no hablaba nada de español. También entregas a domicilio.

ℹ Cómo llegar y salir

Los autobuses circulan cada 30 min (aprox.) entre la estación de autobuses de Immigration Sq, en Port Louis (42 MUR), y Cap Malheureux, vía Grand Baie. Un taxi a Port Louis cuesta unas 1000 MUR; a Grand Baie, 400 MUR; y al aeropuerto, 2000 MUR.

Grand Gaube

Grand Gaube, 6 km al este de Cap Malheureux, señala el punto y final de las urbanizaciones en el norte de Mauricio y sigue siendo, por ahora, un pueblecito de pescadores con una buena playa. Aparte de las pequeñas bahías de roca de esta zona, apenas hay playas hasta bastante más abajo de la costa este, de modo que quien se acerque hasta aquí descubrirá la vida tradicional de Mauricio, antes de que llegaran los turistas. En 1744 el *St Géran* se hundió frente a Grand Gaube durante una tormenta, un naufragio que inspiró a Bernardin de St-Pierre para escribir la famosa historia de amor *Pablo y Virginia*.

🏃 Actividades

Yemaya KAYAK

(www.yemayaadventures.com; medio día/día completo desde 1500/2000 MUR) Salidas en kayak hasta la Île Ambre, frente a la costa. También organiza travesías más largas y excursiones en bicicleta de montaña.

🛏 Dónde dormir

Hay una zona de complejos privados exclusivos que apenas se distinguen desde la carretera; están tan camuflados que, de hecho, solo quienes se alojan en ellos, saben de su existencia.

⭐**Veranda Paul & Virginie** HOTEL €€€

(plano p. 64; ☑266 9700; www.veranda-resorts.com; i/d desde 125/175 €, desayuno incl.; ✳@🛜☀) El hotel más veterano de Grand Gaube depara una agradable sorpresa. Es lo bastante pequeño como para no sentirse abrumado pero, aun así, cuenta con todas las comodidades que el lujo requiere: dos piscinas, un par de restaurantes, un *spa*, un sinfín de actividades y un club infantil. Las habitaciones, espaciosas y todas con vistas al mar, están decoradas con elegancia, y hay una pequeña pero bonita playa.

Zilwa Attitude CENTRO VACACIONAL €€€

(plano p. 64; ☑204 9800; www.zilwa-hotel-mauritius.com; Royal Rd, Calodyne; h desde 362 €) Bonito cuatro estrellas con todas las comodidades que cabe esperar de esta excelente cadena, entre ellas una piscina de horizonte infinito con vistas asombrosas, restaurantes de primera, habitaciones con muebles rústicos de madera y todo tipo de deportes acuáticos, desde *kitesurf* y surf con remo a excursiones en barco hasta las islas de la costa.

Lux* Grand Gaube HOTEL €€€

(plano p. 64; ☑698 9800; www.luxresorts.com; h 175-2200 €; ✳@🛜☀) Este inmenso y elegante complejo disfruta de una ubicación privilegiada, a muchos kilómetros del turismo masivo más al sur de la costa. Sus clientes pueden beneficiarse del acceso exclusivo a la bonita bahía y del acicalado recinto del hotel. Se ha decorado siguiendo la filosofía *feng shui*. Ideal para parejas de tortolitos.

ℹ Cómo llegar y salir

Los autobuses circulan cada 15 min (aprox.) entre la estación de autobuses de Immigration Sq, en Port Louis, y Grand Gaube (44 MUR). Un taxi a Port Louis cuesta 1000 MUR; a Grand Baie, 500 MUR y, al aeropuerto, 2100 MUR.

Pamplemousses

8850 HAB.

Los jardines botánicos de Pamplemousses (prácticamente a medio camino entre Grand Baie y Port Louis) son una de las principa-

MERECE LA PENA

CHÂTEAU LABOURDONNAIS

Si se va a conocer el jardín botánico y el museo del azúcar de Pamplemousses, se recomienda, y mucho, hacer otra parada por estos lares.

El recién restaurado Château Labourdonnais (plano p. 64; ☎266 9533; www.chateaulabourdonnais.com; adultos/niños 375/200 MUR; ☺9.00-17.00), uno de los edificios coloniales más bonitos de la isla, se completó en 1859. El *chateau*, construido con madera de teca, tiene un porte neoclásico italiano y una simetría perfecta, y está lleno de sobrios muebles victorianos combinados con florituras de extraordinaria factura. Solo se puede visitar en un circuito guiado de 45 min. Tras la visita, se puede pasear por los exuberantes jardines, probar el ron de la destilería de la casa y quedarse a comer en el restaurante, donde la carta cambia a diario. También hay una sofisticada tienda de regalos.

Para llegar, hay que ir 3 km rumbo norte por la autopista M2, tomar el desvío a Mapou y seguir las señales.

les atracciones de la isla: un relajante edén repleto de plantas endémicas y foráneas. El vecino y desmantelado trapiche azucarero de Beau Plan, hoy un fascinante museo, también es interesante.

El nombre de Pamplemousses responde a unos cítricos similares al pomelo que los neerlandeses introdujeron en Mauricio desde Java. Es el típico pueblo mauriciano, tranquilo, sin turistas y un pelín decadente, y parece que esté a miles de kilómetros de Grand Baie o Trou aux Biches.

⊙ Puntos de interés

★Sir Seewoosagur Ramgoolam
Botanical Gardens   JARDINES
(Jardins de Pamplemousses, Jardín Botánico Real; plano p. 64; adultos 200 MUR, guía 50 MUR por persona; ☺8.30-17.30) Los SSR Gardens son unos de los mejores jardines botánicos del mundo, después de los Kew Gardens de Londres. Además, es uno de los reclamos turísticos más populares de Mauricio, de fácil acceso desde casi cualquier rincón de la isla. Como el etiquetado de las plantas aún está por completar se recomienda encarecidamente contratar a uno de los entendidos guías que esperan en

la entrada; se ofrecen circuitos en carritos de golf para aquellos con movilidad limitada si se pide con antelación.

La pieza central de los jardines es un estanque de nenúfares gigantes *Victoria amazonica,* originarios de Sudamérica. Las hojas jóvenes brotan como bolas arrugadas pero, en cuestión de horas, se abren cual bandeja de té de hasta 2 m de diámetro. Del centro de las enormes hojas brotan flores blancas que se cierran en tonalidades rojas al día siguiente. Los lirios lucen su mayor esplendor en los cálidos meses de verano, especialmente en enero.

Las palmeras forman el grueso del despliegue hortícola, con una variedad asombrosa de constituciones y formas. Algunas de las más prominentes son las regordetas palmeras botella, las altas palmeras reales y las palmas de Ceilán, que florece una única vez, a los 40 años, y después, mueren. Otras variedades de palmera son la *raffia,* la *Borassus flabellifer,* la *fever,* la de abanico e incluso la *Cyrtostachys renda.* Además, hay muchas otras especies de árboles curiosas, entre ellas el árbol de jagua, el *Barringtonia asiatica* y el *Kigelia africana.*

La increíble variedad de aves es otra de sus maravillas (atención especial merecen las tonalidades carmesí del fodi rojo) y también hay manadas de ciervos en cautividad y casi una docena de tortugas gigantes de Aldabra cerca de la salida norte.

Los jardines reciben el nombre de sir Seewoosagur Ramgoolam, el primer presidente de gobierno del Mauricio independiente, pero empezaron como huerta, en 1735, del Mon Plaisir Château (que hoy acoge una pequeña exposición de fotografías) de Mahé de Labourdonnais. Cerca del *château* se encuentra la pira funeraria donde se incineró el cuerpo de sir Seewoosagur Ramgoolam (sus cenizas se esparcieron en el Ganges, en la India). Diferentes dignatarios internacionales han plantado árboles en los jardines, entre ellos Nelson Mandela, Indira Gandhi y algunos miembros de la familia real británica.

El lugar empezó a conformarse como jardín en 1768, bajo los auspicios del horticultor francés Pierre Poivre. Al igual que los Kew Gardens, desempeñaron un importante papel en el espionaje horticultor de la época. Las semillas que Poivre importó de todo el mundo fueron una invitación para poner fin a la dependencia de Francia de las especias asiáticas. Los jardines se abandonaron entre

1810 y 1849, hasta que el horticultor británico James Duncan los transformó en un arboreto de palmeras y otros árboles tropicales.

L'Aventure du Sucre MUSEO

(plano p. 64; ☎243 0660; www.aventuredusucre.com; Pamplemousses; adultos/niños 380/190 MUR; ☺9.00-17.00) El antiguo trapiche azucarero de Beau Plan alberga uno de los museos más de Mauricio. Repasa con todo lujo de detalles la historia de la isla, de la esclavitud, del comercio de ron y muchísimo más. Se recomienda dedicarle un par de horas.

La primera azucarera se fundó en 1797 y funcionó como tal hasta hace poco, 1999. Casi toda la maquinaria sigue en su sitio, y los ex trabajadores están a mano para contestar a cualquier pregunta sobre la fábrica y el complicado proceso de cristalización del azúcar de caña. Además, hay vídeos, muestras interactivas y concursos para niños. Al final de la visita se pueden probar hasta 15 variedades de azúcar sin refinar, dos de las cuales se inventaron en Mauricio.

 Dónde comer

En Pamplemousses hay dos lugares excelentes para almorzar pero, para cenar, hay restaurantes más económicos en el perímetro occidental de los jardines. Otra opción es ir a Grand Baie o Port Louis.

★**Chez Tante Athalie** MAURICIANA €€

(plano p. 64; ☎243 9266; Centre de Flacq Rd, Mont Gout; menú 500 MUR; ☺12.00-14.30 lu-sa) La *table d'hôte* más conocida de la zona es de planta abierta y sirve sencillos platos criollos, recién hechos, con vistas a un jardín lleno de automóviles antiguos. En todo el lugar se respira una sensación de paz. Desde la entrada a los jardines botánicos hay que seguir las señales hasta la bifurcación (a 500 m), torcer a la izquierda y, 2 km más adelante, a la izquierda, prestando atención a la entrada para automóviles.

Le Fangourin MAURICIANA €€

(plano p. 64; ☎243 7900; www.aventuredusucre.com; principales 295-860 MUR; ☺9.00-17.00) Si tras la visita a L'Aventure du Sucre apetece algo dulce, se puede probar un zumo de caña de azúcar en Le Fangourin, un elegante café-restaurante en el recinto del museo. Se especializa en cocina criolla sofisticada y en exquisiteces azucaradas de toda índole. Además prepara un sabroso plato combinado de verduras.

ⓘ SUBMARINISMO EN EL OESTE

El oeste de Mauricio es el mejor lugar para sumergirse, con un par de centros de submarinismo excelentes en Flic en Flac y buenas inmersiones durante todo el año. Desde Flic en Flac o Le Morne se puede ir a los lugares favoritos, que son:

Rempart Serpent (plano p. 86)

La Cathédrale (plano p. 86)

Couline Bambou (plano p. 86)

Passe St Jacques (plano p. 84)

Manioc (plano p. 86)

 De compras

Le Village Boutik COMIDA Y BEBIDA

(plano p. 64; ☺9.00-17.00) Justo al lado del museo del azúcar, esta impresionante tienda tiene azúcar en todo tipo de envases para regalo, así como ron elaborado con azúcar de caña de la zona. El personal anima a probarlo antes de comprarlo.

ⓘ Cómo llegar y salir

A Pamplemousses se puede ir en autobús desde Grand Baie, Trou aux Biches, Grand Gaube y Port Louis. Los que salen de Grand Baie y Trou aux Biches circulan, aproximadamente, cada hora y paran cerca del museo de azúcar de camino a los jardines botánicos.

Los que comunican la estación de autobuses de Immigration Sq, en Port Louis, con Grand Gaube pasan cada 10-15 min. Estos autobuses solo paran en los jardines botánicos, a 15 min a pie del museo.

EL OESTE

En el maravilloso oeste de Mauricio aguarda la costa más diversa del país. El bullicioso núcleo turístico de Flic en Flac quizá no guste a todo el mundo, pero las maravillas de la zona aguardan un poco más adelante. En la costa se suceden las bahías de arena y los telones montañosos de la región de Black River (Rivière Noire) y Tamarin, y la espectacular belleza de Le Morne Brabant, un peñón de impresionante fotogenia que corona la punta meridional del litoral. No

El oeste

MAURICIO

N
0 — 5 km

0 — 2 km

Tamarin

Pointe aux Sables

Port Louis
(5km)

Petite
Rivière

A3

Baie du
Tamarin

42

1 🏠

Playa de
Tamarin

Baie de la
Petite Rivière

A1

M2

35

36

26

49

TAMARIN

Albion

Royal Rd

BEAU BASSIN

Pointe du
Tamarin

7

ROSE HILL

25 44

LA PRENEUSE

41

30

24

Royal Rd

Tourelle
du Tamarin
(548m)

22

Médine

La Ferme
Reservoir

Corps de
Garde (719m)

QUATRE
BORNES

28 40

11

Bambous

A3

38

32

37 46

8

LA MIVOIE

Trois Bras
Junction

43

10

Playa
Public

14

39

Grande

29 17

Rivière Noire

12 23 6

47

Flic en
Flac

Ampliación

Wolmar

4

Mt du
Rempart
(545m)

VACOAS

Véase Flic
en Flac (p. 86)

Trois Mamelles
(629m)

Véase ampliación

Tamarin

Royal Rd

Rivière du Rempart

Henrietta

Tourelle du
Tamarin (548m)

BLACK RIVER
(RIVIÈRE NOIRE)

Simonet
(632m)

Cascadas
de Tamarin

OCÉANO
ÍNDICO

La Preneuse

Grande
Rivière
Noire

Presa de las
Cascadas de Tamarin

LLANURAS
WILHEMS

Presa de
Mare Longue

Mt Brise Fer
(622m)

Île Fortier

Cetro de visitantes
del parque nacional

3

Centro de
información
de Pétrin

Baie de la Petite
Rivière Noire

Petite
Rivière
Noire

Piton de la Petite
Rivière Noire
(828m)

Le Pétrin

Grande
Case Noyale

Chamarel

9

Plaine
Champagne

Grand
Bassin
(1km)

Île aux
Bénitiers

La
Gaulette

45

48

5

Passe de
L'Ambulante

33

27

Pointe
Marron

Véase Chamarel
y La Gaulette
(p. 97)

Rte
Champagne

2

Mt Cocotte
(771m)

Cascadas de
Alexandra

Bassin
Blanc

15 31

Península de
Le Morne

34 13

Le Morne
Brabant
(556m)

16

Piton du
Fouge
(596m)

Pointe
Sud Ouest

18

20

Îlot
Forneau

Passe de
la Prairie

SAVANNE

Chamouny

19

Macondé
Point

Choisy

Baie du Cap

Bel
Ombre

Chemin Grenier

Rivière
des Galets

Souillac (5km);
Mahébourg
(35km)

Baie
du Cap

Royal Rd

Îlot
Sancho

El oeste

MAURICIO FLIC EN FLAC

muy lejos y hacia el interior, Mauricio se eleva con majestad; en esta parte de la isla está el Black River Gorges National Park, repleto de fauna, y la seductora Chamarel, una de las localidades más bonitas de la isla.

❶ Cómo llegar y salir

Las principales rutas de autobús del oeste de Mauricio son las que bajan desde Port Louis hasta el extremo sur de Black River (Rivière Noire). Además hay un servicio regular entre Quatre Bornes, en la meseta central, y Chamarel.

Los hoteles y pensiones pueden ayudar con el alquiler de motocicletas y automóviles.

Conviene saber que solo hay dos gasolineras en el oeste: una en Flic en Flac y otra en Rivière Noire.

Flic en Flac

2378 HAB.

Su nombre apunta a lugar maravilloso y extravagante, pero Flic en Flac no es esa foto del paraíso que se vio en la web de la agencia de viajes. El nombre presumiblemente es una alteración del antiguo nombre neerlandés Fried Landt Flaak (Tierra Libre y Plana); la interminable superficie de la costa deslumbró a los exploradores cuando desembarcaron en el s. xviii. Hoy la zona está cada vez más urbanizada, con complejos de apartamentos, tiendas de recuerdos, oficinas de cambio y casas vacacionales de alquiler a precios de usura. Aunque la urbanización en Flic en Flac haya seguido los mismos pasos de Grand Baie,

Flic en Flac

N 0 ▬▬▬▬▬▬ 400 m

Domaine Anna (3km); Casela Nature & Leisure Park (5km); Mirador (6km); Tamarin (11km); Port Louis (25km)

OCÉANO ÍNDICO

Playa pública

PASADENA VILLAGE

Sea Breeze Lane

FLIC EN FLAC

Royal Rd

WOLMAR

Playa

Royal Rd

Flic en Flac

al pueblo aún le faltan locales nocturnos y restaurantes para atraer a una clientela fiestera.

Sin embargo, no todo está perdido; la playa sigue siendo una de las mejores de Mauricio, y si el viajero se aloja en un complejo de categoría en Wolmar, en las afueras, descubrirá tramos de costa estelares, lugares gloriosos para practicar submarinismo y algunos restaurantes para amantes de la buena mesa.

⊙ Puntos de interés

Casela World of Adventures ZOOLÓGICO (plano p. 84; ✆401 6500, 452 2828; www.caselapark. com; adultos/niños 740/475 MUR; ☺9.00-17.00 may-sep, hasta 18.00 oct-abr) Al llegar a este parque natural de 14 Ha, las opciones pueden llegar a desbordar. Aparte de un zoo (con grandes felinos, rinocerontes, jirafas y otros mamíferos africanos), la reserva depara preciosos paisajes, un tobogán gigante, programas de interacción con los animales y toda suerte de actividades adrenalínicas como tirolina, barranquismo y safaris en *quad* por la aledaña morada de cebras, impalas, antílopes acuáticos, rinocerontes y monos. Está en la carretera principal, 1 km al sur del desvío a Flic en Flac.

Para los niños hay un pequeño zoológico, un parque infantil, tortugas gigantes, estanque para pescar y minigolf. Consúltense los precios en su web u organícese el plan de visita en el mostrador de información.

Si solo se paga el precio de la entrada, se podrá pasear por el recinto, donde se verán tortugas, un enorme espectro de aves exóticas y algunos primates en jaulas. Sin olvidarse, claro está, de pasar por el restaurante Mirador, con unas vistas fabulosas de la llanura costera. Dicho precio también incluye una salida en vehículo de safari, del que el viajero se apeará para ver desde unos miradores a los leones, guepardos y hienas en grandes cercados de hierba, y otro recorrido por una zona mucho más grande donde campan cebras, avestruces, etc.

El parque es famoso por ofrecer programas de interacción de 15 min (750 MUR) con los grandes felinos, que consisten en estar en el recinto armados únicamente con un palo largo, y un "paseo entre leones" de 1 h (3750 MUR). No se recomiendan: se trata de animales salvajes, pese a haber sido criados en cautividad. En lugares similares en África no son habituales los incidentes en los que un gran felino ataca a un visitante, pero ocurren; los participantes deben firmar un impreso de que exime al centro de responsabilidades antes. Las asociaciones que velan por los derechos de los animales no solo han cuestionado la calidad de vida de los grandes felinos en este tipo de establecimientos, sino también el futuro que depara a los animales cuando estos ya son demasiado viejos para participar en dichas actividades.

⚡ Actividades

Algunos de los mejores lugares de submarinismo de Mauricio están justo al rebasar la laguna esmeralda próxima a Flic en Flac, donde las aguas poco profundas de repente ceden paso al abismo. El lugar más popular

OBSERVAR A LOS DELFINES

Nadar con los delfines es una de las actividades más populares en la costa oeste de Mauricio donde los delfines mulares y los tornillo juguetean frente a Flic en Flac y Tamarin. Casi cada mañana aparecen en la bahía: la mayoría de los barcos de circuitos zarpan a las 8.00 para pasar 1-2 h observando a los delfines e invitan a sus pasajeros a sumergirse cuando los animales se acercan.

Observar a los delfines es una cosa, pero se han producido muchas quejas de estas embarcaciones, pues preocupa el impacto que estas salidas causan en los animales.

Las embarcaciones (a veces más de 20, todas con motores fuera borda) se colocan en posición de alerta y cuando divisan una bandada de delfines salen disparadas hacia el lugar donde se halla. Sin duda su objetivo es estar lo más cerca posible de los cetáceos y allí dejar que los pasajeros se lancen al agua. Pero, en realidad, la estrategia de la mayoría de los barcos consiste más bien en acosar a estas criaturas causándoles un gran estrés.

Las pautas sugeridas por los científicos para interactuar con delfines salvajes no permiten asegurar al 100% que esta experiencia no sea intrusiva ni estresante para los animales. Si se hacen mal, dichas interacciones pueden alterar la alimentación, el descanso, la cría y demás conductas. Perseguir así a los delfines también puede perjudicar a largo plazo la salud y el bienestar de algún miembro en particular o de toda la bandada. Además, se corre el riesgo de malherirlos con las hélices o que acaben dependiendo de los humanos para comer (hay operadores que lanzan restos de comida para atraerlos al barco).

Si se opta por nadar con los delfines, por favor, hay que mantener las distancias, no tocarlos si se aproximan y pedir al operador que no se acerque demasiado a la bandada. Para acercamientos se recomienda Dolswim (p. 93).

es La Cathédrale, con sus arcos de piedra característicos y su caverna resguardada.

Además de las tiendas de submarinismo, casi todos los hoteles de categoría de Wolmar tienen operadores propios, abiertos también a los no huéspedes. En www.msda.mu figuran los oficiales.

Sea Urchin Diving Centre SUBMARINISMO, BUCEO
(plano p. 86; ☑453 8825; www.sea-urchin-diving.com; Royal Rd; inmersiones principiantes/con experiencia 2000/1200 MUR; ☺8.00-16.00 lu-sa, inmersiones 9.00, 11.30 y 13.30 sa) Centro llevado con profesionalidad por unos alemanes que está en un lugar práctico, en la carretera principal.

Sun Divers SUBMARINISMO, BUCEO
(plano p. 86; ☑5972 1504; www.sundiversmauritius.com; 1/3 inmersiones 1700/4400 MUR; ☺8.00-16.00 lu-sa, hasta 12.00 do, inmersiones diarias 9.00, 12.00 y 14.30) Con oficina en el Hotel La Pirogue (p. 312), es uno de los mejores operadores de la zona y uno de los más veteranos de la isla. Imparte cursos PADI y sesiones de fotografía submarina. Las inmersiones son para tres participantes como mínimo. Se ofrece descuento a quien vaya con equipo propio.

Ticabo Diving Centre SUBMARINISMO, BUCEO
(plano p. 86; ☑5973 6316, 453 5209; www.diveticabo.com; Royal Rd; inmersiones diurnas/nocturnas 1200/1700 MUR, paquete de 5 inmersiones 5500 MUR; ☺8.30-16.00 lu-sa) Uno de los varios centros profesionales y recomendables de la carretera principal a su paso por el pueblo.

Blue Coral Tour CIRCUITOS EN BARCO
(Italy Tour; plano p. 86; ☑257 7202; Pasadena Village, Royal Rd; ☺8.30-18.30 lu-sa, 9.00-13.00 do) Este operador profesional, llevado por italianos, organiza salidas de medio día para ver delfines y de buceo, así como excursiones de un día a la Île aux Cerfs y el Îlot Gabriel, y salidas de pesca.

La Pirogue Big Game Fishing PESCA
(plano p. 86; ☑483 8054; www.lapiroguebiggame.com) Con oficina en el Hotel La Pirogue, propone salidas de pesca y otras excursiones en barco.

🛏 Dónde dormir

El centro de Flic en Flac no es nada sofisticado, con calles flanqueadas por condominios y bloques de apartamentos. Al sur, en Wolmar, hay encantadoras opciones de lujo en plena playa.

Como siempre, si se opta por una opción cara, se recomienda reservar a través de una agencia de viajes que, seguro, ofrecerá descuentos considerables. En estas reseñas se dan las tarifas oficiales.

Easy World Hotel
HOTEL €

(plano p. 86; 453 8571; easy-world-beach-apartments.holiday-rentals.mu/; Royal Rd; h/estudios 890/1200 MUR; ℙ✳@✺) Básico, económico aunque bastante dejado, este hotel está bien ubicado en la carretera principal a su paso por el pueblo. Las habitaciones de los pisos superiores son mejores y, aunque hay que subir bastante, la brisa del mar compensa. Pregúntese al dueño por su otro hotel, un poco más caro, que está cerca.

Aanari
HOTEL €€

(plano p. 86; 453 9000; www.aanari.com; Royal Rd; i/d desde 92/121 €; ✳@✺≋) En la parte alta de Pasadena Village, intenta alcanzar la sofisticación *boutique* con algunas estatuas orientales; lo que sí consigue es aislarse un poco del entorno hortera del centro. Las habitaciones son 100% asiáticas, a saber: muebles lacados, pétalos de flores y corredores de cama de seda. El mayor reclamo del hotel es el *spa* repleto de ventanas y el gimnasio de la azotea.

Está cerca de todo, un aliciente o un inconveniente, según se mire.

Villas Caroline
HOTEL €€

(plano p. 86; 453 8580; www.villa-caroline-hotel-mauritius.mu; Royal Rd; i/d desde 120/130 €) Menos pretencioso que otros hoteles aledaños y frecuentado por familias, propone habitaciones bonitas, muchas con vistas a la playa. También cuenta con un centro de submarinismo y varias piscinas.

ALQUILERES VACACIONALES

De todos los pueblos turísticos de la isla, Flic en Flac es el que tiene los alquileres más económicos. Ninguna propiedad da directamente a la playa porque la carretera costera pasa entre las urbanizaciones y el litoral, pero aun así brindan muchas vistas de la playa.

La agencia de alquileres más popular de la zona es **Jet-7** (453 9600, 467 7735; www.jet-7.com), con una buena cantera de propiedades.

★ Maradiva
HOTEL €€€

(plano p. 86; 403 1500; www.maradiva.com; Wolmar; villas 560-4565 €; ✳@✺≋) Las casitas de lujo están repartidas entre unos jardines muy cuidados y al lado de Royal Rd, en Maradiva. El lugar rezuma encanto, serenidad y un servicio impecable, desde la puerta de entrada al elegante *resto-lounge* junto al mar. Las habitaciones son grandes, de preciosa factura y con piscinas privadas.

★ La Pirogue
HOTEL €€€

(plano p. 86; 403 3900; www.lapirogue.com; h desde 250 €, media pensión incl.; ✳@✺≋) El complejo turístico más antiguo de Mauricio comparte ubicación con Sugar Beach, pero el ambiente no tiene nada que ver. La Pirogue opta por un encantador ambiente de aldea de pescadores, con adorables casitas rústicas dispuestas en semicírculo y repartidas a lo largo de 500 m de una espectacular playa de arena.

Quizá el complejo ya empieza a acusar el paso de los años, pero representa el clásico paradigma de hospitalidad mauriciana a pie de playa.

Sugar Beach Resort
CENTRO VACACIONAL €€€

(plano p. 86; 403 3300; www.sugarbeachresort.com; Royal Rd, Wolmar; i/d desde 166/235 €, media pensión incl.; ✳@✺≋) Con su falso porte de hacienda y unos preciosos jardines coloniales, es un logrado complejo en un entorno elegante y con una playa fabulosa. Es muy apto para familias (léase piscina y cenas con espectáculos en directo) y comparte instalaciones con el vecino La Pirogue.

Sands Suites Resort & Spa
CENTRO VACACIONAL €€€

(plano p. 86; 403 1200; www.sands.mu; Wolmar; d desde 239 €, media pensión incl.; ✳@✺≋) Con vistas extraordinarias de la piscina de la playa encarada a Tamarin Bay y con Le Morne al fondo, esta opción sofisticada pero nada pretenciosa tiene un vestíbulo abierto pero resguardado por tejados de maderas que desprende una elegancia liviana y tropical. Las habitaciones tienen tonos sutiles, cuartos de baño amplios y balcones con vistas al mar. Ofrece dos restaurantes, un *spa* y toda una batería de actividades; también un centro de submarinismo. El complejo da a Royal Rd.

🍴 Dónde comer

Los turistas con más poder adquisitivo suelen aprovechar las ofertas de media pensión de sus hoteles de categoría, pero quienes viajan con poco suelen autoabastecerse o comprar comida económica en la calle. Dicho esto, huelga decir que no hay establecimientos excelentes en el centro de Flic en Flac.

Los amantes de la buena mesa deberían reservarla en un restaurante de hotel de precio alto o ir hasta Black River, donde la oferta es más variada y mejor.

Jeanno Burger HAMBURGUESERÍA €
(plano p. 86; 5202 4500; Royal Rd; principales 60-175 MUR; 11.00-21.00 ma-do) El mejor chiringuito móvil de los que se sitúan entre la carretera y la playa, sirve ricas hamburguesas a largas colas de incondicionales. Lo lleva una sola persona y tarda lo suyo si hay faena, pero a nadie le importa (hay lugares peores donde esperar).

Ah-Youn CHINA, MAURICIANA €
(plano p. 86; 453 9099; Royal Rd; principales 150-350 MUR; 12.00-15.30 y 18.00-22.00) El servicio rápido y las raciones generosas son lo mejor del Ah-Youn. La comida no está mal, al menos supera a muchos otros restaurantes de la localidad. Además de comida china, su fuerte, sirve algunos platos mauricianos.

Spar Supermarket SUPERMERCADO €
(plano p. 86; Pasadena Village, Royal Rd; 8.00-20.00 lu-sa, hasta 13.00 do) Tienda de alimentación muy surtida.

★**Zub Express** INDIA, CHINA €€
(plano p. 86; 453 8867; www.zub-express.com; 286 Coastal Rd; principales 125-950 MUR; 10.00-21.30 vi-mi, 17.00-22.00 ju) Fusionar cocinas hindú y china suena sofisticado pero aquí, en realidad, es más sencillo que eso: *biryanis* excelentes, pescado y langosta asados a la perfección, y creaciones brillantes como pescado a la *masala* con mantequilla. Si a eso se le añade un servicio simpático, no sorprende que este lugar reciba los aplausos de viajeros y lugareños.

★**Canne à Sucre** MAURICIANA €€
(Chez May; plano p. 86; 917 8282; Royal Rd; comidas desde 800 MUR; 8.00-12.00 y 16.00-hasta tarde) Un oasis de genuina vida mauriciana en pleno frenesí turístico de Flic en Flac. May ha convertido su bar-restaurante de la carretera en un espacio acogedor que atrapa la esencia de la costa de Mauricio. Ofrece opíparas cenas criollas de varios platos (arroz, pollo, pulpo, salchichas criollas y verduras) con postres y ron.

Hay que hacer la reserva con un día de antelación, pero que eso no disuada a nadie, porque no tiene desperdicio.

CAMIONETAS DE COMIDA

Para algo un poco más práctico, hay camionetas de comida rápida estacionadas bajo los árboles en el extremo norte de la playa pública. Venden fruta, patatas fritas, bebidas, kebabs y todo tipo de *baguettes*, por menos de 60 MUR. Desde esta parte de la playa no se puede ver Le Morne pero, aun así, es un lugar pintoresco para picar algo.

★**Domaine Anna** CHINA, PESCADO €€
(plano p. 84; 453 9650; Médine; principales desde 350 MUR; 11.30-14.30 y 18.30-22.30 ma-do) Para llegar hay que tomar un taxi o alquilar un vehículo pero al llegar uno se alegrará de haberlo hecho: es la experiencia gastronómica más refinada de Flic en Flac. En pabellones de estilo colonial, la carta, china en su mayoría, es obra del chef Hang Leung Pah Hang, y la comida es excelente (los lugareños llegan de todas partes para probar su cangrejo, calamares y langosta).

Paul & Virginie MAURICIANA €€
(plano p. 86; 403 3900; www.lapirogue.com; La Pirogue; principales desde 600 MUR; 12.30-14.30 y 19.30-22.00 lu-sa, 12.30-14.30 do) Ideal para una comida romántica, con bonitos entarimados bajo techumbres de paja que se extienden sobre piscinas y hacia el océano. La comida está a la altura del marco (pescado a la parrilla, ensaladas de palmitos, curris y marisco de muchas maneras) y el servicio es intachable. No hace falta ser cliente del hotel, pero hay que reservar.

Le Bougainville MAURICIANA €€
(plano p. 86; 453 5959; Royal Rd; principales 260-550 MUR; 10.00-22.30 ju-ma) Platos mauricianos, marisco y pescado, comida china y alguna que otra pincelada hindú, Le Bougainville es el típico restaurante de carretera de Flic en Flac, con una cocina poco imaginativa pero fiable. Ubicación práctica si uno no quiere alejarse de la playa.

Twin's Garden MAURICIANA, INTERNACIONAL €€
(plano p. 86; 453 5250; Royal Rd; principales 350-680 MUR, bufé vi 600 MUR; 12.00-15.00 y 19.00-hasta tarde) Prepara platos como langosta a la mantequilla de ajo a la parrilla y flambeada con ron local, y jarrete de cordero a la miel de Rodrigues, que se sirven en agradables mesas al fresco que hay al cruzar la carretera de la playa. Los viernes por la no-

che hay bufé, espectáculo en directo de *séga* sobre suelo y bandas que tocan música de la década de 1960 a 1980.

Ocean Restaurant PESCADO, CHINA €€
(plano p. 86; ✆453 8549; Royal Rd; principales 150-475 MUR; ◷10.00-15.00 y 18.30-21.00; ✍) En un marco un poco más sofisticado al habitual de Flic en Flac, este elegante restaurante sirve aceptables platos de marisco.

Chez Pepe ITALIANA €€
(plano p. 86; ✆453 9383; Royal Rd; principales 220-400 MUR; ◷11.30-hasta tarde) Lugar animado que sirve clásicos italianos como *pizza*, espaguetis con marisco y carnes rústicas toscanas, así como especialidades locales como ensalada de pez aguja ahumado. La comida no es memorable, pero es uno de los mejores restaurantes para picar algo en la carretera de la playa de Flic en Flac.

Mirador MAURICIANA, INTERNACIONAL €€
(plano p. 84; ✆452 0845; Casela World of Adventure; principales 300-475 MUR; ◷10.30-16.00) Se recomienda visitar el Casela al mediodía para así, de paso, almorzar en el restaurante del recinto: un encantador café al fresco con vistas fotogénicas del mar y de las llanuras del oeste, y una variada carta internacional y local, con platos como tentempiés, ensaladas, *paninis* y pizzas.

Banane Créole MAURICIANA €€
(Le Papayou; plano p. 86; ✆453 9826; Royal Rd; principales 200-500 MUR; ◷9.30-15.00 y 18.00-22.00 lu-sa) Los camareros pueden aparecer con una sonrisa o de mal humor en este diminuto local, pero eso forma parte de su encanto. Carta económica y ecléctica que combina básicos internacionales (como *pizza*) y platos locales como curris; pruébese el emblemático postre *papayou* (papaya con azúcar y helado) con una taza de café recién hecho, el mejor de Flic en Flac.

Dónde beber y vida nocturna

Hay muchos bares en el complejo Pasadena Village (se oirán antes de verse) y al otro lado de la carretera de la playa, más al sur. Ninguno es memorable, pero se suelen animar en temporada alta.

KenziBar BAR
(plano p. 86; ✆453 5259; ◷18.30-24.00 ma-sa) A una manzana o dos del frente marítimo, este bar es la mejor opción de ocio nocturno en Flic en Flac, y uno de los pocos establecimientos donde aparte de ruido hay algo más: *rhum arrangés* (ponche de ron) cargado, *antorchas,* música en directo (vi y sa) y el perro sarnoso de la casa, hambriento de hamburguesas. Bienvenidos a Mauricio.

Shotz BAR, CLUB
(plano p. 86; ✆453 5626; www.shotz.mu/the-club/; Royal Rd; ◷23.00-4.00 vi y sa) El *lounge* bar y la discoteca son lo más glamuroso que se encontrará extramuros de los complejos de categoría.

ⓘ Información

Oficina de correos (plano p. 86; ◷8.15-11.15 y 12.00-16.00 lu-vi, hasta 11.45 sa) En una especie de cabañita, de color azul cielo, al cruzar la calle desde el complejo Pasadena Village.

ⓘ Cómo llegar y salir

Hay un autobús de Port Louis a Flic en Flac y Wolmar cada 15-20 min. Muchos turistas utilizan los autobuses públicos que circulan con frecuencia por la carretera de la costa y pasan por Flic en Flac; son económicos y rápidos. Un taxi de Port Louis a Flic en Flac cuesta 1000 MUR, 2000 MUR hasta el aeropuerto, 1500 MUR a Le Morne y 1800 MUR a Belle Mare. La carrera hasta Black River cuesta 500 MUR.

ⓘ Cómo desplazarse

Todos los alojamientos y agencias de viajes locales ayudan a alquilar bicicletas y automóviles. Una bicicleta cuesta 250 MUR; un utilitario, 900 MUR; uno automático, 1200 MUR. Muchas de estas agencias flanquean la carretera principal a su paso por la localidad y la mayoría ofrece los mismos vehículos y cobran la misma comisión.

Tamarin y Black River (Rivière Noire)

11 725 HAB.

La mayoría de los mauricianos conoce el territorio orlado con playas comprendido entre Flic en Flac y Le Morne como Rivière Noire, o Black River, nombre oficial del distrito. Esta constelación de municipios, una de las últimas zonas costeras de la isla en ser urbanizada, ha crecido velozmente en los últimos años. Pese a la repentina aparición de construcciones modernas, Black River permite una experiencia, al mismo tiempo, más activa y más tranquila: los complejos turísticos están muy dispersos y si se quiere salir de exploración, hay mucho mar y mu-

MAURICIO TAMARIN Y BLACK RIVER (RIVIÈRE NOIRE)

chas montañas por descubrir. A tiro de piedra aguardan excursiones sensacionales, costas panorámicas, una pesca de primera e interesantes reliquias históricas.

◉ Puntos de interés

★ Playa de Tamarin PLAYA

(plano p. 84) A los lugareños les gusta ponerse nostálgicos con esta playa y su glorioso pasado surfista aunque, de algún modo, esta cala de arena aún permite retroceder a otra época, sobre todo porque el céntrico Tamarin Hotel parece que esté igual que cuando la película *Tiburón* se estrenó en los cines. Pero Tamarin, ajena a los herméticos complejos turísticos, sigue siendo popular y su playa tiene uno de los telones de fondo (hacia el norte) más espectaculares del país.

En otra época se conocía esta zona como bahía de Santosha, y ofrecía a los surfistas algunas de las mejores olas del planeta. De hecho, antes de que la bahía se ganara su sobrenombre, los lugareños intentaron en vano mantenerla oculta a los forasteros. Hoy, el oleaje y las corrientes han cambiado y los surfistas se han trasladado a Le Morne, más al sur.

Se puede dar un paseo a pie entre la playa de Tamarin y el sur de Wolmar, con bonitas vistas (no se puede ir en automóvil y no se aconseja a las mujeres que viajen solas).

World of Seashells MUSEO

(plano p. 84; ☏5259 0197, 483 1938; Coastal Rd; adultos/niños 250/125 MUR; ◷9.30-18.00 lu-sa) Aunque suene raro, esta colección de más de 8000 conchas marinas en casi 70 vitrinas resulta muy interesante. Está en el centro comercial Ruisseau Créole. Resume la pasión de toda la vida de Eric Le Court y casi todas las conchas proceden de Mauricio. Hay una tiendecita adjunta.

La Balise Marina PUERTO

(plano p. 84; ☏483 7272; www.labalisemarina.com) Las vallas publicitarias están por doquier: La Balise Marina promete revolucionar la industria turística de Mauricio con el primer puerto de la isla que acogerá yates de lujo. Ya se ha empezado a construir el puerto deportivo y su colindante complejo de tiendas y apartamentos; cuando estén terminados, Black River se llenará, presumiblemente, de un turismo muy adinerado.

Torre Martello MUSEO, FUERTE

(plano p. 84; ☏471 0178; ◷9.30-17.00 ma-sa, hasta 13.00 do) GRATIS En la década de 1830, los

PESCA DE ALTURA

Los bancos de peces de los alrededores de Mauricio sirven de alimento a grandes depredadores marinos como el pez espada, el peto y el atún, que atraen a aficionados a la pesca de altura de todo el mundo. Cada año se celebran competiciones en Black River en noviembre y febrero.

La pesca deportiva tiene un impacto infinitamente más sostenible que la comercial, pero el peso y la cantidad de las capturas han bajado mucho desde la década de 1970, los años dorados. Ahora ya casi no se capturan ejemplares de más de 400 kg. La práctica de pesca y suelta permite vivir la emoción sin privar al océano de estas magníficas criaturas.

Los pescadores de caña se pueden llevar a casa como trofeo la mandíbula afilada del pez espada, o un par de filetes, pero la pesca del día pertenece al operador, quien la vende a los restaurantes locales.

Casi todos los hoteles grandes tienen embarcaciones y hay algunos operadores privados con sede en Black River, Trou aux Biches y Grand Baie. Casi todos las alquilan 6 h como mínimo, con capacidad para tres pescadores y tres acompañantes. Una embarcación cuesta más de 20 000 MUR al día.

británicos construyeron cinco torres Martello, inspiradas en la torre de Mortella de Córcega, para proteger su joven colonia de los franceses, de quienes se sospechaba que respaldaban una rebelión de esclavos. En La Preneuse solo queda una torre, que ahora acoge un pequeño museo con información sobre su ingenioso diseño: los muros de 3 m de grosor están coronados por un cañón de cobre que podía alcanzar un objetivo a 2 km de distancia.

La Route du Sel EMPLAZAMIENTO HISTÓRICO

(plano p. 84; ☏483 8764; Royal Rd) No es una *route* como la Route du Thé, sino unas salinas del s. XVIII que orillan la carretera principal en Tamarin, y que suelen ser apeadero popular de viajeros con ganas de hacer fotos. Es una pena que se hayan cerrado temporalmente, al parecer por falta de subvenciones, pero como hasta hace poco era el último lugar de Mauricio donde aún se producía sal, vale la pena acercarse para ver si se han reabierto.

🏃 Actividades

Aunque el excursionismo en Black River es casi imposible, sí que es un buen punto de partida para explorar el Black River Gorges National Park, más al interior, y la península de Le Morne, al sur.

⭐ Chez Philippe CURSOS DE COCINA

(plano p. 54; ☑5250 8528, 483 7920; www.facebook.com/chez.philippe.75; Coastal Rd; adultos/niños 1500/900 MUR) Philippe está al frente de esta fantástica escuela con clases reducidas (cinco personas máx.) de cocina variada: local, asiática, italiana, marisco, etc. Se puede visitar su página de Facebook para consultar la programación de cursos. Las clases, de 3 h, se imparten los jueves y viernes (y domingos, a veces). Acto seguido se come lo que se ha preparado.

Philippe también ofrece clases de 2 h para niños los miércoles a las 15.30.

Dolswim OBSERVACIÓN DE FAUNA

(plano p. 84; ☑5422 9281; www.dolswim.com; La Jetée Rd, Black River; observación de ballenas adultos/niños 3000/1800 MUR, observación de delfines desde 1700/1000 MUR) 🖉 Dolswim va contra la corriente de los operadores que salen a observar delfines por la costa oeste y, en su lugar, ofrece un acercamiento más sostenible a los cetáceos: su personal ha recibido formación de expertos en vida marina local y conservación. De vez en cuando también organiza salidas para ver ballenas (jul-oct o nov) cuando las ballenas jorobadas migran hacia el norte por la costa occidental.

Tamarina Golf, Spa & Beach Club GOLF

(plano p. 84; ☑401 3006; www.tamarinagolf.mu; bahía de Tamarin; ☺ campo 9/18 hoyos 3000/5000 MUR) El magnífico Tamarina Golf, Spa & Beach Club es un campo con 18 hoyos diseñado por Rodney Wright. Abarca 206 Ha en un viejo coto de caza situado entre las localidades de la costa y la acechante línea de montañas del interior. En la propiedad también hay restaurantes y más de 100 villas en alquiler (p. 94).

Zazou Fishing PESCA

(plano p. 84; ☑5729 9222, 5788 3804; www.zazoufishing.com; Ave des Rougets, Tamarin) Es un reputado operador que propone una oferta excelente, con seis personas como máximo por barco.

Le Morne Anglers' Club PESCA

(plano p. 84; ☑483 5801; www.morneanglers.com; Colonel Dean Ave; ☺6.30-20.30) Junto a una decrépita comisaría hay una señal que indica la dirección de este club que ofrece salidas de pesca en mar abierto, así como alquiler de barcos para travesías turísticas.

JP Henry Charters Ltd CIRCUITOS EN BARCO

(plano p. 84; ☑5729 0901; www.blackriver-mauritius.com) Ofrece salidas de pesca en alta mar. Hay una señal en la carretera principal a su paso por Black River que indica la dirección.

🛏 Dónde dormir

Carece de mastodónticos complejos de categoría y se nota; en su lugar, Black River apuesta por posadas de toda la vida, villas tranquilas y acogedoras *chambres d'hôtes* escondidas en callejas estrechas y arboladas.

El ambiente residencial es la tónica general, de ahí que haya tantos apartamentos y casitas privadas en alquiler.

Chez Jacques HOTEL €

(plano p. 84; ☑5741 3017, 483 6445; www.guesthousechezjacques.com; Lagane's Place, playa de Tamarin; i/d con ventilador 1200/1800 MUR, con a.a. 1400/2200 MUR; ✳@🛜) En una calle secundaria junto a la playa de Tamarin, este famoso hotel para surfistas tiene ya cuarenta años, y aunque el surf haya decaído en la zona, en él se sigue respirando un ambiente despreocupado, lo más parecido a un albergue mochilero en la isla.

Jacques, hijo de los fundadores, puede ayudar a buscar equipos a los entusiastas de los deportes acuáticos; además organiza regularmente *jam sessions* de guitarra.

Tamarin Hotel HOTEL €€

(plano p. 84; ☑483 6927; www.hotel-tamarin.com; playa de Tamarin; i/d desde 90/115 €; ✳@🛜🏊) Antes, alojarse aquí era como regresar a la década de 1970, pero ahora, debido a unas reformas, solo se respira esa nostalgia en las zonas comunitarias. Hoy las habitaciones lucen colores alegres, arte contemporáneo y flores naturales. Aunque el viajero no se hospede en él, se recomiendan su ambiente relajado y los conciertos nocturnos. Tiene piscina, playa y un acogedor restaurante.

En recepción tienen información sobre clases de surf.

La Mariposa APARTAMENTOS €€

(plano p. 84; ☑483 5048, 5728 0506; www.lamariposa.mu; Allée des Pêcheurs, La Preneuse; apt 100-

180 €, desayuno incl.; ✳🛜🖵) Hilera de apartamentos de dos pisos distribuidos en forma de L a lo largo del mar y resguardada por un silvestre jardín tropical donde se respira tranquilidad. Las habitaciones están ventiladas y son sencillas, con paredes de color crema, cortinas escarlata y balcones redondos que prometen vistas memorables del atardecer. Es uno de los pocos hoteles de Mauricio que anuncia abiertamente que admite clientela gay.

Marlin Creek Residence　　　　PENSIÓN €€

(plano p. 84; 📋483 7628; www.ilemauricelocation. fr; 10 Colonel Dean Ave; d/bungalós 89/155 €, desayuno incl.; ✳🛜🖵) Junto a una bahía de aguas cerúleas, a tiro de piedra del muelle, acaba de incorporarse a la oferta hotelera de Black River. Al lado hay una frenética comunidad de pescadores que dota a la propiedad de un aire entrañablemente local. Las habitaciones son bonitas (aunque la madera tenga un protagonismo excesivo) y cuenta con una piscina atípicamente larga y estrecha.

⭐**Bay Hotel**　　　　HOTEL-BOUTIQUE €€€

(plano p. 84; 📋483 6525; www.thebay.mu; Ave des Cocotiers, La Preneuse; i/d desde 120/205 €; ✳🅰🛜🖵) El Bay roza la elegancia de un hotel-*boutique* pero a precios relativamente bajos. Las habitaciones tienen una decoración muy pensada (almohadas de alegres fundas, flores tropicales naturales, ropa de cama blanca y artísticos colgantes en las paredes) y están repartidas en dos pisos, en torno a un patio de muros blancos. El restaurante junto al mar y la piscina en la parte trasera no tienen desperdicio. Se puede solicitar la media pensión por 20 € más por persona. También organiza sesiones de yoga en la playa y dispone de *spa*.

⭐**Les Lataniers Bleus**　　　　PENSIÓN €€€

(plano p. 84; 📋483 6541; www.leslataniersbleus. com; d desde 165 €; ✳🅰🛜🖵) La *chambre d'hôte* mauriciana por excelencia ofrece la mejor hospitalidad local. Josette Marchal-Vexlard está al frente de la casa y mima a sus huéspedes con su encanto natural y sonrisas contagiosas. Las bonitas habitaciones están en tres casas situadas en un amplio huerto de árboles frutales a pie de playa.

Cualquier comodidad ha sido tenida en cuenta; hay incluso un enchufe escondido en el tronco de un árbol para que el viajero pueda actualizar su *blog* mientras está en la playa. La *table d'hôte* nocturna, en el porche, es una manera fantástica de conocer a otros clientes y charlar con su cordial anfitriona sobre la vida en la isla.

**Latitude Seafront
Apartments**　　　　APARTAMENTOS €€€

(plano p. 84; www.homefromhome.mu/alojamiento/ latitude/; Royal Rd; apt 2 dormitorios 165-200 €, apt 3 dormitorios 176-357 €; 🅿✳🛜🖵) Inaugurado a finales del 2015, este bonito complejo llevado por sudafricanos propone apartamentos impresionantes, espaciosos y contemporáneos, muchos con piscina propia, y un estilo minimalista. Tiene una bonita piscina de horizonte infinito, barbacoas y máquinas de café en cada apartamento, y un embarcadero, pero no hay playa. Evítese la fila de apartamentos que dan detrás, con vistas al aparcamiento.

West Island Resort　　　　CENTRO VACACIONAL €€€

(plano p. 84; 📋483 1714; www.westislandresort. com; apt 2 dormitorios desde 352 €; 🅿✳🛜🖵) Los apartamentos de este centro vacacional podrían ser el primer síntoma de irrupción del turismo exclusivo en la zona. Tiene todas las comodidades de un complejo turístico, más la posibilidad de codearse con la flor y nata del país.

Belle Crique　　　　APARTAMENTOS €€€

(plano p. 84; 📋403 5304; www.belle-crique-mauritius.com; Coastal Rd; apt desde 235 €; 🅿✳🛜🖵) Los bonitos y modernos, pero también comedidos, apartamentos convierten este lugar en uno de los mejores complejos en este tramo de la carretera. Arte contemporáneo, muebles de diseño, máquinas de café Nespresso y barbacoas Weber para que uno se sienta como en casa. Suele exigirse una estancia mínima de tres noches.

**Tamarina Golf,
Spa & Beach Club**　　　　CENTRO VACACIONAL €€€

(plano p. 84; 📋404 0150, 404 8502; www.tamarina. mu; Tamarin; villas 300-700 €) Los golfistas deberían plantearse alquilar una villa de lujo aquí, con paquetes muy ventajosos. Los árboles altos lo aíslan de la carretera principal y, además, no hay tráfico.

🍴 Dónde comer

Las opciones para comer son abundantes, aunque normalmente más caras que en el resto de la isla porque están orientadas a una clientela de residentes sudafricanos y adinerados franco-mauricianos.

Si se quiere comer en la calle, hay vendedores ambulantes de *boulettes* en la playa de Tamarin (delante del hotel epónimo) los fines de semana (12.00-19.30). Los lugareños afirman que son de los mejores de la isla.

Crêperie Bretonne
CREPERÍA €

(Mam Gouz; plano p. 84; ☑5732 8440; Coastal Rd; ensaladas desde 300 MUR, crepes 80-275 MUR) Cuesta saber si este interesante establecimiento de la carretera durará (nunca suele estar lleno) pero sus creps dulces y salados son una alternativa que se agradece a los curris y los platos combinados de marisco.

Cosa Nostra
ITALIANA €

(plano p. 84; ☑483 6169; Anthurium Lane esq. Royal Rd, Tamarin; *pizzas* desde 250 MUR; ⊙10.00-15.00 y 18.00-22.00 sa-do) Esta popular pizzería es famosa por su masa extra fina y por un servicio a paso de tortuga; parece como si los camareros fueran a buscarla a Italia.

Le Cabanon Créole
MAURICIANA €

(plano p. 84; ☑483 5783; Royal Rd, La Preneuse; principales desde 200 MUR; ⊙11.00-21.30) Los simpáticos camareros y la cocina casera criolla con una pincelada picante convierten este establecimiento de gestión familiar en un favorito imperecedero. El surtido de platos es reducido, por ejemplo, *rougaille saucisses* (salchichas picantes) y curri de pollo; los del día, como la langosta o pescado fresco entero, se pueden encargar con antelación. Por la noche se recomienda reservar porque hay pocas mesas. También entrega a domicilio.

Pavillon de Jade
CHINA €

(plano p. 84; ☑483 6151; Trois Bras Junction, Royal Rd, Grande Rivière Noire; platos 100-350 MUR; ⊙12.00-15.00 y 18.30-21.30) El orgulloso dueño de este modesto local chino, sito encima de un deslucido supermercado, se niega a vender su parcela a los ansiosos urbanizadores de La Balise Marina. Comida china sencilla, sin más.

London Way
SUPERMERCADO €

(plano p. 84; ☑696 0088; Royal Rd, Grande Rivière Noire; ⊙8.30-19.00 lu-ma y ju, hasta 20.00 vi y sa, hasta 12.30 do) Parece un poco marchito pero tiene la mayor variedad en Black River, ideal si el viajero se aloja en un apartamento con cocina.

★ Frenchie Café
CAFÉ €

(plano p. 84; ☑463 6125; www.frenchiecafe.mu; principales 350 MUR, *brunch* 600 MUR por persona; ⊙8.00-24.00) Uno de los lugares más atractivos de la isla. Lo lleva un francés y sirve *carpaccios,* picoteo y principales a precios razonables, así como desayunos y un *brunch*

dominical. Además, es una elegante coctelería con sesiones de DJ los sábados noche. En la carretera que conduce al centro de visitantes del parque nacional (p. 101); el desvío está casi delante de La Balise Marina (p. 92).

★ La Bonne Chute
MAURICIANA, PESCADO €€

(plano p. 84; ☑483 6552; Royal Rd, La Preneuse; principales 350-700 MUR; ⊙11.00-15.00 y 18.30-22.30 lu-sa) Que la gasolinera aledaña no asuste a nadie; La Bonne Chute debe su merecida fama a sus sabrosos platos y su bonito marco ajardinado. Desde el confit de pato a la cazuelita de gambas y la mejor ensalada de palmitos que se haya probado jamás, la cocina siempre lo hace bien. Hay que dejar hueco para el postre casero. Mario, Juliette y el resto de la familia son anfitriones hospitalarios.

Kozy Garden
TAPAS, INTERNACIONAL €€

(plano p. 84; Coastal Rd; principales 350-600 MUR, tapas desde 200 MUR; ⊙9.30-24.00 lu-sa) Este restaurante de diseño, con su original coctelería y sus mesas junto a la piscina, propone una de las experiencias gastronómicas más modernas del oeste de la isla. Entre sus platos destacan el atún poco hecho con semillas de sésamo y la pechuga de pato a las cuatros especias y miel. El bar de tapas abre todo el día; mejor reservar para el almuerzo y la cena.

Chez Philippe
CHARCUTERÍA €€

(plano p. 84; ☑483 7920; chez.philippe@orange. mu; Coastal Rd; principales desde 350 MUR; ⊙9.30-18.30 ma-sa, 9.00-12.00 do) Es más conocido como escuela de cocina pero también cuenta con una fabulosa y pequeña charcutería que sirve comidas preparadas para llevar, tales como ensaladas, lasaña y versiones imaginativas de platos locales. También hay fuagrás, quesos y unos postres de infarto (el tiramisú es una institución en la zona).

Lazy Lizard
INTERNACIONAL €€

(plano p. 84; ☑483 7700; Nautica Commercial Centre, Royal Rd; principales 200-500 MUR; ⊙8.00-15.00 lu y ma, hasta 22.00 mi-sa) Este logrado café recién reformado se dirige a una clientela exigente con comidas ligeras (sándwiches, pasta, tortillas). Los viernes noche es la noche del *sushi* y los sábados, de hamburguesa y cerveza. De apetecer algo más sustancioso, los calamares o la dorada a la parrilla (solo de noche) son muy recomendables.

Al Dente
ITALIANA €€

(plano p. 84; ☑483 7919; Ruisseau Créole Shopping Complex, Grande Rivière Noire; pasta 250-500 MUR, pizza 180-460 MUR; ⊙10.30-14.30 y 17.30-23.00)

Platos italianos de primera para emprender un viaje virtual a la madre patria: *carpaccio* de ternera, pasta casera y osobuco, entre otros. Detrás del moderno centro comercial Ruisseau Créole hay una escaleras que bajan al restaurante.

La Madrague INTERNACIONAL **€€**

(Beach Club; plano p. 84; ☑483 0260; www.tamarinahotel.com; Tamarina Golf, Spa y Beach Club, bahía de Tamarin; principales 350-750 MUR, do *brunch* 800-1200 MUR; ☺12.00-22.00) Viene a ser como el restaurante con piscina de un complejo turístico sofisticado, pero sin el hotel. Está al final de un camino de tierra que empieza cerca de la entrada al campo de golf de Tamarina. La carta presenta los típicos platos internacionales (sándwich club y chuletas de cordero), pero el verdadero reclamo es la irresistible piscina de horizonte infinito y reluciente mármol oscuro.

Para pasar un soleado día a la sombra de un cocotero y, de tener ganas de un poco de mar, basta con bajar las escaleras hasta la playa semiprivada.

🍷 Dónde beber y vida nocturna

Con una oferta visiblemente más reposada que la de Grand Baie o Flic en Flac, las comunidades de Black River prefieren las fiestas en casa a las atronadoras noches de discoteca. Aun así, hay un par de locales para salir y muchos restaurantes locales con buen ambiente que abren hasta tarde. De todos modos, hay que tener en cuenta que Flic en Flac solo está a 15-25 min en taxi costa arriba.

Le Dix-Neuf BAR

(plano p. 84; ☑483 0300; Tamarina Golf, Spa y Beach Club, bahía de Tamarin; ☺12.00-19.30) Escondido tras los muros de los exclusivos campos de golf de Tamarina, este elegante bar recuerda un refugio, está en el recinto del club y es un lugar fantástico para una copa al atardecer. Conviene fijarse cómo la ventana pentagonal de detrás de la barra de madera oscura enmarca a la perfección el afilado peñón de las montañas cercanas.

Big Willy's BAR, CLUB

(plano p. 84; ☑483 7400; www.bigwillys.mu; Royal Rd, Tamarin; ☺15.00-2.00 ma-vi, 9.00-2.00 sa, 11.00-2.00 do) Un sudafricano dirige este bar de popularidad inagotable entre los residentes extranjeros; ideal para bailar a ritmo de sesiones de DJ y ver partidos de *rugby* en la TV. Una diversión sana.

☆ Ocio

★Tamarin Hotel JAZZ

(plano p. 84; www.hotel-tamarin.com; ☺20.30) Los conciertos calman la pasión del dueño por el *jazz* (es el saxofonista); de hecho, es una de las mejores salas de conciertos de la isla. Los martes se programa *séga* local y se da descanso al *jazz*; el resto de la semana recupera la normalidad con *swing, bebop, bossa nova* y *soul* para acompañar a los clásicos del *jazz* moderno.

🔒 De compras

Tutti Frutti MENAJE DEL HOGAR

(plano p. 84; ☑483 6866; www.tuttifrutti.mu; Coastal Rd; ☺9.30-20.00 lu-sa) Al lado del bar de tapas Kozy Garden hay varias salas que exponen toda suerte de enseres del hogar y muebles de diseño que captan la sofisticación de la vida en la costa de Mauricio.

ℹ Cómo llegar y salir

Los autobuses a Tamarin salen de Port Louis cada hora (aprox.) y de Quatre Bornes, cada 20 min, y paran también en La Preneuse. Un taxi desde Port Louis cuesta 1000 MUR. Se pagarán 1800 MUR para ir al aeropuerto; 600 MUR, a Flic en Flac; 700 MUR, a Le Morne; y 1800 MUR, a Belle Mare.

Chamarel

790 HAB.

Conocida en toda la isla por su ambiente silencioso y bucólico, su brisa fresca y su ron de talla mundial, Chamarel es una maravillosa aldea de montaña y una alternativa a la costa y playas de Mauricio. La aldea disfruta de una excelente oferta culinaria y es la sede de las famosas Terres de 7 Couleurs y Rhumerie de Chamarel, y la entrada occidental al Black River Gorges National Park.

👁 Puntos de interés

★Curious Corner of Chamarel MUSEO

(plano p. 97; ☑483 4200; www.curiouscornerofchamarel.com; Baie du Cap Rd; adultos/niños 50/25 MUR, incl. todas las exposiciones 275/150 MUR; ☺9.30-17.00) Este ecléctico lugar es único en la isla: básicamente una galería interactiva de ilusiones y arte, con un laberinto de 200 espejos, una sala de láser e infinidad de atracciones que despiertan la curiosidad y deforman la percepción y la perspectiva. Hay un café, la Puzzles & Things Shop y una sensación global

Chamarel y La Gaulette

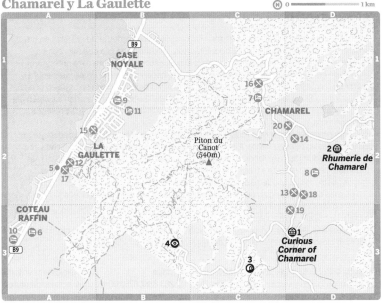

Chamarel y La Gaulette

de originalidad juguetona. Está delante del desvío a Terres de 7 Couleurs.

★ **Rhumerie de Chamarel** MUSEO
(plano p. 97; ☑483 4980; www.rhumeriedechamarel. com; Royal Rd; adultos incl. catas 350 MUR, niños 175 MUR; ☺9.30-16.30 lu-sa) Entre vastas plantaciones en pendiente, la Rhumerie de Chamarel, es una destilería en activo que hace las veces de museo para dar a conocer el proceso de elaboración del ron. Esta fábrica, que se inauguró en el 2008, es el proyecto predilecto del

magnate hotelero Beachcomber y se rige por una filosofía de producción sostenible que garantiza el reciclaje de todos los materiales. El ron está bastante bueno y es la mejor coda a un recorrido guiado por la plantación. Se recomienda visitarla sobre el mediodía para así aprovechar y almorzar en su restaurante, L'Alchimiste (p. 99).

Cascada de Chamarel CASCADA
(plano p. 97) Más o menos a mitad de camino (1,5 km) entre la puerta de entrada a las

GRAND BASSIN

Cuenta la leyenda que Shiva y su esposa Parvati viajaban alrededor de la Tierra en un artilugio hecho con flores cuando, boquiabiertos, divisaron una isla que afloraba en un mar esmeralda. Shiva, que portaba el río Ganges sobre su cabeza para proteger al mundo de las inundaciones, decidió descender. Al hacerlo derramó unas gotas sobre un cráter en forma de lago. El Ganges se entristeció al ver desperdiciada su agua en una isla desierta pero Shiva le contestó que los moradores del Ganges se instalarían allí algún día y realizarían una peregrinación anual, durante la cual el agua del lago sería presentada como ofrenda.

Como no podía ser de otra manera, la isla cegadora es Mauricio y el legendario lago, el Grand Bassin (Ganga Talao). A este célebre lugar de peregrinación acuden cada año 500 000 hinduistas para rendir homenaje a Shiva durante el Maha Shivaratri, un mastodóntico festival que dura tres días, en febrero o marzo (según el ciclo lunar), y es la mayor fiesta hinduista que se celebra fuera de la India.

Los más devotos realizan el recorrido a pie desde sus aldeas hasta el lago sagrado portando un *kanvar* (una estructura ligera de madera o un arco decorado con flores de papel). La hazaña no es baladí, porque febrero es el mes más caluroso en Mauricio y casi siempre llueve. Al llegar, los peregrinos llevan a cabo una *puja* (ofrenda) durante la cual queman incienso y alcanfor a orillas del lago y ofrendan comida y flores.

Terres de 7 Couleur y las arenas multicolor hay un mirador con vistas a la cascada de Chamarel, cuyas aguas caen desde 95 m de altura. Con reserva, se puede descender en rápel con Vertical World (p. 101) desde lo alto de la catarata hasta la poza de su base.

Terres de 7 Couleurs　　PUNTO DE INTERÉS
(Tierras de 7 Colores; plano p. 97; ☑483 8298; adultos/niños 200/100 MUR; ☺7.00-18.00) Las Tierras de 7 Colores se han convertido en parada recurrente en el típico circuito turístico por la isla. Después de un largo recorrido, la mayoría de los viajeros las encuentran bastante decepcionantes; no obstante, si se rebajan las expectativas y se visitan de camino a otro sitio, entonces sí que se apreciará el variado colorido de las arenas, resultado del desigual enfriamiento de la piedra fundida. Se encuentran 4 km al suroeste de Chamarel.

Un poco más abajo de las Terres de 7 Couleurs, pero en la misma finca, a 3 km, hay un recinto con tortugas.

Toda la propiedad fue en su día la hacienda privada de Charles de Chazal de Chamarel, quien acogió a Matthew Flinders durante su cautiverio en las Guerras Napoleónicas.

🏃 Actividades

La Vieille Cheminée　　PASEOS A CABALLO
(plano p. 84; ☑483 5249; www.lavieillecheminee. com; 1/2 h 1300/1600 MUR) Esta suerte de granja y refugio rústico ofrece paseos a caballo por el montañoso campo y por desfiladeros a la sombra.

Yemaya　　BICICLETA DE MONTAÑA
(☑283 8187, 5752 0046; www.yemayaadventures. com) Patrick Haberland, de Yemaya, organiza aventuras de medio día o un día entero. También ofrece excursiones por el Black River Gorges National Park.

🛏 Dónde dormir

Hay muchos más restaurantes en Chamarel que alojamientos, quizás por eso haya tantos visitantes que solo van a pasar el día. Aun así, hay un par de opciones excelentes.

★**Le Coteau Fleurie**　　PENSIÓN €€
(plano p. 97; ☑5733 3963; www.coteaufleurie.com; Royal Rd, Chamarel; h 50 € por persona, desayuno incl.; @) Esta bonita *chambre d'hôte* está como a años luz de cualquier otra propuesta en Mauricio, una pintoresca opción criolla de raíces tradicionales. Sus dueños, Geneviève y Gérard, ofrecen un refugio acogedor entre árboles frutales, cafetos y recios troncos selváticos.

Chalets en Champagne　　CABAÑA €€
(plano p. 84; ☑5988 7418; www.leschaletsenchampagne.mu; 110 Rte Champagne, Chamarel; 2000 MUR por persona; 🗙) Estas preciosas cabañas de troncos (para cuatro-ocho personas) están camufladas entre los retorcidos árboles tropicales de una montaña. El interiorismo se mantiene fiel al tema (léanse tejados de paja y bañeras rodeadas de guijarros), aunque incorpora sutiles toques modernos (aire acondicionado, reproductores de DVD, etc.).

A los excursionistas les encantará la señalizada red de senderos aledaños que surcan el terreno arbolado.

⭐Lakaz Chamarel   REFUGIO €€€

(plano p. 97; ☎483 5240; www.lakazchamarel.com; Piton Canot; i 145-340 €, d 195-490 €, media pensión incl.; P❄🐾📶🏊) En los campos que lindan con Chamarel, este "refugio exclusivo" es un conjunto de cabañas rústicas (pero muy elegantes), extraordinariamente concebido, que ofrecen una dichosa escapada entre fabulosos bosques, jardines y arroyos. Las habitaciones están exquisitamente decoradas, con elegantes acabados tipo safari. El sereno *spa* y la encantadora piscina adornada con estatuas de piedra de diosas no tienen desperdicio.

🍴 Dónde comer

Chamarel se ha granjeado buena fama en toda la isla por las *tables d'hôtes* repartidas por sus cumbres. Últimamente (aunque pocas veces), taxistas sin escrúpulos se han aprovechado de la creciente popularidad de la localidad como destino gastronómico cobrando de más a los turistas y exigiendo comisiones abusivas a los restaurantes locales. Se aconseja visitar la zona en vehículo particular y escoger el restaurante que más apetezca.

Conviene tener en cuenta que la mayoría solo abre al mediodía.

⭐Palais de Barbizon   MAURICIANA €

(plano p. 97; ☎495 1690; lebarbizon@yahoo.fr; Ste-Anne Rd; comidas 450 MUR; ⊙12.00-16.00) Aunque no parezca gran cosa, es fabuloso. Marie-Ange se hace cargo de los fogones e improvisa con sabores tradicionales mauricianos de su recetario familiar, mientras Rico L'Intelligent hace de anfitrión en las mesas y ofrece un banquete a base de ponche de ron, arroz, cinco verduras y pescado o pollo.

⭐L'Alchimiste   MAURICIANA €€

(plano p. 97; ☎483 7980; www.rhumeriedechamarel. com; Rhumerie de Chamarel, Royal Rd; principales 500-750 MUR, menús 1000-1500 MUR; ⊙12.00-15.00 lu-sa) El restaurante chic de Rhumerie de Chamarel propone una carta de impresión, que promete satisfacer con carne de caza y palmitos de las montañas vecinas las expectativas más altas. El chef se guía por una filosofía *gourmet*: convertir los clásicos mauricianos en exquisiteces irresistibles tales como el estofado de jabalí con ron de Chamarel.

Mich Resto   MAURICIANA, INTERNACIONAL €€

(plano p. 97; ☎438 4158; www.michresto.mu; Royal Rd; ⊙11.00-16.00) Los viajeros siempre lo ponen por las nubes: el marco con más clase de los restaurantes de la zona, unos camareros simpáticos, una de las mejores ensaladas de palmitos que se han probado jamás, un marisco excelente... Inaugurado en el 2015, es un buen sitio para almorzar.

Le Domaine de Saint-Denis   MAURICIANA €€

(plano p. 84; ☎5728 5562; www.domainedesaintde nis.com; Chamarel; principales desde 600 MUR, menú desde 1500 MUR; ⊙solo con reserva previa) Jacqueline Dalais, la extraoficial primera dama de la cocina mauriciana, lleva el timón de este encomiable restaurante. Se recomienda encarecidamente el *carpaccio* de vieira con aceite de oliva y lima. Para llegar, hay que tomar un desvío señalizado que hay en la carretera que va de Chamarel al Black River Gorges National Park.

Varangue sur Morne   MAURICIANA €€

(plano p. 84; ☎483 6610, 483 5710; Plaine Champagne Rd; principales desde 650 MUR; ⊙12.00-16.30) Este antiguo pabellón de caza se ha convertido en una institución. Su privilegiada ubi-

---

ℹ️ PREPARATIVOS DE EXCURSIÓN

Si se decide salir de caminata por libre, se necesitará un vehículo privado porque llegar a la cabecera de los senderos es casi imposible en transporte público. La mejor opción es tomar un taxi hasta el principio de un sendero y organizar la recogida en el extremo inferior del parque.

Se recomienda consultar Fitsy (www.fitsy.com) antes de emprender la marcha. Este práctico portal informa sobre los senderos usando coordinadas de GPS y satélite.

Conviene saber que en el parque no se podrán comprar ni comida ni bebidas. Se aconseja llevar mucha agua y tentempiés energéticos. También se necesitarán repelente de insectos, prendas impermeables y calzado con buena sujeción (no importa si hace calor y luce el sol en la costa, en el parque suele llover y haber humedad). Tampoco es mala idea llevar unos prismáticos para observar la fauna.

DE EXCURSIÓN POR EL BLACK RIVER GORGES NATIONAL PARK

Muchos senderos se entrecruzan en el Black River Gorges National Park. Si bien todas las cabeceras de los caminos están bien señalizadas en una de las dos carreteras que atraviesan el parque, muchos senderos desaparecen rápidamente bajo la maleza, desorientando a los excursionistas. Se recomienda pasar por un centro de visitante para recoger un mapa con los senderos originales y comprobar su estado. Para explorar de verdad el parque y descubrir los mejores miradores, se recomienda contratar a un guía. También se puede contactar con los centros de visitantes con antelación para contratar a un guardabosques.

De escoger uno de los senderos de dirección única que termina en el centro de visitantes, se debe organizar la hora de recogida en taxi con antelación porque, de lo contrario, aún quedará un largo trecho de 1-2 h para llegar a la carretera de la costa donde pasan los autobuses.

La mejor época para visitar el parque es la estación de floración, entre septiembre y enero. Entonces no hay que perderse el insólito *tambalacoque* (árbol dodo), los negros ébanos y los guayabos silvestres. Los observadores de aves deben estar ojo avizor a los cernícalos de Mauricio (es más fácil verlos entre septiembre y febrero), las palomas de Mauricio, las cotorras de Mauricio y los orugueros de Mauricio.

Senderos

A continuación se describen los principales senderos. De tener tiempo solo para una excursión, se recomienda el Macchabée Trail, el Macchabée Loop o el Parakeet Trail.

Macchabée Trail (10 km solo ida, extenuante, 4 h) Empieza en el centro de información de Pétrin, enfila por la llanura hasta el impresionante mirador de Macchabée y después baja hasta el centro de visitantes del parque.

Macchabée Forest Trail (14 km ida y vuelta, moderado, 3 h) Sale del centro de información de Pétrin y ofrece un recorrido circular sin apartarse de la llanura, por un bonito bosque tropical.

Macchabée Loop (8 km ida y vuelta, moderado, 3 h) Recorre la llanura hasta el mirador de Macchabée para luego regresar por el mismo sendero hasta el centro de información de Pétrin.

Parakeet Trail (8 km solo ida, extenuante, 3 h) Empieza en el puesto de policía de Plaine Champagne (a medio camino entre el mirador de las gargantas y las cascadas Alexandra, por la pista alquitranada desde Chamarel), y sigue una cordillera que baja hasta las gargantas y después, por el río hasta el centro de visitantes del parque nacional.

Mare Longue Reservoir (12 km ida y vuelta, moderado, 4 h) Empieza y acaba en el centro de información de Pétrin. Pasa por un bosque endémico enano y un gran embalse en la punta norte del parque, muy poco visitada.

cación brinda unas vistas fabulosas de las laderas con el océano al fondo y la soberbia carta es cara, hay quien dice que desorbitada, pero excelente: jabalí estofado, gambas flambeadas con ron de la Île de France, ensalada de palmitos con pez espada ahumado y una carta inacabable de logrados cócteles. Se recomienda reservar.

Chez Pierre Paul MAURICIANA €€
(plano p. 97; ☑483 5079; Rte Champagne; principales desde 450 MUR, menú 750 MUR; ⊗12.00-16.00) Aquí no hay delirios de grandeza, solo sencilla pero sabrosa cocina criolla. Que a nadie

le disuadan las mesas vacías porque el lugar está a la altura del resto de los establecimientos del pueblo.

Domaine du Cachet MAURICIANA, PESCADO €€
(plano p. 97; ☑483 5259; La Montagne; principales desde 600 MUR, menús 1500-2300 MUR; ⊗11.30-16.00) Este restaurante de fachada color miel ya no es lo que era, aunque su cocina mauriciana es excelente, con ensalada de palmitos, curri de pulpo, pez espada ahumado y platos similares. Está en la Baie du Cap-Chamarel Rd, pasada la oficina de correos, antes de las Terres de 7 Couleurs.

Les Palmiers INDIA, MAURICIANA €€
(plano p. 97; ☑483 8364; Royal Rd; principales desde 500 MUR; ☺12.00-16.00) Este popular establecimiento hace su agosto con los curris y *faratas* (panes ácimos fritos a la sartén) que se sirven en un agradable comedor.

Le Chamarel
Restaurant MAURICIANA, INTERNACIONAL €€
(plano p. 97; ☑483 4421; le-chamarel.restaurant.mu; La Crête; ☺12.00-15.00) En una ladera, 1 km al oeste de Chamarel por la carretera que baja a Black River, estaba de reformas cuando se visitó. Por ello, por el momento no se puede opinar sobre la comida, aunque sí se puede asegurar que ofrecerá unas impresionantes vistas de la costa oeste cuando concluyan las obras.

❶ Cómo llegar y salir

Aunque hay un autobús que va de Quatre Bornes a Chamarel, se aconseja encarecidamente alquilar un vehículo. No hay que ir en taxi pues los taxistas reciben comisiones desorbitantes por llevar a los turistas a determinados lugares de interés y *tables d'hôtes*.

Black River Gorges National Park

El Parque Nacional Gargantas del Río Negro, el más grande de Mauricio y el mejor, es una extensión indómita de montañas ondulantes y bosque frondoso que abarca el 2% (aprox.) de la superficie de la isla. Cuesta exagerar la importancia de este parque: es el último reducto de bosque mauriciano y de muchas especies autóctonas. Es el rincón más espectacular de la isla.

En su día destacable zona de caza, se protegió como reserva en 1994 cuando unos científicos identificaron más de 300 especies de flores, nueve de aves endémicas y una colonia con más de 4000 murciélagos frugívoros gigantes. Además, es un hábitat vital para tres de las especies de aves más amenazadas de la isla: el cernícalo de Mauricio, la cotorra de Mauricio y la paloma de Mauricio. El jabalí introducido, los macacos *Rhesus* y los ciervos también campan por los amplios tramos de bosque primigenio de ébanos, y no es raro verlos.

🏃 Actividades

Otélair DEPORTES DE AVENTURA
(☑251 6680; www.otelair.com) Organiza salidas de excursionismo, escalada, rápel y barran-

CASCADAS DE TAMARIN

En las inmediaciones del Black River Gorges National Park, 8 km (aprox.) al suroeste de Curepipe, en el centro de la isla, este conjunto de siete cascadas (algunos dicen 11) compensará a aquellos que hayan sudado la gota gorda por los senderos.

No hay que intentar ir a las cascadas sin un guía. Estos, que cobran 500-1000 MUR, suelen esperar en la estación de autobuses de Henrietta, una localidad próxima a Curepipe, aunque quizá sea preferible contactar con Yanature (p. 104).

Para una experiencia realmente única e inolvidable, los aventureros pueden practicar rápel por diferentes saltos de agua si salen de excursión de barranquismo (medio día o un día entero) con Vertical World u Otélair. Ambos operadores también salen desde Henrietta.

quismo, muchas dentro de los confines del Black River Gorges National Park.

Vertical World DEPORTES DE AVENTURA
(☑697 5430, 251 1107; www.verticalworldltd.com) Veryical World ofrece una vivencia realmente única e inolvidable: medio día o un día entero de rápel por los saltos de agua de la isla.

❶ Información

El personal de ambos centros de visitantes aconseja sobre los senderos, informan sobre los animales de la zona mediante muestras ilustrativas y facilitan mapas (bastante incompletos).
Centro de visitantes del parque nacional (plano p. 84; ☑258 0057; ☺7.00-17.00 lu-vi, 9.00-17.00 sa y do) En la entrada occidental del parque, 7,5 km al sureste del Trois Bras Junction de Black River.
Centro de información de Pétrin (plano p. 84; ☑5507 0128, 471 1128; ☺8.00-15.15 lu-vi) En la entrada oriental del parque.

❶ Cómo llegar y salir

Apenas hay transportes públicos que atraviesen el parque. Autobuses semi regulares paran en el centro de información de Pétrin de camino entre Souillac y Vacoas o Curepipe, con servicios igual de infrecuentes desde Curepipe o Quatre Bornes a Chamarel. Es mucho mejor visitarlo en vehículo propio o tomar un taxi hasta las cabeceras de los caminos. Los autobuses que circulan por la

RUTA EN AUTOMÓVIL POR EL BLACK RIVER GORGES NATIONAL PARK

Aunque se recomienda fervorosamente explorar el parque a pie, esta región también se puede ver por carretera. Pero antes de empezar, un consejo: evítense los fines de semana si se puede, porque unas carreteras normalmente tranquilas se llenan de lugareños que van a paso de tortuga y paran en los arcenes para recoger frutas del bosque.

Se puede empezar en la carretera costera del oeste de Mauricio, en Grand Case Noyale (1,5 km al norte de La Gaulette y 7 km al sur de Río Negro), donde un poste indicativo dirige hacia el interior hasta Chamarel; tómese como referencia la iglesia de color crema situada al fondo de una esquina. Después de cruzar la llanura costera, la carretera empieza a subir entre bosques muy tupidos. Unos 4 km después de haber abandonado la carretera de la costa, cerca de la cima de la primera línea montañosa, hay un mirador a mano derecha que brinda buenas y extensas vistas de la llanura litoral, con el mar al fondo.

Al atravesar Chamarel, ignórense las señales a Terres de 7 Couleurs (p. 98), que no forma parte del parque nacional que hay más adelante, y gírese a la izquierda al cruzar Chamarel. Después de rebasar la entrada a la Rhumerie de Chamarel (p. 97), hay que seguir subiendo entre el bosque durante unos 6 km hasta el **mirador de las Gargantas** (plano p. 84). En días despejados ofrece las mejores vistas del cañón. Búsquese el **Piton de la Petite Rivière Noire** (pico de la montaña del Río Negro; 828 m) a la izquierda, para ver si aparece algún cernícalo de Mauricio, rabijunco y murciélago frugívoro.

Otros 2 km más allá por la carretera asfaltada se pasará por el **puesto de policía de Plaine Champagne** (plano p. 84) (principio del Parakeet Trail), con el desvío a las **cascadas Alexandra,** 2 km más adelante. En la carretera principal hay que girar a la derecha, pasar por debajo de unos árboles a modo de guardia de honor y seguir el corto camino que va hasta el **mirador** de las cascadas (plano p. 84). Desde allí se puede admirar el bosque nuboso del **monte Cocotte** (771 m) y la panorámica hasta la costa sur.

De vuelta a la carretera principal, a 2,5 km del desvío a las cascadas Alexandra hay que torcer a la derecha rumbo a Chamouny y bajar por la carretera entre un bosque que se va aclarando. A unos 3 km, se recomienda estacionar el vehículo en un aparcamiento de tierra de la derecha (oeste) de la carretera: desde la loma de tierra y rocas hay buenas vistas hasta el lago de cráter **Bassin Blanc.** Se recomienda quedarse un ratito por si se ve alguna de las escurridizas aves de la región, aunque no crían aquí.

Hay que volver a subir la colina y seguir hasta encontrarse con una rotonda. A solo 2 km, hay que girar a la derecha y seguir las señales hasta el Grand Bassin (p. 228), un importante lugar de peregrinación para los hinduistas de la isla que está a 2,5 km del desvío. Mucho antes de llegar, se verá la enorme e hipnótica imagen de Shiva que cuida de este lugar sagrado.

Hay que regresar a la carretera principal (2,5 km) y en la bifurcación se verá el centro de información de Pétrin (p. 101). Aunque no se quiera salir de caminata, se puede aparcar e ir hasta la parte de atrás para ver un cercado donde se prepara a las palomas de Mauricio para su puesta en libertad.

Coastal Rd pueden dejar en dicha carretera, a 1-2 h de caminata del centro de visitantes del parque.

La Gaulette

2375 HAB.

Al sur de Black River, las montañas están más cerca, si cabe, de la costa. Hay pinos y mangles que casi orillan las olas pero, aparte de los pueblos desvencijados de la carretera, es una zona poco habitada. Y entonces, de repente, a la sombra de las montañas, aparece una pequeña localidad: un lugar que aúna la calma de un pueblo de pescadores con la despreocupación de una comunidad surfista. Bienvenidos a La Gaulette.

🏃 Actividades

Ropsen   CIRCUITOS
(plano p. 97; ☑451 5763, 255 5546; www.ropsen. net; Royal Rd) El mejor operador del pueblo propone salidas en catamarán, circuitos para ver delfines y recorridos por la isla,

y también informa sobre automóviles de alquiler y alojamiento.

🛏 Dónde dormir

La Gaulette, cuya fama crece entre la comunidad *kitesurfista,* es un lugar con excelente relación calidad-precio. Actualmente hay algunas opciones notables en el pueblo.

⭐ Maison Papaye
PENSIÓN €

(plano p. 97; ☑451 5976, 5752 0918; www. maisonpapaye.com; h 50-80 €, desayuno incl.; ❄✹◎🛜⛵) Entre imponentes casas de una calle residencial apartada del mar, esta señorial *chambre d'hôte* es todo un hallazgo. Aunque la fachada encalada, el tejado a dos aguas y las contraventanas azules podrían denotar un pasado colonial, el edificio solo tiene unos años. Los propietarios mantienen viva la tradición todas las noches cuando sus cenas *table d'hôte* (15 €), de inspiración criolla, se sirven en el porche. Estancia mínima de cuatro noches.

Pingo Studios
APARTAMENTOS €

(plano p. 97; ☑5755 9773; Royal Rd; h desde 45 €; 🅿✹❄) Más o menos a medio camino entre La Gaulette y Le Morne, estos apartamentos con cocina gustan mucho a los viajeros. Las habitaciones son grandes y modestas, pero muy cómodas.

Rusty Pelican
PENSIÓN €

(plano p. 97; ☑5978 9140; rusty-pelican.com; apt desde 60 €; ❄✹◎🛜) Se agradece la incorporación de esta fabulosa pensión del extremo norte del pueblo a la oferta de alojamientos de La Gaulette. La luz natural inunda las habitaciones, con excelentes cuartos de baño. Los dueños prestan un móvil a sus clientes durante su estancia (solo pagan las llamadas) y les encanta ayudar con la planificación de la visita.

Ropsen
SERVICIOS DE ALOJAMIENTO €

(☑451 5763, 5255 5546; www.ropsen.net; Royal Rd; estudios y apt 30-60 €, villas 4 dormitorios 100-125 €; ❄✹◎🛜) Desde estudios modernos a grandes apartamentos de varios dormitorios, el amable Ropsen despliega tal abanico de opciones de primera calidad que uno empezará a pensar que todos los edificios de La Gaulette son chalés suyos. Casi todas las propiedades de Ropsen tienen wifi; los clientes sin ordenador portátil pueden consultar su correo electrónico en los ordenadores de su oficina. Hay que insistir con lo de las vistas al mar.

La Reine Créole
B&B €

(plano p. 97; ☑451 5558; www.mauritius-lrc.com; 103 Rue des Manguiers; i 29-59 €, d 41-75 €) Marc y Corinne gestionan esta encantador B&B que cuenta con habitaciones grandes, un ambiente acogedor y una ubicación tranquila; algunas habitaciones regalan bonitas vistas.

🍴 Dónde comer

Los *superettes* (pequeños supermercados) que flanquean la calle mayor del pueblo abastecen a legiones de viajeros autosuficientes; hay pocos restaurantes en la zona. Para más opciones hay que ir en automóvil a Chamarel o Black River.

Chez Meilee
MAURICIANA €

(plano p. 97; ☑451 6218; Coastal Rd; principales desde 250 MUR; ⊙12.00-15.00 y 18.00-21.30) Este sencillo café de carretera cuenta con camareros amables y platos locales y chinos variados. Se puede empezar con unas gambas rebozadas y seguir con los curris, sencillos pero muy bien hechos. Si se encarga el día antes, salen a pescar a la laguna y sirven un pescado o langosta fresquísimos.

Le Prestige
MAURICIANA €

(plano p. 97; ☑451 6107; Coastal Rd; principales desde 175 MUR; ⊙12.00-15.00 y 18.00-21.00) Opción excelente por su cocina mauriciana sencilla e informal (o sea, muchos curris y marisco).

Enso
MEDITERRÁNEA €€

(plano p. 97; ☑451 5907; Village Walk Supermarket Centre, 1ª planta; principales 290-790 MUR; ⊙18.00-hasta tarde ma-sa; 🛜) Bar-*lounge* y restaurante, con mesa de billar y sesiones de DJ los sábados noche. En general la comida está rica sin ser espectacular (o *pizzas,* pasta y marisco y pescado), pero está mejor si la preparan sin muchas florituras, por ejemplo, a la parrilla o como combinado de pescado y marisco.

Ocean Vagabond
PIZZERÍA €€

(plano p. 97; ☑451 5910; Royal Rd; *pizza* 360-790 MUR; ⊙17.00-22.00 mi-lu) Tiene ricas *pizzas* y un poco de ambiente surfista, con DVD y ofertas 2x1 los sábados por la noche. Cuando no hay gente está un pelín apagado, pero el ambiente cambia cuando está lleno. Se recomiendan el salpicón de marisco y el curri de pollo.

ℹ Cómo llegar y salir

Los autobuses que circulan (cada 20 min.) entre Quatre Bornes y Baie du Cap paran en La Gaulette. Desde Port Louis no los hay directos, en su lugar, hay que pasar por Quatre Bornes o tomar un autobús de Port Louis a Black River y allí cambiar.

Un taxi entre Port Louis y La Gaulette cuesta 1200 MUR; al aeropuerto, 1800 MUR. Para ir a Chamarel es preferible alquilar un vehículo (p. 158).

Península de Le Morne

Visible desde casi todo el suroeste de Mauricio, el icónico **Le Morne Brabant** (556 m) es el impresionante peñón que da nombre a esta preciosa península. La península en sí, que tiene forma de tiburón martillo, atesora unas de las mejores playas de la isla, con algunos hoteles de categoría.

El litoral que discurre desde la península hasta Baie du Cap es uno de los más bonitos del país y está sin urbanizar.

Actividades

Aunque los hoteles de categoría de la zona se hayan agenciado casi todas las parcelas en primera línea de mar, las playas siguen abiertas al público. En las carreteras públicas hay varios puntos de acceso para quienes no se alojen en los complejos y, en la punta meridional de la península, hay playas muy accesibles.

Excursionismo

En la lista de Patrimonio Mundial de la Unesco desde el 2008, Le Morne es la estrella de muchas postales. No obstante, son

---

> ## LE MORNE: LA LÚGUBRE
>
> Aunque prácticamente deshabitada por lugareños, Le Morne tiene una enorme relevancia en la cultura de Mauricio. Según cuenta la leyenda, un grupo de esclavos se fugó hasta la península a principios del s. XIX para esconderse en lo alto de la montaña y salvaguardar allí su libertad. Los huidos, ignorantes que se había abolido la esclavitud justo antes de su fuga, sintieron pánico al ver a una tropa de soldados subiendo por la colina. Creyendo que iban a ser apresados, todos se lanzaron al abismo desde los acantilados. De ahí que el peñón reciba tal nombre: Le Morne significa la lúgubre. Aunque no haya ningún documento que lo corrobore, es un suceso importante para los mauricianos y fue crucial para que la Unesco otorgara a Le Morne el estatus de Patrimonio Mundial en el 2008.

---

muy pocos los turistas que suben a la cima para comprobar que las vistas son incluso más espectaculares. De subida, por el monte peñascoso, se atraviesa un bosque autóctono que es el único sitio de la isla donde crece la flor nacional de Mauricio, la *boucle d'oreille* (el "pendiente"). La cima, a 500 m de altitud, obsequia al viajero con unas vistas despejadas de los coloridos arrecifes al oeste y al sur. El sendero se complica a medida que avanza. Quienes tengan movilidad reducida también pueden disfrutar de un bonito panorama desde un punto más bajo, a 260 m.

⭐**Yanature** EXCURSIONISMO

(Trekking Île Maurice; ☑5428 1909, 5731 4955; www.trekkingmauritius.com; excursión 3-4 h 1500 MUR por persona; ⏱7.00 lu-sa abr-oct, 6.00 lu-sa nov-mar) La mejor manera de descubrir Le Morne Brabant es salir de excursión con Yanature. Yan, el fundador, está loco por la naturaleza y es la octava generación de mauricianos que se criaron a los pies de Le Morne y que recorrieron las sinuosas sendas en sus años mozos. Él y sus compañeros, Henri y Nicolas, cuentan con el permiso exclusivo de la familia Gambier (los terratenientes de Le Morne) para guiar a los turistas por la zona.

Después de Le Morne, se puede ir de excursión al Black River Gorges National Park o, quizás, hasta las cascadas de Tamarin y el Corps de Garde. Ofrecen descuentos para varias salidas.

Paseos a caballo

Haras du Morne PASEOS A CABALLO

(plano p. 84; ☑450 4142; www.harasdumorne.com; Le Morne; paseo de 60/90/120 min 3000/3500/4500 MUR) Este exclusivo centro ecuestre ofrece paseos a caballo, caros, pero que pasan por unas de las zonas más bonitas de la isla (el bosque y las playas que rodean Le Morne). El centro está junto a Royal Rd.

Surf

Aquí está el lugar de surf definitivo de todo Mauricio: **One Eye** (p. 149).

'Windsurf' y 'kitesurf'

La combinación de los vientos del océano Índico (300 días al año, según dicen), aguas protegidas en el oeste y un buen telón de fondo convierten Le Morne en un paraíso para *windsurfistas* y *kitesurfistas*. Los principiantes en *kitesurf* deberían empezar en la llamada Kite Lagoon; los vientos del sur son mucho más severos e impredecibles.

ÎLE AUX BÉNITIERS

El atractivo más notable de la zona es la bonita Île aux Bénitiers, que aflora por encima del nivel del agua en el arrecife costero. El islote es bastante más grande que otros muchos afloramientos de la laguna (aunque merece atención especial el interesante saliente rocoso que recuerda la parte superior de un reloj de arena) y cuenta con una bonita playa para disfrutar de un pícnic, un pequeño cocotal y una colonia de aves migratorias.

El cuidador de la isla es todo un personaje en la zona y siempre va acompañado de una creciente jauría de simpáticos perros. Hay que saber que, aunque la playa esté abierta al público, casi todo el interior de la isla está vedado.

La mayoría de los pescadores fondeados en La Gaulette ofrecen cortas excursiones a la isla. Cada año crece el número de embarcaciones que la visitan y su oferta es prácticamente idéntica: catamaranes hasta la bandera y pícnic en la arena. Consúltese www.catamarancruisesmauritius.com pero una salida de un día cuesta 60 € por persona. Conviene saber que muchos operadores de cruceros combinan la excursión a la Île aux Bénitiers con observación de delfines (p. 88).

Son of Kite KITESURF
(plano p. 84; ✆451 6155, 5972 9019; www.sonofkite.com; clases 32,50-75 € por persona y h, alquiler 25 € por h) Sus recomendables profesionales imparten clases a *kitesurfistas* de distinto pelaje, desde novatos a profesionales.

Yoaneye Kite Centre KITESURF
(plano p. 84; ✆5737 8296; www.yoaneye.com; 114 Villa Mona, Le Petit Morne; clases desde 40 € por persona) Este centro afiliado a la IKO ofrece cursos de *kitesurf* y surf con remo.

Kite Lagoon KITESURF
(plano p. 84) Los *kitesurfistas* primerizos deberían estrenarse aquí, en el lado occidental de la península, en la Kite Lagoon; los vientos del sur son mucho más severos e impredecibles.

ION Club KITESURF, WINDSURF
(plano p. 84; ✆450 4112; www.ionclubmauritius.com/en) ION Club, la organización mundial de surf, da cursos de *kitesurf* y *windsurf* en su escuela en Le Morne; también alquila equipo a quienes ya tengan experiencia. Una clase particular de 1 h cuesta 75 €.

🛏 Dónde dormir

A los pies de Le Morne Brabant se emplazan la mayoría de alojamientos, propiedad de hoteles de cinco estrellas, maravillosos para pasar unos días retozando. Para moverse por la zona se debe alquilar un vehículo (o un taxi durante todo el día).

⭐ **Lux Le Morne** CENTRO VACACIONAL €€€
(plano p. 84; ✆401 4000; www.luxresorts.com; Coastal Rd; h desde 385 €) Viene a ser el lugar que se imaginaría cuando se piensa en un Mauricio idílico. El complejo tiene de todo, y de calidad: habitaciones 100% lujosas, restaurantes de primera, piscinas de ensueño, un *spa* de altos vuelos, deportes acuáticos…

Dinarobin HOTEL €€€
(plano p. 84; ✆401 4900; www.dinarobin-hotel.com; Coastal Rd; d desde 310 €, media pensión incl.; ❄@🛜🏊) Este Beachcomber de belleza arrebatadora y 172 suites atiende al nombre que los primeros mercaderes árabes dieron a la isla cuando desembarcaron en el s. x. Considerado un "cinco estrellas plus", está a la altura de las expectativas, con cinco piscinas, cuatro restaurantes, un campo de golf y un *spa*.

Paradis HOTEL €€€
(plano p. 84; ✆401 5050; www.beachcomber-hotels.com; d desde 260 €, media pensión incl.; ❄@🛜🏊) Vistas asombrosas del mar, alojamientos lujosos, un campo de golf y actividades sin fin ¿Qué más se puede pedir? El Blue Marlin, uno de los restaurantes de la casa, sirve excelente marisco y pescado frescos.

Riu Le Morne CENTRO VACACIONAL €€€
(plano p. 84; ✆650 4203; www.riu.com; d desde 210 €, media pensión incl.; ❄@🛜🏊) Aparte de un tramo remoto de playa portentosa, el otro fuerte del Riu Le Morne es la amplia variedad de actividades, incluido *kitesurf*. Tiene discoteca, taller de arte y un aire general que recuerda vagamente a lugar de luna de miel. No admite niños.

EL SURESTE

El voluptuoso sureste de Mauricio cuenta con numerosos e irresistibles encantos.

El sur y el sureste

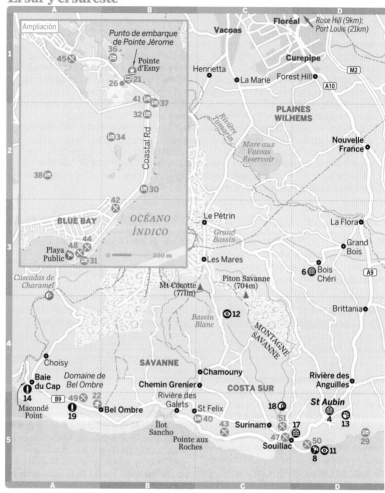

Este espectacular tramo de costa, custodiado por caprichos de la geografía como la Lion Mountain, esconde preciosas bahías turquesas (como Blue Bay), extensas franjas de arena (Pointe d'Esny) y algunos de los mejores puntos para observar fauna de Mauricio: la Île aux Aigrettes y el Vallée de Ferney. La localidad de mayor empaque, Mahébourg, combina determinación con un encanto costero remolón y un fabuloso mercado los lunes, mientras que Vieux Grand Port fue la cuna de la historia humana de Mauricio 400 años atrás.

ℹ Cómo llegar y salir

Mahébourg es el principal núcleo de transporte de la región, con autobuses a destinos de las costas este y sur. En Mahébourg-Blue Bay es perfecto para alquilar automóviles y motocicletas.

El aeropuerto internacional SSR (p. 57) está sola a 15 min en taxi de Mahébourg, Pointe d'Esny y Blue Bay.

Mahébourg

17 042 HAB.

Hay algo inexorablemente entrañable en la diminuta Mahébourg, donde solo aguardan

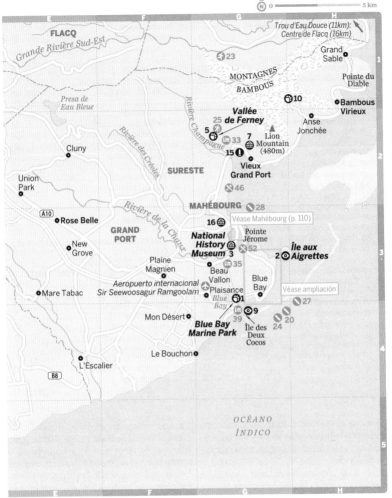

placeres sencillos: un museo interesante, un mercado animado, comida callejera picante, buenos alojamientos económicos, un telón de fondo precioso y playas extraordinarias al norte y sur. Se sigue hablando de ambiciosos proyectos para transformar su frente marítimo en una especie de mastodóntico complejo tipo Le Caudan, en Port Louis, pero pasarán años antes de que tomen forma.

La localidad, fundada en 1805, debe su nombre al gobernador francés Mahé de Labourdonnais. En su día fue un puerto abarrotado pero hoy tiene algo de lugar perdido, con una pequeña flota de pescadores y algunos edificios en estado de abandono.

Puntos de interés

Un par de horas bastan para ver los pocos lugares de interés de Mahébourg, el resto del tiempo se puede pasar callejeando y dando una vuelta por el paseo marítimo. Se puede llegar a pie a todas partes, pero para ir a la fábrica de galletas sería mejor alquilar una bicicleta.

★ **Mercado de los lunes**   MERCADO
(plano p. 106; ☉8.00-17.00) Cerca del paseo marítimo, la céntrica *foire de Mahébourg*

El sur y el sureste

no tiene desperdicio. Empezó siendo un mercado dedicado a las sedas y los tejidos, pero hoy cuenta con una concurrida sección de productos agrícolas, chismes horteras y puestos de comida. Es el lugar ideal para probar tentempiés locales: *gâteaux piments* (pastelitos de guindilla), *dhal puri* (tortitas de lentejas) y *samousas* (samosas), que los tenderos suelen vender directamente desde sus motocicletas. El mercado abre cada día pero los lunes duplica su tamaño.

No se tarda mucho en recorrer las sinuosas hileras de vendedores, pero vale la pena tomarse un tiempo para explorar hasta el último rincón.

★**National History Museum**   MUSEO
(plano p. 106; ☎631 9329; Royal Rd; ⊗9.00-16.00 mi-sa y lu, hasta 12.00 do) GRATIS Este museo atesora artefactos fascinantes, entre ellos algunos de los primeros mapas de la isla y pinturas de la fauna pretérita de Mauricio

(incluido, cómo no, el dodo). También hay algunos huesos de dodo en una vitrina, junto con otros de otras especies extintas como el rascón rojo y el solitario (dodo) de Rodrigues. Una verdadera curiosidad es el grabado de un caballero neerlandés a lomos de una tortuga gigante, una especie que también siguió la misma suerte que el dodo.

Esta mansión colonial, hoy museo, pertenecía a la familia Robillard y desempeñó un importante papel en la historia de la isla. Fue aquí donde, en 1810, se curó a los comandantes franceses y británicos heridos en la batalla de Vieux Grand Port, la única batalla naval en la que los franceses llevaron la delantera a sus enemigos británicos. El museo recuerda la victoria gala y expone objetos rescatados (cañones, metralla y botellas de vino) de la fragata británica *Magicienne*, que se hundió en el enfrentamiento.

También se exhiben la campana y un alijo de monedas españolas del pecio del *St Géran*, el naufragio de un barco acaecido en 1744, frente a la costa noreste de Mauricio, que inspiró a Bernardin de St-Pierre para escribir su famosa historia de amor *Pablo y Virginia*.

Entre las últimas adquisiciones del museo están la reconstrucción de un vagón de tren y una réplica de una embarcación napoleónica que participó en la célebre batalla donde los ingleses salieron derrotados.

Rault Biscuit Factory MUSEO

(plano p. 106; ☑631 9559; www.biscuitmanioc.com; adultos/niños 140/100 MUR, incl. catas 175/125 MUR; ☺9.00-15.00 lu-vi) En 1870 la familia Rault empezó a producir galletas de yuca en su pequeña fábrica de las afueras del norte de Mahébourg, una factoría que apenas ha cambiado desde entonces. Las crujientes galletas cuadradas están hechas casi enteramente a mano según una receta secreta que ha pasado de generación en generación y se hacen en planchas sobre hornos avivados con hojas secas de caña de azúcar. Al final del circuito de 20 min se puede probar el producto acabado (con una rica taza de té, claro).

La fábrica está en el lado más apartado del puente Cavendish; al cruzarlo, hay que torcer a la izquierda en la señal marrón y blanca de la fábrica y guiarse por los rótulos. Se venden paquetes de galletas (se recomiendan las de mantequilla) por 65 MUR.

Notre Dame des Anges IGLESIA

(plano p. 110) La torre de color amarillo pastel de esa iglesia despunta en el horizonte urbano de Mahébourg. El primer templo se construyó en 1849, pero se ha restaurado varias veces a lo largo de los años, la última en 1938. Conviene fijarse en los grandes maderos del tejado. Durante todo el día los lugareños hacen sus ofrendas al querido misionero Père Laval (p. 53), cuya imagen se halla al entrar, a mano derecha.

Mezquita MEZQUITA

(plano p. 110) La principal mezquita de Mahébourg es un destacado emblema de la zona.

🏃 Actividades

La actividad más importante es salir en barco hasta las islas de la costa (Île aux Aigrettes, Île de la Passe, Île aux Vacoas e Île au Phare) o a la tremendamente popular Île aux Cerfs, más al norte. Casi todas las salidas incluyen inmersiones de buceo y almuerzo. Decenas de contramaestres aguardan junto a las costas de Mahébourg y Blue Bay a la espera de clientes y todos ofrecen básicamente lo mismo.

SUBMARINISMO EN EL ESTE Y SURESTE

Frente al litoral sureste aguarda una espectacular topografía submarina, su mayor reclamo son pendientes, túneles, peñascos y cuevas y, si hay suerte, también depredadores pelágicos, tales como tiburones, atunes y barracudas.

Más al norte hay excelentes lugares, con fuertes corrientes, frente a Belle Mare y Trou d'Eau Douce.

Hay muy pocos centros de submarinismo en el este y sur de la isla pero la mayoría de los complejos turísticos facilita el contacto con alguno. También puede consultarse la lista de operadores de submarinismo acreditados de www.msda.mu. He aquí algunos lugares fabulosos donde sumergirse.

Sirius (plano p. 106), frente a Mahébourg: pecio del s. XVIII a 20-25 m.

Colorado (plano p. 106), frente a Pointe d'Esny y Blue Bay: descenso a 35 m en aguas infestadas de tiburones.

Roches Zozo (plano p. 106), frente a Pointe d'Esny y Blue Bay: inmersión a 40 m allí donde el arrecife se topa con el mar abierto.

Belmar Pass (plano p. 124), frente a Belle Mare: fuertes corrientes; ideal para ver tiburones y barracudas.

Croisières Turquoise BUCEO CON TUBO

(plano p. 106; ☑631 1640; www.croisieres-turquoise.com; Coast Rd; 2000 MUR por persona) Esta compañía organiza salidas en barco de un día hasta la Île aux Cerfs que parten desde el embarcadero de Pointe Jerome, cerca del Hotel Le Preskîl, a las 9.30, y regresan a las 16.30. El precio incluye buceo y barbacoa para almorzar.

Case Nautique SUBMARINISMO, BUCEO, KAYAK

(plano p. 110; ☑631 5613; casenautique@gmail.com; Rue Shivananda esq. Rue de Labourdonnais; alquiler de kayak 500 MUR por día, buceo 750 MUR/2 h) Ideal para alquilar equipo si el hotel no puede ayudar, así como para salidas de buceo a la Île aux Cerfs y otras islas.

Jean-Claude Farla CIRCUITOS EN BARCO

(☑423 1322, 631 7090) Jean-Claude Farla es una leyenda en la zona, seis veces campeón

Mahébourg

Mahébourg

nacional de natación en los juegos del océano Índico. Es el único que ofrece salidas en piragua tradicional de 7 m (otros tienen barcas con motor). Una salida de medio día cuesta 20 €, surca el mar azul y para de vez en cuando para inmersiones de buceo con tubo o a pulmón.

Una excursión de un día cuesta 50 € hasta la Île aux Cerfs, pasando por la Île de Flamant y la Île aux Mangénie para un almuerzo de barbacoa. Se aconseja llamar con dos días de antelación, como mínimo, para asegurarse de que Jean-Claude está disponible (mínimo seis personas).

🛏 Dónde dormir

En la pintoresca Mahébourg el viajero no se topará con majestuosos hoteles, sino con algunas pensiones sencillas y prácticas, ideales para convertir la localidad en punto de partida para explorar la zona. Pointe d'Esny, un poco más al sur de la costa, es una alternativa más tranquila para alojarse.

Chill Pill
B&B €

(plano p. 110; ☑5787 4000; www.chillpillmauritius. com; Rue Shivananda 6; d desde 56 €, desayuno incl.; ❋🛜🛏) Una buena opción con habitaciones sencillas y alegres con suelos embaldosados y vistas del mar. La ubicación, allí donde Mahébourg empieza a difuminarse y el inacabable horizonte del océano se imponen, es ideal.

Tyvabro
PENSIÓN €

(plano p. 110; ☑631 9674; www.tyvabro.com; Rue Marianne; d 27 €, desayuno incl.; ❋🛜) Esta pensión de gestión familiar gusta mucho por su simpático y entusiasta personal. Pequeños detalles como los reproductores de DVD en las habitaciones y una acogedora terraza con hamacas compensan con creces los muebles, que vieron tiempos mejores.

Hotel les Aigrettes
HOTEL €

(plano p. 110; ☑631 9094; www.hotellesaigrettes. com; Rue du Chaland esq. Rue des Hollandais; i/d pequeña 800/1000 MUR, grande 1100/1400 MUR, desayuno incl.; ❋🛜🛏) Este hotel, que siempre parece que esté en obras, recuerda una torre de varios pisos de altura, con su alarde de dormitorios y balcones salientes. Las habitaciones están limpias y las hay, incluso, que tienen vistas al mar. Se recomienda la nº 32: el cuarto de baño (no compartido) está al otro lado del pasillo, pero la combinación de vistas y comodidad es espléndida.

Coco Villa
PENSIÓN €

(plano p. 110; ☑631 2346; www.mahecocovilla.net; Rue Shivananda; i/d 1000/1500 MUR, desayuno incl.; ❋🛜🛏) En esta pensión imperan los espacios sencillos, con mucha luz natural, junto al mar. Casi todas las habitaciones tienen vistas directas al agua, y como está en las afueras, al sur de Mahébourg, combina lo mejor de la proximidad a la localidad, con toda su oferta, y un plácido ambiente costero.

Nice Place Guesthouse
PENSIÓN €

(plano p. 110; ☑631 9419; www.niceplace.orange.mu; Rue de Labourdonnais; i/d desde 600/700 MUR, con baño compartido 400/500 MUR; ❋🛜) Como su nombre sugiere, esta humilde pensión propone habitaciones bonitas (*nice* en inglés), aunque básicas y sin demasiado lustre, que cuidan una encantadora pareja hindú. Es el mejor de este precio.

ONS Motel
HOTEL €

(plano p. 110; ☑5918 0811; www.onsmotel.com; Royal Rd; h 30-55 €; ❋🛜) Si el viajero tuviera una abuela mauriciana con una pensión, seguro que sería esta, con su decoración un poco floreada y su hospitalidad hogareña. Las habitaciones son sencillas, pero bastante grandes, y el hotel siempre recibe críticas favorables.

🍴 Dónde comer

Mahébourg tiene decenas de callejas repletas de restaurantes escondidos que solo conocen los lugareños. De ir de visita un día, debería ser lunes, cuando se monta el mercado y un variopinto puñado de tenderos comercia con sabrosos tentempiés.

⭐La Vielle Rouge
PESCADO €

(plano p. 110; ☑631 3980; Rue de Hangard esq. Rue des Mares; principales 180-350 MUR; ⏱10.00-23.00) Su pescado y marisco hechos con sencillez y pinceladas hindúes le dan mucho protagonismo. Los camareros son simpáticos y entre los platos señeros destacan los calamares con salsa de jengibre o la langosta fresca con salsa de ajo. El comedor del jardín trasero también es precioso.

⭐Pyramide
MAURICIANA €

(plano p. 110; ☑631 9731; Rue de Labourdonnais; kebabs 55 MUR, *biryani* pequeño/grande 85/115 MUR; ⏱9.30-16.00 o 17.00 lu-sa) Esta leyenda de la comida callejera está junto a la gasolinera, justo delante del mercado. Delicioso *biryani* (arroz a la cazuela con especias, carne o pescado) y kebabs salen en serie de la cocina para saciar a la cola de pescadores y vendedores ambulantes que se forma cada mediodía.

El pedido hay que hacerlo en el pequeño mostrador que hay al entrar, a la derecha, y se puede comer allí o para llevar. El kebab, con o sin guindilla, está de fábula.

Shyam
MAURICIANA €

(☑5764 2960; *rotis* y *dhal puris* 12 MUR; ⏱11.00-16.00) Shyam sirve el mejor *dhal puri* de la localidad. Recorre las calles en su motocicleta y saca exquisitos tentempiés de un acuario vacío que lleva en el portaequipajes. Los lunes está en el mercado (p. 107); otros días, basta con llamarlo y él encontrará al viajero.

Shyam también espera en la salida de las escuelas públicas al terminar las clases por la tarde.

Le Bazilic
MAURICIANA, INTERNACIONAL €

(plano p. 110; ☑5788 9534; Rue de Maurice; principales 150-300 MUR; ⊙10.00-20.00) Ofrece una carta con platos sencillos, pero bien hechos; fideos fritos, marisco a la parrilla y curri de pulpo, por ejemplo.

Saveurs de Shin
CHINA, MAURICIANA €

(plano p. 110; ☑5751 5932, 631 3668; Rue de Suffren; principales 150-395 MUR; ⊙10.00-14.00 y 18.00-22.00 mi-lu) Está a una manzana del mar y por fuera no parece gran cosa pero la calidad es alta, los precios son bajos y las raciones, generosas; éxito seguro en cualquier lugar. Prepara pato pequinés (medio/entero) a un precio estupendo, 450/800 MUR, aunque todo lo que hay en su extensa carta es recomendable.

L'Ajoupa
MAURICIANA, INTERNACIONAL €

(plano p. 110; ☑5290 1268; Rue du Souffleur; tentempiés y principales 50-250 MUR; ⊙10.30-15.00 y 18.30-22.00 ju-ma) Es digno de mención por su acogedor jardín arbolado oculto tras una maltrecha verja de madera. Es el lugar ideal para ponerse al día con los amigos con una copa en la mano y algo de *poisson frit* (pescado frito), arroz o una hamburguesa.

Tabagi Bambous
MAURICIANA €

(plano p. 110; ☑5796 0070; Rue du Bambous; *rotis* 10 MUR; ⊙7.30-21.30) Los *tabagis* (colmados), de normal oscuros y de iluminación mortecina, flanquean las calles de todas las localidades de Mauricio. Si aún no se ha visitado ninguno, no hay mejor lugar para estrenarse que el muy popular Bambous. Amrita, la dueña, sirve su plato estrella, el *rotis,* mientras en la pantalla de TV aparecen las divas de Bollywood ondulando sus brillantes vestidos.

Amrita es una *rara avis:* es inaudito que una mujer regente su propio establecimiento en las zonas menos desarrolladas del país.

La Colombe
MAURICIANA €

(plano p. 110; ☑631 8594; Rue des Hollandais; principales 175-350 MUR; ⊙11.00-15.00 y 18.00-21.30) Las luces de discoteca, un interiorismo *kitsch* y unos camareros sonrientes aguardan al comensal en este animado local de una calle lateral apartada del paseo marítimo. Los platos del día incluyen carne de venado y marisco.

Los sábados, el ambiente se anima un poco, con alguna que otra noche de *séga*.

Chez Patrick
MAURICIANA, CHINA €

(plano p. 110; ☑631 9298; Royal Rd; principales 225-350 MUR; ⊙11.30-15.00 y 18.00-22.00) Lugareños y turistas lo frecuentan por su ambiente modesto y su genuina cocina criolla. Hay de todo, desde pulpo a almejas criollas, y la mariscada de siete platos (675 MUR) es un chollo, aunque tres de esos platos sean patatas fritas, ensalada y verduras.

London Way
SUPERMERCADO €

(plano p. 106; ☑696 0088; ⊙8.30-19.00 lu-ma y ju, hasta 20.00 vi y sa, hasta 12.30 do) Moderno supermercado en la carretera principal que va a Pointe d'Esny.

Les Copains d'Abord
MAURICIANA, PESCADO €€

(plano p. 110; ☑631 9728; Rue Shivananda; principales 375-1000 MUR, tentempiés 90-225 MUR; ⊙10.00-15.00 y 18.00-21.00) Está en un lugar privilegiado del paseo marítimo, al sur de la localidad. Los sabrosos platos mauricianos (curri de marisco recién hecho, croquetas de gambas, ensalada de palmitos, deliciosas *rougaille saucisses* y chuletas de jabalí a la miel de Rodrigues), la decoración sofisticada y los frecuentes conciertos ayudan a olvidarse de que la carta, a veces, tiene precios abusivos.

ⓘ Información

HSBC (☑631 9633; Royal Rd)

Mauritius Commercial Bank (MCB; ☑631 2879; Rue des Délices)

Thomas Cook (Rue Marianne; ⊙8.30-16.30 lu-mi, vi y sa, hasta 15.30 ju) Práctico y con buenas tarifas de cambio.

ⓘ Cómo llegar y salir

La estación de autobuses (plano p. 110) de Mahébourg es un importante núcleo de transporte. Cada 30 min hay vehículos exprés a/desde Port Louis (38 MUR, 2 h), donde se puede enlazar con otro autobús para ir a Grand Baie, entre otros destinos. La mayoría, aunque no todos, para de camino en el aeropuerto, pero debe preguntarse antes de subir. Cada 30 min hay una servicio de enlace entre Mahébourg y Blue Bay.

Los autobuses al norte desde Mahébourg van a Centre de Flacq vía Vieux Grand Port cada 20 min. Hacia el sur no son tan frecuentes a Souillac vía Rivière des Anguilles.

Un taxi desde el aeropuerto internacional SSR a Mahébourg cuesta 500 MUR (15 min). Desde Mahébourg, se pagan 1600 MUR para ir a Port Louis y a Flic en Flac; 1300 MUR, a Belle Mare.

Cómo desplazarse

Hay varias compañías que alquilan automóviles y ofrecen traslados al aeropuerto (los alojamientos pueden ayudar con la gestión).

Pointe d'Esny y Blue Bay

Pointe d'Esny y Blue Bay tienen algunas de las playas más bonitas de la isla, los rincones preferidos de muchos viajeros. Pointe d'Esny además es el punto de partida para visitar la reserva natural de la Île aux Aigrettes.

⊙ Puntos de interés

★ Île aux Aigrettes   ISLA

(plano p. 106) Este popular destino de ecoturismo es una reserva natural de 26 Ha en una isla sita a unos 800 m de la costa. Conserva excepcionales reductos de bosque costero de Mauricio y custodia una reserva de animales endémicos y amenazados. Solo permite visitas guiadas, que salen desde Pointe Jérome, cerca de Le Preskîl. Entre sus maravillas cabe destacar las tortugas gigantes de Aldabra, los ébanos, las orquídeas silvestres, y la amenazada paloma de Mauricio, así como otras aves insólitas.

Tal y como señalan los guías que van a la Île aux Aigrettes, este es el último lugar del país donde se puede ver Mauricio tal y como la vieron los primeros exploradores hace casi cinco siglos; en cualquier otro sitio la tierra ha sido domesticada. La Mauritian Wildlife Foundation se encarga de la reserva y de los circuitos.

★ Blue Bay Marine Park   RESERVA NATURAL

(plano p. 106) En un esfuerzo por proteger el rico bosque de insólitos corales de la galopante construcción, el Gobierno ha concedido el estatus de Parque Marino a la Blue Bay. No obstante, aparte de prohibir la circulación de fuerabordas, parece como si los planes de conservación siguen una política un poco laxa. Los ecologistas temen que no se pueda evitar el irreversible blanqueo del coral, una verdadera lástima porque es la mejor zona para bucear de la isla.

En este parque marino no se ofrecen circuitos oficiales como en la Île aux Aigrettes, pero es fácil ver las protegidas colonias de coral en una salida de buceo o en una excursión en barco con fondo de cristal (200 MUR por persona, 1 h).

Île des Deux Cocos   ISLA

(plano p. 106; www.iledesdeuxcocos.com) La Île des Deux Cocos aflora en los lindes de una laguna

---

DE VISITA A LA ÎLE AUX AIGRETTES

La **Mauritian Wildlife Foundation** (MWF; plano p. 106; ☏5258 8139, 631 2396; www.mauritian-wildlife.org; Coastal Rd, Pointe Jérome; circuito corto incl. barco adultos/niños 800/400 MUR; ⊙oficina 9.00-16.00 lu-sa, hasta 12.00 do, circuitos 9.30, 10.00, 10.30, 13.30, 14.00 y 14.30 lu-sa, 9.30, 10.00 y 10.30 do) gestiona y encabeza los circuitos por la Île aux Aigrettes; las ganancias se invierten en tareas de conservación. El típico circuito dura 1½-2 h y sale de Pointe Jérome, 250 m al sureste del Hotel Le Preskîl. Se puede reservar por teléfono, correo electrónico o en persona en la oficina de delante del punto de embarque.

Otra opción es participar en un "eco tour", que es más largo (2-2½ h) y permite quedarse más rato en la isla y conocer a algunos científicos que trabajan allí. Como en estos circuitos hay que caminar un poco se recomienda llevar calzado cómodo, sombrero, protección solar y agua. Al final del recorrido se puede visitar un pequeño museo y tienda.

azul celeste y en su día la utilizó el extravagante gobernador británico sir Hesketh Bell para entretener a sus invitados. Hoy, el grupo hotelero Lux ha retomado dicha tradición para ofrecer un día relajado de baño, playa y buceo. La visita incluye copas de bienvenida, un inmenso bufé para almorzar y una cata de rones. Se puede gestionar el transporte hasta la isla a través de cualquier hotel Lux o en su web.

Los viajeros más pudientes pueden alquilar la única villa de la isla (construida por Bell hace un siglo) por unos dolorosos 2000 € la noche, cientos más o menos según la temporada.

🏃 Actividades

Travesías en barco

Igual que Mahébourg en el norte, Blue Bay es la sede de muchos operadores que ofrecen salidas en embarcaciones con fondo de cristal y excursiones a las islas próximas. No obstante, como el número de traficantes de drogas y drogodependientes ha aumentado en los últimos años, hay que tener mucho cuidado cuando se escoja al contramaestre; antes de dar dinero a nadie, mejor pedir consejo a un lugareño o en el hotel. Además, las mareas varían mucho en esta parte de la isla; solo los responsables entendidos de los circuitos saben qué momentos son mejores para salir al mar. Algunos operadores recomendados son:

→ Jean-Claude Farla (p. 109)

→ Le Preskîl (p. 115)

→ Case Nautique (p. 109)

→ Croisières Turquoise (p. 109)

Submarinismo

Hay varios lugares destacables para sumergirse en la costa sureste, con interesantes formaciones rocosas (la mayoría, paredes y abruptas pendientes submarinas) que se precipitan a 40 m de profundidad y atraen a multitud de peces de colores. Los mejores puntos son Colorado (p. 109) y Roches Zozo (p. 109).

Coral Diving   SUBMARINISMO, BUCEO
(plano p. 106; 📞604 1084; www.coraldiving.com; inmersión en la laguna/alta mar 1800/2000 MUR; ⊙8.30-16.30) El simpático Tony, uno de los submarinistas que mejor conoce las aguas de Mauricio, gestiona Coral Diving, el principal operador del sureste. Su oficina central está en la playa de Le Preskîl, pero no hace falta ser cliente del hotel para ir. Antes de salir a alta mar, los principiantes deben practicar en una piscina.

🛏 Dónde dormir

Alojarse en Pointe d'Esny y Blue Bay, dos epicentros de turismo en el sur, tiene muchas ventajas: proximidad al aeropuerto y a los encantos de Mahébourg, y una variada oferta de complejos turísticos, chalés privados, urbanizaciones de apartamentos y encantadoras *chambres d'hôtes*.

Chez Henri   PENSIÓN €
(plano p. 106; 📞631 9806; www.henri-vacances.com; Coastal Rd; h 1800 MUR, desayuno incl.; ❄@) Alojarse en la acogedora *chambre d'hôte* de Henri y Majo es como visitar a un tío lejano en el campo. La madera y el mimbre imperan en las encantadoras habitaciones, todas con

FLORA Y FAUNA DE LA ÎLE AUX AIGRETTES

En 1985, la Mauritian Wildlife Foundation (p. 113) arrendó la Île aux Aigrettes y se propuso la difícil tarea de eliminar las plantas y animales introducidos, incluidos ratas y gatos salvajes. También empezó un ambicioso proyecto de plantío cuya finalidad era retirar las especies introducidas y reincorporar las plantas endémicas. Antes de iniciarse el proyecto, la isla era un destino popular de las excursiones de un día y casi toda la vegetación nativa se había convertido en leña, menos un pequeño pero significativo bosque de ébano. El bosque aún sobrevive, incluido algunos árboles de 400 años, y la mayoría de los circuitos guiados lo atraviesan.

La fundación fue capaz de devolver a la isla algunas de las especies más amenazadas en Mauricio con la esperanza que encontrarán refugio y pudieran reproducirse en un hábitat natural adecuado sin depredadores. Junto a lugares como la Round Island (frente a la costa norte) y el Black River Gorges National Park (en el suroeste), la isla se ha convertido en un baluarte contra la extinción y en un exitoso hito de la conservación. La Île aux Aigrettes ahora acoge unas 50 palomas de Mauricio (de las que solo quedan 470 en estado salvaje), 25 pares de anteojitos de Reunión (de los 100-150 pares) y 150 fodis de Mauricio (de los 400). Durante una visita guiada será posible ver palomas de Mauricio pero casi imposible avistar otras especies.

Se debe recalcar que no todas las especies amenazadas se adaptaron bien; se introdujo el cernícalo de Mauricio pero el hábitat no fue el adecuado (el dosel arbóreo era demasiado bajo y no había suficientes presas) y, en consecuencia, las aves volaron hasta la isla principal donde sí encontraron hábitats más apropiados, entre ellos el cercano Kestrel Valley (p. 117) y el Vallée de Ferney (p. 116).

Otros animales estelares son las 20 tortugas gigantes adultas de Aldabra o de las Seychelles (también hay algunas jóvenes), las últimas de las especies de quelonio del océano Índico. Se trata de uno de los poquísimos lugares de Mauricio donde se puede ver a estas entrañables criaturas en estado salvaje. También conviene destacar los cinco murciélagos frugívoros de Mauricio enjaulados (y amenazados) y unos 450 *Leiolopisma telfairii* (rivales importantes de las introducidas e indeseables musarañas indias, la única especie de mamíferos que queda en la Île aux Aigrettes).

una práctica cocina. Las cenas de tres platos (500-600 MUR) se sirven en el patio y no tienen desperdicio.

Le Blazon PENSIÓN €

(plano p. 106; ☎5771 7917, 631 1699; www.residence-leblason.com; h desde 60 €, media pensión incl.; ✺✺) A una manzana de la principal carretera de la costa, Le Blazon ofrece un ambiente descaradamente residencial, donde apenas se oye el ruido del tráfico. Tiene cuatro habitaciones en dos pisos, una cocina comunitaria y una irresistible sauna japonesa.

Blue Beryl PENSIÓN €€

(plano p. 106; ☎631 9862; www.blueberyl.com; Coastal Rd; h 60-80 €, desayuno incl.) Contrariamente a lo que cabría esperar, muchos (quizá la mayoría) de los alojamientos de Pointe d'Esny y Blue Bay están separados de la playa por una carretera. Blue Beryl rompe con esa tendencia con estudios amueblados con sencillez, la mayoría de los cuales se asoma a la playa. Con aire acondicionado cuesta 5 € más; con media pensión, 10 € más por persona.

Noix de Coco PENSIÓN €€

(plano p. 106; ☎5772 9303; www.noixdecocoguesthouse.com; Coastal Rd; h 64-81 €, desayuno incl.; ✺) Acogedor refugio de viajeros, con habitaciones con vistas al mar y una terraza en la arena.

Villa Vakoa VILLA €€

(plano p. 106; ☎431 1099, 5727 3216; www.pointedesny.com; Pointe Jérome; villas 150-300 €; ✺✺) Esta finca regia de dos pisos está 300 m al sur de Le Preskîl, con suelos de toba, una cocina americana y dormitorios espaciosos. Capacidad para seis personas.

Pingouinvilla APARTAMENTOS €€

(plano p. 106; ☎637 3051; www.pingouinvillas.com; Rue Daurades, Blue Bay; estudios por día/semana 50/325 €, apt 60/420 €; ✺✺) Este encantador complejo con apartamentos totalmente equipados está a escasas manzanas de la playa. Se ofrece servicio de habitaciones dos veces por semana.

★**Le Preskîl** CENTRO VACACIONAL €€€

(plano p. 106; ☎604 1000; www.lepreskil.com; Pointe Jérome; i/d desde 130/201 €, media pensión incl.; ✺@✺✺) Ubicación sin parangón en una apartada lengua de arena y vistas románticas de la laguna turquesa y de ondulantes montañas selváticas. Nadie tendrá excusa para no alojarse en este pedacito de paraíso de cuatro estrellas, uno de los mejores de la

isla: habitaciones bonitas, jardines amplios y unas importantes reformas por venir.

Le Preskîl añade a la consabida carta de deportes acuáticos y actividades, un club infantil, submarinismo y salidas en catamarán al cercano parque marino y a la Île aux Cerfs.

Astroea Beach HOTEL-BOUTIQUE €€€

(plano p. 106; ☎631 4282; www.southerncrosshotels.mu; Coastal Rd; i/d desde 200/300 €, media pensión incl.; P✺@✺✺) Encarado a la playa, en Pointe d'Esny, este bonito lugar se autodefine como hotel-*boutique* de lujo. Las habitaciones, todas en colores blanco y azul verdoso, son grandes y acogedoras, muchas con vistas al océano. Alberga el Ylang Spa, un restaurante excelente con vistas al mar, y ofrece todo el plantel de deportes acuáticos y excursiones habituales.

Shandrani CENTRO VACACIONAL €€€

(plano p. 106; ☎601 9000; www.beachcomberhotels.com; i/d desde 89/178 €; ✺@✺✺) En el lado sur de Blue Bay, este relajado complejo, frecuentado por familias, ocupa una península privada de frondosa selva. Cuenta con tres playas y con todos los servicios imaginables dignos de un peso pesado de precio alto, pero con unas tarifas mucho más razonables de lo imaginable.

El complejo también tiene cuatro restaurantes, un campo de golf, pistas de tenis y un centro de submarinismo.

Le Jardin de Beau Vallon HOTEL HISTÓRICO €€€

(plano p. 106; ☎631 2850; www.lejardindebeauvallon.com; Rue de Beau Vallon; i/d 2300/3200 MUR; ✺✺) Es conocido principalmente por su encantador restaurante, en la planta baja de una mansión colonial del s. XVIII. No obstante también tiene suites y bungalós que prometen unas vacaciones memorables, si los 10 min de trayecto en automóvil hasta la playa no son una pega.

Más allá del edificio principal hay una fila de bungalós más nuevos, decorados a modo de hacienda, con mucha madera y mimbre.

✗ Dónde comer

Pese al palpable ambiente residencial, Pointe d'Esny y Blue Bay tienen pocas opciones que valgan la pena y están en la carretera de la costa; Blue Bay, en concreto, tiene algunas que están bien. Y si el viajero está de paso o necesita un poco de variedad, Mahébourg queda a 10 min en automóvil como mucho.

Jonquille Maryse MAURICIANA €

(Chez Maryse; plano p. 106; ☑978 8211; Coastal Rd; principales desde 250 MUR; ⊙11.30-15.00 y 18.00-21.00) Tras ganar una subvención que concede el Gobierno de Mauricio para el desarrollo de las mujeres, la simpática Maryse y su familia abrieron un pequeño restaurante en su patio trasero. Preparan sabrosas comidas criollas bajo un tejado amarillo de zinc que sirven a una clientela satisfecha en un desordenado conjunto de mesas.

★**Le Jardin de Beau Vallon** MAURICIANA €€

(plano p. 106; ☑631 2850; www.lejardindebeauvallon.com; Rue de Beau Vallon; principales 200-600 MUR; ⊙12.00-15.00 y 19.00-22.00) Asomándose entre la espesura de los árboles y el alto follaje de las cañas, Beau Vallon es una encantadora finca colonial restaurada con muy buen gusto durante las últimas décadas. Los románticos paneles de madera oscura, las ricas especias de la isla y el perezoso movimiento de los ventiladores cenitales crean un marco evocador. Ojalá el personal fuera tan encantador como el entorno...

★**Blue Bamboo** ITALIANA, MAURICIANA €€

(plano p. 106; ☑631 5801; Coastal Rd; *pizza* 240-390 MUR, principales 380-480 MUR; ⊙11.30-15.00 y 18.00-23.00) Blue Bamboo tiene muchos encantos: un acogedor patio, *pizzas* deliciosas, unos dueños simpáticos y un salón sugerente en el 2º piso. El bar de arriba abre de 18.00 a 24.00 cada día menos los lunes. En temporada alta se recomienda llamar antes si se quiere una mesa en el patio cercado de bambúes.

La Belle Créole MAURICIANA €€

(Assiette du Pêcheur; plano p. 106; ☑631 1069; Royal Rd; principales 450-900 MUR) Es uno de los favoritos en la zona por su excelente cocina criolla (por ejemplo, curri de venado o *rougaille saucisses*), y ese bonito marco al fresco y a pie de la laguna (llévese repelente de insectos). Está a medio camino entre Mahébourg y Pointe d'Esny.

Charka Steakhouse ASADOR €€

(plano p. 106; ☑604 1000; Le Preskîl, Pointe Jérome; principales 590-880 MUR; ⊙19.00-22.30) Inmerso en los jardines del complejo Le Preskîl, Charka, que se considera un restaurante independiente, es de visita obligada para los carnívoros. Filetes de Sudáfrica de primerísima calidad rozan la perfección en un entorno moderno en el que destacan curiosas máscaras africanas o lanzas de caza. Quien no se aloje en el hotel debería reservar, imprescindible.

Le Bougainville MAURICIANA €€

(plano p. 106; ☑631 8299; Coastal Rd; principales 250-450 MUR; ⊙10.00-22.00) Digno de mención por su terraza ventilada, su ambiente agradable y su ubicación frente a la playa de Blue Bay, Le Bougainville es un lugar frecuentado por lugareños y turistas. La carta es muy amplia, con ensaladas, *pizzas,* pescado, curris, etc.

❶ Cómo llegar y salir

Los autobuses a y desde Mahébourg pasan cada 30 min. Un taxi hasta allí cuesta unas 350 MUR, 500-600 MUR hasta el aeropuerto.

Pointe Jérome Embarkation Point (punto de salida a la Île aux Aigrettes; plano p. 106) Los ferris a la Île aux Aigrettes zarpan desde aquí.

J. H. Arnulphy (Chez Henri; ☑631 9806; www.henri-vacances.com) Henri, de J. H. Arnulphy, es una persona de confianza para alquilar un automóvil. Cobra desde 1450 MUR al día por un utilitario con kilometraje ilimitado.

❶ Cómo desplazarse

Todas las pensiones de la zona ayudan con la gestión de un vehículo de alquiler. Pruébese con Henri de J. H. Arnulphy (p. 116), que ofrece automóviles desde 1450 MUR al día y también alquila bicicletas (desde 150 MUR al día).

Vieux Grand Port

3150 HAB.

Al norte de Mahébourg se halla la cuna de la historia de Mauricio, el "antiguo puerto grande": el lugar donde los primeros habitantes desembarcaron en la isla el 9 de septiembre de 1598 a las órdenes de Wybrandt Van Warwyck. Más tarde, los neerlandeses construyeron un fuerte 3 km más al norte, en el pueblo que hoy se conoce como Vieux Grand Port. Fue el cuartel general de la Compañía Holandesa de las Indias Orientales hasta 1710, cuando los neerlandeses abandonaron la isla. Los franceses ocuparon su lugar y luego, los británicos.

La mayoría de los viajeros recala aquí cuando recorren la costa este. Con 1-2 h bastan para ver todos los lugares de interés.

⊙ Puntos de interés

★**Vallée de Ferney** RESERVA NATURAL

(valle de Ferney; plano p. 106; ☑5729 1080, 634 0440; www.valleedeferney.com; circuitos 750 MUR por persona, dar de comer a los cernícalos de Mauricio 200 MUR, gratis con el circuito; ⊙10.00-15.00) Esta reserva protege una bosque de 400 años de antigüedad, el hábitat por antonomasia del cernícalo de Mauricio, una de las aves de rapiña más amenazadas del planeta (difícilmente se verá uno si no se visita esta reserva). Los guías acompañan al visitante por un sendero de 3 km y muestran plantas y animales fascinantes. Al mediodía (mejor no llegar más tarde de las 11.30), al comienzo del camino, el personal da de comer a unos cernícalos que viven en estado salvaje. Es vital hacer la reserva del circuito (por teléfono, en línea o en La Falaise Rouge).

El Vallée de Ferney, como importante hábitat para especies endémicas, promete ser una importante zona de protección y ecoturismo en años venideros. La Mauritius Wildlife Foundation, que colabora en la formación de los guías de la reserva y contribuye sólidamente en sus políticas, tiene un ambicioso proyecto para reintroducir algunas especies en peligro de extinción, incluidas la paloma de Mauricio y la cotorra de Mauricio.

El Vallée de Ferney fue el epicentro de las protestas ecologistas contra una empresa china de construcción que, recientemente, pretendía trazar una carretera que cruzara el interior protegido de la isla. Aunque no consiguieron construirla, sí que han quedado las heridas: los árboles embadurnados con pintura roja junto a una senda tenían que ser talados para dejar espacio a la carretera.

El desvío a la reserva, de 200 Ha, está claramente señalizado en la carretera de la costa, 2 km al sur de Vieux Grand Port.

Kestrel Valley   RESERVA NATURAL

(Domaine d'Anse Jonchée; plano p. 106; ☑634 5011) Principalmente un coto de caza del ciervo ratón de Java, el bucólico valle del Cernícalo abarca 950 Ha de terreno montañoso y boscoso que hace las veces de reserva para muchas especies de aves endémicas, entre ellas el cernícalo de Mauricio (una de las aves de rapiña más caras de ver del mundo). Cuatro senderos señalizados (2-6 km) atraviesan sinuosos el parque. Cuando se visitó, el valle estaba cerrado por obras de restauración (según la versión oficial), pero su futuro es incierto.

Monumento al Desembarco Neerlandés   MONUMENTO

(plano p. 106) Un monumento señala el lugar donde los holandeses pisaron por primera vez la isla el 9 de septiembre de 1598.

Frederik Hendrik Museum   MUSEO

(plano p. 106; ☑634 4319; ◑9.00-16.00 lu-sa) GRATIS Este museo exhibe pipas de arcilla,

botellas de vino y otros objetos que olvidaron los ocupantes neerlandeses y franceses de la localidad. Además, repasa la historia de los neerlandeses en Mauricio.

🏃 Actividades

★Lion Mountain   EXCURSIONISMO

(plano p. 106) Reconocible al momento por su silueta tipo esfinge, la Lion Mountain (montaña del León) invita a una excursión de medio día, complicada pero con unas vistas impresionantes de la costa que compensan el esfuerzo. Se subirá por la 'espalda' del león hasta terminar en la 'cabeza'. Se recomienda contratar a un guía, pero si se decide ir por libre el inicio del sendero está junto a la comisaría de policía, al norte de Vieux Grand Port.

Para información detallada de la excursión por GPS, consúltese www.fitsy.com, aunque el sendero principal es bastante obvio, recorre directamente la cresta y asciende por una zona rocosa hasta la cima. Hay algunos tramos difíciles por las rocas antes de llegar a la zona plana de la cabeza del león. Desde ella se distingue el interior de la isla. Hay que regresar por el mismo camino de subida. Calcúlense entre 3 y 4 h ida y vuelta.

🛏 Dónde dormir y comer

★La Hacienda   VILLA €€

(plano p. 106; ☑263 0914; www.lahaciendamauritius.com; Lion Mountain; h desde 70 €; 🄿❄@🛜🖢) Está en las laderas de la Lion Mountain y cuenta con cuatro fabulosas casitas con buenas vistas. Cada villa tiene su cocina, su porche panorámico y mucho espacio, eso por no hablar de la maravillosa sensación real de aislamiento de todo el bullicio.

La Falaise Rouge
MAURICIANA €€

(plano p. 106; ☑471 2017; principales 450-800 MUR; ⏱11.00-15.00) El restaurante afiliado a la reserva del Vallée de Ferney está, de hecho, a kilómetros de distancia, en un desvío de la carretera principal de la costa. La carta incluye *vindaloo* de venado local y venado asado, y el emplazamiento junto al océano tiene sus ventajas. También hace las veces de oficina de la reserva.

❶ Cómo llegar y salir

Los alrededores de Vieux Grand Port se exploran mejor en vehículo privado; casi todos los operadores proponen visitas de medio día o un día entero a cualquier parte de la región del sureste. Transporte público hay, pero no es nada práctico. Los autobuses entre Mahébourg y Centre de Flacq circulan por la carretera de la costa y atraviesan Vieux Grand Port, Anse Jonchée y Bambous Virieux. Salen cada 20 min (aprox.).

COSTA SUR

La costa sur de Mauricio, conocida como Savanne, atesora algunos de los parajes más bellos e indómitos del país: acantilados de basalto, resguardadas calas de arena, cascadas recónditas y aldeas tradicionales de pescadores. Hacia el interior se expanden inacabables campos de cañas de azúcar y bosques densos que tapizan las laderas formando un tornasol de tonalidades verdes. Durante mucho tiempo, se consideró que la región tenía una topografía demasiado escabrosa para urbanizar y eso mantuvo a raya a los constructores, hasta hace poco.

En la región no hay localidades importantes, salvo Rivière des Anguilles y Souillac, donde se puede establecer la base para salir a descubrir los parques y reservas aledaños, pero se recomienda alojarse en otro sitio y visitarlas un día en vehículo privado.

❶ Cómo llegar y salir

La mayoría de los visitantes alquila un automóvil o contrata un taxi un día entero para explorar la costa sur. De ir en vehículo propio se puede tardar un buen rato (carreteras secundarias con el típico tráfico de Mauricio que atraviesa muchos pueblecitos a paso de tortuga), pero compensa.

Los autobuses circulan con regularidad entre Souillac y Mahébourg, Port Louis y Curepipe; casi todos pasan por Rivière des Anguilles. Desde Souillac, recorren la costa casi cada hora.

MERECE LA PENA

DOMAINE DE L'ÉTOILE

A horcajadas entre los territorios este y sureste de la isla, esta popular reserva forestal (TerrOcean; plano p. 106; ☑448 4444, 729 1050; www.terrocean.mu) ocupa más de 2000 Ha del intacto interior: el territorio perfecto para explorar a caballo, a pie o en *quad*. También se puede salir en bicicleta de montaña, de excursión guiada y practicar tiro con arco. Y de paso, comer algo en el restaurante.

Con suerte se podrá ver algún ciervo de Timor escondido en el bosque (en la reserva viven más de 1000).

Souillac

4392 HAB.

Es el pueblo más grande de la costa sur y está a 7 km de Rivière des Anguilles. Casi todos los viajeros salen a pasar el día por la costa o visitan el zoológico La Vanille (p. 121) y, de paso, se acercan hasta aquí. El pueblo en sí no tiene mucho que ofrecer, pero hay algunos lugares cerca que tienen cierto interés y restaurantes aceptables que bien merecen un desvío.

◉ Puntos de interés

Playa de Gris Gris
PLAYA

(plano p. 106) Al este del centro de Souillac, la verde cima de un acantilado regala unas bonitas vistas del litoral de roca negra. Un caminito desemboca en la indómita playa de Gris Gris, donde un letrero de madera advierte de los peligros de bañarse. Tradicionalmente el término *gris gris* ha hecho referencia a la "magia negra" y, basta con fijarse en el escabroso litoral para saber de dónde procede el nombre. No obstante, otra versión sugiere que el nombre se debe al cachorrito de perro de un cartógrafo francés que lo visitó en 1753.

La Roche Qui Pleure
PUNTO DE INTERÉS

(La Roca que Llora; plano p. 106) En el extremo del cabo que hay después de la playa de Gris Gris, 600 m más adelante y bien indicado, La Roche Qui Pleure parece un hombre que llora: hay que quedarse un buen rato para poder verlo y el oleaje tiene que ser fuerte para que aparezcan las 'lágrimas' pero al final, cuando aparecen, es bastante curioso.

Cascadas de Rochester
CASCADA

(plano p. 106) Las cascadas de Rochester no son, en absoluto, las más espectaculares del país pero, de estar por la zona, vale la pena desviarse. Hay que seguir las señales provisionales desde la carretera principal que cruza Souillac (el camino es bastante enrevesado pero fiable, aunque está lleno de piedras). Al llegar, aguardan los vendedores ambulantes que, a cambio de una propina, indican dónde aparcar. A 5 min a pie del aparcamiento aparece la efusiva cascada entre campos de caña de azúcar.

Robert Edward Hart Museum MUSEO
(plano p. 106; ☑625 6101; ⊘9.00-16.00 lu y mi-vi, hasta 12.00 sa) GRATIS Robert Edward Hart (1891-1954) fue un célebre poeta mauriciano, loado por ingleses y franceses, aunque caído ya en el olvido. Su hogar, La Nef, es una bonita casa de campo de piedra coralina que abrió al público como museo en 1967. Se exhiben algunas piezas originales y copias de cartas, obras de teatro, discursos y poemas, así como su violín, sus gafas y su lavabo, todo muy *britannic*.

El National Institute of Sciences concedió un premio a Hart por servicios a "la telepatía, el hipnotismo y el magnetismo personal", pero no está bien explicado. Y la información que hay solo está en francés. Sin duda ideal para días de lluvia.

🛏 Dónde dormir

El cercano Andréa (p. 122) es el mejor alojamiento de la zona. Hay otros, aunque no se recomiendan por ser bastante mediocres y estar adosados a restaurantes populares.

🍴 Dónde comer

Las mejores opciones están al este y oeste del centro del pueblo, pero las hay mejores en el distrito de Gris Gris. De comer junto al mar, es una obligación probar el marisco (recién salido del mar, no muy lejos de la mesa donde uno está sentado).

★**Le Gris Gris** MAURICIANA, PESCADO €
(Chez Rosy; plano p. 106; ☑625 4179; playa de Gris Gris; principales 285-400 MUR; ⊘11.00-16.00) Con un batiburrillo de muebles de mimbre y plástico, el local de Rosy no tiene pretensión alguna. No obstante, la comida siempre da en el blanco y los lugareños y turistas aplauden su cocina casera mauriciana y china.

Le Rochester Restaurant MAURICIANA €
(plano p. 106; ☑625 4180; principales 275-400 MUR; ⊘12.00-15.00 y 18.00-21.00 mi-lu, 12.00-15.00 ma) *Madame* Appadu, una mujer entrañable, lleva su restaurante sito en un antiguo edi-

FUERA DE RUTA

LE SOUFFLEUR

Para llegar a Le Souffleur, una atracción escondida que solo conocen los lugareños, hacen falta ganas y un todoterreno. Pero cualquiera que lo conozca, dirá que vale la pena vivir la aventura.

Situado en la costa, más o menos a medio camino entre Souillac y Blue Bay, este capricho geológico es una gruta incompleta en la pared de un acantilado por la que sale el agua a chorro como si fuera un géiser a 20 m de altura, siempre y cuando el mar esté encrespado. Cuando las olas chocan contra el acantilado el agua del mar solo puede salir por una grieta de la pared a modo de espiráculo de ballena. Si cuando se visita el mar está en calma, cerca hay un puente natural de tierra que se formó cuando el techo se derrumbó en otra gruta también natural y muy fotogénica.

Para llegar a la secretísima *souffleur* (gruta), hay que ir a la hacienda azucarera Savannah cerca de la aldea de L'Escalier, cruzar la finca y al llegar al mar seguir el sinuoso sendero. Incluso si no se pide autorización para atravesar la hacienda, que se debería hacer, se recomienda ir acompañado de un lugareño porque, si no, no se encontrará.

ficio colonial, junto al puente que conduce a Surinam. Sirve exquisitos clásicos criollos, hindúes y chinos en una terraza a la sombra, a cuyos pies pasa un efusivo arroyo. Alquila tres pequeñas habitaciones en el 1er piso sin nada remarcable.

Le Batelage MAURICIANA €€
(plano p. 106; ☑625 6083; www.lebatelage.com; Village des Touristes, Royal Rd, Port Souillac; principales 600-1250 MUR; ⊘12.00-15.00 y 18.00-21.00) En el extremo occidental de Souillac, junto a la carretera, se podrá disfrutar de una bonita experiencia gastronómica. La comida (la consabida combinación de clásicos mauricianos y platos de marisco) es un pelín cara para lo que es, pero vale la pena por el entorno. El servicio depende del día, mal si hay grandes grupos por atender.

Escale des Îles MAURICIANA, PESCADO €€
(plano p. 106; ☑625 7014; Gris Gris; principales 250-925 MUR; ⊘9.30-21.00) Está justo delante del aparcamiento que da a la playa de Gris Gris

y ocupa un edificio de colores alegres que frecuentan grupos numerosos. Se especializa en platos mauricianos, chinos, europeos, hindúes y de marisco. Se saldrá más lleno que sorprendido.

 Cómo llegar y salir

Cada 30 min aproximadamente hay autobuses de Mahébourg a Souillac que pasan por el aeropuerto y Rivière des Anguilles. Desde Port Louis, los autobuses salen cada hora y paran en Rivière des Anguilles de camino. También los hay frecuentes a/desde Curepipe, con tres diarios que van por la carretera de la costa vía Pointe aux Roches. Los que bordean la costa hasta Baie du Cap (donde se puede cambiar de transporte para seguir hacia la costa oeste) salen cada hora.

Bel Ombre

2417 HAB.

Pese a estar a años luz del ambiente vacacional familiar de Flic en Flac o Grand Baie, Bel Ombre no ha tardado en convertirse en una acogedora burbuja turística del agreste litoral sur. Es un destino enfocado a gente adinerada, pero los lugareños aún pueden ir a las playas públicas.

⊚ Puntos de interés y actividades

'Trevassa' Monument   MONUMENTO
(plano p. 106) Apenas 1 km al oeste del pueblo de Bel Ombre, este monumento recuerda el naufragio del vapor británico *Trevassa* en 1923. Se hundió a 2600 km de la costa de Mauricio. Al final 16 supervivientes consiguieron llegar a la costa tras sobrevivir 25 días en un bote salvavidas.

Domaine de Bel Ombre   AIRE LIBRE
(plano p. 106; ☑623 5522; www.domainedebelom bre.mu; Bel Ombre) Es el principal reclamo de Bel Ombre: una reserva natural sita en una plantación de caña de azúcar construida por Charles Telfair entre 1816 y 1833. Hoy es una iniciativa polifacética con un magnífico campo de golf, las ruinas de un molino colonial y la Reserva Natural de Valriche, un balsámico paraíso para salir en *quad,* de excursión y en todoterreno. En la laguna se puede practicar *windsurf,* submarinismo o buceo con tubo, o navegar en un barco con el fondo de cristal.

🛏 Dónde dormir y comer

El lujoso Domaine de Bel Ombre tiene dos hoteles de cinco estrellas propiedad de Veran-

dah Resorts. Los alojamientos de precio bajo y medio hay que buscarlos en otros sitios.

Heritage Awali   HOTEL €€€
(plano p. 106; ☑601 1500; www.heritageresorts.mu; Domaine de Bel Ombre; h desde 227 €; P✳@🛜🏊) El Awali rinde homenaje al patrimonio africano, de ahí el despliegue de máscaras, tambores y arte tribal. También hay un campo de golf y un *spa.*

Heritage Le Telfair   HOTEL PATRIMONIAL €€€
(plano p. 106; ☑601 5500; www.heritageresorts. mu; Domaine de Bel Ombre; i/d desde 277/355 €; P✳@🛜🏊) Este hotel ha sabido capturar la sofisticación y el esplendor del pasado colonial de la isla, con habitaciones señoriales, jardines extensos, un servicio intachable y una atención minuciosa por los detalles. Las fibras naturales, los relajantes tonos terrosos y un estilo clásico que conjuga madera y paredes enjalbegadas lo convierten en una opción refinada.

★Le Château
Restaurant   FUSIÓN, MAURICIANA €€€
(plano p. 106; ☑623 5522; principales desde 1200 MUR; ⊙12.00-15.00 lu-ju, 12.00-15.00 y 18.30-21.00 vi y sa) La reserva del Domaine de Bel Ombre cuenta con 12 restaurantes. Se recomienda Le Château, sito en la vieja pero extraordanariamente rehabilitada hacienda de Bel Ombre. La cocina tradicional franco-mauriciana con pinceladas contemporáneas es su punto fuerte; excepcional.

🛈 Cómo llegar y salir

Para ir más lejos de Bel Ombre, la mayoría de los viajeros alquila un automóvil o toma un taxi desde el hotel. También hay un servicio regular de autobuses que circula entre Curepipe y Bel Ombre, vía Nouvelle France y Chemin Grenier.

Interior de la costa sur

El interior de la costa sur tiene atracciones interesantes suficientes como para ocupar un día entero, como mínimo, con un parque natural, bonitos edificios coloniales y otro ejemplo de tierras multicolor, por no hablar de unos hoteles de ensueño.

⊚ Puntos de interés y actividades

★St Aubin   EDIFICIO HISTÓRICO
(plano p. 106; ☑626 1513; www.saintaubin.mu; sin/con comida 450/1100 MUR; ⊙9.00-17.00 lu-

BAIE DU CAP

Baie du Cap señala el límite oriental de uno de los litorales más impresionantes de la isla (que enfila hacia el oeste hasta la península de Le Morne). Se disfrutará más del recorrido por la costa que del destino en sí, pero hay un lugar de interés discreto: el Matthew Flinders Monument (plano p. 106).

El monumento se halla en la costa, 500 m al oeste de Baie du Cap y se levantó en el 2003 para conmemorar el 200 aniversario de la llegada del navegante y cartógrafo inglés Matthew Flinders. En esa época fue recibido con menos entusiasmo; el infeliz no sabía que Inglaterra y Francia estaban en guerra y fue inmediatamente encarcelado durante seis años.

No hay muchos autobuses que pasen por aquí. Baie du Cap es la terminal de los que proceden de Souillac y Quatre Bornes (vía Tamarin). Los autobuses pasan cada 20 min (aprox.).

sa) Esta elegante hacienda de 1819 estaba, inicialmente, junto a un trapiche azucarero, pero se trasladó en la década de 1970 para que su propietario pudiera dormir mejor. La finca ya no produce azúcar pero en el recinto hay una destilería tradicional de ron y un vivero de flores de anturios y vainilla (la visita guiada permite conocer la fascinante historia de la producción de vainilla).

La guinda a la visita, sin duda, es comer en la extraordinariamente encantadora 'table d'hôte' (plano p. 106; ☑626 1513; principales 395-1375 MUR; ☺12.00-15.00) de la mansión principal. El maravilloso comedor permite retroceder a la época colonial: las refinadas lámparas de araña proyectan su tenue luz sobre los manteles blancos y los antiguos muebles de madera. El menú del día incluye los frutos de la plantación: palmitos, piña, mango y chile, entre otros. Se recomienda reservar.

Si apeteciera quedarse a dormir, el Auberge de St Aubin (plano p. 106; ☑626 1513; www.saintaubin.mu/larouteduthe/fr/auberge_st_aubin.aspx; 2200-3400 MUR por persona, media pensión incl.; ✸) tiene tres habitaciones en la casa parroquial de la plantación, delante del edificio principal. La habitación delantera atrapa a la perfección la cautivadora atmósfera colonial, con suelos crujientes de madera y una cama con dosel cubierto por una gasa de algodón. Las dos traseras son más modernas y con menos personalidad.

La Vanille   ZOOLÓGICO

(Réserve des Mascareignes; plano p. 106; ☑626 2503; www.lavanille-reserve.com; Rivière des Anguilles; adultos/niños lu-vi 425/235 MUR, sa y do 250/115 MUR; ☺8.30-17.00) Este emocionante zoológico y reserva gustará, y mucho, a los niños. El parque protege la mayor pobla-

ción de tortugas gigantes en cautividad del mundo (más de 1000). Vale la pena visitarlo aunque solo sea para ver la inmensa colección de insectos disecados (más de 23 000 especies). Además, hay una granja de cocodrilos del Nilo (2000 ejemplares), que pueden alcanzar los 7 m de longitud. Se precisa al menos 1 h para verlo todo.

Sin duda las tortugas son las estrellas del zoo, el resultado de un proyecto de cría tremendamente exitoso de las especies Aldabra y *radiata*. Es muy probable verlas hasta apareándose.

El Hungry Crocodile Restaurant (La Crocodile Affamé; plano p. 106; principales 150-650 MUR; ☺11.00-17.00), en el recinto, se especializa en platos con carne de cocodrilo (al curri, hamburguesa, buñuelos con ensalada, guisado con salsa de vainilla...), pero también prepara platos más convencionales como espagueti a la boloñesa y hamburguesas de ternera. Que nadie se olvide de llevar el repelente de mosquitos (o el viajero no será el único en darse un festín).

La Vanille está a escasos kilómetros de Souillac, al noroeste, o a 2 km al sur de Rivière des Anguilles.

La Vallée des Couleurs   PUNTO DE INTERÉS

(plano p. 106; ☑251 8666; www.lavalleedescouleurs.com; Mare Anguilles; adultos/niños 250/125 MUR; ☺9.00-17.00) Pese a tener 23 colores, en lugar de los siete de las Terres de Chamarel (p. 98), este valle coloreado impresiona bastante menos. No obstante, la reserva cuenta con un panorámico sendero natural que pasa por cascadas y miradores encomiables, y permite observar tortugas gigantes y flores tropicales. Más o menos se tarda 1 h en completar todo el circuito completo.

Bois Chéri Tea Plantation MUSEO
(plano p. 106; ☑617 9109, restaurante 471 1216; www.saintaubin.mu; Grand Bassin; sin/con menú restaurante 400/700 MUR; ☺9.00-17.00 lu-sa, restaurante 10.30-15.30) Esta fábrica de té y museo de 250 Ha está 12 km al norte de Rivière des Anguilles, en medio de vastos cañaverales de azúcar. Los circuitos de 1 h por la planta procesadora terminan en una pequeña sala con maquinaria y fotografías que documentan la historia del té en la isla. Sin duda, la mejor parte de la visita se reserva para el final: la sesión de catas. Se recomienda visitarla por la mañana, porque es entonces, hasta mediodía, cuando funciona a toda máquina.

Después del recorrido, se recomienda almorzar en el restaurante de la casa, con una formidable cocina *gourmet* con ingredientes de proximidad. Las vistas de los llanos ribereños también son bastante cautivadoras.

Dónde dormir y comer

En la costa sur la principal opción son los alojamientos de lujo, aunque hay un par de opciones de precio medio excelentes y muy originales. La mayoría de los visitantes solo va a pasar el día.

Además de los restaurantes de los complejos de lujo, hay opciones encantadoras para una comida especial (sobre todo en la plantación de caña de azúcar de St Aubin y el Domaine de Bel Ombre) aunque en Souillac hay restaurantes de precio medio que no están mal.

Andréa CASITAS €€
(Relais des Lodges; plano p. 106; ☑471 0555; www.relaisdeslodges.com; i/d 2800/4600 MUR; media pensión incl.; ✻☀≋) Las 10 bonitas casitas del Andréa, junto al mar, tienen tejados a cuatro aguas y cristaleras encaradas a la accidentada costa, que parece irlandesa. Además, cuenta con una piscina y un restaurante respetable. Los precios incluyen una excursión guiada por el bosque que hay pasado el cañaveral. Los huéspedes pueden participar en salidas en todoterreno y *quad;* la finca vecina de caña de azúcar se puede visitar entre diciembre y junio.

★ **Shanti Maurice** HOTEL €€€
(plano p. 106; ☑603 7200; www.shantimaurice.com; St Felix; h desde 419 €, desayuno incl.; ⊞✻☀☎≋) Este hotel rezuma sofisticación, de hecho es uno de los más bonitos de la costa sur y uno de los más representativos de Mauricio. Todas las habitaciones, muy amplias, están encaradas al mar, la playa es fabulosa, y los jardines tropicales de 14 Ha son una mara-

LA ROUTE DU THÉ

La Route du Thé (www.saintaubin.mu/larouteduthe) permite a los turistas asomarse al pasado de plantaciones de la isla mediante un recorrido por tres de las fincas coloniales que quedan. Primero se para en la casa parroquial criolla, hoy museo, del Domaine des Aubineaux (p. 61), cerca de Curepipe. Después, se desvía hacia el sur hasta la vasta Bois Chéri Tea Plantation. Y por último, se para en la señorial St Aubin, con sus exuberantes jardines y su destilería de ron. Pese al nombre del itinerario, el recorrido no se ciñe solo al té: en cada parada hay una encantadora *table d'hôte* y un museo, y la St Aubin propone alojamientos en estancias de época.

Los aficionados a la arquitectura y la historia deberían realizar la ruta en sentido contrario y agregar la resplandeciente hacienda Eureka (p. 59) al final.

villa. Además hay yoga, un club infantil, deportes acuáticos, gimnasio, *spa* y un personal muy diligente.

Green Palm Restaurant INDIA €€
(plano p. 106; ☑625 8100; Coastal Rd, Riambel; principales 225-495 MUR; ☺11.00-15.30 y 18.30-22.30) A un lado de la carretera, Green Palm sirve cocina hindú muy bien considerada al oeste de Souillac, en la aletargada aldea de Riambel. Se sienten muy orgullosos de su variedad de panes *naan,* aunque todo es muy recomendable. Aquí no solo se puede comer, sino también pasar todo el día, pues al otro lado de la carretera, cruzada la arboleda, hay una bonita playa.

EL ESTE

Conocida como La Côte Sauvage (la costa salvaje), la costa este no tiene nada que ver con el frenesí de cazaclientes, locales nocturnos y puestos de recuerdos de Flic en Flac en el oeste y de Grand Baie en el norte. Hay centros vacacionales, pero el turismo de masas, por suerte, no mancilla este lado oriental de Mauricio. Y lo mejor es que esta plácida costa está ribeteada por algunas de las playas más bonitas de la isla. No sorprende pues que esta zona tan exclusiva atraiga a ese tipo de visitante que se traslada en helicóptero desde el aeropuerto.

Lo que más se acercaría a una localidad turística es Trou d'Eau Douce, que ha conservado el aire de una monótona aldea de pescadores pese a compartir territorio con hoteles señoriales. Es el punto de embarque para ir a la muy popular Île aux Cerfs.

❶ Cómo llegar y salir

El principal núcleo de transporte para ir al este de Mauricio es Centre de Flacq, un pueblo del interior. Si se llega en autobús desde Port Louis, los pueblos de la meseta central o Mahébourg, en el sur, se tendrá que hacer transbordo aquí.

Se puede seguir hasta pueblos de la costa este desde Centre de Flacq, pero algunos autobuses pasan con poca frecuencia. Los hay de Centre de Flacq a Palmar y Poste Lafayette (donde se puede tomar otro para seguir hasta Rivière du Rempart), pero no a Belle Mare. Un taxi entre las localidades de la costa y Centre de Flacq puede costar 500 MUR.

Trou d'Eau Douce

5672 HAB.

Al estar en pleno cruce de carreteras nacionales, el "agujero de agua dulce" es el epicentro turístico a este lado de la isla. Según como se mire, se trata de un lugar bonito y pequeño, si bien un poco melancólico, donde los pescadores desenmarañan sus redes tras faenar toda la mañana y las mujeres deambulan con cestos en la cabeza llenos de hortalizas.

Pero el lugar es una verdadera atracción por otras razones: el mar tiene un impresionante tono azul y Trou d'Eau Douce es un fácil punto de partida para ir a la popularísima Île aux Cerfs, una excursión de un día muy popular.

Dicho esto, los cazaclientes pueden ser un poco pesados, aunque tampoco insisten tanto, y el pueblo es un fabuloso punto de partida para explorar la costa este (sobre todo para aquellos con el presupuesto más ajustado).

◉ Puntos de interés y actividades

Dos de los mejores campos de golf de la isla están en la zona: una obra maestra diseñada por Bernhard Langer en la Île aux Cerfs y el paisaje onírico diseñado por Ernie Els en el complejo turístico.

Victoria 1840　　　GALERÍA
(plano p. 124; ☏480 0220; www.maniglier.com; Victoria Rd; ⌚7.30-22.00 lu-vi) Esta recomendable galería ocupa un viejo trapiche de azúcar hábilmente rehabilitado para acoger algunas obras de Yvette Maniglier, una cautivadora pintora francesa que estuvo un año bajo el amparo de Henri Matisse. La yuxtaposición de obra industrial de ladrillo y arte moderno llamativo encaja de maravilla. Solo se puede visitar si se come en el restaurante de la casa, Le Café des Arts (p. 126).

Natural Spring　　　MANANTIAL
(plano p. 124) El verdadero *trou d'eau douce* que da nombre al pueblo se halla en un hoyo artificial de piedra al lado de la oficina del guardacostas nacional. Para llegar al manantial natural, primero hay que encontrar la iglesia y tomar la bifurcación desde la calle principal que baja hasta los muelles, el pozo queda a mano derecha. Los lugareños acuden a la reserva de agua dulce cuando falla el suministro gubernamental después de una tormenta fuerte.

Johaness Entertainment　　CIRCUITOS EN BARCO
(plano p. 124; ☏480 0872; www.johaness.com; Royal Rd; excursión hasta la Île aux Cerfs 1500-1800 MUR por persona) Johaness, uno de los operadores más profesionales, organiza salidas en fueraborda o catamarán a la Île aux Cerfs desde Trou d'Eau Douce; salen a las 9.30 y regresan a las 15.30, e incluyen una barbacoa para comer y tiempo para bucear y explorar la isla.

🛏 Dónde dormir

Hay más opciones en Trou d'Eau Douce y alrededores que en el resto de la costa este, con un abanico aceptable de alojamientos económicos y de precio medio. Casi todos los de precio alto quedan un poco apartados del pueblo, solo accesibles en taxi o vehículo privado.

Aquí empieza un interminable desfile de hoteles de lujo por la costa que enfila hasta el norte de la isla.

Le Dodo　　　APARTAMENTOS €
(plano p. 124; ☏480 0034; christa0307@hotmail.com; Royal Rd; apt 25-35 €; ❄🛜) Le Dodo es como un asilo de muebles anticuados. La decoración no podría ser más dispar, pero de alguna manera funciona. El dueño es amable y los apartamentos están equipados con toda suerte de acabados *retro*. Aunque no haya ascensor, los de los últimos pisos son mejores porque ofrecen vistas memorables de la maraña de callejas y del mar azul celeste.

Villa La Fourche　　APARTAMENTOS €
(plano p. 124; ☏5745 6888; www.villalafourche.com; apt 2 dormitorios desde 50 €; ❄🖥) En una calle

El este

Cap Malheureux (17km)

Rivière du Rempart

Île du Mort 16
17
Roches Noires

Royal Rd

Belle Vue Maurel

Plaine des Roches

11
22

Poste Lafayette
Pointe Lafayette
Mare Sarcelle
B15

Ampliación

20
27
12 32
3
29
24 19
26 6
Bateaux Vicky
1
7

TROU D'EAU DOUCE

15

BEAU RIVAGE

Îlot Mangénie

21
Pointe Radeau

Bras de Mer Belcourt

L'Aventure

13
Pointe de Flacq
Poste de Flacq

8
14

30

28

Île aux Cerfs
5

10

Poste de Flacq
2

25
33

OCÉANO ÍNDICO

B62

31

Pointe des Puits

Centre de Flacq

B23

9
4

Belle Mare

Pointe des Puits des Hollandais

18

Pointe aux Boeufs

St Julien

Quatre Cocos

Royal Rd

Bramsthan

Ecroignard

Palmar

B59
23

B28

Véase ampliación

West Peak (433m)

Trou d'Eau Douce

Trou d'Eau Douce

FLACQ

Bel Air

Îlot Mangénie

Rivière Sèche

Beau Rivage

B55

Belle Rose

Mt Blanche (532m)

Deep River

Beau Champ

Île aux Cerfs

Quartier Militaire (9km); Curepipe (18km)

MONTAGNE BLANCHE

Sebastopol

Cascadas Deux Frères

Grande Rivière Sud-Est
Île Camisard

Mt Maurice (316m)

Rivière Profonde

Anse Cunat

Pointe de la Batterie

Quatre Soeurs

B27

Grande Rivière Sud-Est

B59

Grand Sable

MONTAGNES BAMBOUS

Mt Bambous (626m)
Mahébourg (18km); internacional SSR (24km)

0 — 5 km

0 — 1 km

El este

MAURICIO TROU D'EAU DOUCE

lateral apartada del bullicio de la costa, esta opción tranquila es un chollo para familias grandes, aunque el mobiliario ha quedado anticuado, como en la mayoría de los alojamientos de estos precios.

★ **Tropical Hotel Attitude**   HOTEL €€
(plano p. 124; ☎480 1300; tropical-hotel-mauritius. com; Royal Rd; i/d desde 70/83 €; ❋@🛜🏊) Este hotel, de la cadena Attitude, sofisticado pero asequible, está en las afueras de Trou d'Eau Douce, al norte, y ocupa un pedacito semilujoso del frente marítimo muy accesible. Las habitaciones lucen ropa de cama blanca y la mayoría da al mar. Muy recomendable.

★ **Le Touessrok**   HOTEL €€€
(plano p. 124; ☎402 7400; www.shangri-la.com/ mauritius/shangrila/; h desde 275 €; P❋🛜🏊) Merecedor de todo tipo de elogios y uno de los de más fama de la isla. El hotel, que ocupa una península de arena, combina arquitectura morisca con frondosos tramos de selva. Se distingue de los otros cinco estrellas por tener dos islas costeras: la famosa Île aux Cerfs y la Îlot Mangénie, un escondite exclusivo muy a lo Robinson Crusoe.

★ **Four Seasons Resort at Anahita**   HOTEL €€€
(plano p. 124; ☎402 3100; www.fourseasons.com/ mauritius; Beau Champ; villas 750-5000 €, desayuno incl.; P❋@🛜🏊) Sito en Beau Champ, un poco al sur de Trou d'Eau Douce, este hotel forma parte de un enorme complejo de lujo conocido como Anahita y propone preciosas casitas de veraneo. El interiorismo juega con materiales locales como la madera tropical y la roca volcánica e integra comodidades modernas.

Cuenta con cuatro piscinas de paredes de piedra, un *spa* y el impresionante campo de golf diseñado por Ernie Els, y casi todas las habitaciones tienen una pequeña piscina privada.

Villa Mahé   VILLA €€€
(plano p. 124; ☎452 1010; Royal Rd; villas desde 180 €; ❋🛜) Para alojarse como un rey a precios razonables, se recomienda esta adorable casa de vacaciones propiedad de la familia Montocchio. Su exterior de madera blanca corroída por la intemperie y las contraventanas coloniales desprenden encanto de playa. Tienen otra casa semi independiente (tres noches de estancia mínima) con capacidad para 10 personas que regala unas vistas asombrosas del mar desde los balcones.

🍴 Dónde comer

Como Trou d'Eau Douce es, al fin y al cabo, un pueblo de pescadores, se recomienda el pescado y el marisco. Para una experiencia más elaborada, cualquier restaurante de Le Touessrok no defraudará.

Snack Pelouse   PESCADO €
(plano p. 124; ☎5702 8604; Royal Rd; principales 150-400 MUR; ⏰9.00-21.00) Es fácil pasar de largo de esta pequeña casa de comidas, a po-

EL CORAZÓN DE LA ISLA

La división entre la Mauricio costera y el interior de la isla puede ser abrupta, pero como aquí las distancias son cortas se puede ver todo en poco tiempo.

Se puede empezar en cualquier punto del este y dirigirse hacia el centro regional de **Rivière du Rempart**. Desde allí se puede ir hacia el suroeste a través de pequeñas localidades (algunas imperceptibles) tales como **Belle Vue Maurel** y **Barlow;** la señalización puede ser un poco confusa, pero hasta que no se pase por Barlow hay que ceñirse a la B21 en dirección Port Louis. Después de Barlow, los horizontes se expanden, con vistas de las montañas del interior. Al salir del distrito de Rivière du Rempart hay un cruce a unos 11 km donde hay que torcer a la izquierda en dirección a La Nicolière. Se pasará por debajo de un arco de árboles durante unos 2 km; después hay que girar a la derecha para seguir las señales que indican a **La Nicolière**.

El tráfico se diluye a medida que se atraviesan más plantaciones de caña de azúcar (sin autobuses de Ashok Leyland ¡por fin!), antes de cruzar la presa. Pasada esta, la carretera sube, alternando preciosos y frondosos bosques con bonitas vistas de las llanuras costeras al este. Después de unos 4,5 km de cuesta, la carretera atraviesa una llanura tapizada con campos de labranza. Unos 2 km más adelante hay una bifurcación (búsquese la señal "Selazi Forest Service"), hay que torcer a la izquierda y seguir las señales en dirección a St Pierre. Ya se está de vuelta a la civilización, con sus respectivas construcciones, cañas de azúcar y tráfico, pero vale la pena por las vistas lejanas que hay desde **Ripailles** hacia el oeste y sus vecinas, **Calebasses** (632 m), **Pieter Both** (823 m), **Grand Peak** (326 m) y **Le Pouce** (812 m), son todas impresionantes.

Desde Ripailles es todo cuesta abajo, literalmente. En St Pierre se puede torcer a la izquierda (este) y regresar al este de la isla por Quartier Militaire. Otra opción es parar en Moka para visitar la plácida mansión tropical de Eureka (p. 59).

---

cos metros de la carretera principal, pero es un lugar atractivo por su entorno informal donde se sirve uno de los pescados más frescos del pueblo. Hace las veces de tienda de comestibles, donde muchos van a comprar pero la mayoría acaba quedándose a comer.

Gilda's Restaurant ITALIANA, MAURICIANA €
(plano p. 124; ☑428 0498; principales 100-500 MUR; ☺8.00-22.00 mi-lu) Su carta propone pasta, curris del sur de la India y *ceviche,* entre otros platos, que se disfrutan en las mesas de la terraza trasera, con unas vistas estupendas.

⭐**Chez Tino** MAURICIANA €€
(plano p. 124; ☑480 2769; Royal Rd; principales desde 450 MUR; ☺8.30-22.00 lu-sa, hasta 16.00 do) La maravillosa terraza del 1er piso brinda las mejores vistas. Chez Tino apuesta por la cocina mauriciana hecha con sencillez, donde reina el marisco (sobre todo la *langouste*). Entre sus exquisiteces cabe destacar el curri de pulpo con papaya verde y el pescado a la parrilla con limón.

**Green Island
Beach Restaurant** INTERNACIONAL, MAURICIANA €€
(plano p. 124; ☑251 7152; Royal Rd; principales 200-525 MUR; ☺1.30-21.30 ma-do) El simpático

personal propone toda suerte de clásicos internacionales y locales, a menudo sorprendentemente yuxtapuestos. Por ejemplo, se pueden probar las *rougaille saucisses* (salchichas picantes) con *pizza*. La carta es variada y a buen precio.

Le Four à Chaud PESCADO €€
(plano p. 124; ☑427 4117; Royal Rd; principales 525-1650 MUR; ☺12.00-15.00 y 19.30-24.00 do-vi, 19.30-24.00 sa) Es el lugar más elegante del 'centro urbano', ideal para concederse un festín de *fruits de mer* a maridar con una fantástica carta de vinos. Hay que reservar si se desea una de las pocas mesas del balcón con vistas al mar, y tener en cuenta que en la carta solo hay marisco. El nombre es un juego de palabras: está delante del viejo *four à chaux* (horno de cal).

⭐**Le Café des Arts** MAURICIANA €€€
(plano p. 124; ☑480 0220; www.maniglier.com; Victoria Rd; menú 2900-3600 MUR; ☺7.30-22.00 lu-sa) Esta fascinante propuesta ocupa un viejo molino transformado en el Victoria 1840 (p. 123), un curioso y encantador espacio-galería, con óleos de pincelada rabiosa que adornan las agrietadas paredes de ladrillo. La comida, un guiño contemporáneo a la cocina tradicional

de la isla, es el reflejo de un entorno que fusiona lo nuevo con lo antiguo. Se puede reservar mesa para almorzar si los comensales son dos como mínimo, con 24 h de antelación.

ℹ️ Información

Thomas Cook Foreign Exchange (Royal Rd; ⏰8.30-16.30 lu-sa)

ℹ️ Cómo llegar y salir

No hay autobuses directos entre Port Louis y Trou d'Eau Douce. Se tendrá que hacer transbordo en Centre de Flacq, desde donde salen otros hacia Trou d'Eau Douce cada 30 min (aprox.). Los taxis cuestan 500-600 MUR desde Centre de Flacq, 1800 MUR hasta el aeropuerto y 1700 hasta Port Louis.

Île aux Cerfs

La bellísima Île aux Cerfs parece como si hubiera acelerado su muerte. Esta pintoresca isla, que antaño estuvo poblada meramente por *cerfs* (ciervos; traídos de Java para cazar), es ahora pasto de los cazaclientes y está infestada de turistas achicharrándose al sol tropical u holgazaneando en sus aguas perfectas y cristalinas. El agobiante gentío y el ambiente de campamento de verano que impera podrían ser, de entrada, repulsivo, pero muy pocos se percatan de que la isla tiene 4 km gloriosos de playa. Con andar un solo kilómetro por la arena, se pueden descubrir rincones sin un alma y con vistas idílicas del océano.

🏃 Actividades

Île aux Cerfs Golf Club GOLF
(plano p. 124; www.ileauxcerfsgolfclub.com; Île aux Cerfs) Casi todo el interior de la isla pertenece al impecable Île aux Cerfs Golf Club. El campo, diseñado por Bernhard Langer, es probablemente uno de los más espectaculares del mundo para jugar al golf. La utilización del campo *(green fee)* de 18 hoyos es gratis para los clientes de ciertos hoteles (consúltese la web) y cuesta 89 € para el resto de los mortales (los no clientes pueden utilizarlo si reservan con tiempo).

🛏️ Dónde dormir

No hay alojamientos en la isla pero en la otra orilla, en Trou d'Eau Douce, aguarda un buen elenco de hoteles. También se puede llegar desde casi cualquier punto de la isla en una salida de un día en catamarán.

🍴 Dónde comer

Todos los operadores que van a la Île aux Cerfs incluyen barbacoas (nada baratas) para comer durante las excursiones. Si ya se

MAURICIO ÎLE AUX CERFS

MERECE LA PENA

EXCURSIONES A LA ÎLE AUX CERFS

La Île aux Cerfs, rodeada de aguas cristalinas, es la imagen de isla tropical perfecta para mucha gente. Está infestada de turistas y cazaclientes en temporada alta, cuando se convierte en víctima de su propio éxito, pero aun así sigue siendo una de las salidas más bucólicas desde Mauricio. Goza de un campo de golf de talla mundial, 4 km de arenas maravillosas y una sensación real de paraíso bajo las palmeras.

Los clientes de Le Touessrok (p. 125), y también aquellos que solo van a jugar al golf, pueden moverse gratis por la isla en el transporte del hotel. El resto de los mortales dependerá de los dueños de las barcos amarrados en Trou d'Eau Douce, dispuestos a hacer el trayecto hasta la isla en cualquier momento. Se puede pedir el alojamiento que contacte con uno de confianza, o probar con el 'Bateaux Vicky' (plano p. 124; ☑480 0775, 5755 1483; m_dardenne@outlook.com; Île aux Cerfs ida y vuelta 450 MUR por persona), un ferri o taxi acuático que va de Trou d'Eau Douce a la Île aux Cerfs cada 30 min; el primero zarpa a las 9.00 y el último regresa a las 16.30.

Otra forma de ir es participar en una popular excursión de un día en catamarán o fueraborda, que suele incluir la visita a la isla, buceo con tubo, tiempo para tomar el sol y una generosa barbacoa para almorzar (1000-1800 MUR por persona según lo que se quiera comer). La salida de un día suele empezar a las 9.30 y terminar a las 15.30 (si se sale de Trou d'Eau Douce).

La mayoría de los hoteles costeros de la isla también ofrece salidas de un día a la Île aux Cerfs; o se puede consultar la lista de opciones en www.catamarancruisesmauritius.com. En Trou d'Eau Douce, se puede acudir a Johaness Entertainment (p. 123).

SÁBADO NOCHE EN LA ÎLE AUX CERFS

Siguiendo el modelo de Ibiza, la dirección de Le Touessrok (p. 125) convierte las playas de la Île aux Cerfs en una desatada pista de baile todos los sábados por la noche entre octubre y marzo. Las sesiones de DJ empiezan a las 23.00 y terminan a las 5.00, la diversión está asegurada. La entrada cuesta 500 MUR e incluye servicio de barco y una copa.

ha comprado un billete de barco, sin extras, se tendrán dos opciones: llevar la comida o comer en uno de los pocos establecimientos que ofrece la isla.

Paul & Virginie PESCADO €€

(plano p. 124; ☑402 7426; principales 250-500 MUR; ☺12.00-15.30) Un lugar jovial en el centro de deportes acuáticos que sirve un exquisito surtido de pescado y marisco frescos. Este microcosmos de la Île aux Cerfs lo frecuentan los grupos en viaje organizado; el marco es bonito pero está hasta tal punto saturado que se ha echado a perder.

La Chaumière Masala INDIA €€

(plano p. 124; ☑402 7400; www.masala-ile-aux-cerfs.restaurant.mu; Île aux Cerfs; principales 325-750 MUR, *thalis* desde 375 MUR; ☺12.00-16.00) Una memorable experiencia gastronómica, con platos hindúes adaptados al paladar europeo y mesas encaramadas en torrecillas sobre pilotes y entre los árboles.

❶ Cómo llegar y salir

Los clientes de Le Touessrok (p. 125), y también aquellos que han reservado en el campo de golf, pueden moverse gratis por la isla en el servicio lanzadera del hotel. El resto de los visitantes deberá escoger entre varias opciones de transporte; pese a lo que reza el letrero, no hay un ferri público hasta la Île aux Cerfs: todos los barcos son de operadores privados.

En Trou d'Eau Douce aguardan decenas de embarcaciones de antiguos pescadores que ofrecen servicios de taxi acuático hasta la isla por 450 MUR, ida y vuelta. Se puede pedir al alojamiento que haga la gestión con uno de confianza o probar con Bateaux Vicky. Dichos taxis circulan cada 20-30 min entre 9.00 y 16.00, el último regresa de la isla a las 16.30 o 17.00 (la isla 'cierra' a las 17.00, en punto). El trayecto dura entre 15 y 30 min según el punto de partida. No hace falta reservar con antelación.

Muchos de estos operadores locales también ofrecen salidas a las cascadas de Grande Rivière Sud-Est (650 MUR).

Muchos visitantes aprovechan las salidas de un día en catamarán o fueraborda para visitar Trou d'Eau Douce, que suele incluir un rato de buceo, otro rato para tomar el sol y una generosa barbacoa para comer (1000-1800 MUR, por persona según lo que se quiera comer). Se suele salir a las 9.30 y alargarse hasta las 15.30 si se zarpa desde Trou d'Eau Douce. La mayoría de los hoteles costeros de la isla ofrecen salidas de un día a la Île aux Cerfs; también se pueden consultar las opciones en www.catamarancruisesmauritius.com. En Trou d'Eau Douce se puede probar con Johaness Entertainment (p. 123).

Belle Mare y Palmar

Al norte de Trou d'Eau y hasta Pointe de Flacq como muy lejos, una franja de 10 km de longitud acoge algunos de los mejores tramos de playa de arena blanca y de océano azul celeste de Mauricio. Belle Mare y Palmar podrían pasar totalmente desapercibidas si no fuera porque la zona también acoge una ristra de complejos de lujo. Hay varios tramos de playa pública, incluidos los que están 4 y 8 km al norte de Trou d'Eau Douce.

◉ Puntos de interés

Sagar Shiv Mandir TEMPLO HINDÚ

(plano p. 124; ☺amanecer-anocher) Este blanco templo hinduista ocupa un islote unido a tierra firme por un estrecho puente de tierra. Tan deslumbrante bastión se ve mejor desde el Indian Pavilion (p. 130), el restaurante en Le Saint Géran.

🏃 Actividades

Deportes acuáticos

La costa este de Mauricio esconde lugares para inmersiones notables, entre ellos Belmar Pass (plano p. 124), cerca de donde el arrecife abre paso a la profundidad del océano, al noreste de Belle Mare.

Los hoteles cinco estrellas de la zona, incluidos Le Saint Géran (p. 129) y Belle Mare Plage (p. 129), tienen establecimientos de submarinismo de confianza. Para conocer los operadores oficiales, consúltese www.msda.mu.

Golf

La proliferación de alojamientos de precio alto conlleva la creación de muchos campos

ℹ️ VILLAS EN BELLE MAR

Ocultos entre los complejos turísticos de cinco estrellas hay un surtido de recomendables chalés privados, ideales para quienes busquen soledad. Las villas incluyen servicios de limpieza diaria y de conserjería (y si se paga, hasta un chef privado).

EasyRent (☎452 1010; www.easyrent. mu) y **Idyllic Villas** (www.idyllic-mauritius.com) alquilan una amplia selección (150-1000 € por noche).

de golf. Además de los que hay más al sur, en Anahita y Le Touessrok (p. 125), también los hay en Belle Mare Plage (p. 129) y Le Saint Géran (p. 129).

'Spas'

La mayoría de los complejos de categoría de Mauricio tienen *spa,* pero el Pedi:Mani:Cure Studio no tiene parangón.

Pedi:Mani:Cure Studio   SPA
(plano p. 124; ☎401 1688; www.bastiengonzalez. com; Le Saint Géran, Pointe de Flacq; ⊙10.00-19.00) El famoso podólogo francés Bastien Gonzalez creó este *spa* para Le Saint Géran. El tratamiento que lo hace único (5500 MUR) tonifica y reactiva pies y manos cansados y les otorga un aspecto radiante.

🛏️ Dónde dormir

Las playas de arena de Belle Mare y Palmar proporcionan un escenario en primera línea de mar a un largo rosario de hoteles de categoría, a cual más opulento. Además, hay un conjunto de señoriales villas frente al mar.

Para la mayoría de los complejos se recomienda reservar con mucha antelación a través de una agencia de viajes (las tarifas oficiales son mucho más caras).

⭐ Émeraude Beach Attitude   HOTEL €€
(plano p. 124; ☎415 1107; emeraudebeach-hotel-mauritius.com; Belle Mare; i/d desde 90/104 €, desayuno incl.; ❄@🛜≋) En un informal jardín encarado a la playa pública de Belle Mare, Émeraude es un soplo de aire fresco frente a los muros infranqueables de los vecinos complejos de cinco estrellas. Alrededor de la zona de la piscina se reparten unas 20 casitas adosadas y tremendamente cómodas con tejados a dos aguas, un restaurante al fresco y un bar.

⭐ Le Prince Maurice   HOTEL €€€
(plano p. 124; ☎413 9130; www.constancehotels. com; Pointe de Flacq; i/d 440/550 €, media pensión incl.; P❄@🛜≋) Al cruzar la entrada se notará una impactante sensación de paz total: un mundo aparte con un lujo sin límites. El vestíbulo de mármol y las piscinas de horizonte infinito alcanzan, simple y llanamente, cotas sublimes, y las suites opulentas, escondidas más allá, retoman esta elegancia atemporal. Es uno de los hoteles más bonitos de Mauricio.

La abundancia de pabellones al aire libre y de techos de paja recortados remiten a la época del comercio de las especias; las comodidades modernas están hábilmente camufladas y los mayordomos vestidos con tonos apagados se mueven por el recinto para atender cualquier capricho. Las piscinas, los *spas,* el acceso a los campos de golf de Belle Mare Plage y un restaurante flotante redondean la lista de instalaciones.

⭐ Le Saint Géran   HOTEL €€€
(plano p. 124; ☎401 1688; www.oneandonlyresorts.com; Pointe de Flacq; ste desde 350 €, media pensión incl.; ❄@🛜≋) El paradigma de lujo mauriciano clásico, un complejo que atiende a toda una lista de estrellas de cine y famosos. Las habitaciones espaciosas, bajo emblemáticos y radiantes tejados azules, están distribuidas a lo largo de un frente marítimo aparentemente sin fin; todas tienen unas vistas de infarto.

La carta de deportes acuáticos es enorme, hay un encantador club infantil y el impecable servicio de mayordomos atiende cualquier petición. Además, Le Saint Géran ha subido el listón gastronómico a cotas inalcanzables. Entre sus muchos restaurantes destaca el Indian Pavilion, de talla mundial.

Residence   HOTEL €€€
(plano p. 124; ☎401 8888; www.cenizaro.com/the residence/mauritius; Belle Mare; i/d desde 203/271 €, desayuno incl.; ❄@🛜≋) Para evocar la grandeza olvidada de la India colonial, este inmenso complejo de habitaciones ocupa un codiciado tramo de arena. Todas están decoradas con sencillez, con cortinas blancas por doquier y enmarcados dibujos de animales en las paredes, y logran crear esa sensación de estar en una segunda residencia en lugar de en un hotel.

Belle Mare Plage   HOTEL €€€
(plano p. 124; ☎402 2600; www.constanceho tels.com; Pointe de Flacq; i/d desde 200/275 €;

(✲@🛜🏊) El Belle Mare Plage, uno de los hoteles más encantadores de Mauricio, cumple con todas las expectativas. Se atravesará el irresistible vestíbulo (aromatizado con vainilla y flor de cananga) para luego descubrir una playa envidiable y toda suerte de instalaciones de primera. A los golfistas les encantan los dos cursos de nivel competición, pero también se puede disfrutar de un masaje terapéutico a cargo de expertos para después comer en uno de sus maravillosos restaurantes.

✖ Dónde comer

Como los hoteles tienen de todo, los clientes apenas tienen incentivos para salir a comer fuera. No obstante, todos los alojamientos aceptan a clientes externos en sus restaurantes *à la carte,* y las opciones son soberbias. Son caros pero la calidad, casi siempre, es irreprochable y digna de una celebración especial; vale la pena.

Los restaurantes de la carretera sirven platos mauricianos y chinos, con marisco como tema recurrente. La localidad de Belle Mare tiene varios *superettes* (pequeños supermercados).

**Seasons
Restaurant & Bar**   PESCADO, MAURICIANA €€
(plano p. 124; www.orchidvillas.mu; Royal Rd, Belle Mare; principales 280-1250 MUR; ⊙12.00-14.30 y 18.00-21.00 ma-sa, 12.00-14.30 do) Como parte del complejo Orchid Villas, este restaurante a pie de carretera no ofrece vistas al mar, pero la comida y el servicio son sorprendentemente buenos. Se puede probar la langosta a la parrilla con salsa criolla y emulsión de pasto de limón.

Symon's Restaurant   PESCADO, MAURICIANA €€
(plano p. 124; ☑415 1135; Belle Mare; principales 350-780 MUR; ⊙11.00-22.00) Una de las mejores opciones en Belle Mare fuera de los hoteles, sirve una amplia gama de platos hindúes, mauricianos y chinos. Las vistas son pasables pero, al menos, uno no se arruinará, y algunos platos (como el curri de pulpo con leche de coco y el pescado del día a la parrilla) son dignos de mención.

East Side   MAURICIANA, CHINA €€
(plano p. 124; ☑415 1254; Royal Rd, Belle Mare; principales 350-450 MUR; ⊙11.00-22.00) Este restaurante de carretera prepara correctos platos de marisco y especialidades locales como pulpo al azafrán y variedad de platos chinos. No es nada del otro mundo, pero tiene buenos precios y queda en un lugar práctico si se baja por la costa este.

Indian Pavilion   INDIA €€€
(plano p. 124; ☑401 1888; Le Saint Géran, Pointe de Flacq; principales 1000-1450 MUR, menú 2900 MUR; ⊙12.30-15.30 y 19.00-22.00) El Indian Pavilion ocupa una veranda al raso hecha con troncos cubiertos por un generoso toldo de paja. Mientras aprecian las vistas de la laguna, de las colinas cubiertas de caña de azúcar y de un templo que recuerda al Taj Mahal, los comensales saborean un dinámico surtido de platos inspirados en la cocina contemporánea del norte de la India, tales como *tandoori* de langosta o gambas marinadas en hierbas aromáticas con *pulao* al comino y salsa de anacardos.

❶ Cómo llegar y salir

Los autobuses comunican Palmar con Centre de Flacq y Poste Lafayette, pero no llegan a Belle Mare. Un taxi hasta la estación de Centre de Flacq costará 500 MUR, 1800 MUR si se va directamente a Port Louis.

Poste de Flacq y Roches Noires

8500 HAB.

Esta zona plácida, más tranquila y accidentada que el litoral arenoso de Belle Mare, linda con el norte de la isla y tiene un ambiente característicamente criollo que apenas han tocado los grupos hoteleros. Quien quiera tranquilidad no debería buscar más y optar por las bonitas villas privadas que salpican la pedregosa costa.

🛏 Dónde dormir y comer

Poste de Flacq, donde la ausencia de complejos turísticos es evidente, es un oasis de villas de categoría en alquiler que salen mejor de precio que cualquier paquete de hoteles de lujo (sobre todo si se viaja con amigos y/o familia). Hay que contactar con **CG Villas** (☑262 5777; www.villas-maurice.com) o **EasyRent** (☑452 1010; www.easyrent.mu), que gestionan un buen número de casas de playa en la zona.

⭐**La Maison d'Été**   HOTEL-BOUTIQUE €€€
(plano p. 124; ☑410 5039; www.lamaisondete. com; Poste Lafayette; h 150-205 €, desayuno incl.; ✲@🛜🏊) Uno de los mejores B&B de Mauricio, con encantadoras habitaciones alrededor de una piscina, cada una exquisitamente decorada. La finca cuenta con un restaurante

(p. 131), dos piscinas y una playa privada, todo ello muy sugerente.

Las últimas reformas han añadido un toque más de clase y una subida imperceptible de los precios.

★ **L'Ilot** VILLA €€€
(plano p. 124; ☑452 1010; www.lilot.biz; Royal Rd, Roches Noires; villas para 2 personas 300-1500 €; ❋❄) No hay mejor apuesta que alojarse en un *resort* de cinco estrellas y alquilar una isla privada. Esta obra maestra de cuatro dormitorios ocupa su propio islote unido a tierra firme por un puente de cemento y guijarros. La villa tiene una decoración impecable y nunca se tendrá que batallar por una tumbona.

**Radisson Blu Azuri
Resort & Spa** HOTEL €€€
(plano p. 124; ☑402 3700, 402 6200; www.radisson blu.com/en/hotel-mauritius-azuri; Rivière du Rempart; h desde 200 €; P❋@❄❄) Con todo lo que cabe esperar de esta prestigiosa cadena, el Radisson combina las instalaciones de un gran hotel con una sensación de plácida intimidad. Las bonitas habitaciones blancas dan al jardín o a la playa, y cuenta con suficientes bares y restaurantes para no irse jamás, si son esas el tipo de vacaciones que uno está buscando.

Villa La Mauricienne VILLA €€€
(plano p. 124; ☑262 5777; www.villas-maurice. com; Royal Rd, Poste Lafayette; villas desde 656 €; ❋❄❄) Protegido por un enorme tejado de paja y bambú, este retiro opulento es descaradamente asiático, con profusión de tonos fucsias y naranjas. La suite real queda encima de una terraza al fresco, que da a una enorme piscina y a un gran tramo de playa privada.

Villa Lafayette VILLA €€€
(plano p. 124; ☑262 5777; www.villas-maurice.com; Royal Rd, Poste Lafayette; villas desde 305 €; ❋❄) Los colores blanco y azul dotan a esta tradicional casa mauriciana de playa de un aire un poco mediterráneo. La piscina está en un patio interior, pero hay otro trasero encarado a una parcela silvestre de arena y mar. El interiorismo es más hogareño que lujoso pero, aun así, resulta muy confortable.

★ **La Maison d'Été** MAURICIANA €€
(plano p. 124; ☑410 5039; Poste Lafayette; *pizzas* 250 MUR, principales 290-1600 MUR; ☺12.00-15.00 y 19.00-21.30 lu-sa, 19.00-21.30 do) El restaurante de La Maison d'Été (p. 130) se gestiona como si fuera un establecimiento independiente y presenta una irresistible carta de platos mauricianos y de fusión de primerísima calidad. El dueño de la posada a menudo se desdobla como chef y se esmera en preparar platos con ingredientes locales acompañados con vinos internacionales. Además, tiene un menú de bufé los domingos al mediodía. Si el viajero no se aloja aquí debería llamar para reservar.

ℹ Cómo llegar y salir

La mayoría de los autobuses que recorre la costa este atraviesan Roches Noires.

COMPRENDER MAURICIO

Mauricio hoy

A los mauricianos les gusta que su isla pase desapercibida y no llame la atención internacional. Una situación política estable, una economía inalterable que salió bastante ilesa de la crisis financiera mundial, y una falta generalizada de malestar social quizás no copen grandes titulares, pero juntos forman un país, en gran parte, en paz consigo mismo. Por supuesto que es más complicado que eso, pero poco más.

Crecimiento económico

El notable éxito económico vivido por Mauricio no ha recibido el reconocimiento que se merece. Cuando se independizó en 1968, el país contaba con pocos recursos aparte de la caña de azúcar. Cinco décadas más tarde, los habitantes del país disfrutan de un nivel de vida que es la envidia de las naciones de su entorno. Durante buena parte de esos años, la palabra clave de la política económica de Mauricio ha sido "diversificación": primero se apartó de la caña de azúcar; después, de la manufactura textil ante la inminente irrupción de la competencia china, etcétera. Y es un desafío que el país ha superado con creces. A ello ayudaron los pasos hacia lo que el antiguo primer ministro Paul Bérenger describió como un "gran salto" para transformar Mauricio en una "isla del conocimiento", las astutas incursiones en el mundo de la banca internacional y la consolidación de Mauricio como un epicentro de servicio de atención telefónica. Del 2010 al 2015, en un momento en el que las economías de los países industrializados se hundían, Mauricio mantuvo el crecimiento entre el 3 y el 4%, una cifra más que respetable. Con una tasa de desempleo por debajo del 8% y un PIB per cápita que alcanzó casi los 20 000 US$ en el 2015. Estas no son cifras abstractas, sino indicios palpables de que la economía sigue aportando importantes beneficios a su pueblo.

¿Estancamiento político?

La política en Mauricio suele funcionar bastante bien; las transiciones de gobierno siempre se han llevado a cabo a través de las urnas y el debate político casi nunca se adentra en terrenos pantanosos. Pero si se habla de política con muchos mauricianos enseguida se verá que en este terreno predominan dos problemas. El primero es que aquí los cargos públicos hace mucho tiempo que están reservados a políticos de carrera y a sus familias, con tres nombres recurrentes en toda la historia independiente de la isla: Anerood Jugnauth (el actual presidente, con seis legislaturas desde 1982), Paul Bérenger (la voz de la comunidad franco-mauriciana y seis veces líder de la oposición desde principios de la década de 1980), y el dos veces presidente Navin Ramgoolam (el hijo del líder de la independencia sir Seewoosagur Ramgoolam). Con las mismas caras en el poder durante casi cuatro décadas, muchos mauricianos dudan de que el cambio de verdad se produzca algún día. El segundo problema político es el temor a las enquistadas tensiones étnicas, que explotaron brevemente en 1999 y que siguen latentes bajo la aparente calma de la superficie.

Extremos climáticos

Tal vez Mauricio no sea una de esas islas oceánicas que desaparecerán bajo las aguas con el calentamiento global, pero eso no significa que sea inmune a los efectos del cambio climático. Mauricio y Rodrigues están en una zona climatológica rigurosa: la estación de ciclones empieza en enero, y los ciclones de paso, a veces devastadores, han sido un peligro para la vida en Mauricio desde tiempos inmemoriales. Aun así, el país no estaba preparado para las lluvias torrenciales que soportó a finales de marzo del 2013, que causaron unas inundaciones repentinas, sobre todo en Port Louis, y segaron la vida de 11 personas. El entonces presidente, Navin Ramgoolam, culpó al cambio climático

de la catástrofe. Aunque muchos vieran su declaración como un intento por desviar la atención de la desidia del Gobierno en mantener las infraestructuras básicas (buena parte de la inundación fue culpa de los desagües obstruidos), todo el mundo temió que en sus palabras hubiera algo de verdad.

El impacto del turismo

Muy valiente sería el mauriciano que pusiera en duda los beneficios que el turismo ha aportado al país. Después de todo, la industria ha desempeñado un importante papel en la prosperidad económica de Mauricio durante décadas y el inteligente posicionamiento del país como destino de lujo lo ha protegido de los caprichosos vaivenes que afectan al mercado turístico de precio medio en épocas de recesión. Pero eso no significa que no sufra inconveniencias importantes. La seria escasez de agua en Rodrigues ya ha causado problemas en los hoteles (y a sus habitantes, claro) y se teme por el impacto del turismo a largo plazo en los recursos de la isla. Y aunque el turismo contribuya sólidamente en proyectos para restaurar hábitats y para recuperar especies amenazadas en la costa este (p. ej. en la Île aux Aigrettes y el Vallée de Ferney), preocupa cada vez más la sostenibilidad de actividades como el submarinismo y la observación de delfines en el oeste y su impacto medioambiental.

Historia

Mauricio no estaba habitada cuando llegaron los colonizadores europeos. Dicho esto, su historia, a diferencia de la de otras muchas islas pequeñas donde la colonización consistió en la rápida y despiadada aniquilación de su población indígena, está afortunadamente exenta de episodios de brutalidad, al menos hasta la aparición de la esclavitud. Este contexto histórico es clave para entender la cultura de tolerancia del país y la fácil aceptación de todas sus gentes: en este crisol multicultural no hay ninguna comunidad que pueda reclamar prioridad sobre las otras.

Los primeros colonizadores

En el s. x los mercaderes árabes ya conocían Mauricio, a la que llamaron injustamente Dina Arobi (isla de la Desolación). Los primeros europeos que descubrieron estas islas

DIEGO GARCÍA Y LA INFAMIA DE CHAGOS

Uno de los desmanes más olvidados de la historia colonial británica es el exilio secreto de los isleños de Chagos de su tierra natal, en las décadas de 1960 y de 1970, para arrendar la isla principal, Diego García, al ejército de EE UU.

Los británicos escindieron las islas Chagos del territorio de Mauricio antes de la independencia, en 1965, y aun hoy, Mauricio y el Reino Unido siguen disputándose la soberanía de las islas. Los isleños fueron "reubicados" en Mauricio y las Seychelles entre 1965 y 1973. Ahora unos 5000 viven en extrema pobreza en los arrabales de Port Louis, donde siguen luchando por su derecho a regresar a casa. En 1982, los británicos les ofrecieron una irrisoria indemnización de 4 millones de libras a cambio que renunciaran por escrito a sus derechos (muchos no se dieron cuenta de lo que estaban firmando).

En el 2000, el Tribunal Supremo del Reino Unido dictaminó que los chagosianos habían sido desalojados ilegalmente y ratificó su derecho a la repatriación. Como no sucedió nada, los chagosianos volvieron a recurrir a los tribunales. En octubre del 2003, el juez rechazó su petición de una mayor indemnización, aunque reconoció que el Gobierno británico había tratado a los isleños "de forma vergonzosa" y que la compensación había sido inadecuada. En mayo del 2007, los chagosianos ganaron otro caso en el Tribunal de Apelación de Londres, donde se calificó el comportamiento del Gobierno de inmoral y de abuso de poder. Los jueces del caso también rechazaron emplazar un sobreseimiento de la resolución, lo que significaba que los chagosianos podían regresar a las islas (menos a Diego García) con efecto inmediato. En el 2008, se anuló el caso. El archipiélago de Chagos había sido cedido al ejército estadounidense hasta el 2016, mientras los isleños siguen luchando por sus derechos a través del Tribunal Europeo de Derechos Humanos. Cuando este libro se terminó, aún no se sabía que pasaría en el futuro.

John Pilger ofrece su punto de vista sobre la historia en su documental *Stealing a Nation* (2004). Se puede ver en línea. Más información en www.chagossupport.org.uk. También es recomendable el libro de David Vine, *Island of Shame*.

desiertas fueron los portugueses en 1507 pero estuvieron más interesados en el comercio que en ocupar el territorio.

En 1598 un grupo de marinos neerlandeses desembarcó en la costa sureste, en el actual Vieux Grand Port, y reivindicó la isla para los Países Bajos. Durante los 40 años siguientes los neerlandeses utilizaron la isla como una fuente de abastecimiento en su ruta a Batavia (Java), pero más tarde decidieron instalarse cerca de su primer lugar de desembarco. En Vieux Grand Port, cerca de Mahébourg, aún se pueden ver las ruinas de la colonia y hay un museo.

No obstante, la colonia nunca prosperó y los neerlandeses la abandonaron en 1710. Aun así, dejaron su impronta: fueron los responsables de la extinción del dodo e introdujeron esclavos procedentes de África, ciervos de Java, jabalíes, tabaco y, sobre todo, azúcar de caña.

Île de France

Cinco años después de la marcha de los neerlandeses, llegaron los franceses, cuando el capitán Guillaume Dufresne d'Arsel, tras zarpar desde la actual Reunión, recaló en Mauricio y la reclamó para Francia en 1715. La isla fue rebautizada como Île de France, pero no pasó gran cosa hasta la llegada en 1735 del resolutivo gobernador Bertrand François Mahé de Labourdonnais, el primer héroe colonial de Mauricio. No solo transformó Port Louis en un próspero puerto sino que también construyó la primera azucarera y trazó una red de caminos.

Fue por esta época cuando ocurrió el suceso más conocido de Mauricio: una tormenta hizo que el *St Géran* zozobrara frente a la costa noreste en 1744. El naufragio sirvió de inspiración a Bernardin de St-Pierre para escribir la novela romántica *Pablo y Virginia,* un temprano *bestseller.*

Como los ingleses ganaban hegemonía en el océano Índico a finales del s. XVIII, Port Louis se convirtió en una guarida de piratas y corsarios (marinos mercenarios pagados por un país para asediar a los barcos enemigos). El corsario franco-mauriciano más famoso fue Robert Surcouf, que sembró el caos entre las flotas británicas.

En 1789, los colonos franceses de Mauricio se comprometieron con la Revolución francesa y se deshicieron de su gobernador. Pero fueron demasiado lejos en algunas políticas: se negaron a liberar a sus esclavos cuando se decretó la abolición de la esclavitud en París en 1794.

Dominio británico

En 1810, durante las Guerras Napoleónicas, los británicos se abalanzaron sobre Mauricio como parte de su ambicioso proyecto de controlar el Índico. Empezaron con mal pie, pues fueron derrotados en la batalla de Vieux Grand Port. Sin embargo, pocos meses después, las tropas británicas desembarcaron en Cap Malheureux, en la costa norte, y ocuparon la isla.

Los nuevos gobernadores británicos rebautizaron la isla como Mauricio, pero permitieron a los franco-mauricianos conservar su idioma, su religión y su sistema legal, y las vitales plantaciones de caña de azúcar de las que dependía su economía. Al final, la esclavitud se abolió en 1835, cuando en la isla había ya más de 70 000 esclavos. Se trajo a trabajadores de la India y China para reemplazarles o para hacerles de refuerzo. Hasta 500 000 hindúes aceptaron la promesa de una vida mejor en Mauricio, pero, a menudo, se encontraron viviendo y trabajando en condiciones atroces por una paga ridícula.

Al ser una población tan numerosa, la mano de obra hindú poco a poco fue adquiriendo mayor peso en el funcionamiento del país. La visita del político y líder espiritual hindú Mahatma Gandhi a Mauricio en 1901 para presionar por los derechos civiles dio un empujón a su lucha. Sin embargo, el detonante definitivo fue la introducción del sufragio universal en 1958, y la personalidad clave fue el Dr. (más tarde sir) Seewoosagur Ramgoolam. Fundador del Partido Laborista en 1936, Seewoosagur Ramgoolam se puso al frente de la lucha por la independencia, que se concedió al final en 1968.

Independencia

El presidente de la recién independizada Mauricio fue, como no podía ser de otra manera, sir Seewoosagur Ramgoolam. Estuvo en el cargo durante 13 años y fue una figura muy venerada hasta su muerte en 1985. Muchos edificios públicos llevan hoy su nombre.

Desde su muerte el panorama político ha estado mayormente dominado por tres personajes: Anerood Jugnauth, el líder hindú del Mouvement Socialiste Militant (MSM); el franco-mauriciano Paul Bérenger, con su izquierdista Mouvement Militant Mauricien (MMM); y Navin Ramgoolam, hijo de sir Seewoosagur y líder del Mauritian Labour Party. Los dos primeros partidos formaron su primer gobierno de coalición en 1982, con Jugnauth como presidente y Bérenger como ministro de Economía. En los años siguientes, los dos hombres entraron y salieron del Gobierno, unas veces compartiendo poder y otras, como fuerzas opuestas, de acuerdo al complejo y cambiante tejido de lealtades que animan la política mauriciana. En 1995 y en el 2005 Navin Ramgoolam derrotó a la coalición MSM-MMM con su propia coalición, la Alliance Sociale.

Mientras tanto, la economía de Mauricio estaba experimentando un pequeño milagro. Hasta la década de 1970, se sustentaba en el azúcar, que representaba más del 90% de las exportaciones del país, cubría gran parte de su suelo fértil y era, con diferencia, la industria que generaba más puestos de trabajo. No obstante, cada cierto tiempo, los ciclones devastaban las plantaciones, o el precio del azúcar caía en todo el mundo trayendo consigo amargas consecuencias.

Desde la década de 1970, el Gobierno se dejó la piel por impulsar los servicios textiles, turísticos y financieros con ayuda de la inversión extranjera. Pronto Mauricio se convirtió en uno de los mayores exportadores de tejidos del mundo, con prendas de Ralph Lauren, Pierre Cardin, Lacoste y otras marcas famosas elaboradas en la isla. Los ingresos por turismo también se dispararon, aunque el objetivo del Gobierno era apuntar al mercado de lujo.

La estrategia dio sus frutos. En las décadas de 1980 y 1990 la economía insular creció a un porcentaje rabiosamente saludable del 5% al año. El desempleo cayó desde un alarmante 42% en 1980 a menos del 6% en el 2000 y el nivel de vida general mejoró. Aun así, las tasas de desempleo y pobreza se mantuvieron altas entre la población criolla (de origen africano y europeo), cuya mayoría se sentía frustrada por su falta de poder político frente a la mayoría hindú. Estas tensiones se propagaron por las calles de Port Louis en 1999, desatadas por la muerte mientras estaba en custodia policial del cantante Kaya, un apasionado defensor de los derechos de la población criolla desfavorecida. Los disturbios tuvieron paralizado el país durante cuatro días y obligaron al Gobierno a hacer concesiones políticas.

Cultura

A menudo se cita a Mauricio como ejemplo de armonía racial y religiosa y lo es si se la compara con el resto de los países, de modo que apenas se verán signos de conflicto en la superficie. No obstante, aún existen discrepancias raciales entre la mayoría hindú y las minorías musulmanas y criollas, que son uno de los pocos puntos críticos en la política local. Dichos conflictos solo afloran a la superficie durante las elecciones, cuando los partidos juegan descaradamente la baza de la raza.

Nivel de vida

Como resultado de la bonanza económica y la estabilidad política, el nivel de vida generalizado ha mejorado en los últimos años y ahora la mayoría de las casas tienen instalación de agua y electricidad. Sin embargo, la diferencia entre ricos y pobres es cada vez mayor. Se calcula que el 20% de la población mejor situada gana el 45% de las rentas totales y que el 10% (aprox.) vive por debajo de la línea de pobreza. El sueldo de un peón es de solo 6000 MUR al mes; el de un profesor, de 12 000 MUR. Hay muy poca gente mendigando en mercados, calles y mezquitas porque la pobreza se lleva con discreción.

Los mauricianos dan mucha importancia a la educación, no solo para acceder a un mejor empleo, sino como objetivo en sí mismo. Se tiene en muy alta estima a los abogados, médicos y profesores. Para muchos, la cumbre del éxito es llegar a ser funcionario, aunque esto está empezando a cambiar porque están subiendo los salarios de los empresarios.

Una identidad nacional

Pese a ser un país relativamente joven con una población diversa, y aunque muchos mauricianos se ciñen a su origen étnico como patrón de identidad, existe un fuerte sentido de identidad nacional que está por encima de los vínculos raciales y culturales.

De las diversas fuerzas que mantienen unidos a los mauricianos, la más importante es el idioma; no el inglés, que es el oficial, sino el criollo, que es la lengua materna del 70-80% de la población y que entienden casi todos los isleños. Otro vínculo común es que todos los mauricianos son inmigrantes o descendientes de inmigrantes. La comida y la música son otros elementos unificadores, como lo es la vida familiar, muy importante en el país.

Mauricio es además una comunidad pequeña y muy unida. El hecho de vivir tan cerca unos de otros rompe barreras y aumenta el entendimiento entre los diferentes grupos. El respeto y la tolerancia están profundamente arraigados en todos los sectores de la sociedad, a pesar de los brotes puntuales de tensión racial.

Vida en familia y papel de la mujer

En general, cada grupo étnico conserva un estilo de vida similar al de sus países de origen, aunque sean mauricianos de segunda o tercera generación.

Con frecuencia, varias generaciones viven juntas bajo un mismo techo y el principal núcleo social es la familia con sus parientes; prueba de ello es el tamaño de los pícnics dominicales en familia. La seguridad social

PROTOCOLO EN MAURICIO

Los mauricianos tienen fama (merecida) de tolerantes. Dicho esto, hay pocas "normas" de comportamiento a tener en cuenta.

Cómo vestir Claro que se puede ir en bañador por las playas y aledaños, pero ir ligero de ropa en otros sitios puede molestar. El nudismo está prohibido; las mujeres pueden hacer toples en las piscinas de algunos hoteles pero no en las playas.

Templos y mezquitas No se puede entrar con minifalda ni camisetas de tirantes, y hay que descalzarse antes. Muchos templos y mezquitas no permiten hacer fotografías, y algunos templos hinduistas piden al visitante que se quite todos los complementos de piel (el cinturón, p. ej.). En las mezquitas de algunas zonas, hay que cubrirse la cabeza (llévese siempre un pañuelo encima). Nunca hay que tocar la talla o imagen de una deidad.

MUJERES EN MAURICIO

➡ Índice de mortalidad maternal por 100 000 partos: 53

➡ Esperanza de vida para hombres/mujeres: 71,94/79,03 años

➡ Alfabetización de adultos, hombres/mujeres: 92,9/88,5%

➡ Tasa de fertilidad: 1,76 niños por mujer

tiene poca cobertura en Mauricio; la gente depende de su familia en momentos de necesidad. Los mauricianos suelen casarse a los 25 años; la mayoría de esposas se queda en casa cuidando de la familia mientras los maridos salen a ganarse el pan. Entre las familias hindúes se siguen concertando los matrimonios y el sistema de castas, de alguna manera, también está vigente. Dentro de todos los grupos, la religión y las instituciones religiosas siguen desempeñando un papel central en la vida comunitaria.

Como ocurre en otros lugares, este patrón tan tradicional está empezando a romperse porque la generación más joven se vuelve más individualista y occidentalizada. Los jóvenes no tienen ningún problema en relacionarse con personas de otras comunidades y cada vez hay más matrimonios interraciales.

Otros cambios que ganan fuerza son el crecimiento del consumismo y la aparición de una clase media hindú y china. Las parejas de clase media es más probable que tengan casa propia y menos niños, y hasta es posible que la mujer trabaje fuera de casa. Las estadísticas también muestran un ligero descenso de matrimonios, no así de divorcios, que se han duplicado en los últimos 20 años.

ESTADÍSTICAS

➡ Población: 1,34 millones de hab.

➡ Tasa de crecimiento: 0,64%

➡ Menores de 15 años: 20,74%

➡ Promedio de edad: 34,4

➡ Índice de población urbana: 39,7%

➡ Densidad de población: 651,7 personas por km^2 (mayor que en Holanda; una de las más altas del mundo)

A la igualdad de la mujer aún le queda un largo camino por recorrer en Mauricio. Muchas mujeres tienen que aceptar trabajos mal pagados y no cualificados, normalmente en fábricas textiles o como servicio de limpieza. Incluso a las féminas mejor preparadas les costará ascender en el sector privado, aunque les va un poco mejor en el servicio público. En el 2003, el Gobierno aprobó una ley para evitar la discriminación y fundó un departamento independiente para investigar los casos, incluido los de acoso sexual en el trabajo. Dicho departamento también se encarga de aumentar los niveles de concienciación y de educar a los empresarios sobre la igualdad de oportunidades.

La sociedad mauriciana

En Mauricio hay cinco grupos étnicos: los indo-mauricianos (68%), los criollos (27%), los chino-mauricianos (3%), los franco-mauricianos (1%) y los residentes sudafricanos (1%), nuevos en el crisol multicultural de la isla. También es probable encontrarse con los antiguos habitantes del archipiélago de Chagos, pero es una comunidad pequeña.

INDO-MAURICIANOS

La población hindú (hinduista la mayoría) desciende de los trabajadores que fueron empleados en los campos de caña de azúcar. Hoy, los hindúes constituyen el grueso de la clase obrera y agrícola, y poseen muchos de los negocios pequeños y de tamaño medio de la isla, sobre todo de manufacturas y tiendas minoristas. En localidades de la meseta central como Rose Hill se respira un ambiente hindú muy marcado.

Además, los hindúes también están muy presentes en la vida pública. En las elecciones locales se producen alineaciones raciales, y como los indo-mauricianos están en mayoría, suelen ganar en las urnas. El franco-mauriciano Paul Bérenger, que gobernó el país entre el 2003 y el 2005, fue el primer presidente no hindú en la historia del país.

CRIOLLOS

El siguiente colectivo más numeroso es el de los criollos, descendientes de los esclavos africanos, con diferentes generaciones de antepasados europeos. Los criollos, en conjunto, forman el sector más desamparado de la sociedad. Aunque la Constitución mauriciana prohíba cualquier forma

KAYA

El 21 de febrero de 1999 fue un día negro para Mauricio y aún más funesto, si cabe, para la comunidad criolla: el cantante Joseph Topize (apodado Kaya) fue hallado muerto en su celda, supuestamente víctima de la brutalidad policial, tras ser arrestado por fumar cannabis después de una manifestación a favor de su legalización.

Como pionero del *seggae*, peculiar fusión de *reggae* y ritmos tradicionales del *séga*, Kaya dio voz a los criollos desfavorecidos de todo el país. Su muerte dividió a la sociedad mauriciana por una línea racial, desencadenando cuatro días de disturbios violentos que se cobraron varias víctimas mortales y paralizaron todo el país.

Una autopsia exculpó a la policía pero los sucesos obligaron al Gobierno, dominado por hindúes, a reconocer *le malaise Créole*: el descontento de los criollos, la mayoría en situación de pobreza, en un país gobernado por los hindúes desde la independencia. Es un malestar que, aún hoy, hierve a fuego lento, casi 18 años después de la muerte del cantante.

Como contraste a estos escenarios violentos, la música de Kaya es todo energía positiva. El álbum clásico *Seggae Experience* es un tributo a la visión singular del cantante.

de discriminación, no cabe duda de que la minoría criolla ha estado marginada social, económica y políticamente.

La mayoría tiene trabajos mal pagados o vive como puede de la pesca o la agricultura, con escasas posibilidades reales de mejora. A los criollos les cuesta mucho más encontrar un trabajo, en parte debido a sus bajos niveles de alfabetización, pues pocos niños criollos completan la escuela secundaria porque se les necesita para sacar adelante a la familia.

Rodrigues es el epicentro de la cultura criolla en Mauricio, donde forman el 98% de la población.

CHINO-MAURICIANOS

La mayoría de los 30 000 chino-mauricianos se dedica a algún tipo de comercio. La comunidad china no es numerosa, pero desempeña un papel desproporcionado en la economía del país, aunque tiende a evitar la política. La mayoría llegó al país como emprendedores autónomos y se instaló en las ciudades, sobre todo en Port Louis. En cada pueblo hay como mínimo una tienda llevada por chinos.

FRANCO-MAURICIANOS Y RESIDENTES EXTRANJEROS SUDAFRICANOS

Los franco-mauricianos son los descendientes de los *grands blancs* ("blancos ricos"), que fueron los primeros colonos europeos y quienes no tardaron en repartirse las mejores tierras cultivables en el s. XVIII. Poseen la mayoría de las azucareras, bancos y grandes empresas, y suelen vivir en señoriales residencias privadas en las colinas próximas a Curepipe. También poseen casi todas las casas lujosas de veraneo de la costa. Muchos se han ido a vivir definitivamente a Sudáfrica, Australia y Francia. De hecho, ahora hay más sudafricanos residiendo en la isla (concentrados en la costa oeste) que franco-mauricianos.

Religión

En Mauricio los vínculos entre religión y raza son muy estrechos, y la tolerancia religiosa, notable. En muchas partes del país, las mezquitas, las iglesias y los templos hinduistas están muy próximos entre sí, a veces incluso comparten pared, como en Floréal.

Según cifras oficiales, el 48,5% de la población es hinduista, todos de origen o etnia hindú. Los festivales desempeñan un importante papel en la fe hinduista y el calendario está plagado de animadas fiestas.

En Mauricio se palpa un cierto resentimiento hacia los hinduistas, no por razones religiosas, sino porque la mayoría domina la vida política y la administración pública. Hasta ahora, con la bonanza económica, este resentimiento solo ha derivado en quejas sobre discriminación y trato de favor, pero se teme que esto pueda cambiar si la economía empieza a tambalearse.

Casi una cuarta parte de la población es católica romana. La mayoría de los criollos practica el catolicismo, pero con los años han ido incorporando algunos elementos del vudú. La mayoría de franco-mauricianos también lo son y algunos chinos e hindúes se han convertido, sobre todo por razones matrimoniales.

MALCOLM DE CHAZAL

Pocas figuras destacan tanto en el mundo de las artes del s. xx de Mauricio como Malcolm de Chazal. Aparte de ser el padre de la literatura moderna de Mauricio, este artista surrealista pintó obras cargadas de luz y de energía: la más famosa es *Dodo azul*. La Galerie du Moulin Cassé de Pereybère expone su obra.

Los musulmanes constituyen más o menos una quinta parte de la población. Al igual que los hinduistas, los musulmanes mauricianos proceden originariamente de la India. El islam en Mauricio, donde convive estrechamente con otras religiones, suele ser bastante liberal. La asistencia a las mezquitas es alta y muchas mujeres musulmanas llevan el *hijab*.

Los chino-mauricianos son los menos propensos a mostrar el culto que practican. La única y gran excepción es el Año Nuevo chino, que se celebra en Port Louis con mucha animación. Además, hay algunos templos chinos dispersos en la capital.

Artes

La literatura y las bellas artes de Mauricio beben de la tradición francesa, pero la música tiene orígenes africanos muy presentes.

Literatura

Mauricio ha facilitado el telón de fondo para no pocas novelas históricas, pero es el talento patrio al alza el que enorgullece más a los mauricianos.

LIBROS DE AUTORES MAURICIANOS

Quienes deseen leer una novela mauriciana del s. xx deberían probar con alguna obra de Malcolm de Chazal: las más famosas son *Sens-Plastique* y *Petrusmok*. Al castellano se han traducido *Sentido mágico* e *Historia del dodo*. Chazal fue un excéntrico solitario pero inspiró a toda una generación de escritores locales. Sus obras son una mezcla sumamente original de poesía y filosofía, con alguna que otra declaración concisa del tipo "Evítese a las personas limpias con la mirada sucia".

De los escritores vivos, el más conocido en el ámbito internacional probablemente sea Carl de Souza. En su novela *Le Sang de l'Anglais* ofrece una mirada a la relación a menudo ambivalente entre los mauricianos y sus países de origen, mientras que *La Maison qui Marchait Vers le Large*, ambientada en Port Louis, se centra en el conflicto entre comunidades. *Les Jours Kaya* es un libro de madurez enmarcado en el estallido de violentos conflictos raciales que siguió a la muerte del cantante criollo Kaya.

Otros novelistas contemporáneos a destacar son Ananda Devi, Shenaz Patel y Nathacha Appanah-Mouriquand, entre otros. Desgraciadamente sus obras solo se encuentran en francés.

LIBROS AMBIENTADOS EN MAURICIO

La aportación más conocida de Mauricio al mundo de la literatura (inherente ya a la historia de la isla) es la novela romántica *Pablo y Virginia*, de Bernardin de St-Pierre, que se publicó en 1788. La descripción de los paisajes es preciosa, pero su ultramoralista drama tal vez haya quedado algo anticuado.

La sesgada historia de amor de Joseph Conrad *"Una sonrisa de la fortuna"*, relato breve recogido en *Entre tierra y mar* (1912), está situada en Mauricio, aunque el autor no es precisamente muy halagador con el lugar. Situada a finales del s. xix, permite, sin embargo, hacerse una la idea de la actividad mercantil de la época y de la curiosa mezcla de negros, criollos, *culis* y franceses desarraigados que entonces vivían en Mauricio. Quien visite la isla enseguida identificará la descripción que hace Conrad de Mauricio como la "Perla del océano... una perla que condensa gran parte de la dulzura del mundo" (en sentido irónico) pero, sin duda, comprobará que los actuales habitantes son infinitamente más tratables que los personajes descritos en el relato.

Música y danza

Hoy en todas partes se escucha *séga*, la música criolla, pero a principios del s. xx estaba totalmente vilipendiada. El cantante criollo Ti Frère, cuya canción "Anita" es hoy un clásico, fue quien la recuperó a principios de la década de 1950. Aunque falleció en 1992, Ti Frère sigue siendo la estrella de *séga* más popular del país. Entre las bandas y los cantantes criollos más recientes y con más seguidores están Cassiya, Fanfan y el prolífico Jean-Claude Gaspard.

En Rodrigues el *séga* evolucionó de forma un poco diferente. Allí la percusión tiene mayor presencia en el llamado *séga tambour*.

En la isla las bandas de acordeones también son célebres por su repertorio sorprendente de canciones, que incluye valses, polcas, *quadrilles* y *reels* escoceses. A lo largo de los años los isleños las aprendieron de los marinos europeos de paso y poco a poco calaron en la música folclórica local. Ahora no hay celebración en Rodrigues sin banda de acordeones.

Kaya, un músico criollo, inventó el *seggae,* un nuevo género musical que mezcla elementos del *séga* y del *reggae*. Con su banda Racine Tatane, Kaya dio voz a los criollos desencantados de la isla. Desgraciadamente el cantante murió mientras estaba bajo custodia policial en febrero de 1999. Tras los pasos de Kaya, Ras Natty Baby y su Natty Rebels son una de las bandas de *seggae* más populares; las ventas recibieron un último empujón cuando Natty Baby fue encarcelado por tráfico de heroína en el 2003...

Últimamente, el *ragga,* una mezcla de *house music,* música tradicional hindú y *reggae,* tiene muchos seguidores. Entre las bandas mauricianas de *ragga* están Black Ayou y los Authentic Steel Brothers.

Artes plásticas

Históricamente, los artistas de Mauricio se dejaron llevar por lo que ocurría en Europa, sobre todo en Francia. Por raro que parezca, algunos grabados y óleos de paisajes mauricianos de los ss. XVIII y XIX se pueden confundir con paisajes europeos. La estatua clásica de Pablo y Virginia en el Blue Penny Museum

J. M. G. LE CLÉZIO

Mauricio puede reclamar (en cierto sentido) a un ganador del Premio Nobel de Literatura. El escritor francés, J. M. G. Le Clézio, galardonado con el Nobel en el 2008, es de padre mauriciano y sitúa bastantes de sus novelas en Mauricio, de las cuales *El buscador de oro* se ha traducido al español.

de Port Louis y la del rey Eduardo VII en el Champ de Mars Racecourse de la ciudad son obra del escultor más conocido de Mauricio, Prosper d'Épinay.

El mercado turístico es el que define las tendencias del arte contemporáneo de Mauricio. Vaco Baissac es un artista que tiene obras en todas partes, que se reconocen al momento por sus manchas de color silueteadas en negro, como si de un vitral se tratara. Su Galerie Vaco está en Grand Baie.

Hay otros artistas con éxito comercial, como Danielle Hitié, un minucioso paisajista de mercados y escenas rurales, y Françoise Vrot, conocida por sus expresivos retratos de campesinas. Ambos exponen en galerías de Grand Baie, donde Vrot además tiene su estudio.

Conviene estar atento a las exposiciones de artistas contemporáneos más innovadores, tales como Hervé Masson, Serge Constantin, Henry Koombes y Khalid Nazroo. Todos han probado las mieles del éxito internacional pero no están tan presentes en la isla.

¡'SÉGA'!

El séga es una combinación potente de música y danza concebida originalmente por los esclavos africanos como escape a las injusticias que sufrían a diario. Al final de una dura jornada en los campos de cañas de azúcar, las parejas bailaban *séga* al son de los tambres y en torno a las hogueras de la playa.

Precisamente la arena es la causa (o los grilletes, según algunos) que en esta danza apenas se muevan los pies. Consecuentemente, cuando hoy se baila *séga*, los pies nunca se despegan del suelo. El resto del cuerpo lo compensa con creces y el resultado, cuando el fuego arde bien, puede ser extremadamente erótico. En el ritmo y la percusión del *séga*, se pueden ver o notar vínculos con la salsa latinoamericana, el calipso caribeño y las raíces africanas. Es un baile personal y visceral donde la música posee a los bailarines que se dejan llevar por el ritmo.

El *ravanne,* una especie de pandereta de piel de cabra, suele marcar el ritmo, al principio suave y lento, pero que evoluciona hacia un frenesí que contagia a intérpretes y espectadores. Con mucha suerte, se coincidirá con los bailes que se improvisan en fiestas de playa o barbacoas familiares. De lo contrario, el viajero tendrá que conformarse con las veladas menos genuinas de *séga* que ofrecen algunos bares y restaurantes pero casi todos los hoteles grandes, a menudo combinadas con un bufé mauriciano.

Arquitectura

Buena parte del patrimonio arquitectónico de Mauricio ha quedado enterrado bajo un mar de hormigón, pero afortunadamente han sobrevivido algunas mansiones de la época colonial.

ARQUITECTURA COLONIAL

En el 2003, el Gobierno creó la National Heritage Fund para que se encargara de la conservación de los edificios históricos del país. Las casas de las plantaciones de los ss. XVIII y XIX han corrido mejor suerte y aún se las puede ver en todo su esplendor, aisladas entre cañaverales. Muchas son privadas y están cerradas al público, como Le Réduit, cerca de Moka, que ahora es la residencia oficial del presidente. Otras se han rehabilitado como museos o restaurantes.

Los primeros colonos franceses naturalmente trajeron consigo los estilos arquitectónicos de casa. Con los años la arquitectura evolucionó para adecuarse mejor al calor y humedad del trópico, de ahí que haya tantas haciendas que han sobrevivido a las inclemencias del tiempo.

En muchos de estos edificios, las florituras arquitectónicas que, a primera vista, parecen ornamentales (tejados abovedados y biombos decorativos agujereados) en realidad sirven para que la casa se mantenga fresca y seca. El trazo más característico es el tejado de tejas con torrecillas ornamentales y el desván con filas de ventanas. Estos detalles a lo tarta nupcial disimulan un tejado abovedado, que permite la circulación del aire. Otro elemento característico es la ancha y despejada *varangue* (veranda), donde las persianas de rafia, los ventiladores y las macetas con plantas crean una zona refrescante.

Los tejados, ventanas y voladizos suelen estar rematados por unos delicados *lambrequins* (rebordes decorativos de madera) que, a modo de encaje, son puramente ornamentales. En el conjunto reina el tema botánico, desde sencillos y repetitivos motivos florales a elaborados frisos agujereados.

Los *lambrequins,* los tejados de tejas y las verandas o balcones de hierro forjado también están presentes en las casas señoriales coloniales. Los edificios más prestigiosos se construyeron en ladrillo, o incluso en piedra, de ahí que hayan resistido mejor los ciclones y las termitas. En Port Louis, la Government House y otros edificios que bordean Place d'Armes son buenos ejemplos.

LA MEJOR ARQUITECTURA COLONIAL

Las siguientes mansiones coloniales, muy recomendables, abren al público. Aparte de las virtudes históricas y estéticas inherentes a los edificios, visitándolos se hace un atestado de su belleza y valor que quizás allane el camino para que otros muchos edificios se recuperen y restauren.

➡ Eureka (p. 59), Moka

➡ Government House (p. 49), Port Louis

➡ Château Labourdonnais (p. 82), Mapou

➡ National History Museum (p. 108), Mahébourg

➡ Hôtel de Ville (p. 61), Curepipe

➡ Le Jardin de Beau Vallon (p. 115), cerca de Mahébourg

➡ Domaine des Aubineaux (p. 61), Curepipe

➡ St Aubin (p. 120), Rivière des Anguilles

➡ Le Château Restaurant (p. 120), Bel Ombre

ARQUITECTURA CONTEMPORÁNEA

Se han llevado a cabo algunos intentos, pocos, por levantar estructuras contemporáneas atrevidas, con el complejo Le Caudan Waterfront de Port Louis como el más elogiado de los últimos años. Dada su céntrica ubicación en la capital, los arquitectos decidieron incorporar elementos de la arquitectura tradicional que se hallaba alrededor de Place d'Armes pero, sobre todo, de los cercanos edificios de los astilleros de piedra y acero.

Hay otro proyecto en ciernes, aunque parado de momento, de construir un complejo al estilo Caudan en la aletargada Mahébourg. No obstante, ya está adquiriendo forma en Black River el primer puerto de yates de lujo del país: La Balise Marina.

Comida y bebida

En toda la isla hay una cocina similar: una rica y deliciosa mezcla de especias hindúes e ingredientes frescos locales con notorias influencias de las cocinas china, francesa y africana. La comida de Rodrigues es bastante diferente, menos picante pero con más fruta natural y judías.

Alimentos básicos y especialidades

El origen étnico del comensal define cuál de los dos ingredientes básicos, el arroz o los fideos, consume a diario. Un chino-mauriciano puede empezar el día con un té y unos fideos, un franco-mauriciano con un *café au lait* y un cruasán, y un indo-mauriciano con una *chapatti* (pan fino). Sin embargo, a la hora del almuerzo casi todos disfrutan de una comida caliente, sea esta un picante *carri* (curri) de marisco o unos *mines* (fideos), y una cerveza fresca. La cena es la comida principal del día y se suele comer *en famille* (en familia).

Aunque se coma carne (sobre todo en las cocinas china y francesa; la de venado y la de jabalí son alimentos básicos en Mahébourg, y las características salchichas criollas son siempre populares), los pilares de la cocina mauriciana (independientemente de la cultura) son el pescado y el marisco. El pez espada, a menudo ahumado, gusta mucho, igual que los mejillones, las gambas, la langosta y los calamares. El pulpo *(ourite)* es una especialidad maravillosa, y aparece en todo tipo de guisos, ensaladas, con azafrán o en curri (a veces con papaya verde). El pescado del día casi siempre está muy rico.

En lo que a comida callejera se refiere, el *dhal puri* (*dhal* de lentejas servido en una *chapatti*) y las *boulettes* (albondiguillas chinas al vapor) son fantásticos.

Bebidas

Los mauricianos son muy aficionados a tomar un aperitivo, casi siempre un *apéro* (vermú) o un *ti punch* (ponche), normalmente un cóctel de frutas con ron.

Como era de esperar, la bebida nacional es el ron. Aunque la mayoría de los expertos está de acuerdo en que el ron mauriciano no está a la altura de su equivalente caribeño, hay marcas excelentes, sobre todo Green Island, cuya variedad oscura es muy recomendable. Una excelente manera de conocer los entresijos de la elaboración de los rones locales es visitar la Rhumerie de Chamarel (p. 97), donde de paso se puede disfrutar de una comida maravillosa y catar el producto. Pese a la larga historia de producción de ron en Mauricio, en sociedad la gente prefiere beber *whisky* (un vestigio de los 150 años de gobierno británico).

La cerveza nacional es la Phoenix, una *pilsner* excelente que se produce desde la década de 1960 y que suele recibir premios en festivales de todo el mundo. La otra marca de primera calidad es Blue Marlin, también muy buena.

Además, los mauricianos son grandes bebedores de té (los de Bois Chéri son de cata obligada). El té de vainilla es el más famoso, y resulta delicioso y refrescante incluso en las horas centrales del día. Se podrá ver cómo se elabora y probar en la plantación de té Bois Chéri (p. 122) en el sur de Mauricio.

Durante las fiestas hinduistas y musulmanas se preparan bebidas sabrosas como el *lassi* (bebida hindú de yogur) y la leche de almendras (leche condimentada con almendras y cardamomo).

Dónde comer y beber

Suele haber bastante separación entre los restaurantes "turísticos" y los "locales", sobre todo en los grandes pueblos turísticos. En lugares como Port Louis y la meseta central se nota menos, y en la mayoría de los establecimientos la clientela se mezcla.

Casi todos los restaurantes tienen cartas en inglés o, como mínimo, camareros que lo hablan, de modo que la comunicación es fácil si se domina ese idioma.

La mayoría de los restaurantes sirve diferentes tipos de cocina. Aunque en los mejores hay un chef distinto para cada especialidad, en el resto, la mayoría de los chefs son aceptables preparando un tipo de cocina y no se esmeran tanto en los restantes platos de la carta. La norma a seguir es obvia: que nadie vaya a un restaurante chino a comer un buen curri.

Los mejores establecimientos para comer en todo el país suelen ser las *tables d'hôtes* (comidas que un anfitrión sirve en privado); también las suelen servir los dueños de las pensiones pero muy a menudo no hace falta hospedarse en ellas. Ofrecen un acercamiento único a la vida local, pues se suele comer un buen abanico de platos tradicionales con la pareja anfitriona, a menudo con sus hijos, más algún que otro viajero (o huésped de la pensión). Casi siempre es imprescindible reservar con un día de antelación, aunque siempre vale la pena preguntar (los establecimientos más grandes a veces aceptan invitados de última hora).

MAURICIO COMIDA Y BEBIDA

El elemento criollo es el que más brilla en las *tables d'hôtes*. Quien no como al menos una vez en una *table d'hôte*, se perderá una parte esencial de su cultura gastronómica local.

COMIDA RÁPIDA

Hay muchos lugares con sabrosa comida rápida en Mauricio. Los vendedores callejeros están en cualquier estación de autobuses y plaza mayor, y hay tiendas de comida para llevar en muchos centros comerciales y mercados; ambos ofrecen comidas locales económicas que incluyen exquisiteces hindúes, francesas y chinas. Casi todos los restaurantes, menos los de mayor categoría, también preparan platos para llevar.

En Mauricio, los puestos de carretera que sirven platos como *biryani* (arroz con curri), *rotis* hindúes y *farattas* (tortitas ácimas a modo de hojaldre) son muy populares. Tentempiés como *rotis, dhal puris* (tortitas de lentejas) y *boulettes* (albóndigas chinas al vapor) se sirven en mercados, en las playas públicas y en la capital, y cuestan unas 5-10 MUR.

Vale la pena visitar los evocadores mercados para probar los populares *gâteaux piments* (pasteles de guindilla), que se hacen al momento. También deberían probarse las deliciosas *dhal puris* (tortitas de lentejas), los *rotis,* las *samosas* y las *bhajas* (buñuelos de harina de garbanzo con hierbas o cebolla).

Los restaurantes hindúes y chinos ofrecen comidas y tentempiés rápidos y económicos. Algunas exquisiteces hindúes como *caca pigeon* (un refrigerio hindú) o el famoso *char siu* chino (cerdo a la barbacoa) no tienen desperdicio.

Vegetarianos y veganos

Los vegetarianos comerán bien en Mauricio pero poco variado, una lástima. Los restaurantes hindúes ofrecen las mejores opciones que suelen girar sobre el mismo plato: el *carri de légumes* (curri de verduras). Los restaurantes chinos tampoco están mal para los vegetarianos, pero los establecimientos criollos y franceses son mucho más limitados. Dicho esto, hay un curri de verduras en casi todas las cartas. Los amantes del pescado lo tienen mucho mejor porque en casi todas las casas de comida del país ofrecen marisco fresco y pescado fresquísimos que se preparan a la perfección.

Los veganos lo tendrán más difícil, pero no imposible: la mayoría de los complejos turísticos puede ofrecer opciones veganas si se avisa con tiempo y, los restaurantes hindúes, una vez más, son los que ofrecen más opciones.

Hábitos y costumbres

Cada grupo étnico tiene sus hábitos. Algunos grupos comen con los dedos, otros no comen carne los viernes y algunos se abstienen de comer cerdo; es difícil generalizar.

Aparte de los hoteles y las *chambres d'hôtes* donde los bufés son la norma, los desayunos suelen ser muy rápidos e informales. El almuerzo también es un asunto bastante informal, menos en fin de semana, cuando la familia y amigos se reúnen para compartir los placeres de la mesa. En los restaurantes se ofrecen cartas especiales para almorzar los fines de semana. Antes de cenar, que es una ocasión muy formal, se suelen servir *gajacks* (tentempiés antes de la cena) y un *apéro* (aperitivo) o un *ti punch* (ponche); durante la comida se suele beber vino o cerveza.

En la mesa hay que comportarse con respeto porque comer y beber son actividades sociales importantes. Los lugareños pueden ser estrictos con los modales en la mesa, y se considera de mala educación escoger la comida o mezclarla. Además se da por entendido que se irá arreglado. A menos que el viajero esté en un entorno de playa, ir solo con el bañador o con poca ropa se considera inapropiado; lo normal sería vestir informal, pero aseado. Algunos hoteles de categoría exigen a sus clientes que vayan bien vestidos (pantalón largo y, quizás, una camisa con cuello para los hombres). Si invitan al viajero a comer a una casa, hay que llevar un pequeño obsequio (un ramo de flores o una botella de vino, por ejemplo).

Si se asiste a una comida tradicional hindú o china o a una cena relacionada con una celebración religiosa, hay que comportarse como lo hacen los lugareños. En general, los anfitriones harán lo posible para que el viajero se sienta cómodo, pero si uno no está seguro, hay que preguntar por las costumbres al servirse y el orden de los platos. De tener la oportunidad de asistir a una boda hindú o china, no hay que dudarlo; estas celebraciones son verdaderos festines culinarios.

Medio ambiente

Mauricio atesora mucho en un espacio muy pequeño y la belleza de sus accidentes geográficos (los arrecifes de coral, los espectaculares afloramientos rocosos) desempeña un importante papel en muchas atracciones del país, bien sea como emotivo telón de fondo o como recomendable destino a descubrir. Pero lo realmente interesante es la fauna, desde tortugas gigantes a aves en grave peligro de extinción que se han empezado a recuperar.

El paisaje

Mauricio es el pico de una enorme cadena volcánica que también incluye a Reunión, aunque es mucho más antigua y por eso menos escabrosa que su vecina.

Las montañas más altas de la isla están en el suroeste, desde donde la tierra desciende gradualmente hasta la meseta central para después subir de nuevo hasta la cadena de montañas de curiosas formas de detrás de Port Louis y la Montagne Bambous, al este. Más allá de estas montañas una planicie desciende poco a poco hasta la costa norte.

A diferencia de Reunión, Mauricio no cuenta con volcanes activos, pero sí abunda en temblores por actividad volcánica. Los cráteres extintos y los lagos volcánicos, tales como el cráter Trou aux Cerfs en Curepipe y el lago Grand Bassin, son buenos ejemplos. A lo largo de eones, los volcanes generaron millones de grandes piedras de lava, para gran disgusto de los trabajadores empleados en las granjas que tenían que despejar la tierra para plantar caña de azúcar. No obstante, hay muchas piedras grandes que aún salpican el paisaje y algunas de las que han sido apiladas a modo de ordenadas pirámides están catalogadas como monumentos.

Mauricio también cuenta con algunas islas habitadas y deshabitadas bastante dispersas; Rodrigues, 600 km al noreste, es la más importante. Rodrigues es otro antiguo pico volcánico y está rodeada por una laguna que es dos veces el tamaño de la propia isla.

Mauricio reclama el derecho territorial del archipiélago de Chagos (p. 133), que oficialmente forma parte del British Indian Ocean Territory pero que, se cedió, no sin polémica, al Ejército estadounidense hasta el 2016, con una probable ampliación a 20 años más.

Fauna

La historia de la fauna de Mauricio en realidad no terminó con el dodo. De hecho, la fama que dicha extinción le dio a la isla ha dado un giro de 180° pues en los últimos años se han salvado especies muy amenazadas.

La mejor fuente de información es la Mauritian Wildlife Foundation (MWF; www.mauritian-wildlife.org), fundada en 1984 para proteger y cuidar de las muchas especies insólitas del país. La MWF apoya enérgicamente la creación de parques nacionales y reservas. Ha conseguido recuperar poblaciones de varias especies de aves amenazadas y conservar vegetación endémica. Aunque todo el mundo puede ir a informarse a su oficina, cuesta encontrarla. Sea como sea, su página web es una fuente útil y si se les pregunta algo vía correo electrónico suelen responder. Y, por supuesto, visitar la Île aux Aigrettes, protegida por la MWF, siempre es una maravilla.

Mamíferos

Mauricio solo cuenta con un solo mamífero autóctono: el maravilloso murciélago frugívoro. Se suelen ver durante el crepúsculo cuando salen a buscar comida.

El resto de los mamíferos lo introdujeron los colonos en la isla, con diferentes grados de éxito. Las mangostas son típicas del chapucero remiendo ecológico del pasado (fueron introducidas desde la India a finales del s. XIX para controlar las ratas portadoras de enfermedades). La intención era importar solo a los machos, pero se les colaron algunas hembras y se reprodujeron, bueno; como mangostas. Al poco tiempo había mangostas por todas partes. Aún se pueden ver, igual que a manadas de macacos Rhesus que merodean por el Grand Bassin y las gargantas del río Negro. El sambar de Java lo trajeron los neerlandeses desde Java para tener carne fresca, y los jabalíes, también introducidos, campan por bosque más remotos.

Hay dos especies más de murciélagos, el de las tumbas, de lúgubre nombre, y el murciélago de las cuevas, pero ninguno es endémico de Mauricio.

Mamíferos marinos

Los mamíferos marinos se ven con más frecuencia en la costa oeste de Mauricio. Los delfines tornillo son la especie más común en la bahía de Tamarin, aunque también hay delfines mulares. Desde muchos puntos de la costa oeste salen excursiones en barco para ver delfines, pero preocupa, y mucho (véase p. 88) su impacto en las poblaciones locales.

Muchas especies de tiburón habitan en las aguas de Mauricio, aunque es probable encontrarse con ellos solo si se practica submarinismo en el lado exterior del arrecife; son pocos los que se cuelan en las aguas superficiales de la laguna. Entre las especies más comunes están el tiburón gris y el tiburón toro (costa este), los tiburones de puntas negras y los leopardo (norte), y los tiburones de arrecife de punta blanca (oeste).

De julio o agosto hasta finales de octubre o noviembre, las ballenas jorobadas migran junto a la costa oeste de Mauricio de camino entre el Antártico y las aguas más cálidas cerca del ecuador donde se reproducen y paren. Se cree que los cachalotes habitan frente a la costa oeste de Mauricio, de ahí que estén presentes durante todo el año, aunque en general son más escurridizos que las jorobadas.

La observación de ballenas es sorprendentemente más discreta en Mauricio que en la vecina Madagascar por dos razones: la primera, la temporada principal (que no la única) coincide con la temporada baja turística; y la segunda, la observación de ballenas, a diferencia de la de delfines, se lleva a cabo en alta mar, más allá de la laguna y, por consiguiente, hay que salir en excursiones de un día entero.

Reptiles y tortugas

Mauricio, junto con Reunión y las Seychelles, tuvo en su día la mayor población de tortugas gigantes del planeta, unas verdaderas Galápagos de especies distintas, de las que Mauricio y Rodrigues tenían dos cada una. Rodrigues en particular tuvo en su día la densidad más alta de tortugas de la tierra. Semejante abundancia no duró mucho, y todas las especies de tortugas en Mauricio y Rodrigues se extinguieron durante la época colonial, cuando los marineros y colonos las preferían porque era una fuente de alimento fácil de cazar que proporcionaba carne que se conservaba mejor; se podía mantener a las tortugas con vida con poca comida, lo que resultaba ideal para largas travesías por el océano.

Las únicas especies supervivientes en la región, la tortuga gigante de Aldabra de las Seychelles, fueron introducidas en la Île aux Aigrettes en el 2000 y en otros lugares en

años posteriores. Desde entonces la población de tortugas salvajes ha crecido espectacularmente. Los mejores lugares para verlas son la Île aux Aigrettes; La Vanille, cerca de Souillac; y la François Leguat Reserve, en Rodrigues.

Entre los reptiles autóctonos están el precioso *Phelsuma ornata* y el *Leiolopisma telfairii* (una lagartija con garras), ambos se pueden ver en la Île aux Aigrettes. En Mauricio no hay reptiles peligrosos, o sea, que tranquilidad si se ve algún bicho que repta.

Aves

El dodo tal vez es el antiguo habitante más famoso de Mauricio (durante la época colonial temprana también se extinguieron el rascón rojo y el solitario de Rodrigues), pero la isla también merece ser célebre por las aves que ha salvado. De hecho, un análisis académico llevado a cabo en el 2007 demostró que Mauricio había recuperado más especies de aves (cinco) al borde de la extinción que cualquier otro país del mundo.

Las aves que es más probable ver son las aves cantoras introducidas, como el pequeño fodi rojo, el miná común y el bulbul orfeo. Entre octubre y mayo, el Rivulet Terre Rouge Bird Sanctuary del estuario, al norte de Port Louis, proporciona una importante zona para invernar a aves acuáticas migratorias como el zarapito trinador, el chorlito gris, el andarríos chico y el correlimos zarapitín.

CERNÍCALO DE MAURICIO

En 1974, el bonito cernícalo de Mauricio (que en su día habitaba en cualquier rincón de la isla) era oficialmente el ave más amenazada del planeta, con solo cuatro ejemplares estimados que sobrevivían en estado salvaje, incluida, y de una importancia vital, una hembra. Había otras dos aves rapaces, estas en cautividad. Las razones de esta lamentable situación resultaban demasiado familiares: envenenamiento por pesticidas, destrucción del hábitat y la caza. Un programa de cría en cautividad y un intensivo proyecto de construcción de nidos a prueba de depredadores en estado salvaje han permitido una recuperación sorprendente: ahora hay 400 ejemplares, 250 en el sureste y 150 en el suroeste.

Hay más posibilidades de verlos durante su temporada de cría (ago-feb en el sureste; sep-feb en el suroeste) en el Vallée de Ferney,

MUERTO COMO UN DODO

Las ilustraciones que figuran en los cuadernos de bitácora de los primeros navíos que desembarcaron en Mauricio muestran a centenares de aves rollizas no voladoras corriendo hacia la playa para conocer a los recién llegados. Al no haber depredadores naturales, estos confiados parientes gigantes de las palomas fueron presa fácil de unos marineros famélicos, quienes las llamaron pájaro *dodo* ("estúpido"). Bastaron solo 30 años para que los marinos de paso y sus mascotas y alimañas (perros, monos, cerdos y ratas) llevaran al dodo a la extinción; el último avistamiento registrado fue en la década de 1660.

Casi tan sorprendente como su rápida desaparición son las pocas pruebas que quedan de su existencia. Algunos restos, pocos, regresaron a Europa durante el s. XVIII (un pico desecado acabó en la Universidad de Copenhague, en Dinamarca, mientras que la Universidad de Oxford, en Inglaterra, se las arregló para hacerse con una cabeza entera y una pata) pero hasta hace poco lo que se sabía del dodo se basaba principalmente en los dibujos de los navegantes del s. XVII.

Sin embargo, en 1865, el maestro local George Clark descubrió un esqueleto de dodo en una zona cenagosa donde hoy se encuentra el aeropuerto internacional. Unos científicos volvieron a montar el esqueleto en Edimburgo en el que hoy se basan todas las reconstrucciones de dodo, una de las cuales está expuesta en el Natural History Museum de Port Louis. Hay otra fidedigna reconstrucción de bronce en el bosque de ébanos de la Île aux Aigrettes.

la Lion Mountain y el Kestrel Valley; también es posible verlos, pero menos, en el Black River Gorges National Park.

PALOMA DE MAURICIO

La preciosa paloma de Mauricio también ha sido salvada de la extinción. En 1986 esta ave, que en su día estaba por doquier, había reducido su población a solo 12 ejemplares en estado salvaje, que habitaban cerca del Bassin Blanc, en los confines meridionales del Black River Gorges National Park. Ese año los cinco intentos de anidación fracasaron por culpa de las ratas. La especie parecía estar condenada. Una vez más, un intenso programa de cría en cautividad y de reintroducción al estado salvaje propició que la población creciera, con unos 470 ejemplares estimados repartidos entre el Black River Gorges National Park y la Île aux Aigrettes (donde había 43 en el último recuento). La Mauritian Wildlife Foundation pretende que algún día las palomas de Mauricio cautivas en zoológicos europeos formen parte del programa para aumentar la diversidad genética de la especie.

COTORRA DE MAURICIO

Los alegres colores de la cotorra de Mauricio casi también desaparecen para siempre de la isla. En 1986, sobrevivían entre 8 y 12 ejemplares. Y para colmo de males, era la última de seis especies endémicas de loro que en su día habitaban en la isla. De nuevo, la cría en cautividad, la reintroducción y una intensa gestión por su conservación han permitido que la especie se recuperara hasta los 540 ejemplares, todos en el Black River Gorges National Park. Conviene tener en cuenta que la cotorra de Mauricio se parece mucho a la introducida cotorra de Kramer, que es mucho más común y está más extendida en toda la isla.

El mejor lugar para verlas es junto al Parakeet Trail y al Macchabée Trail, y en el Mare Longue Reservoir.

OTRAS ESPECIES

El anteojitos de Mauricio, un pajarito cantor de Mauricio, ahora no supera las 150 parejas que viven en estado salvaje, con 35 aves en la Île aux Aigrettes. El fodi de Mauricio también ha encontrado un refugio en la Île aux Aigrettes, una buena base para futuros programas de reintroducción.

En Rodrigues, la recuperación del carricero de Rodrigues (de 30 en la década de 1970 a más de 4000, hoy) y la del fodi de Rodrigues (seis pares en 1968; 8000 ejemplares hoy) casi no tiene parangón en los anales de la conservación de fauna.

Islas de la costa como la Île Plate y la Îlot Gabriel, y cerca de Coin de Mire, la Île Ronde y la Île aux Serpents, son buenos lugares para ver aves marinas. Conviene tener en cuenta que las embarcaciones no pueden desembarcar en las tres últimas.

Plantas

Casi un tercio de las 900 especies de plantas de Mauricio son endémicas. Muchas de estas plantas han salido peor paradas que otras introducidas como el guayabo y la alheña, y han sido mermadas por ciervos, jabalíes y monos, todos introducidos. La deforestación general y la creación de monocultivos han empeorado el problema, hasta tal punto de que menos del 1% del bosque primigenio de Mauricio está intacto.

Para tratarse de una isla tropical, en Mauricio no hay muchos cocoteros. En su lugar, las casuarinas (o *filaos*) ribetean la mayoría de las playas. Estos árboles altos y ralos ejercen de eficaz cortavientos y crecen bien en suelo arenoso. El Gobierno los plantó a lo largo de las costas para ayudar a detener la erosión; también se han plantado muchos eucaliptos por la misma razón.

Otros árboles impresionantes y extremadamente visibles son las gigantes higueras de Bengala y los llamativos flamboyanes *(poinciana regia)*.

Una flor que se verá en abundancia es el *anthurium,* en diversos tonos de rojo, con su único y reluciente pétalo y el espádice amarillo que sobresale. La planta, procedente de Sudamérica, se introdujo en Mauricio a finales del s. xix. La flor, que a primera vista parece de plástico, puede vivir tres semanas después de ser cortada, por eso es muy popular como arreglo floral. Ahora se cultiva con fines comerciales para la exportación y se utiliza para engalanar hoteles y salas de reuniones.

El lugar más fácil para ver estas y otras plantas insólitas es el jardín botánico de Pamplemousses.

Hoy, los manglares están disfrutando de un renacimiento en Mauricio. Inicialmente se talaron para reducir las zonas pantanosas donde los mosquitos portadores de malaria se podían reproducir pero hoy se ha descubierto que forma una parte importante en la cadena alimenticia de los peces tropicales, de ahí que se hayan llevado a cabo ambiciosos proyectos para poblar zonas con mangles, especialmente en la costa este.

Parques nacionales

Desde 1988, varias organizaciones internacionales han estado trabajando con el Gobierno para establecer zonas protegidas en Mauricio. Un 3,5% (aprox.) de la superficie terrestre ahora está protegida como parques nacionales, enfocados principalmente a la conservación del ecosistema y como zona de recreo o como reservas naturales.

El Black River Gorges National Park, fundado en 1994 en el suroeste de la isla, es el más grande. Abarca 68 km^2 y protege una amplia variedad de entornos, desde bosque de pinos a matorral tropical, e incluye la mayor zona del país de bosque nativo.

Dos de las reservas naturales más importantes son la Île aux Aigrettes y la Île Ronde (esta cerrada al público), que están siendo cuidadas para recuperar su estado natural sustituyendo las plantas y animales introducidos por especies nativas.

En 1997, se crearon parques marinos en Blue Bay (cerca de Mahébourg en la costa sureste) y Balaclava (en la costa oeste), pero la cantidad de personas que visitan la zona complican que se establezcan rigorosos controles y se necesita estimular a los pescado-

PRINCIPALES PARQUES NACIONALES Y RESERVAS

PARQUE	ATRACCIONES	ACTIVIDADES	MEJOR ÉPOCA
Balaclava Marine Park	laguna, arrecife de coral, zona de desove de tortugas	buceo, submarinismo, barcos con fondo de cristal	todo el año
Black River Gorges National Park	montañas boscosas, cernícalos de Mauricio, paloma de Mauricio, cotorras de Mauricio, árboles de ébano negro	senderismo, observación de aves	sep-ene (para la floración)
Blue Bay Marine Park	laguna, corales, fauna marina	buceo, submarinismo, barcos con fondo de cristal	todo el año
Île aux Aigrettes Nature Reserve	islas de coral, bosques de ébano, paloma de Mauricio, tortugas gigantes de Aldabra, anteojitos de Reunión.	circuitos ecológicos, observación de aves	todo el año

res locales para que utilicen técnicas menos destructivas.

También está el nuevo y diminuto parque nacional de Bras d'Eau, cerca de Poste Lafayette, en la costa este de Mauricio.

Cuestiones medioambientales

El entorno natural de Mauricio ha pagado un precio muy alto por el rápido desarrollo del país. Y pese a los recientes contratiempos económicos, el Gobierno parece más ansioso que nunca por fomentar que los turistas sigan llenando aún más el agujero dejado por una industria azucarera en declive y una industria textil a la baja. Sin embargo, la expansión de instalaciones turísticas está llevando al límite las infraestructuras de la isla y causando problemas como la degradación medioambiental y la demanda excesiva de electricidad, agua y transporte.

Preocupa especialmente la urbanización de la costa (casi todas las playas lo están y la mayoría de las construcciones tienen algo que ver con el turismo). Sin embargo, para los mauricianos las preocupaciones medioambientales siempre son una prioridad: los planes para construir un hotel en la Île des Deux Cocos, en Blue Bay, por ejemplo, se topó con tal oposición que se tuvo que desestimar. Los ecologistas también se enfrentaron fervientemente (y con éxito) al proyecto de trazado de una autopista entre los bosques primigenios del sureste.

Ahora el Gobierno exige una evaluación del impacto medioambiental a todos los proyectos de nueva construcción, incluidos los hoteles de la costa, puertos deportivos y campos de golf, e incluso a actividades como los paseos submarinos. La regulación para cualquier proyecto de construcciones hoteleras en Rodrigues es particularmente estricta: deben ser pequeños, de un solo piso de altura, construido en estilo tradicional y a 30 m como mínimo de la altura máxima del agua. Desde que la escasez de agua es un problema en Rodrigues, los hoteles nuevos deben reciclar su agua.

Para combatir la acumulación de basura y otras formas de degradación medioambiental, el Gobierno ha formado un cuerpo de policía especial encargado de hacer cumplir la legislación y de educar a la población local. Para denunciar a los infractores, hay incluso una línea directa (☎210 5151).

Y por si fuera poco, el entorno marino sufre más si cabe la sobrexplotación. La costa de Grand Baie está siendo afectada especialmente por la presencia de demasiados submarinistas y barcos que se concentran en algunos puntos específicos. Además, la obstrucción por sedimentos y la polución química están creando graves daños a las colonias de coral y mermando las poblaciones de peces. Las salidas sin regular para observar delfines (p. 88) frente a la costa oeste también preocupan por su impacto en la población de dichos cetáceos.

GUÍA PRÁCTICA

🛈 Datos prácticos A-Z

ACCESO A INTERNET

La mayoría de las localidades tiene un cibercafé como mínimo y en casi todos los complejos turísticos, hoteles y pensiones hay acceso a la red. La conexión wifi cada vez es más habitual en los hoteles, pero a menudo se restringe a las zonas comunitarias, aunque puede llegar a algunas habitaciones.

ACTIVIDADES

Mauricio no es solo playa, también es agua, y en ellas se puede practicar desde submarinismo, buceo y *kitesurf* a salidas en kayak y pesca de altura hasta surf de remo. Lejos de la orilla se puede disfrutar de excursiones magníficas, excelentes paseos a caballo y golf de talla mundial.

Catamaranes y cruceros en yate

Salir un día entero en catamarán es una de las actividades más populares en Mauricio y cada año mejora la oferta. Cientos de turistas se embarcan a diario para surcar las aguas color celeste de la laguna y el mar rizado o recalar en islotes costeros y arrecifes poco profundos. Muchas de estas excursiones incluyen almuerzo con barbacoa y/o un rato de buceo.

La mayoría de los operadores ofrece cruceros al atardecer, sin duda, la opción más romántica. Pero para una experiencia un poco más tradicional, en Mahébourg y playas próximas aguardan infinidad de pescadores que han convertido sus barcos en pequeñas naves de recreo. Casi todos los operadores incluyen pequeños bufés para almorzar, bebidas alcohólicas y buceo. Antes de decidirse por uno se recomienda informarse bien, pues hay algunos catamaranes que no tienen permiso para amarrar en las islas. Las agencias de circuitos y los hoteles pueden hacer la reserva en la mayoría de los cruceros. Más

EXCURSIONISMO: SEÑALIZACIÓN

Como norma general, cuando se salga de excursión conviene fijarse en las señales de "Entrée Interdit" (prohibida la entrada), que quizás significa que se está accediendo a un coto de caza. Las señales de "Chemin Privée" (camino privado) suelen estar para impedir el paso de automovilistas; aunque a la mayoría de los terratenientes no les importará ver a algún excursionista. Si no se está seguro, se recomienda preguntar por dónde se puede pasar y por dónde no.

información en www.catamarancruisesmauri tius.com.

Algunas de las excursiones más populares son:

➡ **Île aux Cerfs** (p. 127) Una isla impresionante en la costa este, frente a Trou d'Eau Douce, aunque también se puede ir desde Mahébourg y otros puertos. Se recomienda especialmente a aquellos que suelen marearse a bordo, porque el barco nunca se aparta de las aguas calmas de la laguna.

➡ **Îlot Gabriel** y **Île Plate** (p. 74) Grand Baie es otro epicentro crucerista, con decenas de embarcaciones que se dirigen a las pequeñas islas del norte. Es uno de los mejores cruceros: las islas tienen arrecifes inmaculados y playas tranquilas, y los precios no son tan altos debido a la competencia.

➡ **Île aux Bénitiers** (p. 105) En el lado oeste de la isla, a este popular destino crucerista se puede ir en salidas de medio día o un día entero, con la posibilidad de ver delfines.

Golf

Toda isla paradisíaca que se precie tiene que tener buenos campos de golf y Mauricio cuenta con notables ejemplos, muchos ubicados en complejos turísticos de cinco estrellas.

Algunos de los mejores son:

➡ Four Seasons Resort en Anahita (p. 125), cerca de Trou d'Eau Douce: diseñado por Ernie Els.

RESERVAS EN LÍNEA

En www.lonelyplanet.es el viajero encontrará entre una amplia oferta de hoteles, albergues, pensiones, B&B y apartamentos listos para reservar.

➡ Île aux Cerfs Golf Club (p. 127), Trou d'Eau Douce: diseñado por Bernhard Langer.

➡ Le Saint Géran (p. 129), Pointe de Flacq: en la costa este.

➡ Tamarina (p. 94), Tamarin Bay: magnífico complejo en la costa oeste.

➡ Domaine de Bel Ombre (p. 120), Bel Ombre: campo en perfecto estado junto a la costa sur.

➡ Mauritius Gymkhana Club (p. 61), Vacoas: el cuarto campo más viejo del mundo, y el más antiguo del Índico.

Excursionismo

Para aquellos interesados en actividades distintas a las típicas de playa, Mauricio invita a excursiones fascinantes, sobre todo en el oeste y la meseta central.

Rutas

Es posible recorrer a pie toda la costa sur, empezando con el buen tramo que hay desde Blue Bay a Souillac.

Casi todos los senderos están en las zonas donde la meseta central colinda con las planicies de la costa. Muchos *domaines* (fincas) del sureste cuentan con preciosos senderos que atraviesan bosques primigenios.

Algunas recomendaciones:

➡ Macchabée Trail (p. 100), Black River Gorges National Park

➡ Parakeet Trail (p. 100), Black River Gorges National Park

➡ Le Morne (p. 104), península de Le Morne

➡ Le Pouce y Corps de Garde (p. 60), meseta central

➡ Lion Mountain (p. 117), sureste de Mauricio

Información

Fitsy (www.fitsy.com) es un espectacular portal con GPS detallado e imágenes por satélite de cada senda. Aun así, se recomienda contratar a un guía si se acometen rutas importantes. Aparte de garantizar la orientación, un buen guía aporta valiosos datos sobre la flora y la fauna de la zona.

Operadores

En la isla hay cuatro agencias principales de actividades al aire libre, pero también se puede preguntar en el hotel por algún guía.

➡ Yemaya (p. 98) Excursiones por el Black River Gorges National Park.

➡ Yanature (p. 104) La única empresa que tiene permiso para Le Morne.

➡ Vertical World (p. 101) Black River Gorges National Park y otros lugares del oeste.

➡ Otélair (p. 101) Black River Gorges National Park.

Paseos a caballo

Mauricio cuenta con bonitos campos ideales para montar a caballo. Hay muchos centros ecuestres en la isla: un par de ranchos en el oeste, una cuadra interesante en el sur y varias caballerizas en el norte. Algunos de ellos:

➡ La Vieille Cheminée (p. 98), Chamarel
➡ Les Écuries du Domaine (p. 59), Pailles
➡ Horse Riding Delights (p. 66), Mont Choisy
➡ Domaine de l'Étoile (p. 118), sureste de Mauricio
➡ Haras du Morne (p. 104), península de Le Morne

'Kitesurf' y 'windsurf'

El *kitesurf* y el *windsurf* han dado un paso de gigante en la última década; en la costa suroeste, frente a la península de Le Morne, se concentran muchos aficionados, y Rodrigues tiene fama entre los *kitesurfistas* más enterados; la isla acoge el Rodrigues International Kitesurfing Festival a finales de junio o principios de julio.

Algunas recomendaciones:
➡ Le Morne (p. 104) El sur del cabo se reserva para expertos, y la llamada Kite Lagoon, al oeste, para principiantes; buenas escuelas de *kitesurf*.
➡ Rodrigues (p. 170) Dos buenas escuelas de *kitesurf* y un campeonato internacional.
➡ Cap Malheureux (p. 80) En el norte; cuenta con una escuela de *kitesurf* muy bien considerada.

Surf

En la década de 1970, unos surfistas australianos y sudafricanos crearon una pequeña comunidad en Tamarin, en la costa oeste (allí se rodó la película de surf *The Forgotten Island of Santosha*), pero el oleaje se apaciguó en los años ochenta.

Hoy, Tamarin se reduce a una pequeña comunidad de surfistas locales y de Reunión. Para recabar información y alquilar tablas se puede acudir a alguna de las viejas glorias de Tamarin, como el Tamarin Hotel (p. 93).

Sin embargo, actualmente los surfistas prefieren Le Morne (p. 104), donde la temporada empieza en julio. El mejor sitio de surf en Mauricio es One Eye, que se llama así porque, al parecer, cuando los surfistas están en el punto exacto del mar para atrapar la ola perfecta ven un pequeño agujero ("ojo") en la superficie de la roca de Le Morne.

En Mauricio, los visitantes mayores de 16 años pueden introducir 200 cigarrillos o 250 gr de

PRECIOS DE ALOJAMIENTO

El siguiente baremo de precios atiende a una habitación doble con cuarto de baño. Si no se indica lo contrario, el precio no incluye el desayuno.

€ menos de 75 € (3000 MUR)
€€ 75-150 € (3000-6000 MUR)
€€€ más de 150 € (6000 MUR)

tabaco; 1 l de bebidas alcohólicas; 2 l de vino o cerveza; 250 ml de colonia y hasta 100 ml de perfume.

Para entrar alimentos, plantas y animales debe pedirse permiso, pues hay algunas restricciones. También está restringida, o prohibida, la entrada de artículos como arpones y objetos hechos con marfil, conchas, caparazón de tortuga u otros materiales vedados por la Convención sobre el Comercio Internacional de Especies Amenazadas de Fauna y Flora Silvestres (CITES); también está prohibido sacarlos del país.

Ya solo por volumen, Mauricio es la isla de la zona con mayor variedad de alojamientos: casas de vacaciones totalmente equipadas, pensiones de gestión local y grandes hoteles y complejos turísticos.

Temporadas

En general, la temporada alta abarca de octubre a marzo (aprox.), o sea, los meses más fríos en Europa. A finales de diciembre y principios de enero los precios se disparan, pero en temporada baja (may-sep), o "temporada verde", bajan.

Apartamentos y villas

Alquilar un apartamento o chalé para pasar las vacaciones es, con diferencia, la opción más económica en Mauricio, sobre todo si se viaja en grupo. Los hay de todo tipo, desde pequeños estudios en grandes complejos a espléndidas mansiones en la costa dignas de una estrella de cine. Si se viaja en familia o con amigos, una gran propiedad de lujo puede salir solo por 25 € por persona. Pero conviene recordar que, aunque alquilar una propiedad ofrece la mejor relación calidad-precio, las comidas nunca están incluidas.

Casi todos estos alojamientos son de propiedad privada y están gestionados por una agencia. Aunque las opciones varíen mucho, en todos (menos en los más económicos) cabe esperar un servicio de limpieza diario, cocina completa, aire acondicionado y servicio de conserjería facilitado por el director de la propiedad, aunque conviene verificarlo.

Algunas de las agencias más grandes son:
- ➡ Idyllic Villas (p. 129)
- ➡ CG Villas (p. 71)
- ➡ Jet-7 (p. 89)
- ➡ EasyRent (p. 129)

Pensiones y 'chambres d'hôtes'

Para una vivencia isleña más auténtica se recomiendan las pensiones y *chambres d'hôtes* (B&B), pues las gestionan lugareños (a menudo familias) que, como norma, agasajan a sus huéspedes con una hospitalidad genuina. Es una manera fantástica de conocer la verdadera Mauricio. De hecho, a veces incluso se puede comer con los dueños en sus *tables d'hôtes*, una experiencia igual de interesante.

A lo largo de los últimos años, el Gobierno ha empezado a regular más todas las propiedades vinculadas al turismo. Los botones de alarma y la seguridad 24 h en las instalaciones se han convertido, por ejemplo, en algo obligatorio, lo que ha derivado en la subida de precios de las pensiones. En consecuencia, muchas *chambres d'hôtes* están a punto de desaparecer, sobre todo porque los complejos turísticos con todo incluido han reventado precios para ser competitivos durante la recesión económica. No obstante, aún quedan lugares entrañables en toda la isla que promocionan, ahora más que nunca, una "experiencia local". Hay algunos en Pointe d'Esny, y las *chambres d'hôtes* son muy populares en Rodrigues.

Hoteles y complejos turísticos

Para redondear la oferta, están los alojamientos más conocidos en Mauricio: esos complejos de ensueño que aparecen en las páginas de las revistas y en los anuncios de tarjetas de crédito que pasan por TV. Y, pese a la recesión económica mundial, cada año aparecen decenas de nuevos templos de la opulencia.

Los hay de dos tipos muy distintos: los de lujo de la costa y los de precio medio con necesidad de mejoras urgentes. Estos últimos deberían evitarse, porque muchos de categoría contraatacan con ofertas para hacerles la competencia, y porque las pensiones (normalmente más económicas) suelen estar en mejores condiciones.

De los complejos de precio alto, los hay de tres, cuatro y cinco estrellas. En uno encantador de tres estrellas el viajero estará estupendamente bien y, aunque los de cinco estrellas

son caros, vale la pena consultar los paquetes de vuelo y hotel que ofrecen las agencias de viajes. De hecho, nunca se debería hacer la reserva en uno de los caros con las tarifas oficiales, porque las agencias ofrecen mejores precios. Si la idea es hospedarse en uno de lujo, se deben calcular desde 150 € por persona y noche (media pensión incl.) como poco, hasta fácilmente 1000 € por persona y noche.

CORREOS

En Mauricio el servicio postal es rápido y fiable. En general, los servicios de entrega terminan unos 45 min antes del cierre, cuando la oficina se convierte en una tienda que vende solo sellos y sobres.

CUESTIONES LEGALES

Los extranjeros están sujetos a las leyes del país al que viajan y no recibirán un trato especial por ser turistas. Si alguien se encuentra en un apuro legal complicado, debe contactar con su embajada.

En general, los viajeros no tienen nada que temer de la policía, pues raras veces acosan a los extranjeros y son de trato muy educado. La policía sí para a quienes hablan por el teléfono móvil mientras conducen, pero si el viajero se mete en algún lío de poca importancia es bastante probable que le dejen marchar si es obvio que es turista (hablar inglés también ayuda).

DINERO

La unidad monetaria de Mauricio es la rupia (MUR), que se compone de 100 céntimos (¢). Hay monedas de 5 ¢, 20 ¢ y 50 ¢, y de 1, 5 y 10 MUR. Los billetes son de 25, 50, 100, 200, 500, 1000 y 2000 MUR. Aunque la rupia sea la moneda de la isla, casi todos los chalés, pensiones y hoteles (y varios restaurantes de precio alto asociados a los hoteles) ponen sus precios en euros para contrarrestar las inestables fluctuaciones de la rupia y es posible (obligatorio, a veces) pagar en tal moneda en dichos sitios.

Cajeros automáticos

En Mauricio hay cajeros automáticos por todas partes. Incluso en Rodrigues hay algunos. Suelen estar fuera de los bancos, en aeropuertos, en los supermercados más grandes y en algunos centros comerciales. Casi todas las máquinas aceptan Visa y MasterCard, o tarjetas similares de los sistemas Cirrus y Plus, y Amex tiene un acuerdo con Mauritius Commercial Bank (MCB). No obstante conviene recordar que se pueden aplicar comisiones, a veces significativas (antes de salir de viaje hay que preguntar en el banco).

Tarjetas de crédito

Visa y MasterCard son las que más se aceptan, aunque Amex no les va muy a la zaga. Casi todas las tiendas, restaurantes y alojamientos las aceptan, así como las compañías de automóviles de alquiler, agencias de circuitos y demás. Los establecimientos apartados de la burbuja turística prefieren el pago en efectivo.

Algunos establecimientos, pocos, añaden un suplemento, normalmente del 3%, a la cuenta por "gastos de gestión bancaria". Las compañías de automóviles de alquiler más económicas son las peores. Para ir sobre seguro, siempre hay que preguntar. La mayoría de los bancos importantes, entre ellos el MCB, Barclays, State Bank y HSBC, efectúan adelantos de efectivo con cargo a tarjetas de crédito. Solo hay que acordarse de llevar el pasaporte.

Tipos de cambio

Consúltese www.xe.com.

Argentina	10 ARS	22,8 MUR
EE UU	1 US$	26,6 MUR
México	10 MXN	17,43 MUR
Zona euro	1 €	38,9 MUR

Cambio de moneda

Las monedas más importantes y los cheques de viaje se pueden cambiar en los bancos principales, las oficinas de cambio y los hoteles más grandes. A veces, las *bureaux de change* ofrecen un cambio un poco mejor que los bancos y hay menos colas, aunque las diferencias son mínimas, y muchas cierran sin previo aviso cuando se les acaba el efectivo. Los hoteles suelen tener las peores tarifas y pueden cobrar un extra por el servicio. En Mauricio no hay mercado negro.

En general, los cheques de viaje ofrecen mejor cambio que el dinero en efectivo. Los bancos no cobran comisión por cambiar dinero pero sí con los cheques de viaje. Algunos bancos, como el HSBC, cobran un 1% sobre el total, con un mínimo de 200 MUR, mientras el MCB y el State Bank recaudan 50 MUR para hasta 10 cheques. Hay que llevar el pasaporte y guardar el comprobante porque hay que presentarlo si se quieren cambiar las rupias sobrantes (aunque en el aeropuerto no siempre se pide).

Propinas

En Mauricio las propinas no son obligatorias y no se suelen dejar. Los hoteles y restaurantes de precio alto a veces añaden el 10-15% de suplemento por el servicio.

PRECIOS DE RESTAURANTES

El siguiente baremo de precios se refiere a un plato principal estándar. A menos que se indique lo contrario, los suplementos por el servicio y los impuestos están incluidos en el precio.

€ menos de 400 MUR

€€ 400-800 MUR

€€€ más de 800 MUR

En casi todos los hoteles de complejos turísticos, las propinas siempre se agradecen, pero la mayoría prefiere que se depositen en una caja general de propinas que suele estar en recepción, en lugar de darlas a un empleado.

EMBAJADAS Y CONSULADOS

Muchos países no tienen embajada en Mauricio y suelen derivar a sus ciudadanos a sus legaciones en Sudáfrica; para más información, véase https://www.embassypages.com/southafrica. EE UU, España y México sí tiene representación diplomática en Port Louis.

Embajada de EE UU (☎202 4400; mauritius. usembassy.gov; 4º piso, Rogers House, President John Kennedy St, Port Louis; ⊘7.30-16.45 lu-ju, hasta 12.30 vi)

Consulado de España (☎208 3013; consulho norario.esp@orange.mu; Executive Services, 2ª planta, Les Jamalacs Building, Vieux Conseil Street, Port Louis⊘9.00-12.00 lu-vi)

Embajada de España en Pretoria (Sudáfrica) (☎27 12 460 0123; emb.pretoria@maec.es, Lord Charles Complex, 337 Brooklyn Road, Brooklyn, Pretoria, 0181)

Consulado de México (☎263 9090; consu late@cqtech.intnet.mu; c/o CQ TECH (Mtius) Ltd., La Salette Road, Grand Bay, Port Louis; ⊘9.00-16.00 lu-vi)

Consulado de Seychelles (☎211 1688; gfok @intnet.mu; 616 St James Ct, St Denis St, Port Louis)

FIESTAS OFICIALES

Año Nuevo 1 y 2 de enero
Thaipoosam Cavadee Enero/febrero
Fiesta China de la Primavera Enero/febrero
Abolición de la Esclavitud 1 de febrero
Maha Shivaratri Febrero/marzo
Ougadi Marzo/abril
Fiesta Nacional 12 de marzo
Día del Trabajo 1 de mayo
Día de la Asunción 15 de agosto
Ganesh Chaturti Agosto/septiembre
Divali (Dipavali) Octubre/noviembre

Llegada de los Trabajadores en Servidumbre Obligada por Contrato 2 de noviembre
Eid al-Fitr Noviembre/diciembre
Navidad 25 de diciembre

HORA LOCAL

Mauricio lleva 4 h de adelanto con respecto al GMT, tanto en la isla mayor como en Rodrigues. Cuando son las 12.00 en Port Louis, en Madrid son las 9.00; en Ciudad de México, las 2.00; en Nueva York, las 3.00 y en Buenos Aires, las 5.00. En Mauricio no funciona el sistema de ahorro de luz diurna; como está en el ecuador, los horarios del atardecer y del amanecer varían muy poco a lo largo del año.

HORARIO COMERCIAL

Normalmente se aplican los siguientes horarios. En los pueblos turísticos más grandes de la costa las tiendas suelen tener horarios más amplios, pero en Rodrigues, los comercios y las oficinas acostumbran a cerrar antes de los horarios indicados a continuación.
Bancos 9.00-15.15 lu-vi (ampliado en centros turísticos como Grand Baie y Flic en Flac)
Oficinas de administración pública 9.00-16.00 lu-vi, 9.00-12.00 sa (cerrado fiestas religiosas y oficiales)
Oficinas de correos 8.15-16.00 lu-vi, 8.15-11.45 sa (los últimos 45 min son solo para venta de sellos; muchas oficinas cierran para almorzar entre 11.15 y 12.00 entre semana)
Restaurantes 12.00-15.00 y 19.00-22.00; muchos cierran los domingos
Tiendas 9.00 -17.00 lu-vi, 8.00-12.00 sa; muchas cierran ju a las 13.00 (aprox.)

INFORMACIÓN TURÍSTICA

Aunque los viajeros que van por libre son una minoría, hay dos entidades corporativas que se ocupan de aquellos que no participan en unas vacaciones organizadas. Las dos tienen mostradores en el vestíbulo de llegadas del aeropuerto, ayudan con las reservas de hotel (cada vez menos habitual porque son pocos los que llegan al país sin reserva) y facilitan mapas básicos e información bastante general de la isla.

Muy práctico también es el servicio telefónico 24 h de Mauritius Telecom, **Tourist Info** (☎152). En cualquier momento del día o de la noche se puede hablar con alguien (en inglés).
Mauritius Tourism Promotion Authority (MTPA; ☎208 6397; www.tourism-mauritius. mu) Esta entidad gubernamental es, en esencia, la responsable de promocionar la isla y sus virtudes en los mercados extranjeros. Dispone de una constelación de quioscos en toda la isla aunque, para ser francos, muchos estaban desatendidos en pleno horario comercial y cuando, al final, el autor de este libro encontró un quiosco con un empleado, este le despachó con un mapa anticuado e información más bien pobre. En su lugar se recomienda preguntar a los operadores turísticos, personal de hotel o a cualquiera que esté habituado a atender a viajeros.
Association des Hôteliers et Restaurateurs de l'Île Maurice (AHRIM; ☎637 3782; www. mauritiustourism.org) La recomendable AHRIM es una asociación de hoteles, pensiones y restaurantes. Está empezando a ofrecer paquetes de pensión y vuelo en un intento de dar acceso a una experiencia más genuina; además, sus clientes se benefician de descuentos en los billetes de avión. Para más información, consúltese su sitio web.

LAVABOS PÚBLICOS

La inmensa mayoría de los lavabos de Mauricio (o los que el viajero va a utilizar) son de taza en lugar de los retretes a la turca.

Hay lavabos públicos gratuitos cerca de muchas playas; la mayoría se limpia con regularidad y está bien para salir de un apuro.

MAPAS

Aunque Mauricio se autopromocione a bombo y platillo como un importante destino turístico, la isla carece de mapas correctos; algo frustrante.

El mejor de la isla son las imágenes por satélite de Google Earth. De no tener una impresora a mano, se puede optar por el mapa del **Institut Géographique Nationale** (IGN; www. ign.fr). El mapa de Globetrotter también está bien. Ambos se encuentran en librerías y supermercados locales.

También está el razonable *Tourist Map of Mauritius & Rodrigues* de ELP Publications; se puede encontrar en Le Village Boutik (p. 83), en Pamplemousses (230 MUR).

MUJERES VIAJERAS

Mauricio no plantea peligros especiales para las mujeres y ninguna se sentirá desubicada si viaja sola. Aun así, hay que tomar precauciones tales como evitar ir solas por caminos arbolados y no quedarse hasta muy tarde fuera de los complejos turísticos, sobre todo porque la iluminación de las calles es pobre o incluso nula. Port Louis no es un sitio para pasear de noche; hacerlo sería muy imprudente, sobre todo cerca de los Jardins de Compagnie (territorio de proxenetas y drogadictos); la excepción a

EL CAMBIO CLIMÁTICO Y LOS VIAJES

Todos los viajes con motor generan una cierta cantidad de CO_2, la principal causa del cambio climático provocado por el hombre. En la actualidad, el principal medio de transporte para los viajes son los aviones, que emplean menos cantidad de combustible por kilómetro y persona que la mayoría de los automóviles, pero también recorren distancias mucho mayores. La altura a la que los aviones emiten gases (incluido el CO_2) y partículas también contribuye a su impacto en el cambio climático. Muchas páginas web ofrecen "calculadoras de carbono" que permiten al viajero hacer un cálculo estimado de las emisiones de carbono que genera en su viaje y, si lo desea, compensar el impacto de los gases invernadero emitidos participando en iniciativas de carácter ecológico por todo el mundo. Lonely Planet compensa todos los viajes de su personal y de los autores de sus guías.

esta regla es Le Caudan Waterfront, con mucha gente siempre.

SEGURIDAD

Si se participa en algún deporte de aventura conviene comprobar que la póliza del seguro tenga cobertura en caso de accidente. Por lo demás, probablemente la mayor molestia que pueda sufrir el viajero sea de tipo medioambiental (mosquitos, quemaduras por el sol o malestar estomacal).

El Índico es un océano tropical cálido; por suerte son pocos los viajeros que sufren algo más grave que el improbable (y a menudo doloroso) corte con algún coral.

Cocos

Tumbarse a la sombra de un cocotero suena a paraíso tropical pero, por tonto que suene, se han tenido que lamentar algunos accidentes trágicos. Hay que ir con mucho ojo cuando se pasee por debajo de los cocoteros, nunca hay que quedarse parado debajo, ni aparcar ningún vehículo.

Ciclones

Mauricio se halla dentro del cinturón de ciclones. Casi todos los ciclones se producen entre diciembre (o más habitualmente, enero) y marzo, aunque puede llegar hasta finales de abril. Aunque los impactos directos no son frecuentes, las tormentas a kilómetros de distancia pueden traer vientos huracanados. La mayoría de los hoteles y otros alojamientos lo tienen todo preparado (como sistemas de cierre y aprovisionamiento alternativo) para lidiar con dichas amenazas.

Cuando se detecta un ciclón, se dispara un sistema de aviso para informar a los ciudadanos del grado de peligro. En Mauricio hay cuatro niveles de alarma. Los avisos y las noticias se emiten por radio y TV. Para advertencias actualizadas, consúltese metservice.intnet.mu.

Robos

En Mauricio hay pocas posibilidades de sufrir un robo pero, aun así, vale la pena estar preparado.

Fuera de los complejos turísticos se pueden producir hurtos y robos, sobre todo en las playas; la Île aux Cerfs es el territorio preferido de los ladrones. La mejor estrategia es no llevar objetos de valor a la playa (y no tentar nunca al caco con objetos personales sin vigilar).

Conviene extremar las precauciones en lugares abarrotados como mercados y evitar llevar despreocupadamente objetos de valor colgados del hombro. Cuando se viaje en transporte público, las pertenencias hay que llevarlas lo más cerca posible.

Si se alquila un automóvil, no hay que dejar nada de valor dentro. Si no hay otro remedio, hay que esconderlo para que no quede a la vista. Allí donde sea posible, hay que dejar el vehículo en un aparcamiento seguro o, como mínimo, en un sitio muy concurrido; jamás hay que aparcar en un lugar aislado, sobre todo de noche.

No hay que dejar documentos importantes ni dinero ni objetos de valor a la vista en la habitación. Muchos hoteles tienen cajas de seguridad en la habitación, muy recomendables. Otra opción es dejar los objetos de valor en la caja fuerte de recepción y pedir un recibo. Aunque casi todos los hoteles son de fiar, para mayor seguridad, se puede poner todo en un pequeño bolso con doble cierre y candado, o en un sobre grande y firmar encima del cierre (cualquier intento de apertura se vería enseguida). Hay que contar el dinero y los cheques de viaje antes de meterlos en la caja fuerte y al recuperarlos.

Si se sufre un robo, hay que denunciarlo a la policía. Las posibilidades de recuperarlo son prácticamente nulas pero la denuncia resulta imprescindible si se quiere reclamar a la aseguradora.

SEGURO DE VIAJE

Se recomienda suscribir una póliza de seguro de viaje que cubra robos, pérdidas y gastos médicos. Algunas especifican que excluyen las actividades de cierto riesgo, que pueden incluir submarinismo, motociclismo e, incluso, excursionismo. Léase siempre la letra pequeña y verifíquese que la cobertura contemple el transporte en ambulancia o la repatriación por vía aérea. Si se tiene previsto salir de submarinismo, se recomienda encarecidamente contratar un seguro específico para ello con DAN (www.diversalertnetwork.org).

En www.lonelyplanet.com/travel-insurance pueden encontrarse seguros de viaje para todo el mundo. Es posible contratarlo, ampliarlo o reclamar en cualquier momento, incluso si ya se ha iniciado el viaje.

TELÉFONO

En general el servicio telefónico en la isla funciona bien. De hecho, Mauricio ofrece unos de los servicios de telefonía móvil más económicos del mundo.

Mauritius Telecom (www.mauritiustelecom.com), controlada por el Estado, tiene prácticamente el monopolio de las líneas terrestres, aunque hay un mercado libre para los servicios de telefonía móvil.

La tarifa para llamar a Europa o EE UU es de unas 25 MUR por minuto. Estos precios bajan un 25% fuera del horario punta (22.00-6.00 lu-vi y 12.00 desde el sa a las 6.00 del lu siguiente).

Para llamar a Mauricio desde el extranjero, primero hay que marcar el prefijo internacional de Mauricio (☎230), seguido del número local de siete dígitos (los teléfonos móviles tienen ocho dígitos y empiezan con "5"). En Mauricio no hay prefijos.

Teléfonos móviles

La cobertura en Mauricio y Rodrigues es, en general, excelente y los teléfonos móviles tienen tarifas económicas. De hecho, muchos mauricianos tienen más de un teléfono móvil.

Si se dispone de un teléfono GSM desbloqueado se podrá disfrutar de tarifas bajas si se compra una tarjeta SIM local en **Orange** (☎203 7649; www.orange.mu; Mauritius Telecom Tower, Edith Cavell St, Port Louis) o en **Emtel** (☎572 95400; www.emtel.com). Una tarjeta SIM inicial cuesta unas 100 MUR, e incluye 86 MUR en llamadas y 20 MB de datos. Para recargar el saldo se pueden comprar tarjetas de prepago casi en todas partes. Para comprar una tarjeta SIM se necesita el pasaporte y la firma de un distribuidor local.

Una llamada local cuesta 1,20-3,60 MUR por minuto, dependiendo si se llama a un teléfono del mismo operador o no. Las internacionales cuestan un par de rupias más que las tarifas estándar de Mauritius Telecom.

Comprar una tarjeta SIM inicial, incluso para llamar a casa, es mucho más económico que comprar una tarjeta telefónica local.

LO BÁSICO

➡ **Electricidad** La corriente es de 220V, 50Hz; normalmente se utilizan enchufes de tres clavijas, al estilo británico, y de dos clavijas, a veces en la misma habitación (llévense los dos).

➡ **Periódicos** L'Express (www.lexpress.mu) y Le Mauricien (www.lemauricien.com), ambos en francés; y los semanarios en inglés News on Sunday y Mauritius Times (www.mauritiustimes.com).

➡ **Radio** Hay muchísimas emisoras comerciales locales que emiten en criollo e hindi, pero también se reciben BBC World Service y Voice of America. Las emisoras más populares son, entre otras: Kool FM 89.3 Mhz y Taal FM 94.0 Mhz.

➡ **Tabaco** Está prohibido fumar en zonas públicas cerradas y en el transporte público; permitido en restaurantes al aire libre, playas, en algunas habitaciones de hotel y en algunos puestos de trabajo. Seguro que habrá más restricciones porque la tendencia es prohibirlo en más sitios.

➡ **Televisión** Tres canales de gratuitos (MBC1, MBC2 y MBC3) gestionados por la pública Mauritius Broadcasting Corporation (MBC), y muchos canales de pago. La programación es principalmente en criollo, pero hay programas extranjeros en francés, inglés e hindi.

➡ **Pesos y medidas** Mauricio utiliza el sistema métrico.

TRABAJO

Los viajeros no tienen muchas opciones para trabajar en Mauricio. Tal vez como profesor de submarinismo en algún centro del país o a bordo de un yate (normalmente sin remunerar); para lo segundo, se puede preguntar en el puerto deportivo de Le Caudan Waterfront, en Port Louis, o en La Balise Marina (p. 92), en Black River.

VIAJAR CON NIÑOS

Ir con los pequeños a Mauricio no comporta problemas añadidos. Para ponerles en situación antes de salir de vacaciones, hay una maravillosa colección de libros de cómics en inglés de Henry Koombes (publicados por la editorial mauriciana Editions Vizavi Ltd), que incluyen *In Dodoland, SOS Shark* y *Meli-Melo in the Molasses*.

Para más información, véase *Viajar con niños* de Lonely Planet.

Instalaciones

La mayoría de los hoteles de precio alto cuentan con instalaciones especializadas (como "clubes infantiles"), aunque también los hay que ni siquiera tienen un pequeño parque. Casi todos los hoteles de categoría también ofrecen servicios de canguro. Como cada vez hay más chalés de alquiler es fácil llevarse a toda la tropa de vacaciones, aunque muchos hoteles e, incluso, *chambres d'hôtes* disponen de habitaciones familiares. Gran parte de los hoteles tienen cunas, pero pocas, por eso se recomienda pedirla cuando se haga la reserva y enviar un recordatorio semanas antes de llegar.

Hay que recordar que algunos complejos turísticos de categoría se autopromocionan "solo para adultos"; lo hacen para atraer a clientes de luna de miel o en viaje romántico. En otras palabras, no aceptan niños. Si al hacer la reserva en línea no hay la opción para añadir niños entonces es que no los admiten.

En casi todos los supermercados venden pañales desechables y la mayoría de las compañías de automóviles de alquiler tienen un número reducido pero variado de coches para niños (las compañías más pequeñas tienen menos opciones). Los cambiadores de bebés en restaurantes y otras zonas públicas apenas existen. No se acostumbra, para nada, a dar el pecho en público, aunque no pasa nada si se hace en el recinto del hotel o complejo turístico, y fuera, si se hace con discreción, seguro que no incomoda a nadie.

PRINCIPALES ATRACCIONES PARA NIÑOS

Aparte de la playa, Mauricio cuenta con infinidad de atracciones para que las familias pasen un día estupendo. No obstante conviene recordar que algunas actividades solo se pueden practicar a partir de cierta edad; llámese antes o consúltese la web pertinente antes de que los niños se hagan demasiadas ilusiones. Algunas recomendaciones:

➡ **La Vanille** (p. 121), Rivière des Anguilles

➡ **Île aux Aigrettes** (p. 113), Pointe d'Esny

➡ **Buceo con tubo** En cualquier sitio...

➡ **Casela World of Adventures** (p. 87), Flic en Flac

➡ **Mauritius Aquarium** (p.63), Pointe aux Piments

VIAJEROS CON DISCAPACIDADES

Mauricio toma medidas relativamente aceptables para aquellos con problemas de movilidad. Los edificios modernos se ajustan a los parámetros internacionales de acceso para personas con movilidad reducida, aunque los lavabos públicos, aceras y ascensores no suelen estar tan bien. La mayoría de los hoteles de precio alto tienen rampas, ascensores y algunas habitaciones con lavabos especialmente adaptados para sillas de ruedas. En los hoteles grandes siempre hay personal a mano que puede ayudar y ayudantes que se pueden contratar para salir de excursión o en barco. Si se avisa un poco antes, algunos centros de equitación y de submarinismo y otros operadores de deportes pueden atender a personas con discapacidades.

Ningún medio de transporte público cuenta con acceso para sillas de ruedas. Cualquier persona en dichas circunstancias dependerá de los vehículos privados.

VIAJEROS LGBT

Mauricio tiene una relación paradójica con la homosexualidad. Por un lado, la inmensa mayoría de la población es joven y progresista, la ley protege de la discriminación a gais y lesbianas, la Constitución garantiza el derecho a la intimidad de cualquier persona, y Mauricio ha firmado la Declaración sobre Orientación Sexual e Identidad de Género de la ONU. Pero por el otro,

CÓMO LLEGAR

Los autobuses semi regulares entre Port Louis o Curepipe y Mahébourg pasan por el **aeropuerto internacional Sir Seewoosagur Ramgoolam** (p. 57) y recogen pasajeros delante del vestíbulo de llegadas; si no apareciera ninguno, se tendrá que subir al de salidas. Para el resto de los destinos, hay que hacer transbordo en una de esas tres ciudades. La mayoría de los viajeros opta por tomar un taxi (hay un mostrador de taxis con precios fijos en el vestíbulo de llegadas). Precios orientativos: 1500 MUR a Port Louis, 500 MUR a Mahébourg y 2000 MUR a Grand Baie.

la "sodomía" es ilegal, un rasgo inflexiblemente conservador del carácter mauriciano.

En consecuencia, la vida abiertamente gay no se ve en la calle, pero existe en internet, en privado y en alguna fiesta ocasional. Cuando se visitó no había bares ni discotecas para gais y lesbianas en la isla, pero cada mes se montan fiestas en clubes organizadas por mensaje de texto. La Mariposa (p. 93), cerca de Tamarin, es el único sitio que se encontró que se mostraba abierto a acoger a clientela homosexual.

Dicho esto, los viajeros homosexuales no tienen nada que temer. No se tiene constancia de problemas por el mero hecho de que dos personas del mismo sexo compartan habitación durante sus vacaciones. Aun así, es mejor abstenerse de muestras de afecto en público fuera del hotel y siempre pensar que lo que parece normal en casa tal vez no lo sea a ojos ajenos.

VISADOS

Los ciudadanos de la UE y EE UU no necesitan visado para entrar en Mauricio. Más información en el portal del Gobierno local: www.passport.gov.mu. El viajero puede permanecer en el país tres meses, como máximo, y al entrar debe mostrar un comprobante del billete pagado de salida (aunque raras veces se pide).

Extensión de visado

Los turistas pueden solicitar una ampliación del visado en la **Passport & Immigration Office** (☎210 9312; fax 210 9322; Sterling House, Lislet Geoffroy St, Port Louis) si quieren quedarse más de tres meses. Los solicitantes deben rellenar un impreso y entregar dos fotos de pasaporte, el pasaporte, un comprobante del billete de salida del país y otro de las finanzas del solicitante. También hay que entregar dos cartas: una del viajero donde explique el por qué quiere quedarse más tiempo, y otra de un contacto local (la puede hacer alguien del alojamiento). Suponiendo que se cumplen todos estos requerimientos, no debería haber ningún problema, pero como siempre hay algunos viajeros que se quedan más tiempo del permitido, hay épocas en las que se ponen más duros.

VOLUNTARIADO

No hay tantas oportunidades de voluntariado en Mauricio, solo algunas en el terreno de la protección de fauna y del océano. La **Mauritian Wildlife Foundation** (MWF; plano p. 58; ☎697 6117; www.mauritian-wildlife.org; Grannum Rd, Vacoas; ⊙9.00-17.00 lu-vi) ofrece plazas de seis meses en la Île aux Aigrettes aunque, a través de **Working Abroad** (www.workingabroad.com) y otras organizaciones, se podrá solicitar intervenir como voluntario (entre una semana y seis meses) en proyectos de conservación de los arrecifes de coral.

❶ Cómo llegar y salir

LLEGADA AL PAÍS

Como los ciudadanos de muchos países no necesitan visado para entrar a Mauricio, no suele haber problemas. Las inspecciones de los agentes de aduanas, de llevarse a cabo, son rápidas.

AVIÓN

Hay vuelos directos que comunican Mauricio con Europa. Los vuelos desde América suelen hacer transbordo en esta última.

Aeropuertos y líneas aéreas

En Mauricio solo hay un aeropuerto: el aeropuerto internacional Sir Seewoosagur Ramgoolam (p. 168).

Air Mauritius (www.airmauritius.com) es el operador nacional. Cuenta con un buen expediente de seguridad y una correcta red internacional.

POR MAR

La **Mauritius Shipping Corporation** (plano p. 166; ☎831 0640; www.mauritiusshipping.net; Rue François Leguat; ⊙8.15-15.00 lu-vi, hasta 11.00 sa) cuenta con ferris de larga distancia entre Reunión y Mauricio, una vez por semana como mínimo. La travesía dura 11 h.

ℹ Cómo desplazarse

En Mauricio es fácil moverse pero, para aprovechar más el tiempo, alquilar un automóvil permitirá ir de un rincón a otro de la isla en menos de 90 min. De hacer solo alguna excursión, se recomienda alquilar un taxi para un día y, para ir a las islas de la costa, los catamaranes son ideales. También hay una red de autobuses, lentos pero fiables, que comunica casi todas las localidades.

AVIÓN

Los únicos vuelos regulares nacionales son los que van del aeropuerto internacional Sir Seewoosagur Ramgoolam (p. 57), en Mauricio, al **aeropuerto Sir Gaetan Duval** (aeropuerto Plaine Corail; plano p. 164; ☑832 7888; www.airportofrodrigues.com), en Rodrigues. Air Mauritius cubre esta ruta con dos vuelos diarios (1½ h). Al ser muy popular, se aconseja comprar el billete lo antes posible.

Air Mauritius ofrece circuitos y traslados en helicóptero desde el aeropuerto internacional SSR hasta algunos hoteles importantes. Un traslado del hotel hasta cualquier punto de la isla cuesta 23 000 MUR; un circuito de 1 h por toda la isla, 37 000 MUR para dos pasajeros (máx.); una vuelta rápida de 15 min costará 15 000 MUR. Para información y reservas, contáctese con Air Mauritius Helicopter Services (☑603 3754; www.airmauritius.com/helicopter.htm) o pregúntese en el hotel.

BICICLETA

En Mauricio, la bicicleta no es, en realidad, muy práctica para recorrer largas distancias (sencillamente porque hay demasiado tráfico y los conductores ignoran a los ciclistas), pero para cubrir distancias cortas por la costa está bien. Como el litoral es llano, en un solo día se puede recorrer un buen trecho. Además, las carreteras de la costa suelen tener (aunque no siempre) un tráfico más fluido que las del interior.

En general, las carreteras están en buen estado pero ojo en los caminos rurales porque hay muchos baches, sobre todo en la parte occidental de la isla. Evítese circular en bicicleta de noche, porque la mayoría de las carreteras están mal iluminadas.

Casi todos los hoteles y pensiones ayudan con la gestión del alquiler de bicicletas (normalmente de montaña). Aunque la mayoría de los alojamientos lo ofrecen como un servicio gratuito para sus clientes, los que no lo ofrecen gratis, alquilan bicicletas de calidad por 250 MUR. Se suele pedir un depósito de 5000 MUR

en efectivo o se hace una impresión manual de la tarjeta de crédito. Las bicicletas suelen estar en condiciones razonables pero antes de salir se recomienda comprobar los frenos, las marchas o el sillín (los hay incomodísimos). Debería llevar un candado, que debe usarse si se deja en la playa o delante de una tienda o local.

BARCO

Varios operadores privados ofrecen cruceros a las islas de la costa, así como salidas de buceo y pesca. Se suele salir en catamarán y también en fueraborda. Para las primeras, consúltese www.catamarancruisesmauritius.com.

Hay dos barcos, el M/V *Anna* y el M/S *Mauritius Trochetia*, que cubren la ruta entre Port Louis (Mauricio) y Port Mathurin (Rodrigues), en ambas direcciones, entre dos y cuatro veces al mes. La travesía dura casi 36 h. Tienen alojamientos de cuatro categorías, desde 2ª clase a camarotes de lujo. Mauritius Shipping Corporation (p. 156) gestiona estos servicios.

AUTOBÚS

Viajar en autobús es económico y divertido (siempre se acaba charlando con alguien) y, aunque tampoco se alcanzarán récords de velocidad suele ser una forma fácil y fiable de moverse. No hay una red de rutas de ámbito nacional, pero sí varias compañías regionales grandes y muchos operadores individuales.

Los autobuses casi siempre están hasta la bandera, sobre todo en las rutas principales, pero en todas las paradas se está poco rato. Se puede empezar el viaje de pie pero se acabará sentado.

Se podrían tener problemas si se va con maletas grandes o para subir la mochila al autobús. Si el equipaje ocupa un asiento, se tendrá que pagar un billete de más. A algunos viajeros se les ha negado la entrada por llevar una maleta demasiado grande, aunque no suele ocurrir.

Se recomienda ceñirse a los autobuses exprés allí donde sea posible, ya que los normales hacen paradas cada dos por tres y, por ende, tardan el doble en llegar al mismo destino. En un autobús estándar se tardará 1 h aproximadamente en ir desde Mahébourg a Curepipe, desde Curepipe a Port Louis, y desde Port Louis a Grand Baie.

Los autobuses son vehículos de piso único y llevan nombres simpáticos, como "Road Warrior", "Bad Boys" y "The Street Ruler". Con semejantes nombres, no es de extrañar que algunos conductores se sientan como verdaderos pilotos de Fórmula 1; por suerte, hay muchas paradas y no pueden correr lo que querrían. Unos autobuses están mejor que otros, pero la flota de vehículos se va actualizando poco a poco.

Horarios

No hay listas de horarios. Los lugareños son la mejor fuente de información y pueden ayudar a calcular la mejor manera de ir de un sitio a otro.

Los autobuses de larga distancia circulan de 6.00 a 18.30, aunque hay un servicio entre Port Louis y Curepipe que se alarga hasta las 23.00. En general los autobuses pasan cada 15 min (aprox.) por las rutas importantes; los exprés son menos frecuentes. Los de las zonas rurales pueden ser contados.

Tarifas y billetes

Un billete puede costar desde 15 MUR por un trayecto corto a 38 MUR (máx.) para el viaje de Port Louis a Mahébourg, un par de rupias más para los autobuses exprés con aire acondicionado. Los billetes se compran al cobrador o maletero (el "ayudante" del cobrador); ténganse a mano monedas pequeñas. Se debe conservar el billete durante todo el trayecto porque suelen subir los revisores; para apearse hay que pulsar el botón. No se pueden hacer reservas.

AUTOMÓVIL Y MOTOCICLETA

La manera más fácil de moverse por Mauricio y Rodrigues es alquilar un automóvil. Teniendo en cuenta el número de visitantes que los alquilan, podrían tener mejores precios aunque si se contrata para una semana o más, quizá se ofrezca algún descuento.

Automóviles de alquiler

Para alquilar un automóvil hay que ser mayor de 23 años (21 en algunas compañías) y tener el carné de conducir desde hace un año, como mínimo. Normalmente se paga por adelantado. Se puede pagar con tarjeta de crédito (las más aceptadas son Visa y MasterCard), aunque las compañías pequeñas podrían añadir una 3% más como "suplemento de gestión". Todos los extranjeros deberían tener, técnicamente, un permiso de conducir internacional. Hay pocas compañías que lo exijan pero es más seguro llevarlo por si la policía lo pide.

El utilitario más pequeño cuesta 1000 MUR al día como mínimo (con seguro y kilometraje ilimitado incl.) con uno de los operadores locales. Pero si se acude a una compañía internacional costará entre 1200 y 1600 MUR al día. Además, hay que dejar un depósito reembolsable, normalmente de 15 000 MUR; la mayoría de

las compañías harán una impresión manual de la tarjeta de crédito para cubrirlo. Las pólizas de seguro especifican que los conductores se hacen cargo de las primeras 15 000 MUR de los daños en caso de accidente pero, a veces, hay seguros con mayor cobertura disponibles por un suplemento.

Aunque hay muchos operadores en la isla, se recomienda reservar con antelación en temporada alta (las vacaciones de invierno en Europa). Las siguientes compañías de automóviles de alquiler tienen mostradores en el aeropuerto o pueden hacer entrega del vehículo en él.

ABC (☑216 8889; www.abc-carrental.com; 3B, aeropuerto internacional SSR)

Avis (☑405 5200; www.avismauritius.com; 4B, aeropuerto internacional SSR)

Budget (☑467 9700; www.budget.com.mu; 1A, aeropuerto internacional SSR)

Claire & Sailesh Ltd (☑631 4625, 5754 6451; www.clairesaileshltd.com)

Europcar (☑637 3240; www.europcar.com; 3A, aeropuerto internacional SSR)

Hertz (☑604 3021, 670 4301; www.hertz. com; 17A, aeropuerto internacional SSR)

Kevtrav Ltd (☑465 4458; www.kevtrav.com; St Jean Rd, Quatre Bornes)

Ropsen (☑451 5763; www.ropsen.net; Royal Rd)

Sixt (☑427 1111; www.sixt.com; 7B, aeropuerto internacional SSR)

Motocicletas de alquiler

Hay pocos sitios donde se pueda alquilar motocicletas y es una pena, porque es una forma fantástica de descubrir las tranquilas carreteras de la costa (sobre todo en la peatonal Rodrigues). La mayoría son de 100 cc o menos, aunque hay alguna de 125 cc; los modelos más pequeños son ciclomotores.

En Grand Baie, Flic en Flac, Mahébourg y Port Mathurin, entre otras, las alquilan. Lo mejor sería preguntar en el hotel. Hay que tener en cuenta que la mayoría de las motocicletas de alquiler son "extraoficiales", o sea que, en caso de accidente, el seguro no lo cubre.

Aparcamiento

Aparcar es gratis y fácil en casi toda la isla, aunque se recomienda no dejar el automóvil en sitios aislados.

No obstante, en la ciudad los aparcamientos son de pago. En Port Louis los hay vigilados, pero en otros sitios se tendrá que aparcar en la calle, lo que en algunas localidades implica tener que comprar unos cupones (quien no esté seguro debería preguntar a un lugareño).

Dichos cupones de aparcamiento se venden en las gasolineras, 10 por 50 MUR, y cada cupón tiene validez para 30 min. En toda la isla se pueden utilizar los mismos cupones. Aparcar en la calle suele ser gratis por la noche y los fines de semana; las horas exactas, que varían de una localidad a otra, están indicadas en los postes indicadores.

Estado de la carretera y riesgos

La mayoría de las carreteras está en un estado razonable, aunque hay que tener precaución con los baches y los badenes muy mal señalizados en las carreteras secundarias o residenciales. La principal preocupación para los conductores primerizos es que, aparte de la autopista que comunica el aeropuerto con Grand Baie (aunque con rotondas), muchas carreteras son bastante estrechas, por las que se circula bien en condiciones normales pero la situación se complica cuando se comparten con autobuses, camiones y zigzagueantes ciclistas. La única solución es pecar de precavido y mantenerse alerta. También hay que estar atento a otros vehículos que adelantan cuando no es 100% seguro hacerlo.

Incluso en la autopista se encontrará a conductores que cambian de carril sin mirar. Como pasa en todas partes, el mayor peligro son los conductores, no la carretera. Los conductores mauricianos tienen poca consideración por los demás, y menos por las motocicletas. Los autobuses tienen la mala costumbre de adelantar y después parar justo delante de otros vehículos para recoger o apear pasajeros; siempre hay que tener mucha precaución cuando aparezca un autobús. Por la noche conviene recordar que uno se enfrentará a vehículos con luces deficientes que vienen en dirección contraria, bicicletas sin luces y peatones. Si se notara algún impacto por la noche, se debería acudir a la comisaría de policía más cercana. Los motociclistas también deberían estar preparados para los repentinos cambios climatológicos porque aunque el cielo esté despejado los chaparrones pueden aparecer en cuestión de segundos.

Normas de tráfico

Muchos automóviles no llevan las luces encendidas; es como si los conductores pensaran que así ahorran electricidad; la policía controla mejor a la gente que al tráfico. Pueden producirse grandes embotellamientos en Port Louis y, en menor medida, en Grand Baie.

Hay muchos pasos de cebra, pero hay que cruzarlos con cuidado. Si se cruza esperando cortesía o que los conductores estén preocupados por la seguridad del peatón, uno puede ser atropellado.

Se conduce por la izquierda y el límite de velocidad varía desde 30 km/h en centros urbanos a 110 km/h en la autopista; los límites de velocidad están señalizados. Aun así, mucha gente no los respeta y se producen accidentes. Conviene recordar que la autopista tiene una serie de rotondas y que es peligroso entrar en ellas a 110 km/h.

Los conductores y pasajeros deben llevar puesto el cinturón de seguridad. El límite de alcohol es legalmente de 0,5 g/l, pero la policía no dispone de suficientes alcoholímetros.

AUTOSTOP

Hacer autostop no es 100% seguro en ningún país del mundo y no se recomienda. Quien decida practicarlo debe entender que se está exponiendo a un riesgo, pequeño, pero potencialmente peligroso; por eso es mejor hacerlo en pareja y comunicar a alguien dónde se tiene previsto ir.

TAXI

Quizá se llegue a la conclusión de que en Mauricio cualquier varón adulto es taxista. Los taxistas suelen vocear a los turistas que pasean por Port Louis o Grand Baie, aunque siempre hay muchos taxis delante de los hoteles. La clave está en saber negociar: los taxímetros apenas se utilizan y el timo está asegurado si se entra en un vehículo sin acordar un precio antes. Durante la carrera el taxista intentará engatusar al viajero con otras propuestas; si no se va con cuidado, se puede acabar contratando un circuito por la isla de un día. De no estar interesados, hay que dejarlo muy claro, porque muchos taxistas no aceptan un no por respuesta.

Muchos dueños/gerentes de pensiones han intentado suavizar la frustración que sienten sus clientes con los timos acordando con los taxistas locales precios razonables, sobre todo si lo negocian las pensiones pequeñas; también acostumbran a acordar recogidas en el aeropuerto a precios competitivos. Una vez considerados los precios, se puede intentar regatear. Se comprobará que los precios son bastante estándar (se pueden rebajar 100 o 200 MUR pero que nadie se disguste si no se consigue bajar hasta el precio deseado).

Los taxis son un poco más caros por la noche, pero también puede haber taxistas caraduras que pidan un suplemento por encender el aire acondicionado. Vale la pena recordar que algunos taxis cobran 1 MUR por minuto en tiempo de espera. Parece una nimiedad pero, si se para a almorzar o se hace un poco de turismo a pie, la cuenta va subiendo. Lo mejor es convenir un precio fijo que incluya el tiempo de espera.

Hay un mostrador de taxis en el aeropuerto con precios fijos a casi cualquier destino de la isla.

Alquiler de un taxi

Por unas 2000 MUR se puede alquilar un taxi para un recorrido de un día. Se pueden recortar gastos si se va en grupo (el precio no debería calcularse por persona). Una vez ya se ha acordado el precio y el itinerario, ayudaría cerrar el acuerdo por escrito. Aunque la mayoría de los taxistas pueden hablar francés e inglés, se recomienda comprobarlo antes de partir para no sufrir inconveniencias comunicativas durante un día entero. Con suerte, se dispondrá de un guía excelente y enterado aunque conviene recordar que la mayoría trabaja con restaurantes, tiendas y lugares de interés por una comisión. Si el viajero quiere ir a un restaurante en concreto, hay que insistir. Una vez más, las pensiones pequeñas suelen recomendar conductores de confianza.

Taxi compartido

Cuando es difícil encontrar tarifas individuales, algunos taxis ofrecen rutas por sus zonas como refuerzo a los servicios de autobús. Para trayectos cortos y rápidos recogen a los pasajeros que esperan en las paradas de autobuses y les cobran solo un poco más que este. A estos servicios se les llama *share taxis* (taxis compartidos) o *taxi trains* (trenes taxis). Eso sí, si se toma un taxi compartido, suele estar igual de lleno que un autobús y, de parar un taxi vacío, seguramente se tendrá que pagar el precio más alto.

Rodrigues

Los mejores restaurantes

➡ La Belle Rodriguaise (p. 173)

➡ Chez Robert et Solange (p: 172)

➡ Le Marlin Bleu (p. 166)

➡ Mazavaroo (p. 173)

➡ Cases à Gardenias (p. 173)

Los mejores alojamientos

➡ Tekoma (p. 172)

➡ Bakwa Lodge (p. 172)

➡ Cases à Gardenias (p. 173)

➡ La Belle Rodriguaise (p. 171)

➡ Chez Bernard & Claudine (p. 171)

Por qué ir

Dichosamente aislado más de 600 km al noreste de Mauricio, este minúsculo afloramiento volcánico, circundado por una inmensa laguna de aguas color turquesa, es una impresionante joya montañosa que apenas guarda vínculos con su hermana mayor, Mauricio, y mucho menos con el resto del mundo.

A menudo descrita como la Mauricio de antaño, de hecho, Rodrigues tiene pocas similitudes con su vecina, aparte, claro está, de las espectaculares franjas de arena amelocotonada. La población, de 40 000 habitantes, es de mayoría africana y criolla, nada que ver con el crisol multiétnico de la isla principal, y no se verá una sola caña de azúcar en la montañosa Rodrigues. Además, la isla conserva un ambiente que parece anclado en el pasado, con ese ritmo de vida innegablemente lento. Si se añaden una comida fabulosa, unos parajes naturales preciosos y algunas actividades se tendrá una vivencia que quedará en la memoria como uno de esos preciosos mundos olvidados en un rincón remoto del planeta.

Cuándo ir

➡ De noviembre a febrero es temporada alta, con precios altos; a partir de enero se pueden producir ciclones. En esta época se recomienda reservar alojamiento y vuelos con mucha antelación.

➡ En algunos lugares, octubre, marzo y abril aún se consideran temporada alta pero, en general, hay menos gente. En estos meses hay buena visibilidad submarina para practicar submarinismo. Es una buena época para visitar la isla.

➡ De mayo a septiembre los ciclones son más improbables; los precios, más bajos y las temperaturas, más suaves.

Port Mathurin

6000 HAB.

Este diminuto puerto es el epicentro de la isla, su mayor localidad y, a falta de un término más preciso, su capital. Quizás venga a la cabeza la palabra "soporífero" pero de día la localidad tiene un ambiente cautivador, sobre todo en la animada zona del mercado. Aparte de ofrecer servicios prácticos como bancos, supermercados y algunos restaurantes, no hay mucho más por hacer aquí.

◉ Puntos de interés

★ Mercado sabatino   MERCADO

(plano p. 166; ⏲4.30-10.00) El mercado del sábado ofrece la cara más ajetreada de Rodrigues y es el mejor lugar de la isla para comprar productos frescos y recuerdos. Aunque abra toda la semana, el sábado es cuando se anima de verdad, día que acude la mayoría de los isleños. Está junto al puente, cerca de la oficina de correos. De-

cae notablemente a partir de las 10.00, así que habrá que madrugar.

La Résidence   ARQUITECTURA

(plano p. 166; Rue de la Solidarité) Este edificio, uno de los más antiguos de Port Mathurin, se construyó en 1897 como residencia, bastante modesta, por cierto, del jefe de la delegación británica. Hoy sus instalaciones se utilizan como sala de actos para la nueva Asamblea Regional, de ahí que esté cerrado al público. No obstante, el viajero podrá hacerse una idea desde la veranda de la oficina de turismo que hay al cruzar la calle.

🛏 Dónde dormir

Pernoctar en Port Mathurin es práctico si se viaja en autobús, pero los alojamientos de la ciudad tienen menos encanto que los de las afueras; además, los taxis tampoco son caros. La mayor concentración de hoteles y pensiones está 2 km al este de la ciudad, en Anse aux Anglais.

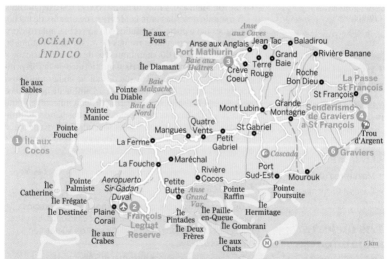

Imprescindible

1 Île aux Cocos (p. 168)
Ir en barco hasta esta isla desierta con grandes colonias de aves marinas.

2 François Leguat Reserve (p. 167) Juguetear con cientos de curiosas tortugas gigantes en un bonito entorno.

3 Port Mathurin (p. 162)
Madrugar para visitar el mercado más concurrido de la isla.

4 Senderismo de Graviers a St François
(p. 170) Recorrer a pie la costa noreste para conocer las mejores playas de Rodrigues.

5 La Passe St François
(p. 170) Sumergirse en las aguas inmaculadas de la costa este.

6 Graviers (p. 171) Probar lo mejor de la comida local para luego dormir junto al mar en La Belle Rodriguaise.

La Cabane d'Ete
APARTAMENTO €

(plano p. 164; ☎831 0747; www.lacabanedete.com; Baie Malagache; i/d 35/50 €, desayuno incl.) Ofrece adorables estudios en Baie Malagache, al suroeste de Port Mathurin. Las habitaciones lucen paredes blancas y bambú, y está apartado del ambiente turístico, si es que existe tal cosa en Rodrigues. Se pueden reservar a través de Rotourco (p. 167), en Port Mathurin.

La Varangues
PENSIÓN €

(plano p. 166; ☎832 1882; lavarangues@gmail.com; 1000-1500 MUR por persona, media pensión incl.; ℙ❋☎) Para algunos, la ubicación es fantástica, con vistas maravillosas desde los balcones; para otros, está en medio de la nada, pues se necesita vehículo propio para ir a cualquier sitio. Comparte local con el buen restaurante homónimo (p. 166) y las habitaciones están limpias y bien cuidadas. No tiene piscina, pero ofrece una excelente relación calidad-precio.

Hébergement Fatehmamode
APARTAMENTO €

(plano p. 166; ☎5499 2020; www.hebergement-fatehmamode.com; Rue Max Lucchesi; 500/800 MUR por persona, sin/con media pensión incl.; ❋) En pleno centro, ofrece habitaciones sencillas, las más económicas de la isla.

Ti Pavillon
PENSIÓN €

(plano p. 164; ☎875 0707; www.tipavillon.com; Anse aux Anglais; i/d 1200/1700 MUR; ❋@☎) Este agradable lugar, del mismo equipo que gestiona el Auberge du Lagon, propone precios más asequibles y habitaciones sencillas de alegres colores primarios. Las zonas comunes están llenas de chismes maravillosos.

Residence Foulsafat
PENSIÓN €

(plano p. 164; ☎831 1760; www.residencefoulsafat.com; Jean Tac; d 60 €, media pensión incl.) En lo alto de las colinas, con vistas del azul infinito, esta agradable opción cuenta con cinco casas, cada una con su propio diseño y temática. Ofrece, además, una adorable casita para recién casados con paredes de piedra y un cenador cubierto.

Auberge du Lagon
PENSIÓN €€

(plano p. 164; ☎831 2825, 5875 0707; www.tipavillon.com; Jean Tac; i/d 46/63 €, desayuno incl.; 60/87 €, media pensión incl.) Al final de un camino de gravilla desde Jean Tac, al este de Anse aux Anglais, esta bonita pensión regala unas vistas panorámicas y la sensación de haber dejado el mundo atrás. El jardín es aún joven, pero las habitaciones tienen un porte elegante, aunque informal, que combina sencillez con tonalidades ocres y naranja tostado. Además, tiene bar y una piscina de horizonte infinito.

Si se prefieren las montañas al mar, se puede preguntar a los dueños por el Ti Pavillon, su otra pensión en el interior de la isla.

Residence Kono Kono
BUNGALÓ €€

(plano p. 164; ☎831 0759; www.lekonokono.com; Jean Tac; i/d 50/80 €) Los muebles no podían ser más sencillos pero el hecho de que esté en Jean Tac, al este de Anse aux Anglais, es una ventaja. Se respira un ambiente distendido, las vistas son inmensas y los bungalós resultan agradables, con tonos pastel, paredes de ladrillos y suelos de baldosas.

DE PRIMERA MANO

COCINA DE RODRIGUES

Quien visite Rodrigues debe probar la característica cocina local en una de las muchas *tables d'hôtes* (comidas en casas particulares) de la isla, sin duda uno de los momentos culminantes del viaje. La cocina local usa especias bastante distintas a las de sus vecinos mauricianos: no es tan picante y se utiliza mucho menos aceite. Y aunque los platos de pulpo hayan colonizado la isla mayor, la pasión por el *poulpe* u *ourite* es originaria de Rodrigues.

Las comidas en las mejores y más conocidas *tables d'hôtes* de la isla cuestan entre 400 y 700 MUR. Se debe reservar, como mínimo, con un día de antelación.

A continuación figura una lista de los platos imprescindibles de Rodrigues, según Françoise Baptiste, autora, anfitriona y chef excepcional.

➡ *Ourite:* salpicón de pulpo con zumo de limón, aceite de oliva, pimiento, cebollas y sal. La versión deshidratada es más fuerte de sabor, no apta para todos los gustos.

➡ *Vindaye d'ourite:* pulpo tierno hervido y condimentado con cúrcuma en polvo (o jengibre), ajo, vinagre, zumo de limón y una pizca de especias locales.

➡ *Saucisses créole:* una variedad de carnes locales que se secan y curan.

➡ *Torte rodriguaise*: pastelito de papaya, piña o coco mezclado con nata *cornfloeur*, hecha con una raíz local.

RODRIGUES

Rodrigues

OCÉANO INDICO

5 km

N 0

Véase ampliación

Trou d'Argent
Baie de L'Est
Pointe Coton
Mt Grenade (206m)
St François
Rivière Banane
Pointe aux Cornes
Baladirou
Grand Baie
Mt Persil (275m)
Mt Piquant
Roche Bon Dieu
Grand Montagne (352m)
Graviers
Mourouk
Mt Chéri (167m)
Cascada Victoire
Grande Montagne
Mt Limon (398m)
Mt Malartic (392m)
St Gabriel
Mt Bois Noir (320m)
Cascada
Port Sud-Est
Sud-Est
Pointe Poursuite
Île Hermitage
Río Baleine
Pointe Raffin
Île aux Chats
Île Gombrani
Mont Lubin
Mt Charlot (354m)
Terre Rouge
Jean Tac
Anse 1532
Anse aux Caves
Río Banane
Río Sygangue
Crève Coeur
Anse aux Anglais
Port Mathurin
Baie aux Huîtres
Île aux Fous
Île Diamant
Baie Malgache
Punto de salida de los barcos a la Île aux Cocos
Petit Gabriel
Quatre Vents (314m)
Mt Tonnerre (214m)
Mangues
Marechal
Rivière Cocos
Pointe Var
Anse Grand Var
Petite Butte
Île Paille-en-Queue
Île Deux Frères
Pointe du Diable
Mt du Nord (145m)
Mt du Sable (118m)
La Ferme
Mt Piments
Mt Cabris (191m)
Île Pintades
Anse Quitor
Pointe Corail
Pointe Manioc
Mt Croupier (166m)
Mt Lascars (131m)
La Fouche
Mt Topaze (123m)
François Leguat Reserve
Baie Topaze
Aeropuerto Sir Gadan Duval
Plaine Corail
Île aux Crabes
Pointe Fouche
Pointe Palmiste
Pointe L'Herbe
Île Destinée
Río Pistache
Île Frégate
Île aux Sables
Île aux Cocos
Île Catherine

OCÉANO INDICO

OCÉANO INDICO

500 m

ANSE AUX ANGLAIS
TERRE ROUGE

20
26
16
27
36
34

Rodrigues

RODRIGUES DÓNDE COMER

Le Récif PENSIÓN €€

(plano p. 164; ☑831 1804; www.lerecifhotel.com; Caverne Provert; i/d 2600/3800 MUR, media pensión incl.; ❄) En lo alto del acantilado, inmediatamente al este de Anse aux Anglais, la balconada de Le Récif brinda unas vistas fabulosas de la laguna color esmeralda. Quizás los precios sean un poco exagerados y el lugar acuse cierto descuido, pero las habitaciones son grandes y ofrece las mejores vistas del atardecer en toda la isla.

Escale Vacances PENSIÓN €€

(plano p. 166; ☑831 2555; www.escale-vacances.com; Rue Johnston, Fond La Digue; i/d 61/94 €, desayuno incl.; 70/112 €, media pensión incl.; ❄❄) Justo al salir del centro, el alojamiento de mayor categoría de Port Mathurin ocupa una mansión colonial reformada que, de alguna manera, recuerda a una vieja escuela. Las habitaciones son tranquilas y están bien equipadas.

Coco Villas PENSIÓN €€

(plano p. 164; ☑831 0449; www.rodrigues-coco-villa.com; Caverne Provert; 1400-2000 MUR por persona, media pensión incl.; ❄❄) Las habitaciones sencillas de esta pensión familiar son

una mejor alternativa que las del final de la carretera, en Anse aux Anglais. No son nada del otro mundo pero el precio es más que correcto.

Les Cocotiers HOTEL €€€

(plano p. 164; ☑831 1058; www.lescocotiersbeach resort.com; Anse aux Anglais; i/d 131/186 €, media pensión incl.; ❄❄❄) Este agradable complejo turístico, una fantástica opción al final de la carretera de la costa, cuenta con un buen restaurante, una piscina sugerente y un popular centro de submarinismo. Coloridos cuadros adornan las paredes de las habitaciones, a juego con las colchas. La calidad del servicio es impredecible.

🍴 Dónde comer

En Port Mathurin hay algunos restaurantes. La mayoría está al este de la ciudad, en el distrito de Anse aux Anglais.

Hay algunas tiendas de alimentación en Rue de la Solidarité y Rue Mamzelle Julia. Al lado de la oficina de correos hay puestos de frutas (lu-sa solo mañanas). Para picar algo rápido, los establecimientos de Rue de la Solidarité venden *pain fouré* (pan relleno) y fideos por unas pocas rupias.

Port Mathurin

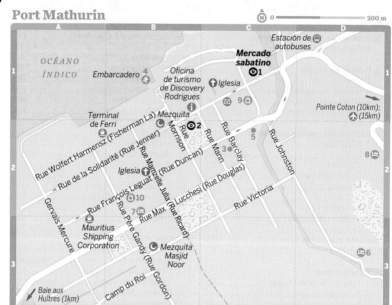

Port Mathurin

Le Marlin Bleu   MARISCO €

(plano p. 164; ☑832 0701; Anse aux Anglais; principales 225-350 MUR; ⊘9.30-15.00 y 17.00-22.00 mi-lu) Este restaurante, el lugar más sociable de Anse aux Anglais, gusta mucho a los residen-

tes extranjeros y está gestionado por el mítico Mega, el simpático dueño que se asegura de que todo el mundo se sienta a gusto. La comida es excelente, con una buena mezcla de marisco, *pizzas* y platos locales. Los partidos de fútbol en la gran pantalla, o cualquier otra excusa, mantienen el bar abierto mucho después del cierre de la cocina.

La Varangues   MAURICIANA €

(plano p. 166; ☑832 1882; principales 275-395 MUR; ⊘9.00-15.00 y 18.00-22.00) Platos recién hechos y a precios razonables, mesas en una veranda con vistas a Port Mathurin y la laguna, y dueños simpáticos. Una opción excelente. Está en la carretera que baja de Mont Lubin a Port Mathurin, más o menos a mitad de camino.

Aux Deux Frères   MAURICIANA, INTERNACIONAL €

(plano. 166; ☑831 0541; edificio Patriko, 1er piso, Rue François Leguat; *pizza* desde 215 MUR, principales 295-425 MUR; ⊘8.30-14.30 lu-sa, 18.30-22.00 vi y sa) En el 1er piso del edificio donde tienen su oficina varios operadores de turismo, sirve platos locales e internacionales en un entorno elegante. El entrante de *marlin fumé avec gingembre* (pez espada ahumado con jengibre) es pequeño y sencillo, pero de intenso sabor. También sirven *pizzas,* brochetas de cerdo y salchichas criollas (cuando las hay).

De compras

Rue de la Solidarité y Rue Mamzelle Julia son las principales calles comerciales, pero aun así solo hay algunas tiendas no muy deslumbrantes. Lo mejor son las cestas y sombreros de hojas secas de *vacoa (pandanus)* y los artículos hechos con fibras y cáscaras de coco. Entre los productos de alimentación, destacan los limones, las guindillas y la miel en conserva.

Care-Co ARTESANÍAS
(plano p. 166; Rue de la Solidarité; ☺8.00-16.00 lu-vi, hasta 12.00 sa) Vende artículos de cáscara de coco, miel y maquetas de barcos hechas por artesanos, la mayoría apicultores, con discapacidades.

Island Books & Clothing Spot LIBROS
(plano p. 166; ☑440 0040, 832 1564; Rue François Leguat; ☺8.30-16.00 lu-vi, hasta 14.00 sa) Pequeña librería que cuenta con algunos libros sobre Rodrigues y Mauricio. Tiene otra tienda en el aeropuerto que, teóricamente, abre justo antes y después de las salidas y llegadas de los vuelos, aunque el personal no siempre está allí.

ℹ Información

Oficina de turismo de Discovery Rodrigues
(plano p. 166; ☑832 0867; discoveryrodrigues@intnet.mu; Rue de la Solidarité; ☺8.00-16.00 lu-vi, hasta 12.00 sa, hasta 10.00 do) Supervisa las visitas a Île aux Cocos. Solo organiza las visitas, no los trayectos en barco hasta allí.
Port Mathurin Pharmacy (☑831 2279; Rue de la Solidarité; ☺7.30-16.30 lu-vi, hasta 15.00 sa, hasta las 11.00 do) La única farmacia de la isla.
Rodrigues Regional Library (☺9.00-16.30 lu-vi) Delante del edificio se puede acceder gratis a su wifi, que aunque lento es todo un lujo en la isla.
Oficina de turismo (plano p. 166; ☑832 0867; www.tourism-rodrigues.mu; Rue de la Solidarité; ☺8.00-16.00 lu-vi) Pequeña pero servicial. Delante de La Résidence (p. 162).

ℹ Cómo llegar y salir

Los viejos autobuses de Ashok Leyland comunican regularmente Port Mathurin con el resto de la isla, aunque quizá se tenga que cambiar de vehículo en la localidad de Mont Lubin, el punto más elevado de la isla, donde confluyen todas las carreteras.

CIRCUITOS POR LA ISLA

JP Excursions (plano p. 166; ☑5875 0730, 831 1162; www.jpexcursion-rodrigues.com; Rue Barclay) Eficiente agencia que ofrece todo un abanico de excursiones en barco, automóviles de alquiler, submarinismo, pesca y *kitesurf*.

2000 Tours (plano p. 164; ☑5765 2100, 831 4703; www.rodrigues-2000tours.com; Rue Max Lucchesi, Grande Montagne) Operador local que ofrece circuitos a Île aux Cocos, automóviles de alquiler, submarinismo y *kitesurf*.

Rotourco (plano p. 166; ☑831 0747; www.rotourco.com; Rue François Leguat) Ofrece circuitos en barco a Île aux Cocos y alquila automóviles.

Otras zonas de Rodrigues

La mayoría de los rincones más bonitos de Rodrigues quedan apartados de Port Mathurin, sobre todo en las costas sur y este y en el accidentado interior.

◉ Puntos de interés

Aparte de las doradas playas (las mejores son las que orillan las montañas del este de la isla), hay varios lugares interesantes, entre ellos dos cuevas y algunos edificios.

★**François Leguat Reserve** RESERVA NATURAL
(plano p. 164; ☑832 8141; www.tortoisecavereserve-rodrigues.com; Anse Quitor; adultos/niños tortugas y cueva incl. 320/160 MUR, solo tortugas 200/100 MUR; ☺9.00-17.00, circuitos 9.30, 10.30, 12.30 y 14.30) En 1691, François Leguat escribió que había tantas tortugas en Rodrigues que uno podía andar más de cien pasos saltando sobre sus caparazones sin tocar el suelo. Desgraciadamente, la tortuga gigante endémica de Rodrigues se extinguió, pero esta reserva recrea el edén que describieron los primeros exploradores. Centenares de tortugas, resultado de un programa de cría, pululan por la reserva, y se han plantado 100 000 árboles autóctonos en los últimos cuatro años.

También se pueden visitar unas cuevas donde entusiastas guías señalan curiosas formaciones rocosas y narran la interesante historia geológica de la isla. Conviene fijarse en la tibia de un solitario (dodo) de Rodrigues que sobresale del techo de la caverna.

EXCURSIÓN EN BARCO 1: ÎLE AUX COCOS

Hay 17 islitas que afloran en la laguna de Rodrigues, pero Île aux Cocos es probablemente la más interesante. De unos 1,5 km de longitud y solo 150 m en su tramo más ancho, es una reserva natural y la única isla del Índico donde crían cuatro aves acuáticas: la tiñosa picofina, la tiñosa boba, el charrán blanco común y el charrán sombrío. El cuadrante sur de la isla es zona restringida y está cercado. En el resto reina la sensación de territorio virgen; las tiñosas picofinas y los charranes blancos comunes son muy dóciles, tal y como eran todos los animales (incluido el desdichado dodo) cuando los primeros marinos desembarcaron en Mauricio y Rodrigues.

La reserva está supervisada por Discovery Rodrigues (p. 167), cuyo personal sale al encuentro de los barcos y les ofrece una breve introducción (básicamente en francés) sobre las particularidades de la isla. No obstante, dicha organización no gestiona las salidas en barco, para ello hay que hablar con el hotel, un operador o directamente con los patrones de los buques.

Casi todas las excursiones salen de Pointe du Diable pero conviene comprobarlo. De no ir en vehículo propio, se puede gestionar la recogida en el hotel. Las salidas pueden ser a cualquier hora entre 7.00 y 10.00, según las mareas, y se tarda 1 h en cada dirección. Seguramente se acabarán pasando 3 h en la isla (llévese el bañador).

Una salida hasta la Île aux Cocos cuesta 1500 MUR por persona si se gestiona a través del hotel, bastante menos (1000-1200 MUR) si se trata directamente con el dueño del barco. El precio incluye la travesía, la entrada al parque y un almuerzo-tipo pícnic.

Se recomiendan los siguientes patrones de barco:

Rico François (☎875 5270) Sale desde Pointe du Diable.

Tonio Jolicouer (☎5875 5720) Sale desde Pointe du Diable.

Berraca Tours (☎875 3726) Sale desde Pointe du Diable.

Joe 'Cool' (☎5876 2826) Sale desde Pointe du Diable.

Christophe Meunier (☎5875 4442, 429 5045) Zarpa desde Anse aux Anglais. Además, es un velero (no un fueraborda) y, a veces, incluye un rato de más para bucear.

Además, hay un pequeño recinto con algunos murciélagos frugívoros gigantes (el único mamífero endémico de la isla) y un grupo de tortugas de Madagascar recién llegadas, especie en serio peligro de extinción.

El museo de la reserva repasa la historia de la isla y su colonización, con información detallada del extinto solitario de Rodrigues, pariente cercano del dodo.

Queda al suroeste de la isla, 1,5 km al noreste del aeropuerto por la carretera principal, en un desvío precariamente señalizado.

Caverna Patate
CUEVA

(plano p. 164; circuitos 120 MUR; ⊗circuitos 9.00, 11.00, 13.00 y 15.00) En la esquina suroeste de la isla, este impresionante sistema cavernario atesora algunas estalagmitas y estalactitas. Solo se puede visitar en circuito guiado, durante el cual se constatará que algunas formaciones, por raro que parezca, recuerdan a un dodo, al palacio de Buckingham e incluso a Winston Churchill. Por el túnel de 700 m

es fácil caminar pero resbala si llueve; llévese calzado con buen agarre y una chaqueta fina. No hay que perderse los espectaculares rabijuncos menores que sobrevuelan la entrada.

El camino a la caverna está señalizado en la carretera que va de La Ferme (en la vía principal del aeropuerto) a Petite Butte. Los autobuses rumbo a La Fourche apean en el desvío.

Grande Montagne
Nature Reserve
RESERVA NATURAL

(plano p. 164; ☎832 5737; www.mauritian-wildlife. org; Grande Montagne; ⊗8.00-15.00 lu-vi) Esta reserva natural protege uno de los últimos bosques primarios de Rodrigues, en el punto más elevado de la isla. La Mauritian Wildlife Foundation (MWF; p. 156) ha supervisado la plantación de más de 150 000 plantas nativas para recuperar un ecosistema que garantice la supervivencia del fodi y del carricero de Rodrigues. El bosque está surcado por caminos por los que es difícil perderse aunque estén mal indicados.

EXCURSIÓN EN BARCO 2: ÎLE AUX CHATS Y ÎLE HERMITAGE

Una manera magnífica de ver la costa este de Rodrigues es contratar una excursión de medio día en barco por la laguna. Muchos operadores de Port Sud-Est, Mourouk y Graviers, y todos los hoteles pueden hacer la gestión, que suelen incluir 1-2 h de buceo (en una zona con corrientes sorprendentemente fuertes), un almuerzo-barbacoa en la Île aux Chats (una de las más grandes de la laguna este) y después, una visita a la Île Hermitage, una isla diminuta famosa por su belleza (y por un supuesto tesoro escondido). Cuesta 1000 MUR por persona.

En la entrada se puede recoger la gratuita y práctica *Grande Montagne Nature Reserve Field Guide* para poder identificar cada planta y ave. Cuando se visitó estaba previsto que la MWF se hiciera cargo de la dirección de la reserva y del centro de interpretación.

Jardin des 5 Sens JARDINES
(plano p. 164; ✆831 5860; Montagne Bois Noir; entrada visita guiada y pequeña cata incl. 250 MUR; ⏱circuitos 10.00, 11.00, 13.00, 14.00 y 15.00) Este pequeño jardín botánico de plantas endémicas de Rodrigues, una iniciativa estupenda, es una forma interesante de pasar 1 h. Se recomienda hacer la visita sobre el mediodía, para después almorzar en el adjunto Chez Jeanette (p. 173).

Iglesia de San Gabriel IGLESIA
(plano p. 164) Para estar en medio de Rodrigues el señorío de esta iglesia sorprende, además tiene una de las congregaciones más grandes en la diócesis de Port Louis. Voluntarios de la zona la construyeron entre 1936 y 1939 y para ello arrastraron penosamente piedra, arena y coral desde todos los rincones de la isla. El cristianismo es una parte indisociable de la vida en Rodrigues. Aquí se reúnen cientos de personas cada domingo.

🏃 Actividades

Observación de aves

Los observadores de aves conocen muy bien Rodrigues, sobre todo por dos especies: el carricero de Rodrigues (en la década de 1970 quedaban 30 ejemplares, hoy hay 4000 individuos, una recuperación impresionante) y el fodi de Rodrigues (seis parejas en 1968, 8000 ejemplares hoy). Los hay en toda la isla, pero es más fácil verlos si se sale de excursión por la Grande Montagne Reserve (p. 168).

Submarinismo

El entorno marino de Rodrigues está muy bien conservado. Los mejores lugares para sumergirse están en las costas este y sur.

Los principales centros de submarinismo se ubican en los hoteles, pero están abiertos a público en general, basta con llamar antes. Una salida cuesta 1800 MUR, equipo incluido.

La mejor época para sumergirse coincide con la temporada alta en la isla. De octubre a diciembre, hay buena visibilidad, mar en calma, posibilidad de ver ballenas y tempera-

CAFÉ MARRÓN: LA PLANTA MÁS INSÓLITA DEL PLANETA

En 1980 un profesor pidió a sus alumnos que llevaran al colegio una planta local como parte de un trabajo. Uno de los estudiantes llevó una planta que dejó a todos perplejos. Al final, los expertos de los Kew Gardens de Londres la identificaron como el café marrón (*Ramosmania rodriguesii*), presumiblemente extinguida desde hacía mucho tiempo. Durante siglos los lugareños habían usado la planta como afrodisíaco y para el tratamiento de enfermedades de transmisión sexual. La noticia de su descubrimiento trascendió, y se cercó el terreno donde se hallaba la planta, pero los lugareños encontraron la forma de colarse. En 1986 se transportó un esqueje desde Rodrigues a Londres donde, en menos de 24 h, ya estaba en los Kew Gardens.

Se hicieron otros esquejes y, con ellos, la Mauritian Wildlife Foundation pudo plantar más en su invernadero. La planta aún no está fuera de peligro: uno de los ejemplares de la Grande Montagne Reserve (p. 168) fue robado (se ha sustituido por otro, más joven y sin florecer, que se puede ver junto al sendero principal), y también se robó otro en el vivero de la fundación. Aun así, en la reserva se han plantado 50 ejemplares con éxito. No se han encontrado otras plantas silvestres desde entonces pero (por primera vez desde que se recuerda) la primera planta ha empezado a dar fruto recientemente.

PASEO POR LA COSTA NORESTE

El paseo más famoso de la isla (nº 4 en la *Carte Verte*) es el clásico sendero costero de unas 2 h de Graviers a St François, en el este de la isla. De camino se pasará por las playas de arena más impresionantes de Rodrigues, incluida Trou d'Argent, una de las calas más bonitas del Índico, prácticamente cercada por acantilados bajos y supuesta ubicación de un botín pirata escondido.

Si se depende del transporte público, se recomienda empezar en Graviers (los autobuses van a Graviers por la mañana pero hay muchos menos por la tarde, no obstante, en St François hay más).

turas por encima de los 28ºC. Enero y febrero son parecidos, pero con peligro de ciclones. De marzo a septiembre los vientos son, en general, más fuertes y la temperatura del agua desciende a 23ºC.

Los mejores puntos de inmersión son:

La Passe St François (plano p. 164) Un canal de 1 km que baja a 30 m, con un multicolor elenco de especies coralinas.

La Basilique (plano p. 164) Túneles, cuevas y una topografía submarina de infarto.

Le Canyon (plano p. 164) Un cañón muy evocador que pasa por debajo del arrecife.

Bouba Diving   SUBMARINISMO
(plano p. 164; ☑5920 0413, 5875 0573; www.bouba diving.com; 1/3 inmersiones equipo incl. 1850/5270 MUR) Profesional centro de submarinismo en el Mourouk Ebony Hotel.

Cotton Dive Centre   SUBMARINISMO, KITESURF
(plano p. 164; ☑831 8001, 831 8208; www.cottonbay hotel.biz/diving; ☺cerrado ago) En el Cotton Bay Hotel.

Pesca

Rod Fishing Club   PESCA
(plano p. 166; ☑875 0616; www.rodfishingclub.com; Terre Rouge) Expertos de la pesca de altura en la isla montaron el Rod Fishing Club, dirigido por Yann Colas, capitán del *Black Marlin,* que zarpa con frecuencia desde Port Mathurin. Hay que reservar en su web e ir a buscarle al embarcadero.

Excursionismo

La mejor forma de descubrir los tesoros naturales de la isla, sobre todo sus playas agres-

tes y sin urbanizar, es salir de excursión. La *Carte Verte de Rodrigues*, editada por la Association Rodrigues Entreprendre Au Féminin pero algo difícil de encontrar, ofrece la lista de las ocho rutas más populares de la isla y facilita información detallada de cómo llegar a cada cabecera de sendero en transporte público.

La *Carte Verte* se vende (100 MUR) en un quiosco del centro de Port Mathurin, delante del edificio Alfred Northcoombes. Si estuviera cerrado (algo bastante frecuente) o no les quedaran ejemplares (también habitual), llámese al ☑876 9170 y el personal intentará encontrar una copia. Algunos hoteles también podrían tenerla.

'Kitesurf'

Todos los expertos coinciden: Rodrigues es uno de los mejores lugares del mundo para practicar *kitesurf.* Club Osmosis (plano p. 164; ☑5875 4961; www.kitesurf-rodrigues.com) y Nest Kitesurfing School (plano p. 164; ☑5724 1773, 832 3180; www.thenestkitesurfing.com; Anse Mourouk) son los mejores operadores de la isla.

A finales de junio o principios de julio, los mejores *kitesurfistas* van a Rodrigues para participar en el Rodrigues International Kitesurfing Festival, que se celebra desde el 2013.

Tirolina

Tyrodrig   DEPORTE DE AVENTURA
(plano p. 164; ☑499 6970; www.facebook.com/tyro drig.ilerodrigues; Montagne Bois Noir; 1000 MUR por persona; ☺9.00-12.00 y 13.00-17.00) Muy divertido, se sobrevuela un cañón suspendido de una cuerda a una altura de entre 50 y 100 m. Es la tirolina más larga de Índico. Se llega por un desvío de la carretera principal entre Mont Lubin y Grande Montagne.

⛄ Fiestas y celebraciones

Fête du Poisson   CULTURAL
(☺1ª semana de mar) Rodrigues vive para el pescado. Con esta fiesta (que incluye salidas de pesca y mucha comida) se da por inaugurada la temporada de pesca.

Festival Kréol   CULTURAL
(☺fin de oct) Tres días de fiesta con ceremonias criollas tradicionales en toda Rodrigues.

Rodrigues International Kitesurfing Festival   DEPORTES
(☺jun o jul) Los mejores *kitesurfistas* del mundo acuden a Rodrigues a finales de junio o principios de julio para el RIKF.

🛏 Dónde dormir

Los hoteles y pensiones se concentran principalmente 2 km al este de Port Mathurin en Anse aux Anglais, en St François en la costa este y por la costa sur. En otras zonas, las pensiones ofrecen una experiencia más local y tranquila.

★Chez Bernard & Claudine PENSIÓN €

(plano p. 164; ☑831 8242; cbmoneret@intnet.mu; St François; 1300 MUR por persona, media pensión incl.) Cuando St François era un retiro para aislarse del mundanal ruido, esta encantadora pensión de estilo Tudor era el único alojamiento. Ahora, un edificio más nuevo en la parte de atrás acoge las habitaciones, bien cuidadas y ventiladas, grandes y luminosas. También sirve buena comida, los dueños son simpáticos y está en el lugar ideal para salir de excursión por la costa este.

La Paillote Creole PENSIÓN €

(plano p. 164; ☑5701 0448; www.lapaillotecreole. chezvotrehote.fr; Graviers; 800/1000 MUR por persona, desayuno/media pensión incl.) *Rondavels* de techo de paja y suelos de baldosas, sencillos pero excelentes, en una finca muy cuidada, ideales para viajeros con presupuesto ajustado. El jardín aún tiene que crecer pero los dueños son simpáticos y se respira un magnífico ambiente.

Chez Jeannette PENSIÓN €

(Le Tropical; plano p. 164; ☑831 5860; www.gitaletropical.com; Montagne Bois Noir; 1400 MUR por persona, media pensión incl.; 🖥) En lo alto de una colina, esta bonita casa, construida parcialmente con piedra, cuenta con ocho habitaciones grandes y sencillas que disfrutan de una gloriosa paz. Además, sirven buena comida y está al lado de unos jardines botánicos (p. 169). El refugio de montaña perfecto.

Piment Guesthouse PENSIÓN €

(plano p. 164; ☑831 8260; www.ilerodriguesgite piment.com; St François; 1000 MUR por persona, media pensión incl.; ❄🖥) Habitaciones limpias y grandes aunque poco inspiradas, si bien algunas tienen cocina. La familia que lo lleva es simpática, la playa queda solo a 5 min a pie y se respira tranquilidad en todo el recinto.

Auberge St François PENSIÓN €

(plano p. 164; ☑831 8752, 5254 8655; www.auberge-rodrigues.com; St François; h/estudios desde 40/60 €; ❄) Agradable urbanización junto al mar con una hilera de casas de dos pisos con habitaciones cómodas y apartamentos no tan bonitos.

Auberge de la Montagne PENSIÓN €

(plano p. 164; ☑5875 0556, 831 4607; villa@int net.mu; Grande Montagne; 600 MUR por persona, 800/1500 MUR, desayuno/media pensión incl.; ❄) En pleno centro montañoso de la isla, la encantadora familia Baptiste regenta esta pensión que da a un maravilloso huerto. Los sinuosos pasillos (producto de varias ampliaciones) conducen a los tres dormitorios superiores, acogedores aunque algo anticuados.

Auberge Lagon Bleu PENSIÓN €

(plano p. 164; ☑831 0075; www.aubergelagonbleu. com; Caverne Provert; i/d/t 600/800/1000 MUR; ❄) En la carretera que va a Jean Tac, esta pensión muy informal está repleta de cestos de mimbre y vigorosas obras de arte. Los clientes se reúnen en el comedor, sito bajo un tejado de estaño, junto al tendedero donde cuelgan prendas goteando. Los cuadros aportan un poco de color a unas habitaciones por lo demás espartanas. La media pensión cuesta 600 MUR más por persona.

★La Belle Rodriguaise PENSIÓN €€

(plano p. 164; ☑832 4040; www.labellerodriguaise. com; Graviers; i 2450-3350 MUR, d 3800-5600 MUR, media pensión incl.; ❄🖥) A orillas del mar el sugerente refugio de Laval y Françoise Baptiste propone soleadas habitaciones en encantadoras *cases*, todas con vistas al océano. Arriba, en la colina, aguardan una piscina en forma de ameba y una amplia veranda con un fresco comedor. Cabe esperar una cálida bienvenida, una comida (p. 173) sobresaliente y una sensación de retiro en todo el lugar. Está cerca de la pintoresca Graviers.

★Cases à Gardenias PENSIÓN €€

(plano p. 164; ☑832 5751; www.casesagardenias-rodrigues.com; Montagne Bois Noir; 60 € por persona, media pensión incl.; @🖥) La pensión más elegante de la isla es el orgullo de sus encantadores dueños, una pareja belga-mauriciana que la ha creado de la nada. Los preciosos dormitorios inspirados en las plantaciones tienen bonitos muebles de madera tratada (hechos a mano), y los clientes pueden pasear entre los árboles frutales o ayudar al apicultor a recoger la miel del colmenar.

No está señalizado; en la carretera principal, entre Mont Lubin y Grande Montagne, debe tomarse el desvío en dirección a Chez Jeannette hasta el complejo de color melocotón que hay a 1 km (aprox.). También sirven comidas (p. 173) a los que no son clientes.

Kafe Marron
PENSIÓN €€

(plano p. 164; ☏5706 0195; www.kafemarron.com; Pointe Coton; h 2200-3200 MUR; P❄🖧) A una manzana de la tranquila playa de Pointe Coton, esta elegante y pequeña pensión combina la tradicional *chambre d'hôte* con las comodidades modernas de un B&B de sofisticación media. Las habitaciones, espaciosas, tienen suelos embaldosados y sutiles toques de diseño. Una opción magnífica.

Lagon Sud
PENSIÓN €€

(plano p. 164; ☏5927 0976; monagravier@gmail.com; Graviers; i/d 2400/3400 MUR, desayuno incl.) Su encanto reside en ese sopor que reina en el ambiente. Las habitaciones del edificio principal son bastante bonitas (basta con abrir las ventanas de par en par para que entre la brisa), separadas de la playa solo por algunos árboles y un solitario camino de arena.

★ Bakwa Lodge
HOTEL €€€

(plano p. 164; ☏686 7662; www.bakwalodge.com; Var Brulé, Mourouk; i/d desde 112/192 €; P❄🖧) Uno de los alojamientos más bonitos de la isla, un oasis blanco al final de la carretera de Mourouk, sofisticado pero discreto. Las habitaciones, grandes y luminosas, están decoradas con fragmentos de viejas piraguas, y la mayoría tiene duchas a cubierto y al fresco. La bonita playa ayuda a excusar la falta de piscina.

★ Tekoma
HOTEL €€€

(plano p. 164; ☏265 5244; www.tekoma-hotel.com; St François; d 243-375 €, media pensión incl.; ❄@🖧🖧) ✎ Sin duda es el hotel más bonito e impresionante de Rodrigues, inaugurado a finales del 2012. Las comodísimas casitas independientes están distribuidas por un promontorio rocoso que desciende hasta una buena playa, y se respira una dichosa sensación de aislamiento. Además, funciona enteramente con energía renovable y la comida es de primera.

Mourouk Ebony Hotel
HOTEL €€€

(plano p. 164; ☏832 3351; www.mouroukebonyhotel.com; Mourouk; i/d 130/200 €, media pensión incl.; ❄🖧) Este hotel, al final de una serpenteante carretera de montaña, se distingue fácilmente por su tejado color de zanahoria. Cuenta con unos jardines fabulosos llenos de orquídeas y flores silvestres que lindan con una playa de ensueño. En el vestíbulo hay sillones

de mimbre tratado a mano y se escucha música criolla. Las habitaciones son cómodas, pero no espectaculares.

Cotton Bay Hotel
HOTEL €€€

(plano p. 164; ☏831 8001; www.cottonbayhotel.biz; Pointe Coton; i 175-278 €, d 225-350 €, ste 275-450 €, media pensión incl.; P❄🖧🖧) Este encantador hotel, con más de 20 años, pero sin perder fuelle, es el más antiguo de la isla. El interiorismo denota encanto criollo: adornos florales, biombos de bambú y grabados de inspiración tropical embellecen las habitaciones. Entre sus alicientes cabe destacar un bonito restaurante con piraguas como tema, salidas en catamarán privado e interminables playas color miel.

Pirate Lodge
HOTEL €€€

(plano p. 164; ☏831 8775; www.piratelodge.com; St François; ste desde 150 €, desayuno incl.; ❄) Estos bonitos apartamentos de cuatro-seis camas están en un pintoresco palmeral aderezado por el cantar de las aves. El diseño exterior incorpora exóticos acabados de inspiración criolla, no así los interiores, mucho más modernos; las salas de estar están llenas de menaje tipo IKEA y las cocinas están totalmente equipadas.

🍴 Dónde comer

Más allá de Port Mathurin, la mayoría de las opciones son casas de comidas, domicilios particulares que sirven platos caseros. No obstante, hay un par de restaurantes de verdad. Los del Mourouk Ebony Hotel y el Cotton Bay Hotel también abren al público general. Quien quiera comprar alimentos encontrará pequeños *superettes* (supermercados) en las aldeas, aunque con un surtido más bien escaso.

★ Chez Robert et Solange
MARISCO €

(plano p. 164; ☏5733 1968; St François; principales 150-500 MUR; ◷8.00-15.00 ma-do) Los pescadores cocinan su pesca en sencillas mesas al fresco y junto al mar. Este es uno de los mejores de este tipo en Rodrigues, en una bonita zona entre árboles a 100 m de la playa. Es el lugar ideal para comer langosta (1500 MUR/kg).

Madame Larose
MAURICIANA €

(plano p. 164; ☏876 1350; Pointe Coton; principales desde 350 MUR; ◷12.00-15.00 y 18.00-22.00) En la carretera que baja a la playa de Pointe Coton, esta joya local tiene un servicio y entorno sencillos pero cocina sabrosa: pescado fresco, *salade d'ourite* (salpicón de pulpo), delicioso curri de pollo y ricas ensaladas.

Mazavaroo MAURICIANA €
(plano p. 164; ☑5724 2282; St François; principales 275-395 MUR; ☺10.00-15.00 do-vi) Los senderistas en tránsito por la costa este pueden concederse un respiro almorzando en este informal establecimiento. El marisco y el pescado (pez espada ahumado, pescado a la parrilla, gambas y langosta), así como la especialidad de la casa, el *ceviché de thon jaune* (ceviche de atún), son fantásticos.

Mengoz Snack COMIDA RÁPIDA €
(plano p. 164; Rte de l'Autonomie, Mont Lubin; principales 50-150 MUR; ☺8.00-16.00 lu-sa) En Mont Lubin, allí donde la carretera principal que cruza la isla se bifurca a Grande Montagne, Port Mathurin y el suroeste, este bonito y pequeño bar de tentempiés sirve arroz frito o fideos, y suele tener también un plato principal como *chop suey*.

Resto La Caverne MAURICIANA €
(plano p. 164; Petite Butte; principales desde 250 MUR; ☺11.00-14.00 y 18.00-21.00) Si se visita la caverna Patate (p. 168) o la François Leguat Reserve (p. 167), se recomienda pasar por este tranquilo y pequeño local que queda encima del colmado. Los platos de pulpo son fantásticos. Está delante del desvío a la caverna.

⭐**La Belle Rodriguaise** RODRIGUESA €€
(plano p. 164; ☑832 4040, 832 4359; Graviers; comida de 3 platos 650 MUR; ☺12.00-14.30) Las recetas perfeccionadas de Françoise, autora de un respetado libro de cocina local, se sirven en una ventilada veranda con vistas al océano. Sobre todo atiende a los clientes del hotel, pero sirve a no huéspedes previa reserva.

Chez Jeanette RODRIGUESA €€
(Le Tropical; plano p. 164; ☑831 5860; www. gite-letropical.com; Montagne Bois Noir; comidas 400-500 MUR; ☺11.00-14.00 y 19.00-21.00) Esta agradable pensión (p. 171) escondida en las colinas propone los sabores tradicionales de Rodrigues, y en sus platos siempre hay verduras surtidas de su propia huerta.

Cases à Gardenias RODRIGUESA €€
(plano p. 164; ☑832 5751; Montagne Bois Noir; comidas desde 500 MUR) Los agradables dueños de la pensión (p. 171) sirven exquisiteces caseras: vino, miel, fruta natural, conservas y fiambres.

ALQUILAR EN RODRIGUES

Aunque hay opciones de alquilar un automóvil en Rodrigues, si se alquila a través de una pensión el procedimiento seguramente será más informal. Dicho esto, cuando el viajero aterrice en el aeropuerto, allí habrá alguien que le entregará las llaves de una gran camioneta. Ya en marcha, se apeará a dicha persona por el camino en el lugar que ella elija. Aunque esta pueda ser una forma sencilla de hacer las cosas, vale la pena recordar que el viajero no estará cubierto en caso de accidente, por lo que se recomienda insistir en la existencia de un seguro.

❶ Cómo desplazarse

AUTOBÚS

La estación principal de autobuses (plano p. 166) está en Port Mathurin. Aparte del autobús del aeropuerto, las líneas más prácticas son las que van a Grand Baie y Pointe Coton al este de la isla, y a Gravier, Port Sud-Est y Rivière Cocos en la costa sur. Todos, salvo los que van a Grand Baie, atraviesan Mont Lubin, en el centro de la isla. Para casi todas las rutas, los autobuses pasan cada 30-60 min entre 7.00 y 16.00 (aprox.), de lunes a sábado. Los domingos el servicio no es tan frecuente. El billete cuesta entre 15 y 40 MUR, según el destino.

AUTOMÓVIL

La red viaria de Rodrigues ha mejorado mucho en los últimos años y ahora las carreteras asfaltadas llegan a casi cualquier rincón de la isla. Aunque los todoterrenos ya no sean estrictamente necesarios, la mayoría de los vehículos de alquiler son camionetas.

También se puede alquilar un automóvil a través de la mayoría de los hoteles, pensiones y operadores turísticos, que hacen entrega del vehículo en cualquier lugar de la isla. Cuesta 1200 MUR al día como mínimo, ya sea un utilitario o una camioneta. De vital importancia es comprobar que el vehículo tiene gasolina suficiente antes de partir pues solo hay tres gasolineras en toda la isla: en Port Mathurin, Mont Lubin y cerca del aeropuerto, aunque las distancias son cortas.

Se recomiendan tres agencias de alquiler para contactar con antelación:
⇒ JP Excursions (p. 167)

→ 2000 Tours (p. 167)
→ Rotourco (p. 167)

BICICLETA Y MOTOCICLETA

Si el hotel o pensión no alquila ni bicicletas ni motocicletas, contáctese con Rotourco u otras agencias de viajes en Port Mathurin. Alquilar una bicicleta cuesta 200 MUR al día; una escúter, 600-650 MUR. Llenar el depósito de gasolina de la segunda sale por 350 MUR. A menos que el viajero esté en forma, se recomienda una escúter, pues muchas carreteras del interior son montañosas.

TAXI

En Rodrigues casi todos son camionetas todoterreno. Una carrera cuesta entre 500 y 1000 MUR. Otra opción es alquilar un taxi para un día y salir de circuito por la isla (2000-3000 MUR).

Comprender Rodrigues

Rodrigues hoy

A pesar de los pasos hacia una mayor autonomía, Rodrigues aún se siente ignorada por los legisladores de la isla principal, Mauricio. Hay incluso quien sigue anhelando la independencia. Prueba de ello es que en abril del 2010 se creó el Muvman Independantis Rodriguais (MIR), encabezado por dos políticos que se presentan como rodrigueses, en lugar de mauricianos. Aunque no consiguieran nada, el asunto no desaparecerá tan fácilmente.

Mientras tanto, la Asamblea Regional de Rodrigues está intentando solucionar problemas más apremiantes, como el crecimiento de población, la pobreza y la crítica carestía de agua, este último un tema muy grave, pues hay racionamiento durante todo el año. Los nuevos hoteles y muchos de los ya existentes están obligados a buscar opciones de agua sostenible (incluida la desalinización), y es un tema de preocupación a largo plazo para la isla.

Historia

Rodrigues recibe su nombre del navegante portugués Don Diégo Rodrigues, que fue el primer europeo que vio esta isla desierta allá por 1528. A él le siguieron los marinos neerlandeses, en 1601, pero estuvieron muy poco tiempo, y años más tarde, le tocó el turno a los franceses.

Al principio, Rodrigues solo era un lugar donde los navíos podían guarecerse de las tormentas y aprovisionarse de agua potable y carne. Las tortugas gigantes eran especialmente apreciadas porque podían vivir a bordo durante meses. A lo largo de los años se capturaron o mataron miles hasta su completa extinción. La isla también contaba con una gran ave no voladora, el solitario de Rodrigues, que tuvo el mismo desafortunado destino que su pariente lejano, el dodo.

El primer intento serio de colonización ocurrió en 1691, cuando el francés François Leguat y siete tripulantes hugonotes que huían de la persecución religiosa en su país desembarcaron en busca de una tierra prometida. La tierra era cultivable y la fauna y flora, fuente de regocijo. Aun así, transcurridos dos años, la vida en el paraíso empezó a estropearse, sobre todo por la falta de compañía femenina. Sin embarcación propia (el navío en el que desembarcaron no regresó como prometió), Leguat y su cuadrilla construyeron una nave con madera de deriva y consiguieron llegar a Mauricio.

En 1735, los franceses fundaron una colonia permanente en Rodrigues con un pequeño asentamiento en Port Mathurin, pero la colonia nunca llegó a prosperar. Cuando los británicos la invadieron en 1809 para usarla como base desde la que atacar a la francesa Mauricio, apenas se toparon con resistencia.

En 1967, el 90% de los rodrigueses votaron en contra de independizarse de Gran Bretaña (en contraposición a Mauricio que votó enérgicamente a favor). Fue un buen ejemplo de las diferentes perspectivas de ambas islas. Tras la independencia, los rodrigueses siguieron arguyendo que sus necesidades eran muy distintas a las del resto del país pero, aun así, el Gobierno hizo oídos sordos.

La campaña estuvo encabezada por Serge Clair y su Organisation du Peuple de Rodrigues (OPR), fundado en 1976. Su paciencia y su habilidad política al final tuvieron fruto. En el 2001 se anunció la concesión de un poco de autonomía para Rodrigues, principalmente en asuntos socioeconómicos y en la gestión de sus recursos naturales. En el 2002, se eligió a 18 concejales y la Asamblea Regional quedó oficialmente constituida, con Serge Clair como comisionado en jefe.

DAVID C TOMLINSON / GETTY IMAGES ©

Una postal del paraíso

Playas que retan cualquier superlativo, paisajes agrestes inolvidables, infinidad de opciones de aventura, cautivadoras fiestas y una ventana a la historia: es imposible aburrirse en Mauricio, Reunión y las Seychelles. ¿Es o no el paraíso? Que cada cual juzgue.

Incluye
➡ **Aventuras al aire libre**
➡ **Historia y cultura**
➡ **Playas idílicas**
➡ **Luna de miel en mayúsculas**

Arriba Praslin (p. 302), Seychelles

SPAN ARNAUD / HEMIS.FR / GETTY IMAGES ©

...cursionismo en el Parc National des Hauts, Reunión (p. 271) ...afting en aguas bravas, Reunión (p. 260) **3.** Colorido arrecife de ...Seychelles.

3

Aventuras al aire libre

Claro que sí, estas islas divinas dispersas por el verde-azul océano Índico fueron concebidas para solazarse en la playa y regocijarse en su sensual naturaleza. Pero cuando uno se termine su cóctel, quizás quiera acelerar un poco el pulso. Hay muchas opciones de aventura para ello.

Actividades submarinas

Mauricio, Reunión y las Seychelles son un edén para los submarinistas gracias a una afortunada combinación de arrecifes saludables, cañones y montañas submarinos, plataformas marinas, pecios misteriosos y abruptas pendientes submarinas en el litoral que dan acceso casi inmediato a entornos muy variados. Además, las aguas son cálidas y transparentes, y repletas de vida, desde peces tropicales a grandes pelágicos.

Barranquismo

No hay mejor manera de zambullirse en un paisaje magistral que salir a explorar los cañones en el Cirque de Cilaos o el Cirque de Salazie de Reunión; se saltará en pozas naturales cristalinas y se practicará rápel. En Mauricio, los aventureros pueden descender por una cuerda a los siete saltos de agua de Tamarin.

Excursionismo

Trufada de pistas de senderismo (desde sencillas sendas entre la naturaleza a caminatas más rigurosas), Reunión tiene todos los ingredientes para un excursionismo de primera. Mauricio y Rodrigues también presumen de excelentes opciones para salir a caminar ¿La mayor sorpresa? Las Seychelles. Además de playas mundialmente famosas, este archipiélago ofrece senderos divinos por la costa y bonitas caminatas por la selva.

'Rafting' en aguas bravas

El inmenso plantel de ríos pintorescos del este de Reunión la convierten en un destino de ensueño para aventureros acuáticos. Los ríos Marsouins, Roches y Langevin ofrecen tramos de primera que aceleran el pulso.

1. Templo hinduista, Port Louis (p. 48), Mauricio 2. Bailarines hindúes, Mauricio 3. Notre Dame Auxiliatrice (p. 80), Mauricio 4. Ceremonia de caminar sobre brasas candentes, Mauricio.

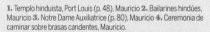

NARVIKK / GETTY IMAGES ©

Historia y cultura

Aunque muchos van a Reunión, Mauricio y las Seychelles por sus increíbles playas y naturaleza, estas islas tienen culturas ricas y diversas, influenciadas por las olas de inmigrantes que fueron poblándolas gradualmente. Los entusiastas de la cultura que sientan debilidad por la arquitectura y los festivales estarán en el séptimo cielo.

Multiculturalidad

La mezcla de genes africanos, hindúes, chinos, árabes y franceses ha dado una multiculturalidad donde cualquier tonalidad de piel y de cabello es posible. Nadie debería sorprenderse si en las ciudades más grandes ve una catedral, un templo tamil, una mezquita y una pagoda casi puerta con puerta.

Arquitectura criolla

En Reunión, Mauricio y las Seychelles hay edificios coloniales muy bien conservados. El plantel de opciones sorprende: desde haciendas espléndidas y mansiones cautivadoras a *cases créoles* humildes y edificios coloniales señoriales de la época de la Compañía Francesa de las Indias Orientales.

Fiestas culturales y religiosas

Fabulosos festivales permiten a los visitantes asomarse a la cultura local. El Divali, el Festival de las Luces, se celebra en los tres países en octubre o noviembre. En Mauricio y Reunión se llevan a cabo impresionantes ceremonias en las que se camina sobre brasas candentes en diciembre o enero. Las Seychelles se enorgullecen de su exuberante carnaval.

Música y danza

La música y el baile forman parte de la vida cotidiana en todas las islas, desde la aldea más pequeña a las ciudades más grandes. En junio, los mejores artistas de *maloya*, *séga*, salsa, *reggae* y *electro* del Índico y más allá se dan cita en St-Pierre durante los tres días del festival Sakifo.

WESTEND61 / GETTY IMAGES ©

nse Georgette (p. 304), Praslin, Seychelles 2. Anse Cocos 13), La Digue, Seychelles 3. Anse Source d'Argent (p. 313), igue, Seychelles.

Playas idílicas

La publicidad tiene toda la razón: las Seychelles y Mauricio tienen algunas de las playas más espectaculares a este lado de Bora Bora ¡Que cada cual escoja!

Anse Cocos (La Digue)

En Anse Cocos (p. 313) se estará en la gloria: una playa de arena de color blanco impoluto bañada por aguas turquesa. Como solo se puede llegar a pie, nunca está llena.

Anse Georgette (Praslin)

Es como una visión: el agua es tan resplandeciente y la arena de un blanco tan cegador que será inevitable frotarse los ojos. Pese a haber sido absorbida por un complejo turístico, Anse Georgette (p. 304) es pública, cualquiera puede colocar su toalla en la arena.

Anse Source d'Argent (La Digue)

Es normal pensar que el texto publicitario que describe Anse Source d'Argent (p. 313) como la playa más fotogénica del mundo es una exageración... hasta que se posa la vista en sus cristalinas aguas esmeralda y sus arenas finísimas. Desde lo alto de las colinas de granito de la costa impresiona aún más, si cabe.

Pointe d'Esny (Mauricio)

Aquí está la más famosa de todas las playas del sur de Mauricio, Pointe d'Esny (p. 113). Es inmensa, cristalina y resplandeciente y no decepciona a los bañistas y buceadores que se sumergen en sus fabulosas y luminosas profundidades.

Costa este de Rodrigues

Entre Graviers y St François (p. 170), al este de la isla, el escarpado litoral está puntualmente troquelado por bonitas calas y tramos de playa preciosos. Estas impresionantes franjas de arena están totalmente resguardadas y no son accesibles por carretera, de ahí tanta belleza.

Hotel de lujo, Seychelles

Luna de miel con mayúsculas

Playas de arena blanca, calas recónditas, atardeceres multicolores, hoteles sofisticados, 'spas' balsámicos... No sorprende que los recién casados y aquellos que buscan una escapada glamurosa al trópico hayan colocado las Seychelles y Mauricio en un lugar preferente.

Le Saint Géran (Mauricio)

Le Saint Géran (p. 129) es un lugar lujoso e impresionante, que tiene muchas facetas y todas ellas estupendas: es elegante y con clase, pero no demasiado formal; es romántico, sin ser demasiado tranquilo, y familiar, pero no permite que los niños se descontrolen.

Isla Desroches (Seychelles)

Château de Feuilles (p. 308) en Praslin es un alojamiento extraordinario para aquellas parejas que buscan un paraíso privado. En lo alto de un precioso cabo

y con vistas estupendas, este precioso escondite tiene nueve chalés de paredes de piedra repartidos por unos acicalados jardines tropicales. Para redondear la experiencia están el restaurante de la piscina, 100% romántico, y el *jacuzzi* cimero.

Silhouette (Seychelles)

Silhouette (p. 322) es ideal para aquellos que quieren combinar romanticismo, aire libre y lujo asequible. A una isla ya de por sí impresionante, hay que sumar la elegancia de sus bungalós. Además, se puede practicar submarinismo y buceo, salir de pesca y a caminar.

Frégate (Seychelles)

Si se quiere encontrar una isla para pasar el resto de la vida, no hay que ir más lejos. Las 16 opulentas villas de Frégate (p. 324) son tan maravillosas que nadie querrá marcharse, salvo para un tratamiento de belleza en el plácido *spa*.

Reunión

845 000 HAB. / ☎262

Los mejores restaurantes

➡ Les Letchis (p. 260)

➡ L'Eveil des Sens-Le Blue Margouillat (p. 205)

➡ Auberge Paysanne Le Palmier (p. 251)

➡ Le QG (p. 230)

➡ Le Saint-Michel (p. 196)

Los mejores alojamientos

➡ Senteur Vanille (p. 195)

➡ Rougail Mangue (p. 249)

➡ Villa Belle (p. 239)

➡ Diana Dea Lodge (p. 261)

➡ Dan'n Tan Lontan (p. 252)

Por qué ir

Reunión es una de las últimas grandes aventuras insulares del Índico, con una variedad de paisajes que asombra en un lugar tan pequeño. Mágica y espectacular, esta isla que surge del mar como un escudo basáltico lleno de verdor es una pequeña Hawái. Aquí se hallarán bosques esmeralda, ruidosas cascadas, impresionantes serranías, serpenteantes carreteras, animadas ciudades costeras y unas cuantas playas de arena negra o blanca. Y, señoreándolo todo, el formidable Piton de la Fournaise, uno de los volcanes activos más accesibles del mundo. No sorprende que Reunión sea un destino de ensueño para los amantes de la naturaleza y el aire libre. El excursionismo es la actividad principal, pero también hay descenso de cañones, parapente, *rafting,* paseos a caballo, buceo, observación de ballenas y escalada.

Además, tiene un gran atractivo para los amantes de la cultura: posee un fascinante legado francés, chino, indio, africano y criollo, con numerosos tesoros arquitectónicos y animados festejos para sumergirse en la cultura local.

Cuándo ir

➡ Hay solo dos estaciones bien diferenciadas: el verano cálido y lluvioso (dic-abr); y el invierno fresco y seco (fin. de abr-nov). En la costa, la temperatura media es de 22°C en invierno y de 27°C en verano. En las montañas baja a 11 y 18°C, respectivamente.

➡ La temporada alta son las vacaciones escolares francesas (julio-ppios. sep). También hay bastantes turistas de octubre a Navidad, pero luego la cosa se calma en febrero y marzo, meses de ciclones.

➡ Los meses más secos son los mejores para el excursionismo, pues la lluvia deja intransitables algunas sendas. La costa este es bastante más lluviosa que la oeste.

➡ La temporada de observación de ballenas va de junio a octubre.

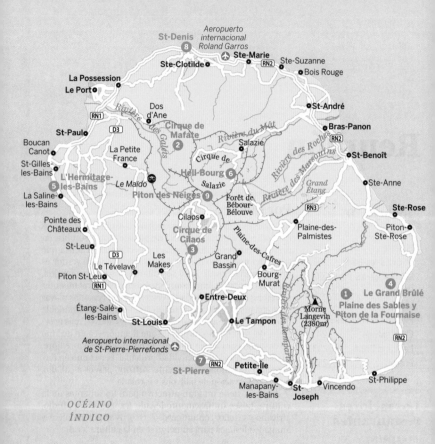

Imprescindible

1 Plaine des Sables y Piton de la Fournaise (p. 231) Paisajes de otro mundo que embriagan los sentidos.

2 Cirque de Mafate (p. 226) Explorar la fabulosa orografía de este circo.

3 Cirque de Cilaos (p. 211) Descender por los cañones de un alucinante mundo vertical.

4 Le Grand Brûlé (p. 253) Extender la vista sobre un vasto y yermo paraje lunar de negra lava petrificada.

5 L'Hermitage-les-Bains (p. 197) Empaparse de la animada vida nocturna de la isla.

6 Hell-Bourg (p. 221) Recorrer un pintoresco pueblo de bonitas casas criollas.

7 St-Pierre (p. 234) Descubrir el legado colonial y su estupenda vida nocturna.

8 St-Denis (p. 177) Ir en busca de tesoros culturales entre sus edificios criollos.

9 Piton des Neiges (p. 217) Coronarlo resoplando para disfrutar de las sensacionales vistas.

ST-DENIS

145 300 HAB.

Los francófilos se sentirán a gusto en la capital de Reunión. Si las palmeras y flamboyanes no recordaran que se está en un lugar soleado y cálido, podría parecer una localidad francesa de provincias, con sus *brasseries,* bistrós, *boulangeries* (panaderías) y tiendas a la última.

Al estar la mayor parte de las principales atracciones turísticas en otros sitios, casi todos los visitantes solo se quedan el tiempo necesario para alquilar un automóvil y salir corriendo hacia ellas. Pero St-Denis merece algo más que un vistazo fugaz: basta rascar un poco para descubrir que bajo ese barniz francés la ciudad tiene, sin duda, un alma criolla, con preciosos edificios religiosos y coloniales, y un informal ambiente multiétnico.

Por si fuera poco, están además los placeres de la buena mesa: hay que tomar un café en una cafetería chic oyendo *séga* (música y danza africana tradicional) o *maloya* (música de baile tradicional de Reunión) de fondo o disfrutar de una comida elegante en un restaurante *gourmet.*

Historia

St-Denis fue fundada en 1668 por el gobernador Regnault, y recibió su nombre de un barco que había encallado en la costa. Empezó a desarrollarse de verdad a partir de 1738, cuando el gobernador Mahé de Labourdonnais trasladó la capital desde St-Paul hasta aquí, pues el puerto estaba más protegido y era más fácil de defender, y había más agua potable.

Con el s. XIX empezó la edad de oro de St-Denis: las plantaciones de azúcar daban mucho dinero, y los ricos de la ciudad construyeron estupendas mansiones; aún quedan algunas por Rue de Paris y calles circundantes. Pero a finales de ese siglo el mercado del azúcar se derrumbó y los buenos tiempos se acabaron. St-Denis no se reactivó hasta 1946, al convertirse en capital del departamento de ultramar de Reunión, nuevo estatus que la isla consiguió con el advenimiento de la IV República Francesa. Para hacer frente a la afluencia de funcionarios, banqueros y oficinistas, se expandió rápidamente hacia el este por la costa y los cerros. Aún hoy las grúas evidencian los esfuerzos para albergar a una población que no deja de crecer.

◉ Puntos de interés

St-Denis carece de playa, pero posee un montón de bien conservados edificios coloniales que evocan su apogeo decimonónico; los grupos más grandes se hallan por Rue de Paris, Ave de la Victoire, Rue Pasteur y Rue Jean Chatel. Tiene también algunos impresionantes edificios religiosos.

Maison Kichenin   EDIFICIO HISTÓRICO
(plano p. 178; 42 Rue Labourdonnais) Erigida en la década de 1790 y perfectamente conservada, es una de las mansiones criollas más antiguas de la ciudad. Destaca la bien proporcionada fuente del jardín.

Conseil Général de la Réunion -Direction de la Culture   EDIFICIO HISTÓRICO
(Villa du Département; plano p. 178; 18 Rue de Paris) No hay que perderse esta villa de 1804, uno de los edificios criollos más elegantes de la ciudad, con su soberbia *varangue* (veranda), estilizados lambrequines (adornos troquelados en aleros de puertas y ventanas) y un cuidado jardín con fuente.

Préfecture   EDIFICIO HISTÓRICO
(plano p. 178; Place de la Préfecture) El edificio de la prefectura, de los más espléndidos de St-Denis, se construyó en 1734 como almacén de café y más tarde albergó la sede central de la Compañía Francesa de las Indias Orientales.

Ancien Hôtel de Ville   EDIFICIO HISTÓRICO
(antiguo ayuntamiento; plano p. 178; Rue de Paris) Para muchos, el edificio más bonito de la ciudad es su neoclásico ayuntamiento antiguo, en el extremo norte de Rue de Paris. Resulta imponente, con su fachada amarilla, balaustradas, columnas ritmadas y airosa torre del reloj.

Palais Rontaunay   EDIFICIO HISTÓRICO
(plano p. 178; 5 Rue Rontaunay) Esta villa burguesa de 1854 sigue conservando su elegante estilo decimonónico.

Maison Deramond-Barre   EDIFICIO HISTÓRICO
(plano p. 178; 15 Rue de Paris) Este edificio colonial de la década de 1830 fue la residencia familiar del ex primer ministro francés Raymond Barre y la casa natal del poeta y pintor Léon Dierx. Merece un vistazo por su bien conservada arquitectura y armoniosas proporciones.

Mezquita Noor-e-Islam   MEZQUITA
(plano p. 178; 121 Rue Maréchal Leclerc; ☺9.00-12.00 y 14.00-16.00 excepto en horas de oración) La gran mezquita, que domina el centro con su alto alminar, es uno de los edificios más emblemáticos de St-Denis. Como la comunidad

REUNIÓN PUNTOS DE INTERÉS

St-Denis

REUNIÓN

OCÉANO INDICO

N

0 — 200 m

LE BARACHOIS

Blvd Gabriel Macé

Place Sarda Garriga

Place Général de Gaulle

Place de la Préfecture

Place Joffre

Place Étienne Regnault

Blvd Joffre

St-Denis Pôle d'Échanges Océan

Car Jaune

Blvd Lancastel

internacional Roland Garros (7,5km)

Rue Issop Ravate

Rue Laferrière

Rue Charles Gounod

Rue Maréchal Leclerc

Rue Pasteur

Rue Victor Mac Auliffe

Rue Alexis de Villeneuve

Rue Labourdonnais

Rue des Sables

Rue du Moulin à Vent

Rue Juliette Dodu

Rue Nice

Rue Four à Chaux

Rue de Nice

Centrale d'Information et de Réservation Régionale – Île de la Réunion Tourisme; Gîtes de France

Rue Rontaunay

Rue L'Amiral Lacaze

Ave de la Victoire

Rue Doret

Rue Mât du Pavillon

Universidad

Mairie (ayuntamiento)

Rue de la Compagnie

Place de la Cathédrale

Rue de la Boulangerie

Rivière St-Denis

Rue du Pont

RN1

Le Port (20km); St-Gilles-les-Bains (35km)

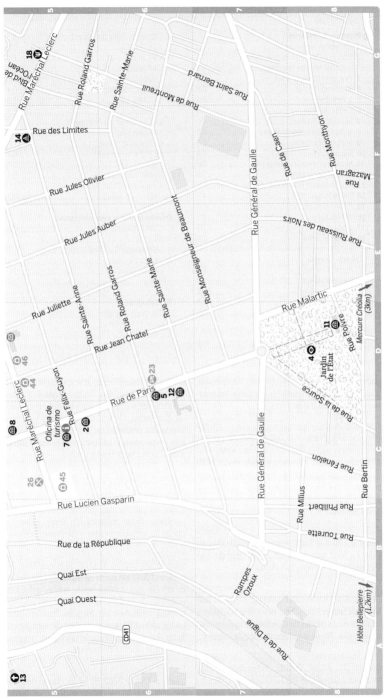

St-Denis

musulmana de la ciudad es muy tradicional, para visitarla hay que comportarse adecuadamente y vestir con recato.

Catedral de St-Denis   IGLESIA
(plano p. 178; Place de la Cathédrale) Al pasear por Avenue de la Victoire se verá este templo de columnas toscanas erigido entre 1829 y 1832. Como catedral decepcionará, pues parece más bien una pequeña iglesia de Nueva Inglaterra, con un solitario chapitel color crema.

Pagode Guan Di   TEMPLO BUDISTA
(plano p. 178; Rue Sainte-Anne; ☺8.30-11.00 lu, mi y do) Es fácil pasar por alto esta pagoda que frecuenta la comunidad china.

Templo tamil   TEMPLO HINDÚ
(templo Kovil Kalikambal; plano p. 178; 259 Rue Maréchal Leclerc) Pequeño pero muy colorido, destaca en la hilera de tiendas de una concurrida calle. No se permite visitar su interior.

Musée Léon Dierx   MUSEO
(plano p. 178; ☏0262 20 24 82; 28 Rue de Paris; adultos/niños 2 €/gratis; ☺9.30-17.00 ma-do) Ubicado en el antiguo palacio episcopal, este museo

alberga la colección de arte moderno más importante de Reunión. Entre lo más destacado pueden verse pinturas, esculturas y cerámicas de Rousseau, Gauguin y Bernard; las obras expuestas cambian cada tres meses. También hay unas cuantas pinturas del poeta y pintor local Léon Dierx (1838-1912).

L'Artothèque   GALERÍA
(plano p. 178; ☏0262 41 75 50; 26 Rue de Paris; ☺9.30-17.30 ma-do) GRATIS En una hermosa villa amarillo pálido, esta galería de arte contemporáneo ofrece exposiciones temporales con obras de artistas locales y de países vecinos.

Maison Carrère   MUSEO
(plano p. 178; ☏0262 41 83 00; 14 Rue de Paris; 3 €; ☺9.00-17.00 lu-sa) Bello ejemplo de arquitectura criolla meticulosamente restaurado, esta mansión de la década de 1820 tiene una elaborada veranda e intrincados lambrequines en los aleros. El museo explica de forma excelente el pasado colonial de la ciudad. Además, alberga la oficina de turismo.

Musée d'Histoire Naturelle   MUSEO
(plano p. 178; ☏0262 20 02 19; Jardin de l'État; 2 €; ☺9.30-17.30 ma-do) Situado en el Jardin

de l'État, este museo tiene lémures y otros especímenes disecados, además de una buena colección de insectos y aves en el 1er piso.

Jardin de l'État — JARDINES

(jardín botánico; plano p. 178; Rue Général de Gaulle; ☻7.00-18.00) GRATIS Este atractivo jardín botánico, creado en 1763 en el extremo sur de Rue de Paris, es buen sitio para recuperar las energías y conocer una variedad de plantas y árboles tropicales. El Musée d'Histoire Naturelle se alza en el extremo más alejado del jardín.

Le Barachois — MALECÓN

(plano p. 178) Frente al mar y bordeado de cañones, este parque es ideal para disfrutar de la brisa marina. Tiene una zona reservada para jugar a la petanca, cafés y un monumento (plano p. 178; Place Sarda Garriga) al aviador local Roland Garros, que se apoya despreocupado en una hélice.

Notre-Dame de la Délivrance — IGLESIA

(plano p. 178; ☻8.00-18.00) En la ladera, al otro lado del río St-Denis, generalmente seco, esta iglesia de 1893 es de interés por la estatua de san Expedito que hay nada más cruzar la puerta, vestido de joven soldado romano.

🛏 Dónde dormir

Casi todos los hoteles suelen ser edificios de varios pisos diseñados para viajeros de negocios. Los alojamientos económicos están en peligro de extinción, y la oferta de lujo es sorprendentemente escasa. Al haber gran demanda durante todo el año, se aconseja vivamente reservar.

Chez Nicole Maillot — B&B €

(☎0262 53 81 64; http://chambresdhotesnicole-maillot.jimdo.com; 54 Rue Nono Robert, La Confiance-les-Bas, Ste-Marie; d/tr 55/67 €, desayuno incl.; P🖥📶) Oculto en los cerros sobre el aeropuerto, es una base ideal al quedar muy a mano de St-Denis (10 km), el aeropuerto (5 km) y la costa este. Aunque las tres habitaciones no tengan nada de extraordinario, resulta un sitio especial por el silencio, las vistas al mar, el jardín tropical y la pequeña piscina.

No se sirven comidas, salvo el desayuno, pero hay una cocina común. Estancia mínima de dos noches.

Hôtel Phoenix — HOTEL €

(plano p. 178; ☎0262 41 51 81; http://phoenix-hotel.e-monsite.com; 1 Rue du Moulin a Vent; i 48 €, d 51-56 €, desayuno incl.; 🖥📶) Pequeño, en una tranquila calle a la que se puede volver a pie

haciendo eses desde el centro. Las habitaciones se pintaron en el 2016, y se prevé modernizar los baños. Es un sitio limpio, que sale muy a cuenta al estar el desayuno incluido en el precio y ofrecer aire acondicionado (solo de 19.00 a 7.00) y wifi gratis.

Algunas habitaciones dan a un muro de cemento; pídanse las nº 5, 6 o 7, con balcón.

⭐ La Maison d'Edith — B&B €€

(☎0692 69 66 05; www.maisondedith.com; 59 Chemin Commins, La lutagne; d 100-110 €, desayuno incl.; P📶🏊) Los dueños, apasionados de la cultura criolla, han renovado esta mansión respetando con alegría el espíritu de la misma. Para parejas románticas, sus tres habitaciones tienen mobiliario de época, techos criollos y suntuosos tejidos. Lo mejor de todo es el amplio jardín, con estupendas vistas al mar y magnífica piscina. Un sitio genial para relajarse.

El único pero es que los baños no están en la habitación. Se halla en La Montagne, a unos 10 km (10-15 min en automóvil) de St-Denis; se precisará vehículo.

La Villa des Cannes — B&B €€

(plano p. 254; ☎0692 06 45 22, 0262 37 32 13; www.lavilladescannes.com; 17 Lotissement Lisa, Chiendent, Route du Paradis, Ste-Marie; d/q 150/230 €, desayuno incl.; P🖥📶🏊) Una pareja francesa muy viajada lleva este B&B *boutique* en lo alto de los cerros sobre Ste-Marie. Las tres soberbias habitaciones están decoradas una a una, con un toque contemporáneo; puede que la Sarkova no guste a todo el mundo, al no estar separado el baño del dormitorio. La refulgente piscina es ideal para reponerse tras una jornada por sinuosas carreteras.

No es fácil de encontrar; véanse las indicaciones en la web.

Central Hôtel — HOTEL €€

(plano p. 178; ☎0262 94 18 08; www.centralhotel.re; 37 Rue de la Compagnie; i 56-96 €, d 76-108 €, desayuno incl.; P🖥📶) Este alojamiento se defiende gracias a su práctica ubicación, a un paso de restaurantes, bares y tiendas. Las anodinas habitaciones, sin embargo, más o menos idénticas, algunas con balcón, no tienen mucho sabor, pero todos los baños se actualizaron en el 2016 y hay aparcamiento privado (solo 12 plazas). Pídase una habitación del 1er piso si se va muy cargado: no hay ascensor.

Austral Hôtel — HOTEL €€

(plano p. 178; ☎0262 94 45 67; www.hotel-austral.fr; 20 Rue Charles Gounod; i 81-91 €, d 95-105 €;

P✳@🛜☒) Sin llegar a ser el fabuloso tres estrellas que cree ser, este venerable hotel ofrece habitaciones con todas las comodidades, baños reformados en el 2015, excelente ubicación, buenas instalaciones y una pequeña piscina. Hay aparcamiento privado limitado.

Las habitaciones y las vistas van mejorando a medida que se sube. Las nº 301, 302, 306, 307 y 308 brindan las mejores panorámicas del mar.

Hôtel Bellepierre
HOTEL €€€

(📞0262 51 51 51; www.hotel-bellepierre.com; 91bis Allée des Topazes; i 187-207 €, d 200-224 €, ste desde 254 €, desayuno incl.; P✳🛜☒) Uno se olvida de las prisas en este remanso de paz, unos 3 km al sur del centro. Como corresponde a un cuatro estrellas, las habitaciones son amplias, bien equipadas y cómodas, pero lo mejor es la piscina, de tamaño mediano, que parece fundirse con el mar en el horizonte.

Las habitaciones del nuevo edificio son más tranquilas y ofrecen impresionantes vistas de la costa. Los amantes de la buena mesa apreciarán el restaurante, que recibe excelentes críticas.

Villa Angélique
HOTEL-BOUTIQUE €€€

(plano p. 178; 📞0262 48 41 48; www.villa-angelique.fr; 39 Rue de Paris; i 145-185 €, d 165-195 €, desayuno incl.; ✳🛜) Este edificio histórico bien renovado y rebosante de encanto es lo más parecido a un hotel *boutique* que hay en St-Denis. Es una versión moderna de la decoración colonial: suelos de madera brillante, preciosos muebles de madera, baños relucientes y cómodas camas. Tiene un reputado restaurante, abierto al público. El fallo: no hay aparcamiento privado.

Mercure Créolia
HOTEL €€€

(📞0262 94 26 26; www.mercure.com; 14 Rue du Stade, Montgaillard; d 110-215 €; P✳@🛜☒) Unos 4 km al sur del centro, compensa la lejanía con espléndidas vistas de la costa. Las habitaciones son funcionales y sobrias, la decoración no tiene nada especial pero el entorno y el aire profesional a la par que relajado contrarrestan el estilo algo anticuado.

Las instalaciones incluyen bar, restaurante y gimnasio. Nótese que las habitaciones más baratas dan al aparcamiento. Lo mejor es la piscina, una de las más grandes de Reunión. Las mejores ofertas se consiguen por internet.

Le Juliette Dodu
HOTEL €€€

(plano p. 178; 📞0262 20 91 20; www.hotel-jdodu.com; 31 Rue Juliette Dodu; i 110-165 €, d 160-190 €, ste 215-250 €, desayuno incl.; P✳@🛜☒) Para vivir como un preboste colonial, este estiloso edificio criollo del s. XIX está 2 min a pie al sur de Le Barachois. Aunque las habitaciones más baratas no sean nada especial y resulten algo claustrofóbicas, la zona de recepción tiene mobiliario de época, mullidas butacas, azulejos a la antigua y otros detalles de encanto esnob, con el atractivo añadido de que hay piscina y un acogedor restaurante, además de aparcamiento privado (limitado).

🍴 Dónde comer

Gracias a la pasión francesa por la gastronomía, St-Denis es un paraíso para los amantes del buen comer, con gran variedad de establecimientos para todos los paladares y presupuestos. Nótese que muchos bares también sirven comida.

Perlin Pain Pain
PANADERÍA €

(plano p. 178; 📞0262 23 01 21; www.perlinpainpain.re; 43 Rue de la Compagnie; sándwiches y tentempiés 3,50-10,50 €; ⏰5.30-19.30 lu-sa, hasta 12.00 do; 🛜) La mejor panadería-repostería de St-Denis, con un tentador despliegue de *brioches,* cruasanes, *macatias* (un tipo de bollo), sándwiches, hamburguesas y *bagels.* Es también ideal para tomar un café o sentarse a almorzar algo rápido y asequible mientras se recorre la ciudad. Los desayunos son también excelentes. Tiene un agradable y luminoso comedor en la parte de atrás.

Le Caudan
INDIA €

(plano p. 178; 📞0262 94 39 00; 38 Rue Charles Gounod; principales 8-13 €; ⏰10.00-22.00 ma-sa, hasta 14.00 do-lu) En una casita criolla, este poco conocido establecimiento de barrio sirve sabrosos tentempiés indo-mauricianos y comidas preparadas. El *biryani* casero es su especialidad, y, para terminar, un vaso de *alouda* (bebida dulce de leche) o un té de cardamomo. También ofrece comida para llevar.

L'Igloo
HELADOS €

(plano p. 178; 📞0262 21 34 69; www.ligloooleffetglace.re; 67 Rue Jean Chatel; helados 2-13 €, principales 10-21 €; ⏰11.30-24.00 lu-ju, 15.00-23.30 do; 🛜) Esta tentadora heladería en pleno centro se distingue por las generosas raciones y su treintena de sabores. Se olvidarán los murales antárticos en azul y blanco, algo horteras, probando el Banana Split, de intenso sabor cremoso; para los adictos al cacao, la Palette aux 6 Chocolats lleva seis chocolates diferentes. Sirve tentempiés y comidas ligeras (ensaladas, tortillas) para almorzar.

Le Massalé   POSTRES €
(plano p. 178; ☏0262 21 75 06; 30 Rue Alexis de Villeneuve; dulces desde 0,50 €; ⏰11.30-19.00 lu-ju, sa y do y 15.00-19.00 vi) Diminuto, tienta con sus coloridos dulces y tentempiés indios para tomar o llevar. Entre los clásicos favoritos están las *samosas*, los *barfi* (dulces de leche) color verde manzana o rosa chicle y los *gulab* (buñuelos al cardamomo). Y para beber, un vaso de *alouda*.

Camions Bars du Barachois   COMIDA RÁPIDA €
(plano p. 178; Blvd Gabriel Macé; principales 3-7 €; ⏰11.00-14.00 y 18.00-24.00) Si no se quiere gastar mucho, las alegres y baratas furgonetas de comida del malecón resultan ideales: sirven generosos sándwiches o cualquier otra cosa, desde curris a ensaladas. Aunque la comida no es nada del otro mundo, están abiertas hasta tarde, incluso en domingo.

★ Le 144   INTERNACIONAL €€
(plano p. 178; ☏0262 11 24 07; www.le-144.com; 12 Rue de Nice; principales 12-23 €, menú 16 €; ⏰12.00-14.30 y 19.00-22.00 ma-sa; 🐾) A la última, toda una sorpresa en una casa criolla de colorido interior a la moda, este vistoso restaurante puntero es de los sitios con más encanto de St-Denis y da su propio toque a platos de inspiración europea. A los gastrónomos locales les encantan el *risotto* y la Burger 144, con queso *raclette*.

★ Le Reflet des Îles   CRIOLLA €€
(plano p. 178; ☏0262 21 73 82; www.lerefletdesiles.com; 114 Rue Pasteur; principales 14-25 €; ⏰12.00-14.00 y 19.00-21.30 lu-sa) Muy alabado, es el mejor sitio de St-Denis donde conocer la cocina criolla auténtica probando alguno de sus 15 riquísimos *carris* (curris) y *civets* (guisos). Para paladares tímidos, hay también platos de carne y pescado al estilo occidental. La carta está traducida al inglés, cosa rara en Reunión.

Le Comptoir du Potager FRANCESA MODERNA €€
(plano p. 178; ☏0692 85 59 31; www.facebook.com/AuComptoirDuPotager; 8bis Rue Labourdonnais; menús 20-23 €; ⏰12.00-13.45 lu-vi, 19.30-21.30 vi y sa) Para comida de bistró contemporánea, este sitio de aire bohemio es todo un éxito. Se puede elegir alguno de los imaginativos platos escritos en la pizarra, y es un pecado perderse los exquisitos postres caseros. La concisa carta cambia cada tres semanas. Para

el almuerzo se llena enseguida, así que habrá que reservar o llegar pronto.

La Calade   MEDITERRÁNEA €€
(plano p. 178; ☏0262 20 32 32; www.facebook.com/LaCaladeRestaurant; 88 Rue Pasteur; principales 15-24 €; ⏰12.00-14.00 y 19.00-22.00 ma-sa; 🐾) La entrada es discreta, pero el chef francés ha acaparado la atención desde que abrió el restaurante. Tanto en el florido jardín como en el elegante interior, sirve comida mediterránea súper fresca, rebosante de sabores y a buen precio.

Snack-Bar Chez Jean-Marc   CRIOLLA €€
(plano p. 178; ☏0262 21 46 70; Rue du Maréchal Leclerc; principales 12-16 €; ⏰11.45-14.30 lu-sa) La comida es sencilla pero recién hecha y sabrosa en este discreto bar del interior del mercado (en la parte de atrás). Buen lugar para captar el ambiente de la calle, con mucho color local.

Bistrot de la Porte des Lilas   FRANCESA €€
(plano p. 178; ☏0262 41 40 69; www.bistrotdeslilas.fr; 38bis Rue Labourdonnais; principales 12-24 €, menú de almuerzo 19-24 €; ⏰12.00-14.00 y 19.30-22.00 lu-sa) Íntimo, sirve refinadas versiones de clásicos franceses con un toque exótico. El almuerzo a 19 € es una ganga. Tiene mesas fuera detrás.

Kim Son   VIETNAMITA €€
(plano p. 178; ☏0262 21 75 00; 13 Rue du Maréchal Leclerc; principales 9-16 €; ⏰12.00-14.00 lu-vi, 19.00-21.30 mi-sa) Un clásico de St-Denis que lleva más de 20 años haciendo saludable comida vietnamita, con imprescindibles como rollitos y ensalada vietnamita.

L'Arto Carpe   FRANCESA €€
(plano p. 178; ☏0262 21 55 48; 9 Ruelle Edouard; principales 14-23 €; ⏰12.00-14.00 y 19.00-22.00 ma-sa, bar 10.00-24.00 ma-sa; 🐾) En un callejón peatonal detrás de la catedral, este animado local en un restaurado edificio de piedra es buena opción si uno está harto de la clásica comida criolla. La breve carta con productos frescos de temporada ofrece imaginativos platos de bella presentación. Sirven tapas (5-11 €) a partir de las 18.00. Es también bar.

Le Roland Garros   BISTRÓ €€
(plano p. 178; ☏0262 41 44 37; 2 Place du 20 Décembre 1848; principales 16-22 €, menú del día 15 €; ⏰12.00-24.00; 🐾) Toda una institución del lugar, es como estar en un bistró parisino, lleno de gente y con mucho carácter. Sirve correcta comida de *brasserie,* aunque la carta es lo

bastante amplia para satisfacer casi todos los gustos. Sus tartares y menús del día merecen la pena. Y abre los domingos, cosa rara en St-Denis.

⭐ **La Fabrique** FUSIÓN €€€
(plano p. 178; ✆0262 19 80 60; www.lafabriquerestaurant.re; 76 Rue Pasteur; principales 24-27 €, menú de almuerzo/cena 25-28/45 €; ⏱12.00-14.00 masa, 19.45-22.00 vi y sa; 🤙) La cocina innovadora triunfa al mando del joven chef Jehan Colson. El arte de salir a comer se ha perfeccionado en La Fabrique con su comedor íntimo, pequeña terraza, decoración industrial chic y deliciosos platos. Sirven suculentas creaciones con ingredientes de la mejor calidad. La carta de vinos es otro acierto, con buenos caldos franceses.

L'Atelier de Ben FUSIÓN €€€
(plano p. 178; ✆0262 41 85 73; www.atelier-de-ben.com; 12 Rue de la Compagnie; principales 24-30 €, menú de almuerzo 23-27 €; ⏱12.00-13.15 y 19.30-21.15 ma-sa) El chef francés Benoît Vantaux ha hallado, cual alquimista, la fórmula magistral para crear una impresionante cocina que fusiona sabores franceses, criollos y asiáticos, bien maridada con vinos galos. Las exquisitas creaciones se extienden a la pequeña selección de postres.

🍺 Dónde beber y vida nocturna

Aunque en Reunión la animación se concentra en la costa, en L'Hermitage-les-Bains y St-Pierre, hay algunos locales nocturnos en St-Denis. La mejor zona está junto a la catedral, con más de media docena de bares en un par de manzanas.

Le Passage du Chat Blanc BAR
(plano p. 178; ✆0692 97 00 05; www.facebook.com/passage974; 26 Rue Jean Chatel; ⏱17.00-24.00 mi-do) Concurridísimo bar frecuentado por clientela a la última. Estupendos cócteles, con música en directo (*house, afro beat, rock,* electrónica) casi todas las noches.

Café Edouard BAR
(plano p. 178; ✆0262 28 45 02; 13 Ruelle Edouard; ⏱10.00-23.30 lu-sa; 🤙) Ideal para pasar el rato, este animado bar con mesas fuera tiene un estupendo surtido de cervezas y licores, además de comida de bar a buen precio para almorzar y cenar.

KT Dral BAR
(plano p. 178; ✆0692 95 92 00; www.facebook.com/ktdral; 5 Ruelle Saint-Paul; ⏱10.00-23.30 lu-sa; 🤙)

En un callejón detrás de la catedral, este simpático bar se llena hasta los topes los fines de semana, tanto por sus copas como por el animado ambiente. No hay que perderse el *concert* (concierto) de la noche del jueves o viernes. Eso sí, mejor prescindir de la comida.

O'Bar BAR
(plano p. 178; ✆0262 52 57 88; 32 Rue de la Compagnie; ⏱10.00-1.00 lu-ju, 10.00-2.00 vi-sa; 🤙) Un bar de moda en pleno centro, con una terraza que permite observar a la gente. La comida es mediocre. Tapas a partir de las 18.30.

Le Zanzibar BAR
(plano p. 178; ✆0262 20 01 18; 41 Rue Pasteur; ⏱bar 17.00-24.00, restaurante 12.00-14.00 y 19.00-22.00 lu-sa, 19.00-22.00 do) En parte bar y en parte restaurante, este bistró tropical frecuentado por lugareños bien relacionados sirve brebajes tropicales diabólicamente ricos. Se puede recobrar fuerzas con un tartar de atún o una hamburguesa casera.

Le Prince Club GAY
(plano p. 178; ✆0692 38 28 28; 108 Rue Pasteur; ⏱22.30-4.00 vi-sa) Bar y club de ambiente.

🛍 De compras

Las principales calles comerciales son las semipeatonales Maréchal Leclerc y Juliette Dodu.

L'Effet Péi ROPA
(plano p. 178; ✆0262 29 25 60; www.leffetpei.re; 54 Rue du Maréchal Leclerc; ⏱9.00-18.30 lu-sa) Para llenar la maleta de camisetas, trajes de baños, faldas, pantalones cortos, vestidos y accesorios hechos en la isla. Para caballero, señora y niño.

Boutique Pardon ROPA
(plano p. 178; ✆0262 41 15 62; www.shop-pardon.net; Rue Maréchal Leclerc esq. Rue Jean Chatel; ⏱9.00-18.30 lu-sa) Una *boutique* que marca tendencia, con camisas, camisetas y accesorios hechos en la isla.

Grand Marché MERCADO
(plano p. 178; 2 Rue Maréchal Leclerc; ⏱8.00-18.00 lu-sa) Este mercado ofrece un batiburrillo de productos: artesanía malgache de madera, especias, cestería, bordados, camisetas, muebles y un montón de adornos.

ℹ Información

Cabinet Médical de Garde Saint-Vincent
(✆0262 477 210; Rue de Paris esq. Rue Maré-

DOS D'ANE

Tras enfrentarse con las concurridas calles de St-Denis y antes de hacerlo con las localidades costeras más al sur, subir en automóvil a este aislado pueblo serrano por encima
de Le Port (por la D1) supondrá una bocanada de aire fresco.

Es una excelente base para caminatas por el interior. Desde Dos d'Ane se puede ir a
pie al Cirque de Mafate por la ruta de Rivière des Galets. Para paseos más breves, desde
el aparcamiento de Cap Noir, por encima de Dos d'Ane, se puede llegar a dos sitios con
soberbias vistas: el quiosco de Cap Noir (señalizado), a unos 20 min; y el mirador de
Roche Verre Bouteille, a menos de 1 h. Se pueden combinar ambos miradores en un
circuito (1½ h aprox.)

Si se busca paz y tranquilidad se hallará en el acogedor Les Acacias-Chez Axel et
Patricia Nativel (☎0262 32 01 47; 34 Rue Germain Elisabeth; dc 20 €, dc media pensión incl.
38 €, d desayuno incl. 50 €; P), muy sencillo pero limpio y de ambiente muy relajado. Para
dormir hay dos *chambres d'hôtes* (casas de huéspedes) y cuatro dormitorios colectivos
impecables. Las sustanciosas cenas (22 €) son el broche perfecto a un día de marcha
y la terraza tiene estupendas vistas de la costa norte.

Otra opción es el Auberge du Cap Noir-Chez Raymonde (☎0262 32 00 82, 0262
32 07 66; 3 Allée Pignolet, Dos d'Ane; d/c 47/92 €, desayuno incl.; P), enclavado en una ladera
con impresionantes vistas al mar. Este apacible y práctico B&B ofrece cuatro limpias
habitaciones a precios comedidos. Madame Pignolet domina el arte de hacer riquísimas
especialidades locales, como su divina *mousse de patate au coulis de chocolat* (espuma
de batata con *coulis* de chocolate).

Kar'Ouest (www.karouest.re) fleta autobuses (línea 8A) entre Rivière des Galets y
Dos d'Ane (unos 15 km). En automóvil, hay que seguir la D1 desde Rivière des Galets.

chal Leclerc; ☺19.00-24.00 lu-vi, 14.00-24.00
sa, 8.00-24.00 do) Pequeña clínica (dos médicos) abierta fuera del horario normal.
Centre Hospitalier Félix Guyon (☎0262
90 50 50; Allées des Topazes, Bellepierre) El
principal hospital de Reunión, con asistencia
médica y dental 24 h y personal que habla
inglés.

INFORMACIÓN TURÍSTICA

**Centrale d'Information et de Réservation
Régionale-Île de la Réunion Tourisme** (plano
p. 178; ☎0810 1600 00; www.reunion.fr) Facilita información y reserva actividades, B&B,
hoteles y *gîtes de montagne*. También ofrece
información sobre excursionismo.

Gîtes de France (plano p. 178; ☎0262 72 97
81; www.gites-de-france-reunion.com) Información de *chambres d'hôtes* (B&B familiares).

Oficina de turismo (plano p. 178; ☎0262 41
83 00; www.lebeaupays.com; Maison Carrère,
14 Rue de Paris; ☺9.00-18.00 lu-sa; ☎) En
un edificio histórico, la oficina de turismo de
St-Denis facilita cuantiosa información, planos,
mapas y folletos; el personal habla inglés. También organiza excelentes circuitos culturales
centrados en el rico patrimonio arquitectónico
de la ciudad (mínimo dos personas, 10 €). Reservan *gîtes de montagne* (cabañas o refugios
de montaña básicos). Tiene acceso a internet
y wifi (1 h gratis).

ⓘ Cómo llegar y salir

AVIÓN

Si no se indica otra cosa, las siguientes aerolíneas tienen oficinas en St-Denis. Todas cuentan
además con oficina en el aeropuerto, normalmente abierta todos los días.

Air Austral (☎0825 01 30 12; www.airaustral.
com; 4 Rue de Nice; ☺8.30-17.30 lu-vi)

Air France (☎3654; www.airfrance.com; 7
Ave de la Victoire; ☺9.00-17.00 lu-vi, 8.30-
12.00 sa)

Air Madagascar (☎0892 68 00 14; www.
airmadagascar.com; 31 Rue Jules Auber;
☺8.15-12.15 y 13.30-17.00 lu-ju, to 16.00 vi)

Air Mauritius (☎0262 94 83 83; www.air
mauritius.com; 13 Rue Charles Gounod;
☺8.30-17.30 lu-vi)

Corsair (☎3917; www.corsair.fr; 2 Rue Maréchal Leclerc; ☺9.00-17.30 lu-vi)

XL Airways (☎0892 69 21 23, en Francia +33
360 04 01 03; www.xl.com) No tiene oficina
en St-Denis.

AUTOBÚS

La principal estación de autobuses de largo
recorrido, el **St-Denis Pôle d'Échanges Océan**
(Gare Routière; plano p. 178; ☎0810 12 39 74;
www.carjaune.re; Blvd Joffre), está en el paseo
marítimo. Desde ella salen diversas líneas de

la compañía **Car Jaune** (plano p. 178; ☑0810 12 39 74; www.carjaune.re). En el mostrador de información de la estación tienen datos de todas las rutas y horarios por la isla, así como del servicio de autobús al aeropuerto. Estas son algunas de las rutas más prácticas:

Línea O2 Hacia el oeste hasta St-Pierre vía Le Port, St-Paul, St-Gilles-les-Bains, St-Leu, Étang-Salé-les-Bains y St-Louis (2 h, 10 diarios aprox. lu-sa, menos do).

Líneas E1 y E2 Hacia el este hasta St-Benoît vía Ste-Suzanne, St-André y Bras-Panon (2,80 €, 1 h, 15 diarios aprox. lu-sa, menos do).

ZO (exprés) Hacia el oeste hasta St-Pierre, directo (5 €, 1 h, 18 diarios aprox. lu sa, 5 diarios do).

ZE (exprés) Hacia el este hasta St-Benoît vía St-André (5 €, 1 h, 15 diarios aprox. lu-sa, 3 diarios do).

AUTOMÓVIL Y MOTOCICLETA

No se precisa automóvil en St-Denis a menos que se utilice la ciudad como base desde la que explorar el resto de la isla. En ese caso, se puede alquilar uno recogiéndolo en el aeropuerto o ahorrarse el recargo por este servicio (29 € aprox.) pidiendo que lo entreguen en el hotel. Hay numerosas agencias internacionales e independientes (p. 277).

❶ Cómo desplazarse

St-Denis es relativamente pequeña; es cómodo desplazarse a pie por el centro.

TAXI

Los trayectos urbanos suelen ser caros; cruzar la ciudad cuesta 8 € como poco.

De día es fácil encontrar un taxi. Resulta más difícil de noche, cuando quizá haya que llamarlo por teléfono. **Taxis Paille-en-Queue** (☑0262 29 20 29) es una compañía de confianza con servicio 24 h.

EL OESTE

Bienvenidos al equivalente de Reunión de la Costa del Sol española o la Riviera francesa: estos 45 km de litoral son una sucesión de centros vacacionales y barrios residenciales que van de St-Paul a St-Louis. Cuenta con infinidad de instalaciones y atracciones turísticas, incluidas las mejores playas de la isla.

Pero a la costa occidental no se va solo en busca de sol y playa; también hay una plétora de actividades por tierra, mar y aire, como buceo, avistamiento de ballenas, parapente y bicicleta de montaña.

Si bien el desarrollo turístico se ha descontrolado un poco al sur de St-Paul, es fácil abandonar la Ruta de los Tamarindos, que serpentea por la ladera de los cerros, y adentrarse en el espléndido y bucólico interior, con campos de caña de azúcar y bosques de cedro japonés que cubren los montes, salpicados de pueblos llenos de encanto.

St-Paul

24 000 HAB.

Hay que visitarlo un viernes o una mañana de sábado, cuando el mercado local está en su auge. Esta animada ciudad tiene también algunas bellezas arquitectónicas, con unos pocos edificios coloniales bien conservados a lo largo del malecón. La larga playa de arena negra es muy tentadora, pero se prohíbe el baño; para sumergirse en aguas más seguras hay que ir a la cercana Boucan Canot.

◉ Puntos de interés

Cimetière Marin   CEMENTERIO
(Rue de la Baie) Casi todos los turistas que van a St-Paul visitan el luminoso y bien cuidado Cementerio Marino, en el extremo sur de la ciudad. Aquí reposan los restos de varios isleños famosos, como el poeta Leconte de Lisle (1818-1894) y el pirata Olivier Levasseur "La Buse" ("El Buitre"), azote del Índico entre 1720 y 1730.

Templo hindú   TEMPLO HINDÚ
(Rue St-Louis) Erigido en 1871, este templo de despampanante colorido se halla en una calle paralela al malecón.

🛏 Dónde dormir y comer

En St-Paul escasea el alojamiento; la mayoría de los visitantes se aloja en St-Denis, a 20 min en automóvil si no hay atasco; o en las localidades costeras de Boucan Canot o St-Gilles-les-Bains, pocos kilómetros al sur.

St-Paul no tiene mucho alojamiento, pero sí una variada oferta gastronómica, con un buen surtido de restaurantes, desde comida *gourmet* europea hasta *camions-snacks* (furgonetas de tentempiés). Hay que reservar fuerzas para ir al animado mercado del paseo marítimo que se celebra a lo largo de todo el viernes y la mañana del sábado, experiencia muy pintoresca con montones de fruta y verdura local, especias y sabrosos aperitivos.

Kia Ora
B&B €€

(☎0262 25 31 68; www.kiaorarun.com; 204 Rue St-Louis; d con/sin baño 90/68 €, desayuno incl.; ✴🕸🛏) Los viajados anfitriones mantienen impecables sus tres *chambres d'hôtes* y sirven deliciosos desayunos en una terraza que da a la piscina. Una de las habitaciones tiene baño, pero nótese que los servicios carecen de puerta.

★ La Magie des Glaces
HELADOS €

(☎0262 45 25 48; 1 Rue Edmond Albius; helados y crepes 1,80-7 €; ⊙10.00-12.30 y 14.00-19.00 ma y vi-do, 14.00-19.00 mi y ju) La mejor heladería de St-Paul. Tiene una excelente selección de sabores clásicos y exóticos, todos elaborados con ingredientes de gran calidad; destacan los de *tangor* (híbrido de mandarina y naranja) y vainilla. También sirve crepes, pastelitos, *mousse* de chocolate y *macarons*. Si tuviera vistas al mar, la felicidad sería total.

Nature
CRIOLLA, BUFÉ €€

(☎0262 71 45 89; 228 Rue Saint-Louis; principales 13-20 €, bufé de almuerzo 15 €; ⊙12.00-14.00 lu-sa, 19.15-21.30 ju-sa; 🛜) Uno de esos sitios que es fácil pasar por alto y que los lugareños suelen recomendar. De excelente calidad-precio, el bufé de almuerzo consta de unos 10 platos criollos elaborados con sencillos productos frescos. El marco es agradable, un comedor adornado con toques pintorescos y unas pocas mesas fuera. Tiene, además, un mostrador de comida para llevar (5-8,50 €).

Le Jardin
EUROPEA €€

(☎0262 45 05 82; 456 Rue St-Louis; principales 15-25 €; ⊙11.30-14.00 y 18.30-21.00 lu, ma y ju-sa) En el extremo norte de la ciudad, sorprende por su encanto, e induce al relax con su comedor al aire libre, zona de salón bar y piscina. En cuanto a comida, sirve tanto especialidades francesas como *pizza*. El servicio es amable y atento. Es también un buen sitio para tomar una copa.

Le Bout' Chandelle
FRANCESA €€

(☎0262 27 47 18; 192 Rue Marius et Ary Leblond; principales 17-24 €, menú de almuerzo 17-35 €; ⊙12.00-13.30 y 19.00-21.00 ma-sa) En una acogedora casa a espaldas del ajetreo del malecón, es un sitio agradable donde degustar platos franceses con un toque criollo.

Le Grand Baie
FRANCESA, CRIOLLA €€

(☎0262 22 50 03; www.facebook.com/restaurantlegrandbaie; 14 Rue des Filaos; principales 12-21 €; ⊙11.45-14.00 y 19.00-22.00 ma-do) Sin duda se hallará algo apetitoso en este remanso de paz junto al Cimitière Marin. La carta abarca un sinfín de ensaladas, además de platos *métro* (franceses) y criollos. Con su enorme terraza y fabulosas vistas de la bahía, es difícil de superar.

La Bas Ter La
FUSIÓN €€€

(☎0262 57 10 51; 4 Rue Eugène Dayot; principales almuerzo 12-16 €, cena 19-25 €; ⊙12.00-13.30 y 19.15-21.30 ma-vi, 19.15-21.30 sa; 🛜) Uno de los mejores restaurantes de St-Paul, en una tranquila calle no lejos del malecón. La excelente cocina francesa con un toque refinado se degusta en un comedor estilosamente moderno. La carta cambia a menudo; se recomienda, si la hubiere, la exquisita tarta *tatín* con papaya e *ylang ylang*.

❶ Cómo llegar y salir

St-Paul está en la ruta de los autobuses de Car Jaune entre St-Denis y St-Pierre. Hay vehículos exprés cada 1-2 h en ambos sentidos (menor frecuencia do) y autobuses normales mucho más frecuentes; más información en www.carjaune.re.

La empresa de autobuses urbanos **Kar'Ouest** (☎0810 45 65 20; www.karouest.re) opera líneas bastante poco frecuentes desde la estación central de autobuses a los pueblos de los cerros como Le Bernica, La Petite France (y más arriba, hacia Le Maïdo), Villèle y Le Guillaume, entre otros.

Les Hauts de St-Paul

En un mundo diferente al del bullicio costero, los verdes Altos de St-Paul son una comarca maravillosa, fuera de las rutas más trilladas. Desde St-Paul se debe tomar la D5 y luego, seguir la intuición con la ayuda de un buen mapa. Se pasará por aldeas de nombres tan lindos como Sans Soucis les Hauts, Bois-de-Nèfles, Bellemène-les-Hauts, Le Guillaume, Le Bernica... Es encantador. Mejor salir muy temprano para gozar de las mejores vistas de la costa.

🛏 Dónde dormir y comer

Es una zona con escasez de alojamiento; lo mejor es recorrerla en una excursión de un día desde Boucan Canot o St-Gilles-les-Bains. Casi todos los pueblos tienen unos cuantos sitios modestos donde comer.

La Caz des Orangers
PENSIÓN €

(☎0692 08 23 12, 0262 44 50 32; www.lacazdesorangers.com; 24 Impasse Cernot, Sans Soucis les

Oeste de Reunión

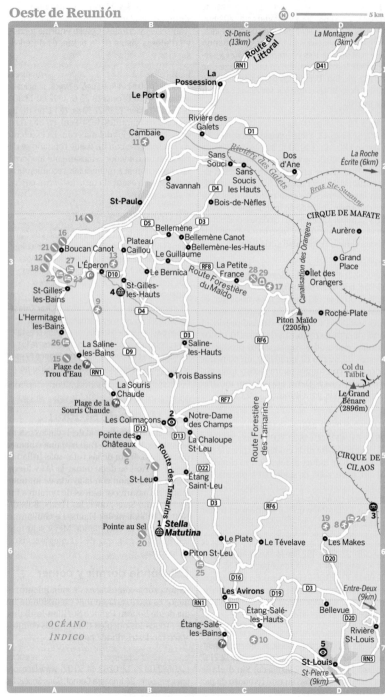

REUNIÓN

Oeste de Reunión

Hauts; d 54 €, i/d sin baño 30/36 €, desayuno incl.; **P 🛜**) La principal razón para alojarse en esta sencilla pero acogedora pensión escondida en Sans Souci les Hauts, unos 10 km al nordeste de St-Paul, es realizar la caminata a/desde el Cirque de Mafate vía la Canalisation des Orangers; el inicio del camino está 200 m más arriba. Ofrece una amplia sala de estar, sencillos dormitorios con decoración minimalista y otras tres dobles más confortables en un edificio aparte.

Habrá que sumar otros 15 € por la cena. Nótese que los huéspedes pueden dejar gratis su automóvil y equipaje mientras hacen la caminata de Mafate. Los no huéspedes pagan 2 €/día o 10 € por noche de aparcamiento.

❶ Cómo llegar y salir

A menos que se tenga tiempo de sobra, se precisará un vehículo. Aunque hay autobuses a casi todos los sitios desde St-Paul, no resultan muy prácticos para recorrer los Hauts.

Le Maïdo y alrededores

Hay que prepararse para un impacto visual: mucho más arriba de St-Paul y St-Gilles-les-Bains, en el borde del Cirque de Mafate, Le Maïdo es uno de los miradores más impresionantes de Reunión. En la cima del monte,

a 2205 m de altura, ofrece alucinantes panorámicas del interior del Cirque y de la costa. Hay que llegar temprano para ver algo más que nubes, antes de las 7.00 si fuera posible.

Llegar hasta él es parte importante de la diversión. La asfaltada Route Forestière du Maïdo sube serpenteando hasta el mirador desde Le Guillaume (14 km), en los cerros por encima de St-Gilles-les-Bains, pintoresco trayecto entre bosques de cedro japonés. A lo largo del camino se hallarán algunas atracciones para entretenerse.

Suele haber atascos los domingos, con cientos de familias de pícnic a la sombra de los árboles junto a la carretera.

🏃 Actividades

Le Relais du Maïdo   AL AIRE LIBRE
(plano p. 188; ☏0262 32 40 32; Route du Maïdo km 6,5; ⏱9.00-17.00 mi-do) A 1500 m de altitud, es una especie de parque temático con unas cuantas atracciones enfocadas sobre todo a los niños, como paseos en poni (6 €), *quads* (5-10 €) y tiro con arco (6 €).

La Forêt de L'Aventure   AL AIRE LIBRE
(☏0692 30 01 54; Route Forestière des Cryptomérias, La Petite France; adultos/niños 20/15 €; ⏱mi, vi, sa y do con reserva) Para divertirse a lo Tarzán, tiene dos maravillosos circuitos en un perímetro de 3 Ha, con tirolinas y otros elemen-

EMOCIONANTE CUESTA ABAJO

Quien adore ir en bicicleta de montaña cuesta abajo, sin pedalear, se sentirá en el nirvana en las espectaculares laderas de Le Maïdo. Se bajan 35 km con 2205 m de desnivel por sendas que serpentean entre bosques de criptomerias y tamarindos y campos de caña, y ofrecen vistas increíbles de la laguna y la costa.

Rando Réunion Passion (p. 194) es un empresa profesional con una amplia gama de excursiones en bici de montaña para todos los niveles. El circuito más popular es la bajada Classique du Maïdo, desde el mirador hasta la costa. Los principiantes no deben asustarse: no se baja a una velocidad suicida, y se hacen varias paradas por el camino en las que el guía pone al tanto de la fauna y la flora. Los paquetes de medio día incluyen alquiler de bici, traslado al inicio del sendero en furgoneta y guía, y cuestan unos 60 € por persona (mínimo cuatro personas). Se admiten niños mayores de 12 años.

Para quien desee ir a más velocidad está el descenso Maxi Cap Ouest (80 €).

tos. Hay un *mini forêt* para los críos (mayores de cinco años). Está señalizada, unos 500 m al norte de La Petite France, pasada la destilería L'Alambic Bègue.

Excursionismo

Le Maïdo ofrece numerosas opciones en sus cercanías. El pico es el punto de partida de la caminata que va por el borde del *cirque* hasta la cima de Le Grand Bénare (2896 m), otro impresionante mirador (6 h aprox. ida y vuelta). Desde Le Maïdo también se puede bajar al fondo del Cirque de Mafate por el Sentier de Roche-Plate.

🛏 Dónde dormir y comer

El pueblo de La Petite France es una práctica base para subir temprano a Le Maïdo.

Para comer, tanto Au Petit Gourmet como Chez Doudou están a rebosar en fin de semana; se recomienda reservar.

Chez Rose Magdeleine B&B €
(☎0262 32 53 50; 13 Chemin de l'École, La Petite France; d 45 €, desayuno incl.) Una afable familia criolla lleva este hogareño lugar, con buena relación calidad-precio. Aunque sencillo, tie-

ne cuatro habitaciones impolutas y está junto a la vía principal, en La Petite France, ubicación ideal para iniciar un temprano ascenso a Le Maïdo. Cenas por encargo (22 €).

Au Petit Gourmet CRIOLLA €€
(plano p. 188; ☎0693 92 46 34; 430 Route du Maïdo; principales 11-15 €; ☺12.00-14.00) Pequeño, sin pretensiones, es un gran hallazgo camino de Le Maïdo. Los platos recién hechos con ingredientes locales están riquísimos; se recomienda el curri del día o el de pollo. Y, de postre, un crep dulce.

Chez Doudou et Alexandra CRIOLLA €€
(☎0262 32 55 87; 394 Route du Maïdo, La Petite France; bufé 23 €; ☺12.00-14.00 ju-do) En un local estilo granero, tiene cierto encanto destartalado. Su fuerte es la contundente cocina regional, reconfortantes platos criollos servidos con todas las guarniciones tradicionales. Se llena en fin de semana; se recomienda reservar.

🛍 De compras

La Petite France es famosa por sus perfumerías tradicionales, que elaboran aceites esenciales de geranio, cedro japonés y vetiver. Tienen tiendas donde comprar perfumes, jabones y otros productos naturales. Se puede ir a cualquiera de las que hay por la calle principal.

L'Alambic Bègue PERFUMERÍA
(☎0692 64 58 25; www.alambicbegue.jimdo.com; 403 Route du Maïdo, La Petite France; ☺8.30-18.00) Una veterana empresa de excelente reputación, con una amplia gama de aceites esenciales y productos de salud.

Distillerie du Maïdo-Chez Nanou Le Savoyard PERFUMERÍA
(plano p. 188; ☎0692 61 75 43; www.ladistilleriedu maido.com; 700 La Petite Savoie, La Petite France; ☺8.30-17.30) Aquí se pueden comprar aceites esenciales, jabones y otros productos de salud. Vende también *rhum arrangé* (ron preparado), miel y mermelada.

ℹ Cómo llegar y salir

Desde la estación central de autobuses de St-Paul, **Kar'Ouest** (p. 187) tiene autobuses (línea 2; 1,80 €, 1 h, 3 diarios, lu-sa) al inicio del Sentier de Roche Plate, sendero que se interna en el Cirque de Mafate y que sale de la carretera unos 3 km más debajo de la cima. El primer autobús de subida sale a las 6.00; el último de bajada, a las 17.20.

Boucan Canot

3400 HAB.

Un bikini escueto, gafas de marca exclusiva (las imitaciones pueden provocar burlas) y protección solar. Eso es todo lo que se precisa en este lugar. Por algo a esta pequeña localidad de vacaciones se la conoce como el St-Tropez de Reunión.

☉ Puntos de interés

Plage de Boucan Canot   PLAYA

La playa principal figura en la lista de las mejores de Reunión, y con razón: es una suave curva de brillante arena blanca bordeada de palmeras y casuarinas, enmarcada por acantilados y rocas de basalto. Los fines de semana está abarrotada. En diciembre del 2015 se instaló una red antitiburones de 610 m que protege una amplia zona de baño de 84 000 m². No hay que salirse de esa zona.

Plage de Petit Boucan   PLAYA

En el extremo sur de la principal, esta playa es más pequeña y tranquila, pero se prohíbe el baño y no hay socorrista.

🛏 Dónde dormir

Para quien desee alojarse en Boucan Canot a lo grande, hay un par de sitios estupendos que dan a la playa.

Résidence Les Boucaniers   APARTAMENTOS €€

(☏0262 24 23 89; www.les-boucaniers.com; 29 Route de Boucan Canot; d 82 €; P❄🛜) Estos estudios y apartamentos sin servicio de comidas acusan cierto desgaste, pero tienen una ubicación imbatible, frente a la playa, al otro lado de la carretera; pídase uno con vistas al mar. El precio baja a 76 € para estancias de dos o más noches.

Le Boucan Canot   CENTRO VACACIONAL €€€

(☏0262 33 44 44; www.boucancanot.com; 32 Route de Boucan Canot; i 185-250 €, d 220-295 €, ste desde 280 €, desayuno incl.; P❄🛜🏊) Este emblemático hotel de cuatro estrellas se extiende sobre un promontorio en el extremo norte de la playa. Sin ser glamurosas, las luminosas habitaciones están bien equipadas y tienen vistas al mar. También destaca su restaurante, Le Cap, con comida de categoría.

Le Saint-Alexis
Hotel & Spa   CENTRO VACACIONAL €€€

(☏0262 24 42 04; www.hotelsaintalexis.com; 44 Route de Boucan Canot; d 160-290 €, ste desde 300 €; P❄@🛜🏊) En la punta sur de la playa

principal, este complejo de cuatro estrellas tiene una curiosa disposición. Todas las habitaciones dan a un patio central, por lo que ninguna tiene vistas al mar; están decoradas con gusto, pero las de las esquinas carecen de luz natural. Las instalaciones incluyen un pequeño *spa* y una amplia piscina en forma de U que rodea el edificio.

Quizá apetezca una habitación en la *rez de piscine,* con acceso directo a la piscina. El desayuno (25 €) se sirve en una terraza con impresionantes vistas al mar. Las frecuentes ofertas en internet ofrecen una excelente relación calidad-precio.

✘ Dónde comer

A lo largo del paseo marítimo se suceden los puestos de tentempiés y discretos cafés restaurante.

La Case Bambou   CREPERÍA €

(☏0262 59 20 84; 35 Route de Boucan Canot; principales 3-15 €; ⊙12.00-14.30 y 19.00-22.00 mi-do) Para tomar riquísimos crepes, helados, gofres y sándwiches. Abarrotada en fin de semana.

Le Bambou Bar   BRASSERIE €€

(☏0262 24 59 29; 35 Route de Boucan Canot; principales 10-24 €; ⊙12.00-14.30 ma-do, 19.00-22.00 diario) Un favorito de siempre que se distingue por su encantadora decoración, con techo de paja y mucha madera y plantas. Ofrece desde café y cócteles hasta *pizzas,* clásicos criollos, marisco, hamburguesas, ensaladas y platos de carne.

La Boucantine   FRANCESA, CRIOLLA €€

(☏0262 33 62 10; 29 Route de Boucan Canot; principales 13-23 €; ⊙12.00-14.00 y 18.00-21.30 ju-ma) Uno de los mejores restaurantes, y algo más tranquilo, del paseo marítimo, con una tentadora terraza con lindas vistas al mar. Destacan el *tajine de poulet aux citrons confits et olives* (tajín de pollo con limón confitado y olivas) y la pesca del día. Deliciosos postres como crepes y tarta de chocolate.

Le Ti Boucan   INTERNACIONAL €€

(☏0262 24 85 08; 32 Route de Boucan Canot; principales 14-22 €; ⊙8.30-22.00; 🛜) En el paseo principal, este animado sitio ofrece una carta ecléctica. Si apetece pescado, sirve varios tartares (se recomienda el de atún); si se prefiere carne, el solomillo o el filete de res. Las copiosas ensaladas son una tentadora alternativa. Amable servicio y maravillosa terraza.

Le Bistrot de Pépé Gentil   BISTRÓ €€€

(📞0262 22 12 78; 15 Place des Coquillages; principales 22-30 €; ⊙19.00-21.30 lu-sa) Muy alabado, con un aire a la antigua, sirve delicias típicas de cocina francesa de bistró. Se recomiendan especialidades como las *ris de veau* (mollejas de ternera) y el *sole meunière* (lenguado salteado en mantequilla con limón y perejil), aunque la carta cambia según el mercado y la temporada.

Está en una plaza anodina, sin nada especial; aquí lo que destaca es la comida y el relajado ambiente.

Le Beau Rivage   FRANCESA CONTEMPORÁNEA €€€

(📞0262 43 69 43; www.lebeaurivage.re; 58 Rue de Boucan Canot; principales 27-38 €, menú de almuerzo 25-30 €, cena 50-72 €; ⊙12.00-13.45 y 19.00-21.30 ma-vi, 19.00-21.30 sa) Muy bien considerado, ofrece excelente cocina francesa con un toque refinado en una amplia y estilosa terraza que da a la playa. Al caer la noche el ambiente se torna romántico, ideal para una cena íntima. El menú de almuerzo tiene buena relación calidad-precio para ser Boucan Canot.

❶ Cómo llegar y salir

La línea 02 de Car Jaune entre St-Denis y St-Pierre pasa por el centro de Boucan Canot. El trayecto St-Denis-Boucan Canot (2 €) dura unos 50 min. Más información en www.carjaune.re.

St-Gilles-les-Bains

6500 HAB.

La maquinaria turística alcanza su máximo desarrollo en el amplio complejo de vacaciones de St-Gilles-les-Bains, con su blanca arena, restaurantes, locales nocturnos y un ambiente bullanguero los fines de semana. No obstante, entre semana es un lugar bastante relajado en el que no hay que pelear por un sitio donde extender la toalla. Ofrece numerosas actividades acuáticas, desde buceo hasta pesca en alta mar.

◉ Puntos de interés

Plage des Roches Noires   PLAYA

(plano p. 193) En el centro de la localidad, está muy concurrida y tiene ordenadas hileras de tumbonas y sombrillas. Pero no deja de ser una bonita playa de arena, ideal para familias, con aguas poco profundas y numerosos restaurantes. Para mayor seguridad, en el 2016 se instaló una red antitiburones; hay que fijarse en los carteles de aviso y bañarse

solo en el área vigilada. En el lado norte del Port de Plaisance.

Plage des Brisants   PLAYA

(plano p. 193) Es una magnífica playa de arena blanca en el lado sur del Port de Plaisance. Dicho esto, se prohíbe el baño (hay tiburones), pero es estupenda para tomar el sol.

Aquarium de la Réunion   ACUARIO

(plano p. 193; 📞0262 33 44 00; www.aquariumdelareunion.com; Îlot du Port; adultos/niños 9,50/6,50 €; ⊙10.00-17.30) En el moderno complejo del Port de Plaisance, resulta interesante, con una serie de excelentes instalaciones como acuarios con langostas, barracudas, meros y pequeños tiburones.

🚣 Actividades

Excursiones en barco

Son la mejor manera de descubrir la iridiscente laguna de St-Gilles. Varias empresas ofrecen *promenades en mer* (paseos por mar) y *observation sous-marine* (circuitos con fondo de cristal) por la costa hacia St-Leu o St-Paul. También hay *safaris dauphin* (avistamiento de delfines), excursiones de avistamiento de ballenas (de jun-jul a sep-oct), cruceros al atardecer y de un día entero en catamarán. Zarpan todos los días si el tiempo lo permite.

Le Grand Bleu   EXCURSIONES EN BARCO

(plano p. 193; 📞0262 33 28 32; www.grandbleu.re; Îlot du Port; adultos 10-90 €, niños 5-45 €; ⊙diario) Reputada empresa con la más amplia gama de circuitos, desde cruceros al atardecer hasta excursiones para avistar ballenas y delfines. Los precios dependen de la duración (45 min los más breves) y del tipo de embarcación.

MÁS VALE PREVENIR

Los ataques de tiburones a surfistas y bañistas han sido un problema importante en Reunión en los últimos años, sobre todo en St-Leu, Boucan-Canot, St-Gilles-les-Bains, Trois-Bassins y Étang-Salé-les-Bains. Se han instalado redes antitiburones en las playas de Boucan-Canot y St-Gilles-les-Bains. Hay que bañarse solo en las zonas designadas y vigiladas, y estar pendientes de las señales de advertencia. Consúltese la información en Prevention Requin Réunion (www.prr.re) y su página de Facebook.

St-Gilles-les-Bains

N 0 ▬▬▬ 200 m

REUNIÓN ST-GILLES-LES-BAINS

Sealife-Visiobul EXCURSIONES EN BARCO
(plano p. 193; ☎0262 24 49 57; www.facebook.com/
visiobulreunion; Îlot du Port; adultos/niños 13/8 €; ☺
con reserva) Se especializa en excursiones en
barco de fondo de cristal. También ofrece circuitos de avistamiento de ballenas y delfines,
así como cruceros al atardecer.

Lady La Fée EXCURSIONES EN BARCO
(plano p. 193; ☎0692 69 12 99; www.ladylafee.com;
Port de Plaisance; excursión de medio día 50 €; ☺
previa reserva) Esta pequeña empresa ofrece
circuitos en catamarán de medio día y día
entero por la costa oeste. El itinerario es
flexible. Los cruceros de cócteles al atardecer cuestan 35 €.

Submarinismo
Hay numerosos sitios (incluidos algunos pecios) para bucear frente a St-Gilles, y de todos
los niveles.

Bleu Marine Réunion SUBMARINISMO
(plano p. 193; ☎0262 24 22 00; www.bleu-marine-
reunion.com; Port de Plaisance; bautizo/inmersión
60/50 €; ☺8.00-17.00 ma-do) Una empresa
bien organizada. Ofrece una amplia gama
de aventuras submarinas, como circuitos
de submarinismo, excursiones de buceo con
tubo (30 €) y cursos PADI. Los paquetes de
3/6 inmersiones cuestan 144/280 €.

Corail Plongée SUBMARINISMO
(plano p. 193; ☎0262 24 37 25; www.corail-plongee.
com; Port de Plaisance; bautizo/inmersión 60/48 €;
☺8.00-17.00 lu-sa, hasta 12.00 do) Una empresa
seria, con cursos para principiantes así como
excursiones de submarinismo y de buceo con
tubo (25 €). Los paquetes de 4/6 inmersiones
valen 184/268 €; para inmersiones con nitrox
hay que añadir otros 5 €.

Ô Sea Bleu SUBMARINISMO
(plano p. 193; ☎0262 24 33 30; www.reunion-
plongee.com; Port de Plaisance; bautizo/inmer-
sión 60/50 €; ☺8.00-17.00) Empresa profesional con toda la gama de actividades de
buceo. Los paquetes de 4/6 inmersiones
cuestan 190/280 €. También ofrece excursiones de buceo con tubo (35 €) y de avis-

MUSÉE DE VILLÈLE

El Musée de Villèle (plano p. 188; ☑0262 55 64 10; St-Gilles-les-Hauts; 2 €; ☺9.30-12.30 y 13.30-17.00 ma-do) se halla en una antigua residencia de la rica y muy poderosa terrateniente madame Panon-Desbassayns, una matrona del café y el azúcar con más de 300 esclavos. La casa, que data de 1787 y está llena de elegantes muebles de época, solo se puede visitar en un circuito guiado; al finalizar, hay que dar una vuelta por los edificios anexos y el parque de 10 Ha.

Según la leyenda, fue tan cruel que tiene un lugar especialmente desagradable en el infierno, a tal punto que sus desesperados gritos se oyen siempre que el Piton de la Fournaise entra en erupción. Entre las piezas expuestas hay un reloj regalo de Napoleón a los Desbassayns; un juego de porcelana que muestra a Pablo y Virginia, protagonistas de la novela de Bernardin de St-Pierre; y un retrato de madame Panon-Desbassayns con turbante rojo y expresión inusitadamente pícara. Los carteles están en francés e inglés.

tamiento de ballenas y delfines, así como cursos PADI.

Bicicleta de montaña

Rando Réunion Pássion BICICLETA DE MONTAÑA (plano p. 193; ☑0262 45 18 67, 0692 21 11 11; www.descente-vtt.com; 3 Rue du Général de Gaulle; excursiones 59-90 €; ☺previa reserva) Empresa profesional con una serie de excursiones en bicicleta de montaña para todos los niveles. La más popular es la Classique du Maïdo, que baja desde el mirador del Maïdo hasta la costa. Los ciclistas experimentados pueden optar por la Maxi Cap Ouest o La Méga. Traslados incluidos en el precio.

Pesca deportiva

St-Gilles es buen sitio para émulos de Ernest Hemingway. En las aguas frente a la costa oeste pululan marlines, peces espada, peces vela, tiburones y atunes. Una salida de pesca (4-6 personas) cuesta desde 400/800 € por medio día/día entero. Se recomiendan tres empresas:

Réunion Fishing Club (plano p. 193; ☑0262 24 36 10; www.reunionfishingclub.com; Port de Plaisance; excursión de medio día 100 €; ☺

7.00-17.00) Excursiones de pesca bien organizadas.

Maevasion (plano p. 193; ☑0262 33 38 04; www.maevasion.com; Port de Plaisance; excursión de medio día 100 €; ☺8.00-17.00) Tiene buenas credenciales.

Blue Marlin (plano p. 193; ☑0692 65 22 35; www.bluemarlin.fr; Port de Plaisance; ☺7.00-17.00) De reconocido prestigio. Los precios dependen del tamaño del grupo.

🛏 Dónde dormir

Pese a los numerosos alojamientos de la zona, casi todo se llena en vacaciones y fines de semana. Los hoteles y *chambres d'hôtes* con más encanto se hallan en el campo, al norte de la localidad; o en L'Hermitage-les-Bains, al sur.

Hôtel de la Plage HOTEL € (plano p. 193; ☑0692 80 07 57, 0262 24 06 37; www.hoteldelaplage.re; 20 Rue de la Poste; i sin baño 30 €, d con baño 70 €, sin baño 45-60 €; ❉🐾) Los puntos fuertes de este bien llevado y veterano lugar, con aire de albergue, son su ubicación céntrica (aunque ruidosa) y las coloridas zonas comunes. Como las ocho habitaciones tienen distintos tamaños, luz y ruido, mejor ver unas cuantas antes de decidirse; las mejores son las nº 114, 115 y 116. Los precios bajan para estancias de tres noches o más. Resérvese de antemano. El desayuno cuesta 6 €.

De día puede ser problemático encontrar dónde aparcar. La recepción abre de 7.00 a 12.00.

Thimloc MOTEL € (plano p. 193; ☑0262 24 23 24; www.thimloc.fr; 165 Rue du Général de Gaulle; d 60-65 €; ❉🐾) Siete habitaciones contiguas en un umbroso jardín junto a la calle principal. Son sosas y con poca luz natural, pero están limpias, bien equipadas con una práctica cocina americana exterior y a un paso de la playa, las tiendas y los restaurantes. Hay una estupenda panadería en la acera de enfrente.

Hôtel des Palmes HOTEL € (plano p. 193; ☑0262 24 47 12; www.hoteldespalmes.fr; 205 Rue du Général de Gaulle; d 75 €; P❉🐾) Entre St-Gilles y L'Hermitage, este dos estrellas ofrece un puñado de pintorescas villas de buen tamaño. Lo malo es que ni tiene la mejor ubicación (entre la estatal y la carretera de L'Hermitage) ni la piscina es una maravilla. Constituye un buen plan B, sobre todo si se consiguen las habitaciones nº 22, 24, 26, 32,

34 o 36, menos ruidosas por estar en medio de la propiedad.

★ La Villa Chriss
B&B €€

(plano p. 188; ☎0692 82 41 00; http://chambre-hote-luxe-reunion.com; Rue d'Anjou; d 120-140 €, desayuno incl.; P★🔊📶) Christine y Christine (de ahí el nombre) llevan esta estilosa *maison d'hôtes* de la ladera, con tres soberbias habitaciones decoradas con un toque contemporáneo. El delicioso desayuno *gourmet* se sirve junto a la piscina con alucinantes vistas de la costa. No es adecuada para niños.

★ Senteur Vanille
VILLA €€

(plano p. 188; ☎0262 24 04 88, 0692 78 13 05; www.senteurvanille.com; Route du Théâtre; bungaló d 75-100 €, villa c 160-200 €; P★📶) Ideal para quien busque un remanso de paz. En una finca con mangos, lichis y papayos, ofrece amplias y bien equipadas villas (ideales para familias) y lindos bungalós de estilo criollo. No hay piscina, pero la playa de Boucan Canot queda a 20 min andando por un sendero.

La estancia mínima es de tres días, lo que no incomoda dada la belleza del lugar. Está unos kilómetros al este del centro, en dirección a St-Gilles-les-Hauts, señalizada en una carretera que sale junto a la gasolinera de Total. No admite tarjetas de crédito.

Le Saint-Michel
HOTEL €€

(plano p. 188; ☎0262 33 13 33; www.hotelsaintmichel.fr; 196 Chemin Summer; i 76 €, d 96-110 €, desayuno incl.; P★🔊📶) Este estupendo hotel en medio de un jardín tropical a las afueras del pueblo parece nuevo tras una reciente renovación. Tiene 29 habitaciones, algunas con vistas al mar; las más espaciosas son las del ala nueva. El restaurante ofrece una magnífica cocina francesa con un toque criollo. A 2 min en automóvil del centro y la playa.

✖ Dónde comer

En St-Gilles hay numerosos sitios, aunque los estándares resultan más variables que en el resto de la isla.

Además de restaurantes se verán varios *camions-pizzas* (furgonetas-pizzería) en la calle principal; son una ganga y abren por la noche.

Le Natur'Elle
HELADOS, CAFETERÍA €

(plano p. 193; ☎0262 33 21 09; www.facebook.com/restaurant.lenaturelle; 2 Place Paul Julius Bé-

nard; cucuruchos de 1/2 bolas 1,50/3 €, principales 9-16 €; ⏱8.30-18.30 ma-sa; 📱) Esta estupenda heladería ofrece más de 20 sabores de helado y sorbete; evítense los habituales y pruébense nuevas sensaciones como *ylang ylang, kulfi* (mezcla de azafrán y cardamomo), rosa o violeta. Entre otras delicias hacen unos *macarons* divinos. También sirven desayunos y almuerzos del día.

Se puede llevar lo elegido o disfrutarlo en la sombreada terraza.

La Frite Une Fois
COMIDA RÁPIDA €

(plano p. 193; ☎0262 77 89 52; www.facebook.com/lafriteunefois974; 14 Rue de la Poste; principales 3-8 €; ⏱11.00-15.00 y 18.00-20.30 ma-do) Inaugurado en el 2016 en una bocacalle cerca de la playa, este sitio llevado por belgas es famoso por sus deliciosas *frites* (patatas fritas) caseras. También sirve hamburguesas y *mitraillettes* (bocadillos). Al estar a un par de manzanas del paseo marítimo, es la comida perfecta para llevarse como almuerzo a la playa.

Le Glacier de Marie B
HELADOS €

(plano p. 193; ☎0262 24 53 06; 13 Rue de la Poste; helados y tentempiés 2.30-10 €; ⏱13.00-19.00 ma, 11.00-19.00 mi-vi, hasta 19.30 sa y do) Es imposible resistir la tentación ante el mareante surtido de sabores de esta heladería. Tienta en particular el de pitahaya, de llamativo color púrpura; también destacan los de vainilla y de geranio. Hay otras cosas deliciosas como panqueques, gofres y batidos.

La Case à Pains
PANADERÍA €

(plano p. 193; ☎0262 96 33 01; www.lacaseapains.com; 29 Rue du Général de Gaulle; sándwiches desde 4 €, almuerzo del día 4,50-8 €; ⏱6.30-19.00) Si apetece un pícnic en la playa *á la gourmet*, aquí tienen ensaladas, repostería y bocadillos bien preparados. Lo más característico de la casa es el *pain frotté à la vanille* (pan a la vainilla). También sirve desayunos y tiene mesas fuera.

Chez Loulou
COMIDA RÁPIDA €

(plano p. 193; ☎0262 24 40 41; 86 Rue du Général de Gaulle; principales 5-7 €; ⏱7.00-13.00 y 15.00-19.00 lu-sa, 7.00-13.00 do) En la vía principal y con su fachada turquesa, es la *case* (casa) criolla más emblemática en kilómetros a la redonda. Tiene fama por sus ricas y sustanciosas *samosas, macatias* (panecillos azucarados), pasteles, cruasanes, tartas de plátano y tartaletas. También hace buenos bocadillos y comida para llevar a la hora del almuerzo.

Y, además, hay un ordenador con acceso a internet.

★ **Bistrot Case Créole** BISTRÓ €€

(plano p. 193; ☑0262 24 28 84; www.bistrotcase creole.re; 57 Rue du Général de Gaulle; principales 10-19 €; ⊙12.00-14.00 ma-vi, 19.30-21.30 ma-sa) En la vía principal, es famoso por su cocina sabrosa y a buen precio, con un toque moderno pero arraigado en la tradición francesa y local. Entre semana ofrece una excelente cena bufé con un surtido de curris por solo 19 € (21 € vi y sa).

Chez Marie FRANCESA, CRIOLLA €€

(plano p. 193; ☑0262 24 98 87; Port de Plaisance; principales 10-17 €, menú 14,50 €; ⊙12.30-14.30) Con una terracita que da al puerto y comida sencilla pero bien preparada, este local es ideal para tomar un almuerzo rápido a buen precio. Se caracteriza por la frescura y la excelente relación calidad-precio. La ensalada de pulpo recibe grandes alabanzas, pero ningún plato de la carta (ensaladas, tartar de atún, bistec, etc.) decepcionará. Hay que reservarse para los exquisitos postres caseros.

Le Joyau des Roches CRIOLLA €€

(plano p. 193; www.facebook.com/Le.Joyau.des.Roches; 3 Rue de la Poste; principales 12-19 €, menú 15 €; ⊙11.30-14.00 y 19.30-22.30 mi-lu) A tiro de piedra de la playa, su tentadora carta es un muestrario de cocina criolla clásica, servida en un marco acogedor con elegante mobiliario y plantas tropicales. Tiene especialidades como la exquisita ensalada de palmitos, *saucisse baba figues* (salchicha con flores de banano) y papaya al gratín. También ofrece comida para llevar (5-10 €).

Chez Les Filles INTERNACIONAL €€

(plano p. 193; Plage des Brisants; principales 9-19 €; ⊙12.00-15.00 ma-do, 19.00-22.00 ju-do) Este chiringuito de la playa sirve platos sencillos de carne y pescado, así como ensaladas y generosos bocadillos (desde 3 €). Las raciones son grandes y tiene unas destartaladas mesas en la misma arena. Es también bar.

Le DCP PESCADO €€

(plano p. 193; ☑0262 33 02 96; www.restaurant-dcp. fr; 2 Place Paul Julius Bénard; principales 12-25 €; ⊙12.00-14.00 y 19.00-22.00) El paraíso de los amantes del pescado y famoso en toda la isla, tiene un amplio surtido de pescado que recibe a diario del puerto. Lo sirven a la plancha, al vapor, al horno o crudo. Se dice que sus tartares son los mejores de la isla. Cerca de la oficina de turismo.

★ **Le Saint-Michel** FRANCESA, CRIOLLA €€€

(plano p. 188; ☑0262 33 13 33; 196 Chemin Summer; principales 24-28 €, menú de almuerzo 20-25 €, menú de cena 40 €; ⊙12.00-14.00 y 19.30-21.30) Parte del hotel del mismo nombre, el restaurante *gourmet* de St-Gilles no decepcionará con su atractivo comedor-terraza junto a la piscina, amable acogida y deliciosa cocina. La carta es una acertada combinación de alta cocina imaginativa y clásicos atemporales como el solomillo de res. Y siempre tiene un buen vino para maridar.

Es imprescindible reservar para asegurarse una de las solicitadas mesas junto a la piscina.

Chez Nous INTERNACIONAL €€€

(plano p. 193; ☑0262 24 08 08; www.cheznous974. com; 122 Rue du Général de Gaulle; principales 19-25 €; ⊙12.00-14.00 lu-vi, 19.00-23.00 diario) Llamativo bistró con sabrosos platos de carne y pescado, algunos con un toque exótico. Cuando está lleno quizá tarden en servir. Tiene también una zona de bar, con ambiente de salón.

Chez Bobonne FUSIÓN €€€

(plano p. 193; ☑0262 39 27 96; 3 Rue St-Alexis; principales 22-32 €; ⊙19.30-22.30 lu-sa) Sirve deliciosos platos de inspiración francesa en un elegante restaurante de decoración contemporánea y luz de ambiente. La breve carta escrita, con tiza en la pizarra, cambia cada semana; la carta de vinos está muy meditada. Apartado de la vía principal.

🍷 Dónde beber y vida nocturna

St-Gilles es, junto con St-Pierre, de los mejores sitios de Reunión para ir de bares. El ambiente es muy *zoreilles* (francés continental); uno podría pensar que está en la Costa Azul. Casi todos los sitios están por Rue du Général de Gaulle y el cursi paseo marítimo. Según van decayendo los bares a partir de medianoche, la animación se desplaza a L'Hermitage. Casi todos los bares sirven también comida.

L'Acacia BAR

(plano p. 193; ☑0262 27 36 43; 1 Rue de la Poste; ⊙11.00-24.00 ma-do) Bar restaurante al aire libre de moda en el paseo marítimo, para tomar un mojito en la terraza de arriba disfrutando de estupendas vistas al mar. La comida es impredecible.

Cubana Club CLUB

(plano p. 193; ☑0262 33 24 91; 122 Rue du Général de Gaulle; ⊙19.00-5.00 ma-sa) La velada bien puede empezar con unos chupitos en este sitio de aire salsero y cortinas rojo burdel.

Esko Bar BAR
(plano p. 193; ✆0262 33 19 33; www.facebook.com/eskobar.reunion; 131 Rue du Général de Gaulle; ⊙ 19.00-1.00 lu-sa) Un sitio chic con excelentes cócteles, buenas tapas (desde 6 €) y noches temáticas; véase la página de Facebook.

ⓘ Información

Oficina de turismo (plano p. 193; ✆0810 79 77 97; www.ouest-lareunion.com; 1 Place Paul Julius Bénard; ⊙10.00-13.00 y 14.00-18.00; ☎) El eficiente personal habla inglés. Tiene wifi gratis y reserva *gîtes de montagne*.

ⓘ Cómo llegar y salir

Los autobuses no exprés de Car Jaune entre St-Denis y St-Pierre (línea O1) atraviesan el centro de St-Gilles por Rue du Général de Gaulle. El trayecto a St-Denis (2 €) dura al menos 1 h. Más información en www.carjaune.re.

L'Hermitage-les-Bains

6200 HAB.

Aquí se halla el grueso de los principales centros vacacionales de la isla, una buena selección de restaurantes y opciones de entretenimiento y la que quizá sea la mejor playa de Reunión.

◉ Puntos de interés

No tiene demasiados puntos concretos. La larga playa de arena es el principal atractivo.

Plage de L'Hermitage PLAYA
(plano p. 198) Al sur de la Plage des Brisants de St-Gilles, esta playa bordeada de casuarinas es un bonito lugar donde tumbarse al sol. Es segura para bañarse (protegida por una barrera de arrecifes y vigilada por socorristas) y está muy concurrida los fines de semana. Buena para bucear con tubo.

Le Jardin d'Eden JARDINES
(plano p. 198; ✆0262 33 83 16; www.jardindeden. re; 155 RN1; adultos/niños 8/4 €; ⊙10.00-18.00) Al otro lado de la carretera principal de L'Hermitage, no gustará solo a amantes de las plantas y jardineros; el lugar sin duda merece 1 h o más para cualquiera que tenga curiosidad por la flora tropical. Hay sectores dedicados a interesantes temas como las plantas sagradas de los hindúes, plantas medicinales, plantas tropicales comestibles, especias y plantas afrodisiacas.

🛏 Dónde dormir

Diversos complejos vacacionales bordean la playa de arena de L'Hermitage-les-Bains, además de B&B y hoteles de precio medio.

Camping Ermitage Lagon CAMPING €
(plano p. 198; ✆0262 96 36 70; www.campingermita ge.re; 60 Ave de Bourbon; parcela para 1-6 personas 19-35 €; ℗☎) Cuenta con instalaciones modernas y funcionales, aunque quizá no sea silencioso en fin de semana por su cercanía a los locales nocturnos. No tiene mucha sombra, pero está a un paso de la playa. Se pueden alquilar toda una "tienda de safari" por 40-52 €, muy buen precio para L'Hermitage.

Résidence Coco Island PENSIÓN €
(plano p. 198; ✆0262 33 82 41, 0692 37 71 12; www. cocoisland-reunion.com; 21 Ave de la Mer; i 41-70 €, d 49-79 €; ❋☎⚲) Alojamiento económico muy concurrido, con 23 habitaciones poco imaginativas de variado tamaño, forma y atractivo; mejor echar un vistazo antes de comprometerse. Las más baratas comparten retretes, pero tienen una cabina de ducha en un rincón. Todas disponen de aire acondicionado. Los huéspedes pueden usar la cocina común y la pequeña piscina del jardín, junto a la recepción. Los precios se reducen para estancias superiores a cinco noches.

Ofrece hasta 30 min de wifi gratis diarios.

Les Bougainvilliers PENSIÓN €
(plano p. 198; ✆0262 33 82 48; www.bougainvi llier.com; 27 Ruelle des Bougainvilliers; d 58-68 €; ℗❋☎) Para algo más personal, este alegre y hospitalario refugio tiene 15 habitaciones con colchones firmes, coloridas paredes, piscina, cocina común y un florido jardín, todo a 5 min andando de la playa. Y bicicletas gratis. El único pero es que es algo apretado; la piscina casi lame la terraza de las habitaciones de abajo.

Les Créoles HOTEL €€
(plano p. 198; ✆0262 26 52 65; www.hotellescreoles. com; 43 Ave de Bourbon; d 110-120 €; ℗❋☎⚲) En una isla donde escasean los hoteles asequibles pero bonitos, no hay que dudarlo. Este tiene cómodas y modernas habitaciones en torno a la piscina; aunque un poco compacto, brinda una estancia muy agradable. Tiene bar y restaurante (abierto para el almuerzo). La pega es que no está en la misma playa. Véanse las rebajas de temporada baja en la web.

Le Récif CENTRO VACACIONAL €€€
(plano p. 198; ✆0262 70 05 00; www.hotellerecif. com; 50 Ave de Bourbon; d 210-390 €, desayuno incl.;

L'Hermitage-les-Bains

L'Hermitage-les-Bains

directo a la playa. A estos precios se echa en falta un *spa*.

✕ Dónde comer

Casi todos los hoteles tienen restaurantes que sirven encantados a los no huéspedes. Hay también unos pocos locales de playa y, muy cerca en automóvil, al norte, está St-Gilles-les-Bains, con una oferta mayor de sitios donde comer.

Snack Chez
Racine Jessica 　　CRIOLLA, SÁNDWICHES €
(plano p. 198; ☎0692 98 91 35; 42 Blvd Leconte de Lisle; principales 3-8 €; ⊗11.00-17.30 ju-lu, hasta 15.00 ma) Muy frecuentado por su sabrosa comida criolla económica y sus enormes bocadillos. Comer en este modesto lugar estratégicamente situado en una calle paralela a la playa es toda una experiencia local, si bien no muy sofisticada. También sirve comida para llevar.

Snack Chez Herbert 　　CRIOLLA, SÁNDWICHES €
(plano p. 198; ☎0262 32 42 96; 40 Blvd Leconte de Lisle; principales 3-7 €; ⊗11.30-17.30 ma-do) Popular, merece una visita por sus baratos y saludables platos criollos básicos; hay también tentempiés, ensaladas, bocadillos y otras

(P🅿️❄️🛜🏊) Sin ser lujoso, este complejo de tres estrellas formado por varios pabellones está bien, sobre todo si se consigue a precio de oferta. Las zonas comunes y el mobiliario están algo trasnochados, no se espere diseño de vanguardia. Sus puntos fuertes son la ubicación, a tiro de coco de la playa, y las numerosas instalaciones y servicios, que incluyen dos piscinas, restaurante y cancha de tenis.

Triunfa con las familias que buscan un sitio tranquilo y seguro junto a la playa; funciona un club infantil durante las vacaciones escolares.

Lux 　　CENTRO VACACIONAL €€€
(plano p. 198; ☎0262 70 05 00; www.luxresorts.com; 28 Rue du Lagon; d 185-250 €; P🅿️❄️🛜🏊) Rinde homenaje a la lujosa arquitectura colonial con una serie de villas de estilo criollo repartidas por la extensa finca en el extremo sur de la playa, en L'Hermitage. Tiene tres restaurantes, una enorme piscina, bar y acceso

cosas para picar. Se puede llevar lo elegido a la playa o sentarse en las sombreadas mesas de plástico de fuera mientras se ve jugar a la petanca en la acera de enfrente.

⭐ Le Manta   PESCADO €€

(plano p. 198; ☑0262 33 82 44; www.le-manta. re; 18 Blvd Leconte de Lisle; principales 14-17 €; ⊙ 12.00-14.00 y 19.00-21.30; ☎) Oculto en un desbordante jardín, este reputado restaurante tiene una gran selección de platos de carne y pescado, además de unos pocos clásicos criollos y ensaladas. Entre las apetitosas especialidades ofrece *salade Manta,* con atún y marlín ahumado; y *sauté de veau aux cèpes* (salteado de ternera con boletus). No está en la misma playa, sino cruzando la carretera.

L'Epicurien   CRIOLLA, FRANCESA €€

(plano p. 198; ☑0692 86 49 47; 3 Rue des Îles Éparses; principales 15-23 €; ⊙12.00-14.30 y 19.00-21.30) Ricos platos básicos franceses y criollos, asequibles y saciantes, como kebabs de res, curris, ensaladas y pescado a la parrilla; no es extraño que triunfe. Sin *glamour* alguno, pero con mucho encanto y ambiente cordial. Cerca de la playa.

La Marmite   CRIOLLA, BUFÉ €€

(plano p. 198; ☑0262 33 31 37; 34 Blvd Leconte de Lisle; bufé de almuerzo 18-35 €, cena 20-47 €; ⊙ 12.00-14.00 y 19.00-22.00 lu-sa, 12.00-14.00 do; ☎) Este clásico favorito es de los mejores sitios de la costa oeste para probar comida criolla de verdad. La víspera habrá que ayunar; el almuerzo y la cena son estilo bufé, con un amplio surtido de *carris* al fuego de leña y ensaladas.

Au K'Banon   FRANCESA, PESCADO €€

(plano p. 198; ☑0262 33 84 94; www.kbanon.net; Plage de L'Hermitage; principales 16-23 €; ⊙9.00-11.00, 12.00-14.00 y 19.00-22.00 vi y sa, bar 11.00-18.00 lu-ju y do, hasta 23.00 vi y sa; ☎) En la arena misma de la playa, sirve buena comida recién hecha a precios competitivos para su ubicación. Todo el mundo hallará algo a su gusto en la carta: platos de pescado, carnes a la parrilla, ensaladas y postres. Quien solo desee disfrutar del entorno puede pedir un cóctel (desde 6,50 €). También sirven desayunos.

Coco Beach   FRANCESA, CRIOLLA €€

(plano p. 198; ☑0262 33 81 43; www.facebook.com/ coco.beach.hacienda; Plage de L'Hermitage; principales 12-20 €; ⊙12.00-14.00 y 19.00-22.00, bar 11.00-23.00; ☎) Este clásico frente a la playa sirve parrilladas de carne y pescado, ensaladas y tapas (a partir de las 17.30). Es también ideal

para pasar el rato disfrutando del ambiente tropical con una cerveza Dodo fría. Música en directo (vi, sa y do).

Ofrece un bufé libre de cena (20 €, vi, sa y do) y un *brunch* criollo dominical (20 €).

La Bobine   EUROPEA €€

(plano p. 198; ☑0262 33 94 36; www.la-bobine. com; Plage de L'Hermitage; principales 17-25 €; ⊙ 11.00-23.00; ☎) Este alegre restaurante con un toque exótico está en el sitio perfecto, en la arena misma de la playa, lo más cerca posible del agua. La amplia carta ofrece ensaladas, platos de carne y pescado y postres caseros. Además, tiene una sección de tentempiés (hasta las 17.00) con un surtido de bocadillos, ensaladas y comidas ligeras (8-13 €).

También es estupendo para tomar cócteles (desde 7 €). Música en directo los jueves por la noche.

🍷 Dónde beber y vida nocturna

Juerga, juerga y más juerga. L'Hermitage vibra los fines de semana con la mayor densidad de discotecas de la isla. Nadie le discute su supremacía en este campo. La diversión empieza tarde, pasada la medianoche, y los sitios suelen cerrar hacia las 5.00. No es preciso vestirse de punta en blanco, pero no se dejará pasar a quien vaya en pantalón corto y chanclas.

Todos los restaurantes de playa tienen bar, que suele permanecer abierto mucho después de haberse cerrado la cocina.

L'Arena   CLUB

(plano p. 198; ☑0262 38 12 05; www.facebook. com/arena.ermitage; 1 Rue des Îles Éparses; ⊙ 22.00-5.00 mi, vi y sa) Todo un veterano que sigue atrayendo a la gente guapa con salsa, *kizomba* (danza angoleña) y *rock* latino, entre otras músicas.

La Villa Club   CLUB

(plano p. 198; ☑0692 60 19 00; www.lavilla-club. com; 71 Ave de Bourbon; ⊙23.00-5.00 vi y sa) El mejor local nocturno de L'Hermitage bulle los viernes y sábados por la noche con las pistas de baile abarrotadas. Pone sobre todo música *dance*, electrónica y tropical.

Le Loft   CLUB

(plano p. 198; ☑0692 67 44 54; www.facebook.com/ leloftsaintgilles; 1 Rue des Îles Éparses; ⊙22.00-5.00 ju-sa) Un vibrante local que pincha un poco de todo. Tiene también karaoke.

Moulin du Tango   CLUB

(plano p. 198; ☎0262 24 53 90; www.moulin-du-tango.re; 9 Ave de Bourbon; ⊗22.00-5.00 mi, vi y sa) Una clientela más madura baila en este sitio, famoso por sus noches temáticas.

La Gueule de Bois   BAR

(plano p. 198; ☎0262 22 90 06; www.facebook.com/lagueuledebois974; 5 Rue des Îles Éparses; ⊗19.00-24.00 mi-do) El nombre de este alegre tugurio ("resaca" en francés) resulta muy apropiado dados sus tremendos cócteles (9 €). Tocan grupos en directo los domingos por la noche. También sirven comida.

❶ Cómo llegar y salir

Los autobuses no exprés de Car Jaune (línea O2) entre St-Denis (2 €, 1 h) y St-Pierre atraviesan L'Hermitage. Se puede obtener más información en www.carjaune.re.

La Saline-les-Bains

2900 HAB.

Quien encuentre demasiado caóticas St-Gilles y L'Hermitage ha de ir a La Saline-les-Bains. Aunque muy cerca de L'Hermitage, un poco más al sur en la costa, tiene un aire particular, más apacible, alternativo y anticonformista.

❂ Puntos de interés

La playa principal es una preciosidad de arena blanca, normalmente menos atestada que sus equivalentes de St-Gilles o L'Hermitage. Las aguas tranquilas y poco profundas la hacen ideal para familias.

Plage de la Souris Chaude   PLAYA

(La Souris Chaude, La Saline-les-Bains) Quien no soporte tener marcas de bañador ha de dirigirse más al sur a la Plage de la Souris Chaude, frecuentada por nudistas (apenas tolerados) y gais (en el extremo norte de la playa). Es aún bastante desconocida para los turistas, entre otras cosas por ser algo difícil de encontrar.

Plage de Trou d'Eau   PLAYA

En el extremo sur de la playa principal; es buen sitio para relajarse y nadar.

✹ Actividades

Para recorrer la laguna a un ritmo tranquilo es ideal el surf de remo. La École de Stand Up Paddle du Lagon (☎0692 86 00 59, 0262 24 63 28; La-Saline-les-Bains; cursos desde 25 €; ⊗10.00-

17.00) ofrece cursos (1/2 h) que imparte un instructor cualificado. En la playa, el restaurante Planch'Alizé (p. 206) alquila piraguas, kayaks y barcas de pedales (desde 6 €/h).

🛏 Dónde dormir

L'Amarina   CASA DE HUÉSPEDES €

(☎0693 97 02 81, 0262 33 81 60; www.facebook.com/Amarinareunion; 30 Rue des Ormeaux; d sin baño 40-45 €, estudio 55-60 €; ❄🛜) Bajo nueva dirección desde el 2014 y bien regentada, se ha mejorado para convertirse en un estupendo alojamiento económico. Tiene solo cinco habitaciones y dos estudios, con ventilador y baños compartidos bien limpios. Todos los aposentos están muy cuidados e impolutos, pero en los meses de más calor se echa en falta el aire acondicionado.

La habitación Mafate ofrece una amplia terraza con buenas vistas al mar; el estudio Cilaos dispone de mucho espacio y terraza privada. Las zonas comunes incluyen sala de estar, cocina y piscina (8.00-19.00). Se halla en una zona residencial, a 10 min a pie de la playa. Tiene cerca una pizzería y una panadería. Solo efectivo.

Le Vacoa   HOTEL €

(☎0262 24 12 48; www.levacoa.com; 54 Rue Antoine de Bertin; d 59-65 €; ❄❄🛜) A 5 min andando de la playa, esta pequeña *résidence hôtelière* (pequeño complejo hotelero) de dos pisos no deslumbra, pero ofrece 15 habitaciones modernas y bien equipadas (aunque minúsculas) en torno a un patio central. Durante el día entra un poco de ruido de la calle. Ofrece valiosas ventajas, como una cocina para uso de los huéspedes y una pequeña piscina.

★ La Closerie du Lagon   APARTAMENTO €€

(☎0692 86 32 47, 0262 24 12 56; www.closerie-du-lagon.fr; 78ter Rue Lacaussade; d 110 €; P❄🛜) Alain y Charles son los amables anfitriones de esta maravillosa morada, un espléndido apartamento con todas las comodidades modernas en una tranquila finca junto a la playa, pero sin vistas al mar. Totalmente equipado, es íntimo, chic y abierto a gais. Estancia mínima de dos noches. Ofrece bicicletas gratis. Solo efectivo.

Le Dalon Plage   BUNGALÓ €€

(☎0692 04 94 26, 0262 34 29 77; www.ledalon.jimdo.com; 6 Allée des Tuits, La Souris Chaude; estudio d 75-85 €, i/d 55/60 €, desayuno incl.; P❄🛜) Hedonista y exclusivamente gay, a un breve paseo de la Plage de la Souris Chaude. En la reluciente piscina se permite nadar sin ropa, incluso se anima a ello. Los más pudorosos pueden sestear en uno de los dos estudios totalmente equipados; el más barato es una pizca más oscuro. También ofrece una sencilla y pequeña habitación con baño compartido en la casa de los dueños.

El florido jardín es una alegría para la vista, quizá porque uno de los dueños, François, es jardinero.

La Maison du Lagon
HOTEL €€

(☏0262 24 30 14; www.lamaisondulagon.com; 72 Rue Auguste Lacaussade; i 78-123 €, d 98-133 €, ste 190 €, desayuno incl.; P❄🐾🛜🕾) Esta villa tiene una compacta pero respetable colección de habitaciones y apartamentos de variado tamaño, aunque solo cuatro con vistas directas al mar. Todos ellos parecen algo ajados, pero están limpios, y la ubicación en la misma playa es una maravilla. A la entrada de la finca hay una pequeña piscina, así como una cocina para uso de los huéspedes.

Para parejas, se recomienda el independiente chalé zen (115 €), una delicia. Aparcamiento privado limitado (solo cuatro plazas).

Akoya Hotel & Spa
HOTEL DE LUJO €€€

(☏0262 61 61 62; www.akoya-hotel.com; 6 Impasse des Goélands; d 220-350 €, ste 360-400 €; P❄🛜🕾) Inaugurado en el 2015, es de lejos el hotel más lujoso de la costa oeste, con edificios de tres plantas en unos terrenos bellamente ajardinados. Las instalaciones incluyen dos reputados restaurantes, un bar, un enorme *spa* y, lo mejor de todo, una piscina de horizonte infinito con panorámicas vistas al mar. Hay que cruzar la calle para llegar a la playa.

Las 104 habitaciones están equipadas al más alto nivel, pero solo la mitad tiene vistas al mar.

Hôtel Swalibo
HOTEL €€€

(☏0262 24 10 97; www.swalibo.com; 9 Rue des Salines; i 110-150 €, d 140-190 €, desayuno incl.; P❄🛜🕾) Un hotel pequeño, de dos pisos, algo apretado, que sale a cuenta si se logra con descuento por internet. Las habitaciones de coloridas paredes rodean una reluciente piscina y están bien equipadas, aunque algunas de la planta baja tienen poca luz natural y el mobiliario necesita renovarse. Tiene restaurante. A 2 km de la playa.

✕ Dónde comer

★ Planch'Alizé
EUROPEA, SÁNDWICHES €€

(☏0262 24 62 61; www.planchalize.net; 25 Rue des Mouettes; principales 12-25 €; ⌚12.00-14.30 diario, 19.00-21.00 mi-do, bar 9.00-hasta tarde; 🕾) Visitantes y lugareños van en tropel a este animado *paillotte* (chiringuito) a tomar pescado y marisco de confianza, así como platos de carne, generosas ensaladas y tentadores postres como crepes y una impresionante *crème brûlée au géranium* (*crème brûlée* al geranio). Todo a precios muy comedidos. Es también fantástico para beber algo a cualquier hora.

Hay que llegar temprano para conseguir una mesa que dé a la playa. Para tentempiés tiene al lado una sección de comida para llevar que ofrece ricos bocadillos, ensaladas y postres caseros (desde 3 €). A veces tocan grupos en directo los viernes a las 18.30. Alquilan tumbonas, gafas con tubo y aletas y tablas de surf de remo.

La Bodega
EUROPEA €€

(☏0262 35 66 69; Plage de Trou d'Eau; principales 15-22 €; ⌚12.00-15.00 y 18.30-21.30, bar 9.00-22.00) Digna de mención por su terraza que da a la laguna, con una agradable brisa, memorables vistas al mar y ambiente jovial, sirve una amplia gama de platos, tapas y marisco incluidos; tiene una sección de tentempiés si se prefiere un bocadillo o un gofre (desde 3 €). Más que la comida, el principal atractivo es su ubicación. Música en directo viernes y sábados por la noche.

La Bonne Marmite
CRIOLLA €€

(☏0262 39 82 49; Route du Trou d'Eau; principales 12-16 €, bufé de cena 19 €; ⌚19.00-21.30 lu-sa) Su bufé para cenar de excelente relación calidad-precio ofrece 12 saludables *carris* que dejarán totalmente saciado. A tiro de coco de la playa, aunque no se vea el mar.

Le Copacabana
FRANCESA €€€

(☏0262 24 16 31; www.copacabana-plage.com; 20 Rue des Mouettes; principales 18-27 €; ⌚9.00-10.30 y 12.00-15.00 diario, 19.00-22.00 vi y sa, bar 9.00-19.00; 🕾) Bar-restaurante a la última, con una ubicación sin par en la playa misma. Ofrece platos de carne y pescado bien preparados y excelentes postres caseros. Es también el sitio más de moda para tomar copas por la noche o zumos de fruta en cualquier momento. Lo malo es que sale bastante caro. Alquila tumbonas.

ℹ Cómo llegar y salir

Los autobuses no exprés de Car Jaune entre St-Denis y St-Pierre (línea O2) atraviesan La Saline-les-Bains (desde St-Denis, 2 €, 1¼ h). Más en www.carjaune.re.

St-Leu

33 600 HAB.

Desde que se acabaron los buenos tiempos de la industria azucarera, St-Leu se ha transformado, con visión de futuro, en una meca de actividades al aire libre, desde parapente, con saltos de los Hauts a la laguna; a submarinismo, con algunos de los mejores puntos de inmersión de la isla.

St-Leu tiene unos pocos edificios de piedra de la época colonial francesa, como la *mairie* (ayuntamiento) y la iglesia de enfrente. Otras atracciones son el umbroso parque de la ribera y una playa protegida frecuentada por familias. Además, está en un lugar ideal para explorar la costa y adentrarse en los Hauts.

◎ Puntos de interés

Notre-Dame de la Salette IGLESIA
(plano p. 202; Sente la Salette) En la ladera del cerro, esta capillita blanca al este de la población se erigió en 1859 para implorar la intercesión de la Virgen ante la epidemia de cólera que azotaba toda la isla. Con su ayuda o sin ella, St-Leu se salvó de la enfermedad, y en agradecimiento miles de peregrinos acuden aquí todos los años el 19 de septiembre.

Kelonia MUSEO
(📞0262 3481 10; www.museesreunion.re/kelonia; 46 Rue du Général de Gaulle, Pointe des Châteaux; adultos/niños 7/5 €; ⊙9.00-17.00) No hay que perderse este centro de investigación marina y sensibilización ecológica dedicado a las tortugas marinas, uno 2 km al norte de St-Leu. Tiene exposiciones, instalaciones interactivas y grandes tanques donde se ven de cerca diversas variedades de tortugas de las aguas que rodean Reunión, sobre todo la tortuga verde *(Chelonia mydas)*. Se ofrecen circuitos guiados. Bien organizado, gustará tanto a niños como a adultos.

🏃 Actividades

Submarinismo

Frente a Pointe au Sel, al sur de St-Leu, hay puntos de inmersión cuyos paisajes submarinos son de los mejores de Reunión. La laguna más cercana a St-Leu es buena para ver corales.

B'leu Océan SUBMARINISMO
(plano p. 188; 📞0262 34 97 49; www.bleuocean. fr; 25 Rue du Général Lambert; bautizo/inmersión 60/53 €; ⊙8.00-17.00) Centro profesional para

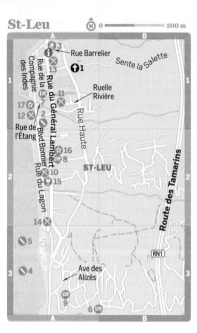

St-Leu

todos los niveles. Los paquetes de 5/10 inmersiones cuestan 240/440 € (equipo incl.).

Excelsus SUBMARINISMO
(☎0262 34 73 65; www.excelsus-plongee.com; Impasse des Plongeurs, Pointe des Châteaux; bautizo/inmersión 62/52 €; ⊙8.00-17.00) Empresa eficiente, con una amplia gama de ofertas para todos los niveles. Los paquetes de 3/6 inmersiones cuestan 150/288 € (equipo incl.).

Abyss Plongée SUBMARINISMO
(plano p. 202; ☎0262 34 79 79; www.abyss-plongee. com; 17 Blvd Bonnier; bautizo/inmersión 62/47 €; ⊙8.00-17.00 lu-sa, hasta 12.00 do) Reputada empresa con una amplia oferta de inmersiones a pecios y arrecifes, además de cursos PADI. Paquetes de 3/6 inmersiones por 135/260 € (equipo incl.).

Réunion Plongée SUBMARINISMO
(☎0262 34 77 77, 0692 85 66 37; www.reunionplon gee.com; 13 Ave des Artisans; bautizo/inmersión 65/52 €; ⊙8.30-16.30) Pequeña empresa con buenas credenciales. Paquetes de 4/6 inmersiones por 192/282 €.

Parapente

St-Leu es de los mejores lugares del mundo para este deporte, con excelentes corrientes térmicas ascendentes todo el año. Si es la primera vez que se vuela, puede hacerse en tándem en un parapente biplaza con cualquiera de los numerosos operadores. El punto de lanzamiento más habitual está a 800 m de altura, sobre la localidad, pero hay otro a 1500 m. El vuelo es alucinante, con vistas de infarto sobre la laguna y la costa. Se admiten niños mayores de seis años.

Azurtech PARAPENTE
(☎0692 85 04 00; www.azurtech.com; Pointe des Châteaux; vuelo en tándem 75-110 €; ⊙8.00-17.00) Un favorito de siempre. Tiene una amplia gama de vuelos en tándem, incluido el recomendado "Le Must" de 40 min. Acepta niños mayores de cinco años.

Parapente Réunion PARAPENTE
(☎0262 24 87 84, 0692 82 92 92; www.parapente-reunion.fr; 1 y 103 Rue Georges Pompidou, Route des Colimaçons, Pointe des Châteaux; vuelo en tándem 75-110 €; ⊙8.00-17.00) De sólida reputación, ofrece una amplia gama de vuelos en tándem como uno fantástico a la puesta de sol sobre la laguna.

Bourbon Parapente PARAPENTE
(plano p. 202; ☎0692 87 58 74; www.bourbonpara pente.com; 4 Rue Haute; vuelo en tándem 80-110 €;

SUBMARINISMO EN ST-LEU

St-Leu ofrece un espléndido buceo de pared y buenos campos de coral, pero dicen que no tanta abundancia de peces como St-Gilles-les-Bains. En St-Leu las paredes caen abruptamente decenas de metros.

Tombant de la Pointe au Sel (plano p. 188) Al sur de St-Leu, suele considerarse en conjunto el mejor punto de inmersión de Reunión. Además del bello escenario, esta impresionante caída ofrece un fabuloso despliegue de peces, en especial pelágicos, sobre todo atunes, barracudas y jureles. Apropiado para buceadores experimentados.

Le Jardin des Kiosques (plano p. 202) Con profundidades entre 3 y 18 m, es muy seguro a la par que sugerente para principiantes. Son todo pequeño cañones y hendiduras.

La Maison Verte (plano p. 202) Un sitio relajante, con buenas formaciones coralinas a menos de 6 m.

Antonio Lorenzo (plano p. 188) Los amantes de los pecios deben ir a este bien conservado palangrero que yace a unos 38 m en un fondo de arena frente a la Pointe des Chateaux. Alberga animadas colonias de peces y se puede penetrar en el casco.

⊙8.00-17.00) Experimentada empresa con vuelos en tándem de 20-40 min. Admite niños mayores de cinco años.

Surf

El panorama de surf ya no es lo que era desde que hubo varios ataques de tiburones frente a Boucan Canot, Pointe des Trois Bassins y St-Gilles-les-Bains. Se recomienda consultar con los lugareños antes de lanzarse a las olas.

⭐ Fiestas y celebraciones

Leu Tempo Festival TEATRO
(www.lesechoir.com; ⊙may) Muy popular, este festival de teatro se celebra a principios de mayo en Le Séchoir-Le K en St-Leu; también ofrece danza, circo y música.

Fête de Notre-Dame de la Salette RELIGIOSA
(Festividad de la Virgen de La Salette; ⊙Sep) Peregrinaje a la capilla de la milagrosa Notre-Dame de la Salette (p. 202). Feria y festejos callejeros durante 10 días de septiembre.

🛏 Dónde dormir

En St-Leu no hay centros vacacionales; toda la oferta de alojamiento se reduce a unos pocos hoteles pequeños en las calles traseras o a las afueras de la localidad. Se precisa vehículo propio para llegar a la playa.

Résidence Les Pêcheurs   BUNGALÓ €
(plano p. 202; ☎0262 34 91 25, 0692 85 39 84; http://les.pecheurs.pagesperso-orange.fr; 27 Ave des Alizés; d/c 52/82 €; P 🛜 ☀) Limpio, simpático y bien dirigido, en un barrio tranquilo al sur de St-Leu. Ofrece seis bungalós con vistas parciales al mar, espaciosos, prácticos y bien equipados, pero sin aire acondicionado, solo con ventilador. No está cerca de la playa, pero tiene una pequeña piscina donde relajarse. Estancia mínima de tres noches. Estupenda relación calidad-precio.

Palais d'Asie   APARTAMENTOS €
(plano p. 202; ☎0262 34 80 41, 0692 86 48 80; lepalaisdasie974@wanadoo.fr; 5 Rue de l'Étang; d 40-45 €; P ❄ 🛜 ☀) De las mejores gangas de St-Leu, aunque el nombre de "Palais" no sea nada apropiado. Cómodo y céntrico, ofrece habitaciones mínimamente equipadas pero funcionales, y tiene piscina, aunque sea pequeña. Los precios bajan a 35-40 € para estancias superiores a dos noches.

Repos Laleu   APARTAMENTOS €€
(plano p. 202; ☎0262 34 93 84; 249 Rue du Général Lambert; d/c 60/75 €; P ❄ 🛜) En pleno centro, ofrece ocho estudios totalmente equipados y dos apartamentos grandes. Se prefieren estancias de una semana.

Iloha Seaview Hotel   HOTEL €€
(☎0262 34 89 89; www.iloha.fr; 44 Rue Georges Pompidou, Route des Colimaçons, Pointe des Châteaux; i 75-85 €, d 90-170 €, bungalós 130-190 €; P ❄ 🛜 ☀) Este estupendo hotel-centro vacacional se halla en una extensa finca en la Route des Colimaçons, al norte de St-Leu. Sus cuidadas habitaciones y bungalós de sencillo diseño gustarán tanto a parejas como a familias. Tiene dos piscinas, dos restaurantes, *spa* y cuidados jardines. Las vistas abarcan la laguna. Búsquense ofertas especiales en la web.

⭐**Le Blue Margouillat**   HOTEL-BOUTIQUE €€€
(plano p. 202; ☎0262 34 64 00; www.blue-margouillat.com; Impasse Jean Albany; d 175-240 €; P ❄ 🛜 ☀) A las afueras, al sur de St-Leu, esta delicia añade *glamour* a la oferta hotelera local con 14 habitaciones de ingenioso diseño equipadas con sensibilidad, un galardonado restaurante, una tentadora piscina y magníficas vistas. Dicho esto, la curiosa disposición de los baños (sin puertas ni paredes, solo con una gruesa cortina) quizá no guste a todo el mundo.

Las mejores vistas al mar las tienen las habitaciones del piso superior.

🍴 Dónde comer

L'Orange Givrée   CAFETERÍA €
(plano p. 202; ☎0692 48 94 39; 2 Rue Barrelier; principales 4-10 €; ☺11.30-15.30 lu-sa) Cuesta ver la diminuta entrada de este original y pequeño lugar aledaño a la oficina de turismo. Prepara apetitosas ensaladas, *plats du jour* (platos del día), rollos, bocadillos, zumos de frutas y otras delicias a precios muy asequibles. No hay que olvidar reservarse para la tarta de banana, tremendamente adictiva.

⭐**Au Bout La Bas**   EUROPEA €€
(plano p. 202; ☎0262 55 98 72; 37 Rue du Lagon; principales 10-20 €; ☺12.00-14.00 y 19.00-22.00 ma-sa) Con un ambiente muy alegre, este sitio tropical en una calle paralela al mar ofrece comida de excelente relación calidad-precio, como hamburguesas con patatas fritas caseras, copiosas ensaladas o sabrosas *tartines* (tostas). Los postres, también caseros, son irresistiblemente ricos, en especial la tarta de chocolate.

Sarah Beach   INTERNACIONAL €€
(plano p. 188; ☎0262 10 23 37; www.facebook.com/restosb; 44 Rue du Général Lambert; principales 17-22 €; ☺12.00-13.45 y 19.00-21.30 ju-lu) En la entrada norte de la localidad, estupendamente situado frente a la laguna. Tan atrayente marco se completa con una veranda acariciada por la brisa, donde se puede degustar una carta ecléctica y deliciosa. La especialidad de la casa son las *pierrades,* finas lonchas de pescado o carne a la piedra.

Villa Vanille   EUROPEA €€
(plano p. 202; ☎0262 34 03 15; www.restaurant-lavillavanille.fr; 69 Rue du Lagon; principales 11-22 €; ☺11.45-14.15 y 19.00-22.00) Aquí no hay sillas de plástico, sino mobiliario de teca y una agradable terraza. Tiene la carta más ecléctica del lugar, con ricas ensaladas, excelente tartar de atún, platos de carne y helados. Al acabar de comer, basta cruzar la calle para tumbarse en la playa.

Le Zat   CRIOLLA, PESCADO €€
(plano p. 202; ☎0262 42 20 92; 14 Rue de la Compagnie des Indes; principales 14-18 €; ☺12.30-15.30;

☎) Cerca del puerto, este sencillo lugar al aire libre se especializa en carnes y pescados así como en ensaladas; también prepara buenos postres. La carta, escrita a mano en la pizarra, cambia a diario. Es también un sitio muy relajado para tomar algún brebaje tropical y unas tapas.

★ **L'Eveil des Sens-**
Le Blue Margouillat FRANCESA CONTEMPORÁNEA €€€
(plano p. 202; ☎0262 34 64 00; www.blue-margouillat.com; Impasse Jean Albany; principales 26-38 €, menús 69-109 €; ⊙19.30-21.00 diario, 12.00-13.00 do) El elegante restaurante del Hotel Le Blue Margouillat es el de más categoría de la costa oeste. Los imaginativos platos de Marc Chappot, preparados y presentados con maestría, rebosan sabor. Su otro atractivo es el romántico marco, con mesas alrededor de la piscina o en la terraza de estilo colonial. Aunque en los últimos años los precios no han dejado de subir, es una experiencia memorable.

Il Etait Une Fois FRANCESA €€€
(plano p. 202; ☎0692 68 96 19; 1 Ruelle Rivière; principales 24-29 €; ⊙19.00-21.00 ma-sa) En una bocacalle de la vía principal, el "Érase una vez" ofrece algo distinto. No hay carta, sino una selección de platos del día que depende de los productos de temporada y el humor del chef. La rústica terraza cuajada de plantas resulta muy acogedora para comer.

🍷 **Dónde beber y vida nocturna**

Aunque no puede compararse con L'Hermitage-les-Bains o St-Pierre, St-Leu tiene unos pocos sitios estupendos para salir de noche.

Le Zinc BAR
(plano p. 202; ☎0262 22 29 11; 228 Rue du Général Lambert; ⊙17.00-24.00 ju-do) El local más animado de St-Leu, cosa fácil dada la escasa competencia; ambiente divertido, gran variedad de gente, peligrosos cócteles y música estupenda, con DJ o grupos en directo todas las noches.

☆ **Ocio**

Le Séchoir-Le K CONCIERTOS
(plano p. 202; ☎0262 34 31 38; www.lesechoir.com; 209 Rue du Général Lambert) Uno de los pocos espacios de Reunión que programa teatro contemporáneo, danza y música, así como espectáculos de marionetas, circo y otras actividades culturales. También organiza

conciertos al aire libre y sesiones de cine en la zona. La oficina de turismo informa de la programación.

Rondavelle
Les Filaos-Chez Jean-Paul CONCIERTOS
(plano p. 202; ☎0692 58 58 38; www.lesfilaoschezjeanpaul.re; 17 Rue de la Compagnie des Indes; ⊙7.30-20.30) Los lugareños acuden en tropel a este modesto bar al aire libre junto a la playa para oír a grupos en directo los domingos por la noche. Buena mezcla de música electrónica, *maloya* (baile tradicional), *rock* y *jazz*. De día sirve bocadillos baratos, zumos de fruta recién exprimida y cervezas frías.

ℹ️ **Información**

Oficina de turismo (plano p. 202; ☎0262 34 63 30; www.saintleu.re; 1 Rue Barrelier; ⊙13.30-17.30 lu, 9.00-12.00 y 13.30-17.30 ma-vi, 9.00-12.00 y 14.00-17.00 sa; ☎) En el extremo norte de la vía principal que atraviesa el centro de la localidad. Tiene un sinfín de folletos y un eficiente personal que habla inglés; también reserva *gîtes de montagne*. Wifi gratis.

ℹ️ **Cómo llegar y salir**

Los autobuses de Car Jaune entre St-Denis (2 €, 1¼ h) y St-Pierre (2 €, 1¼ h) atraviesan el centro de St-Leu. La estación de autobuses está cerca del ayuntamiento. Más información en www.carjaune.re.

Alrededores de St-Leu

Tras la visita a St-Leu se pueden recorrer los pueblos colgados de los cerros que dominan la localidad. Las serpenteantes carreteras son de los más pintoresco y el ambiente, muy sosegado.

👁️ **Puntos de interés**

Al norte de St-Leu se toma la D12 o Route des Colimaçons, una sucesión de vueltas y revueltas, y luego se gira hacia el sur por la D3 hasta La Chaloupe St-Leu antes de volver a la costa por Piton St-Leu, cuyo colorido templo hindú merece una visita. Para alejarse de verdad del mundanal ruido, se sigue subiendo en automóvil desde el pueblo de Les Colimaçons hasta tomar la sensacional Route Forestière des Tamarins, que va discurriendo por las laderas a lo largo de 38 km desde Le Tévelave hasta Le Maïdo. Sea cual fuere el itinerario, es esencial llevar un buen mapa de carreteras o un GPS, pues es muy fácil perderse.

★ **Stella Matutina** MUSEO

(plano p. 188; ☎0692 33 32 03; www.museesreu nion.re/musee/stella-matutina; 6 Allée des Flamboyants; ⏱13.00-17.30 lu, 9.30-16.45 ma-do) Unos 4 km al sur de St-Leu, en la D11 hacia Piton St-Leu y Les Avirons, el museo más querido de Reunión reabrió sus puertas en el 2015 tras ser renovado a fondo. Dedicado fundamentalmente a la industria azucarera, también narra de modo fascinante la historia de la isla, sobre todo la esclavitud y la época colonial. Dispone de un cine 4D a la última, tienda y restaurante autoservicio.

Conservatoire Botanique
National de Mascarin JARDINES

(plano p. 188; ☎0262 24 92 27; www.cbnm.org; 2 Rue du Père Georges, Les Colimaçons; adultos/niños 7/5 €; ⏱9.00-17.00 ma-do) En la Route des Colimaçons, en las laderas al norte de St-Leu, este bonito jardín, que ocupa los terrenos de una mansión criolla decimonónica, tiene una impresionante colección de plantas autóctonas, claramente rotuladas, además de otras muchas de todo el Índico. A un paso está la **Église du Sacré-Coeur**, majestuosa iglesia erigida en 1875 en piedra de lava tallada.

🛏 Dónde dormir y comer

En un radio de 10 km de St-Leu hay varios pueblos tranquilos donde alojarse en un sosegado entorno rural; muchos sitios brindan vistas de la costa desde lo alto.

En casi todos los pueblos se hallarán tiendas de comestibles y un par de bares de tentempiés; los B&B también preparan comidas por encargo. Para otras opciones, lo mejor es bajar a St-Leu.

Le Balcon Créole-Chez
François et Michèle Huet B&B €

(plano p. 188; ☎0692 67 62 54, 0262 54 76 70; www.balcon-creole.fr; 202 Chemin Potier, Les Colimaçons; d 50-60 €, desayuno incl.; P🅿🛜) Cuatro habitaciones frescas, coloridas y relucientes, las dos más caras con espléndidas vistas al mar; un cómodo aterrizaje tras una dura jornada al volante. Los Huet son expertos en preparar platos de pescado (cena 26 €). Está señalizado, subiendo la cuesta desde el jardín botánico.

También ofrece una *gîte* (casa rural, sin servicio de comidas) de estilo criollo en el florido jardín, ideal para estancias largas.

★ **Les Lataniers** APARTAMENTOS €€

(plano p. 188; ☎0262 34 74 45, 0692 25 13 38; www.les-lataniers.com; 136ter Rue Adrien Lagourgue, Pi-ton St-Leu; d 85-140 €, c 120-140 €; P🅿🛜) Una maravillosa sorpresa con decoración de buen gusto, fantástico jardín con vistas panorámicas e impresionante piscina que mira directamente al mar. Los cuatro apartamentos, enormes y bien equipados, reciben mucha luz natural. Es una buena base para excursionistas, al ser la dueña una entusiasta del senderismo con copiosa información de rutas por la isla. En las afueras, al sur de Piton St-Leu, hacia Les Avirons.

La estancia mínima es de tres noches; preferibles de una semana.

Caz' Océane B&B €€

(☎0692 74 63 94, 0262 54 89 40; www.chambre dhoteslareunioncazoceane.com; 28 Chemin Mutel, Notre-Dame des Champs; i 55 €, d 65-85 €, desayuno incl.; P🅿🛜) Acogedora base de operaciones en la aldea de Notre-Dame des Champs. Las cuatro habitaciones y el apartamento están impecables, aunque nadie podrá decir que su decoración sea recargada. Al parecer la pareja belga que lo lleva prepara buenas cenas (25 €); el generoso desayuno está incluido en el precio. Se habla inglés y alemán.

La guinda es un *jacuzzi* con vistas de campeonato, ideal para relajarse tras una caminata.

❶ Cómo llegar y salir

Se precisa vehículo propio para explorar los Hauts de St-Leu.

Le Tévelave

1600 HAB.

Esta joya de pueblo, unos 10 km más arriba de Les Avirons subiendo por una carretera tremendamente tortuosa, ofrece una auténtica muestra de la vida rural y una estupenda base de excursionismo. Aquí uno se siente realmente apartado en medio de la naturaleza, a años luz del ajetreo de la costa. En lo alto del pueblo está el punto de partida de la Route Forestière des Tamarins, que atraviesa bosques de criptomeria o cedro japonés *(Cryptomeria japonica)* y termina 36 km más allá, en Le Maïdo. A lo largo de la ruta hay numerosas zonas de pícnic.

🛏 Dónde dormir y comer

L'Écorce Blanc HOSTERÍA €€

(☎0692 02 16 30; www.lecorce-blanc.com; 46 Rue Francis Rivière, Le Tévelave; d 65-90 €, desayuno incl.; P🅿🛜) A 1040 m de altitud, los lugareños adoran esta simpática *ferme auberge* (granja hostería) por su auténtica cocina casera (comidas 25 €, con reserva); una pena que tenga un comedor tan soso. También ofrece cuatro acogedoras habitaciones forradas de madera en el mismo edificio que el comedor, ruidoso a la hora de las comidas; tienen buenas camas y baños relucientes.

Aviso: los 600 m de carretera de acceso a la granja exigen una gran habilidad en la conducción.

ℹ️ Cómo llegar y salir

Se precisará vehículo propio para llegar a Le Tévelave; los autobuses son muy poco frecuentes.

Étang-Salé-les-Bains

14 000 HAB.

A unos kilómetros del barullo de St-Gilles, es una tranquila localidad de vacaciones más frecuentada por lugareños que por turistas extranjeros, aunque poco a poco está ganando popularidad.

◉ Puntos de interés y actividades

En Étang-Salé-les-Bains hay buenos lugares para bucear. Los lugares están casi intactos.

Plage de L'Étang-Salé-les-Bains PLAYA
A las afueras, al norte de la localidad, esta amplia playa color ceniza es estupenda para tomar el sol y nadar, y ofrece excelentes vistas del atardecer. En su mayor parte cubre poco, pues tiene una pendiente muy gradual. Se prohíbe nadar fuera de la zona supervisada, marcada con boyas.

Croc Parc ZOO
(plano p. 188; ☏0262 91 40 41; www.crocparc.re; 1 Route Forestière; adultos/niños 10/8 €; ⊙10.00-17.00) A los niños les encantará este pequeño zoo, cuyo breve desvío está señalizado cerca de Étang-Salé-les-Hauts. En el complejo hay unos 100 cocodrilos, así como iguanas y tortugas. Se ve cómo dan de comer a los saurópsidos a las 16.00 miércoles y domingos.

Plongée Salée SUBMARINISMO
(☏0262 91 71 23; www.plongeesalee.com; 5 Rue Mottet de Narbonne; bautizo/inmersión 66/55 €; ⊙con reserva) Los dueños de esta reputada empresa solo admiten grupos pequeños, con una selección de unos 15 puntos de inmersión para todos los niveles; véase el programa en la red.

🛏️ Dónde dormir y comer

Se hallarán unos cuantos *camions-snacks* a lo largo de la playa, así como varios concurridos establecimientos de comidas en la calle paralela a la misma.

Les Sables Noirs ALBERGUE €
(☏0262 38 04 89, 0692 08 06 28; 88B Ave Raymond Barre, Étang-Salé-les-Hauts; dc 15 €, d con baño compartido 40 €; ❄️🛜) Si no se considera imprescindible alojarse cerca de la playa, este sitio es una bendición para los viajeros con recursos limitados. Ofrece un dormitorio de siete camas (con aire acondicionado), otro de once camas (con ventilador) y unas pocas dobles, todo ello limpio y funcional. Hay una cocina común y una amplia terraza en la parte de atrás.

Está cerca de la iglesia, en Étang-Salé-les-Hauts, a unos 4 km de Étang-Salé-les-Bains. A la playa se llega fácil en autobús.

Camping Municipal de l'Étang-Salé-les-Bains CAMPING €
(☏0262 91 75 86; www.camping-reunion.com; Rue Guy Hoarau; parcela 22-28 €) Muy cuidado, ofrece 70 sombreadas plazas a un breve paseo de la playa. Los baños, renovados, están en buen estado.

Zot Case en Natte BUNGALÓ €€
(☏0262 26 57 73, 0692 82 33 26; 3 Impasse Alamanda, Route des Canots; bungaló 2-3 noches 268 €; 🅿️❄️🛜) Cuesta un poco hallar este sitio, en una bocacalle de Étang-Salé-les-Hauts, pero el desvío vale la pena si se busca algo original. Es una linda casa criolla que ofrece tres habitaciones con mucho encanto y suelo de parqué. Se prefieren las estancias largas.

Framissima Floralys & Roseaux des Sables HOTEL €€
(☏0262 91 79 79; www.floralys.re; 2 Ave de l'Océan; d 70-115 €, c 95-180 €; ❄️🛜🏊) Este tres estrellas bien llevado se halla en un bonito jardín de 2 Ha junto a la rotonda que hay en medio de la localidad, 2 min a pie de la playa. Consta de dos sectores: el Floralys, con habitaciones modernas pero impersonales en un grupo de casitas; y el Roseaux des Sables, con villas de categoría totalmente equipadas, en el extremo más alejado de la finca.

Le Bambou FRANCESA, CRIOLLA €€
(☏0262 91 70 28; 56 Rue Octave Bénard; principales 9-24 €; ⊙11.30-21.30 ju-ma; 🛜) Cerca de la rotonda principal, funciona como un reloj y es famoso por su kilométrica carta con un sinfín de ensaladas, *pizzas,* pastas, crepes,

REUNIÓN ÉTANG-SALÉ-LES-BAINS

clásicos criollos, pescado y carnes a la parrilla. La comida no es *gourmet* ni lo pretende, pero el sitio viene bien si hay que llenar un hueco a cualquier hora del día. Entre semana el almuerzo del día a 11 € tiene una excelente relación calidad-precio.

❶ Información

Oficina de turismo (☏0820 203 220; www.sud.reunion.fr; 74 Rue Octave Bénard; ◷9.00-12.00 y 13.00-16.30 lu-sa; 🛜) En la antigua estación de trenes, en la rotonda que marca el centro urbano. Reservan *gîtes de montagne* y venden libros, mapas y artesanía. Wifi gratis.

❶ Cómo llegar y salir

Los autobuses no exprés de Car Jaune entre St-Denis y St-Pierre (línea S02) atraviesan Étang-Salé-les-Bains, por donde también pasa su ruta costera (línea S3) entre St-Joseph y St-Paul. Más información en www.carjaune.re.

St-Louis

52 600 HAB.

A diferencia de St-Gilles y L' Hermitage, muy occidentalizadas y turísticas, esta ciudad es poco conocida por los viajeros. Es el centro de la cultura tamil en la costa oeste, con un indudable ambiente exótico que no tarda en percibirse. Pese a no ofrecer nada fantástico, merece una breve parada para admirar unos cuantos edificios religiosos, como un templo tamil, una espléndida mezquita y la mayor iglesia de la isla.

Casi todos los viajeros llegan a St-Louis para tomar el autobús a Cilaos o visitar la Sucrerie du Gol, azucarera a unos 1,5 km del centro.

◉ Puntos de interés

Sucrerie du Gol   REFINERÍA DE AZÚCAR
(plano p. 188; ☏0262 91 05 47; www.tereos-oceanindien.com; Rond-Point du Gol, St-Louis; adultos/niños 8/5 €; ◷9.00-19.00 ma-sa, circuitos con reserva jul-dic) Lugar interesante e importante punto de referencia con sus grandes chimeneas, está unos 1,5 km al oeste del centro. Se puede realizar el circuito de esta refinería de azúcar de caña, una de las dos que aún funcionan en la isla, durante la zafra (jul-dic).

🍴 Dónde dormir y comer

En el centro de St-Louis no hay donde alojarse, ni tendría mucho sentido hacerlo: está a menos de 10 min en automóvil de St-Pierre.

Por la calle principal se verán unos cuantos bares de tentempiés y restaurantes sencillos. Para cualquier otra cosa, habrá que ir hasta St-Pierre.

❶ Cómo llegar y salir

Los autobuses de Car Jaune entre St-Denis y St-Pierre pasan por St-Louis. Los autobuses a Cilaos (1,80 €, 1½ h) salen de la estación. Más información en www.carjaune.re.

Entre-Deux y Le Dimitile

6260 HAB.

En lo más alto de los cerros, 18 km al norte de St-Pierre, el lindo pueblo de Entre-Deux ("Entre Dos") debe su nombre a su situación, en una cresta entre dos valles: el Bras de Cilaos y el Bras de la Plaine. Resulta delicioso para alojarse y conocer la vida rural.

◉ Puntos de interés

Entre-Deux tiene muchas *cases créoles,* las típicas casitas rurales criollas rodeadas de cuidados y fértiles jardines; muchas de ellas se están restaurando. También posee gran tradición de artesanías, como las cucas zapatillas de fibra de *choca,* un tipo de pita (*Furcraea foetida*).

Espace Culturel Muséographique du Dimitile-Camp Marron   MUSEO
(ECM; Plano p. 212; ☏0692 39 73 26; Le Dimitile; entrada 2 €, con audioguía 5 €; ◷con reserva) Poco antes de alcanzar la cima de Le Dimitile, este modesto pero bien organizado centro explica la historia de la esclavitud en Reunión y el *marronage,* los asentamientos en las zonas más inaccesibles de la isla de los esclavos huidos, los *marrons* o cimarrones. Por desgracia, los horarios son muy variables; contáctese con la oficina de turismo de Entre-Deux o telefonéese antes.

🏃 Actividades

Le Dimitile   EXCURSIONISMO
(plano p. 212) La subida al emblemático Le Dimitile (1837 m) es dura, aunque el premio son unas fabulosas vistas sobre el Cirque de Cilaos. Para llegar al mirador hay diversas rutas; la oficina de turismo facilita información y croquis de las mismas.

La más corta es el Sentier de la Chapelle, que empieza al final de la D26 (en un pequeño aparcamiento) a unos 10 km de Entre-Deux y a 1100 m de altitud; calcúlense unas 5 h de ida y vuelta.

LES MAKES Y LA FENÊTRE

Les Makes goza de un maravilloso ambiente bucólico en un precioso enclave. A este lugar acurrucado en los pliegues de los Hauts solo se llega por una tortuosa carretera secundaria desde St-Louis (12 km). A casi 1200 m, su fresco aire serrano es una auténtica terapia.

Sería una pena visitar Les Makes y no tomar la carretera forestal que lleva al mirador La Fenêtre (La Ventana; plano p. 188), 10 km más arriba. La panorámica del Cirque de Cilaos con las escarpadas cimas circundantes quedará impresa en la memoria para siempre. La Fenêtre es ideal para pícnics; mejor llegar temprano, antes de que se nuble.

La zona de Les Makes es también estupenda para la astronomía. El Observatoire Astronomique (plano p. 188; 0262 37 86 83; www.ilereunion.com/observatoire-makes; 18 Rue Georges Bizet, Les Makes; adultos 4-10 €, niños 2,50-5 €; previa reserva) ofrece programas de observación de astros de 21.00 a 24.00; mejor llamar antes para confirmar que el programa se va a realizar. El Centre Équestre de la Fenêtre (plano p. 188; 0692 19 25 65; 31 Rue Lutplaisir, Les Makes; por hora 16 €; ma-sa previa reserva) organiza paseos a caballo guiados por los bosques de Les Makes, buen modo de empaparse del paisaje.

Si se cae bajo el embrujo de Les Makes (cosa casi segura), se puede pernoctar en el adorable Le Vieil Alambic-Chez Jean-Luc d'Eurveilher (plano p. 188; 0262 37 82 77; www.levieilalambic.com; 55 Rue Lutplaisir, Les Makes; d 55 €, desayuno incl.; P 🛜), en la carretera de La Fenêtre, a unos 1000 m de altitud. Ofrece cuatro habitaciones sencillas pero cuidadas (sin vistas) y comidas típicas muy alabadas (desde 25 €). Los precios bajan 5 € para estancias de tres o más noches.

No hay que contar con llegar a Les Makes en transporte público; se precisa un automóvil.

Para empaparse del ambiente no es mala idea pernoctar en alguna de las *gîtes* cerca de la cumbre. Le Dimitile tiene además connotaciones históricas, pues albergó un palenque de *marrons* (cimarrones) a finales del s. XIX.

Justo antes del mirador está el Espace Culturel Muséographique du Dimitile (p. 208).

Kreolie 4x4 — CIRCUITOS

(0692 86 52 26; www.kreolie4x4.com; excursión de 1 día incl. comida 100 €; con reserva) Esta prestigiosa empresa organiza excelentes circuitos en todoterreno que incluyen Entre-Deux y el mirador de Le Dimitile (1837 m). Los guías dan mucha información sobre la flora y fauna local (en francés).

🎉 Fiestas y celebraciones

Fête du Choca — FERIA

(Fiesta del Choca; Jul) En Entre-Deux, celebra las artesanías locales de *choca*.

🛏 Dónde dormir

Gîte Valmyr-Le Boucan des Cabris Marrons — GÎTE €

(plano p. 212; 0692 98 34 73; Le Dimitile; dc 37 €, media pensión incl.; mi-sa) No lejos del mirador que brinda espléndidas vistas del Cirque de Cilaos, es un gran hallazgo para caminantes y amantes de la naturaleza. Esta *gîte* lle-vado por Valmyr Talbot, un personaje local, es famoso por su animado ambiente. Ofrece dormitorios básicos de 6-10 camas. Resérvese con antelación.

Gîte Émile — GÎTE €

(plano p. 212; 0692 67 24 54; Le Dimitile; dc 37 €, media pensión incl.) En Le Dimitile, ofrece alojamiento básico en dormitorios de 5-12 plazas. De la *gîte* al mirador hay una caminata de 30-45 min.

Villa Oté — B&B €€

(0692 41 60 38, 0262 39 03 43; www.villaote.com; 29 Rue Maurice Berrichon; d 95 €, desayuno incl.; P 🛜⛱) Una preciosidad, las tres habitaciones que rodean el delicioso jardín y estupenda piscina están decoradas de forma individual, cada una con su propia entrada. La única objeción es que no hay aire acondicionado ni ventiladores. La piscina puede usarse de 9.30 a 19.00. Se habla algo de inglés, La cena cuesta 27 €.

L'Échappée Belle — B&B €€

(0692 55 55 37, 0262 22 91 31; www.lechappee belle.com; 13 Impasse du Palmier; d 105 €, desayuno incl.; P @🛜⛱) Oculto tras altas tapias en un callejón sin salida cerca de la *mairie* (ayuntamiento), este luminoso y moderno B&B de cuatro habitaciones tiene varios puntos a su favor, como el vasto jardín tropical y la piscina, ideales para relajarse tras las exploraciones del día. Además, tiene una cocina común, *jacuzzi* y un comedor en el jardín, aunque no aire acondicionado.

✖ Dónde comer

Le Régal des Hauts
PIZZA, CRIOLLA €

(☑0692 72 81 45; 3 Rue Jean Lauret; principales 6-12 €; ☉11.30-13.30 lu-sa, 18.30-21.30 diario) Animado, cerca del ayuntamiento, sus ricas *pizzas* al horno de leña, finas y crujientes, pueden ser rojas o blancas (con tomate o sin él). Hay versiones locales como la Victoria, con piña y pollo; o la Créole, con salchicha ahumada y especias. Los clásicos platos criollos también son su fuerte.

L'Estanco
COMIDA RÁPIDA €

(☑0262 44 14 28; 1 Rue Payet; principales 7-13 €; ☉ 11.30-13.45 ma-do, 18.45-19.45 ma-vi) La comida es poco memorable, pero es muy céntrico y abre para cenar, cosa rara en Entre-Deux.

Le Royal Palmiste
CRIOLLA, BUFÉ €€

(☑0262 42 09 90; 12 Rue de l'Eglise; bufé 15 €; ☉ 11.30-13.45 ma-do) Sencillo pero encantador, en una linda *case,* no tiene nada de extraordinario, solo saludable cocina criolla. Su bufé de almuerzo, de excelente relación calidad-precio, ofrece unos platos, *choca* (una pita de curioso sabor) incluida. También prepara comidas para llevar (6-8 €).

L'Arbre à Palabres
CRIOLLA, INTERNACIONAL €€

(☑0262 44 47 23; 29 Rue Césaire; principales 11-16 €; ☉12.00-13.30 ma-do) Para apartarse un poco de las habituales *rougail saucisse* (salchichas con tomate frito) y curri de pollo, este lindo lugar, en una casa criolla cerca de la oficina de turismo, cambia la carta a diario, según lo que haya en el mercado. También se puede comer a la fresca sombra de un enorme lichi en la terraza trasera.

Le Longanis
CRIOLLA €€

(☑0262 39 70 56; www.le-longanis.com; 9bis Rue du Commerce; principales 12-15 €; ☉11.30-13.45 ju-ma, 19.00-21.00 lu y ju-sa) Típico criollo, en pleno centro, ofrece sabrosas comidas a precio de ganga. Se elige un plato de entre los del día, se le añade una ensalada y no hace falta más. También comida para llevar (6 €).

❶ Información

Oficina de turismo (☑0262 39 69 80; www.ot-entredeux.com; 9 Rue Fortuné Hoareau; ☉8.00-12.00 y 13.30-17.00 lu-sa) Está en una linda *case créole* de la carretera, a la entrada del pueblo. El personal concierta circuitos guiados (normalmente en francés; adultos/niños 10/5 €) y facilita folletos de caminatas por la zona (como la subida a Le Dimitile) y visitas a artesanos locales.

❶ Cómo llegar y salir

La línea S5 de Car Jaune une Entre-Deux y la estación de autobuses de St-Pierre (2 €, 40 min, 5-7 diarios lu-sa, 2 diarios do).

LOS CIRQUES

Simplemente una maravilla. Dispuestos como las tres hojas de un trébol, los Cirques de Cilaos, Salazie y Mafate son el corazón profundo de Reunión. Su espíritu es más introvertido, más reservado y más tradicional que el del resto de la isla. La acelerada y sibarítica vida de la costa parece quedar a años luz.

Esta abrupta zona es un paraíso para el senderismo, con asombrosos paisajes montañosos, una red de sendas bien marcadas e impresionantes cañones que piden ser recorridos. Y si no gustan las caminatas, vale la pena visitar estos circos solo por las vistas.

Los *marrons* (cimarrones) empezaron a poblarlos en el s. XVIII, y sus descendientes siguen habitando algunos pueblos; los modos de vida tradicionales están muy arraigados.

VISITA VERDE EN EL CIRQUE DE CILAOS

Se entenderá mejor el medio ambiente y la vida tradicional del Cirque de Cilaos en Îlet Chicot (plano p. 212; ☑0692 08 08 21, 0692 72 27 17; Îlet Chicot; cabaña 40 € por persona, media pensión incl.; ☉10.00-15.00 lu-do), solo accesible a pie, donde la familia Hoarau proporciona al visitante una introducción a la *vie lontan* (vida de antaño). A la finca se llega tras un fácil paseo a pie de 10 min desde la D242, a unos 6 km de Cilaos; búsquese la señal a la derecha. Tiene un huerto de cultivo ecológico con frutales, hierbas medicinales y plantas aromáticas. Para alojarse, hay tres *ti cases* (pequeñas cabañas) de vetiver. Son sencillas, pero es una maravilla pernoctar en este bello entorno natural y disfrutar de las vistas sobre Cilaos. Al no haber electricidad, es ideal para observar las estrellas.

Cada circo tiene su propia personalidad; hay que intentar visitar los tres.

Cirque de Cilaos

El entorno es de lo más grandioso. Accidentados picos volcánicos, profundas gargantas y bosques como salidos de un cuento de los hermanos Grimm. A veces hay remolinos de nubes que le dan un toque surrealista. Unas cuantas aldeas, lindas y apartadas, rematan el indiscutible encanto del lugar. Para los amantes del aire libre, pocas cosas superan el Cirque de Cilaos.

Para llegar hay que abrocharse el cinturón y respirar hondo: la RN5, que une St-Louis con Cilaos, 37 km al norte, es la más espectacular ruta en automóvil de Reunión, lo que no es poco. Va serpenteando con más de 400 vueltas y revueltas en la empinada subida para entrar en la caldera, ofreciendo una incesante sucesión de impresionantes miradores.

ℹ Cómo llegar y salir

Solo hay una forma de llegar al Cirque de Cilaos en transporte público: en autobús desde St-Louis (37 km). De la estación de autobuses de St-Louis hay frecuentes salidas a Cilaos; desde Cilaos hay autobuses a Bras-Sec e Îlet-à-Cordes.

Cilaos

5500 HAB.

Enclavado en un paisaje alucinante, parece una localidad alpina. Un nombre lo dice todo: **Piton des Neiges** (3071 m), emblemático pico que se alza sobre el pueblo y atrae como un imán a los excursionistas. Pero no hay necesidad de acometer su ascenso; unos cuantos museos y un montón de paseos breves permiten apreciar esta maravilla natural a un ritmo más relajado.

Cilaos, que es la población más grande de los Cirques, se alza a 1200 m de altitud. Proyectada como localidad termal a finales del s. XIX, aún basa su economía en el turismo (sobre todo excursionismo y barranquismo) seguido de la agricultura y el sector del agua mineral embotellada. Los productos que dan fama a la zona son las lentejas, los bordados y el vino.

Los fines de semana Cilaos se llena rápido, pero, pese a su popularidad, no tiene enormes hoteles ni ruidosas discotecas, solo discretos establecimientos que operan a pequeña escala.

⊙ Puntos de interés

La Roche Merveilleuse   MIRADOR

(Roca Maravillosa; plano p. 212) Hay que ir a la Roca Maravillosa para contemplar el panorama de Cilaos a vista de pájaro. Se puede ir a pie o por carretera. Desde Cilaos se toma la carretera a Bras-Sec; tras unos 2 km aparece señalizado a la izquierda el desvío para La Roche Merveilleuse. Llévese un pícnic: el marco es encantador y hay unos cuantos quioscos donde protegerse si llueve.

Maison de la Broderie   MUSEO

(plano p. 216; ☎0262 31 77 48; Rue des Écoles; adultos/niños 2/1 €; ⊙9.30-12.00 y 14.00-17.00 lu-sa, hasta 12.00 do) El Museo del Bordado, totalmente modernizado en el 2014, acoge a una asociación de unas 30 lugareñas dedicada a mantener viva la tradición de los bordados calados de Cilaos. Bordan y venden ropa infantil, servilletas, tapetes y manteles. Es una labor minuciosa: se tardan 12-15 días en bordar un mantel individual. Se puede ver a las mujeres trabajando en el taller de arriba.

Quien inició la tradición bordadora en Cilaos fue Angèle Mac-Auliffe, hija del primer doctor de medicina termal del lugar. Para entretener los largos y húmedos días en el Cirque, fundó el primer taller con 20 bordadoras e introdujo un estilo que al evolucionar se ha convertido en típico de Cilaos.

**Maison des Vins
du Chai de Cilaos**   MUSEO

(plano p. 216; ☎0262 31 79 69; 34 Rue des Glycines; ⊙9.00-12.00 y 14.00-17.30 lu-sa) GRATIS Se aprenderá sobre la vitivinicultura de Cilaos en la Casa de los Vinos. Tras un cortometraje (en francés) se ofrece una cata. Una botella cuesta unos 12 €.

Philippe Turpin's Studio   GALERÍA

(plano p. 216; ☎0262 31 73 64, 0692 28 03 03; www.facebook.com/philippeturpinartiste; 2 Route des Sources; ⊙9.00-18.00 sa y do, previa reserva fines de semana) El escultor, pintor y grabador Philippe Turpin, que graba en planchas de cobre sus calcografías, tiene un taller abierto al público. Capta todo lo maravilloso de Reunión con una gran fantasía; sus interpretaciones de los Cirques parecen ilustraciones del país de las hadas.

🏃 Actividades

Los amantes del aire libre adorarán Cilaos, cuya amplia oferta de actividades incluye barranquismo, excursionismo y escalada en roca.

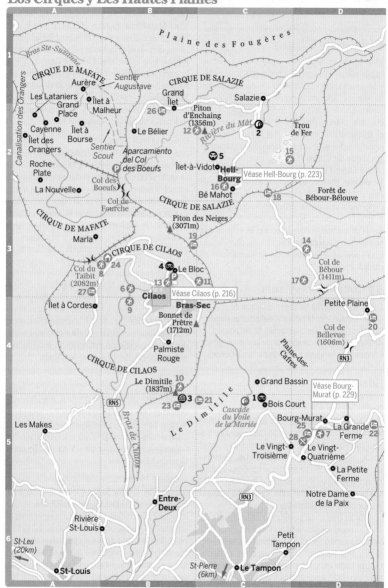

Véase Hell-Bourg (p. 223)

Véase Cilaos (p. 216)

Véase Bourg-Murat (p. 229)

Barranquismo

La zona de Cilaos encabeza la lista de lugares estelares de Reunión, con tres cañones principales a los que acuden los ansiosos de aventura cual moscas a la miel: los Canyons de Gobert, el Fleurs Jaunes y el Bras Rouge. Todos tienen mucho encanto, con variados saltos, chapuzones en pozas naturales y rápeles alucinantes. Llegar hasta los cañones conlleva una caminata previa de 5-45 min (y

St-André (3km)

Rivière des Roches

St-Benoît ●

Rivière des Marsouins

Grand Étang ● Pont Payet

Cascade Biberon

RN3

● Le Premier

● Plaine-des-Palmistes

Route Forestière du Volcan

RF5

Véase Piton de la Fournaise (p. 232)

Pas de Bellecombe (2311m)

LE VOLCAN

Roche-Plate ●

Piton de la Fournaise (2632m)

Morne Langevin (2380m)

Enclos Fouqué

0 ————— 5 km

REUNIÓN CIRQUE DE CILAOS

Todas las excursiones están dirigidas por un monitor cualificado. Algunas de las principales empresas carecen de oficina, pero pueden contactarse por teléfono.

Run Évasion · DEPORTES DE AVENTURA

(plano p. 216; ☎0262 31 83 57; www.canyon-reunion. fr; 23 Rue du Père Boiteau; excursiones de barranquismo 55-85 €; ☺8.00-12.00 y 14.00-18.00 lu-sa, hasta 17.00 do) Empresa de prestigio con barranquismo para todos los niveles; el precio depende del número de personas y la duración de la salida. También ofrece excursionismo.

Bouisset Fabrice · DEPORTES DE AVENTURA

(☎0692 66 22 73; bouisset.fabrice@wanadoo.fr; excursiones de barranquismo 55-65 €; ☺previa reserva) Fabrice es un monitor cualificado de barranquismo que guía excelentes salidas por los cañones de Cilaos, el Fleurs Jaunes incluido.

Canyon Ric a Ric · DEPORTES DE AVENTURA

(☎0692 86 54 85; www.canyonreunion.com; ☺excursiones de barranquismo 55-85 € por persona ☺ previa reserva) Una de las principales empresas de barranquismo de la zona. Los precios dependen de la duración de la excursión.

Cilaos Aventure · DEPORTES DE AVENTURA

(☎0692 66 73 42; www.cilaosaventure.com; excursiones de barranquismo 55-80 €; ☺previa reserva) Empresa de confianza con todo tipo de salidas de barranquismo por la zona, el Fleurs Jaunes, el Gobert y el Bras Rouge incluidos. Véase más información en la web.

Aparksa Montagne · AIRE LIBRE

(☎0692 66 50 09; www.aparksa-montagne.com; Cilaos; ☺con reserva) Para excursiones de barranquismo (desde 55 €) o paseos guiados, esta empresa tiene buena fama. El dueño, Thomas Percheron, ha vivido en Suráfrica y habla bien inglés.

Ciclismo y bicicleta de montaña

El Cirque de Cilaos, con su espectacular orografía y estupendas carreteras panorámicas, es un terreno genial para ciclistas experimentados. Los principiantes pueden ir pedaleando a La Roche Merveilleuse (p. 211). La carretera a Bras-Sec es otra maravilla.

Tof Bike · BICICLETA DE MONTAÑA

(plano p. 216; ☎0692 25 61 61; 29 Rue du Père Boiteau; medio día/día completo 14/19 €; ☺8.30-12.00 y 14.30-18.00 lu-sa, hasta 12.00 do) Alquilan bicis de montaña en excelente estado y aconsejan sobre variados circuitos. Facilitan un mapa.

vuelta). Los más adecuados para principiantes y familias son los Canyons de Gobert y el Mini Fleurs Jaunes (una sección del Fleurs Jaunes). El Fleurs Jaunes es un circuito con siete rápeles que incluyen uno de 55 m.

Los Cirques y Les Hautes Plaines

Excursionismo

Los alrededores de Cilaos brindan fabulosas posibilidades, con sendas bien marcadas aptas para cualquiera, sea cual sea su estado físico. La oficina de turismo edita un pequeño folleto que da una perspectiva general de las caminatas.

Col du Taïbit   EXCURSIONISMO

(plano p. 212) Una emblemática subida hasta el puerto que separa el Cirque de Cilaos del Cirque de Mafate. Desde el puerto se puede bajar andando hasta Marla, en el Cirque de Mafate, en unos 45 min. El punto de inicio está señalizado en la D242 (carretera de Îlet à Cordes), a 5 km de Cilaos; se tardan unas 4½ h ida y vuelta, con un desnivel acumulado de 830 m.

Le Kervéguen   EXCURSIONISMO

(plano p. 212) Esta caminata ofrece espléndidas vistas del circo. El inicio está señalizado en la D241 (carretera de Bras-Sec), a 5 km de Cilaos. Unas 5 h ida y vuelta.

Sentier Botanique   SENDERISMO

(plano p. 216) Este cómodo circuito de 90 min se centra en la flora local, con rótulos de casi todas las especies. Totalmente apto para familias. Empieza en La Roche Merveilleuse.

Bras Rouge   SENDERISMO

(plano p. 212) Un fácil paseo a lo alto de una cascada. Calcúlense 2½ h ida y vuelta.

La Chapelle   SENDERISMO

(plano p. 212) Esta senda une Cilaos con una cueva próxima a un río (5 h aprox. ida y vuelta).

La Roche Merveilleuse   EXCURSIONISMO

(plano p. 212) Unas 2 h ida y vuelta. Una agradable subida hasta un mirador con amplias panorámicas de Cilaos. También se llega en automóvil (p. 211).

Escalada en roca

Es cada vez más popular en Cilaos, donde no faltan imponentes paredes y gargantas, sobre todo en la impresionante zona del Fleurs Jaunes, donde hay decenas de escaladas alucinantes calificadas de 4 a 8 (de fácil a difícil). Para los novatos hay también *falaise-écoles,* paredes especialmente equipadas para principiantes. Run Évasion (p. 213) y Cilaos Aventure (p. 213) emplean monitores cualificados. Calcúlense 50 €/persona.

✻ Festivales y acontecimientos

Fête de la Vigne   VINO

(Fiesta de la Vendimia; ☺ene) Concurrida feria donde las bodegas locales promocionan sus caldos.

Cross du Piton des Neiges   DEPORTES

(☺May) Carrera a pie hasta el Piton des Neiges.

Fête des Lentilles   GASTRONOMÍA

(Fiesta de las Lentejas; ☺oct) Feria agrícola en honor de la lenteja en Cilaos, con variadas exposiciones, conferencias, catas y concursos de recetas.

🛏 Dónde dormir

Pese a tener una amplia oferta de alojamientos, Cilaos se llena los fines de semana y en temporada alta; resérvese con antelación.

⭐ Au Cœur du Cirque CASA DE ALQUILER €
(plano p. 216; ☑0692 44 68 94; www.aucoeurducirque. com; 3A Route du Bras des Étangs; d desde 48 €, 3-6 personas 120 €; P🐾) Esta joyita oculta es uno de los mejores retiros de Cilaos, una linda casita en una cuidada finca con magníficas vistas. Resguardada en un precioso entorno, consta de cocina, sala de estar, baño, terraza y dos dormitorios, ideal para familias, amigos o parejas.

Al planear la estancia, téngase en cuenta que la tarifa de 48 € (para dos) se aplica de domingo a lunes. Los viernes y sábados hay una tarifa plana de 120 € (para hasta seis personas).

⭐ La Case Bleue GÎTE €
(plano p. 216; ☑0692 65 74 96; www.gitecasebleu.e-monsite.com; 15 Rue Alsace Corré; dc/d 16/40 €) Esta bonita casa criolla pintada de azul ofrece una excelente calidad-precio. Merecen la máxima puntuación el luminoso dormitorio, los buenos colchones, los higiénicos baños y la práctica cocina común. Hay también una modesta doble con su propia entrada y baño, ideal para parejas, aunque se abre a la terraza del dormitorio colectivo, que puede ser ruidosa si está completo.

Se aconseja reservar, pues solo hay 11 camas. El desayuno cuesta 6 €.

La Carte Postale BUNGALÓ €
(plano p. 216; ☑0693 50 10 33; http://colonialoca tion.gratis.fr; 9 Rue de la Mare à Joncs; i/d 50/70 €, desayuno incl.; P) Dos impecables bungalós de estilo criollo, con baño y cocina, en una estupenda ubicación sobre la laguna Mare à Joncs; las vistas son de tarjeta postal. Los huéspedes tienen descuento en el restaurante de abajo, de los mismo dueños.

Chez Anne B&B €
(plano p. 216; ☑0692 43 68 04; chezanne413@oran ge.fr; 4 Rue des Glycines; i/d 35/60 €; 🐾) Habitaciones con pocos muebles, amplias y luminosas (preferibles las del piso superior). Para desayunar añádanse otros 2,50 €/persona.

Casa Celina PENSIÓN €
(plano p. 216; ☑0692 15 47 47; www.casacelina974. com; 12 Rue du Père Boiteau; d 52-67 €; 🐾) Ofrece cinco habitaciones en una casa hábilmente renovada; aunque son muy pequeñas, se ha maximizado el limitado espacio. Desayuno 10 €/persona. Tiene un restaurante en la planta de abajo.

Le Bois de Senteur B&B €
(plano p. 216; ☑0692 29 81 20, 0262 31 91 03; www. leboisdesenteur.com; 4 Chemin des Roses; d/c 60/80 €, desayuno incl.; P🐾) Muy cuidada, en una tranquila calle sin salida, esta casa cobra vida con los vivos colores de su fachada. Ofrece 10 habitaciones modestamente amuebladas y algo escuetas; de ser posible,

---

LOS CIRQUES Y EL VOLCÁN DESDE ARRIBA

El dilema del helicóptero: provoca ruido y contaminación, pero ofrece magníficas vistas de los magníficos circos y el volcán. Casi todos los viajeros consideran estos vuelos, que no son baratos (85-320 €, según la duración), uno de los momentos más destacados de su visita a Reunión. Contáctese con **Helilagon** (plano p. 188; ☑0262 55 55 55; www. helilagon.com; Altiport de L'Éperon, 190 Chemin Summer, St-Paul; circuitos 95-319 €; ⏰previa reserva) o **Corail Hélicoptères** (plano p. 188; ☑0262 22 22 66; www.corail-helicopteres.com; Route Cannière, St-Gilles-les-Bains; circuitos 95-320 €; ⏰previa reserva).

Si se prefiere volar con el cabello al viento, varias empresas operan vuelos en ultraligero en tándem con monitores titulados. Ofrecen unos 10 circuitos diferentes por la isla, que cuestan desde 45 € por una agradable vuelta sobre la laguna. Por supuesto, los vuelos solo salen si el tiempo lo permite. Para más información contáctese con:

Felix ULM (plano p. 188; ☑0692 87 32 32; www.felixulm.com; 68 Rue Marthe Bacquet, Cambaie; circuitos 75-250 €; ⏰previa reserva)

Ô Passagers du Vent (plano p. 188; ☑0262 42 95 95; www.ulm-reunion.com; 1 Rue Henri Cornu, Cambaie, St-Paul; circuitos 45-190 €; ⏰previa reserva)

Papangue ULM (☑0692 08 85 86; www.papangue-ulm.fr; Route de Planoerine, Ste-Marie; circuitos 80-170 €)

Cilaos

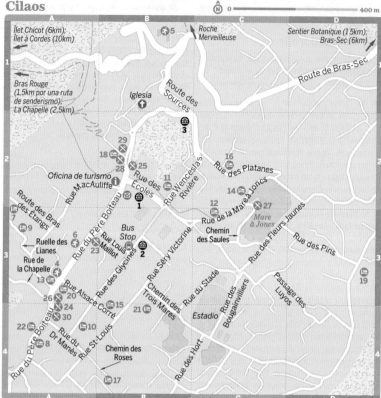

Îlet Chicot (6km);
Îlet à Cordes (10km)

Roche
Merveilleuse

Sentier Botánico (15km);
Bras-Sec (6km)

Bras Rouge
(1,5km por una ruta
de senderismó);
La Chapelle (2,5km)

Route de Bras-Sec

Route des
Sources

Iglesia

Oficina de turismo

Rue des Platanes

Rue MacAuliffe

Rue des Écoles

Rue Wenceslas Rivière

Rue de la Mare à Joncs

Mare
à Joncs

Rue des Fleurs Jaunes

Bus Stop

Rue du Père Boiteau

Rue Louis Maillot

Chemin des Saules

Rue des Pins

Ruelle des Lianes

Rue de la Chapelle

Rue Séry Victorine

Rue des Glycines

Chemin des Trois Mares

Rue du Stade

Rue des Bougainvilliers

Passage des Luyos

Rue Alsace Corré

Estadio

Rue du Dr Manès

Rue St-Louis

Chemin des Roses

Rue du Père Boiteau

Rue des Hort

Cilaos

⊙ Puntos de interés
1 Maison de la Broderie.............................B2
2 Maison des Vins du Chai de Cilaos.......B3
3 Philippe Turpin's Studio........................B2

⊕ Actividades, cursos y circuitos
4 Run Évasion...A3
5 Thermes de Cilaos.................................B1
6 Tof Bike...A3

⊟ Dónde dormir
7 Au Cœur du Cirque................................A3
8 Casa Celina...A4
9 Case Nyala..A3
10 Chez Anne..A4
11 Clair de Lune...B2
12 Hôtel des Neiges...................................C3
13 Hôtel Tsilaosa.......................................A3
14 La Carte Postale....................................C2
15 La Case Bleue.......................................B4
16 La Roche Merveilleuse...........................C2

pídase alguna de arriba, que tienen balcón con estupendas vistas del Piton des Neiges (sobre todo las nº 6, 7 y 10).

Le Calbanon GÎTE €

(plano p. 216; ☎0692 09 27 30; www.lecalbanon. fr; 1 Rue des Thermes; dc/d 16/35 €; 🛜) Esta *gîte d'étape* (casa de descanso) queda muy a mano, en el centro del pueblo, y proporciona alojamiento sencillo en dormitorios colectivos y en unas pocas dobles. Además tiene una cocina común. Ofrece cenas por encargo (20 €).

Clair de Lune GÎTE €

(plano p. 216; ☎0692 82 47 13, 0692 00 57 54; 10 Rue Wenceslas Rivière; dc/d sin baño 20/40 €, desayuno incl.; 🅿) Alex, que conoce bien Cilaos, lleva este simpático sitio, con habitaciones de variado tamaño y forma, dormitorios colectivos de 3-7 camas y una habitación doble. Los baños son compartidos. La zona de estar es ideal para intercambiar experiencias con otros viajeros.

La Roche Merveilleuse GÎTE €

(plano p. 216; ☎0262 31 82 42; 1 Rue des Platanes; dc 16-18 €, d 42-45 €, con baño compartido 40-42 €; 🅿🛜) Toda ella de madera, parece un chalé alpino trasplantado a Cilaos. Pídase una de las cuatro habitaciones dobles, muy acogedoras, aunque el verdadero atractivo son las vistas panorámicas desde la terraza.

Otroiza HOTEL €€

(plano p. 216; ☎0692 05 25 93, 0262 31 50 12; www. otroiza.com; 3A Rue du Père Boiteau; d 80-90 €; 🅿🛜) Bastante nuevo, ofrece habitaciones de limpio y moderno diseño a precios razonables; las mejores son las traseras, con mucha luz natural y espléndidas vistas a los montes. Todas tienen bonitos baños embaldosados, ropa de cama recién planchada y excelentes colchones. Solo hay 10, lo que garantiza la intimidad.

Hôtel des Neiges HOTEL €€

(plano p. 216; ☎0262 31 72 33; www.hoteldesneiges.reunion.fr; 1 Rue de la Mare à Joncs; d 82-92 €; 🅿🛜) De los pocos de precio medio en Cilaos, tiene habitaciones bien mantenidas en un edificio de dos pisos estilo motel. Aunque la decoración no sea espectacular, la sensación de relax y las estupendas instalaciones (dos piscinas climatizadas, un cuidado jardín, restaurante y sauna) compensan con creces el estilo algo anticuado. Las frecuentes ofertas en internet tienen una excelente relación calidad-precio. Vale la pena optar por una habitación Confort Plus, más moderna.

SUBIDA AL PITON DES NEIGES

La alucinante ascensión al punto más alto de Reunión (3071 m) es ardua, aunque vale la pena contemplar el panorama de 360º desde la cima. Suele hacerse en dos días, pernoctando en la **Gîte de la Caverne Dufour** (plano p. 212; ☎0692 67 74 26, 0262 51 15 26; dc 17-19 €, desayuno/cena 6/19 €), al que se llega a las 3 h de iniciar la senda en Le Bloc, entre Cilaos y Bras-Sec (señalizado).

Desde la *gîte* (solo alojamiento, sin comidas) se llega a la cima tras 1½ h de camino por parajes lunares. Los excursionistas más avezados quizá quieran hacer la ida y vuelta en el mismo día (unas 10 h).

Le Platane HOSTERÍA €€

(plano p. 216; ☎0262 31 77 23; www.hotel-restaurant-cilaos.re; 46 Rue du Père Boiteau; i/d 65/85 €, desayuno incl.; 🛜) Líneas limpias, tonos apagados, buenas camas y baños relucientes; y en pleno centro. La habitación Piton des Neiges tiene las mejores vistas de las cuatro que ofrece. A veces puede resultar ruidoso por hallarse encima del restaurante del mismo nombre, donde está la recepción.

Nótese que los baños carecen de paredes en las habitaciones Piton des Neiges y Kerveguen.

Le Cilaos HOTEL €€

(plano p. 216; ☎0262 31 85 85; www.leschenets lecilaos.re; 40E Chemin des Trois Mares; i 97-117 €, d 129-149 €, ste 149-169 €, desayuno incl.; 🅿@🛜♨) El hotel más grande de Cilaos, bajo nueva dirección desde el 2015, está en período de transición. Las zonas comunes se han arreglado, y cuando se lean estas líneas casi todas las habitaciones deberían estar renovadas. Las instalaciones incluyen una pequeña piscina climatizada, sauna, *hammam* (baño turco), tres *jacuzzis,* bar y restaurante con estupendas vistas a los montes.

Le Bois Rouge B&B €€

(plano p. 216; ☎0262 47 57 57, 0692 69 94 30; http://leboisrouge.com; 2 Route des Sources; i/d 90/109 €, desayuno incl.; 🅿🛜) A medio camino entre un hotel *boutique* y un B&B, tiene cinco habitaciones inmaculadas, con parqué de maderas nobles y una acogedora terraza. Las habitaciones con mejores vistas con la Bois Noir, la Ti Natte o la Tamarin. Ofrece trasla-

THERMES DE CILAOS

Dicen que las *sources thermales* (fuentes termales) de Cilaos, calentadas por cámaras volcánicas a gran profundidad, alivian los dolores reumáticos entre otras dolencias óseas y musculares. Las **Thermes de Cilaos** (plano p. 216; ☑0262 31 72 27; www.cg974.fr/thermes; Route de Bras-Sec; ☺8.30-12.30 y 13.30-17.00 lu-ma y ju-vi, hasta 12.30 mi, 9.00-17.00 do) ofrecen varios tratamientos, como el hidromasaje de 20 min (15 €), una maravilla tras un día de caminata por el Cirque.

Un pastor de cabras de St-Louis descubrió las fuentes en 1815. En 1842 se construyó una pista hasta el Cirque, primer paso para convertir Cilaos en balneario para los acaudalados de la colonia. El balneario se inauguró en 1896, manteniéndose hasta hoy la tradición.

dos gratis al inicio de casi todas las rutas de senderismo cercanas; y, además, un abundante desayuno. Descuentos en temporada baja.

Le Vieux Cep   HOTEL €€
(plano p. 216; ☑0262 31 71 89; www.levieuxcep reunion.com; 2 Rue des Trois Mares; d 104-149 €, desayuno incl.; ⓅⓈ☒) Uno de los mayores hoteles del lugar, con pros y contras. Es acogedor y está bien situado; tiene estupendas vistas del Piton des Neiges; buenos servicios, como restaurante, una pequeña sauna y una piscina climatizada; y las habitaciones "superiores" se han modernizado. Sin embargo, casi todas las habitaciones son estrechas y faltas de carácter.

Case Nyala   B&B €€
(plano p. 216; ☑0692 87 70 14, 0262 31 89 57; www. case-nyala.com; 8 Ruelle des Lianes; i/d 65/80 €, bungaló d/tr 90/105 €, desayuno incl.; ☜) En una tranquila bocacalle, cerca del centro, esta casita criolla de paredes amarillo limón y postigos verdes ofrece cuatro habitaciones diminutas aunque acogedoras; tienen poca luz natural pero están bien cuidadas. Dispone de cocina común. En las estanterías, frascos de cristal con ron cortesía de la casa ayudarán a olvidar que los precios son un poco excesivos para Cilaos.

Hôtel Tsilaosa   HOTEL €€
(plano p. 216; ☑0262 37 39 39; www.tsilaosa.com; Rue du Père Boiteau; i/d 111/135 €, desayuno incl.; Ⓟ@☜) Un cuatro estrellas bien regentado, en una casa criolla restaurada. Las 15 habitaciones están decoradas con imaginación en estilo local; las de arriba tienen vistas a los montes (las mejores son las nº 15 y 16). El dueño ha montado una bodega en el sótano y ofrece catas de vinos (8 €) de Cilaos cuando está en el pueblo.

✖ Dónde comer

No hay grandes emociones gastronómicas en Cilaos, pese a su amplia oferta de establecimientos. En su mayor parte sirven comida más bien pesada en marcos impersonales. Por otro lado, Cilaos guarda algunas sorpresas en la manga: es famoso por vinos y sus lentejas, cultivadas en los alrededores de Îlet à Cordes.

Hay tiendas de comestibles por la calle principal.

★ L'Instant Plaisirs   CREPERÍA €
(plano p. 216; ☑0692 45 71 99; 28 Rue du Père Boiteau; principales 3,50-14 €, menús 13-15 €; ☺12.00-20.00 mi-ju, 11.30-20.00 vi-do) Para quien esté ahíto de los pesados platos regionales, será una bendición esta linda crepería, famosa por sus crepes *gourmet* tanto dulces como salados *(galettes)*, con ingredientes de calidad. La decoración en gris y blanco le da un aire fresco y moderno, y los crepes artesanos son de primera.

Boulangerie du Cirque   PANADERÍA €
(plano p. 216; ☑0262 31 85 12; 32 Rue du Père Boiteau; sándwiches 2-3,50 €; ☺6.00-19.00 lu-sa, hasta 12.00 do) Buen surtido de bocadillos y repostería, como apetitosos *éclairs* de chocolate.

Salon de Thé de l'Hôtel Tsilaosa   TETERÍA €
(plano p. 216; ☑0262 37 39 39; Rue du Père Boiteau; repostería 4 €; ☺15.00-18.00; ☜) Deliciosamente tranquilo, este salón de té tentará a los golosos con tartas y pasteles y unas 15 variedades de té. Hay que probar la *tarte à la confiture de pêche* (tarta de confitura de melocotón), especialidad de la casa.

Boulangerie Dambreville   PANADERÍA €
(plano p. 216; 64 Rue du Père Boiteau; repostería y sándwiches desde 0,90 €; ☺6.30-18.30 lu-sa, hasta 12.00 do) Si se pregunta dónde hallar los mejores *macatias* y cruasanes a cualquier lugareño, dirá que aquí. Esta panadería tiene un amplio surtido de delicias, además de excelentes bocadillos en *baguettes* (desde 2 €).

La Perle du Lac
CRIOLLA, BUFÉ €€

(plano p. 216; ☑0262 52 84 29; 9 Rue de la Mare
à Joncs; bufé 18-20 €; ☺11.30-14.30 y 19.00-21.30
mi y vi-lu, 11.30-14.30 ju; ☏) Fantástico bufé con
todos los platos criollos clásicos. Es más genuino que sofisticado, pero a estos precios no
hay que quejarse. Tiene una terraza que da a
la Mare à Joncs.

Chez Luçay
CRIOLLA, CHINA €€

(plano p. 216; ☑0692 09 18 70; Rue du Père Boiteau;
principales 12-20 €, menús 20-25 €; ☺11.30-14.30
y 18.30-21.00) En este sitio, muy alabado por
su extensa carta que satisfará hasta al más
quisquilloso, cuesta mucho decidirse, con
platos como estofado de venado, pierna de
cordero o cerdo en salsa de ostras. Hay que
dejar hueco para un postre casero, como la
mousse de chocolate.

Les Sentiers
CRIOLLA €€

(plano p. 216; ☑0262 31 71 54; 63 Rue du Père
Boiteau; principales 12-20 €; ☺12.00-14.30 y 19.00-
21.00 ju-lu; ☏) Esta linda *case créole* siempre
está animada, sea para almorzar o para cenar, con mesas tanto dentro como fuera, en
la terraza donde corre la brisa. Sirve todos
los platos criollos típicos con lentejas de Cilaos como guarnición. La decoración rústica
resulta agradable, con vigas vistas y suelos de
laminado. Por 14 €, el *buffet créole* de ocho
platos es una ganga.

Chez Noë
CRIOLLA €€

(plano p. 216; ☑0262 31 79 93; 40 Rue du Père
Boiteau; principales 11-22 €, menús 28-35 €; ☺
11.30-14.00 y 18.30-21.00 ma-sa, hasta 14.00 do)
Esta veterana institución es casi un rito de
iniciación en Colaos. Sirve vigorizantes platos
criollos típicos, como salchicha con lentejas
o *gratin de chouchou* (chayote, una especie
de calabaza verde, gratinado con queso) y
ensaladas. Cuando hace bueno tiene una
tentadora terraza sombreada. Lástima que
las mesas no estén bien espaciadas.

Le Cottage
CRIOLLA €€

(plano p. 216; ☑0262 31 04 61; 2 Chemin des Saules;
principales 13-20 €, menús 18-26 €; ☺12.00-14.00 y
18.30-21.00 ma-do) El marco de madera tiene
un encanto rústico y el comedor da a la Mare
à Joncs; hay que reservar mesa cerca de las
ventanas. Además de una buena selección de
ricos platos criollos sirve parrilladas de carne
y pescado. Inconveniente: no hay terraza.

Le Petit Randonneur
CRIOLLA €€

(plano p. 216; ☑0262 31 79 55; 61 Rue du Père Boiteau; principales 10-19 €; ☺12.00-14.00 sa-ju, 18.30-

¡A BRINDAR!

Para catar algo poco corriente, hay que
pedir una copa de *vin de Cilaos* (vino
de Cilaos), que sirven en casi todos los
restaurantes del lugar. Los franceses
no iban a renunciar al vino y se trajeron
consigo las cepas a Reunión en el s. XVII.
Aunque al principio se plantaron en la
costa oeste, a finales del s. XIX los colonos introdujeron la vid en los Cirques,
cultivándola en emparrados delante de
sus casas o en terrazas labradas en las
laderas. Durante años solo produjeron
blancos demasiado dulces, con reminis-
cencias de jerez u oporto dorado. Pero
a finales de los años setenta algunos
viticultores de Cilaos mejoraron sus
cepas y empezaron a elaborar algo mucho más aceptable. Además de blancos
secos y dulces, ahora hacen rosados.
Quizá no sean los vinos más insignes,
pero van mejorando en calidad. La vendimia es en enero.

21.00 sa) Restaurante familiar frecuentado por
senderistas hambrientos. Sirve sustanciosos
platos locales como salchichas ahumadas y
curris, y también *plats du jour* (platos del
día) de precio módico y crepes, que se disfrutan mejor en la terraza.

Le Platane
CRIOLLA, PIZZERÍA €€

(plano p. 216; ☑0262 31 77 23; 46 Rue du Père Boiteau; principales 9-23 €; ☺9.00-22.00 ju-ma) Con
la carta más ecléctica del lugar, aquí se pueden tomar ensaladas, pasta, carne y pescado
y también *carris*. Mejor evitar las anodinas
pizzas.

ⓘ Información

En Cilaos no hay bancos, pero sí un **cajero automático** (Rue du Marché) en la calle que lleva
al pequeño mercado cubierto y otro en la oficina
de correos.

Oficina de turismo (plano p. 216; ☑0820 203
220; www.sud.reunion.fr; 2bis Rue Mac Auliffe;
☺8.30-12.30 y 12.30-17.00 lu-sa, 9.00-12.00
do; ☏) Especialmente útil, con un personal
plurilingüe que da buena información sobre caminatas por las cercanías y de largo recorrido,
y dispensa listas de alojamientos, restaurantes
y actividades. Tiene folletos sobre horarios
de autobuses y vende mapas de senderismo.
Reservan *gîtes de montagne* y, además, hay wifi
gratis y artesanía a la venta.

❶ Cómo llegar y salir

Cilaos está a 112 km de St-Denis por carretera y a 37 km de la localidad costera más cercana, St-Louis.

Desde St-Louis hay servicios a la estación de autobuses (plano p. 216) de Cilaos (1,80 €, 1½ h, 12 diarios aprox. lu-sa, 8 diarios sa). El último parte de St-Louis a las 18.30 (17.30 do); en sentido opuesto, el último sale de Cilaos a las 18.05 (17.20 do).

Hay autobuses de Cilaos a Bras-Sec (1,80 €, 9 diarios lu-sa, 4 diarios do) de 6.00 a 19.00. También los hay a Îlet à Cordes (1,80 €, 9 diarios aprox. lu-sa, 4 diarios do) de 5.50 a 19.00, y viceversa, aunque el último de regreso es a las 18.00. En Cilaos la oficina de turismo tiene los horarios.

Otra opción es el servicio de microbús de la **Société Cilaosienne de Transport** (SCT; ☎0262 31 85 87, 0692 66 13 30), que cuesta 30 € para dos personas a Îlet à Cordes. La SCT también ofrece transporte de Cilaos a Le Bloc (para el Piton des Neiges y Hell-Bourg; 10 € para dos personas) y a la cabecera de la senda del Col du Taïbit (para Mafate; 15 € para dos personas); en ambos casos se ahorrará al menos 1 h de caminata.

Îlet à Cordes

490 HAB.

Uno de esos sitios maravillosos alejados del mundanal ruido que da pena abandonar. El entorno es de lo más fotogénico: donde quiera que se mire, imponentes montes rodean este pequeño *écart* (poblado), con grandes picos que se elevan en el horizonte. Viñas y campos de lentejas completan el cuadro.

🛏 Dónde dormir y comer

Salvo por un modesto café-bar, en Îlet à Cordes no se hallarán restaurantes. Casi todos los visitantes se decantan por una sustanciosa cena en su B&B.

Au P'tit Coin Charmant-
Chez Hélène Payet   B&B €
(☎0262 35 18 13, 0692 68 49 68; 13 Chemin Terre-Fine; d 45 €, desayuno incl.) Bien llevado, con un encantador jardín tropical, no ofrece demasiadas florituras, pero sí una buena acogida criolla y sustanciosas comidas (cena 25 €) que reciben alabanzas de los viajeros.

Le Gîte de l'Îlet   B&B €
(☎0262 25 38 57, 0692 64 74 48; www.gitedelilet. re; 27 Chemin Terre-Fine; i 50 €, d 50-58 €; 🏊) Un

verdadero hallazgo siempre y cuando se opte por las algo más caras habitaciones de arriba, sumamente amplias, luminosas y con balcón con estupendas vistas a los montes. Las de abajo (para 2-6 personas) son un poco sombrías y apretadas y carecen de vistas. La piscina climatizada es otra ventaja.

La amable anfitriona, Solange Grondin, se precia de su comida de granja, que suele ser pollo, *brèdes chouchou* (una mezcla de hortalizas locales) y tartas caseras. La cena cuesta 25 €.

Le Tapacala   B&B €€
(plano p. 212; ☎0692 69 57 50; www.facebook. com/LeTapacala; 2C Chemin Les Orangers; d 139 €, desayuno incl.) No es un B&B normal, sino más bien un sitio de categoría, el orgullo de los anfitriones, Mickael Gonthier y esposa, que hablan inglés y alemán, y están muy al tanto de todo lo que sucede en la isla. Decoradas con gusto, las tres enormes habitaciones de líneas limpias, baldosas oscuras y elegante mobiliario se abren a un cuidado jardín tropical. La cena cuesta 30 €.

En conjunto es muy agradable para alojarse, pero el precio resulta algo excesivo para Cilaos, pese al deslumbramiento inicial. Está a la entrada de Îlet à Cordes (según se llega de Cilaos).

Le Reposoir   CAFÉ €
(☎0692 70 08 15; 20 Chemin Terre-Fine; ⏰7.00-19.00 lu-sa, hasta 13.00 do) Este modesto café-bar sirve tentempiés y bocadillos y tiene un limitado surtido de productos de alimentación.

❶ Cómo llegar y salir

Hay nueve autobuses diarios, cuatro los domingos, entre Cilaos e Îlet à Cordes; la oficina de turismo de Cilaos tienen los horarios. También está el servicio de microbús de la **Société Cilaosienne de Transport**, que cuesta 30 € para dos personas desde Cilaos.

Bras-Sec

640 HAB.

A unos 6 km de Cilaos parece haberse llegado a *le bout du monde* (el fin del mundo): Bras-Sec es un sitio donde relajarse y disfrutar de la sensación de haber escapado de todo. Si apetece una caminata, el recomendado Tour du Bonnet de Prêtre es un circuito de 4½ h que rodea el "Bonete del Cura", monte de curiosa forma al sur del pueblo.

🛏 Dónde dormir y comer

Hay algún que otro sitio de tentempiés en la calle principal. En cualquier caso, Cilaos está muy cerca.

Gîte Courtois   BUNGALÓ €
(☎0262 25 59 44, 0692 23 31 96; 7ter Chemin Saül; 18 € por persona) Cuatro bungalós con cocina y baño en la calle principal. Muy sencillos, pero prácticos y con capacidad para hasta seis personas.

L'Oiseau de Paradis   BUNGALÓ €
(☎0692 16 98 18; 33 Chemin Saül; 18 € por persona) Esta casita criolla de tres habitaciones en la calle principal sale a cuenta si no se desea servicio de comidas. Para hasta ocho personas.

Les Mimosas   B&B €
(☎0262 96 72 73, 0692 69 84 93; www.allonslareu nion.com/gite-les-mimosas; 29 Chemin Saül; d/tr/c 40/50/68 €, desayuno incl.; ℗) En la calle principal, es un sitio relajado y hogareño, donde los afables anfitriones tratan al huésped como si fuera de la familia. Ofrece cuatro dobles remozadas en el 2015 con una capa de pintura y una habitación familiar para hasta seis personas. La cena (25 €) se prepara con productos locales de calidad, como sus propias aves de corral y hortalizas de la tierra.

ℹ Cómo llegar y salir

Hay nueve autobuses al día, cuatro los sábados, entre Cilaos y Bras-Sec, de 6.00 a 19.00. La oficina de turismo de Cilaos tiene los horarios.

Cirque de Salazie

Para quien quiera descansar de tanto sol y playa, y refrescarse en boscosas montañas, este circo es un alarde de altísimos picos, sublimes vistas, ruidosas cascadas, tortuosas carreteras y unas pocas aldeas.

La sinuosa carretera de montaña que lleva de St-André al circo ofrece unas vistas formidables, una razón de por sí suficiente para hacer el viaje. Pero al final del camino aguarda una valiosa recompensa: con su colorido criollo, Hell-Bourg es el broche de oro.

El Cirque de Salazie ofrece un paisaje alucinante, pese a ser algo más bajo que el de Cilaos. Tiene una vegetación sumamente exuberante y cascadas que caen por el flanco de los montes, en algunos puntos incluso sobre la carretera. Este es el más húmedo de los tres Cirques.

ℹ Cómo llegar y salir

El único transporte público es el autobús que sale de la estación de autobuses de St-André (7 diarios lu-sa, 3 diarios do), a 17 km. Desde Salazie hay autobuses frecuentes a Hell-Bourg, Grand Îlet y Le Bélier. Solo hay una gasolinera, en Salazie; llénese el depósito en St-André.

Salazie
4000 HAB.

La carretera de St-André a Salazie, en la entrada oriental del circo, discurre por la garganta del río Mât serpenteando junto a soberbias cascadas. No hay mucho que detenga al visitante en Salazie, por lo que la mayoría prosigue hasta Hell-Bourg. Quien vaya a adentrarse más en el Cirque tendrá que cambiar de autobús aquí.

⦿ Puntos de interés

Cascade du Voile de la Mariée   CASCADA
(cascada del Velo de la Novia; plano p. 212) A las afueras meridionales de Salazie por la carretera de Hell-Bourg, al norte del desvío hacia Grand Îlet, aparecen, a la izquierda, estas espectaculares cascadas. Desde las alturas a menudo cubiertas de nubes caen en varios saltos por la quebrada junto a la carretera. La vista es aún mejor desde la carretera de Grand Îlet.

🛏 Dónde dormir y comer

A menos que el automóvil se haya averiado, no hay muchas razones para alojarse en Salazie; 8 km más al sur está Hell-Bourg, epicentro turístico del Cirque de Salazie.

Por la vía principal hay algunos sitios donde comer, pero conviene seguir hasta Hell-Bourg, que tiene una oferta más amplia.

ℹ Cómo llegar y salir

Salazie está a 17 km por carretera de la población costera más cercana, St-André. La carretera que atraviesa el circo es magnífica, pero con tramos horripilantes. La carretera a Grand Îlet se desvía al sur de Salazie de la que va a Hell-Bourg.

Hay siete autobuses diarios de St-André a Salazie (1,80 €, 35 min). Si se va a Hell-Bourg y Grand Îlet en autobús se tendrá que hacer transbordo aquí.

Hell-Bourg
2200 HAB.

Según se llega de Salazie, tras 9 km de curvas cerradas, Hell-Bourg aparece cual pueblecito de cuento con un fabuloso telón de fondo de majestuosos montes en forma de grandioso anfiteatro. No hay que ser un lince para darse cuenta de inmediato de que este accidentado territorio es fantástico para el senderismo. También ofrece posibilidades más sedentarias: Hell-Bourg es el pueblo bonito por excelencia de Reunión y dejará más que satisfechos a los amantes de la cultura con su encantador centro lleno de viejas mansiones criollas.

El pueblo, que toma el nombre del almirante Hell, que fuera gobernador de la isla, funcionó como localidad termal hasta 1948, cuando un desprendimiento de tierra taponó las fuentes.

⊙ Puntos de interés

Los apasionados de la historia y la arquitectura deber echar un vistazo a los espléndidos **edificios criollos**, con sus típicos lambrequines de hierro forjado. Se remontan a la década de 1840, cuando Hell-Bourg era una famosa localidad de vacaciones frecuentada por gente acaudalada. Pueden verse en el circuito guiado que organiza la oficina de turismo.

★ Musée des Musiques et Instruments de l'Océan Indien　MUSEO
(Museo de las Músicas e Instrumentos del Océano Índico; plano p. 223; ☎0262 46 72 23; www.maisonmorange.fr; 4 Rue de la Cayenne; adultos/niños 7/5 €; ☺10.00-18.00 ma-do) El museo de música más anunciado de Reunión se inauguró en Hell-Bourg en octubre del 2015. Pequeño pero muy moderno, muestra cientos de instrumentos musicales procedentes de África, India, China y Madagascar. No hay que perdérselo.

Baños termales　RUINAS
(plano p. 223) GRATIS Las ruinas de estos baños termales que funcionaron hasta 1948 se hallan en una garganta al oeste de la localidad, a 10 min a pie. Hay que pasar por el Hotel Le Relais des Cimes, en el extremo oeste de Rue Général; hay un cartel. Es un lugar tranquilo y frondoso.

Rivière du Mât　ZONA DE PÍCNIC
(plano p. 212) Desde Îlet-à-Vidot la carretera asfaltada prosigue unos 2 km hasta un pequeño aparcamiento; aquí se toma una empinada senda que tras 15 min lleva al valle de la Rivière du Mât. Nada más cruzar el puente peatonal hay una preciosa zona de pícnic junto al río.

Bé Mahot　PUEBLO
Vale la pena visitar esta linda aldea a unos 3,5 km de Hell-Bourg. De lo más pintoresco, tiene coloridas y anticuadas casas criollas colgando de la ladera y fantásticas vistas del circo. Hay varias zonas de pícnic a lo largo de la carretera.

Îlet-à-Vidot　PUEBLO
Esta aldea a unos 2 km de Hell-Bourg tiene un paisaje imponente. Sobre ella se eleva como montando guardia el emblemático Piton d'Enchaing, de cima plana y cubierto de densa vegetación.

Maison Folio　EDIFICIO HISTÓRICO
(plano p. 223; ☎0262 47 80 98; 20 Rue Amiral Lacaze; entrada 4 €, circuito 5 €; ☺9.00-11.30 y 14.00-17.00) Esta típica villa burguesa del s. xix, oculta por un exuberante jardín, es una de las casas criollas más bonitas de Hell-Bourg. Se puede deambular por libre o apuntarse al circuito guiado por los dueños, que indican la increíble variedad de plantas aromáticas, comestibles, medicinales y ornamentales y da información sobre la cultura local. En caso de estar, su hijo guiará encantado el circuito en inglés.

🏃 Actividades

Excursionismo
La zona de Hell-Bourg es un paraíso para el senderismo, con una estupenda oferta de caminatas que se puede acometer en un día. Los excursionistas que estén realizando el Tour des Cirques tendrán que pasar por Hell-Bourg al cruzar el Cirque de Salazie.

➡ **Hell-Bourg-Gîte de Bélouve** Unas 4 h ida y vuelta, con 570 m de desnivel. Desde la Gîte de Bélouve (p. 230) se puede seguir hasta el mirador de Trou de Fer (7 h ida y vuelta desde Hell-Bourg).

➡ **Piton d'Enchaing** (plano p. 212) Este vertiginoso pico de 1356 m es una popular pero ardua caminata de 5-6 h (ida y vuelta) desde Îlet-à-Vidot, con 670 m de desnivel.

➡ **Source Manouilh** (plano p. 212) Excitante circuito de 6 h, con unos 600 m de desnivel.

➡ **Hell-Bourg-Gîte du Piton des Neiges** Agradable alternativa a Cilaos para subir al Piton des Neiges. Es una dura ascensión de 7 h (solo ida), con 1470 m de desnivel.

Barranquismo
Las opciones que ofrece este circo hacen estremecerse de emoción. Hay que mojarse en

Hell-Bourg

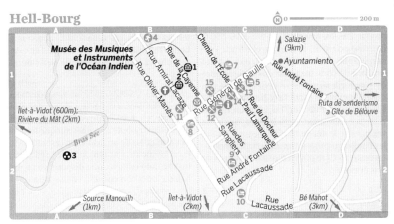

el cañón Trou Blanc, con cantidad de *toboganes* y saltos. Tiene partes llamadas, muy adecuadamente, "La Lavadora", "El Baño", "El Aquaplaning"... También tiene fama el barranco Voile de la Mariée, cerca de Salazie, circuito que incluye una rápel de 50 m; estaba cerrado cuando lo visitaron los autores. Nótese que estos cañones no son accesibles en los meses más lluviosos (dic-mar).

Austral Aventure DEPORTES DE AVENTURA
(plano p. 223; ☑0692 87 55 50, 0262 32 40 29; www.
australaventure.fr; 42 Rue Amiral Lacaze; salidas de
barranquismo de medio día/día entero 55/75 €; ☺
previa reserva) Profesional, ofrece excursiones
de barranquismo al Trou Blanc y el Trou de
Fer (desde Hell-Bourg), así como caminatas
guiadas a la Forêt de Bébour-Bélouve (50 €).

Alpanes DEPORTES DE AVENTURA
(☑0692 77 75 30; www.alpanes.com; excursiones de barranquismo 50-95 €; ☺previa reserva)

Ofrece excursiones de barranquismo al Trou Blanc (y, en caso de reabrirse, al Voile de la Mariée). No tiene oficina en Hell-Bourg.

🛏 Dónde dormir

⭐ **La Mandoze** GÎTE €
(plano p. 223; ☑0262 47 89 65, 0692 65 65 28; 14
Chemin de l'École; dc 18 €, d sin baño 45 €, desayuno incl.; ℗🛜) En una casa criolla, tiene todo
lo necesario: cuidados dormitorios para
hasta seis personas; baños recién renovados, si bien compartidos; ubicación tranquila y precio asequible. Para quien busque
más intimidad, dispone de tres dobles contiguas con paredes forradas de madera; son
algo compactas pero no están mal.

Ofrece desayuno (6 €) y cena (20 €). El
dueño, Patrick Manoro, es una mina de
información y de vez en cuando toca la
guitarra para sus huéspedes por la noche.

Le Relais des Gouverneurs B&B €

(plano p. 223; ☑0262 47 76 21; www.relaisdesgouver
neurs.fr; 2bis Rue Amiral Lacaze; d 65-80 €, c 90 €,
desayuno incl.; Ⓟ🛜) Pese a que el edificio esté
empezando a acusar los años, sigue siendo
un B&B de confianza. Las dos habitaciones
de categoría *superieure* tienen camas con
dosel, suelos de madera y limpios baños.
Las estándar, más baratas, ofrecen menos
interés e intimidad, pero la finca, de densa
vegetación, le añade mucho encanto. Y para
las familias están las *familiale,* más amplias.
La cena (25 €) se ofrece si hay un mínimo de
seis personas.

Gîte du Piton d'Anchaing GÎTE €

(plano p. 223; ☑0692 33 93 35; www.facebook.com/
pitondanchaing; 53bis Rue Général de Gaulle; dc
18 €; 🛜) Bien llevado, ocupa una bonita casa
criolla en la vía principal y es un sitio seguro
donde colgar la mochila. Tiene cuatro agradables, aunque algo estrechos dormitorios de
4-6 camas, limpios baños y una bonita cocina
común. El desayuno cuesta 5 €.

Le Relax CAMPING €

(☑0692 66 58 89; 21 Chemin Bras-Sec, Îlet-à-Vidot;
camping 11 €; Ⓟ) Si se busca un entorno tranquilo donde clavar la tienda en una finca
con hierba y sombra, este acogedor *camping*
está en Îlet-à-Vidot, aldea 2 km al noroeste
de Hell-Bourg. Tiene baños en buen estado
y una cocina para uso de los huéspedes. No
hay servicio de comidas, pero sí una modesta
tienda de comestibles cerca.

Su dueño, Laurent, un tipo deportivo que
ha corrido el Grand Raid, puede llevar a diversos lugares pintorescos y facilitar información (en francés) sobre plantas y arquitectura
de la zona.

Chez Madeleine Parisot GÎTE €

(plano p. 223; ☑0262 47 83 48; www.gitemadopa
risot.sitew.com; 31 Rue Général de Gaulle; dc 16 €;
🛜) En la calle principal, esta hogareña *gîte
d'étape* tiene dormitorios de 2-5 camas en
varios edificios de estilo criollo llenos de recovecos. Como algunas habitaciones son mejores que otras; pídase ver unas cuantas antes
de decidirse. Ofrece desayunos (5 €) y cenas
(18 €). Se puede aparcar gratis enfrente.

★ Chambre d'Hôte des Agrumes B&B €€

(☑0692 43 05 70, 0692 65 51 82; www.chambredho
tesdesagrumes.com; 7 Chemin Manouilh, Îlet-à-Vidot;
d 80 €, desayuno incl.; Ⓟ🛜) Si se busca silencio e
intimidad, nada como estos cuatro bungalós
independientes de estilo criollo diseminados

por un jardín. Amplios y con un mantenimiento impecable, tienen baños impolutos y
terraza privada. Las cenas (20 €) tienen muy
buena críticas. Está en la aldea de Îlet-à-Vidot, unos 2,5 km al noroeste de Hell-Bourg.

Le Relais des Cimes HOTEL €€

(plano p. 223; ☑0262 47 81 58; www.relaisdescimes.
com; 67 Rue Général de Gaulle; i 70-78 €, d 81-89 €,
desayuno incl.; Ⓟ🛜) En un edificio estilo motel,
ofrece habitaciones anodinas aunque limpias
y cuidadas; las de arriba tienen casi todas vistas a los montes. Al otro lado de la calle hay
un segundo edificio, que dispone de cuatro
habitaciones con encanto en dos casas criollas restauradas con gusto; pregúntese por las
"Chambres Case Créole". Hay wifi disponible
en el restaurante.

Les Jardins d'Héva HOTEL €€

(plano p. 223; ☑0262 47 87 87; www.lesjardinsdhe
va.com; 16 Rue Lacaussade; d 98 €, desayuno incl.;
Ⓟ🛜) En las afueras, al sur del pueblo, este
relajante lugar tiene cinco coloridos bungalós
con sabor criollo, cada uno con dos habitaciones contiguas; todas están decoradas de
modo diferente. Dos pegas: dan la espalda a
las fantásticas vistas del circo y tienen poca
intimidad al compartir terraza. La verdadera
ganga es el mini *spa* con sauna y *jacuzzi,* de
acceso gratuito para los huéspedes.

Tiene restaurante y una pequeña tienda de
regalos. La dueña, Alice Deligey, habla inglés.

✕ Dónde comer

Si Cilaos es famoso por sus lentejas, Hell-
Bourg lo es por el *chouchou* (chayote), especie de calabaza verde en forma de pera que
fue traída de Brasil en 1834. Se come en ensaladas, gratinado y en *chouchou gateau.* En
la vía principal hay tiendas de alimentación
para comprar provisiones básicas.

Chez Maxime's CRIOLLA €

(plano p. 223; ☑0693 94 46 76; 18 Rue Amiral Lacaze; principales 9-11 €; ⏱12.00-14.00 mi-lu) Al final
de la vía principal, es fácil pasar por alto este
sitio nada pretencioso y sin pizca de diseño,
cuyas comidas criollas, postres incluidos,
constituyen un almuerzo económico ideal.
También para llevar.

Patis' Salazes PANADERÍA €

(plano p. 223; ☑0262 47 85 40; 43 Rue Général de
Gaulle; sándwiches 2-4 €; ⏱6.00-18.00) Prepara
sabrosos bocadillos con estupendos ingredientes y tiene buena repostería, *macatias*
incluidos.

Le P'tit Koin Kréol
CRIOLLA €

(plano p. 223; ☑0693 92 62 00; 35 Rue Général de Gaulle; principales 7-9 €; ⊘12.00-15.00) Diminuto, en una linda casa criolla, es buen sitio para probar auténtica comida casera. Pídase *gratin de chouchous* o un sabroso curri y, de postre, una rica tarta de plátano. También hacen bocadillos (desde 3 h €). Solo dispone de cuatro mesas; si está lleno, también prepara comida para llevar.

Crêperie Le Gall
CREPERÍA €

(plano p. 223; ☑0262 47 87 48; 55 Rue Général de Gaulle; principales 3-12 €; ⊘12.00-14.00 ju-ma) El único sitio en kilómetros a la redonda que sirve panqueques. Pruébese el *ti chou chou*, con, cómo no, *chouchou*. Y para beber, una *bolée de cidre* (sidra). También tienen *gratins* (hortalizas gratinadas con queso) y ensaladas.

Les Jardins d'Héva
CRIOLLA, BUFÉ €€

(plano p. 223; ☑0262 47 87 87; 16 Rue Lacaussade; bufé de almuerzo 15-18 €, bufé de cena 28 €; ⊘12.00-13.30 ju-ma, 18.30-20.00 diario; ☎) El emplazamiento es soberbio: el centro de Hell-Bourg a los pies, los recortados picos de los Cirques en la lejanía y un luminoso comedor. Sirve un surtido de bien preparados platos criollos, ensaladas y postres caseros. El bufé de almuerzo tiene una excelente relación calidad-precio.

Le Relais des Cimes
CRIOLLA €€

(plano p. 223; ☑0262 47 81 58; 67 Rue Général de Gaulle; principales 12-17 €, menús 18-23 €; ⊘12.00-14.00 y 19.00-20.30) La tentadora comida tiene un marcado sabor regional en este incondicional de Hell-Bourg. Algunos de sus numerosos éxitos son la trucha de Hell-Bourg, la pintada asada con melocotón y el *vindaye de thon* (atún marinado con cúrcuma rallada), todo servido a precio asequible en un marco rústico de techos de madera y manteles rojos.

Ti Chou Chou
CRIOLLA €€

(plano p. 223; ☑0262 47 80 93; 42 Rue Général de Gaulle; principales 12-23 €, menús 18-26 €; ⊘11.30-13.45 y 18.30-19.45 sa-ju) Un simpático y joven equipo lleva este pequeño restaurante de colorida fachada en la calle principal. Los herbívoros optarán por el *assiette ti chouchou*, plato que combina *chouchou*, *cresson* y *capucine* (hortalizas locales). Atrás tiene una sombreada terraza. En temporada baja no suele abrir para cenar.

❶ Información

Oficina de turismo (plano p. 223; ☑0262 47 89 89; www.est.reunion.fr; 47 Rue Général de Gaulle; ⊘8.30-12.00 y 13.00-17.30; ☎) Folletos sobre rutas de excursionismo y horarios de autobuses. También reserva *gîtes de montagne* y circuitos guiados en inglés si se avisa con tiempo. Wifi gratis.

❶ Cómo llegar y salir

De Salazie a Hell-Bourg hay autobuses más o menos cada 2 h de 6.45 a 18.20 (1,80 €, 20 min aprox.); y en sentido opuesto, de 6.15 a 17.45. Los domingos hay cuatro en ambas direcciones.

Grand Îlet y Col des Boeufs

Se trata de un lugar delicioso. Unos 17 km al oeste de Hell-Bourg, por una tortuosa carretera panorámica, Grand Îlet parece realmente el fin del camino. El pueblo está al pie de la cresta que separa el Cirque de Salazie del Cirque de Mafate, con el Col des Bœufs, puerto que constituye la principal ruta a pie entre ambos circos, a sus espaldas. Al *col* se accede por Le Bélier, pueblo 3 km más arriba de Grand Îlet, donde empieza la alquitranada Route Forestière hasta el puerto. Hay una serie de *kiosques* para pícnics, muy concurridos los fines de semana, a lo largo de la Route Forestière.

🛏 Dónde dormir y comer

Solo hay un restaurante independiente en Grand Îlet. La mayoría de los visitantes opta por comer en la *table d'hôtes* (de las *chambres d'hôtes*) o bajan en automóvil a Hell-Bourg.

Le Papangue
B&B €

(☑0692 60 30 67; nelson.boyer@wanadoo.fr; 6 Chemin Camp Pierrot; d 70 €, desayuno incl.; 🅿☎) Al final de una larga jornada al volante, da gusto meterse entre las sábanas recién planchadas de este B&B, junto a la carretera de Le Bélier. Ofrece tres habitaciones de buen tamaño, con suelo de parqué y paredes forradas de madera. Es una pena que dos de ellas den a un muro de cemento.

Le Cimendef-Chez Noeline et Daniel Campton
B&B €

(plano p. 212; ☑0262 47 73 59; campton.cimendef@wanadoo.fr; 735 Route du Bélier, Casabois; d/ste 50/85 €, desayuno incl.; 🅿☎) Cuatro habitaciones muy sencillas, con vistas al Cimendef (2226 m). También ofrece una suite con encanto, pintada en bonitos tonos naranjas, con suelo de madera, luminoso baño, techos criollos, mobiliario de teca y terraza privada. El precio baja a 75 € para estancias de dos

EXPLORAR EL CIRQUE DE MAFATE

Pese a lo apartado y aislado, este circo está habitado. Entre sus valles, mesetas y espolones montañosos hay discretos asentamientos criollos que conservan un toque rural. Aunque sean lugares sencillos, cautivan por su espectacular enclave.

La parte sur del circo se llama Haut Mafate (Alto Mafate) y recibe el grueso de las visitas. Aquí se hallan la apacible Marla, la aldea más alta del circo (alt. 1621 m); La Nouvelle, la "capital" de Mafate y una de las principales puertas de entrada al circo en una meseta a 1421 m de altura; y Roche-Plate, al pie del grandioso Maïdo.

La parte sur es el Bas Mafate (Bajo Mafate), considerado aún más hermético que el Alto Mafate. Abarca Îlet à Bourse, Îlet à Malheur, Aurère, Grand Place, Cayenne, Les Lataniers e Îlet des Orangers. Las dos diminutas comunidades de Grand Place y Cayenne están encima del rumoroso Rivière des Galets, cerca de la salida principal del circo.

o más noches. La cena, disponible algunas noches, cuesta 24 €.

Resulta una base práctica para llegar por la mañana temprano al Col des Bœufs.

Chez Liliane Bonnald   B&B €

(☎0262 47 71 62; liliane.bonnald@wanadoo.fr; 17 Chemin Camp-Pierrot; d 40-60 €, desayuno incl.; P🛜) En una casa más bien moderna, en la carretera de Le Bélier, las tres habitaciones de arriba no son de revista de diseño, pero está bien para un par de noches. Es mejor elegir algunas de las habitaciones más recientes (60 €), sitas en una loma a unos 100 m: impecables, luminosas y con amplias vistas de los montes.

Liliane Bonnald, la amable anfitriona, es también buena cocinera. La cena cuesta 25 €.

Snack Le Grand Îlet-Chez Serge   CRIOLLA €

(☎0262 47 71 19; 48 Rue du Père Mancel; principales 6-11 €; ⊙11.00-14.00 y 18.30-20.00 vi-mi) Económico y con luces de neón, en una casa moderna junto a la vía principal. Vale la pena por su breve lista de sabrosos platos del día, estilo salchicha *rougail*, pollo asado o estofado de cerdo; todo es fresco y casero. También comida para llevar (6 €). Excelente calidad-precio.

❶ Cómo llegar y salir

Hay ocho autobuses diarios, cuatro los domingos, de Salazie a Grand Îlet y Le Bélier de 6.45 (9.15 do) a 18.20. De regreso a Salazie salen de Le Bélier de 5.45 aprox. a 17.00 (7.00-17.20 do), con parada en Grand Îlet 10 min más tarde.

De Le Bélier al Col des Bœufs hay dos autobuses (línea 82C) diarios los lunes, miércoles, viernes y domingos. La oficina de turismo de Hell-Bourg tiene los horarios.

Si se va en vehículo propio, se puede dejar en el aparcamiento vigilado (1/2 días 2/10 €) de Le Petit Col, subiendo 6,5 km por la *Route Forestière;* de ahí solo queda una subida de 20 min a pie hasta el Col des Bœufs.

Cirque de Mafate

Rodeado de terraplenes, entrecruzado de barrancos y tachonado de crestas, Mafate es el circo más salvaje y apartado de Reunión. No hay forma de no sorprenderse ante esta maravilla geológica, con cambiantes colores, estólida serenidad e insuperable grandiosidad. Nada de coches, nada de pueblos, nada de estrés; solo imponentes montes, profundas gargantas y alguna que otra diminuta aldea donde el tiempo parece haberse detenido.

Además de su espectacular orografía, lo que diferencia al Cirque de Mafate es su difícil acceso pese a estar muy cerca de los antros de perdición de la costa. No hay carreteras propiamente dichas, solo la Route Forestière, una pista que sube hasta al Col des Bœufs; solo se puede llegar a pie a las aldeas diseminadas por esta gigantesca caldera de un volcán extinto.

❶ Cómo llegar y salir

Mafate solo es accesible a pie, por varias rutas. La más práctica es la que pasa por el Col des Bœufs en el Cirque de Salazie. Otras rutas para entrar en Mafate desde el Cirque de Salazie son el Sentier Scout y el Sentier Augustavel. Desde el Cirque de Cilaos se accede por el Col du Taïbit (2082 m).

Desde la costa oeste el modo más sencillo de entrar en Mafate es por la localidad de Rivière des Galets. También puede hacerse desde Sans

Souci vía la Canalisation des Orangers y desde Le Maïdo bajando a Roche-Plate.

Aurère

80 HAB.

Esta diminuta *îlet* (aldea) encaramada sobre el escarpado cañón del Bras Bémale en el Cirque de Mafate suele ser la primera escala para los senderistas que realizan el circuito del Bas Mafate. No es más que unas cuantas coloridas *cases créoles,* pero ofrece mucho encanto rural en un entorno de ensueño.

🛏 Dónde dormir y comer

Aurère tiene una modesta tienda de comestibles. Las *gîtes* proporcionan todas las comidas; para reservar hay que llamar al menos con un día de antelación.

Gîte Narcisse Libelle GÎTE €
(📞0692 09 18 86, 0262 43 86 38; Mafate; dc 40 €, media pensión incl.) Un lugar acogedor a las afueras de Aurère, camino de Îlet à Malheur. Ofrece dos dormitorios de cuatro camas cada uno.

Gîte Boyer Georget-Le Poinsettia GÎTE €
(📞0692 08 92 20; Mafate; dc 39 €, media pensión incl.; h 42 € por persona, media pensión incl.) Dormitorios de 5-11 camas. Hay además tres dobles y una pequeña tienda de comestibles.

Auberge Piton Cabris -Charlemagne Libelle GÎTE €
(📞0692 26 33 59, 0262 43 36 83; Mafate; dc 19 €) Cuatro dormitorios de cuatro camas. Buenas vistas desde la terraza. El desayuno cuesta 6 € y la cena, 19 €.

ℹ Cómo llegar y salir

A Aurère solo se llega a pie. Casi todo el mundo llega desde Rivière des Galets, una caminata de 3 h al oeste.

LES HAUTES PLAINES Y EL PITON DE LA FOURNAISE

La única carretera que atraviesa la isla pasa por la Plaine-des-Cafres y la Plaine-des-Palmistes, conocidas en conjunto como Les Hautes Plaines. A unos 1000 m de altitud, estas mesetas tienen un aire frío y vigorizante, y a menudo están envueltas en la neblina, algo

INCURSIONES EN EL CIRQUE DE MAFATE

Si se dispone de un día de más, se puede emplear en una caminata por el Cirque de Mafate. Desde el aparcamiento debajo del Col des Bœufs solo se tardan 2 h en bajar a La Nouvelle, la "capital" de Mafate. Es una estupenda caminata de medio día, y se puede almorzar en La Nouvelle. Una ruta más larga sigue el **Sentier Scout** que sale de la Route forestière (carretera forestal; señalizado unos 2,3 km antes del aparcamiento de Col des Bœufs) y lleva a Aurère en el Bas Mafate; se puede dormir en Aurère y al día siguiente regresar a pie hasta la Route forestière por el panorámico **Sentier Augustave,** un circuito precioso.

que se agradece si se llega de las abrasadoras ciudades costeras.

Estas zonas abiertas, de relativa extensión, forman el collado que separa el macizo de los tres circos, por un lado, del volcán Piton de la Fournaise, por otro. El volcán figura entre los más activos del mundo, con la misma clasificación que los de Hawái. Es también de los más accesibles: se puede subir andando hasta la misma caldera.

Al haber una carretera desde las Hautes Plaines que llega pocos kilómetros antes de la cima del volcán, casi todo el mundo accede a él por ese lado.

Plaine-des-Cafres y alrededores

Montes y pastos de un verde aterciopelado se suceden ondulantes en el horizonte. Aire fresco, neblina. Con unos paisajes que son el colmo de lo bucólico, la Plaine-des-Cafres tiene un sorprendente parecido con Baviera. Es fresca y relajante debido a su altitud, a 1200 m sobre el nivel del mar, y acariciada por frecuentes brisas. Antaño refugio de esclavos cimarrones huidos de la costa, esta vasta zona suavemente ondulada se extiende entre los Cirques y el Piton de la Fournaise.

Para el turista el sitio más interesante de la Plaine-des-Cafres es **Bourg-Murat,** el mejor trampolín para visitar el volcán. En este asentamiento rural la Route Forestière du Volcan se desvía hacia el Piton de la Fournaise.

GRAND BASSIN, EL VALLE PERDIDO

Este pintoresco valle, conocido como Mafate *en miniature*, es una de las pocas zonas de Reunión a las que solo se puede llegar a pie. Gracias a su espléndido aislamiento, este pedacito de paraíso es un sueño para quien quiera relajarse unos días mientras descubre la auténtica vida rural de Reunión.

El Grand Bassin está formado por la confluencia de tres ríos. Cerca de esta, hay una aldea con unas cuantas *gîtes* (solo alojamiento; sin comidas); siguiendo el río desde la aldea hacia el oeste pronto se hallarán unas cuantas pozas de roca donde bañarse. Más al oeste se puede bajar al pie de la impresionante Cascade du Voile de la Mariée.

Incluso sin bajar por la senda hasta la aldea, se puede contemplar el fondo del valle desde el mirador Belvédère (p. 238).

Por el pueblo de Grand Bassin hay una decena de *gîtes*. Se duerme en rústicos dormitorios colectivos o modestas dobles, pero eso es parte de la diversión; hay que reservar al menos con un día de antelación. Si se visita en el día, en las *gîtes* se come por 18-20 €, normalmente un sustancioso *carri* (curri) con productos del lugar. Se recomienda reservar.

Le Randonneur (☑0692 78 04 50; www.giletelerandonneur.net; Grand Bassin; 40-45 €, por persona, media pensión incl.) Estilo chalé, con buenas vistas, es algo más caro que los restantes sitios de Grand-Bassin pero resulta más íntimo, con solo tres dobles y cuatro cuádruples, todas embaldosadas.

La Vieille Tonnelle (☑0262 27 51 02, 0262 59 20 27; Grand Bassin; 40 €, por persona, media pensión incl.) Tiene dos acogedoras dobles. El cordial Luc, su dueño, invita a un sensacional *rhum bois* (ron aromatizado). Buenas mermeladas caseras.

Les Orchidées (☑0692 17 34 57, 0692 03 90 38; Grand-Bassin; 38-45 € por persona, media pensión incl.) En el borde oriental de la aldea, tiene dos dobles, dos cuádruples y dos dormitorios de ocho camas. Buena miel de la casa.

Le Paille-en-Queue (☑0262 59 03 66, 0692 24 31 73; Grand-Bassin; 40 € por persona, media pensión incl.) Ofrece dos dobles y dormitorios de seis-ocho camas.

Auberge de Grand-Bassin (☑0262 59 10 34, 0692 26 74 55; Grand Bassin; 40 €, por persona, media pensión incl.) Tienen dos dobles y dormitorios de 6-16 camas.

Les Mimosas (☑0692 16 09 90; www.lesmimosas.re; Grand-Bassin; 195 € por persona, media pensión incl.; 🛜) Bonito B&B bien construido y decorado con materiales locales. El bungaló todo de madera en un soberbio jardín tropical tiene dos dobles muy acogedoras. Estupendo para parejas o familias. Pueden preparar comidas vegetarianas.

◉ Puntos de interés

Cité du Volcan
MUSEO

(plano p. 229; ☑0262 59 00 26; www.maisonduvolcan.fr; RN3, Bourg-Murat; adultos/niños 9/6 €; ⏰13.00-17.00 lu, 9.30-16.45 ma-do) Todo lo que hay que saber sobre el Piton de la Fournaise y los volcanes en general se detalla en este excelente museo. En el 2014 se reformó y modernizó totalmente, con lo último en instalaciones y animaciones. Tiene una espectacular atracción 4D por la que cobra un recargo de 2 €.

Belvédère
MIRADOR

(plano p. 212; Bois Court) Desde este mirador cerca de Bois Court se ve el espléndido valle de Grand Bassin abajo.

🏃 Actividades

Centre Équestre Alti Merens
EQUITACIÓN

(plano p. 212; ☑0692 31 47 92; www.alti-merens.re; 120 Rue Maurice Krafft, km 26; paseos a caballo 1/2/3 h 30/50/75 €; ⏰previa reserva) Centro ecuestre en el borde sur de Bourg-Murat.

Écuries du Volcan
EQUITACIÓN

(plano p. 229; ☑0692 66 62 90; www.ecuriesduvolcan.e-monsite.com; 9bis Domaine Bellevue, Bourg-Murat; paseos a caballo 1/3 h 20/60 €; ⏰9.00-12.00 y 14.00-17.00) Un centro ecuestre bien llevado en el borde norte de Bourg-Murat. Se recomienda el paseo a caballo llamado "La Ronde" (3 h). Para principiantes y niños, mejor el estupendo circuito "Primeros pasos", alrededor del Piton Desforges.

Bourg-Murat

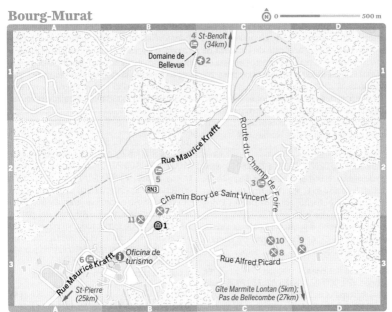

N 0 ⸺ 500 m

St-Benoît (34km)

Domaine de Bellevue

Rue Maurice Krafft

Route du Champ de Foire

RN3

Chemin Bory de Saint Vincent

Rue Maurice Krafft

Oficina de turismo

St-Pierre (25km)

Rue Alfred Picard

Gîte Marmite Lontan (5km); Pas de Bellecombe (27km)

🎊 Fiestas y celebraciones

Fête du Miel Vert GASTRONOMÍA
(Fiesta de la Miel; ⊖ene) Feria rural de la miel, en la Plaine-des-Cafres.

🛏 Dónde dormir

Bourg-Murat y la zona circundante son una buena base de operaciones, con una buena selección de alojamientos, incluidos un par de hoteles. En fin de semana es esencial reservar.

Chez Alicalapa-Tenon B&B €
(plano p. 229; ☎0262 59 10 41, 0692 08 80 09; c.alicalapatenon@ool.fr; 164 Route du Champ de Foire, Bourg-Murat; i/d 40/50 €, desayuno incl.; 🅿🛜) Agradable, en una casa moderna, resulta práctico para recorrer la zona. Sus seis sencillas habitaciones recubiertas de madera están impolutas; pídase una que da al jardín. La cena cuesta 20 €.

La Ferme du Pêcher Gourmand HOSTERÍA €
(plano p. 212; ☎0262 59 29 79, 0692 66 12 48; www.pechergourmand.re; RN3 km 25; i 60 €, d 65-75 €, c 150 €, bungaló d 100 €, desayuno incl.; ⊖cerrado 2 semanas en feb y 3 en sep; 🅿🛜) Una simpática pareja lleva este moderno *auberge* (granja hostería) rodeado de un ameno jardín. Las cinco habitaciones contiguas son algo estrechas, con baños diminutos, pero el entorno lo compensa con creces. También hay un bungaló independiente que ofrece más intimidad y dos *cases* más amplias ideales para familias.

Tiene un restaurante muy aclamado; vale la pena optar por la media pensión.

Gîte Marmite Lontan GÎTE €
(plano p. 212; ☎0692 60 51 38; www.marmite lontan.com; Route Forestière du Volcan; i sin baño

REUNIÓN PLAINE-DES-CAFRES Y ALREDEDORES

40 €, media pensión incl.; P) Una joya de destartalado encanto, desde la curiosa fachada, enteramente recubierta de chanclas; hasta el comedor, que es una caja de Pandora de *objets lontan* (utensilios y objetos antiguos). Ofrece cinco cuidados dormitorios para 2-4 personas.

La *gîte* está aislada en la Route Forestière du Volcan a unos 5 km del centro de Bourg-Murat. Cierra dos-tres meses al año (normalmente en feb, jun y dic). No hay wifi.

Gîte de Bellevue
GÎTE €

(plano p. 229; ☎0262 59 15 02, 0692 07 80 83; www.gitedebellevue.re; Domaine de Bellevue, Bourg-Murat; dc 16 €, bungaló d 45 €; P) Todo un hallazgo en un bucólico entorno, con dos dobles y dos cuádruples, todas bien limpias. Hay además un bungaló más pequeño para parejas. Ofrece desayunos (6 €); no da ninguna otra comida pero tiene instalaciones para cocinar.

Gîte de la Fournaise
GÎTE €

(plano p. 229; ☎0692 22 89 88, 0262 59 29 75; www.gitedelafournaise.re; 202 RN3, Bourg-Murat; dc/i/d 16/30/36 €; P☎) En la vía principal, bien considerado, tiene un dormitorio de seis camas y dos cuádruples en buen estado con su propio baño. El dueño francés es amabilísimo y se ofrece a recoger a los caminantes en las cercanas rutas senderistas (y dejarlo en ellas a la mañana siguiente).

Hôtel l'Ecrin
HOTEL €€

(plano p. 229; ☎0262 59 02 02; www.ecrin-hotel.re; RN3 km 27, Bourg-Murat; i/d/c 60/84/121 €, desayuno incl.; P☎) Un grupo de casitas diseminadas por los jardines de una loma. Las habitaciones están algo ajadas pero resultan aceptables como plan B.

✕ Dónde comer

★ Palais du Fromage
QUESO €

(plano p. 229; ☎0262 59 27 15; Rue Alfred Picard, Bourg-Murat; queso y gofres 2,50-6 €; ⊗9.00-17.00 ma-do) El "Palacio del Queso" es famoso por su soberbio surtido. El delicioso *fromage au miel* (queso a la miel) sabe aún mejor en una mesa de pícnic del cercano bosque de criptomerias. También prepara gofres, tortitas, yogures y zumos de frutas. Está a las afueras de Bourg-Murat según se va al volcán. Solo efectivo.

Ti Resto Lontan
INTERNACIONAL €€

(plano p. 229; ☎0262 43 90 42; RN3 km 27, Bourg-Murat; principales 10-21 €; ⊗11.30-14.30 y 18.30-21.30 mi-lu) El anodino edificio no debe

desanimar: este simpático lugar tiene fieles seguidores por su cocina de temporada de buena relación calidad-precio, con sabrosos *carris,* copiosas ensaladas y platos de pescado y carne cocinados con sencillez. De postre se recomienda la riquísima *mousse* de fruta. El servicio cordial y el ambiente tranquilo propician una agradable y relajada comida.

La Ferme du Pêcher Gourmand
CRIOLLA, FRANCESA €€

(plano p. 212; ☎0262 59 29 79; www.pechergourmand.re; RN3 km 25; principales 14-19 €; ⊗12.00-14.00 sa y do, 19.00-20.30 ma-sa, cerrado 2 semanas en feb y 3 en sep; ☎) Esta *ferme-auberge* (granja hostería) en la vía principal de Bourg-Murat ofrece deliciosa comida de granja y excelente relación calidad-precio. Además del pato y las hortalizas de temporada, su especialidad son el curri de cerdo y el *cassoulet* (guiso de carne y judías). Hay que dejar hueco para la *crème brûlée* de vainilla. Vale la pena reservar antes, sobre todo en fin de semana.

Le Vieux Bardeau
CRIOLLA, BUFÉ €€

(plano p. 212; ☎0262 59 09 44; RN3, km 24; principales 12-23 €, bufé 14-23 €; ⊗11.30-14.00 lu, ma y ju-sa, 12.00-14.00 do, 18.30-20.00 ju-sa; ☎) En una mansión criolla de color amarillo limón que envejece con elegancia junto a la vía principal, en Le Vingt-Quatrième. El bufé de almuerzo tiene una gran relación calidad-precio, con ocho entrantes diferentes y cinco curris. También ofrece parrilladas y ensaladas a la carta.

Relais Commerson
CRIOLLA €€

(plano p. 229; ☎0692 60 05 44; 37 Bois Joly Potier, Bourg-Murat; principales 16-25 €, menús 18-40 €; ⊗12.00-14.00 mi-do y 19.00-20.00 vi y sa) Tiene un rústico comedor y una carta cuajada de inspirados platos criollos y tentadores postres. Entre semana ofrece un excelente bufé de almuerzo por solo 18 €.

Hôtel-Auberge du Volcan
CRIOLLA, FRANCESA €€

(plano p. 229; ☎0262 27 50 91; RN3 km 27, Bourg-Murat; principales 12-18 €, menú 17 €; ⊗11.30-13.30 ma-do, 18.30-20.30 ma-sa) Todos los platos criollos clásicos y algunos *métro* se sirve en generosas raciones en esta hostería rural del centro de Bourg-Murat. Nada memorable, pero cumple su función.

★ Le QG
INTERNACIONAL €€€

(plano p. 229; ☎0262 38 28 55, 0692 48 22 80; 60bis Rue Alfred Picard, Bourg-Murat; principales 16-35 €; ⊗12.00-22.00; ☎) La ecléctica carta ofrece *rougail z'andouille* (guiso criollo de *andouille,* embutido a base de tripa de cerdo) exquisitamente preparado y divinas carnes a la parrilla, además de algunos platos senegaleses como *poulet yassa* (pollo en una espesa marinada de cebolla y limón a la parrilla). Una exitosa fórmula.

Además, es el único lugar en kilómetros a la redonda con algún entretenimiento (karaoke) los viernes por la noche. A veces abre para desayunar. Resérvese los fines de semana.

🛈 Información

Oficina de turismo (plano p. 229; ☑0262 27 40 00; www.tampontourisme.re; 160 Rue Maurice Krafft, Bourg-Murat; ☺9.00-17.00; ☎) Cerca de la gasolinera Engen, reserva *gîtes de montagne* y tiene folletos y mapas de senderismo. Wifi gratis.

🛈 Cómo llegar y salir

Hay tres autobuses diarios en ambos sentido unen St-Benoît y St-Pierre vía la Plaine-des-Cafres y la Plaine-des-Palmistes (línea S2). Más información en www.carjaune.re.

Piton de la Fournaise

Llamado simplemente *le volcan* por los lugareños, es la atracción natural más famosa de la isla. El Piton de la Fournaise no es un bello durmiente, sino un monstruo geológico activo, con erupciones muy frecuentes. En abril del 2007 el cráter central de 900 m de ancho se derrumbó 300 m, formándose en sus laderas surorientales nuevos campos de lava que llegaron hasta la costa. En agosto del 2015 hubo una nueva erupción, aunque menos potente.

Lo bueno es que es de los volcanes activos más accesibles del mundo, pues se puede subir a pie hasta el mismo borde del cráter. También es posible sobrevolarlo o simplemente disfrutar del paisaje desde un mirador en el borde exterior del cráter, donde acaba la carretera.

⦿ Puntos de interés

★ **Plaine des Sables**   PARAJE NATURAL

(plano p. 232) Esto es el fin del mundo, una ancha llanura de cenizas barrida por los vientos que asemeja un paisaje lunar. Desde el Pas des Sables la carretera baja a la llanura y se convierte en una pista de tierra con tremendos baches antes de subir hacia el Pas de Bellecombe.

Pas de Bellecombe   MIRADOR

(plano p. 232) El mirador del Pas de Bellecombe (2311 m), entrada a la zona volcánica, recompensa con fascinantes vistas del volcán y su cráter exterior, el Enclos Fouqué. El pequeño y muy fotogénico cono de escoria con curiosos tonos ocre que se ve al este del Enclos Fouqué es el Formica Leo. El cráter principal es el Dolomieu, de 900 m de ancho y aún activo.

Pas des Sables   MIRADOR

(plano p. 232) A unos 22 km de Bourg-Murat, es un mirador fabuloso en el Pas des Sables (2360 m) desde donde contemplarse el yermo paisaje lunar de la Plaine des Sables.

Belvédère du
Nez-de-Bœuf   MIRADOR

(plano p. 232) Camino del volcán, hay que parar en este mirador señalizado para disfrutar de insuperables vistas del valle excavado por el río Remparts.

🛏 Dónde dormir y comer

El único alojamiento es la Gîte du Volcan (p. 231). No es extraño que tenga mucha demanda, sobre todo en la temporada de senderismo; es preciso reservar con mucha antelación.

Gîte du Volcan   GÎTE €

(plano p. 232; ☑0692 85 20 91; Route du Volcan; dc 16-18 €, bungaló a 60 €, desayuno incl.; restaurante principales almuerzo 14-18 €, menú de cena 25 €; ☺restaurante 12.00-14.00 ju-ma; 🅿) Esta

MONITORIZACIÓN DEL VOLCÁN

Los científicos vigilan en todo momento el comportamiento del volcán, listos para emitir avisos si la cosa empieza a calentarse. Al primer signo de erupción se cierran las sendas cercanas al volcán y la carretera que sube al mismo.

Se ha colocado una cámara web en el borde del cráter exterior, al norte, frente al Piton de la Fournaise; así los senderistas pueden ver qué condiciones atmosféricas hay en las cercanías del volcán y los viajeros curiosos admirar simplemente al monstruo en todo su esplendor.

Las imágenes se actualizan cada 5 min. Véase en www.fournaise.info/webcam.php.

Piton de la Fournaise

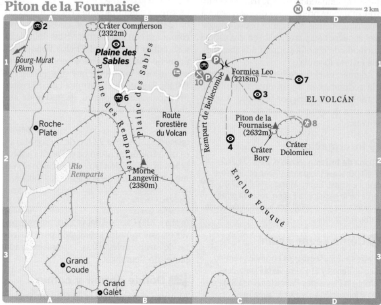

Piton de la Fournaise

gîte de 65 camas se halla en un emplazamiento impresionante, a 14 min andando del Pas de Bellecombe. Ofrece dormitorios básicos de 4-12 camas, además un lindo bungaló con baño. El agua es limitada y funciona con fichas; no hay enchufes en los dormitorios.

El restaurante abre a la hora del almorzar para los excursionistas y sirve hasta cinco platos distintos. Lo mejor son las ventanas con preciosas vistas de montaña.

En principio, el alojamiento debe reservarse a través de la Centrale d'Information et de Réservation Régionale-Île de la Réunion Tourisme (p. 185), o de cualquier oficina de turismo, pero el personal suele aceptar viajeros sin reserva si no está lleno; es esencial reservar en temporada de senderismo. Se aceptan tarjetas de crédito.

Le Relais de Bellecombe   CAFETERÍA €
(plano p. 232; Pas de Bellecombe; tentempiés desde 1 €; ☺8.00-16.00) Cerca del aparcamiento del Pas de Bellecombe, este modesto lugar vende tentempiés, bocadillos (4 €) y refrescos.

❶ Cómo llegar y salir

No hay transporte público a/desde el Piton de la Fournaise.

La principal puerta de entrada al volcán es Bourg-Murat. Desde allí, la panorámica Route Forestière du Volcan va zigzagueando hasta el Pas de Bellecombe, unos 30 km al sureste de Bourg-Murat. El cambio gradual del paisaje es alucinante: los verdes prados y bosques de criptomerias típicos de las Hautes Plaines van dando paso al matorral y un paisaje de aspecto marciano.

Plaine-des-Palmistes

5500 HAB.

Debe su nombre a que antaño tenía muchos palmitos *(palmistes)*, aunque ahora quedan pocos como consecuencia del gran consumo de sus cogollos. El pueblo de Plaine-des-Palmistes se extiende a lo largo de la carretera y tiene solo un punto de interés concreto, el Domaine des Tourelles.

◉ Puntos de interés

Domaine des Tourelles   EDIFICIO HISTÓRICO
(☎0262 51 47 59; www.tourelles.re; 260 Rue de la République; ☺9.00-17.00 lu-vi, 10.00-17.00 sa y do) Precioso edificio criollo de los años veinte, al sur del centro, que ahora alberga una tienda de productos locales y recuerdos. Fuera se hallarán unas cuantas tiendas

de artesanía. El variopinto surtido abarca pinturas, tallas y objetos de bronce, miel y velas, entre otras cosas.

✪✪ Fiestas y celebraciones

Fête des Goyaviers   GASTRONOMÍA
(Fiesta de los Guayabos; ☺jun) Fiesta dedicada a la guayaba.

🛏 Dónde dormir y comer

El pueblo de Plaine-des-Palmistes es un buen trampolín para visitar el Forêt de Bébour-Bélouve, con unos cuantos B&B, una *gîte* y un hotel.

A lo largo de la vía principal que atraviesa el pueblo hay algunos restaurantes criollos bastante corrientes y sitios de comida rápida. Además, el Domaine des Tourelles tiene un buen autoservicio.

SUBIDA AL PITON DE LA FOURNAISE

El Piton de la Fournaise, emblema de Reunión, es un imprescindible de los senderistas. Desde el Pas de Bellecombe se puede subir al Balcon du Dolomieu (plano p. 232), mirador en la cara noroeste del borde del cráter Dolomieu desde donde se contempla el fondo de la caldera, unos 350 m más abajo. Ir y volver al Balcon du Dolomieu es una caminata de 5 h y 14 km calificada como moderada, con un desnivel de unos 500 m; aunque el camino suele estar muy concurrido, merece la pena por el impresionante paisaje. Nótese que desde la erupción del 2007 ya no se puede hacer el circuito rodeando los cráteres Dolomieu y Bory; hay que ignorar todo mapa que lo muestre, pues no está actualizado.

Desde el aparcamiento del Pas de Bellecombe se toma la senda hacia el noreste que lleva a una puerta, cerrada cuando el volcán está activo. Ahí es donde empieza la senda de verdad, que baja 521 escalones hasta el suelo del inmenso Enclos Fouqué, al que se llega tras 15 min. Se camina por un campo de lava petrificada, con la ruta marcada con manchas de pintura blanca. A veces da impresión de estar caminando por Marte, con el seco crujido de las cenizas al pisar por toda compañía. Primero se pasa por el muy fotogénico Formica Leo (pequeño cono de escoria) y, a unos 45 min del inicio, surge ante los ojos la impresionante cueva en la lava llamada Chapelle de Rosemont (plano p. 232). A partir de ahí la senda vira a la izquierda y empieza a subir gradualmente por la pared este como hasta llegar al Balcon du Dolomieu. Aviso: no hay barandilla de seguridad, solo una línea blanca.

Aunque la caminata del volcán sea muy popular y técnicamente poco exigente, no ha de tomarse a la ligera. Es un paraje duro y árido, pese a la neblina que deja empapada la piel; el viento helado se lleva la humedad, quedando el caminante deshidratado y sin aliento. El mejor momento para emprender la subida es por la mañana temprano, con mayor probabilidad de vistas despejadas; por otro lado, es también cuando lo hace casi todo el mundo.

Desde la erupción de abril del 2007 se han establecido dos nuevos paseos por el Enclos Fouqué. No llevan al cráter Dolomieu sino al Piton Kapor (plano p. 232) (3 h aprox. ida y vuelta), pequeño cono volcánico al norte del Piton de la Fournaise; y al Cratère Rivals (plano p. 232) (4 h aprox. ida y vuelta), en la parte sureste del Enclos. Hay folletos que detallan estas rutas en la oficina de turismo de Bourg-Murat.

Se puede salir al rayar el alba si se pernocta en la Gîte du Volcan (p. 231), pero hay que reservar con mucha antelación.

Gîte du Pic des Sables
& Chambre d'Hôte des Agrumes GÎTE, B&B €

(plano p. 212; ☑0262 51 37 33; 2 Allée des Filaos, Plaine-des-Palmistes; dc/d 25/75 €, desayuno incl.; **P**) Bastante limpio pero pequeño, esta *gîte d'étape* está en la carretera que va al Forêt de Bébour-Bélouve, a unos 4 km de la carretera principal en dirección al Petite Plaine. Para más confort e intimidad, elíjase una de las dos *chambres d'hôtes* contiguas en la parte trasera del jardín, espaciosas, aireadas y funcionales. Se sirven sustanciosas comidas criollas para la cena (25 €). Sin wifi.

La Ferme du Pommeau HOTEL €€

(☑0262 51 40 70; www.pommeau.fr; 10 Allée des Pois de Senteur; i 63 €, d 78-87 €, restaurante principales 15-24 €, menús 26-38 €; ☺restaurante 12.00-13.30 y 19.00-20.00 lu-sa; **P**🔊🏊) En una tranquila ubicación en el borde oriental del pueblo, este dos estrellas consta de varios edificios con habitaciones limpias aunque anodinas; las "superior" son algo más caras, pero ofrecen mayor intimidad. Lo más destacado es la piscina climatizada de atrás, una maravilla tras una larga jornada al volante. Tiene un correcto restaurante que se esfuerza por emplear solo productos locales.

El comedor es rústico, con mucha madera, un hogar y estupendas vistas de las montañas. Algunas de sus especialidades son el curri de pollo, las chuletas de cordero y el pato relleno de setas.

Le Relais des Plaines CRIOLLA, FRANCESA €€

(☑0262 20 00 68; 303 Rue de la République; principales 11-16 €, menús 15-19 €; ☺11.30-14.00 ju-ma, 18.30-20.45 ju-lu; ☑) Este restaurante, en una casa criolla restaurada con gusto junto a la vía principal, ofrece una versión moderna de la cocina tradicional. La breve carta incluye tentadores platos del día, así como unas pocas opciones vegetarianas, *rara avis* en la zona.

Les Platanes-
Chez Jean-Paul CRIOLLA, CHINA €€

(☑0262 51 31 69; 291 Rue de la République; principales 13-16 €; ☺12.00-14.00 ma-do) A este colorido restaurante de la vía principal, de los más conocidos de la zona, acuden muchas familias locales, lo que es buena señal. Ambiente relajado y comida sin pretensiones con énfasis en sustanciosos platos chinos y criollos, así como en postres, todo muy casero y a precio comedido.

Si se pasa por el pueblo en domingo, no hay que perderse el bufé de 10 platos (20 €).

ℹ **Cómo llegar y salir**

El pueblo Plaine-des-Palmistes está en la carretera que cruza la isla entre St-Benoît y St-Pierre; hay tres autobuses diarios en cada sentido. Más información en www.carjaune.re.

ST-PIERRE

82 400 HAB.

El sitio ideal si apetece desfogarse antes (o después) de visitar los Cirques. St-Pierre vibra con una energía que no tiene par en la isla, sobre todo los fines de semana. Esta ciudad alegre y vivaz sabe lo que de verdad importa en la vida: pasarlo bien.

Si St-Denis es la capital administrativa y de negocios de Reunión, la encantadora St-Pierre es su corazón palpitante. Envuelta por la clara luz del sureste, la capital meridional tiene un aire totalmente distinto al de sus equivalentes del norte; es, sin duda, más criolla que la cosmopolita y seria St-Denis.

👁 Puntos de interés

La compacta y colorida St-Pierre se ve fácilmente a pie en un día. Por el centro hay unos cuantos edificios religiosos y coloniales.

Plage de Terre Sainte PLAYA

(Terre Sainte) Pequeña e íntima, esta playa del barrio de Terre Sainte nunca está llena y es estupenda para tomar el sol.

Plage de St-Pierre PLAYA

(plano p. 236) Playa de arena pálida y transparentes agua azul verdoso, uno de los principales atractivos de la ciudad. No obstante, está expuesta a los vientos: no hay que salirse de la zona protegida.

Mercado principal MERCADO

(plano p. 236; Blvd Hubert-Delisle; ☺7.00-12.00 sa) Si se está en St-Pierre un sábado no hay que perderse este ajetreado y alegre mercado que se monta a lo largo del malecón, en el extremo oeste de Blvd Hubert-Delisle, un clásico de la ciudad. Se hallarán un concurrido sector de alimentación, baratijas horteras y cantidad de puestos de comida.

Sœurs de Saint-
Joseph de Cluny EDIFICIO HISTÓRICO

(plano p. 236; Rue Marius et Ary Leblond) Tampoco hay que perderse este suntuoso edificio criollo de finales del s. XVIII.

Templo chino
TEMPLO BUDISTA

(plano p. 236; Rue Marius et Ary Leblond) Si gustan los templos, vale la pena ver este pequeño edificio de vivos colores.

Templo tamil
TEMPLO HINDÚ

(Shri Mahabadra Karli; Ravine Blanche) Al oeste del centro y lleno de colorido, bien vale un paseo. No se permite la entrada al interior.

Mezquita Attyaboul Massadjid
MEZQUITA

(plano p. 236; Rue François de Mahy; ☺9.00-12.00 y 14.00-16.00) De impresionantes proporciones, la mezquita de St-Pierre abarca toda una manzana; es especialmente llamativo el esbelto alminar. Se puede visitar el patio interior durante el horario de apertura (y fuera de las horas de oración).

La Saga du Rhum
MUSEO

(plano p. 242; ☎0262 35 81 90; www.sagadurhum.fr; Chemin Fredeline; adultos/niños 10/7 €; ☺10.00-17.00) Todo el que quiera saber cómo se procesa ese néctar llamado ron, desde los campos de caña hasta el paladar, debe visitar este museo ubicado en la finca Isautier, una de las destilerías de ron más antiguas de la isla. Queda unos 5 km al noreste de Saint-Pierre (en dirección a Bois d'Olives).

Iglesia de San Pedro
IGLESIA

(plano p. 236; Rue Augustin Archambaud; ☺8.00-17.00) Construida en 1765 con un elegante peristilo y dos torres, es una de las numerosas joyas arquitectónicas de St-Pierre.

Hôtel de la Sous-Préfecture
EDIFICIO HISTÓRICO

(plano p. 236; Rue Augustin Archambaud) La emblemática Subprefectura es un elegante monumento neoclásico al este del centro.

Médiathèque Raphaël Barquisseau
EDIFICIO HISTÓRICO

(plano p. 236; Rue des Bons Enfants) Este edificio restaurado con mimo se remonta a los prósperos tiempos de la Compañía Francesa de las Indias Orientales.

Entrepôt Kervéguen
EDIFICIO HISTÓRICO

(plano p. 236; Rue du Four à Chaux) Es imposible no ver este imponente edificio en el extremo oriental de Rue du Four à Chaux, antaño almacén de la Compañía Francesa de las Indias Orientales.

Hôtel de Ville
EDIFICIO HISTÓRICO

(plano p. 236; Place de la Mairie) El ayuntamiento es uno de los edificios históricos más espectaculares de la ciudad. Empezó siendo alma-

cén de la Compañía Francesa de las Indias Orientales en el s. XVIII.

Terre Sainte
BARRIO

(plano p. 236) Vale la pena recorrer este lindo barrio al este del centro. Aunque ya no sea el tradicional pueblo de pescadores de antaño, la zona tiene un encanto característico, sobre todo a lo largo de la ribera, donde se ve a los pescadores jugando al dominó a media tarde.

Mercado cubierto
MERCADO

(plano p. 236; Rue Victor le Vigoureux; ☺8.00-18.00 lu-sa) Ubicado en una estructura metálica de 1856, este pequeño mercado es ideal para deambular en busca de fruta fresca, hortalizas, especias y hierbas locales, bolsas de *vacoa (Pandanus utilis)* y el habitual surtido de artesanía malgache.

🏄 Actividades

El buceo es excelente entre St-Pierre y Grand Bois.

Demhotel
SUBMARINISMO

(plano p. 242) Una preciosa inmersión frente a Grand Bois por una contorneada meseta con numerosos arcos y formaciones basálticas que sobresalen. Suele tener multitud de peces.

Les Ancres & Le Tombant aux Ancres
SUBMARINISMO

(plano p. 242) Un arrecife en declive bordeado de prósperas formaciones coralinas. También se verán anclas antiguas diseminadas por el mismo.

Plongée Australe
SUBMARINISMO

(plano p. 236; ☎0692 14 01 76; www.plongeeaustrale.com; puerto; bautizo/inmersión 60/52 €; ☺8.00-17.00) Sencilla empresa especializada en pequeños grupos. Los paquetes de 5/10 inmersiones cuestan 235/470 €.

🎉 Fiestas y celebraciones

Sakifo
MÚSICA

(www.sakifo.com; ☺jun) Uno de los principales eventos anuales de la isla, un gran festival de música cuyo ecléctico programa incluye estilos tan variados como *maloya,* salsa, *blues* y música africana. A principios de junio.

🛏 Dónde dormir

St-Pierre tiene gran variedad de hoteles y B&B para todos los presupuestos. La mayor parte se concentra hacia el malecón; en fin de semana es esencial reservar. Para estancias más largas, la oficina de turismo tiene una lista de apartamentos.

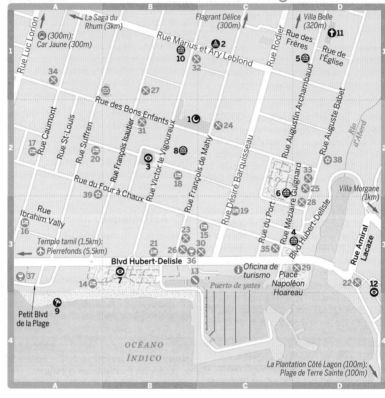

Hôtel Cap Sud
HOTEL €

(plano p. 236; 📞0262 25 75 64; www.hotel-capsud-reunion.com; 6 Rue Caumont; d/tr 50/70 €; ❄️🛜) No lejos del malecón, este anodino edificio no cautiva pero es mejor por dentro que por fuera. Se han renovado las 16 habitaciones, y algunas de las de arriba tienen estupendas vistas al mar. El precio es correcto y queda muy a mano. Se puede aparcar en la calle. Sin ascensor.

Chez Papa Daya
PENSIÓN €

(plano p. 236; 📞0692 12 20 12, 0262 25 64 87; www.chezpapadaya.com; 27 Rue du Four à Chaux; i 30 €, sin baño 25 €, d 40 €, sin baño 30-35 €, c 65 €; 🅿️❄️🛜) El afable Roger lleva este clásico de los viajeros que ofrece 20 sencillas e impolutas habitaciones de variado tamaño y forma. No tendrá mucho estilo, pero sí una ubicación de primera, a un paso del malecón, tiendas, restaurantes, bares y locales nocturnos. Hay aparcamiento, aunque con solo seis plazas. Dispone de una pequeña cocina (solo desayunos).

L'Escale Touristique
ALBERGUE €

(plano p. 236; 📞0692 60 58 58, 0262 35 20 95; www.hotelescaletouristique.com; 14 Rue Désiré Barquisseau; i sin baño 30 €, d 40 €, sin baño 30-35 €; 🅿️❄️🛜) Lo más parecido a un albergue en St-Pierre es este sitio óptimamente situado cerca de malecón, que ofrece 15 habitaciones. De ellas, 12 disponen de aire acondicionado; las más baratas tienen ventilador. Tiene aparcamiento privado, una cocina común y lavandería. Los precios bajan 5 € para estancias de dos o más noches.

Pídanse las habitaciones nº 101, 102 o 103, con balcón. Se proporcionan toallas en los cuartos con baño.

La Plantation Côté Lagon
B&B €€

(📞0693 92 53 01, 0262 45 63 28; www.la-plantation.re; 79 Rue Amiral Lacaze, Terre Sainte; d 98-140 €, desayuno incl.; ❄️🛜🏊) Su principal atractivo es

St-Pierre

REUNIÓN DÓNDE DORMIR

el sensacional emplazamiento, en la acera de enfrente de la playa del barrio de Terre Sainte. Las cinco habitaciones, en tonos chocolate, marrón topo y gris, tienen un aire moderno y fresco, pero no vistas al mar. Una ventaja es la diminuta piscina.

El desayuno es de los mejores de la ciudad; se sirve en una terraza con brisas que da a la playa. No tiene aparcamiento privado.

La Morgabine B&B €€
(plano p. 236; ☑0692 17 88 00; www.lamorgabine. com; 21 Rue Caumont; d 80-130 €; ⊙cerrado may-sep; ❄🛜🛝) Al oeste del centro, este B&B *boutique* es un acogedor nidito. Ofrece dos habitaciones confortables, decoradas con elegancia en tonos blanco, beis y topo. La piscina está en un bonito jardín; otras ventajas son un *jacuzzi* y una bien equipada cocina común. El desayuno cuesta 10 €. Se puede aparcar en la calle. Solo efectivo.

Le Saint-Pierre HOTEL €€
(plano p. 236; ☑0262 61 16 11; www.hotellesaintpie-rre.fr; 51 Ave des Indes; d 109-129 €; 🅿❄🛜🛝) A tipo de piedra del mercado cubierto y el malecón, tiene estilosas y modernas habitaciones en tonos masculinos (grises y topo), con balcón, comodísimas camas y duchas a ras de suelo. La nº 212 tiene dos estupendas terrazas. Cuenta con un bar-restaurante y una

pequeña piscina. Suele haber buenas ofertas; véase la web o llámese a recepción.

Lindsey Hotel HOTEL €€
(plano p. 236; ☑0262 24 60 11; www.lindsey-hotel-reunion.fr; 21b Rue François Isautier; d 98-120 €; 🅿❄🛜🛝) En una bocacalle cerca del mercado cubierto, este coqueto tres estrellas queda muy a mano de todas las atracciones de St-Pierre. Las 18 habitaciones de moderno mobiliario tienen un aire cómodo y fresco; las nº 7, 12 y 14 son las mejores, con balcón y vistas. La pequeña piscina es una ventaja. El desayuno cuesta 10 €.

Villa Morgane B&B €€
(☑0262 25 82 77; www.villamorgane.re; 334 Rue Amiral Lacaze, Terre Sainte; d 112-127 €, ste 178 €; ❄🛜🛝) Uno quedará embelesado ante el algo exagerado interior de esta *maison d'hôtes* en una tranquila calle de Terre Sainte. Las nueve habitaciones y suites temáticas, muy diferentes en diseño y paleta cromática, se reparten en dos pisos. Hay un jardín tropical pequeño pero bien trazado para relajarse junto a la piscina. Se permite aparcar en la calle.

La suite Pompéi, con frescos y elaborados techos de escayola, es la más impresionante de todas las habitaciones, aunque algo sombría. Mejor evitar las habitaciones Venise y Jacaranda, algo estrechas, y optar por la

FORÊT DE BÉBOUR-BÉLOUVE

Absolutamente imprescindible, este majestuoso bosque con una mezcla de tamarindos, enormes *fanjan* (helechos arborescentes) y musgos podría ser el escenario de una nueva versión de *Parque jurásico*. Está al noroeste del pueblo de Plaine-des-Palmistes. Se llega por una carretera forestal pavimentada que empieza en Petite Plaine, al suroeste de Plaine-des-Palmistes; y acaba 20 km más adelante, cerca de un risco que domina el Cirque de Salazie.

Actividades

El bosque es una frecuentada zona de senderismo, con una red de sendas de variada dificultad. La oficina de turismo de Plaine-des-Palmistes tiene un folleto sobre caminatas por el bosque.

Sentier du Trou de Fer (plano p. 212) Este paseo de 3,5 km, relativamente sencillo, lleva a un mirador desde el que se contemplan las maravillosas cascadas en forma de herradura llamadas Trou de Fer, una de las estampas naturales más espectaculares de Reunión; ocupan la portada de numerosos folletos promocionales. El sendero (4 h aprox. ida y vuelta) empieza en la Gîte de Bélouve.

Sentier de la Tamarineraie (plano p. 212) Este circuito de 1½ h parte de la Gîte de Bélouve y atraviesa un impresionante bosque de tamarindos, con estupendas vistas de los Cirques a lo largo del camino.

Tour du Piton Bébour (plano p. 212) Cómodo paseo de 1¼ h que rodea un pequeño *piton* (monte) y serpentea por un bosque de criptomerias.

Sentier Botanique de la Petite Plaine (plano p. 212; Forêt de Bébour-Bélouve) Circuito de 45 min con paneles informativos sobre la flora.

Dónde dormir y comer

Gîte de Bélouve (plano p. 212; ☎0692 85 93 07; dc 16-18 €, d sin baño 42-45 €, desayuno/almuerzo/cena 6/12/19 €; ⊙restaurante 12.30-14.00 ju-ma, cena 19.00, cerrado almuerzo feb) Al final de la carretera forestal que cruza el magnífico Forêt de Bébour-Bélouve, a unos 25 km de Plaine-des-Palmistes, esta *gîte* surge cual espejismo, enclavada de forma espectacular en un risco que domina el Cirque de Salazie. Ofrece dormitorios de 6-12 camas, además de dos acogedoras dobles. Las sustanciosas comidas se sirven en un comedor con mucho encanto rústico.

Constituye una buena base desde la que recorrer el bosque (con una buena red de sendas) o ir andando al mirador del Trou de Fer (4 h aprox. ida y vuelta). Si se va en automóvil, nótese que se prohíbe el paso a los autos más allá del aparcamiento, sito unos 400 m antes de la *gîte*, donde hay una cancela; habrá que hacer a pie el tramo final. Solo acepta efectivo.

Cómo llegar y salir

No hay transporte público al Forêt de Bébour-Bélouve. En vehículo propio se debe tomar la D55 desde Plaine-des-Palmistes hasta La Petite Plaine y luego, la carretera forestal pavimentada hasta que esta muere en un aparcamiento, unos 400 m antes de la Gîte de Bélouve. Es un trayecto de 25 km desde Plaine-des-Palmistes.

Botticelli o la Alexandra (127 €), arriba, con mucho espacio, abundante luz natural y terraza privada. La única comida que dan es el desayuno (10-12 €).

Alizé Plage HOTEL €€
(plano p. 236; ☎0970 35 30 14; www.hotel-restaurant-alize-plage.fr; 17bis Blvd Hubert-Delisle; d 95-110 €; ✱⊛) Su ubicación, junta a la playa, es incomparable, aunque por eso mismo sufre el ruido del tráfico en hora punta, y de las cercanas furgonetas de comida por la noche. Tiene 15 habitaciones, 9 de ellas con vistas a la playa, y restaurante, pero no aparcamiento.

⭐ **Villa Belle** B&B €€€

(📞0692 65 89 99; www.villabelle.e-monsite.com; 45 Rue Rodier; i 160-210 €, d 170-230 €, ste 300 €; 🅿❄🛜🏊) Esta *maison d'hôtes* sumamente chic, que ocupa una mansión criolla reconvertida, es un alojamiento refinado, con cierto deleite por las líneas minimalistas, tonos de color relajantes y meditados toques decorativos. Como el resto del lugar, las zonas comunes constituyen una interacción sensorial de luz, madera y piedra. No hay nada como relajarse en la piscina tras una dura jornada de turismo. Abierto a la comunidad gay.

Se sirven desayunos (20-40 €) y cenas (65 €) por encargo. Las estancias de dos o más noches tienen un descuento del 15%.

Villa Delisle Hotel & Spa CASINO HOTEL €€€

(plano p. 236; 📞0262 70 77 08; www.hotel-villadelisle.com; 42 Blvd Hubert Delisle; i 175-235 €, d 190-250 €, ste 300-340 €, desayuno incl.; 🅿❄🛜🏊) Moderno, en el paseo marítimo, lleno de vivos colores y encanto. Las habitaciones no son suntuosas, pero sí modestamente estilosas; las superiores tienen balcón. Las instalaciones incluyen dos restaurantes, un pequeño *spa* y piscina.

🍴 Dónde comer

Los excelentes restaurantes asiáticos, italianos, franceses y criollos hacen que sea una ciudad tan agradable para el gusto como para la vista. Muchos bares funcionan también como restaurante.

Les Délicatesses Casta PANADERÍA €

(plano p. 236; 📞0262 57 95 14; 65 Rue des Bons Enfants; sándwiches 4 €; ⏱5.45-19.00 lu-sa, hasta 12.00 do) Un sitio de primera para repostería mañanera, bocadillos y saludables ensaladas a mediodía y tentempiés por la tarde.

Manciet PANADERÍA €

(plano p. 236; 📞0262 25 06 73; www.manciet-lucien-saint-pierre.fr; 64 Rue Victor le Vigoureux; repostería desde 0,90 €; ⏱6.30-12.30 y 14.30-18.30 ma-sa, hasta 12.30 do) Este emporio *gourmet* es un alarde de bien presentados pastelitos, bizcochos, tartas, bombones, pan y *macatias*. Simplemente divino.

Snack Galam Massala INDIA €

(plano p. 236; 📞0692 37 12 98; 5 Rue du Four à Chaux; principales 8-11 €; ⏱11.00-14.00 ma-sa) Nadie lo diría dado el humilde marco, pero este sitio llevado por una familia es muy alabado por sus riquísimos *biryanis* y otros sabrosos clásicos indios como el curri de pollo o

REUNIÓN PARA LOCOS

Para quien desee quemar los kilos engordados en los estupendos restaurantes de la isla, he aquí la solución: participar en el Grand Raid, una carrera campo a través de las más formidables del mundo. Cruza la isla desde St-Pierre hasta St-Denis, pasando por partes de los circos de Mafate y Cilaos y la Plainedes-Cafres.

Con un recorrido de 165 km, ya sería una carrera exigente en llano; pero los corredores han de afrontar en total 10 000 m de desnivel, de ahí que se la llame La Diagonale des Fous ("La diagonal de los locos"). Aunque los vencedores pueden completar el atroz recorrido en 22 h o menos, los participantes tienen hasta 64 h para acabarlo.

Si suena demasiado arduo, es algo más fácil el Trail de Bourbon, que sale de Cilaos y cubre 93 km; o el Mascareignes, que parte de Grand Îlet en el Cirque de Salazie y cubre 67 km.

Para más información, contáctese con la Association Grand Raid (www.grandraid-reunion.com).

ternera. La breve carta cambia a menudo y tiene siempre al menos un plato vegetariano.

Castel Glacier HELADOS, CAFETERÍA €

(plano p. 236; 📞0262 22 96 56; www.facebook.com/castelglacier; 38 Rue François de Mahy; helados 2,50-5 €, principales 13-17 €; ⏱11.45-18.00 lu-vi, 12.00-19.00 sa, 15.15-21.00 do; 🛜) Frente a la mezquita, se distingue por las generosas raciones y sus cerca de 20 sabores. También sirve tentempiés, ensaladas y comidas ligeras para almorzar, así como crepes a cualquier hora.

Restaurant des Bons Enfants CRIOLLA €

(plano p. 236; 📞0262 25 08 27; 114 Rue des Bons Enfants; principales 6-8 €; ⏱11.00-14.00 y 18.00-21.30) Sencillo, en una casita criolla, sirve sustanciosas especialidades criollas a precios económicos. Dicho esto, la decoración es sosa y aburrida; mejor pedir la comida para llevar.

⭐**Ancre**

Terre et Mer FRANCESA CONTEMPORÁNEA €€

(plano p. 236; 📞0262 27 57 52; www.facebook.com/ancreterreetmer; 31 Rue Amiral Lacaze; principales 13-25 €; ⏱12.00-13.30 y 19.00-21.45 ma y ju-sa) No lejos del malecón, aunque sin vistas al mismo, este bonito restaurante jardín sirve en su muy acogedora terraza deliciosas hamburguesas, tartares y *risottos*. Los glotones locales adoran la hamburguesa Sud-Ouest, de pechuga de pato y fuagrás. Para terminar con algo dulce, pruébese el *brownie* con helado de vainilla.

★**La Kaz à Léa** INTERNACIONAL €€
(plano p. 236; ☑0262 25 04 25; 34 Rue François Isautier; principales 15-25 €, menú de almuerzo 15 €; ⊙12.00-14.00 y 19.00-21.30 lu-sa; 🛜) En St-Pierre no se hallará lugar con más encanto que esta *case,* con su umbrosa terraza y acogedor comedor. Sirve bien presentados platos criollos, *métro* y de inspiración asiática así como unas hamburguesas estupendas. Los postres son deliciosos, sobre todo la *tarte tatin* de papaya. Por 15 €, el menú de almuerzo de dos platos y postre es una ganga. Estupendo.

La Lune dans le Caniveau BISTRÓ €€
(plano p. 236; ☑0262 01 73 66; 1bis Rue Auguste Babet; principales 13-19 €; ⊙19.00-23.00 lu-sa; 🛜) Estiloso bistró, decorado a la última, con platos sencillos pero creativos, que regalan el paladar sin dañar el bolsillo. En el íntimo comedor de alegre decoración sirve buenos platos de carne y pescado, además de algunas opciones vegetarianas.

Belo Horizonte FRANCESA €€
(plano p. 236; ☑0262 22 31 95; 10 Rue François de Mahy; principales 10-13 €; ⊙12.00-14.00 lu-sa, 19.00-21.30 ju-sa) Paredes saturadas de acentos de color y otros curiosos toques decorativos, como un lienzo cubierto de chanclas, dan el tono en este sitio con garra que ofrece ensaladas, tartas saladas calientes, *pizzas,* pasta y platos del día. El patio ajardinado moteado de sol es muy tentador. También comida para llevar.

Kaz Nature CAFETERÍA €€
(plano p. 236; ☑0262 25 30 86; www.facebook.com/kaznature; 6 Rue François de Mahy; principales 8-19 €, menú de almuerzo 13-15 €; ⊙12.00-14.30 lu-sa; 🛜) Elegante y moderna, triunfa entre los oficinistas, señal de que es bueno y barato. Sirve con rapidez sabrosos *wraps,* crujientes ensaladas, ricas tartas saladas y otras saludables delicias.

Le Cap Méchant d'Abord BUFÉ €€
(plano p. 236; ☑0262 91 71 99; 11 Blvd Hubert-Delisle; principales 10-18 €, bufé 20-25 €; ⊙11.30-14.30 y 19.30-22.00 ma-sa, 11.30-15.00 do) Grande y concurrido, este restaurante con una envidiable ubicación en el malecón es famoso por una sola cosa: sus bufés libres de magnífica rela-

ción calidad-precio. También prepara platos chinos y criollos. La comida se puede llevar.

★**O'Baya** FUSIÓN €€€
(plano p. 236; ☑0262 59 66 94; www.facebook.com/Elara.et.Grego; 7 Rue Auguste Babet; principales 18-24 €; ⊙12.00-13.30 ma-vi, 19.00-21.30 ma-sa) Si se está harto de curris, este sitio con un interior de mucho diseño ofrece una adorable cocina de fusión. La carta rebosante de estilo tiene suculentas creaciones preparadas con ingredientes de primera. No hay que perderse platos como el solomillo de ternera o el filete de pescado en costra de jengibre. También ofrece todo un despliegue de tentaciones dulces. Precios sorprendentemente razonables para la calidad ofrecida.

Est Bento ASIÁTICA €€€
(plano p. 236; ☑0262 02 08 03; 1ter Rue Auguste Babet; principales 19-32 €; ⊙12.00-14.00 y 19.30-21.30 lu, ma, ju y vi, 19.30-21.30 sa) Si apetece *bento* japonés u otras delicias asiáticas, en este popular restaurante tienen especialidades difíciles de hallar en la isla, lo que se agradece tras tanto curri o plato de inspiración francesa. La decoración y el ágil servicio le añaden atractivo.

Le DCP PESCADO €€€
(plano p. 236; ☑0262 32 21 71; 38bis Blvd Hubert Delisle; principales 19-26 €; ⊙12.00-14.00 y 19.00-22.00) Este inmutable clásico del paseo marítimo sigue recibiendo alabanzas por su surtido de platos de pescado perfectamente cocinados en su punto. No obstante, no tienen mesas fuera.

Flagrant Délice FUSIÓN €€€
(☑0692 87 28 03; 115 Rue François de Mahy; principales 15-29 €, menú de almuerzo 20 €; ⊙12.00-13.30 ma-vi, 19.30-21.30 ma-sa) Este tentador restaurante en una villa privada es el paraíso de la buena mesa, con una interesante selección de imaginativos platos como lomo de cerdo en salsa de piña, filete de merluza negra con crema y exquisitos vinos. El marco es otro de sus atractivos: las mesas rodean una pequeña piscina en un jardín tropical.

🍷 Dónde beber y vida nocturna

Para alegría de los noctámbulos, St-Pierre tiene acendrada fama de fiestera. No faltan sitios donde beber, desde elegantes cafés a animados bares en el malecón y diminutas coctelerías. Los mejores se hallan en el malecón. La mayor parte sirve también comida.

Les Sal' Gosses   BAR
(plano p. 236; ☎0262 96 70 36; 38 Blvd Hubert-Delisle; ☺10.30-24.00) A la última, en el malecón,
ofrece música en directo de grupos locales,
normalmente los miércoles. Buena mezcla de
jazz, *soul* y *funk*. Tiene también una amplia
carta, aunque la comida es destacable, tapas
y billar.

Long Board Café   BAR
(plano p. 236; ☎0692 82 09 95; 18 Petit Blvd de la
Plage; ☺10.00-1.00 ma-vi, 17.00-1.00 sa y do) En un
marco fantástico, una casa criolla con terraza
que da al malecón, es ideal para tomar una
copa al atardecer. Ofrece actuaciones en directo y karaoke algunas noches, normalmente viernes y sábados.

☆ Ocio

Ti Coq Misik   MÚSICA EN DIRECTO
(plano p. 236; ☎0262 01 71 25; 53 Rue du Four à
Chaux; ☺18.00-1.00 ma-sa) Ni *rock and roll* ni
R&B; este sitio es famoso por la calidad de
las actuaciones en directo de *maloya* (música
tradicional de baile), salsa y ritmos africanos.
También sirve comida.

Le Toit   MÚSICA EN DIRECTO
(plano p. 236; ☎0262 35 55 53; 16 Rue Auguste
Babet; ☺18.00-24.00 ma-sa) Frecuentado sobre
todo por *zoreilles* (franceses del continente),
este animado bar se llena hasta la bandera
los fines de semana. Tocan grupos en directo
los jueves, viernes y sábados por la noche.
La cerveza y cócteles de buena calidad-precio
son otra razón para visitarlo. Mejor ignorar
la comida.

❶ Información

Oficina de turismo (plano p. 236; ☎0820 220
202; www.sud.reunion.fr; Capitainerie, Blvd
Hubert-Delisle; ☺8.00-18.00 lu-sa, hasta 12.00
do) Tiene personal que habla inglés y facilita
prácticos folletos y un plano de la ciudad.
Reserva *gîtes de montagne* y organiza circuitos
guiados en inglés.

❶ Cómo llegar y salir

AVIÓN

Air Mauritius y Air Austral tienen vuelos diarios
que unen el **aeropuerto internacional de Saint-
Pierre-Pierrefonds** (plano p. 242; ☎0262 96
77 66; www.pierrefonds.aeroport.fr; St-Pierre),
5 km al oeste de St-Pierre, con Mauricio.
Air Austral (☎0825 01 30 12; www.air-austral.
com; 6 Blvd Hubert-Delisle; ☺8.30-17.30 lu-vi,
hasta 11.45 sa)

Air Mauritius (☎0262 94 83 83; www.air-
mauritius.com; 7 Rue François de Mahy; ☺
8.30-17.30 lu-vi)

AUTOBÚS

St-Pierre es un importante nudo de transportes.
Car Jaune (☎0810 12 39 74; www.carjaune.re)
tiene una dársena en la **estación de autobuses**
(Rue Presbytère esq. Luc Lorion), al oeste de
la ciudad. Hay autobuses frecuentes a/desde
St-Denis que van por la costa vía St-Louis y
St-Gilles-les-Bains (1½ h, 2 €) o directos vía la
Route des Tamarins si es un servicio Z'éclair
(línea ZO, 1 h, 5 €). Además hay tres autobuses
diarios a St-Benoît vía el pueblo de Plaine-des-
Palmistes (línea S2, 2 h, 2 €) y otros tres por la
costa sur que pasan por Manapany-les-Bains,
St-Joseph y St-Philippe (línea S1, 2½ h, 2 €).
También salen tres diarios a Entre-Deux (línea
S5). Para Cilaos hay que transbordar en St-Louis.

EL SUR SALVAJE

Ah, le Sud Sauvage!, donde la vida apacible
se complementa con la espléndida estampa
de fértiles laderas volcánicas, alguna que otra
playa, olas rompiendo contra la rocosa costa
y carreteras rurales que se adentran serpenteando en los Hauts. Tanto en paisaje como
en espíritu, es en la costa sur donde empieza
a desplegarse lo realmente indómito de Reunión. Tras abandonar St-Pierre, es palpable
la sensación de escapada y de un delicado
esplendor. El cambio de paisaje culmina en
la Grand Brûlé, cuyos negros campos de lava
atraviesan el bosque y alcanzan el mar en
varios puntos.

De St-Pierre a St-Joseph

La vida, como el viaje, se hace más sosegada
al avanzar hacia el oeste por los deliciosos
parajes de la costa sur. Con contadas excepciones, se abandona la vida urbana una vez
que la carretera atraviesa Grand Bois y avanza sinuosa por el litoral vía Grande Anse y
Manapany-les-Bains.
    Quien quiera explorar los Hauts debe to-
mar el desvío a Petite Île. Desde allí, una
pintoresca carretera sube serpenteando a
pueblos encantadores. Se sigue subiendo hasta el cruce con la D3. Si se toma a la izquierda
se llega a Mont-Vert-les-Hauts, unos 5 km
al oeste (y con un cómodo trayecto de bajada hasta la costa vía Mont-Vert-les-Bas); si se
toma a la derecha, se atravesará Manapany-

REUNIÓN

Sur de Reunión

St-Benoît (28km)

RN2

25

Pointe du Tremblet

Le Tremblet

Takamaka

5

6

Ravine Ango

3

Lava Field

Le Grand Brûlé

26

St-Philippe

Formica Leo (2218m)

Piton de la Fournaise (2632m)

8

4

27

24

22

Mare Longue

7

Le Baril

Enclos Fouqué

Puy Ramond (2108m)

Route Forestière de Basse Vallée

Véase Piton de la Fournaise (p.)

16

14

15

Plaine des Sables

Morne Langevin (2380m)

Grand Coude

Grand Galet

1

Forêt de la Crête

La Crête

Jacques-Payet

20

13

Matouta

D37

Basse Vallée

Cap Méchant

Roche-Plate

Río Langevin

D34

Vincendo

Langevin

Río Remparts

Jean Petit

19

D33

21

12

St-Louis (20km)

Cilaos (12km)

La Petite Ferme

Le Vingt-Quatrième

Le Vingt-Troisième

Plaine-des-Grègues

D32

St-Joseph

18

Cap Langevin

OCÉANO ÍNDICO

Entre-Deux

RN5

Petit Tampon

Mont-Vert-les-Hauts

10

Manapany-les-Hauts

D3

La Croisée

Les Lianes

Manapany-les-Bains

28

Grande Anse

Petite-Île

23

Bras de la Plaine

Le Tampon

D3

RN1

Mont-Vert-les-Bas

17

Grand Bois

9

Bras de Cilaos

Río St-Étienne

RN5

RN1

RN2

11

2

St-Pierre

Aeropuerto internacional de Saint-Pierre-Pierrefonds

Bellevue

Rivière St-Louis

St-Louis

St-Leu (20km)

Sur de Reunión

les-Hauts antes de llegar a Les Lianes para seguir a St-Joseph.

⊙ Puntos de interés y actividades

Plage de Grande Anse PLAYA
(Grande Anse) Los amantes de la playa tienen que parar en esta, sita entre dos acantilados basálticos, con arena blanca, una protegida piscina mareal e instalaciones de pícnic; los fines de semana suele llenarse de lugareños. Recuérdese que es peligroso bañarse fuera de la piscina debido a las impredecibles corrientes.

Hay que tomar la D30, que se desvía de la RN2 para bajar unos 2 km de curvas hasta a playa.

Piscina mareal PLAYA
(Manapany-les-Bains) Un delicioso lugar donde bañarse en Manapany-les-Bains. En este tramo costero rocoso no hay una verdadera playa, pero sí esta piscina mareal protegida donde chapotear. Se llena de gente los fines de semana.

L'Écurie du Relais PASEOS A CABALLO
(plano p. 242; ☑0262 56 78 67, 0692 00 42 98; www.ecuriedurelais.com; 75 Chemin Léopold Lebon, Manapany-les-Hauts; 1 h/día 20/115 €; ⊙previa reserva ma-do) Es divertido ver esta bella zona a caballo, incluso si no se es un jinete experimentado. Este reputado centro ecuestre ofrece circuitos guiados por los Hauts, así como excursiones en el día a Grande Anse. El paseo de 2 h (36 €) lleva a puntos poco

visitados con impresionantes vistas de la Plaine-des-Grègues.

⊙ Fiestas y celebraciones

Fête de l'Ail GASTRONOMÍA
(Fiesta del Ajo; ⊙Oct) Esta feria rural del ajo se celebra en octubre en Petite Île.

⊙ Dónde dormir

En la zona entre St-Pierre y St-Joseph hay gran variedad de alojamientos, entre ellos dos hoteles y unos cuantos B&B. Pese a algunas indicaciones en la carretera, muchos son difíciles de hallar: véase la ubicación en su web, si la hubiere, o llámese antes. Siempre ayuda saber algunas palabras de francés.

Para quien quiera darse un capricho, nada como el Palm Hotel & Spa (p. 244).

★**La Cour Mont Vert** B&B €
(☑0262 31 21 10; www.courmontvert.com; 18ter Chemin Roland Garros, Mont-Vert-les-Bas; d 75 €, desayuno incl.; ⓟ⊙) Las vistas de ensueño sobre la costa henchirán el corazón, las saludables comidas (27 €) de la familia Valatchy revitalizarán el cuerpo, y el alma hallará paz en los cuatro lindos bungalós criollos en los rústicos terrenos cuajados de mangos y lichis. El precio baja a 65 € para estancias de cinco o más noches.

Gandalf Safari Camp CASA DE HUÉSPEDES €
(☑0262 58 45 59, 0692 40 78 39; www.gandalfsafaricamp.de; 87 Blvd de l'Océan, Manapany-les-Bains; i 55 €, d 60-65 €, ste 100 €, desayuno incl.; ✱@⊙) Sus dueños alemanes vivieron largo tiempo

en África, de ahí el nombre. Ofrecen cinco habitaciones, cada una en un estilo (criollo, malgache, árabe, chino e indio); parecen un poco pequeñas por el cubículo de ducha en una esquina. Se habla inglés. El aire acondicionado es un extra (5 €). Los precios bajan 5 € para estancias de dos noches.

La habitación Malgache, con máscaras de madera y lindos adornos, es la mejor y más amplia. La Criolla es la más barata, pero tiene el baño fuera. También hay una suite más grande. Otros puntos a favor son la cocina para huéspedes, un relajante jardín y los circuitos en todoterreno (60 €). A 5 min a pie de la piscina mareal de Manapany-les-Bains. Solo efectivo.

L'Eau Forte
APARTAMENTOS €

(📞0262 56 32 84; www.eau-forte.fr; 137bis Blvd de L'Océan, Manapany-les-Bains; d 55 €; ❄️📶) Una ganga, esta impecable villa totalmente equipada tiene un emplazamiento bárbaro en una ladera verde esmeralda encima de la piscina mareal de Manapany y con sublimes vistas de la rocosa costa. No hay estancia mínima pero se prefieren las de una semana. Solo efectivo. Resérvese con tiempo.

Nótese que se oye el ruido de las olas cuando el mar está agitado.

Vérémer
B&B €

(plano p. 242; 📞0262 31 65 10, 0692 72 91 95; www.chambre-gite-veremer.com; 40 Chemin Sylvain Vitry, Petite Île; d 50-63 €, gîte 60 €, desayuno incl.; 📶❄️📶🏊) Ofrece tres habitaciones sin florituras pero decorosas en dos lindos edificios criollos enclavados en un cuidado jardín tropical, con fabulosas vistas y una espléndida piscina abierta del desayuno a la cena (salvo la tarde del domingo). La playa de Grande Anse está a 3,5 km. Abierto a la comunidad gay.

La habitación Mer, algo más cara, no es grande, pero se abre al jardín y la piscina y tiene estupendas vistas al mar; las habitaciones La Cour y La Verte ofrecen más intimidad. También se alquila una linda gîte para cuatro o más noches.

Chez Maoul
B&B €

(📞0262 56 82 26; www.chemaoul.re; 6 Rue du Piton, Petite Île; d 60 €, desayuno incl.; ❄️📶🏊) Acogedor, ofrece en un frondoso jardín cuatro habitaciones recubiertas de madera, con aire de cabaña en el bosque y cierta originalidad. Las dos de arriba reciben más luz, mientras que la Katimini tiene más carácter con sus coloridas pinturas, suelos de parqué y techos criollos; evítese la Do-Myel, similar a una caja. La pequeña piscina es una ventaja.

Preparan cenas (15 €) de *table d'hôtes* si hay un mínimo de seis huéspedes; la comida de estilo criollo es estupenda y variada, con productos de su huerto.

⭐ La Bulle Verte
B&B €€

(plano p. 242; 📞0262 33 58 80, 0692 87 94 90; www.labulleverte.re; 91 Chemin Piton Filaos, Mont-Vert-les-Hauts; d 78 €, desayuno incl.; 🅿️📶) Para quien busque el equilibrio perfecto entre estilo, ambiente y aislamiento, nada mejor que este trocito de paraíso inmerso en el verdor; véase la foto de la web, sin Photoshop. Las tres acogedoras habitaciones, decoradas por separado, tienen estupendos ventanales. La preferida de los autores es la Cabane, con toques pintorescos, vigas de madera y una terraza genial.

Se ofrecen cenas los jueves, viernes y sábados (30 €). Y hay un *jacuzzi* en el jardín.

Soleil Couchant
HOTEL €€

(📞0262 31 10 10; www.hotel-reunion-soleilcouchant.com; 2 Chemin de L'Araucaria, Mont-Vert-les-Bas; d 68-90 €; 🅿️❄️📶🏊) Este pequeño complejo de tres pabellones que parecen piezas del Tetris en una extensión de hierba ofrece nueve habitaciones, luminosas y cuidadas, pero algo anodinas y de mobiliario sencillo. Lo realmente atractivo son las fantásticas vistas al mar y la reluciente piscina climatizada. Tiene restaurante, aunque la comida es regular.

Vale la pena pedir alguna de las habitaciones con vistas panorámicas, sobre todo la nº 1 y 2.

Palm Hotel & Spa
HOTEL DE LUJO €€€

(📞0262 56 30 30; www.palm.re; Grande Anse, Petite Île; d 240-330 €, ste 360-410 €, *lodges* 510-590 €, desayuno incl.; 🅿️❄️@📶🏊) Para alojarse a lo grande en el Sud Sauvage solo está este complejo de cinco estrellas que se asoma al océano azul sobre un plácido promontorio. Ofrece habitaciones y suites de elegante diseño, aunque por desgracia solo los tres *lodges* miran al mar. Una empinada senda baja del hotel a la playa de Grande Anse. Tiene dos piscinas, un lujoso *spa* y dos restaurantes *gourmet* (abiertos a no huéspedes previa reserva).

🍴 Dónde comer

Para almorzar, lo mejor es parar en un restaurante o bar cerca de la playa de Grande Anse o Manapany-les-Bains. Y, para la cena, encargarla en el alojamiento.

★ Les Badamiers
CRIOLLA €

(☑0262 56 97 53; 22 Chemin Neuf, Grande Anse, Petite Île; principales 10-12 €; ⏰12.00-13.30 lu-sa, 19.00-20.30 lu, ma, ju y vi) Vivamente recomendado por los lugareños, este restaurantito de gestión familiar en una casa particular sirve ricos *carris* y unos postres caseros bárbaros, como la *tarte tatin* de papaya y canela. La carta es breve, pero buena; el ambiente, siempre cordial; y los precios, una verdadera ganga para la zona. Y, como guinda, tiene terraza con estupendas vistas al mar.

Está a unos 100 m del inicio de la carretera que baja a Grande Anse. No admite tarjetas.

Chez Jo
INTERNACIONAL €€

(☑0262 31 48 83; 143 Blvd de L'Océan, Manapany-les-Bains; principales 10-21 €; ⏰9.00-17.30 lu, ma, ju y do, hasta 21.00 vi y sa) En este animado restaurante que da a la piscina mareal de Manapany-les-Bains todo el mundo hallará algo de su gusto. Se puede pedir pescado a la parrilla, platos de carne, ensaladas, clásicos criollos o simplemente un exquisito zumo de fruta (3-6 €). También hay buenos bocadillos (3-5 €) y comidas para llevar.

🛍 De compras

Maison de L'Abeille
GASTRONOMÍA

(plano p. 242; ☑0262 56 95 03; 68 Chemin Laguerre, Petite Île; ⏰9.30-12.00 y 13.30-17.00 mi-sa, hasta 12.00 do) Esta granja apícola vende productos naturales como miel y pan de jengibre. También tiene *légumes lontan* (hortalizas tradicionales).

Dekocéan
ARTESANÍA

(☑0692 04 05 25; www.dekocean.com; 41 Rue Joseph Suacot, Petite Île; ⏰10.00-12.00 y 14.00-18.00 ma-sa) Isabelle Biton, especialista en pintura sobre porcelana, decora platos, tazas y boles con motivos inspirados en Reunión (gente, frutas, flores, camaleones y *cases* criollas).

ℹ Información

Maison du Tourisme du Sud Sauvage (oficina de turismo; ☑0262 37 37 11; www.sud.reunion. fr; 15 Allée du Four à Chaux, Manapany-les-Bains; ⏰9.30-12.00 y 13.00-17.30 lu-vi, 10.00-17.00 sa; 🛜) Folletos, mapas y wifi gratis. Reserva *gîtes de montagne*. Junto a la carretera que lleva a la piscina mareal.

ℹ Cómo llegar y salir

Los autobuses de Car Jaune entre St-Pierre y St-Benoît (línea S1) pasan por Grande Anse y Manapany-les-Bains. Más información en www.carjaune.re.

St-Joseph
38 100 HAB.

"St-Jo", como la llaman los lugareños, es la principal urbe del sur de Reunión. De aspecto moderno, no encabezará la lista de destinos favoritos de la isla, pero ofrece prácticos servicios como supermercados y cajeros automáticos. Pese a irradiar la soleada languidez típica del trópico, el ajetreo de sus calles comerciales a las horas punta transmite la energía y el estrés de una ciudad.

⊙ Puntos de interés y actividades

Hay que intentar estar en St-Jo un viernes por la mañana, cuando las calles se llenan con los puestos del mercado.

Si se sube a pie a la cima del Piton Babet, otero que se alza entre la carretera principal y el mar, se verá una bonita panorámica de St-Jo y la costa; no se tardará más de 10 min.

🛏 Dónde dormir

Hay pocos alojamientos en St-Jo; casi todo el mundo se aloja en los B&B de los Hauts o en el cercano Manapany-les-Bains.

L'Arpège Austral
B&B €

(plano p. 242; ☑0262 56 36 89, 0692 70 74 12; http://arpegeaustral.minisite.fr; 53 Rue des Prunes; i/d 50/55 €, desayuno incl.; 🅿🛜) Es genial estar tan cerca de St-Joseph (2,5 km) y a la vez en un lugar tan plácido. Sylvie ofrece dos habitaciones de techo inclinado llenas de luz, sencillas pero decorosas. Para mayor intimidad, el bungaló contiguo tiene una terracita privada. Está en la carretera de Grand Coude, por la D33.

La Case
APARTAMENTOS €

(plano p. 242; ☑0262 56 07 50; www.case.fr; 2 Rue Jean Bart; d sin baño 37 €, estudio d 50-70 €, c 75 €; 🅿❄🛜) De no hallarse en la calle principal, este relajado lugar en un cuidado jardín parecería un oasis. Las tres habitaciones de la casa grande, luminosas y aireadas, tienen mobiliario funcional y una decoración mínima; los baños son compartidos. En la parte de atrás, en otro edificio, cinco estudios contiguos bien mantenidos se abren a una piscina rectangular.

Hay también un apartamento familiar, más grande. No posee demasiado encanto pero es una buena base para recorrer la zona. Está en el borde este de la ciudad.

RIVIÈRE DES REMPARTS

Para alejarse del mundanal ruido hay que ir al Rivière des Remparts, una maravilla que suele pasarse por alto, al norte de St-Joseph. A este valle, uno de los más salvajes del sur, solo se llega a pie (o en todoterreno). La caminata clásica sigue el río subiendo hasta Roche-Plate, aldea unos 18 km al norte, y continúa hasta Nez de Bœuf, en la carretera que va al Piton de la Fournaise. Calcúlense unas 4 h desde St-Joseph a Roche-Plate; y otras 4 h más hasta Nez de Bœuf.

Se puede hacer en dos fases durmiendo en Roche-Plate. Tanto la Gîte de la Rivière des Remparts-Morel Jacqueline (p. 247) como la Gîte Le Mahavel (p. 247) tienen limpísimos dormitorios; ambas cierran en época de lluvias. Imprescindible reservar.

Se pueden concertar traslados en todoterreno desde St-Joseph a través de las gîtes (alojamiento sin comida; 150 € ida y vuelta, hasta 12 personas), pero la mejor manera de descubrir el valle es recorrerlo a pie.

⭐ **A La Maison** B&B €€

(plano p. 242; ☑0262 10 29 44, 0692 25 33 20; www. alamaison974.com; 105 Rue des Prunes; d 85 €, desayuno incl.; 🅿✳🛜🛆) Al norte de St-Jo, a las afueras, uno se sentirá como *à la maison* (en casa) en este encantador y moderno B&B que ofrece dos dormitorios, algo pequeños pero luminosos e impecables, con exquisitos baños. La "Payanke" tiene una atractiva veranda; la "Soleil" se abre a un florido jardín. Una linda piscina completa el encanto.

Rosemay, anfitriona perfecta, hace que el huésped se sienta a gusto y ayuda a planear la jornada durante el generoso desayuno. Y no hay que perderse la sabrosa cena (25 €), pues le encanta cocinar para sus huéspedes.

✖ Dónde comer

La ciudad tiene muchos sitios donde almorzar, pero a la hora de cenar parece casi desierta. Aun así, hay unos pocos bares de tentempiés y pizzerías que abren de noche.

Le Joséphin PANADERÍA €

(☑0262 37 14 20; 6 Rue du Général de Gaulle; sándwiches y ensaladas 3-6 €; ⊙7.00-17.00 lu-sa) Si se va a ir de pícnic, aquí venden apetitosos panes, empanadas, tartas y otras delicias. También tienen bocadillos y ensaladas, además de una terraza en la acera para comer mientras se ve a la gente pasar.

Le 4 Epices CRIOLLA €

(☑0262 48 84 66; 12 Rue du Général de Gaulle; principales 5-9 €; ⊙11.30-13.30 lu-sa) Este sitio diminuto con unas pocas mesas es una ganga para almorzar. Se puede comer o pedir para llevar.

ⓘ Cómo llegar y salir

St-Joseph está en la ruta costera de los autobuses de Car Jaune entre St-Pierre y St-Benoît (línea S1). Más información en www.carjaune.re.

Alrededores de St-Joseph

Desde St-Joseph se puede seleccionar un itinerario por el interior que abarque apacibles aldeas, verdes montes envueltos en tenues capas de nubes, ondulantes campos de caña de azúcar, sinuosas carreteras y panorámicas que hacen palpitar el corazón.

Hay que tomar la pintoresca D3, que va tierra adentro antes de virar hacia el noroeste hasta Manapany-Les-Hauts. Se pasará por **Bésaves** y **Les Lianes.** También se puede subir en automóvil al **pueblo de Plaine-des-Grègues** por la D32, que sale de la D3 en La Croisée; en una hondonada entre montes, esta localidad, la más alta de la zona, es famosa por sus plantaciones de cúrcuma y vetiver, ambos empleados en perfumería.

⊙ Puntos de interés

Maison du Curcuma MUSEO

(☑0262 37 54 66; www.maisonducurcuma.fr; 14 Rue du Rond, Plaine-des-Grègues; ⊙9.00-12.00 y 13.30-17.00) GRATIS En una linda casa criolla, este pequeño museo muestra las virtudes (y fragancias) de la cúrcuma y el vetiver. Además vende deliciosas mermeladas caseras y especias cultivadas en la zona.

✦✦ Fiestas y celebraciones

Fête du Safran GASTRONOMÍA

(Fiesta del Azafrán; ⊙Nov) Plaine-des-Grègues, cerca de St-Joseph, celebra en noviembre la fiesta del azafrán.

🛏 Dónde dormir y comer

En los altos no hay muchos alojamientos; casi todos los visitantes se alojan en St-Joseph, Grande Anse o Petite Île y suben en automóvil a Bésaves y Plaine-des-Grègues.

No se hallarán restaurantes en la zona, solo pequeñas tiendas de comestibles. Para otras posibilidades habrá que bajar a St-Joseph o Petite Île.

Chez Nathalie Hoareau
B&B €

(☎0262 37 61 92; www.giterunsud.com; 205 Rue Edcond Albius, Bésaves; i 50 €, d 55-60 €, c 85 €, desayuno incl.; P🛜) Un retorno a lo esencial, este acogedor alojamiento en los ondulantes Hauts de St-Joseph tiene tres sencillas habitaciones en la parte de atrás y un cuidado jardín. El desayuno, que sirve la muy cordial Nathalie, es un festín de deliciosas mermeladas caseras. Por desgracia no dan cenas, así que habrá que bajar a St-Joseph (7 km). No aceptan tarjetas de crédito.

La habitación más cara tiene cocina. Los precios bajan 5 € para tres o más noches.

Gîte Le Mahavel
GÎTE €

(☎0692 20 76 52; Roche-Plate; dc 42 €, media pensión incl.; ⊘cerrado med dec-abr) Limpísimo, tiene dormitorios de 4-8 camas, además de una habitación doble. Imprescindible reservar.

Gîte de la Rivière des Remparts-Morel Jacqueline
GÎTE €

(☎0692 68 35 32; Roche-Plate; dc 40 €, media pensión incl.; ⊘cerrado ene-mar) Bien llevado, con dormitorios de 10-12 camas. Imprescindible reservar.

❶ Cómo llegar y salir

Desde la estación de autobuses de St-Joseph hay salidas cada hora a Bésaves, Les Lianes y Plaine-des-Grègues.

De St-Joseph a Grand Coude

La aldea de Grand Coude, en una meseta a 1300 m, tiene un enclave maravilloso, con el imponente **Morne Langevin** (2380 m) de fondo. Su tranquilidad y relajado ritmo de vida cautivarán al instante.

Desde St-Joseph se toma la estrecha D33, que atraviesa **Jean Petit** y prosigue tortuosa por un espléndido y accidentado paisaje de altos picos y profundas gargantas. Hay que parar para un pícnic en **Petit Serré,** donde una estrecha cresta separa dos valles: el de la Rivière Langevin, según se mira a la derecha; y el de la Rivière des Remparts, a la izquierda. Llega un momento en que la cresta es poco más ancha que la carretera, y da la impresión de que se conduce por el filo de una navaja.

Al final de la D33, unos 15 km al norte de St-Joseph, Grand Coude surge como un espejismo.

⦿ Puntos de interés

La Maison de Laurina
MUSEO

(☎0692 68 78 72; www.lamaisondulaurina.fr; 24 Chemin de la Croizure, Grand Coude; 12 €; ⊘previa reserva) Los muy cafeteros deben visitar este lugar, cuyos dueños cultivan una variedad de café de gran calidad, el Bourbon Pointu. La entrada es algo cara, pero incluye una visita al cafetal y catas de diversas exquisiteces caseras aromatizadas con café (galletas, licor, ron). Está en Grand Coude, en el mismo lugar que el B&B L'Eucalyptus.

Le Labyrinthe En Champ Thé
JARDINES

(☎0692 60 18 88; www.enchampthe.com; 18 Rue Étienne Mussard, Grand Coude; adultos/niños 5,50/4,50 €, circuitos guiados 8,50/4,50 €; ⊘ 9.00-12.00 y 13.00-17.00 lu-sa, 9.00-17.00 do) A la entrada de Grand Coude, esta explotación agrícola se merece 1 h si se tiene algo de interés en la flora tropical, el té y los geranios. Es el único lugar de Reunión donde se cultiva té; un paquete de 50 g cuesta 10 €. También venden siropes, gelatinas y aceites esenciales de geranio.

🛏 Dónde dormir y comer

El alojamiento se limita a unos cuantos B&B a lo largo de la D33.

Como no hay sitios donde comer por la carretera de Grand Coude, habrá que llevar comida si se planea estar por la zona a la hora del almuerzo. Quienes se alojen en un B&B pueden cenar en él.

L'Eucalyptus-Chez Marie-Claude Grondin
B&B €

(☎0692 68 78 72; 24 Chemin de la Croizure, Grand Coude; i/d 40/50 €, desayuno incl.) La paz y la tranquilidad reinan en este sencillo lugar, que ofrece un lindo bungaló todo de madera y dos sencillas habitaciones en un encantador edificio criollo. Para relajarse cuenta con un amplio jardín donde el aire tiene aroma de café y geranio. Sirve excelentes platos criollos en la cena (25 €), con postres caseros y hortalizas de su propio huerto.

La Plantation
B&B €€

(plano p. 242; ☎0693 92 53 01, 0262 45 63 28; www.la-plantation.re; 124 Route de Jean Petit, Jean Petit; d 90-100 €, ste 115 €, desayuno incl.; P❄🛜♨) De categoría, entre campos de caña, tiene una pequeña piscina, *jacuzzi* exterior y un exuberante jardín tropical con asombrosas vistas de la costa. Hay tres habitaciones decoradas de modo diferente y una suite más grande, todas con preciosos baños; nótese que solo una de ellas tiene vistas al mar. Está en la carretera de Grand Coude, a unos 5 km de St-Joseph.

Al acabar la jornada no hay que perderse la abundante *table d'hôte* (25 €), en la que los deliciosos platos criollos se elaboran con productos locales. Sabine, la dueña, habla inglés, italiano y alemán.

Au Lapin d'Or   B&B €€

(☎0692 70 09 18, 0262 56 66 48; rolande.sadehe@ hotmail.fr; 55bis Chemin Concession, Jean Petit; i/d 63/75 €, desayuno incl.; P☎) Los dueños de este cuco B&B crían conejos, de ahí el nombre, "El Conejo de Oro", lo que no impide que los guisen a la criolla para la cena (24 €). En cuanto a alojamiento, ofrece tres habitaciones en alegres colores pastel con baños impolutos que no tienen puertas, solo cortinas.

No hay que perderse el *rhum tisane* (ron aromatizado) casero, que se paladea mejor en el cenador del jardín.

ℹ️ Cómo llegar y salir

Unos pocos autobuses diarios unen St-Joseph y Grand Coude, pero resulta mucho más práctico recorrer la zona en vehículo propio.

De St-Joseph a St-Philippe

Este es un tramo de costa muy cautivador, una sucesión de calas de roca y espectaculares acantilados batidos por las olas y bordeados por empinados cerros cubiertos de densos bosques y ondulantes campos de caña, con unas cuantas playas de arena negra.

El interior no le va a la zaga. Hay que cerrar el mapa y perderse por las carreteras secundarias que suben sinuosas a los Hauts a través de encantadoras aldeas, lo que garantiza trayectos pintorescos y espectaculares vistas sobre el océano y los profundos cañones.

Río Langevin

Unos 4 km al este de St-Joseph se llega a la localidad costera de Langevin, donde el valle del río homónimo se abre entre los montes. Los domingos, las familias de pícnic invaden este pintoresco paraje.

⊙ Puntos de interés y actividades

A lo largo del río hay numerosas pozas naturales donde refrescarse. Entre las mejores está la de Trou Noir (señalizada) y una sin nombre sita 300 m antes de la cascada de la Grande Ravine (no tiene pérdida).

El valle del Langevin es ideal para el barranquismo, con un montón de hondonadas resbaladizas, emocionantes saltos de agua, breves tramos a nado y escaladas en un pintoresco marco.

**Cascada de la
Grande Ravine**   CASCADA

(plano p. 242) Una estrecha carretera sigue el ancho lecho pedregoso del río Langevin y lleva hasta esta majestuosa cascada, que cae en una ancha poza. Se puede admirar desde un mirador junto a la carretera, a 9 km del cruce con la carretera costera.

Aquasens   DEPORTES DE AVENTURA

(☎0692 20 09 03; www.aquasens.re; excursiones 50-70 €; ☉con reserva) Esta empresa de aventuras profesional organiza fantásticas *randonnées aquatiques* guiadas en el Langevin. Son excursiones donde hay que caminar, deslizarse, nadar y saltar o tirarse a pozas naturales por rampas pulidas por el agua. La duración es de 1 a 4-5 h, según el circuito. Pueden participar personas de cualquier edad, siempre que sepan nadar.

🛏️ Dónde dormir

No hay ningún alojamiento en el valle del río Langevin. Los hoteles y B&B más cercanos están en St-Joseph, Manapany-les-Bains, Vincendo y Le Baril.

🍴 Dónde comer

Si no se lleva comida, hay un grupo de animados y baratos sitios a lo largo del río, a la entrada del valle. Son todos bastante similares, con los clásicos platos criollos para comer o llevar.

Le Benjoin   CRIOLLA €

(☎0262 56 23 90; 114 Route de la Passerelle; principales 6-16 €; ☉11.30-14.00 sa-ju) Entre los varios sitios populares a lo largo del río, este destartalado lugar tiene una buena terraza donde tomar un bocadillo, un curri (también para llevar; desde 6 €) o una cerveza, aunque el servicio es mediocre y la comida algo anodina. Es famoso por su *thé dansant* (té danzante) de los domingos (desde las 9.00).

ℹ Cómo llegar y salir

Para recorrer el valle se precisa vehículo propio. Téngase en cuenta que cuesta hallar sitio para aparcar los fines de semana; hay que llegar temprano.

Vincendo y Les Hauts

En Vincendo, pocos visitantes han oído hablar de la playa de arena negra bordeada de *vacoas* (pandanos) unos kilómetros al sur de la RN2. Aunque se prohíbe nadar debido a las peligrosas corrientes, es un lugar ideal para un pícnic.

De nuevo en el pueblo, se toma la D34 que sube hacia el norte y lleva a La Crête. Desde esta aldea la D37 discurre en dirección este hasta otra tranquila aldea, Jacques-Payet, antes de bajar zigzagueando hasta el cruce con la carretera costera.

🛏 Dónde dormir y comer

Dada la escasez de sitios donde comer en la zona, casi todos los B&B y *gîtes* preparan comidas por encargo.

⭐ Rougail Mangue   CASA DE HUÉSPEDES €

(📞0262 31 55 09; www.rougailmangue.com; 12 Rue Marcel Pagnol, Vincendo; i/d/tr/c 39/59/75/90 €, bungalós 70 €; 🅿✳🛜🏊) Aunque desde la carretera no lo parezca, es un gran hallazgo. En la planta baja tiene una elegante zona de estar, una habitación de seis camas, dos impolutas cuádruples y una alegre doble que se abre al cuidado jardín. Si se desea más intimidad, hay un bungaló más bien pequeño con estupendas vistas al mar. Está en la carretera principal, entre Langevin y Vincendo.

La guinda es la fabulosa piscina con el mar de fondo y el *jacuzzi* (5 €) al aire libre. El aire acondicionado se paga aparte (5 €), salvo en el bungaló. Nótese que el bungaló tiene un baño diminuto y sin puerta, solo con una cortina. Hay que sumar 3 € del desayuno (o 15 € por un *brunch* pantagruélico), que se disfruta en un cenador. También hay una cocina. Resérvese con antelación.

Ferme-Auberge Desprairies   B&B €

(plano p. 242 📞0692 64 61 70, 0262 37 20 27; www.ferme-auberge-desprairies.com; 44 Route de Matouta, Matouta; d 45 €, desayuno incl.; 🅿🛜) Uno de los atractivos de esta tranquila hostería es la carretera que a través de los campos de caña lleva a ella, aunque solo sean un par de kilómetros desde la costa. Las seis habitaciones no son nada reseñables pero están cuidadas;

en este lugar y a este precio, no se les puede poner ningún reparo. Las nº 1, 2 y 3 tienen vistas al mar.

Los dueños preparan deliciosas comidas caseras (22 €). Se llega tomando la D37 hacia el este.

La Table des Randonneurs   GÎTE €

(plano p. 242; 📞0692 61 73 47; 17 Chemin des Barbadines, Jacques-Payet; dc/d 25/50 €, bungalós 50 €, desayuno incl.) En lo alto de los cerros, es una segura opción económica. Tiene dos habitaciones dobles (una de ellas con baño privado), una cuádruple y una de seis camas en una casa moderna; son funcionales y están amuebladas con sencillez. También alquila un bungaló para hasta cuatro personas, con cocina y baño. No hay wifi. Está unos 7 km al noreste de Vincendo por la D37.

La carta (25-30 €) ofrece delicias locales como pato ahumado con *vacoa* y cerdo con palmitos.

La Médina du Sud   APARTAMENTOS €€

(📞0692 61 07 56; bouali1@hotmail.com; 23 Rue de la Marine, Vincendo; d por 2 noches 150 €; 🅿✳🛜🏊) A pesar de su nombre, no hay mucho que recuerde a una medina en este moderno edificio junto al desvío hacia la playa. Aunque anodinos, los tres pisos están totalmente equipados, bien proporcionados y en perfecto estado, con la ventaja añadida de una piscina.

Les Grands Monts   B&B €€

(📞0692 17 53 42; www.facebook.com/Les-Grands-luts; 2A Impasse Sabine, Vincendo; d 125 €, desayuno incl.; 🅿✳🛜🏊) Linda *maison d'hôte* en un edificio histórico, un sitio muy especial. Ofrece tres amplias habitaciones con una hábil mezcla de piedras volcánicas y maderas nobles. Dos de ellas tienen baños abiertos, lo que no es del agrado de todo el mundo. La piscina del jardín es una delicia. Las cenas cuestan 30 €. Está en una calle sin salida unos 300 m al norte de la RN2.

ℹ Cómo llegar y salir

Los autobuses de Car Jaune entre St-Pierre y St-Benoît (línea S1) pasan por Vincendo; más información en www.carjaune.re. Para llegar a los Hauts se precisa vehículo propio.

Basse-Vallée y Cap Méchant

La zona de Basse-Vallée es famosa por su artesanía de cestas, bolsos (llamados *bertels*), sombreros y otros artículos trenzados con *vacoa* (pandano). Y también por su accidentado litoral, el Cap Méchant en particular, uno de los paisajes más extraordinarios de la costa meridional.

⊙ Puntos de interés

Cap Méchant   PARAJE NATURAL

Este cabo es de los parajes más estremecedores del sur, con enormes campos de lava, acantilados negros batidos por los vientos, hileras de *vacoas* y los inevitables quioscos de tentempiés. Desde el cabo se puede seguir una excelente senda costera que bordea los acantilados; llévese calzado resistente.

🛏 Dónde dormir

Hay unos pocos B&B a los que se puede llegar a pie desde el Cap Méchant así como un B&B y dos *gîtes* a lo largo de la Route Forestière de Basse Vallée, más arriba en los altos. Quien prefiera alojarse en un hotel tendrá que ir a Grande Anse, Mont-Vert-les-Bas o St-Pierre.

★ Gîte de Yoleine et Théophane   GÎTE €

(plano p. 242; ☑0262 37 13 14, 0692 87 25 43; Route Forestière, Basse-Vallée; d 120 €, cabaña d 120 €, media pensión incl.) Este paraíso rural rodeado de bosques y campos de caña, ideal para relajarse, es uno de los secretos mejor guardados del sur. En lo alto de los cerros ofrece varios dormitorios de seis camas, cada uno con su propio baño, y una cabaña. Los cordialísimos dueños preparan la cena con los productos más frescos de la isla.

Llegar es complicado: se puede hacer a pie (30 min aprox.) o, si el tiempo es seco, en automóvil por una pintoresca pista de tierra de 2 km que sale de la Route Forestière (señalizada en el cruce, unos 5,5 km más arriba del pueblo de Basse-Vallée).

Ferme-Auberge
Le Rond de Basse Vallée   HOSTERÍA €

(plano p. 242; ☑0692 69 65 51; Route Forestière, Basse-Vallée; d 45 €, desayuno incl.; P) Siguiendo la Route Forestière se llega a esta granja-hostería, un lugar estupendo en plena naturaleza. Ofrece cuatro sencillas habitaciones, con baños impecables, en un edificio de estilo criollo que armoniza con el entorno. Al otro lado de la carretera, el restaurante ofrece platos regionales con sabores auténticos, incluido el *vacoa,* especialidad local. Una comida completa sale por 25 €.

Gîte de Montagne de Basse Vallée   GÎTE €

(plano p. 242; ☑0262 37 36 25; Route Forestière, Basse-Vallée; dc 16-18 €) Sencillo, en la Route Forestière, unos 8 km al norte de Basse Vallée, ofrece dormitorios de 4-8 camas y una cocina. Se debe reservar en la Centrale de Réservation (www.resa.reunion.fr) o cualquier oficina de turismo de la isla, pero si hay sitio el encargado admite a quien llegue sin reserva. El desayuno cuesta 6 €; la cena, 19 €.

Chambre d'Hôte du Cap Méchant   B&B €€

(☑0692 36 26 16, 0262 28 57 50; www.chambrecap mechant.com; 34 Rue Labourdonnais, Basse-Vallée; d 70 €, desayuno incl.; P✳🛜) A un paso de Cap Méchant, estos cinco bungalós en torno a una pequeña piscina son confortables, aunque al estar muy juntos no ofrecen demasiada privacidad. Cada uno tiene su propia nota cromática, como azul eléctrico, naranja o verde. La cena cuesta 26 €.

Coco Vanille   B&B €€

(☑0262 93 18 76, 0692 94 51 12; www.coco-vanille. com; 68 Rue Labourdonnais, Basse-Vallée; d 64-70 €, desayuno incl.; 🛜🖼) Tranquilo y a buen precio, con habitaciones agradables, baños pequeños, algunos toques chic y una pequeña terraza para desayunar. La piscina en el jardín tropical es fenomenal cuando el calor aprieta. A un paseo a pie del Cap Méchant. La cena cuesta 20 €. Solo efectivo.

🍴 Dónde comer

Hay tres restaurantes grandes en la zona del Cap Méchant, además de numerosos quioscos de tentempiés.

Le Pinpin   CHINA, CRIOLLA €€

(☑0262 37 04 19; Cap Méchant; principales 11-17 €; ⊗11.30-14.00 ju-ma) En su larga carta todos hallarán algo a su gusto. Frecuentado por familias.

L'Étoile de Mer   CHINA, CRIOLLA €€

(☑0262 37 04 60; Cap Méchant; principales 10-16 €; ⊗11.30-14.00) Sirve una mezcla de platos chinos, criollos y *métro.*

Le Cap Méchant   CHINA, CRIOLLA €€

(☑0692 85 39 28; Cap Méchant; principales 10-22 €; ⊗11.30-14.00 ma-do) Se llena los fines de semana, pero está casi desierto otros días. Sirve estupendos *carris, chop sueys* y *porc au palmiste* (cerdo con palmitos).

❶ Cómo llegar y salir

El Cap Méchant está en la ruta costera de los autobuses de Car Jaune entre St-Pierre y St-Benoît. Más información en www.carjaune.re.

Le Baril

2200 HAB.

Es la última población antes de St-Philippe. Casi todo el mundo para en ella por el Puits des Anglais, una de las atracciones más espectaculares en este tramos de costa.

◉ Puntos de interés

Puits des Anglais PARAJE NATURAL

(plano p. 242; Le Baril) Principal atracción de Le Baril, el Pozo de los Ingleses es una espléndida piscina de agua salada excavada en la roca basáltica. Está abarrotada los fines de semana, pero desierta otros días.

🛏 Dónde dormir

Le Baril no tiene hoteles, solo unos cuantos B&B.

Le Pinpin d'Amour B&B €

(plano p. 242; ☑0262 37 14 86; www.pinpindamour. com; 56 Chemin Paul Hoareau, Le Baril; d 65-75 €, desayuno incl.; P❄@🛜) Ofrece seis habitaciones con paredes en colores pastel y suelos de tarima; bonitas, pero algo pequeñas y sombrías. Las más caras tienen una pequeña veranda, aunque sin vistas reseñables. El aire acondicionado es un poco ruidoso. Está entre campos de caña de azúcar, más arriba de Le Baril, a unos 2 km de la carretera costera. Descuento del 10% para estancias de dos o más noches.

A los dueños les apasionan el *vacoa* y el *pinpin* (su fruto comestible, con aspecto de piña), que sin duda se podrán probar en la cena (27-30 €).

★Le Four à Pain B&B €€

(☑0692 36 61 55; huet-jean-marc@hotmail.fr; 63C RN2, Le Baril; d 75 €, desayuno incl.; P❄🛜🐾) Un sitio especial por su sencillez, carácter y estupenda acogida. Las luminosas y frescas habitaciones ubicadas en dos lindas casitas criollas tienen decoración contemporánea y entrada propia. El marco es precioso, un tranquilo jardín tropical sombreado por añosos árboles. Y, para rematar, la linda piscina es una bendición.

No hay que perderse la suculenta cena (26 €); sin duda se probará la ensalada de palmito, pues el dueño es un importante productor. Está junto a la carretera principal.

🍴 Dónde comer

Aparte del Warren Hastings, hay pocos restaurantes independientes en Le Baril. Lo mejor es comer en el B&B.

Le Ti Vacoa CRIOLLA, BOCADILLOS €

(☑0692 92 20 24; Le Puits des Anglais, RN2, Le Baril; principales 4-8 €; ⊙10.00-21.00 ma-sa) Este sencillo chiringuito no podía estar mejor situado: da al Puits des Anglais, la piscina de agua salada. La carta se centra en sencillos platos criollos, así como en ensaladas y en un amplio surtido de bocadillos (desde 2,50 €). También comida para llevar.

Warren Hastings CRIOLLA €€

(plano p. 242; ☑0692 52 03 82; 103A RN2; principales 12-16 €; ⊙11.00-14.00 y 18.30-21.00) La comida es buena en este alegre café-bistró de la carretera principal. Sirve platos recién hechos con ingredientes locales así como deliciosas tapas.

★Auberge Paysanne Le Palmier CRIOLLA €€€

(plano p. 242; ☑0692 69 03 48; 21 Chemin Ceinture, Le Baril; menú 27 €; ⊙11.30-13.00, previa reserva sa-ju) Toda una experiencia criolla difícil de superar: dueños sonrientes, recetas tradicionales, un sereno marco en los Hauts y preciosas vistas desde la terraza. Sirven platos típicos difíciles de encontrar en otros sitios, como el pollo con palmitos y la tarta de papaya.

Ojo: no es un restaurante normal, sino una casa particular que solo acepta clientes previa reserva. Está señalizada en la carretera principal.

ℹ Cómo llegar y salir

Los autobuses de Car Jaune entre St-Pierre y St-Benoît (línea S1) pasan por Le Baril. Más información en www.carjaune.re.

St-Philippe

5100 HAB.

Esta simpática población, deliciosamente campechana y sencilla, es (junto con St-Joseph) la única de importancia del sur salvaje. Pese a no tener puntos de interés de primer orden, guarda numerosas sorpresas agradables y está muy bien emplazada para explorar la costa o adentrarse en los Hauts. Además, se halla a la sombra del Piton de la Fournaise.

Para alegría de los vegetarianos, se autoproclama capital del *vacoa* (pandano). En agosto, durante los diez días de la Fête du Vacoa, no menos de 5000 visitantes se unen a los vecinos de St-Philippe.

◉ Puntos de interés

Sentier Botanique
de Mare Longue JARDINES
(plano p. 242; Chemin Forestier) Si se busca silencio este bosque virgen es ideal. Desde el aparcamiento se puede tomar alguna de las tres sendas de interpretación que lo recorren. Se halla tierra adentro entre Le Baril y St-Philippe, pocos kilómetros al norte de Le Jardin des Parfums et des Épices.

Le Jardin des Parfums
et des Épices JARDINES
(plano p. 242; ☑0692 66 09 01; www.jardin-parfums-epices.com; 7 Chemin Forestier; adultos/niños 6,10/3,05 €; ⊘circuitos 10.30 y 14.30) No hay que perderse el Jardín de los Perfumes y las Especias, entre Le Baril y St-Philippe. Alberga más de 1500 especies en sus 3 Ha de entorno natural del bosque de Mare Longue, 3 km al oeste de St-Philippe. Los entusiastas guías de los circuitos (en francés) conocen bien la historia, la economía y la cultura de la isla, que explican a través de las plantas.

Puerto pesquero PUERTO
Pequeño y con un puñado de coloridas barcas, merece un vistazo.

✪ Fiestas y celebraciones

Fête du Vacoa FERIA
(Fiesta del Vacoa; ⊘ago) Dedicada a la artesanía del *vacoa* (pandano), en St-Philippe.

▒ Dónde dormir

Hay B&B y bungalós de alquiler en St-Philippe, excelente trampolín para explorar la costa sur y Le Grand Brûlé. Se prevé que en el 2018 abrirá sus puertas un complejo de cinco estrellas.

★ Dan'n Tan Lontan BUNGALÓS €
(☑0262 47 71 06, 0692 65 14 29; www.dantanlontan.com; 19 Allée des Palmiers; d 54-70 €; ℗❄🖦❄) Para olvidar el estrés y sentirse en la gloria, este encantador lugar en una espléndida finca, a 4 min andando del centro, ofrece tres preciosas casitas de estilo criollo, prácticas y bien organizadas. Se puede reposar en el jardín, sestear junto a la fabulosa piscina o beber algo en la terraza privada a la sombra. Uno de los secretos mejor guardados de la zona.

Le Palmier B&B €
(☑0262 37 04 11, 0692 02 85 71; nicolelepalmier@yahoo.fr; 8 Rue de la Pompe; i/d 46/52 €, desa-

yuno incl.; ℗❄🖦❄) Simpático, al final de un camino en la salida este de St-Philippe, no es impactante, pero sí una apuesta segura. Las habitaciones son normales, con baldosas inmaculadas, baños pequeños y coloridas colchas; las de la parte de atrás son más amplias, pero no tienen vistas. Los huéspedes que se queden dos o más noches pueden utilizar la piscina frente a la casa de los dueños.

Au Domaine du Vacoa B&B €€
(☑0262 37 03 12, 0692 64 89 89; www.domaineduvacoa.fr; 12 Chemin Vacoa; d 70 €, desayuno incl.; ℗❄🖦❄) En una coqueta *case créole* ofrece dos habitaciones contiguas realzadas con toques de color, buenos colchones y baños impolutos. No obstante, lo mejor es la pequeña piscina de horizonte infinito con estupendas vistas del mar. La cena (26-28 €) reconforta con pato, *vacoa* y hortalizas del huerto, todo de origen ecológico.

✗ Dónde comer

En St-Philippe solo hay un par de restaurantes. Casi todos los visitantes acaban comiendo en su B&B o *gîte*.

Marmite du Pêcheur PESCADO €€
(plano p. 242; ☑0262 37 01 01; 18A RN2, Ravine Ango; principales 15-30 €, bufé dominical 25 €; ⊘12.00-14.00 ju-ma) Para quien esté harto de *carri poulet* (curri de pollo), aquí ofrecen sobre todo productos del mar: cangrejos, langostinos, mejillones y pescado, con una pantagruélica *marmite du pêcheur* (marmita del pescador, 30 €). Lo malo es que el comedor carece totalmente de encanto. Está junto a la carretera principal, al este de St-Philippe.

La Bicyclette
Gourmande CRIOLLA, CHINA €€
(☑0693 93 71 93; 43 Rue Leconte de Lisle; principales 13-19 €; ⊘11.30-14.00 mi-do, 18.30-20.30 ju-do) Este relajado restaurante en una casita criolla tiene una agradable terraza que domina la carretera principal, no tan plácida. Su amplia y ecléctica carta satisfará a cualquier paladar, pues abarca desde especialidades criollas hasta conocidos platos chinos y *métro*.

ℹ Cómo llegar y salir

Los autobuses de la línea S1 entre St-Benoît (2 €, 1¼ h) y St-Pierre (2 €, 1 h) paran en el ayuntamiento de St-Philippe. Más información en www.carjaune.re.

Le Grand Brûlé

El mayor atractivo del sur salvaje es esta árida e inquietante llanura volcánica de 6 km de ancho que se ha ido formando con la corriente principal de lava del volcán. Les Grandes Pentes, las empinadas laderas que hay más arriba, llevan miles de años canalizando las coladas de lava hasta la costa.

⊙ Puntos de interés

Le Grand Brûlé rebosa de atractivos naturales, como los espectaculares mantos de lava petrificada.

Mirador de Le Grand Brûlé   MIRADOR
(plano p. 242; RN2) En abril del 2007, en una de las erupciones más violentas jamás registradas, se formó un impresionante manto de lava unos 2 km al norte de la Pointe du Tremblet; la carretera estuvo cortada varios meses. Es toda una experiencia atravesar en automóvil el yermo paisaje lunar de este vasto campo de lava petrificada, totalmente negra. Aunque se prohíbe caminar sobre la colada de lava, se ha erigido una plataforma-mirador junto a la RN2.

Pointe de la Table   MIRADOR
(plano p. 242; RN2) En la erupción de 1986 la colada de lava fluyó insólitamente al sur de Le Grand Brûlé hasta alcanzar el mar en la Pointe de la Table, cabo unos cientos de metros al norte del Puits Arabe, lo que añadió más de 30 Ha a la superficie de la isla; se evacuó a 450 personas y se perdieron varias casas. Ahora, en la punta hay una senda de interpretación que constituye una preciosa caminata por los acantilados basálticos batidos por las olas.

Puits Arabe   MIRADOR
(plano p. 242) Al este de St-Philippe se halla el Puits Arabe (Pozo Árabe), un hoyo artificial en la roca basáltica. Es un lugar concurrido, con quioscos que venden tentempiés entre hileras de *vacoas.*

𝕏 Actividades

En Le Grand Brûlé se puede hacer espeleología por los tubos volcánicos, los túneles formados al solidificarse rápidamente una costra de lava al contacto con el aire, además de caminar por la base del volcán.

Espeleología y barranquismo
Varias empresas organizan excursiones guiadas por los tubos de lava de Le Grand Brûlé.

Aunque suelen ser túneles bastante altos, con aberturas en el techo que producen bonitos juegos de luz, en algunos puntos habrá que ir encorvado. Es una actividad para todas las edades (niños a partir de ocho años), solo se precisa llevar buen calzado; facilitan cascos y linternas.

Los precios oscilan entre 50 y 75 €, según la longitud y duración del circuito.

Envergure Réunion   DEPORTES DE AVENTURA
(☏0693 43 23 52; www.canyon-speleo.re; excursión 50-75 €; ⊙previa reserva) Una veterana empresa especializada en barranquismo por el sur de la isla y en excursiones guiadas por los tubos de lava de Le Grand Brûlé.

Speleo Canyon   DEPORTES DE AVENTURA
(☏0692 11 50 13; www.speleocanyon.re; excursión 50-75 €; ⊙previa reserva) Julien Dez es un monitor titulado con larga experiencia en toda Reunión. Organiza salidas de barranquismo y caminatas guiadas, así como excursiones por los tubos de lava de Le Grand Brûlé.

Rougail Rando   DEPORTES DE AVENTURA
(☏0692 92 14 34; 1 RN2, Le Tremblet; excursión desde 50 €; ⊙previa reserva) Juanito se especializa en excursiones por los tubos de lava de Le Grand Brûlé. Los precios incluyen el equipo.

🛏 Dónde dormir y comer

Solo hay un alojamiento en Le Grand Brûlé, pero la zona puede visitarse en el día desde St-Joseph, St-Philippe o Ste-Rose.

A lo largo de la RN2 entre St-Philippe y Le Grand Brûlé hay algunos así llamados *restaurants,* en realidad viviendas particulares convertidas en informales casas de comidas.

Le Crabe Sous la Varangue   B&B €€
(☏0262 92 13 56; www.crabevarangue.canalblog.com; 1 RN2, Le Tremblet; i 65 €, d 75-80 €, desayuno incl.; 🅿🛜) Este pintoresco B&B se alza en aislado esplendor en la carretera principal entre St-Philippe y Le Grand Brûlé. En la casa principal ofrece dos habitaciones con lindos suelos de cemento pintado y coloridas paredes, cada cual decorada a su manera, pero ambas algo sombrías; y una tercera en una acogedora casa criolla con brillante parqué. No hay aire acondicionado, pero sí ventilador, en las habitaciones. Solo sirven cenas (28 €) los viernes y sábados. El dueño organiza excursiones a los tubos de lava de Le Grand Brûlé.

Este de Reunión

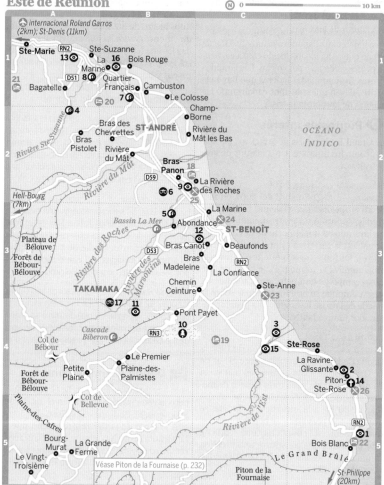

N 0 ——————— 10 km

internacional Roland Garros
(2km); St-Denis (11km)

Ste-Marie RN2 Ste-Suzanne
13 La 16 Bois Rouge
Marine 8
21 Bagatelle D51 Quartier-
Français Cambuston
20 7 Le Colosse
4 Champ-
Bras des Borne
Chevrettes ST-ANDRÉ
Bras Rivière du
Pistolet Mât les Bas
Rivière
du Mât OCÉANO
Bras- ÍNDICO
Panon 18
D59 9 La Rivière
6 des Roches
25
Hell-Bourg
(7km) 5 La Marine
Bassin La Mer Abondance 24
12 ST-BENOÎT
Bras Canot Beaufonds
Plateau de D53 Bras RN2
Bélouve Madeleine
Forêt de La Confiance
Bébour- Chemin
Bélouve Ceinture Ste-Anne
TAKAMAKA 17 11 23
Pont Payet
Cascade 10
Biberon RN3 3
Col de 19 15 Ste-Rose
Bébour
Le Premier La Ravine-
Forêt de Petite Plaine-des- Glissante 2
Bébour- Plaine Palmistes Piton- 14
Bélouve Ste-Rose 26
Col de
Bellevue
Plaine-des-Cafres RN2
Rivière de l'Est 1
Bourg- La Grande Bois Blanc 22
Murat Ferme Le Grand Brûlé
Le Vingt-
Troisième Véase Piton de la Fournaise (p. 232) St-Philippe
Piton de la (20km)
Fournaise

★**Chez Moustache** CRIOLLA €€

(☎0692 33 27 03; 9 RN2, Le Tremblet; principales 10-15 €; ⏰11.30-14.30 sa-lu, mi y ju) Simpático lugar en una pintoresca casa criolla con un patio ajardinado donde la familia propietaria ofrece auténticas especialidades criollas a precios correctos. Es cocina de arraigada tradición isleña. La carta cambia a diario y ofrece solo cuatro o cinco platos principales. Está unos 5 km al sur de la colada de lava del 2007.

Le Vieux Port CRIOLLA, PESCADO €€

(plano p. 242; ☎0692 15 79 31; 112 RN2, Le Tremblet; principales 11-19 €; ⏰11.30-14.30) Situado en un jardín tropical unos 500 m al sur de la cola-

da de lava del 2007. Prepara cocina local de forma creativa. Los lugareños alaban mucho el *rougail boucané* (costillas de cerdo ahumadas a la criolla) y la deliciosa ensalada de palmito. También hay comida para llevar. Se recomienda reservar en fin de semana.

Además, ofrece una serie de pescados que no se hallarán en otros sitios, como el *maccabit,* un tipo de mero. Solo efectivo.

De compras

Escale Bleue Vanille COMIDA

(☎0262 37 03 99; www.escale-bleue.fr; 7 RN2, Le Tremblet; ⏰9.30-12.30 y 13.30-17.30) Empresa

Este de Reunión

familiar donde se puede ver el proceso de producción de la vainilla y comprar una aromática vaina.

❶ Cómo llegar y salir

Le Grand Brûlé está en la ruta costera de los autobuses Car Jaune (línea S1) entre St-Pierre y St-Benoît. Más información en www.carjaune.re.

EL ESTE

La costa oriental es lo opuesto a la occidental: relajada, sin pretensiones y frondosa, pues recibe mucha más lluvia. Carece de las playas que hay en el lado oeste, pero lo compensa con espectaculares cascadas y fantásticos parajes naturales. La caña de azúcar es el principal producto de la zona, también famosa por sus plantaciones de vainilla y sus huertos de frutales.

Esta franja costera se considera asimismo diferente por ser el bastión de la cultura tamil en la isla: el viajero hallara un ambiente inconfundible, con numerosos templos y pintorescas festividades religiosas, y tendrá la oportunidad de descubrir una Reunión que no imaginaba.

Aquí el turismo se mantiene a pequeña escala, sin atractivos estelares. No obstante, vale la pena dedicar unos días a explorar los tranquilos recovecos de esta parte menos visitada y así apreciar la isla desde una perspectiva diferente.

Ste-Suzanne y alrededores
20 500 HAB.

Los turistas de paso que van rumbo a las playas apenas conceden un vistazo a esta ciudad costera. Y es una pena, porque posee encantadores rincones que esperan ser descubiertos, como la espléndida Rivière Ste-Suzanne, ideal tanto para actividades al aire libre como para pícnics o descanso al sol.

◉ Puntos de interés

Faro FARO
(Rue du Phare) Junto a la oficina de turismo, vale la pena echar una ojeada a este pequeño faro de 1845, el único de la isla y aún en funcionamiento.

Cascad Délices CASCADA
(plano p. 256; Quartier-Français) En la zona del Barrio Francés, es fácil llegar a esta cascada, pues está señalizada. Aunque solo tenga 4 m de altura, uno se puede bañar en sus frescas aguas y el entorno selvático gustará a los amantes de la naturaleza.

Cascada Niagara CASCADA
(plano p. 256) Detrás de la iglesia, hacia el extremo sur de la ciudad, una carretera señalizada hacia el interior lleva a esta cascada de 30 m en la Rivière Ste-Suzanne. Al final de la carretera hay que seguir unos 2 km más hasta la catarata, muy concurrida los fines de semana.

LA PEQUEÑA INDIA

Si se está por Ste-Suzanne y St-André en ciertas épocas del año se descubrirá una faceta muy exótica de la isla, con un montón de coloridas festividades de la comunidad tamil. En enero no hay que perderse las **ceremonias de andar sobre el fuego**, en las que los participantes entran en trance para caminar sobre las brasas como muestra de devoción a diversas deidades. Como ofrenda se sacrifican miles de cabras, cuya carne se reparte entre los participantes. También hay que ver la **Fiesta del Cavadee**, que suele celebrarse en enero o febrero. En octubre o noviembre hay que ir al **Divali** (o Dipavali), la Fiesta de la Luz, en la que bailarines y carrozas decoradas desfilan por el centro urbano; los visitantes son bien recibidos. Para fechas concretas, contáctese con la oficina de turismo (p. 258) de St-André.

Bassin Boeuf
CASCADA

(plano p. 256) Si apetece refrescarse, esta cascada ofrece tentadoras piscinas naturales bordeadas de lastras de piedra, perfectas para hacer un pícnic o tomar el sol. Bien se merece el desvío.

Desde Ste-Suzanne se sigue la D51 hacia Bagatelle unos 7 km hasta ver la indicación "Bassin Boeuf". Tras dejar el automóvil en el pequeño aparcamiento se camina unos minutos por la carretera de tierra hasta la Rivière Ste-Suzanne. Para llegar a la cascada hay que cruzar el río y seguir una senda a la derecha durante unos 5 min.

La Vanilleraie
PLANTACIÓN

(plano p. 256; ☑0262 23 07 26; www.lavanilleraie.com; Allé Chassagne, Domaine du Grand Hazier; circuitos adultos/niños 5/3 €; ☺8.30-12.00 y 13.30-17.00 lu-sa) Se halla en el Domaine du Grand Hazier, finca con una soberbia residencia dieciochesca de un cultivador de caña sita unos 3 km al suroeste de Ste-Suzanne. Aquí se pueden ver los procesos de preparación y secado de la vainilla, además de comprar algunas vainas. Hay circuitos guiados a las 9.00, 10.00, 11.00, 14.00, 15.00 y 16.00. El director habla inglés.

Chapelle Front de Mer
TEMPLO HINDÚ

Este ornamentado templo tamil es uno de los edificios religiosos que destacan en Ste-Suzanne, erigido junto a una playa de guijarros al norte de la ciudad; no está señalizado.

🏃 Actividades

Alpanes
DEPORTES DE AVENTURA

(☑0692 77 75 30; www.alpanes.com; excursión de un día 60 €; ☺previa reserva) El mejor sitio del este para hacer barranquismo es la espectacular Rivière Ste-Suzanne, donde se puede saltar, zambullirse en pozas naturales y arrastrarse por las rocas.

Niagara Vertical
DEPORTES DE AVENTURA

(plano p. 256; ☑0692 48 55 54; Cascade Niagara; adultos 25 €; ☺sa y do, previa reserva) Si apetece ver la cascada Niagara desde otra perspectiva, esta empresa ha montado dos *vias ferratas* de diverso grado de dificultad; para mayores de 16 años.

🛏 Dónde dormir y comer

Hay pocos alojamientos en Ste-Suzanne; quien disponga de vehículo propio quizá prefiera alojarse en St-Denis y visitar la zona en el día.

La oferta gastronómica también es bastante sosa, por decir algo, pero los restaurantes *gourmet* de St-Denis no quedan lejos.

La Rond' Dada
BUNGALÓS €

(plano p. 256; ☑0692 87 39 33; www.larondada.com; 13 Chemin Rita Ah-Teng, Commune Carron; d 60 €; 🅿✳🛜) Este bungaló bien diseñado y espacioso (41 m²), sito en un cuidado jardín tropical detrás de la casa del dueño, parece una acogedora casa de muñecas y goza de amplias vistas al mar. Sale muy a cuenta si se cocina y resulta una base práctica para recorrer el este. Estancia mínima de dos noches.

Le Pharest
HOTEL €

(☑0262 98 91 10; http://www.pharest-reunion.com/; 22 Rue Blanchet; i 34-58 €, d 52-62 €, c 115 €, desayuno incl.; 🅿✳🛜🏊) Cerca del faro, este compacto refugio tropical ofrece en un exuberante jardín cinco bungalós de madera, algo destartalados y con un mobiliario sencillo, pero bien cuidados. Cuenta con una pequeña piscina y un restaurante (menús 17-38 €). No obstante, lo que lo distingue es el agradable ambiente y la cordial acogida de Nadège y Patrick.

El aire acondicionado cuesta 4,50 €/día. Para estancias de tres o más noches vale la pena optar por la espaciosa *gîte* (51 m²) totalmente equipado al otro lado de la calle (240 €/3 noches).

ℹ️ Información

Oficina de turismo (☎0262 52 13 54; www.
lebeaupays.com; 5 Rue du Phare; ⊙9.00-12.30
y 13.30-17.00 lu-sa; 📶) Junto al faro, reserva
gîtes de montagne y tiene wifi gratis.

ℹ️ Cómo llegar y salir

Por Ste-Suzanne pasan los autobuses Car Jaune de las rutas que unen St-Denis y St-Benoît
(líneas E1 y E2), así como los que unen St-André
y St-Denis (línea E4). Paran en el ayuntamiento
y en el Quartier Français. Más información en
www.carjaune.re.

St-André y alrededores

56 600 HAB.

St-André es el epicentro de la cultura tamil. Se
verán más mujeres con saris de vivos colores
que *zoreilles* (franceses de Europa) con gafas
de marca y camisas a la última. Las concurridas calles transportan a alguna ciudad de la
India, con casas de curri, tiendas de saris y
vendedores de baratijas; da la sensación de
hallarse más cerca de Bombay que de París.

La población básicamente tamil desciende de los trabajadores obligados por contrato
llegados desde la India para trabajar en las
plantaciones de caña e ingenios azucareros
tras abolirse la esclavitud en 1848.

◉ Puntos de interés

Donde más se aprecia el ambiente es en los
templos hindúes que salpican la ciudad.

Sucrerie de Bois-Rouge   DESTILERÍA
(plano p. 256; ☎0262 58 59 74; www.distilleriesavan
na.com; 2 Chemin Bois Rouge; circuito guiado adul-
tos/niños 10/5 €, destilería 7/3 €; ⊙9.00-18.30 lu-vi,
hasta 16.30 sa jul-dic, 9.00-16.00 lu-sa ene-jun) Esta
azucarera está en la costa, 3 km al norte de
St-André. Durante la zafra (jul-dic) se abre a
los visitantes la enorme planta de alta tecno-
logía en un circuito que muestra el proceso
desde la entrega de la caña cortada hasta los
brillantes cristales finales. El circuito de 2 h
incluye la vecina destilería, donde el jugo de
caña y la melaza se convierten en ron. De
enero a junio solo se visita la destilería. Hay
una tienda, Tafia et Galabé, donde se puede
beber (y comprar) el licor.

No se permite la entrada a menores de
siete años.

Temple du Colosse   TEMPLO HINDÚ
(Route de Champ Borne) Es con diferencia el
templo tamil más llamativo de Reunión,

TIERRA DE VAINILLA

La vainilla es una orquídea originaria
de México que se llevó a Reunión hacia
1820, pero los primeros intentos de
cultivarla fracasaron por la ausencia de
una abeja mexicana que poliniza la flor e
inicia el desarrollo de la vaina. Para alegría de todos los amantes de las natillas,
en 1841 el esclavo de 12 años Edmond
Albius descubrió en Reunión un método
de polinización manual. Entonces la
vainilla estaba muy cotizada en Europa,
y el descubrimiento de Albius propició
un *boom* económico en la isla, al menos
para los magnates franceses.

Pero la burbuja de la vainilla estalló
a finales del s. XIX al obtenerse la vainilla
sintética. En Reunión el sector casi de-
sapareció, aunque en años recientes la
creciente demanda de productos naturales ha impulsado un cierto resurgir.
Ahora se verán plantaciones de vainilla
ocultas en los bosques de Ste-Suzanne
hacia el sur hasta St-Philippe.

Casi toda la producción se exporta
(Coca-Cola es el mayor comprador),
pero la vainilla sigue siendo un ingrediente favorito de la gastronomía local.
Aparece en todo tipo de exquisiteces,
desde tartas y pasteles hasta cafés,
licores e incluso en el pato y el pollo a la
vainilla. Lo mejor de todo es el sublime
sabor a vainilla macerada en un *rhum
arrangé* (ron macerado con frutas y una
mezcla de hierbas y bayas).

muy fotogénico por sus vivos colores. No está
abierto al público, pero se puede ver a través
de la verja.

Plantation de la Vanille Roulof   PLANTACIÓN
(☎0692 10 87 15; www.lavanilledelareunion.com;
470 Chemin Deschanets; circuitos guiados 4 €; ⊙
9.00-16.00 lu-sa, circuitos guiados 11.00, 14.00, 15.00
y 16.00 lu-sa) Si se busca vainilla *bourbon* de
Reunión, en esta pequeña plantación familiar la venden a precio razonable (10 €/25
gr). También explican la delicada técnica de
polinización manual de sus flores.

Maison Martin Valliamé   EDIFICIO HISTÓRICO
(1590 Chemin du Centre; circuitos guiados 8,50 €
tentempiés incl.; ⊙9.00-12.30 y 13.30-17.00 lu-vi)
Vale la pena visitar esta hermosa villa colonial de 1925, al nordeste del centro. Hay

circuitos guiados en francés a las horas en punto de 10.00 a 16.00.

Temple du Petit Bazar TEMPLO HINDÚ
(Ave de l'Île de France) Este pequeño templo tamil no queda lejos del centro.

🛏 Dónde dormir y comer

No hay buenos alojamientos en St-André; casi todo el mundo la visita en el día desde St-Denis, a no más de 30 min. Los alojamientos más cercanos se hallan en Ste-Anne, Bras-Panon y Ste-Suzanne.

Le Velli CRIOLLA €€
(☑0262 46 03 38; www.restaurant-velli.com; 336 Route de Champ Borne; principales 16-25 €; ☺ 11.30-14.30 lu-sa) Agradable restaurante, cercano al Temple du Colosse, que sirve comida resueltamente criolla, bien preparada y a buen precio.

Le Beau Rivage CHINA, CRIOLLA €€
(☑0262 46 08 66; 873 Route de Champ Borne; principales 12-16 €; ☺12.00-13.45 ma-do, 19.00-21.00 ma, mi, vi y sa) Haciendo honor a su nombre, "La Bella Ribera", tiene un bello marco: frente al mar y junto a la iglesia en ruinas de Champ-Borne. Dicho esto, el comedor es bastante soso; mejor pedir una mesa cerca de las ventanas. La cocina es sobre todo china y criolla. Las familias locales frecuentan el bufé de almuerzo dominical (20 €), de gran relación calidad-precio.

ℹ Información

Oficina de turismo (☑0262 46 16 16; www. est.reunion.fr; Maison Martin Valliamé, 1590 Chemin du Centre; ☺9.00-12.30 y 13.30-17.00 lu-vi; 🛜) Numerosos folletos e información sobre festividades tamiles.

ℹ Cómo llegar y salir

Los autobuses Car Jaune de St-Denis a St-Benoît pasan por St-André (2 €, 50 min). Quien se dirija a Salazie en autobús (1,80 €, 35 min) tendrá que transbordar aquí; hay siete autobuses diarios en cada sentido (tres los domingos). Más información en www.carjaune.re.

Bras-Panon

12 300 HAB.
La capital de la vainilla de Reunión. Casi todos los visitantes acuden a esta localidad para ver (y oler) su fragante planta procesadora. También es conocida por los *bichiques,* alevines de peces de la familia del gobio si-

milares a los chanquetes que son un manjar típico del lugar. Se pescan a principios de verano (hacia noviembre o diciembre) en la desembocadura del Rivière des Roches, cuando remontan el río tras el desove.

⊙ Puntos de interés

No hay demasiadas cosas que ver en la población, pero sí un par de atracciones naturales tierra adentro.

Bassin La Paix y Bassin La Mer CASCADA
(plano p. 256) El Bassin La Paix es una poza maravillosa en el valle del Rivière des Roches, unos 2,5 km al oeste de Bras-Panon (señalizado). Desde el aparcamiento, una breve senda lleva a una majestuosa cascada que cae en la gran poza de paredes de roca; el sitio es ideal para un pícnic. Para algo más apartado, se puede proseguir río arriba hasta el Bassin La Mer, otro delicioso lugar con cascada al que solo se llega a pie. Por la senda que sale al final del aparcamiento se tardan 40 min; es el camino más agradable, aunque expuesto y caluroso. Es un placer zambullirse en las frescas pozas al llegar.

Coopérative de Vanille Provanille FÁBRICA
(plano p. 256 ☑0262 51 70 12; www.provanille.fr; 21 RN2; circuitos adultos/niños 5 €/gratis; ☺8.30-12.00 y 13.30-17.00) Para conocer el proceso de producción de la famosa vainilla *bourbon* de Reunión, esta cooperativa de vainilla proyecta una película sobre la historia del cultivo de la misma y un circuito guiado de 45 min por sus instalaciones. Venden variados productos de vainilla en su tienda.

🎉 Fiestas y celebraciones

Fête des Bichiques GASTRONOMÍA
(Fiesta de los Bichiques; ☺oct) Bras Panon celebra las fiestas de estos exquisitos pececillos.

🛏 Dónde dormir

Chez Éva Annibal HOTEL €
(plano p. 256; ☑0262 51 53 76; 6 Chemin Rivière du Mât; d sin baño 45 €, desayuno incl.; 🅿🌀🛜) En una casa moderna, ofrece tres habitaciones funcionales, limpias, con techos inclinados e instalaciones comunes. Estupendo para su precio.

La Passiflore B&B €
(plano p. 256; ☑0262 51 74 68; www.lapassiflore. re; 31 Rue des Baies-Roses; d 60 €, desayuno incl.; 🌀🛜) Una pareja muy viajada lleva este oasis de calma tropical cerca de la carretera principal. Algunos toques exóticos adornan

las tres habitaciones, más bien pequeñas, con entrada independiente; evítese la habitación de "Amis" (sin baño) en la casa de los dueños. Hay una rutilante piscina en el soleado jardín. El aire acondicionado cuesta 5 € más. Se puede aparcar en la calle.

✖ Dónde comer

Aunque en Bras-Panon escasean los restaurantes, en el centro se hallarán unos cuantos sitios de comida para llevar que ofrecen platos criollos.

★ **Chez Éva Annibal** CRIOLLA €€
(plano p. 256; ☑0262 51 53 76; 6 Chemin Rivière du Mât; cena 25 €; ⊙12.00-13.00 y 19.00-20.00 lu-sa, 12.00-13.00 do) A esta sencilla pero animada granja-hostería, toda una institución en la isla, hay que ir con sed y enorme apetito. El banquete completo incluye ron, *gratin de légumes* (gratín de verduras), curri de pescado, pato a la vainilla y pasteles, todo comida casera criolla. Una pena que el comedor sea tan anodino.

Le Ti' Piment FRANCESA, CRIOLLA €€
(plano p. 256; ☑0262 23 46 79; www.facebook.com/letipiment; 1bis Rue Roberto; principales 13-21 €; ⊙11.30-14.00 y 19.00-21.00 lu-sa) Unos 400 m al sureste de la Coopérative de Vanille, este concurrido lugar sirve platos criollos y franceses en un agradable espacio, estiloso a la par que informal. Se recomienda el pollo con aceitunas, el estofado de venado y la pechuga de pato flambeada con ron; los postres son muy recomendables. También sirven para llevar.

St-Benoît y alrededores

36 500 HAB.
Campos de caña de azúcar, huertos de mangos y lichis, arrozales, cafetales, especias... Grandes tapices de intenso verdor cubren las colinas bajas que rodean St-Benoît, importante centro agrícola y pesquero.

Salvo por algunos impresionantes edificios religiosos (una mezquita, una iglesia y un templo tamil a la afueras), los puntos de interés turístico no abundan en la ciudad. Lo más atractivo de la zona está en los cerros y valles que quedan al oeste. En especial el valle del Rivière des Marsouins es una delicia, con sus rumorosas cascadas y exuberante vegetación. No es de extrañar que esta zona ofrezca las mejores aguas bravas de la isla.

FUERA DE RUTA

BELVÉDÈRE DE L'EDEN

Este mirador tierra adentro de Bras-Panon, es digno de su nombre: Belvédère de l'Eden (plano p. 256). Desde Bras-Panon se toma la carretera hasta St-André y luego se gira a la izquierda por la D59 (en dirección a Vincendo, Bellevue) durante unos 9 km (siguiendo las señales) hasta llegar a un aparcamiento. Desde allí se sigue la sinuosa senda señalizada para L'Eden. Tras unos 20 min se descubrirá un apartado y maravilloso lugar. Las vistas de la costa son incomparables.

◉ Puntos de interés

Grand Étang LAGO
(plano p. 256) Unos 12 km al suroeste de St-Benoît, de la carretera hacia Plaine-des-Palmistes se desvía un camino de 3 km que va al Grand Étang (Gran Estanque), lindo lugar de pícnic al pie de una muralla natural casi vertical que lo separa del valle del Rivière des Marsouins. Casi todo el mundo se limita a dar una vuelta a pie alrededor del lago siguiendo una senda bien definida. Aunque embarrada en algunos tramos, no se tardan más de 3 h desde el aparcamiento, incluido el desvío a una impresionante cascada.

Mirador de Takamaka MIRADOR
(plano p. 256; D53) Al norte de St-Benoît la D53 enfila hacia el suroeste siguiendo el Rivière des Marsouins 15 km aguas arriba hasta acabar en este mirador. Pese a la cercana central eléctrica, ofrece una vista apabullante, pues da la impresión de un valle salvaje, casi intacto, de paredes verticales cubiertas de bosques impenetrables con la cinta de alguna que otra cascada rompiendo el denso verdor.

Forêt Ste-Marguerite BOSQUE
(plano p. 256; Ste-Marguerite; ⊙9.00-16.00 ma-do) Para cambiar totalmente de ritmo y ambiente se pueden pasar unas horas en este bosque protegido de 159 Ha en lo alto de los cerros. Hará las delicias de los amantes de la flora, pues alberga más de 150 especies de plantas autóctonas. Una red de fáciles rutas senderistas serpentea por la tranquila fronda.

Para llegar se toma la RN3 hacia Plaine-des-Palmistes hasta llegar a una rotonda en Chemin Ceinture; el Forêt Ste-Marguerite está señalizado a la izquierda.

REUNIÓN ST-BENOÎT Y ALREDEDORES

REUNIÓN EL ESTE

ÎLET BETHLÉEM

Pocos visitantes han oído hablar de Îlet Bethléem (plano p. 256), mágico lugar junto al Rivière des Marsouins. A 15 min andando del aparcamiento, tiene una antigua capilla (1858) que es lugar de peregrinaje y unos cuantos quioscos de pícnic entre la exuberante vegetación. También es excelente para bañarse, con multitud de pozas naturales en la roca. Hay que seguir la D53 en dirección a Takamaka y, tras 1 km, girar a la izquierda; está señalizado.

Por desgracia, a veces la zona está salpicada de basura.

Actividades

'Rafting' en aguas bravas

Para esta actividad resultan estupendos el Rivière des Marsouins y el Rivière des Roches, tanto para principiantes como para expertos.

Oasis Eaux Vives   RAFTING

(plano p. 256; ☏0692 00 16 23; www.oasisev.com; excursiones de medio día 45-50 €; ⊘previa reserva) Esta reputada empresa de *rafting* con larga experiencia ofrece salidas de medio día por el Rivière des Marsouins y el Rivière des Roches.

Run Aventures   RAFTING

(plano p. 256; ☏0262 64 08 22; www.runaventures. com; excursiones de medio día 50-60 €) Especializada en excursiones de *rafting* por el Rivière des Marsouins y el Rivière des Roches.

Equitación

Los paseos a caballo son un medio de bajo impacto para disfrutar de los apabullantes paisajes que rodean St-Benoît.

**Ferme Équestre
du Grand Étang**   EQUITACIÓN

(☏0262 50 90 03; riconourry@wanadoo.fr; RN3, Pont Payet; medio día/día completo 55/130 €; ⊘previa reserva) Esta granja ecuestre, pasado el desvío al Grand Étang, organiza excursiones de medio día al mismo; la de un día entero incluye el almuerzo. También ofrece excursiones más largas al Bassin Bœuf o Bras Canot (1-2 días). Quien se entienda mejor en inglés que en francés puede preguntar por Fanou.

Para jinetes avezados hay excursiones de un día a la zona del Piton de la Fournaise (en particular a la Plaine des Sables); cues-

tan 150 € (los caballos se trasladan en una furgoneta).

🛏 Dónde dormir y comer

Si bien en St-Benoît no hay alojamientos, se hallará un montón de B&B en las localidades costeras cercanas.

St-Benoît tiene un par de sitios donde comer, pero unos kilómetros hacia el oeste, en Bras Canot se hallarán un par de lugares a orillas del Rivière des Marsouins.

Longanis Lodge   VILLA €€

(☏0692 76 84 52; www.longanilodge.com; 95 Chemin Harmonie, Abondance; *lodge* d/c 110/150 €; P🛜) Esta enorme villa impresiona con su arquitectura de diseño y su bucólico marco junto a un río a la sombra de majestuosos árboles de *longani,* el *longan* u ojo de dragón *(Dimocarpus longan).* Con capacidad para hasta seis personas, sale muy a cuenta para grupos de amigos o familias. No hay ningún restaurante cerca, pero los dueños preparan comidas por encargo (25 €). Aunque reservan para una o dos noches, prefieren estancias más largas.

Está en Abondance, a unos 5 km de St-Benoît por la carretera de Takamaka.

Le Beauvallon   PESCADO, CRIOLLA €€

(plano p. 256; ☏0262 50 42 92; Rue du Stade Raymond-Arnoux, Rivière des Roches; principales 12-18 €; ⊘11.30-14.30 a diario, 18.30-21.00 ma-sa) Muy conocido en la zona por su emplazamiento en la desembocadura del Rivière des Roches y por su sublime *carri bichiques* (curri de *bichiques*) en temporada. En cambio, el vasto comedor no tiene ningún encanto. También hay comida para llevar (5-7 €).

Le Régal' Est   FRANCESA, PESCADO €€

(☏0262 97 04 31; 9 Place Raymond Albius, St-Benoît; principales 13-21 €, menú 16 €; ⊘11.30-13.30 lu-sa, 19.00-20.30 vi y sa) En el piso superior del mercado cubierto, este atractivo lugar tiene una imaginativa y moderna carta de carne y pescado, aunque no todos los platos estén igual de conseguidos. El almuerzo del día sale muy a cuenta.

★Les Letchis   CRIOLLA €€€

(plano p. 256; ☏0692 66 55 36; www.lesletchis.com; 42 Îlet Danclas, Bras Canot; principales 20-30 €, menú fin de semana 38 €; ⊘11.30-13.45 mi-do) El marco es fantástico, un exuberante jardín a orillas del Rivière des Marsouins. La carta es una oda a la comida criolla clásica y de río, con platos como el *carri bichiques* y el pato en su jugo.

Para explorar nuevos territorios culinarios se puede pedir un *carri chevaquines* (curri de gambas de agua dulce) o *carri anguilles* (de anguilas). Se recomienda reservar.

A principios del 2016 abrió en la misma finca un anexo, La Plantation, especializado en comidas ligeras y tentempiés.

❶ Cómo llegar y salir

Desde St-Benoît una pintoresca carretera, la RN3, atraviesa la Plaine-des-Palmistes hasta St-Pierre y St-Louis, en el extremo opuesto de la isla. También se puede seguir hacia el sur por la carretera costera, pasando por Ste-Anne, Ste-Rose, St-Philippe y St-Joseph hasta llegar a St-Pierre.

St-Benoît es un importante nudo de transportes. Los autobuses a/desde St-Denis pasan más o menos cada 30 min (2 €, 1¼ h). Además, hay dos líneas que unen St-Benoît y St-Pierre: la S2 (2 €, 2 h) sigue la RN3 por la Plaine-des-Palmistes; la S1 (2 €, 2½ h) va por la costa vía St-Philippe, St-Joseph y Manapany-les-Bains. Más información en www. carjaune.re.

Ste-Anne

3800 HAB.

Este pueblo sin pretensiones, unos 5 km al sur de St-Benoît por la costa, es famoso por su llamativa iglesia. Si apetece un chapuzón, aquí no hay playa pero sí unas tentadoras lagunas naturales.

◉ Puntos de interés y actividades

Église   IGLESIA
(Place de l'Église) Este extravagante templo de 1857 sorprenderá con su fachada recubierta de frutas, flores y ángeles de estuco. El efecto global, más espectacular que de buen gusto, recuerda la arquitectura mestiza andina.

Pont des Anglais   PUENTE
(plano p. 256) Entre Ste-Anne y Ste-Rose, el grácil puente de los Ingleses sobre el Rivière de l'Est ha quedado fuera de la carretera principal pero sigue abierto a los peatones. Fue el puente colgante más largo del mundo cuando se construyó, a finales el s. XIX.

Bassin Bleu   NATACIÓN
(plano p. 256) El mejor sitio para refrescarse, apodado "la laguna del este", se halla en la desembocadura del río, en el borde sur del pueblo. Con sus aguas cristalinas y grandes

peñas, es ideal para darse un chapuzón. Nótese que las masas lo invaden los fines de semana.

🛏 Dónde dormir y comer

En la zona escasean los alojamientos. Para alojarse a lo grande en la costa este, el Diana Dea Lodge & Spa se considera uno de los establecimientos con más encanto de Reunión.

Solo hay algunos sencillos locales que preparan platos criollos o chinos.

★**Diana Dea Lodge & Spa**   HOTEL-BOUTIQUE **€€€**
(plano p. 256; ☑0262 20 02 02; www.diana-dea-lodge.re; 94 Chemin Helvetia, Cambourg, Ste-Anne; i 215-315 €, d 230-330 €, desayuno incl.; Ⓟ❄️🖥️🌐😿) Sorprende hallar un hotel-*boutique* en un lugar tan apartado, en lo alto de los cerros sobre Ste-Anne (señalizado), tras 12 km de vueltas y revueltas entre campos de caña. También destaca por su diseño, combinación de madera y piedra.

Ofrece piscina climatizada, *spa,* bar y un restaurante de primera (abierto a no huéspedes previa reserva), así como impresionantes panorámicas de la costa. Un sitio memorable.

Il Etait Une Fois dans l'Est   CRIOLLA **€**
(plano p. 256; ☑0692 64 60 11; 133 RN2; principales 6-11 €; ⊙11.30-14.30 do-vi) Este humilde lugar en la vía principal ofrece platos del día de impecable preparación. No hay que desanimarse ante su ubicación; en la parte de atrás tiene un tranquilo comedor con vistas al mar.

L'Auberge Créole   CHINA, CRIOLLA **€€**
(☑0262 51 10 10; 1 Chemin Case; principales 9-28 €, menús 20-36 €; ⊙11.30-14.00 ma-do, 18.00-20.00 ma-sa) Este respetado mesón ofrece desde comida criolla y platos clásicos *métro* hasta *pizzas* (solo cenas) y especialidades chinas a precios más dulces que agrios. Lo malo es el soso interior con luz de neón; mejor pedir la comida para llevar y comerla bajo los *vacoas* en el Bassin Bleu.

❶ Información

Oficina de turismo (☑0262 47 05 09; www. est.reunion.fr; Place de l'Église; ⊙9.00-12.30 y 13.30-17.00 lu-sa; 🖥️) Tiene folletos y reserva *gîtes de montagne.* Wifi gratis.

❶ Cómo llegar y salir

Ste-Anne está en la ruta costera de autobús (línea S1) entre St-Benoît y St-Pierre. Más información en www.carjaune.re

Ste-Rose y alrededores

6800 HAB.

Al sur de St-Benoît el paisaje se vuelve más abierto y menos poblado a medida que la carretera se ciñe a la costa alrededor del Piton de la Fournaise, que con frecuencia escupe lava por sus laderas. La pequeña comunidad pesquera de Ste-Rose tiene su puerto en la ensenada de La Marine.

Al sur de Ste-Rose empiezan a aparecer las primeras lenguas de lava del Piton de la Fournaise. Más allá de la Anse des Cascades la carretera principal prosigue hacia el sur por la costa, subiendo y luego bajando para cruzar Le Grand Brûlé, llanura volcánica de 6 km de ancho.

◉ Puntos de interés

En el pintoresco puerto se verá un monumento al joven comandante inglés Corbett, caído en una batalla naval contra los franceses en 1809 frente a esta costa.

Más al sur se llega a La Cayenne, donde hay una zona de pícnic espectacular, en lo alto de un acantilado mirando al mar; bien merece una parada.

Notre Dame des Laves   IGLESIA

(plano p. 256; Piton Ste-Rose) La colada de lava de la erupción de 1977 atravesó Piton Ste-Rose, se dividió al llegar a la iglesia y volvió a unirse tras ella; muchos vieron la salvación del templo como un milagro divino. Un tronco de madera que arrastró la lava es ahora el facistol en su interior, y las vidrieras describen diversas fases de la erupción. Queda 4,5 km al sur de Ste-Rose.

Anse des Cascades   BAHÍA

(plano p. 256) Esta pintoresca *anse* (ensenada) está unos 3 km al sur de Piton Ste-Rose. Las aguas de las colinas caen espectaculares en cascadas junto al mar, cerca de un puertecito pesquero tradicional. El espléndido cocotal es sumamente popular para ir de pícnic, y hay un restaurante muy frecuentado cerca de la orilla.

Bananaland-Domaine d'Aldachris   GRANJA

(plano p. 256; ☎0262 53 49 74; 371ter RN2, Piton Ste-Rose; 4 €; ⏰9.00-16.00 do-ju) Una familia lleva esta finca al norte de Piton Ste-Rose donde se puede visitar un bananal y comprar diversos productos, como rica mermelada, pasteles y diferentes variedades de plátanos extraordinariamente dulces. Todo es casero y de cultivo ecológico.

🛏 Dónde dormir

⭐ Matilona   B&B €

(☎0692 85 86 86; http://matilona.monsite-orange. fr; 84 Chemin du Petit Brûlé, Ste-Rose; d/estudio 65/70 €, desayuno incl.; P❄🛜🏊) Aunque desde fuera nadie lo diría, este B&B en un supermercado reconvertido es todo un hallazgo. Al traspasar la puerta aparecen cinco sencillas pero bonitas habitaciones y dos estudios con baños modernos, amplias zonas comunes, un cautivador jardín rebosante de coloridas plantas y una fabulosa piscina. Sirven cenas (30 €) tres días a la semana.

El dueño fue chef, así que se come bien; también hay una cocina para uso de los huéspedes. Los precios bajan 5 € para estancias de dos o más noches. Estupenda relación calidad-precio.

Le Joyau des Laves   INN €

(plano p. 256; ☎0262 47 34 00; 474ter RN2, Piton Ste-Rose; d 43-53 €, principales 12-18 €, menús 15-28 €; ⏰restaurante 12.00-14.00 mi-lu; P🛜) En un cabo 7 km al sur de Ste-Rose, esta simpática hostería tiene tres sencillas habitaciones; la más cara es espaciosa y con magníficas vistas al mar. Aun sin alojarse aquí, vale la pena reservar en el restaurante para probar platos típicos como palmitos y *baba figues* (flores de banano) de los huertos circundantes. El desayuno cuesta 5 €.

La Fournaise   HOTEL €

(☎0262 47 03 40; www.hotellafournaise.fr; 154 RN2, Ste-Rose; d 64-69 €; P❄🛜🏊) Este sitio más bien moderno en la vía principal tiene un aire fresco, con cuidadas habitaciones, baños relucientes, restaurante (menú del día 20 €) y piscina. La pega es su falta de encanto. Pídase una habitación con vistas al mar; las de atrás, más baratas, dan al aparcamiento. El restaurante solo abre para cenar.

Ferme-Auberge La Cayenne   B&B €

(☎0262 47 23 46; www.ferme-auberge-lacayenne. fr; 317 Ravine Glissante; d 57 €, desayuno incl.; P🛜) Una hostería de renombre que gana puntos por su emplazamiento, encaramada encima del mar, 1,5 km al sur de Ste-Rose. Si bien las seis habitaciones son pequeñas y utilitarias, las vistas de las rumorosas aguas color índigo desde la terraza son una maravilla. Una pega: no hay aire acondicionado. La dueña, madame Narayanin, cocina auténtica comida criolla e india (cena 27 €), que se degusta en la gran terraza donde sopla la brisa.

Cana Suc
BUNGALÓS €€

(☎0692 77 81 96; www.canasuc.re; 219 RN2, Ste-Rose; d 90 €, bungaló c vi y sa/3 noches entre semana 250/240 €, desayuno incl.; [P][⌘]) Un lugar adorable, con una fila de tres bungalós criollos bien diseñados que dan a un amplio césped. Uno de ellos es una *chambre d'hôtes;* los otros dos, *gîtes* totalmente equipadas que se alquilan para estancias más largas. Si se alquila una *gîte* entre semana, costará solo 240 € por tres noches (250 € en viernes y sábado). Hay wifi cerca de la casa de los dueños a la hora del desayuno.

✖ Dónde comer

Como en todos los sitios de la costa este, la oferta de restaurantes no es muy variada. Algunos locales sirven buenos platos criollos cerca de la iglesia de Notre-Dame des Laves, y siempre se puede cenar en el alojamiento.

Le Kedaï
CHINA, CRIOLLA €

(☎0692 11 60 48; 205 RN2; principales 6-9 €; ⊗ 10.30-14.00 diario, 18.00-21.00 mi-lu) Un sitio sin florituras en la vía principal, con consistente comida criolla y china en generosas raciones. Hay bocadillos (desde 3 €), curris, fideos, platos de pollo y cerdo, gambas y *pizzas,* además de buenos zumos de fruta. También sirve para llevar y abre por la noche, cosa rara en la costa este.

Le Métis
CRIOLLA €

(plano p. 256; ☎0692 57 77 33; 378bis RN2, Piton Ste-Rose; principales 9-12 €; ⊗11.30-14.30 y 18.30-21.00 mi-lu) Para comer algo rápido, este sitio bueno, bonito y barato frente a Notre Dame des Laves se especializa en clásicos platos criollos. También comida para llevar (5-7 €).

Snack Chez Louiso
COMIDA RÁPIDA €

(☎0262 47 26 57; 46 Chemin de la Marine, Ste-Rose; bocadillos 2-3 €, principales 5-10 €; ⊗11.00-15.00 ma-do) Modesto, al aire libre y junto al puerto, solo tiene bocadillos y un par de platos del día, pero bien hechos y de excelente relación calidad-precio. Se come en mesas de plástico con vistas al mar.

Restaurant Le Corail
CRIOLLA €€

(plano p. 256; ☎0262 23 75 36; RN2, Piton Ste-Rose; principales 12-15 €; ⊗9.30-15.00) Unos 3000 m al sur de la iglesia de Notre Dame des Laves, esta colorida casa criolla es el sitio adecuado para probar estofados y curris criollos. Tiene una tentadora terraza, pero da a la vía principal, con tráfico durante el día. Lo mejor es pedir la comida para llevar (6-8 €); hay numerosos lugares con encanto por la costa.

Restaurant des Cascades
CRIOLLA, PESCADO €€

(plano p. 256; ☎0262 47 20 42; Anse des Cascades; principales 12-25 €, menús 17-25 €; ⊗12.00-15.00 saju) Frecuentado por lugareños y turistas, este restaurante de playa en un lindo cocotal se llena hasta los fines de semana. Sirve pescado fresco y platos criollos, así como carnes a la parrilla y una estupenda ensalada de palmito. Entre semana ofrece un bufé de almuerzo (12 €, entrantes y principales) de excelente relación calidad-precio.

Si está muy lleno, se puede pedir la comida para llevar.

❶ Cómo llegar y salir

Los autobuses de St-Benoît a St-Pierre (línea S1) hacen prácticas paradas cerca de Notre Dame des Laves y la Anse des Cascades. Más información en www.carjaune.re.

COMPRENDER REUNIÓN

Reunión hoy

Esta isla es una de las más ricas del Índico, con un nivel de vida bastante alto. Y no es de extrañar: como *département* francés (territorio francés de ultramar) recibe un cuantioso apoyo financiero de la Francia europea (*la métropole*). Pese a esta ayuda, Reunión se enfrenta a numerosos retos mientras lucha por conseguir vivienda y empleo para su creciente población sin dañar lo que hace a la isla tan especial: sus extraordinarias riquezas naturales.

La nueva carretera costera

Tras mucha polémica se va a empezar a construir la Nouvelle Route du Littoral, el mayor proyecto de infraestructuras de Europa (sí, de Europa). Esta proeza de la ingeniería implica hacer una nueva carretera costera entre St-Denis y La Grande Chaloupe (al norte de St-Paul). La obra clave del grandioso proyecto es un viaducto marino de 5400 m que bordea la costa. Ahora, la actual Route du Littoral, arteria fundamental que une la capital con el noroeste, se cierra a menudo debido a desprendimientos de tierra, lo que desespera a sus 60 000 usuarios diarios estimados. Con el 2020 como fecha de finalización (y un presupuesto de 1600 millones de euros), se espera que esta colosal obra reduzca la congestión y fomente el crecimiento en la isla, aunque se enfrenta a una fuerte oposición por motivos ecológicos y financieros.

La crisis del tiburón

En menos de ocho años Reunión ha alcanzado el dudoso honor de ser una de las zonas con más ataques de tiburones del mundo: desde el 2011 ha sufrido 18, que han causado la muerte de siete personas (cinco surfistas y dos nadadores). Todos los ataques fueron en la costa oeste, entre Boucan Canot y L'Étang-Salé-les-Bains. Esto provocó una seria crisis y mucha tensión entre la comunidad surfista, los ecologistas de la zona y el Gobierno local en cuanto a las medidas a tomar. Al final se ha prohibido nadar y surfear en la costa de la isla salvo en unos pocos lugares. A principios del 2016 se equiparon con redes antitiburones dos playas carentes de arrecifes de barrera, una en Boucan Canot y otra en St-Gilles-les-Bains. En marzo del 2016 los surfistas empezaron a volver a algunos de sus sitios favoritos.

Turismo estancado

La isla sigue pasando bastante desapercibida para el turismo, aunque este sea una importante fuente de ingresos y un sector económico clave en Reunión. Mientras en otras partes del Índico (Mauricio y las Seychelles en particular) el número de turistas crece con fuerza, en Reunión cayó en el 2014 a niveles del 2006 (unos 405 000), pese a que en el 2010 el 40% de la isla se designara Patrimonio Mundial Natural. Este prestigioso reconocimiento alimentó grandes esperanzas pero no se plasmó en un aumento de turistas extranjeros; la gran mayoría de los visitantes son franceses. El potencial de crecimiento es enorme, y un millón de turistas anuales sería un objetivo fácil de conseguir según los expertos. Pero hay unas cuantas trabas: pese a algunas campañas publicitarias, Reunión se promociona poco en los mercados internacionales; en la isla se habla poco inglés; el precio de los vuelos sigue siendo prohibitivo; y la falta de vuelos directos desde ciudades europeas (salvo París) supone un problema, por no hablar de la publicidad negativa tras los letales ataques de tiburones. Los visitantes no se quejarán de las playas sin gentío ni de los paisajes montañosos, pero el incremento del turismo no deja de ser un reto económico clave para la isla.

Desempleo estructural

El principal problema de Reunión es el desempleo, cuya tasa actual ronda el 28% (60% para los jóvenes entre 15 y 24 años), muy por encima de la media nacional francesa del 10% aprox. Afecta en particular a las mujeres y jóvenes sin cualificación. Esta situación ha provocado un malestar social que culminó en una serie de disturbios en Le Port en febrero del 2012 y febrero del 2013. Las huelgas son comunes en el sector privado. En una isla con un rápido aumento de población y unos recursos limitados, la cuantía y persistencia del desempleo es un reto importante para el que aún no se han hallado soluciones. Muchos lugareños han tenido que emigrar a Francia en busca de trabajo. No sorprende que el colosal proyecto de construir la Nouvelle Route du Littoral se vea como una buena vía de crear empleo en la isla.

Una población en aumento

Se estima que Reunión alcanzará el millón de habitantes en el 2030; el aumento de la población y el elevado desempleo suscitan importantes problemas, uno de ellos el de la vivienda. Ya hay una tremenda presión sobre los terrenos edificables disponibles. Casi toda la población se concentra en la franja costera, donde las localidades están empezando a juntarse en una conurbación que casi circunvala la isla; las casas van extendiéndose poco a poco por las laderas, y la congestión del tráfico empieza a ser un quebradero de cabeza. Aunque el colosal proyecto de la nueva Route du Littoral reduzca algo el desempleo y la congestión, Reunión necesita hallar soluciones sostenibles a largo plazo a estos problemas.

Historia

Reunión y Mauricio son dos motas en el Índico, ambas con una historia fascinante y muy similar. Reunión era una isla deshabitada cuando los franceses la colonizaron en la segunda mitad del s. XVII y luego estuvo brevemente bajo dominio británico. Al igual que en Mauricio, los colonizadores desarrollaron monocultivos de plantación y llevaron esclavos africanos. Más tarde llegaron trabajadores indios ligados por contrato y comerciantes chinos, creándose esa diversidad étnica que es uno de los rasgos más característicos de estas islas. Mauricio obtuvo la independencia en 1968, mientras que Reunión sigue siendo un departamento de ultramar de Francia.

Bienvenidos al paraíso

Los primeros en pisar la por entonces deshabitada Reunión seguramente fueran marineros europeos, árabes y malayos, aunque ninguno de ellos se quedara. En 1642 los franceses decidieron colonizar la isla, entonces llamada Mascarin. Los primeros colonos llegaron cuatro años después, cuando el gobernador francés de Fort Dauphin, en el sur de Madagascar, deportó allí a una docena de amotinados.

Vistos los entusiastas informes de los amotinados, en 1649 el rey francés Luis XIV reclamó oficialmente la isla. Se le dio el nombre de Île Bourbon (isla Bourbon) en honor de Colbert Bourbon, fundador de la Compañía Francesa de las Indias Orientales.

La Compañía Francesa de las Indias Orientales y el Gobierno francés no se apresuraron en poblarla y colonizarla; de hecho, no llegaron a controlarla hasta principios del s. XVIII.

El café

El café se introdujo entre 1715 y 1730 en la isla y pronto se convirtió en su principal cultivo comercial, cambiando drásticamente su economía. Al requerir mucha mano de obra, se trajeron barcos cargados de esclavos africanos y malgaches. En ese mismo período se introdujeron también los cereales, las especias y el algodón como cultivos comerciales.

Al igual que Mauricio, la isla se desarrolló durante el mandato del gobernador de ambas de 1735 a 1746, el visionario Mahé de Labourdonnais, que no obstante tuvo preferencia por la Île de France (Mauricio). Tras la quiebra de la Compañía Francesa de las Indias Orientales y la presión de la rivalidad con Gran Bretaña, en 1764 la Île Bourbon pasó a estar bajo el gobierno directo de la Corona francesa.

Breve paréntesis británico

Al empezar el s. XIX los ciclones destruyeron los lucrativos cafetales y, durante las Guerras Napoleónicas, Bonaparte perdió la isla ante los *habits rouges* (chaquetas rojas) en 1810. Bajo el dominio británico se introdujo la caña de azúcar, que pronto se convirtió en el principal cultivo. La producción de vainilla, iniciada en 1819, también creció con rapidez. Los británicos solo se quedaron cinco años,

HISTORIA NEGRA

A finales del s. XVIII hubo unas cuantas revueltas de esclavos en Reunión. Muchos esclavos malgaches y africanos se fugaron para refugiarse en el montañoso interior, los llamados *marrons* (cimarrones). Algunos fundaron comunidades en zonas inaccesibles de los Cirques, otros se agruparon para formar comunidades organizadas con líderes elegidos democráticamente. Estos jefes tribales fueron los auténticos pioneros del poblamiento de la isla, aunque la mayoría cayó en manos de los cazarrecompensas contratados para atraparlos. Las cicatrices de esa época siguen frescas en la psique colectiva de la isla; quizá debido al pudor, se ha dejado poca constancia de los pioneros criollos en la isla salvo por los nombres de algunos picos (Dimitile, Enchaing, Mafate, Cimendef) donde fueron cazados y muertos.

devolviendo en 1815 la Île Bourbon a los franceses en virtud del Tratado de París; no obstante, mantuvieron el control de Mauricio, Rodrigues y las Seychelles.

El retorno de los franceses

En 1848 se proclamó la II República Francesa, se abolió la esclavitud y la Île Bourbon volvió a ser La Réunion (Reunión). Por aquel entonces la isla tenía más de 100 000 habitantes, en su mayoría libertos. Tanto en ella como en Mauricio pronto surgió el problema de la escasez de mano de obra; los franceses, al igual que los británicos, lo resolvieron importando de la India trabajadores ligados por contrato (en su mayoría hindúes) para trabajar en las plantaciones de caña.

Reunión vivió su época dorada de comercio y desarrollo hasta 1870, prosperando gracias a su situación en la ruta comercial entre Europa, la India y el Lejano Oriente. La competencia de la caña de azúcar caribeña y de la remolacha azucarera europea, junto con la apertura del canal de Suez, que acortaba la ruta del cabo de Buena Esperanza, provocaron la crisis económica: disminuyó el tráfico marítimo, decayó el sector azucarero y la tierra y el capital se concentraron aún más en manos de una pequeña élite francesa. Algunos dueños de pequeñas plantaciones mejoraron sus perspectivas cambiándose al aceite de geranio.

Tras la I Guerra Mundial, en la que combatieron 14 000 isleños, el sector azucarero recobró algo de impulso, aunque volvió a verse seriamente afectado por el bloqueo de la isla durante la II Guerra Mundial.

Reunión se convierte en DOM

En 1946 la isla se convirtió en Département Français d'Outre-Mer (DOM; departamento francés de ultramar), con representación en el Parlamento galo. Desde entonces ha tenido de vez en cuando débiles movimientos independentistas que, a diferencia de lo que sucede en los territorios franceses del Pacífico, no han supuesto gran cosa. Si bien parecían conformes con seguir siendo franceses, el descontento social y económico de los isleños afloró en espectaculares disturbios de protesta contra el Gobierno en St-Denis en 1991.

Con el cambio de siglo ha empezado una nueva era en Reunión: las autoridades locales lograron firmar con el Estado francés unos acuerdos que confirmaban la acometida de *grands chantiers* (grandes obras públicas) subvencionadas, como la nueva autovía entre St-Paul y St-Denis (Nouvelle Route du Littoral) y la autovía llamada Route des Tamarins, la única completada hasta ahora.

Cultura

Reunión suele citarse como modelo de armonía religiosa y racial. Y, comparada con la Francia europea, lo es: mientras que la extrema derecha de Marine Le Pen obtiene el 27-30% del voto nacional, en Reunión no pasa del 3%. No es que todo marche sobre ruedas, y la isla tiene el mismo problema de desencanto juvenil que la Francia continental. Pero, en conjunto, es una sociedad donde se convive sin dificultad, y sus miembros están justamente orgullosos de haberlo logrado.

Vida cotidiana

Los isleños actuales son gente del s. XXI. La inmensa mayoría de los niños recibe un buen nivel de educación, y todos los isleños tienen acceso a la sanidad pública nacional, sea en Reunión o en Francia. Hay atascos de tráfico, todo el mundo habla por el móvil y

PÍCNIC DOMINICAL: UNA INSTITUCIÓN

En fin de semana no hay nada para los isleños como salir en automóvil hacia el mar o el monte para hacer un pícnic en familia, con gigantescas ollas repletas de ricos *carris* (curris) y en compañía de *gramounes* (abuelos) y *marmailles* (críos). Para asegurarse los lugares más cotizados, algunos miembros de la familia llegan a las 4.00 para reservarlos. Los visitantes son bien recibidos y a menudo invitados a compartir la comida.

se ven automóviles ostentosos por doquier. Pero bajo esa pátina de modernidad hay aspectos mucho más tradicionales.

Además de la lengua criolla, uno de los vínculos más fuertes que mantiene unida la sociedad es la importancia que se da a la vida familiar, como queda muy patente en el *pique-nique du dimanche en famille* (pícnic dominical en familia). También se celebran con fruición las festividades religiosas y fiestas oficiales, al igual que eventos familiares más privados como bodas, bautizos y comuniones.

Aunque Reunión no tenga la marcha de Ibiza, a la gente le gusta mucho la fiesta. Los fines de semana acuden de todas partes de la isla a St-Gilles-les-Bains, L'Hermitage-les-Bains y St-Pierre, donde se desata la locura con el aluvión de noctámbulos que se desmelenan bailando y bebiendo cerveza Dodo y ron.

A modo de trivialidad, el viajero pronto notará que el hecho de tener un automóvil nuevo y flamante es signo de riqueza y respeto. La "cultura de automóvil" es un elemento fundamental de Reunión y los atascos en las carreteras costeras están a la orden del día: muchos emplean hasta dos horas diarias en automóvil para ir y venir del trabajo. Uno de los temas de conversación más frecuentes es el estado de las carreteras, sobre todo la poco fiable Route du Littoral entre St-Paul y St-Denis que a veces se cierra por desprendimiento.

Otra característica perceptible (aunque no tan de inmediato) es la importancia de *la di la fé* (los chismes). Si se entiende algo de francés (o criollo), basta sintonizar Radio Free Dom (www.freedom.fr) para ver que el cotilleo es todo un pasatiempo isleño.

Población

La diversidad cultural es parte integrante del tejido social de la isla, que tiene la misma mezcla de africanos, europeos, indios y chinos que Mauricio, pero en diferentes proporciones. Los llamados cafres descienden de africanos y son el grupo étnico más numeroso, más o menos el 45% de la población. Los malabares (indios hindúes) rondan el 25%; los criollos blancos (descendientes de franceses), el 15%; los europeos (también llamados zoreilles), el 7%; los chinos, el 4%; y los z'arabes (indios musulmanes), el 4%.

El grueso de la población vive en las zonas costeras, concentrándose casi todos los malabares en el este. El accidentado interior está escasamente poblado. La tasa de natalidad se mantiene bastante alta, por lo que un tercio de la población es menor de 20 años.

Reunión recibe además una continua oleada de aspirantes a inmigrantes. Los habitantes de Mauricio, las Seychelles y algunos países del continente africano la ven como una tierra de promisión debido a sus generosas prestaciones y ayudas sociales por desempleo. En los últimos años ha habido una considerable inmigración de las vecinas islas Comoras y Mayotte.

Igualdad de género

Está ampliamente aceptada. La sociedad es liberal, y no son temas polémicos ni el divorcio ni el aborto ni los hijos extramatrimoniales. Pero no todo es de color de rosa: las mujeres están poco representadas en la política y el Gobierno local; y la violencia doméstica es algo corriente, muy ligado a las altas tasas de alcoholismo.

Religión

Se estima que el 70% de la población es católica, fe que domina el aspecto religioso de la isla como se constata por las numerosas festividades del santoral y los nombres de pueblos y ciudades. Los ritos religiosos de paso tienen un papel muy importante en la vida de la gente, con los bautizos, comuniones y bodas como parte integrante de la cultura social.

Más o menos un cuarto de la población es hindú, la fe predominante en el este. A menudo se celebran ritos hindúes tradicionales como el *teemeedee,* en el que se camina sobre brasas; y el *cavadee,* en el que los peregrinos se atraviesan las mejillas con agujas.

EL CURIOSO CULTO DE SAN EXPEDITO

Imposible no verlos: hay altares de san Expedito (Saint Expédit) por toda la isla, incluso al borde de las carreteras. Es uno de los santos más populares de Reunión, aunque algunos eruditos ponen en duda que existiera una persona de tal nombre. Sea como fuere, todo empezó en 1931, cuando una lugareña le erigió una estatua en la iglesia de Notre-Dame de la Délivrance de St-Denis por haber atendido sus ruegos de regresar a Reunión. Pronto se llenó de altares donde la gente pedía su intercesión en la urgente resolución de todo tipo de causas perdidas.

Pero con el transcurrir de los años la veneración a san Expedito ha tomado matices de un culto vudú: se dejan figuritas clavadas con alfileres a los pies del santo o sus estatuas aparecen decapitadas, quizá como represalia por peticiones no atendidas. El santo ha sido además adoptado por la fe hindú, lo que explica el brillante color rojo sangre de muchos altares. Como resultado, la Iglesia católica ha intentado distanciarse del culto, aunque el número de altares sigue aumentando.

Alrededor del 4% de la población es musulmana; como en Mauricio, se trata de un islam bastante liberal.

Cosa curiosa, a lo largo de los años se ha desarrollado un considerable sincretismo entre hinduismo, islam y catolicismo. De hecho, muchos malabares participan tanto en los ritos hindúes como en los católicos.

La celebración del Año Nuevo es la única práctica tradicional o religiosa llamativa que realiza la comunidad china local, que suma el 4% aprox. de la población

La tolerancia religiosa es lo normal. Se hallarán mezquitas, iglesias, pagodas y templos hindúes muy cercanos entre sí en casi todas las poblaciones.

Artes

Uno de los grandes placeres de visitar Reunión es disfrutar de la cultura francesa con sabor criollo o de la cultura criolla con sabor francés, según se mire. Para estar al tanto de las actividades culturales hay que consultar la prensa local y visitar las oficinas de turismo, que facilitan folletos, programas de teatro y algunas guías del ocio gratuitas, como la mensual *Azenda* (www.azenda.re).

Literatura

Pocos novelistas isleños son conocidos fuera de Reunión o están traducidos al castellano. Uno de los autores contemporáneos más reconocidos y prolíficos es el periodista e historiador Daniel Vaxelaire, del que se ha publicado en español *Los motines de la libertad,* novela que narra la historia real del capitán Misson, pirata provenzal fundador de la colonia Libertalia, al norte de Madagascar.

El novelista y poeta Jean-François Samlong, que contribuyó a relanzar la literatura criolla en los años setenta, es autor de *Madame Desbassayns,* que narra la vida de una terrateniente azucarera.

Otros reputados novelistas son Axel Gauvin, Jules Bénard, Jean Lods y Monique Agénor.

Música y danza

La música de Reunión mezcla ritmos africanos como el *reggae,* el *séga* (música de esclavos tradicional) y el *maloya* con sonidos del folk y el *rock* estadounidense, británico y francés. El *maloya* proviene de la música de esclavos, al igual que el *séga,* pero es más lento y reflexivo, con ritmos y letras rebosantes de historia. Según sus aficionados, muestra el auténtico espíritu de la isla. Las canciones de *maloya* suelen tener un mensaje político y estuvieron prohibidas por subversivas hasta los años setenta.

Los instrumentos que acompañan el *séga* y el *maloya* van desde aparejos caseros de percusión como el *rouleur,* una especie de tambor con parche de piel, y el *kayamb,* una suerte de maraca, hasta el acordeón e instrumentos modernos.

Las estrellas del panorama musical local, cada vez más conocidas en la Francia continental, son Danyel Waro, Firmin Viry, Granmoun Lélé (ya fallecido), Davy Sicard, Kaf Malbar y el grupo Ziskakan; en los últimos tiempos también han aparecido mujeres, como Christine Salem y Nathalie Nathiembé. Los temas recurrentes del *maloya* son la esclavitud, la pobreza y la búsqueda de la identidad cultural.

En cuanto a los ritmos modernos de sabor criollo, se dejan a cargo de sus primos tropicales de Martinica y Guadalupe, aunque se

'KABARS'

Los apasionados de la música criolla deben asistir a un *kabar,* especie de concierto o baile improvisado que suele celebrarse en patios o playas y donde los músicos tocan *maloya* (música tradicional de baile de Reunión). En general los organizan asociaciones, grupos informales o familias, pero los foráneos son bien recibidos. No hay un calendario de *kabars;* suelen anunciarse boca a boca, mediante folletos o pequeños anuncios en prensa. También se puede preguntar en las oficinas de turismo más grandes.

escuchan mucho en Reunión. Es una música muy pegadiza, que se oirá en bares, discotecas y vehículos por todas las islas del Índico.

Arquitectura

La arquitectura criolla del s. XVIII típica de Reunión queda patente tanto en las grandiosas villas de los ricos terratenientes y otros *colons* (colonos) como en las *ti' cases,* las casas de la gente común.

Las autoridades locales se están esforzando en preservar los ejemplos de arquitectura que quedan por toda la isla. Se verán casas muy bien restauradas en St-Denis y en los pueblos de Cilaos, Entre-Deux, Hell-Bourg y St-Pierre, entre otros sitios. Todas tienen *lambrequins* (lambrequines, adornos troquelados en los aleros), *varangues* (verandas) y otros elementos ornamentales.

Comida y bebida

Reunión es un deleite gastronómico; gracias a las variadas influencias y a los excelentes ingredientes frescos (abundante pescado y marisco, sabrosa carne, especias, plantas aromáticas y frutas y verduras rebosantes de sabor), se comerá bien dondequiera que se vaya. Hay una mezcla equilibrada de cocina francesa (llamada *cuisine métro*) y especialidades o sabores criollos, por no hablar de las influencias chinas e indias.

Platos básicos y típicos

Es imposible visitar la isla sin toparse con el *carri* (curri), presente prácticamente en todas las cartas. La salsa lleva tomate, cebolla, ajo, jengibre, tomillo y azafrán (o cúrcuma) y acompaña diversos tipos de carne, como pollo *(carri poulet)*, cerdo *(carri porc)* y pato *(carri canard)*. También son excelentes los *carris* de mar, como el de atún *(carri thon)*, pez espada *(carri espadon)*, langosta *(carri langouste)* y gamba de agua dulce *(carri camarons)*; el curri de pulpo, de los mejores que se comerá, se llama *civet zourite* en criollo. Asimismo, se preparan de verduras locales, como el *carri baba figue* (de flor de banano) y el *carri ti jaque* (de fruto del árbol del pan), pero incorporando pescado o carne. Los *carris* siempre se sirven con arroz, *grains* (lentejas o judías), *brèdes* (espinaca local) y *rougail*, una salsa picante de tomate, ajo, jengibre y pimiento machacados; algunos tipos de *rougail* pueden incluir una mezcla de mango verde y cítricos. Las *rougail saucisse* (salchichas con *rougail*) servido con arroz y verduras es un plato típico criollo. Un estofado tamil frecuente es el *cabri massalé* (cabrito *masala*).

Las cálidas aguas del Índico proporcionan gran variedad de marisco y pescado, como langosta, gambas, *légine* (merluza negra), pez espada, marlín, atún y tiburón. Son muy apreciadas las gambas de agua dulce, normalmente servidas en *carri*.

En cuanto a tentempiés, hay *samosas, beignets* (buñuelos) y *bonbons piments* (bolas fritas de legumbre y pimiento).

DESAYUNO

Es de indudable estilo francés, el más común es el *pain-beurre-confiture* (pan, mantequilla y mermelada) con café, té o chocolate caliente. Pueden tomarse además cruasanes, *pain au chocolat* (napolitana de chocolate), brioches y miel.

POSTRES

Son estupendos, con mermeladas y pasteles de frutas tropicales, helados y sorbetes exóticos. Los amantes de las tartas con muchos hidratos de carbono estarán encantados. Cada familia tiene su receta particular para el *gâteau maison* (pastel casero), que se prepara de variada guisa. Suelen ser de vainilla, banana, boniato, maíz, zanahoria, guayaba... Se recomienda también el *macatia*, un panecillo azucarado que también se toma para desayunar. Hay muchas pastelerías donde comprar cruasanes y pasteles, y en cada esquina se venden *baguettes* de pan.

FRUTAS

Son una maravilla. Entre las más emblemáticas de la isla está el *litchi* (lichi) y el *ananas Victoria* (una variedad de ananás). También son sumamente dulces los mangos, maracuyás y papayas. La vainilla de Reunión está entre las más sabrosas del mundo.

Vegetarianos y veganos

No pasarán hambre en esta isla donde adoran las hortalizas y legumbres, y se comen en ensaladas o gratinadas. Sin duda se toparán con *chou chou* (chayote, típico del Cirque de Salazie), lentejas (típicas del Cirque de Cilaos), *bois de songe* (tallos de malanga) y *vacoa* (fruto del pandano), por no hablar de *bringelles* (berenjenas) y *baba figue* (flor de banano). Hay ensaladas, arroz y frutas por todos lados. Los restaurantes chinos tienen platos vegetarianos como fideos y *chop suey*. También se hallará comida vegetariana en casi todos los supermercados, y los dueños de las *chambres d'hôtes* la prepararán encantados si se encarga con suficiente tiempo.

Bebidas

¡Ron, ron, ron! En los cerros casi todos tienen su receta familiar para hacer el potente *rhum arrangé*, ron que se prepara macerando en él una mezcla secreta de especias, frutas o hierbas. Aunque no todas son tan secretas, pues son muy populares el *rhum faham*, con azúcar y flores de orquídea *faham*; el *rhum vanille*, con azúcar y vainas de vainilla frescas; y el *rhum bibasse*, con azúcar y *bibasse* (níspero). El *rhum arrangé* suele ser motivo

REUNIÓN COMIDA Y BEBIDA

DÓNDE COMER

Reunión tiene una buena gama de sitios donde comer, y no es necesario reservar salvo en fin de semana. Las comidas que sirven los B&B deben reservarse la víspera.

Restaurantes El puntal del buen comer; siempre hay alguno cerca.

'Tables d'hôte' Comidas caseras que sirven los B&B.

Cafés Muy populares en St-Denis y St-Pierre.

Establecimientos de comida para llevar Sirven económicos platos criollos.

Mercados Lo mejor para aprovisionarse de fruta y verdura fresca.

NUEVOS SABORES

Los paladares aventureros deben empezar su periplo culinario con la *salade de palmiste,* deliciosa ensalada hecha con el cogollo del palmito conocido como "corazón de palmera". Como el palmito muere al quitársele el cogollo, esta exquisitez, todo un derroche, recibe el nombre de "ensalada del millonario". Un plato menos corriente es el *carri bichiques* (curri con alevines de peces, similares a los chanquetes), apodado *le caviar réunionnais* (caviar reunionés). Quizá se quiera probar las *larves de guêpes* (larvas de avispa), otra exquisitez local disponible de abril a octubre; fritas con sal se dice que aumentan el vigor sexual.

También conviene conocer el *carri pat' cochons* (curri de manitas de cerdo) y el *carri anguilles* (curri de anguilas) para pedirlos (o no) en un restaurante. Los lugareños también adoran el *carri tang* (curri de tenrec, animalillo malgache parecido al erizo), que no suele servirse en los restaurantes.

de orgullo para los criollos; quien se aloje en alguna *gîte* o *chambre d'hôtes* rural probablemente verá que el dueño sirve su versión con mucho bombo.

Al ser territorio francés, en Reunión se toman muy en serio el vino. Además de caldos franceses se hallará un buen surtido de tintos y blancos sudafricanos. La isla tiene algo de viticultura en Cilaos, donde se puede hacer una cata.

La cerveza local Bourbon (también llamada Dodo), bastante ligera y muy agradable, se vende en todos lados. Picaro es otra cervecera local, con variedades *ambreé* (ámbar) y *blanche* (blanca). También hay cervezas extranjeras. Para refrescarse, nada como un zumo de fruta recién exprimida o un vaso de Cilaos, la excelente agua mineral con gas del Cirque de Cilaos.

El café es también algo serio para los franceses, y eso se mantiene aún en el océano Índico. Lo sirven de diversos modos, pero el más común es el exprés solo en taza pequeña.

Medio ambiente

Reunión está unos 220 km al suroeste de Mauricio, en el extremo meridional de la gran cadena volcánica de las Mascareñas. El Piton de la Fournaise, su volcán, entra en erupción con gran frecuencia, escupiendo lava que baja por los flancos sur y este de la isla. La última erupción importante fue en el 2015, con casi dos meses y medio de continua actividad volcánica.

El paisaje

En Reunión hay dos grandes zonas montañosas. La más antigua de ellas abarca la mayor parte de la mitad occidental de la isla y tiene el monte más alto, el Piton des Neiges (3071 m). Rodean este pico tres inmensos y espléndidos circos, los Cirques de Cilaos, Mafate y Salazie. Estas calderas largas, anchas y profundas son cañones de paredes verticales llenos de intrincadas sierras y valles, los erosionados restos del antiguo volcán en escudo que rodeaba el Piton des Neiges.

La más pequeña de las dos zonas montañosas está en el suroeste y aún en evolución. Abarca varios conos volcánicos extintos y uno sumamente activo, el Piton de la Fournaise (2632 m). Este retumbante pico sigue estallando con relativa frecuencia de forma espectacular. En el 2007 las coladas de lava alcanzaron el mar, añadiendo algunos metros cuadrados a la isla. Desde 1998 ha habido erupciones espectaculares casi un año sí y otro no, constituyendo toda una atracción. Nadie vive a la sombra del volcán, cuyas coladas al bajar hacia la costa han formado una irregular pendiente de negra lava petrificada llamada Le Grand Brûlé.

Estas dos zonas montañosas están separadas por altas mesetas, mientras que la costa se define por un llano de suave inclinación y variada anchura. Numerosos ríos bajan de la sierra del Piton des Neiges, avanzando serpenteantes por los Cirques y tallando profundos y espectaculares tajos en las llanuras costeras.

Fauna y flora

ANIMALES

Los mamíferos que probablemente se verán son las introducidas liebres, ciervos, gecos, ratas y, con suerte camaleones, Los tenrecs, que parecen erizos y se llaman *tang* en criollo, se introdujeron desde Madagascar.

Las sabandijas más interesantes son los milpiés gigantes, algunos tan largos como un pie humano, que holgazanean bajo las piedras en las zonas más húmedas. Son asi-

LA SEOR

Se hallará información sobre aves locales y dónde avistarlas en la web de la Société d'Études Ornithologiques de la Réunion (SEOR; www.seor.fr), organización que trabaja para salvar algunas de las especies más raras de la isla.

mismo descomunales las arañas *nephila* negras y amarillas, cuyas enormes telas se ven muy a menudo. También se hallará la araña *Heteropoda venatoria* (*babouk* en criollo).

En cuanto a avifauna, solo quedan 9 de las 30 especies endémicas originales de la isla. Las aves más raras son el *merle blanc* (oruguero de Reunión, aquí llamado *tuit tuit* por razones obvias) y el petrel de Reunión. El sitio donde es más fácil ver al *tuit tuit* (o, más probablemente, oírlo) es al sur de St-Denis, al pie de La Roche Écrite.

Son comunes los bulbules, de plumaje gris con patas y pico amarillos; parecidos a los mirlos, aquí los llaman *merles*. Hay aves autóctonas de las tierras altas como el *tec-tec* o tarabilla de Reunión que habita en los bosques de tamarindos. Está, además, la *papangue,* el protegido aguilucho lagunero de Reunión que empieza siendo un polluelo marrón y se vuelve negro y blanco con la edad. Única rapaz de Reunión que queda, quizá se la vea planeando sobre los barrancos.

El ave marina más conocida es el blanco *paille-en-queue* (rabijunco común), que luce dos largas plumas en la cola.

Los mainates, traídos a finales del s. XVIII para mantener a los saltamontes a raya, son comunes en toda la isla, al igual que los diminutos fodis rojos.

Los mejores lugares para ver avifauna son la Forêt de Bébour-Bélouve, por encima de Hell-Bourg, y la deshabitada zona de Le Grand Brûlé, en la punta meridional de la isla.

PLANTAS

La abundante pluviosidad y las marcadas diferencias de altitud hacen que la flora de Reunión sea una de las más variadas del mundo. Partes de la isla parecen soberbios jardines botánicos. Entre la costa y los picos alpinos se hallarán palmeras, pandanos *(vacoas),* casuarinas *(filaos),* vainilla, especias, cultivos y frutas tropicales, bosque lluvioso y flora alpina.

Hay nada menos que 700 especies de plantas autóctonas, de las que 150 son árboles. Al contrario que en Mauricio, quedan grandes zonas de bosque natural; se estima que el 30% de la isla está cubierto de floresta autóctona.

Retorcido y con flores amarillas parecidas a las de la mimosa, el *tamarin des hauts* (tamarindo de los altos) es un tipo de acacia endémica de Reunión. Uno de los mejores sitios para ver estos añosos arboles es el Forêt de Bébour-Bélouve, al este del Cirque de Salazie.

En el extremo opuesto, los campos de lava que rodean el volcán aparecen yermos cual superficie lunar. Allí, partiendo de una desnuda base de lava nueva, quedan patentes las diversas fases del ciclo de crecimiento de la vegetación. Lo primero que nace en la lava es un brezo que los franceses llaman *branle vert (Philippia montana).* Mucho más adelante en el ciclo aparecen el tamarindo y otras acacias.

Se han realizado reforestaciones sobre todo con criptomerias, *tamarinos,* casuarinas y diversas palmeras.

Como en toda isla tropical, en Reunión abundan las especies con flor, como orquídeas, hibiscos, buganvillas, vetiveres, geranios, franchipánes y jacarandás.

Parques nacionales

Se estima que casi un tercio de los arrecifes coralinos que bordean la costa oeste a lo largo de 25 km desde Boucan Canot hacia el sur, hasta Trois Bassins, han sufrido daños por diversas causas: sedimentación, contaminación doméstica y agrícola, ciclones, pesca y bañistas. Para evitar un empeoramiento de la situación, en 1997 se creó un parque marino. Además de educar a la población sobre la necesidad de mantener limpias las playas y el agua, los biólogos marinos trabajaron con pescadores y operadores de deportes acuáticos de la zona para establecer zonas de protección. En el 2007 se creó una reserva oficial, la Réserve Naturelle Marine de la Réunion (www.reservemarinereunion.fr).

En el interior, el Parc National des Hauts de la Réunion (www.reunion-parcnational. fr), creado en el 2007, protege la mitad de la superficie terrestre de la isla. La zona estrictamente regulada, de 1000 km², incluye el volcán, los picos y los entornos de Mafate y Grand Bassin; la rodea una zona de amortiguamiento de 700 km² que abarca casi todos los barrancos.

PATRIMONIO MUNDIAL DE LA UNESCO

Tan peculiares son los paisajes y bellezas naturales de Reunión que en el 2010 la Unesco designó Patrimonio Mundial Natural el 40% de la isla bajo el título de "Pitones, circos y escarpaduras". Es un reconocimiento excepcional de la espectacularidad de sus paisajes montañosos y su notable biodiversidad. Entre los lugares naturales que han recibido tal distinción están las islas Galápagos, la Gran Barrera de Coral y el Parque Nacional del Gran Cañón.

Cuestiones medioambientales

El problema fundamental de Reunión es cómo conciliar la protección del medio ambiente con un rápido crecimiento demográfico que exige más viviendas, carreteras, empleos, electricidad, agua y espacio recreativo.

Pese a la creación del Parc National des Hauts de la Réunion y de la Réserve Naturelle Marine de la Réunion, en la isla se presentan dos cuestiones importantes relacionadas con sendos macroproyectos de carreteras. El más pequeño es la Route des Tamarins, terminada en el 2009. Esta autovía de 34 km que atraviesa los cerros de St-Gilles-les-Bains requirió numerosos puentes sobre los barrancos; según los ecologistas locales, atajó por el único hábitat de sabana que quedaba en la isla.

El segundo macroproyecto es la Nouvelle Route du Littoral, que tardará siete años en completarse; la nueva autovía del litoral unirá la capital, Saint-Denis, con La Possession, sobre pilotes plantados en el mar. Esto ha desatado la ira de los ecologistas, que afirman que obras de tal calibre afectarán negativamente a la vida marina y han empezado a presentar demandas para desbaratar el proyecto. No obstante, las autoridades locales insisten en que es un proyecto vital para la economía y el desarrollo de la isla.

GUÍA PRÁCTICA

ℹ Datos prácticos A-Z

ACCESO A INTERNET

Muchos hoteles de precio medio y alto ofrecen wifi, al igual que los B&B, numerosos cafés, restaurantes y casi todas las oficinas de turismo, en general gratis. En los hoteles puede que la cobertura se limite a las zonas comunes. La conexión suele ser buena. El icono de wifi indica qué lugares lo ofrecen.

ADUANA

➡ Pueden introducirse en Reunión libre de impuestos los siguientes artículos: 200 cigarrillos, 50 puros, 1 l de licor de alta graduación o 2 l con menos del 22% de alcohol, 50 ml de perfume y 250 ml de *eau de toilette*. Todo lo que supere ese límite debe declararse a la llegada.

➡ La importación de plantas y animales está restringida; se exige una licencia de importación.

➡ Se deben declarar sumas superiores a 10 000 € en efectivo al entrar o salir de la isla.

ALOJAMIENTO

Se recomienda reservar con bastante antelación, sobre todo en temporada alta, la de vacaciones escolares locales y de la Francia continental (en particular julio, agosto y Navidades). Además, si se va a hacer alguna excursión de senderismo en septiembre, octubre o noviembre, es imperativo reservar *gîtes de montagne* lo antes posible.

Hoteles Los hay desde dos estrellas hasta unos pocos complejos de lujo.

'Gîtes' Desde básicos refugios de montaña hasta opciones más confortables.

B&B En casas pequeñas, de gestión familiar, con buena relación calidad-precio. Los más lujosos parecen hoteles *boutique*.

'Meublés de tourisme' Estupendos si no se desea servicio de comidas.

'Camping'

Solo hay dos *campings* oficiales: en la costa suroeste, en Étang-Salé-les-Bains y L'Hermitage-les-Bains. Se hallarán un par de *campings chez l'habitant* (lugares de acampada informales, particulares) en la Îlet-à-Vidot y Bébour-Bélouve. Además, el Cirque de Mafate tiene unos pocos sitios de acampada sencillos.

Se puede acampar gratis en algunas zonas designadas de los Cirques, pero no más de una noche seguida. Por razones obvias se prohíbe acampar en el Piton de la Fournaise, el volcán.

'Chambres d'hôtes'

Equivalente francés de los B&B, a menudo están en rincones de los cerros o sitios pintorescos y permiten ver un estilo de vida más tradicional. Hay de todo, desde casas criollas restauradas a edificios modernos o habitaciones en casas familiares. En conjunto, el nivel es alto, con una buena relación calidad-precio; cuestan desde unos 45 € por habitación doble. Los de categoría parecen más un hotel *boutique.* El desayuno siempre está incluido.

Muchas *chambres d'hôtes* también ofrecen *tables d'hôtes* (cenas) por unos 18-30 € por persona (menú fijo), pero deben reservarse de antemano (normalmente la víspera). Es un modo genial de conocer a lugareños y probar la cocina local.

Las *chambres d'hôtes* se pueden reservar telefoneando directamente a los dueños.

'Gîtes de montagne'

Son sencillas cabañas o albergues de montaña gestionados por las autoridades locales a través de la **Centrale d'Information et de Réservation Régionale-Île de la Réunion Tourisme** (p. 185). Es posible organizar unas vacaciones de senderismo alojándose solo en *gîtes de montagne.*

Las *gîtes de montagne* de Reunión suelen estar en muy buen estado. Gracias a la energía solar, todas disponen de electricidad, aunque solo algunas tienen duchas de agua templada.

Es preciso reservar y pagar de antemano; el importe no se devuelve, salvo en caso de ciclón o alerta de ciclón que impidan llegar. En la práctica no se negará la entrada a quien llegue sin el vale, pero si está llena no habrá plazas. Quizá acepten reservas de último minuto, pues suele haber cancelaciones.

Se reservan a través de la Centrale d'Information et de Réservation Régionale-Île de la Réunion Tourisme o de cualquier oficina de turismo de la isla, como las de St-Denis, Cilaos, Salazie, Hell-Bourg, St-Gilles-les-Bains, St-Pierre, St-Leu, St-André, Ste-Anne y Bourg-Murat. Se recomienda vivamente reservar con mucha antelación, sobre todo en temporada alta, pues el número de plazas es limitado. Una noche de alojamiento sin comidas cuesta 16-18 € por persona, según la temporada.

Hay que telefonear a la *gîte de montagne* concreta al menos un día antes para reservar las comidas. Las cenas cuestan 15-19 € y suelen ser sustanciosos *carris.* El desayuno, normalmente café con pan y mermelada, cuesta

RESERVA DE ALOJAMIENTO

En la página web de Lonely Planet (www.lonelyplanet.es) se podrá encontrar una gran variedad de alojamientos por todo el mundo y se pueden hacer reservas en línea.

unos 6 €. Se paga directamente al encargado, en efectivo.

Para dormir suelen tener literas en habitaciones compartidas, aunque las más modernas suelen disponer de unas pocas habitaciones privadas. Se facilitan sábanas y mantas, pero quizá se quiera llevar un saco de dormir.

No es mala idea llevar también papel higiénico y una linterna. De noche puede hacer bastante frío: se necesitará ropa de abrigo. Aunque en algunos sitios dejan cocinar, las cocinas en muchos casos son tan básicas (y a veces sucias) que no merecen la pena.

Hay que registrarse a la llegada y a la salida con el encargado, que recogerá el vale y el pago de la comida. En teoría, no se puede ocupar una *gîte* antes de las 15.00 ni quedarse pasadas las 10.00.

'Gîtes d'étape'

A veces llamadas simplemente *gîtes* ("casas"), son de propiedad particular y funcionan más o menos como las *gîtes de montagne,* ofreciendo camas en dormitorios colectivos, comidas y, en algunos casos, habitaciones privadas. La gran diferencia es que pueden reservarse directamente con los dueños. Hay numerosas *gîtes d'étape* en el Cirque de Mafate y por toda la isla; en su mayor parte se hallan cerca de las rutas de senderismo. Los anfitriones suelen ofrecer comidas o instalaciones para cocinar.

'Meublés de tourisme' y apartamentos

Ideales para familias y grupos, son casas y apartamentos de particulares que en general se alquilan por semanas o fines de semana; hay decenas de ellos por toda la isla.

La mayor parte es para cuatro o más personas, con instalaciones de variada categoría. Cuestan unos 350-700 € por semana y 120-280 € por fin de semana; téngase presente que no siempre es posible alquilar solo el fin de semana. Si se calcula el precio por persona y semana, y se tiene en cuenta que varias comidas se harán en casa, pueden resultar muy económicos. Además, a menudo los dueños viven cerca y pueden resultar de ayuda.

Estos alojamientos pueden reservarse telefoneando directamente a los dueños; suelen exigir algún tipo de depósito por adelantado.

Hoteles

Si lo que se busca es un alojamiento de sumo lujo, en la isla no se hallará. La mayor parte de los hoteles se clasifica entre una y tres estrellas, y muchos ni están clasificados. Solo hay unos pocos de cuatro y cinco estrellas.

PRECIOS DE ALOJAMIENTO

Las siguientes tarifas son para una doble con baño. Si no se especifica, el desayuno no está incluido en el precio.

€ menos de 75 €

€€ 75-150 €

€€€ más de 150 €

Se concentran en St-Denis y alrededores, y por las localidades playeras de la costa oeste; también hay algunos en las bonitas localidades de montaña de Cilaos y Hell-Bourg.

CUESTIONES LEGALES

➡ La policía francesa tiene amplios poderes para cachear y confiscar, y puede pedir un documento de identidad en cualquier momento.

➡ Los extranjeros deben poder probar su situación legal en Francia (p. ej. pasaporte, visado, permiso de residencia) sin demora.

➡ Si un policía para al viajero por cualquier motivo, hay que ser educados y mantener la calma. El abuso verbal (y por supuesto el físico) a un policía puede suponer una elevada multa.

➡ Las personas arrestadas se consideran inocentes hasta que se demuestre lo contrario, pero pueden mantenerse bajo custodia hasta el juicio.

➡ Es totalmente ilegal la posesión y consumo de drogas, severamente penados.

DINERO

Como en toda la UE, la unidad monetaria es el euro (€), que se fracciona en 100 céntimos. Hay monedas de 1, 2, 5, 10, 20 y 50 ¢, y de 1 y 2 €. Los billetes son de 5, 10, 20, 50, 100, 200 y 500 €.

Cajeros automáticos

➡ Son la forma más fácil de retirar dinero, pero los bancos cobran comisiones por transacciones internacionales y por uso del cajero.

➡ Casi todos los bancos y oficinas de correos tienen cajero automático (llamado *guichet automatique de banque* o *gabier*).

➡ Visa y MasterCard son las tarjetas más aceptadas.

➡ Antes de partir el viajero debe consultar con su banco para asegurarse de que la tarjeta que va a emplear para retirar efectivo no tenga un límite diario o semanal bajo.

➡ Si se va a ir a los Cirques, se recomienda aprovisionarse de efectivo; hay dos cajeros automáticos en Cilaos, solo uno en Hell-Bourg y ninguno en Mafate.

Tarjetas de crédito

Resultan el medio de pago más fácil y barato para compras importantes. Visa (Carte Bleue) y MasterCard (Eurocard) son las más aceptadas en hoteles, restaurantes supermercados, centros de aventura, gasolineras y tiendas. Para alquilar un auto se exige tarjeta de crédito, pues se utilizará como una forma de *caution* (depósito). No obstante, los establecimientos más pequeños a veces rechazan las tarjetas para importes pequeños (normalmente inferiores a 15 €), y es raro que se acepten en *chambres d'hôtes* y *gîtes d'étape*.

Es buena idea preguntar a la compañía de la tarjeta de crédito antes de partir las comisiones por transacciones internacionales.

Tipos de cambio

Véanse los tipos actualizados en www.xe.com.

Argentina	10 ARS	0,60 €
EE UU	1 US$	0,93 €
México	10 MXN	0,46 €

Cambio de moneda

➡ En Reunión todos los bancos han eliminado su servicio de cambio de moneda.

➡ En la isla solo hay un *bureau de change,* en el exterior del aeropuerto Roland Garros.

➡ Se recomienda llevar una buena provisión de euros y completarla con los cajeros automáticos.

Propinas

No son costumbre en Reunión.

ELECTRICIDAD

220v, 50hz CA, con enchufe europeo de dos clavijas redondas.

EMBAJADAS Y CONSULADOS

Al no ser un país independiente, solo unos pocos países tienen consulado en Reunión.

Consulado de Madagascar (☑0262 72 07 30; consulat-madrun@wanadoo.fr; 29 Rue St Joseph Ouvrier, St-Denis)

Consulado de las Seychelles (☑0262 57 26 38; hrop@wanadoo.fr; 67 Chemin Kerveguen, Le Tampon)

PRECIOS DE RESTAURANTES

Los siguientes se refieren a un plato principal. El servicio se incluye en la cuenta.

€ menos de 10 €

€€ 10-20 €

€€€ más de 20 €

FIESTAS OFICIALES

Casi todas las oficinas, museos y comercios cierran en estos *jours fériés* (días feriados).

Año Nuevo 1 enero

Lunes de Pascua Marzo/abril

Día del Trabajo 1 mayo

Día de la Victoria 1945 8 mayo

La Ascensión Finales de mayo o junio

Día de la Bastilla (Fiesta Nacional) 14 julio

La Asunción 15 agosto

Todos los Santos 1 noviembre

Día del Armisticio 1918 11 noviembre

Día de la Abolición de la Esclavitud 20 diciembre

Navidad 25 diciembre

HORARIO COMERCIAL

Bancos 8.00-16.00 lu-vi o ma-sa

Bares 10.00.24.00 o hasta la salida del último cliente

Locales nocturnos 22.00-4.00 vi-sa

Oficinas gubernamentales 8.30-12.00 y 14.00.17.00 lu-ju, hasta 15.00 vi

Restaurantes 11.30 o 12.00-14.00 y 18.30 o 19.00-21.30; suelen cerrar uno o dos días a la semana

Tiendas 8.30-17.00 lu-sa, a menudo con un descanso de 12.00 a 13.00 0 14.00; algunas cierran lu

INFORMACIÓN TURÍSTICA

Hay *offices du tourisme* en casi todas las poblaciones importantes de la isla, La mayor parte tienen al menos un empleado que habla inglés. El personal proporciona mapas, folletos y las revistas *Ileenile* (www.ile-en-ile.com) y *Guide Run,* con prácticas listas de hoteles, restaurantes y otros lugares de interés turístico.

Île de la Réunion Tourisme (IRT; www.reunion.fr) La oficina regional de turismo tiene una web con información fácil de consultar sobre actividades, atracciones y alojamientos, entro otras cosas.

MAPAS

➡ Resulta útil la *Carte Touristique La Réunion* del IGN (Institut Géographique National; www.ign.fr), mapa a escala 1:100 000 (1 cm = 1 km) que cubre la isla en un único pliego.

➡ Para senderismo, los mapas más detallados y precisos son los seis a escala 1:25 000 del IGN.

➡ Los mapas se venden en casi todas las librerías de St-Denis y St-Pierre, y en las oficinas de turismo más grandes.

LO BÁSICO

➡ **Periódicos y revistas** Entre los diarios locales están el *Journal de l'Île de la Réunion* (www.clicanoo.re) y *Le Quotidien* (www.lequotidien.re), ambos con buenos artículos y guía del ocio.

➡ **Radio** Para noticias locales (en francés y criollo) se pueden sintonizar Réunion 1re, Kreol FM o Radio Free Dom.

➡ **Fumadores** Se prohíbe fumar en sitios públicos cerrados y en el transporte público, pero se permite en restaurantes al aire libre y playas. Como en otros lados, la tendencia es a ir aumentando las restricciones.

➡ **TV** Un canal público, Réunion 1re, y las privadas Antenne Réunion y Canal + Réunion; casi toda la programación procede de la Francia continental.

➡ **Pesos y medidas** En Reunión rige el sistema métrico.

MUJERES VIAJERAS

➡ Vayan en grupo o en solitario, no despiertan demasiada sorpresa ni curiosidad. Las que viajen solas no hallarán ninguna dificultad, siempre que se tomen las precauciones que dicta el sentido común.

➡ Aunque puedan entrar solas en casi todos los bares, quedan algunos sitios donde esto puede atraer una atención no deseada; quedará claro nada más entrar.

➡ No es recomendable caminar en solitario por las sendas del interior.

SEGURIDAD

En conjunto, Reunión es relativamente segura comparada con la mayor parte de los países occidentales, aunque hay algún que otro robo.

➡ No debe dejarse nada de valor en un auto alquilado ni en la playa, y hay que recordar cerrar con llave la habitación del hotel.

➡ Hay pocos problemas de violencia y apenas atracos. Los altercados suelen provocarlos gente en estado de embriaguez.

➡ Por desgracia tiene un mal historial en seguridad vial. Habrá que conducir a la defensiva en todo momento, ante posibles peligros como conductores ebrios, exceso de velocidad, carreteras sinuosas y curvas sin visibilidad.

Natación y surf

➡ Los nadadores han de estar atentos a las corrientes y resacas; no está de más preguntar a algún lugareño antes de entrar en el agua.

⇝ En los últimos años los ataques de tiburones a surfistas o bañistas han sido un problema. Siempre hay que hacer caso de toda advertencia que aparezca, como los carteles de peligro de tiburones, y limitarse a las playas vigiladas por socorristas en St-Gilles-les-Bains, St-Leu, L'Hermitage-les-Bains, La Saline-les-Bains, Étang-Salé-les-Bains y St-Pierre. Hay que bañarse únicamente en las lagunas o zonas protegidas. Para mayor seguridad de bañistas y surfistas, a principios del 2016 se instalaron redes antitiburones frente a la playa de Les Roches Noires en St-Gilles-les-Bains y la playa de Boucan Canot.

TELÉFONO

⇝ Todos los números telefónicos de Reunión tienen 10 dígitos. Las líneas fijas empiezan por ☏0262; y las de móvil, por ☏0692 o ☏0693.

⇝ Para llamar a fijos o móviles de Reunión desde el extranjero (salvo desde Francia), se marca el prefijo de acceso internacional del país de origen y luego el prefijo de Reunión (☏262) seguido del número local sin el 0 inicial. Para llamar al extranjero desde Reunión, hay que marcar el 00 de acceso internacional, luego el prefijo de país, el de zona y el número local,

⇝ En Reunión no hay prefijos de zona.

Teléfonos móviles

⇝ Reunión utiliza el sistema GSM 900/1800, compatible con Europa pero incompatible con el GSM 1900 de EE UU.

⇝ La red abarca la mayor parte de las poblaciones de toda la lista, Cirque de Mafate incluido.

⇝ Quien tenga un móvil GSM liberado podrá comprar una tarjeta SIM a cualquiera de las dos compañías locales, Orange (www.orange.re) y SFR (www.sfr.re). Un paquete inicial cuesta unos 15 € con 5 € de llamadas incluidos. En todos lados venden tarjetas de recambio, o se puede ampliar el crédito por teléfono o internet. Para comprar una tarjeta SIM hay que presentar el pasaporte.

VIAJAR CON NIÑOS

⇝ Reunión es sumamente adecuada para viajar con críos. Con un sinfín de playas y actividades al aire libre, además de comida saludable, a los viajeros de toda edad no les faltarán planes en un entorno en general sin peligros.

⇝ La mayoría de los isleños tiene varios hijos y no se molestará si un niño se pone a gritar en un restaurante.

⇝ Hay excelentes servicios médicos en las principales ciudades.

Lo básico

⇝ Unos pocos hoteles ofrecen clubes infantiles. Muchos sitios facilitan cunas gratis y camas supletorias para niños por un pequeño recargo. Casi todas las *chambres d'hôtes* admiten niños.

⇝ Numerosos restaurantes tienen menús infantiles a precios bastante más bajos.

⇝ En todos lados venden pañales.

⇝ No hay problema en dar el pecho en público.

⇝ Las grandes empresas de alquiler de autos facilitan asientos de seguridad por un suplemento.

VIAJEROS CON DISCAPACIDADES

Viajar por libre en Reunión resulta difícil si se tienen problemas de movilidad. Solo los hoteles de categoría tienen instalaciones adaptadas para sillas de ruedas.

Enfrentarse a las calles en silla de ruedas es algo frustrante en casi todas las poblaciones y los lugares históricos carecen de sendas adecuadas. Son notables excepciones **Kelonia** (p. 202), en St-Leu; la renovada **Cité du Volcan** (p. 228), en Bourg-Murat; y el museo **Stella Matutina** (p. 206), cerca de St-Leu. Con algo de planificación, algunas cuadras de caballos, centros de submarinismo y operadores de otros deportes pueden atender a personas con discapacidades.

Se puede descargar la guía gratuita *Accessible Travel* de Lonely Planet en http://lptravel.to/AccessibleTravel.

VIAJEROS LGBT

Como en Reunión rige la legislación francesa, no hay ninguna discriminación legal contra la homosexual, y la homofobia es relativamente poco común. La gente es bastante tolerante, aunque de ningún modo tan liberal como en la Francia continental; las muestras públicas de afecto pueden provocar desdén, sobre todo fuera de St-Denis.

Por toda la isla (pero en especial en la costa oeste) hay restaurantes, bares, operadores y alojamientos que dejan claro que reciben encantados a la comunidad homosexual. Ciertas zonas son el centro de las comunidades gais y lésbicas, como St-Denis, St-Pierre y La Saline-les-Bains.

VISADOS

Pese a ser un departamento francés, Reunión no forma parte del Tratado de Schengen. Las exigencias de visado para entrar en Reunión son casi iguales que para Francia, con unas pocas excepciones. Los ciudadanos de la UE solo precisan el DNI o pasaporte. Los de otros países, como EE UU, no necesitan visado para visitas turísticas de hasta tres meses; basta con el pasaporte.

Los de otras nacionalidades deberían consultar si necesitan visado en la embajada o consu-

EL CAMBIO CLIMÁTICO Y LOS VIAJES

Todos los viajes con motor generan una cierta cantidad de CO_2, la principal causa del cambio climático provocado por el hombre. En la actualidad, el principal medio de transporte para los viajes son los aviones, que emplean menos cantidad de combustible por kilómetro y persona que la mayoría de los automóviles, pero también recorren distancias mucho mayores. La altura a la que los aviones emiten gases (incluido el CO_2) y partículas también contribuye a su impacto en el cambio climático. Muchas páginas web ofrecen "calculadoras de carbono" que permiten al viajero hacer un cálculo estimado de las emisiones de carbono que genera en su viaje y, si lo desea, compensar el impacto de los gases invernadero emitidos participando en iniciativas de carácter ecológico por todo el mundo. Lonely Planet compensa todos los viajes de su personal y de los autores de sus guías.

lado francés más próximo. Véase información actualizada en www.diplomatie.gouv.fr.

ℹ️ Cómo llegar y salir

Aunque sea poco más que una mota en el Índico, es bastante fácil llegar a Reunión, aunque siempre en avión. Vuelos y circuitos pueden reservarse en lonelyplanet.com/bookings.

AVIÓN

Hay vuelos directos entre Reunión y Comores, Francia, India, Mauricio, Mayotte, Tailandia, las Seychelles y Suráfrica. Para lugares más distantes habrá que tomar vuelos de enlace desde Suráfrica, Mauricio, Asia o Francia.

Aeropuertos y líneas aéreas

Reunión tienen dos aeropuertos internacionales. La inmensa mayoría de los vuelos llega al **aeropuerto internacional Roland Garros** (📞0262 28 16 16; www.reunion.aeroport.fr), unos 10 km al este de St-Denis. Si se llega desde Mauricio se tiene la opción de aterrizar en el **aeropuerto internacional de Saint-Pierre-Pierrefonds** (p. 241), en el sur de la isla, cerca de St-Pierre.

Air Austral (p. 241) es la aerolínea local. Tiene un buen historial de seguridad y una correcta red internacional.

ℹ️ Cómo desplazarse

AUTOBÚS

Une las principales poblaciones de la isla y muchas de las pequeñas. El servicio insular de autobuses está a cargo de Car Jaune (www.carjaune.re), con inconfundibles autobuses amarillos. Su estación principal está en Blvd Lancastel, en el paseo marítimo de St-Denis.

Car Jaune tiene líneas comarcales de microbús en diversas zonas de la isla; salen de

St-Benoît, St-Joseph, Ste-Rose, St-Leu y St-Paul. Estas enrevesadas rutas locales resultan bastante confusas, sobre todo si no se habla mucho francés. Lo que más utilizan los viajeros son los autobuses de St-André a Salazie; los de Salazie a Hell-Bourg, Grand Îlet y Le Bélier; y los de St-Louis a Cilaos, Îlet à Cordes y Bras-Sec.

AUTOMÓVIL Y MOTOCICLETA

El automóvil es, con mucho, el medio más práctico para desplazarse por la isla.

Alquiler

El alquiler de automóviles es sumamente popular en Reunión. Las tarifas son muy razonables, desde 35 €/día (seguros a terceros y kilometraje ilimitado incl.), y pueden bajar hasta 25 €/día para alquileres de varias semanas. Casi todas las empresas exigen una tarjeta de crédito como depósito.

La mayoría exige también que el conductor tenga al menos 21 años (a veces, 23); permiso de conducir con al menos un año de antigüedad y pasaporte o alguna otra forma de identificación. Los ciudadanos de la UE pueden utilizar su permiso de conducir nacional; el resto necesitará el permiso internacional.

El seguro a todo riesgo (CDW o *assurance tous risques*) con franquicia no está incluido y varía mucho de una empresa a otra. Para un auto pequeño, la *franchise* (franquicia) suele rondar los 800 €; se puede reducir a cero (o a menos a la mitad) pagando un suplemento diario de seguro.

Las principales compañías tienen mostrador en los aeropuertos. Además, hay gran número de empresas independientes por toda la isla; son más baratas que las internacionales pero sus autos suelen ser más viejos. Casi todas ofrecen entrega en el aeropuerto por un recargo. Entre las de confianza están:

Auto-Europe (www.autoeurope.com)

CÓMO LLEGAR A REUNIÓN

Aeropuerto internacional Roland Garros (St-Denis) De 6.30 a 18.00 hay autobuses regulares desde el aeropuerto al centro de St-Denis (4 €, 12 diarios). Los taxis desde el exterior del aeropuerto cuestan desde 20 € hasta el centro de St-Denis. El trayecto dura unos 20 min.

Aeropuerto internacional Saint-Pierre-Pierrefonds (St-Pierre) Un taxi a St-Pierre cuesta unos 15 €.

Cool Location (www.cool-location.fr; 43 Rue Jules Auber, St-Denis)

Degrif' Loc-Bonne Route (☎0262 26 29 44, 0692 05 18 32; www.degrifloc.re; St-Louis)

Europcar (☎0262 93 14 15; www.europcar-reunion.com; aeropuerto internacional Roland Garros)

ITC Tropicar (☎0262 24 01 01; www.itctropicar.re) Con oficinas en St-Denis, St-Pierre, St-Gilles-les-Bains y el aeropuerto.

Mik Location (☎0262 35 30 66; www.miklocation.re) Oficinas en St-Denis y St-Pierre.

Multi Auto (☎0692 70 37 03, 0262 29 01 66; www.multiauto.re) En Ste-Clotilde y St-André.

Es fácil encontrar gasolineras; 1 l de sin plomo cuesta 1,27 € y casi todas aceptan tarjetas de crédito.

Estado de las carreteras

La red viaria de la isla es excelente y está bien señalizada. La Route des Tamarins inaugurada en junio del 2009 es una autovía de cuatro carriles que une Saint-Paul y Étang-Salé (34 km) y desemboca en la RN1; es la ruta directa entre las dos ciudades más grandes, St-Denis en el norte y St-Pierre en el sur.

Las *routes départementales,* cuyos nombres comienzan con la letra D (o RD), son carreteras comarcales, en muchos casos muy tortuosas.

Normas de tráfico

En Reunión, como en la Francia continental, se conduce por la derecha. Los límites de velocidad, claramente indicados, van desde los 50 km/h en población a los 110 km/h en autovías. Ponerse el cinturón de seguridad es obligatorio para el conductor y los pasajeros. El límite de alcohol en sangre es de 0,5 g/l.

BICICLETA

Dadas las prisas de la mayoría de los automovilistas y lo empinado y precario de las carreteras de montaña, quien piense desplazarse pedaleando por Reunión debe prepararse para situaciones exigentes y potencialmente peligrosas.

REUNIÓN GUÍA PRÁCTICA

Seychelles

91 500 HAB. / ☎ 248

Los mejores restaurantes

➡ La Grande Maison (p. 298)

➡ Loutier Coco (p. 321)

➡ Café des Arts (p. 311)

➡ Les Lauriers (p. 311)

➡ Anse Soleil Café (p. 301)

Los mejores alojamientos

➡ Château de Feuilles (p. 308)

➡ Bird Island Lodge (p. 323)

➡ Maia Luxury Resort & Spa (p. 300)

➡ Chalets d'Anse Forban (p. 296)

➡ Anse Takamaka View (p. 300)

Por qué ir

Si se cierran los ojos y se piensa en un lugar paradisíaco, viene a la mente una playa de arena finísima acariciada por aguas de color topacio con verdes montañas y grandes rocas detrás. Suena a publicidad, pero es lo normal en las Seychelles. Con un entorno de ensueño, no es de extrañar que sea el destino preferido de los recién casados. Pero, si se busca algo más que broncearse o la típica luna de miel, el archipiélago ofrece un buen número de distracciones: paseos por la jungla y el litoral, excursiones en barco, buceo y submarinismo. Hay mucho ecoturismo, con parques marinos y reservas naturales repletas de especies endémicas fáciles de ver. Y es más económico de lo que parece. Además de las alternativas de súper lujo, el país cuenta con infinidad de pensiones familiares y alojamientos independientes. El paraíso tropical no está tan lejos.

Cuándo ir

➡ De diciembre a marzo, los vientos alisios arrastran las corrientes cálidas y húmedas del noroeste. De junio a septiembre, los vientos del sureste proporcionan un tiempo más fresco y seco, aunque también agitan las olas, por lo que hay que buscar playas protegidas. Los períodos de transición (abril-mayo y octubre-noviembre) suelen ser tranquilos y sin vientos. La temperatura oscila entre 24 a 32°C todo el año.

➡ La lluvia varía considerablemente de isla en isla y de año en año. En Mahé y Silhouette, las más montañosas, es donde llueve más.

➡ En temporada alta (diciembre-enero y julio-agosto), puede ser difícil encontrar alojamiento. Las Seychelles quedan fuera de la zona de ciclones.

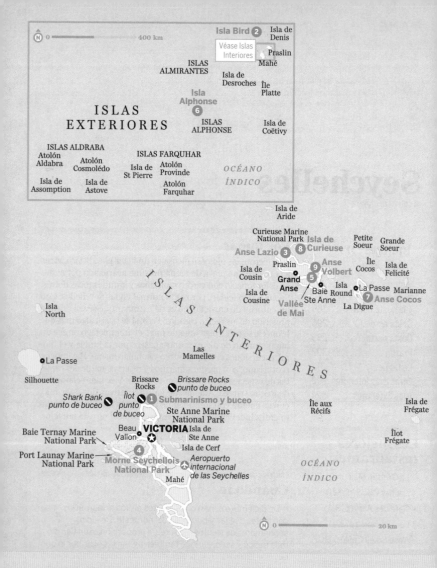

Imprescindible

1 **Mahé** (p. 281) Bucear entre la imponente vida marina de la costa norte.

2 **Isla Bird** (p. 323) Aislado afloramiento rocoso donde se puede vivir la fantasía de estar en una isla desierta.

3 **Anse Lazio** (p. 312) Bañarse en las cristalinas aguas de esta preciosa playa.

4 **Morne Seychellois National Park** (p. 295) Buscar la rana más pequeña del mundo mientras se exploran las boscosas montañas.

5 **Vallée de Mai** (p. 303) Un paraíso entre cocoteros.

6 **Isla de Alphonse** (p. 324) Hacer realidad el sueño de vivir en una isla desierta.

7 **Anse Cocos** (p. 313) Pasar horas sin hacer nada en una playa casi perfecta.

8 **Isla de Curieuse** (p. 311) Rascar el correoso cuello de una tortuga gigante.

9 **Anse Volbert** (p. 303) Disfrutar de las blancas arenas y las aguas color turquesa.

MAHÉ

La mayor isla de las Seychelles, así como la más urbanizada, reúne cerca del 90% de la población del archipiélago y alberga la capital del país, Victoria. Es la isla más animada y donde se halla la mayor selección de centros vacacionales y actividades, desde senderismo por el agreste interior del Morne Seychellois National Park hasta submarinismo en cristalinos puntos de inmersión y la posibilidad de bucear junto a tiburones ballena en bahías bañadas por maravillosas aguas multicolores. Toda la costa oeste de Mahé, de arriba abajo, es un largo tramo de playas espectaculares y fantásticos alojamientos, aunque en todas partes puede encontrarse alguna joya escondida. Y sea cual sea el alojamiento, el paraíso queda cerca: en menos de 20 min de autobús o coche se llega a fabulosos enclaves naturales.

Victoria

26 450 HAB.

Bienvenidos a una de las capitales más pequeñas del mundo. A pesar de que es el principal centro económico, político y comercial del país, la hora punta no dura más de 15 min. En Victoria vive casi un tercio de la población de las Seychelles, pero sigue teniendo aspecto de ciudad provincial. Aunque no cumpla con todos los requisitos del paraíso tropical, conserva un encanto que se va descubriendo a medida que se profundiza. Tiene un animado mercado, unos cuidados jardines botánicos y un puñado de bonitos edificios coloniales que conviven con edificios modernos y centros comerciales. También es un buen sitio para comprar regalos de última hora antes de partir.

Y, por supuesto, está el entorno. Victoria se halla junto a unas impresionantes montañas que parecen hundirse directamente en las aguas de color turquesa.

◉ Puntos de interés

El antiguo edificio de los juzgados, junto a la torre del reloj, es un impresionante ejemplo de arquitectura criolla. También destacan los edificios coloniales repartidos por Francis Rachel St y Albert St.

★ **Mercado**   MERCADO
(plano p. 286; Market St; ◷5.30-17.00 lu-vi, hasta 12.00 sa) Una visita a Victoria no está completa hasta que se pasea por su mercado cubierto. Si bien pequeño, es un lugar repleto de animación y color. Además de fruta y verdura frescas se venden recuerdos como especies y hierbas locales, pareos y camisetas. El mejor momento para ir es a primera hora de la mañana, cuando en las pescaderías se muestra gran variedad de capturas, desde peces loro hasta barracudas. Los sábados son los días de mayor animación.

★ **Catedral de la Inmaculada Concepción**   IGLESIA
(plano p. 286; Olivier Marandan St) Imponente catedral que destaca por su elegante portal y su fachada con columnas. El impresionante edificio de al lado es la Domus, residencia obispal y monumento nacional.

Kaz Zanana   GALERÍA
(plano p. 286; ☑4324150; www.georgecamille.sc; Revolution Ave) Esta galería, situada en un edificio criollo tradicional de madera, expone las obras de George Camille, uno de los pintores más aclamados de las islas. Se halla montaña arriba del centro. Algunas de las obras están a la venta y tiene una cafetería.

Torre del reloj   MONUMENTO
(plano p. 286; Francis Rachel St esq. Independence Ave) El centro de la ciudad parte de esta réplica del reloj del puente Vauxhall de Londres, llevado a Victoria en 1903 cuando las Seychelles se convirtieron en colonia de la Corona británica.

Jardín botánico   JARDINES
(plano p. 286; ☑4670500; 100 SCR; ◷8.00-17.00) Estos cuidados jardines, entre arroyos y el canto de los pájaros, están a 10 min a pie del centro. Lo más interesante son las palmeras de coco de mar de la avenida principal. También hay un huerto de especies, un estanque de tortugas gigantes, una zona de selva con murciélagos de la fruta y una cafetería.

Liberty Monument   MONUMENTO
(plano p. 286; 5th June Ave) Inaugurado en el 2014 para conmemorar los 38 años de independencia, esta escultura de bronce es obra del artista de ascendencia británica, Tom Bowers.

Templo Sri Navasakthi Vinyagar   TEMPLO HINDÚ
(plano p. 286; Quincy St) Con su alegre decoración, el pequeño templo hindú de Victoria destaca en mitad de una serie de edificios anodinos. La pequeña comunidad india de la ciudad se reúne en él.

SEYCHELLES VICTORIA

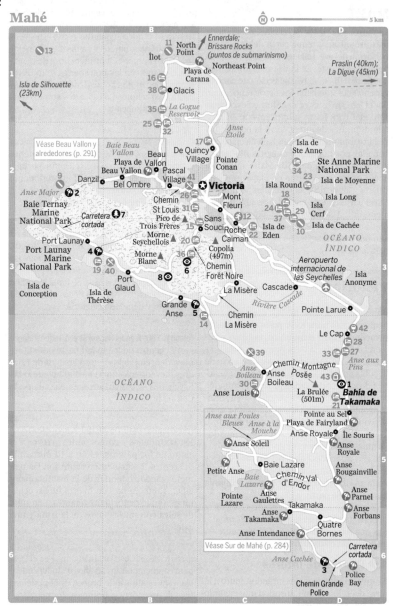

Véase Beau Vallon y alrededores (p. 291)

Véase Sur de Mahé (p. 284)

Natural History Museum MUSEO
(plano p. 286; ☎4321333; Independence Ave;
15 SCR; ⊙8.30-16.30 lu-ju, hasta 12.00 vi y sa) El
Museo de Historia Natural es un buen sitio
para aprender sobre la geología, la fauna y
la flora de la isla.

Old Courthouse EDIFICIO HISTÓRICO
(plano p. 286; Francis Rachel St, Tribunal Supremo) El edificio de los tribunales, aunque
de aspecto algo destartalado, es un impresionante ejemplo de la arquitectura criolla
isleña.

Mahé

Principales puntos de interés
1 Takamaka Bay ... D4

Puntos de interés
2 Anse Major ... A2
3 Anse Petite Police y Police Bay ... D6
4 Anse Port Launay ... A3
5 Grande Anse ... B3
6 Mission Lodge ... B3
7 Morne Seychellois National Park ... B2
8 SeyTé Tea Factory ... B3

Actividades, cursos y circuitos
9 Aldebaran ... A2
10 Cerf Island Explorer ... D3
11 Îlot ... B1
12 Nature Seychelles ... C2
13 Shark Bank ... A1

Dónde dormir
14 AVANI Barbarons ... C4
15 Beau Séjour ... C3
16 Bliss ... B1
17 Calypha Guesthouse ... C2
18 Cerf Island Resort ... C2
19 Constance Ephelia ... A3
20 Copolia Lodge ... B3
21 Devon Residence ... D4
22 Eden Bleu Hotel ... C3
23 Enchanted Island Resort ... D2
24 Fairy Tern Chalet ... C2
25 Hilton Seychelles Northolme Resort & Spa ... B2
26 Hotel Bel Air ... B2
27 Jamelah Apartments ... D4
28 Lalla Panzi Beach Guesthouse ... D4
29 L'Habitation Cerf Island ... D2
30 Maia Luxury Resort & Spa ... C4
31 Mountain Rise ... B2
32 Petit Amour Villa ... B2
33 Résidence Charlette ... D4
34 Sainte Anne Island ... D2
35 Sunset Beach Hotel ... B1
36 The Station ... B3
37 Villa de Cerf ... C2
38 Yarrabee ... B1

Dónde comer
Bravo ... (véase 22)
39 Chez Plume ... C4
40 Del Place ... B3
La Grande Maison ... (véase 1)
41 Marie-Antoinette ... B2
The Maharajas ... (véase 22)

Dónde beber y vida nocturna
42 Katiolo ... D4
The Boardwalk ... (véase 22)

De compras
43 Domaine de Val des Prés ... D4
Eden Art Gallery ... (véase 22)

Mezquita Sheikh Mohamed bin Khalifa MEZQUITA
(plano p. 286; desvío de Francis Rachel St) Apartada de la calle principal se encuentra esta mezquita, a la que acude la pequeña comunidad musulmana de la ciudad. Se llena sobre todo durante las plegarias del viernes a mediodía.

Iglesia anglicana IGLESIA
(catedral de San Pablo; plano p. 286; Albert St) Esta iglesia se alza en el centro de la ciudad, con su fachada renovada y su elegante campanario.

Actividades

Victoria es un buen sitio para organizar excursiones o travesías en barco. Hay varias agencias de viaje por el centro.

Marine Charter Association BARCO
(MCA; plano p. 286; ☎4322126; mca@seychelles.net; 5th June Ave) Organiza circuitos en barcos con el fondo transparente al Ste Anne Marine National Park por 80/45 € adultos/niños.

Mason's Travel CIRCUITOS
(plano p. 286; ☎4288888; www.masonstravel.com; Revolution Ave; ⏲8.00-16.30 lu-vi, hasta 12.00 sa) Agencia de viaje de toda la vida que ofrece una gran variedad de circuitos por Mahé y otras islas.

Creole Travel Services CIRCUITOS
(plano p. 286; ☎2297000; www.creoletravelservices.com; Albert St; ⏲8.00-16.40 lu-vi, hasta 12.00 sa) Esta conocida agencia ofrece todo tipo de servicios: compra de billetes, alquiler de coches y circuitos por Mahé y otras islas, etc. También cuenta con una oficina de cambio de moneda y vende billetes de ferri a Praslin.

Dónde dormir

No hay muchas razones para pernoctar en Victoria. De hecho, los visitantes suelen ir de excursión a la capital y vuelven a dormir cerca del mar o en las montañas. La oferta de alojamientos es escasa y las mejores opciones están en la cercana isla de Eden.

Calypha Guesthouse PENSIÓN €
(plano p. 282; ☎4241157; www.seychelles.sc/calypha;Ma Constance; i/d 42/65 €, desayuno incl.; ❄📶) Pensión familiar 3 km al norte de Victoria, en una zona no muy bonita, que está bien para una noche aunque no será el alo-

Sur de Mahé

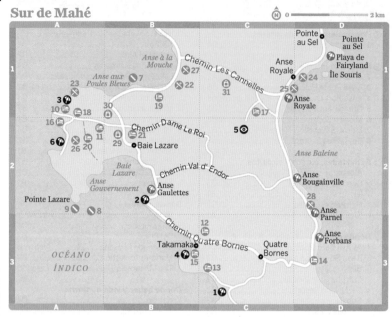

Sur de Mahé

jamiento más memorable del viaje. A las seis habitaciones les irían bien unas mejoras. El aire acondicionado se paga aparte (10 € al día). Se sirven cenas criollas bajo demanda (15 €). Solo pago en efectivo.

★ **Beau Séjour** PENSIÓN €€

(plano p. 282; ☑4226144; www.beausejourhotel. sc; Curio Rd, Bel Air; h 91 €, desayuno incl.; P✳☎) Pensión con clase, ideal para entretenerse y empaparse del tranquilo encanto que se respira a los pies del Trois Frères. Su ubicación es una de las mejores del norte de Mahé. Está muy limpia y tiene mucha personalidad. Tan solo las habitaciones nº 1 y 5 tienen vistas (el resto están en la parte de atrás). Se preparan comidas bajo demanda.

Mountain Rise   HOTEL €€

(plano p. 282; ☑4225308, 2716717; mountainrise@ seychelles.net; Sans Souci Rd; i/d 95/120 €, desayuno incl.; P 🛜 🛒) En lo alto de la carretera a Sans Souci, a poca distancia del centro en autobús, esta casa antigua y con encanto ofrece cinco habitaciones amplias y espartanas. Cuenta con un buen restaurante criollo y una piscina. No hay aire acondicionado, pero la brisa es fresca.

Hotel Bel Air   HOTEL €€€

(plano p. 282; ☑4224416; www.seychelles.net/ belair; Bel Air Rd; h 165 €, desayuno incl.) El hotel más cercano al centro, en la carretera a Sans Souci. Aunque la renovación del 2013 lo ha mejorado, por su precio se espera algo más.

✖️ Dónde comer

Victoria no es famosa por sus restaurantes; son mejores los tentempiés y la comida rápida que los locales más formales. Marie-Antoinette y la vecina isla de Eden son las dos únicas excepciones.

★ La Pause   INTERNACIONAL €

(plano p. 286; ☑2537881; www.lapause-sey chelles.com; Revolution Ave; principales desde 100 SCR; ◷9.30-16.30 lu-vi) Popular para comer algo entre semana, en pleno centro. Los simpáticos Malaika y Olivier preparan zumos, batidos, creps dulces y saladas, ensaladas, bocadillos, pastas y un delicioso postre de chocolate. Tan solo hay cuatro mesas junto a la ventana, aunque lo bueno es la comida.

Lai Lam Food Shop   COMIDA RÁPIDA €

(plano p. 286; Benezet St; principales 30-60 SCR; ◷12.00-16.00 lu-vi) Pollo asado, pescado ahumado con arroz y otros platos criollos en un restaurante de comida para llevar en el centro. Ideal para llenarse por poco dinero y descubrir el ambiente obrero de Victoria.

Double Click   CAFETERÍA €

(plano p. 286; ☑4224796; Palm St; principales 50-110 SCR; ◷8.00-21.00 lu-sa, 9.00-20.00 do) Ruidoso restaurante, popular entre estudiantes, que prepara comidas ligeras como

ensaladas, sopas o bocadillos. No es nada del otro mundo pero tiene buenos precios e internet.

★ Marie-Antoinette   CRIOLLA €€

(plano p. 282; ☑4266222; Serret Rd; menú 275 SCR; ◷12.00-15.00 y 18.30-21.00 lu-sa) Más que un restaurante, es toda una experiencia, sobre todo de noche. Está en una bonita y antigua mansión colonial de madera y hierro típica de las Seychelles y su menú incluye buñuelos de pescado y berenjena, pescado a la parrilla, pollo al curri, estofado de pescado, arroz y ensalada. No ha cambiado desde la década de 1970.

**Restaurant
du Marché**   PESCADO €€

(plano p. 286; ☑4225451; Market St; principales 125-255 SCR; ◷7.00-15.00 lu-sa) La comida de este sencillo restaurante en la parte de arriba del mercado es sabrosa y recién hecha. Los platos típicos incluyen ensalada de pescado ahumado, atún y pescado en leche de coco. Es un buen sitio para ver el ambiente local y disfrutar de la diversidad.

Sam's Pizzeria   PIZZERÍA €€

(plano p. 286; ☑4323495; Francis Rachel St; principales 160-275 SCR; ◷11.00-15.00 y 18.00-23.00) Las paredes están adornadas con pinturas del artista local George Camille, lo que le da un toque de elegancia. Sirven *pizza* preparada en horno de leña, ensaladas, pastas y carne o pescado a la parrilla. Y abren en domingo, una rareza en Victoria. También sirven para llevar.

News Café   CAFETERÍA €€

(plano p. 286; ☑4322999; Albert St, Trinity House; principales 150- 210 SCR; ◷8.30-17.00 lu-vi, hasta 15.00 sa) Alegre cafetería con vistas a la calle principal, ideal para devorar un buen desayuno y leer la prensa o bien para darse un respiro a mediodía.

Pirates Arms   INTERNACIONAL €€

(plano p. 286; ☑4225001; Independence Ave; principales 110-260 SCR; ◷9.00-23.00 lu-sa, 12.00-23.00 do) De siempre ha sido el punto de encuentro de la ciudad, pero ha cerrado por reformas. Se iba a construir un nuevo bar, un restaurante e incluso un hotel.

Le Cafe de l'Horloge   INTERNACIONAL €€€

(plano p. 286; ☑4323556; Francis Rachel St; principales 225-485 SCR; ◷9.00-22.00 lu-sa) La decoración medio balinesa medio amazónica de este restaurante en un 1er piso con vistas

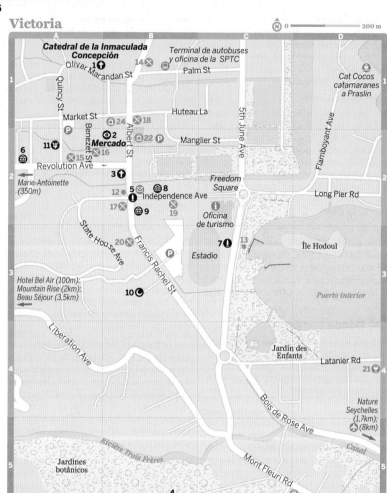

N 0 —————— 200 m

Catedral de la Inmaculada Concepción 1
Oliver Marandan St
Quincy St
Market St
Benezet St
Albert St
Revolution Ave
Palm St
14
Terminal de autobuses y oficina de la SPTC
Cat Cocos catamaranes a Praslin
Huteau La
24 18
2 **Mercado**
22
Manglier St
16
15
3
Marie-Antoinette (350m)
12 5
8 Independence Ave
17 9
19
Oficina de turismo
Freedom Square
5th June Ave
Flamboyant Ave
Long Pier Rd
20
State House Ave
Francis Rachel St
Estadio
7 13
Île Hodoul
Hotel Bel Air (100m); Mountain Rise (2km); Beau Séjour (3,5km)
10
Puerto interior
Liberation Ave
Jardín des Enfants
Latanier Rd
21
Nature Seychelles (1,7km); (8km)
Rivière Trois Frères
Jardines botánicos
Bois de Rose Ave
Canal
Mont Fleuri Rd
4
23

a la torre del reloj es agradable, con mobiliario de madera oscura, plantas tropicales y mesas iluminadas con velas. La larga carta incluye pescado, carne, ensalada, *pizza* y helados. La calidad no es nada del otro mundo, pero el entorno es agradable.

🍺 Dónde beber y vida nocturna

No se recomienda ningún sitio del centro de Victoria para tomar una copa. Como otras ciudades portuarias, los bares son sitios de mala muerte donde hay que ir con mucho cuidado. Se puede ir al Level Three Bar (en taxi) o, mejor, acercarse a la isla de Eden o Beau Vallon.

Level Three Bar BAR
(plano p. 286; Latanier Rd; ☺17.00-hasta tarde lu-vi) A pesar de su ubicación, en un anodino edificio cerca del puerto, merece la pena por sus cócteles a buen precio (150 SCR) y su ambiente.

🛍 De compras

⭐**Sunstroke** ARTE
(plano p. 286; ☎4224767; www.georgecamille.sc; Market St; ☺9.00-17.00 lu-vi, 9.30-13.00 sa) Las

Victoria

preciosas pinturas de George Camille pueden comprarse en esta galería que vende pintura original, reproducciones, postales y camisetas.

Seychelles Island
Foundation   REGALOS Y RECUERDOS
(SIF; plano p. 286; ☑4321735; www.sif.sc; Mont Fleuri Rd; ⊙9.00-16.00 lu-vi) Si se quiere comprar un *coco fesse* (el fruto de la palmera del coco de mar) hay que ir a la Seychelles Island Foundation, que además de venderlos tramitan el permiso de exportación necesario. Puede costar hasta 200 €.

Camion Hall   ARTESANÍA
(plano p. 286; Albert St; ⊙9.00-17.00 lu-sa) Pequeño centro comercial en pleno centro que vende artesanía local interesante y original.

❶ Información

En el centro hay bancos con cajeros automáticos y oficinas de cambio de moneda.
Barclays Bank (Albert St; ⊙8.30-14.30 lu-vi, hasta 11.30 sa)
Barclays Bank (Independence Ave; ⊙8.30-14.30 lu-vi, hasta 11.00 sa) Cambio de moneda y dos cajeros automáticos.
Behram's Pharmacy (☑4225559; Francis Rachel St, Victoria House; ⊙8.30-16.45 lu-vi, 8.15-12.30 sa)
Victoria Hospital (☑4388000; Mont Fleuri) El más importante del país.
Oficina de turismo (plano p. 286; ☑4671300; www.seychelles.travel; Independence Ave; ⊙8.00-16.00 lu-vi) Folletos y planos de Mahé, Praslin y La Digue.

❶ Cómo llegar y desplazarse

Victoria es el principal centro de transporte de los autobuses que circulan por Mahé y de los barcos que van a Praslin y La Digue.

Desde el aeropuerto al centro, un taxi cuesta 400 SCR aprox. También se puede cruzar la carretera y tomar cualquier autobús en dirección norte. Desde el muelle se tarda 10-15 min a pie hasta el centro, donde se pueden tomar autobuses y taxis.

El centro de Victoria es bastante compacto y se puede recorrer a pie. Para ir a la vecina isla de Eden no hay transporte público, pero un taxi no debería costar más de 150 SCR.

Isla de Eden

Abrió sus puertas en el 2012 y se está convirtiendo en uno de los mejores sitios de Mahé. Tiene un hotel de lujo, un puerto deportivo, bares y restaurantes y un moderno centro comercial. Se venden villas frente al mar (es el único sitio de Seychelles donde los extranjeros pueden comprar terrenos) y se está convirtiendo en una buena alternativa a Victoria.

🛏 Dónde dormir y comer

Solo hay un hotel, el Eden Bleu, pero es lo más cómodo cerca de Victoria.

Los restaurantes de la isla están ganando do fama por su calidad, sofisticación y ambiente, todo lo que le falta a los de Victoria. Además, en el centro comercial hay varias heladerías.

★ **Eden Bleu Hotel** — HOTEL €€€

(plano p. 282; ☑4399100; www.edenbleu.com; i/d desde 295/325 €) Es el hotel más cercano al aeropuerto, con vistas al puerto deportivo. Sus elegantes habitaciones tienen máquinas Nespresso y Apple TV. El gran nivel de comodidad compensa un poco el hecho de no tener playa, ya que es más un hotel de negocios.

Bravo — INTERNACIONAL €€

(plano p. 282; ☑4346020; principales 180-575 SCR; ⊗ 12.00-hasta tarde lu-sa) Restaurante al aire libre con vistas al puerto deportivo que ofrece una buena experiencia culinaria. Casi todo es bueno, pero se recomienda especialmente la Mega Burger o la ensalada de atún a la plancha.

🍷 Dónde beber y vida nocturna

La zona de restaurantes frente al mar cuenta con un bar excelente, The Boardwalk, y varios de los restaurantes se convierten en bares al cerrar la cocina.

The Boardwalk — BAR

(plano p. 282; ☑4346622; isla de Eden; ⊗8.00-24.00 lu-ju, hasta 1.00 o más tarde vi y sa) Tanto para tomar un café por la mañana como un cóctel por la noche, este sofisticado local es lo mejor de la isla. Los sofás de mimbre del pantalán y la música tranquila se suman para convertirlo en el mejor bar del país.

🛍 De compras

El Eden Plaza, a la derecha tras el puente desde Victoria, es un centro comercial pequeño según los estándares occidentales, pero es el más grande y moderno de las Seychelles. Cuenta con tiendas de marcas como Billabong o Quiksilver, una farmacia, heladerías, bares y restaurantes.

Eden Art Gallery — ARTE

(plano p. 282; ☑2514707; Tienda 103, Eden Plaza; ⊗ 10.00-18.00 lu-vi, hasta 14.00 sa) Gran galería que vende arte y fotografía local, la mayoría reproducciones, pero también alguna obra original.

ℹ Información

Eden Pharmacy (☑2501500; Eden Plaza; ⊗9.00-19.00 lu-vi, 10.00-15.00 sa)

ℹ Cómo llegar y salir

La isla de Eden está conectada con Mahé por un puente situado 4 km al sur de Victoria.

Aunque no hay transporte público, un taxi a/desde el centro de Victoria no debería costar más de 150 SCR.

Ste Anne Marine National Park

Este parque nacional frente a la costa de Victoria está formado por seis islas, cada una con su propia personalidad. En las de Cerf y Moyenne (p. 289) se permite la entrada a visitantes y se puede bucear.

La mayor de las seis, tan solo 4 km al este de Victoria, es la isla de Ste Anne, con unas playas espectaculares. La isla Round albergó en tiempos una leprosería, pero hoy se la conoce por sus playas y su buen buceo. Hace más de una década que se planea construir un centro vacacional de lujo en la isla Long. Pelangi Resorts la alquiló en el 2015, por lo que tal vez los planes se lleven por fin a cabo. La isla más pequeña del grupo es Cachée, al sureste de Cerf y deshabitada.

🏃 Actividades

El parque es perfecto para nadar y bucear, aunque el coral no está tan sano como antes. Los sedimentos de la construcción de la bahía lo han dañado considerablemente, causando su blanqueamiento. Hay playas maravillosas bañadas por aguas de color esmeralda, aunque suele haber bastantes algas. Las autoridades del parque cobran 10 € por persona (gratis para menores de 12 años) por la entrada. Los operadores turísticos suelen incluir la entrada en sus precios.

Cerf Island Explorer — SUBMARINISMO, BUCEO

(plano p. 282; ☑2570043; palblanchard@hotmail. com; Cerf; ⊗lu-sa previa reserva) Para practicar submarinismo en el Ste Anne Marine National Park hay que ponerse en contacto con el marsellés Philippe Blanchard, que dirige este centro y ofrece servicios personalizados a buen precio (65/80 € por inmersión/bautizo). Las salidas de buceo con tubo cuestan 40 € (mínimo dos personas). Si no se duerme en el parque también se puede encargar de los traslados desde Eden.

🛏 Dónde dormir

Aunque la mayoría de los visitantes llega en una excursión en barco, en las islas del parque nacional hay algunos centros vacacionales de lujo y un par de opciones de precio medio. Son fantásticas alternativas al alojamiento en la isla principal.

★ **Fairy Tern Chalet** — APARTAMENTOS €€

(plano p. 282; ☑4321733; www.fairyternchalet.sc; Cerf; d 147 €; ❖🛜) Este lugar, dirigido por una amable pareja surafricana, es una fantástica opción para alejarse de todo, y ofrece los precios más razonables dentro del parque nacional. Se duerme en dos limpísimos y amplios bungalós con vistas a la playa. Para quienes no quieran cocinar, el restaurante de L'Habitation Cerf Island está a 5 min. Se ofrecen piraguas gratis.

Villa de Cerf BUNGALÓS €€
(plano p. 282; ☑2523161; www.villadecerf.com; Cerf; h desde 185 €, media pensión incl.; ❋ 🜚 ➰) Ocupa una elegante mansión criolla situada en un punto de la playa sin parangón. Si se duerme cuatro noches, una es gratis.

**Enchanted Island
Resort** CENTRO VACACIONAL €€€
(plano p. 282; ☑4672727; www.enchantedseyche lles.com; Round; villa 800-1900 €, desayuno incl.; ❋ @ 🜚 ➰) El ideal de alojamiento de lujo, en Round, dentro del parque nacional, cuenta con espectaculares y grandes villas, todas de corte clásico, una con bañera en la terraza. Piscinas, un restaurante de primera y exclusividad total completan la oferta.

Cerf Island Resort CENTRO VACACIONAL €€€
(plano p. 282; ☑4294500; www.cerf-resort.com; Cerf; i/d desde 250/280 €, media pensión incl.; ❋ 🜚 ➰) Equilibrio perfecto entre lujo, aislamiento y privacidad (con tan solo 24 villas) en una colina. Es un hotel romántico, muy tranquilo y popular entre recién casados, con habitaciones de madera y bambú. Hay una pequeña piscina y un *spa*. Lo único malo es que la playa no es espectacular.

Sainte Anne Island CENTRO VACACIONAL €€€
(plano p. 282; ☑4292000; www.beachcomber-ho tels.com; Ste Anne; d desde 394 €, media pensión incl.; ❋ 🜚 ➰) Este gran centro vacacional repartido en 220 Ha de terreno privado cuenta con una piscina infinita, cinco restaurantes, un puñado de bares, un buen *spa*, gimnasio, centro de deportes acuáticos, club infantil, pistas de tenis y tiendas de regalos. Ofrece 87 villas (algunas con piscina privada) entre cuidados jardines y cocoteros. Lo mejor son las tres playas con distinta orientación.

L'Habitation Cerf Island HOTEL €€€
(plano p. 282; ☑4323111, 2781311; www.lhabitation cerf.net76.net; Cerf; d/ste desde 191/248 €, media pensión incl.; ❋ 🜚 ➰) Este agradable hotelito de estilo colonial está en plena playa y a tan solo 10 min en barco de Victoria. El ambiente es tranquilo, sociable y casero, con 12 habitaciones soleadas, dos villas y preciosos jardines (pero no mucha sombra). El restaurante sirve

¿LA ISLA DEL TESORO?

La historia de la isla de Moyenne es de lo más curiosa. Estuvo deshabitada durante casi toda la primera mitad del s. xx y luego, Brendon Grimshaw, un antiguo director de periódico británico, la compró por 8000 libras esterlinas. Grimshaw, el único habitante de la isla, pasó 50 años transformándola, talando la jungla y replantando más de 16 000 árboles para crear su propio paraíso tropical. También creó un programa de cría de tortugas de Aldabra y transformó la isla en reserva natural, cobrando a los visitantes el privilegio de verla. La leyenda asegura que en la isla hay escondido un tesoro pirata (Grimshaw excavó en dos puntos y encontró pruebas de la existencia de escondites fabricados por humanos, pero ningún botín) y dos tumbas que se cree que son de piratas. Cuando Grimshaw murió en el 2012, el Gobierno de las Seychelles incorporó Moyenne al Ste Anne Marine National Park, cumpliendo así su sueño.

platos preparados con ingredientes fresquísimos. Los precios bajan para reservas de más de tres noches.

❶ Cómo llegar y salir

A menos que se duerma en uno de los centros de lujo y, por tanto, se pueda organizar el traslado en barco, la única manera de llegar al parque y a sus islas es mediante un circuito organizado.

Beau Vallon y la costa norte

Beau Vallon, a 3 km de Victoria, en la costa noroeste de Mahé, cuenta con la playa más larga de la isla y, según algunos, la más bonita. Aunque para ser las Seychelles está algo sobreconstruido, es bastante tranquilo en comparación con otros destinos. El ambiente marinero, con pescadores vendiendo su captura a última hora de la tarde a la sombra de los árboles *takamaka*, le da un ambiente más real.

Al norte de Beau Vallon hay paisajes magníficos si se sube por la costa hasta Glacis y North Point. Si se tiene coche, el camino es muy bonito, por una carretera estrecha que se ciñe a la costa, con preciosas vistas sobre calas escondidas a los pies de los acantilados.

Al oeste de Beau Vallon, la carretera de la costa pasa por Bel Ombre, con buenos alo-

SEYCHELLES BEAU VALLON Y LA COSTA NORTE

PLAYA DE CARANA

Un secreto solo conocido por los lugareños, esta pequeña cala de ensueño bañada por aguas color lapislázuli cuenta con un pequeño tramo de arena enmarcada por grandes rocas y un par de palmeras sobre la orilla. Está en Northeast Point; hay que encontrar la carretera de cemento de la izquierda, en una empinada bajada de la carretera, o preguntar a algún vecino.

jamientos y un pequeño puerto pesquero, y termina en Danzil, donde se halla el restaurante La Scala. Desde ahí se puede ir a pie hasta Anse Major (p. 299).

◉ Puntos de interés

La playa de Beau Vallon es la más popular de Mahé; un largo arco de arena blanca reluciente rodeado de palmeras y árboles *takamaka*. El agua es suficientemente profunda para nadar, aunque hay que ir con cuidado con las olas de junio a noviembre. Suele haber un socorrista.

Si se busca un sitio más íntimo y resguardado, se recomienda la preciosa playa pública junto al Sunset Beach Hotel. En dirección norte, hay que pasar el hotel y, tras 150 m, entrar por un caminito de cemento que queda a la izquierda, entre la vegetación.

🏃 Actividades

Como en el resto de las Seychelles, las actividades principales son el submarinismo y el buceo; este último puede combinarse con un paseo en barco con fondo transparente.

Submarinismo

En la bahía de Beau Vallon las oportunidades son fantásticas, con una serie de pecios y puntos de inmersión de primera, ya fuera de la bahía.

Blue Sea Divers SUBMARINISMO, BUCEO
(plano p. 291; ☑2526051; www.blueseadivers. com; Beau Vallon; ☉diario) Centro francés que ofrece bautizos (desde 97 €), inmersiones (desde 55 €), cursos y diversos paquetes de inmersión y buceo. También organiza cruceros por las Seychelles en el fantástico barco de submarinismo *Galatea* (www.diving-cruises.com), botado en junio del 2013.

**Underwater Centre/
Dive Seychelles** SUBMARINISMO, BUCEO
(plano p. 291; ☑4345445, 4247165; www.diveseyche lles.com.sc; Beau Vallon; ☉diario) Centro de cinco estrellas de gestión inglesa de la Professional Association of Diving Instructors (PADI), situado en el Berjaya Resort. Los precios sin reserva parten de 60 € por inmersión con todo el equipo. También se ofrecen cursos y paquetes.

Big Blue Divers SUBMARINISMO, BUCEO
(plano p. 291; ☑4261106; www.bigbluediveers.net; Beau Vallon; ☉lu-sa) Al norte de Beau Vallon, este pequeño centro afiliado a la PADI ofrece bautizos (95 €), inmersiones (desde 50 €), paquetes y cursos.

Buceo y circuitos en barco

La bahía de Beau Vallon cuenta con buenos sitios para bucear, sobre todo por la costa rocosa que sube hacia el norte hasta llegar a North Point. También es el principal punto de partida de los barcos de excursiones y salidas de buceo a Baie Ternay, en la punta noroeste de la isla, donde los arrecifes están sanos y hay mucha vida marina. Las excursiones de todo el día incluyen la entrada al parque, almuerzo a base de barbacoa y el equipo de buceo. La mejor época para ir es de abril a octubre y se requiere un grupo de un mínimo de cuatro o seis personas. Se recomienda contactar con un operador (o pedir en el hotel que se encarguen de todo).

En el Berjaya Resort, el Underwater Centre/Dive Seychelles (p. 290) también lleva a buceadores (20-30 €) en sus salidas de submarinismo a L'Îlot, el Baie Ternay Marine National Park y el faro. Alquila equipos de buceo (10 € al día).

Teddy's Glass Bottom Boat BARCO
(☑2511125, 2511198; teddysgbb@yahoo.com; excursión medio día/1 día 60/90 €; ☉previa reserva) Con buena fama. Excursiones en barco de fondo transparente a Baie Ternay y el Ste Anne Marine National Park con paradas para nadar y bucear.

Blue Marlin BARCO
(plano p. 291; ☑2510269, 2516067; Beau Vallon; excursión de 1 día 90 €) Excursiones en barco que incluyen una barbacoa para almorzar en la isla de Thérèse y una parada para bucear en el Baie Ternay Marine National Park.

Dolphin Nemo Glass Bottom Boat BARCO
(plano p. 291; ☑2596922, 4261068; dolphin.nemo @yahoo.com; Beau Vallon; excursión de 1 día 90 €;

Beau Vallon y alrededores

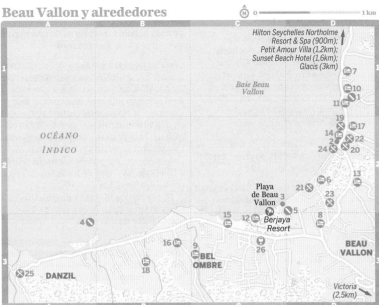

Beau Vallon y alrededores

⊙previa reserva) Ofrece los circuitos habituales al Ste Anne Marine National Park y Baie Ternay. Tiene una caseta en la playa, delante del Berjaya Resort.

🛏 Dónde dormir

Beau Vallon y Bel Ombre ofrecen la alternativa más amplia de alojamiento en el norte de Mahé, con centros de lujo y villas independientes en la playa o justo detrás de ella.

Casadani APARTAMENTOS €
(plano p. 291; ☎2511081, 4248481; www.casadani.
sc; Bel Ombre; i/d 75/90 €, desayuno incl.; 🅿✳🛜)
Bellamente situado en una colina color esmeralda por encima de la carretera de la costa. Es muy popular y merece la pena si se consigue una habitación con vistas al mar. Las 25 habitaciones están bien distribuidas, aunque en lo único en lo que se fijan los clientes suelen ser las espectaculares vistas desde la

TIBURONES BALLENA

De agosto a octubre es fácil ver tiburones ballena frente a las costas norte y oeste de Mahé. Underwater Centre/Dive Seychelles (p. 290) ofrece salidas de buceo específicas para ver tiburones ballena en septiembre y octubre (135-150 €). También organiza proyectos de control de tiburones ballena.

enorme terraza compartida. Se ofrece alquiler de coches y barcos.

Beau Vallon Residence APARTAMENTOS €
(plano p. 291; ☑2516067; www.beauvallonresiden ce.sc; Beau Vallon; i/d/c 50/60/80 €; P ❀ 🛜) Un apartamento independiente con capacidad para cuatro personas, muy bien cuidado y a buen precio. No está en la playa y no tiene vistas, pero el entorno es tranquilo y está cerca de tiendas y bancos. Y la playa de Beau Vallon está a 5-10 min andando. La relación calidad-precio es excelente, por lo que hay que reservar con tiempo.

Romance Bungalows APARTAMENTOS €€
(plano p. 291; ☑4247732; www.romance-bungalows. com; Beau Vallon; h 1084-1817 SCR; P ❀ 🛜) Bonitos bungalós al otro lado de la carretera de la playa, con amplias y bien cuidadas habitaciones con cocina. Los bungalós Romance tienen todas las comodidades. La playa está al lado y cerca hay todo tipo de servicios.

Ocean View Guesthouse APARTAMENTOS €€
(plano p. 291; ☑2522010; www.choiceseychelles. com; Bel Ombre; i/d desde 65/80 €, desayuno incl.; P ❀) Un buen sitio para dormir. Por encima de la carretera, en Bel Ombre, esta bonita villa ofrece cuatro habitaciones inmaculadas con balcón. Las del piso de arriba tienen unas vistas espléndidas de la bahía. La habitación Vakwa, de la parte de atrás, es más económica y no tiene vistas. Está a 20 min andando de la playa de Beau Vallon.

Villa Rousseau VILLA €€
(plano p. 291; ☑2520646; www.villarousseau.com; Bel Ombre; d/c 80/180 €; ❀) Villa de tres dormitorios con todas las comodidades en un sitio muy tranquilo por encima de la Ocean View Guesthouse. Los precios son para la villa entera, un chollo para parejas.

Yarrabee APARTAMENTOS €€
(plano p. 282; ☑4261248; www.seychelles-yarrabee. com; Glacis; estudios 80-160 €; ❀🛜) Dos estu-

dios totalmente equipados y una casita de tres dormitorios con unas vistas de ensueño de toda la bahía. Está cerca de una playita y de un pequeño supermercado.

Diver's Lodge Guesthouse PENSIÓN €€
(plano p. 291; ☑4261222; www.diverslodge.sc; Glacis; d 90-130 €, desayuno incl.; P ❀ 🛜) Por encima de la carretera principal de la costa, al lado de un centro de buceo, estas cuatro habitaciones en una villa moderna son grandes, están exageradamente limpias y muy bien equipadas. Las del piso superior son mucho más caras, pero desde ellas es posible ver trozos de mar a través de las copas de los árboles. Sirven cenas bajo demanda.

El marido de la dueña dirige el Teddy's Glass Bottom Boat, lo que resulta útil si se quiere hacer una excursión.

Beach House APARTAMENTOS €€
(plano p. 291; ☑2522010; www.choicevilla.sc; Beau Vallon; i/d desde 90/110 €, desayuno incl.; ❀🛜) En una zona donde apenas existen alternativas económicas, es una opción razonable. Las cuatro amplias y funcionales habitaciones ofrecen una confortable estancia con la playa de Beau Vallon al otro lado de la calle.

Georgina's Cottage PENSIÓN €€
(plano p. 291; ☑4247016; www.georginascottage.sc; Beau Vallon; h 75-120 €, desayuno incl.; ❀🛜) Esta agradable pensión lleva años cuidando a viajeros con poco presupuesto. Tras una gran renovación en el 2012, cuenta con habitaciones más cómodas en un bonito edificio criollo. Su ubicación es difícil de superar, a tan solo 20 m de la playa y cerca de centros de buceo, restaurantes y tiendas. Eddy, el director, es una gran fuente de información.

★**Hilton Seychelles Northolme Resort & Spa** VILLAS €€€
(plano p. 282; ☑4299000; www.hilton.com; Glacis; villas 300-1300 €; P ❀ @ 🛜 ❀) Este espectacular hotel de villas es el Hilton más pequeño del mundo. Se respira un ambiente de tranquila sofisticación e intimidad y las villas son excepcionales; en las nuevas Grand Ocean Pool Villas, con vistas, piscinas privadas y espectacular diseño, dan ganas de quedarse a vivir.

★**H Resort Beau Vallon** CENTRO VACACIONAL €€€
(plano p. 291; ☑4387000; www.seychelles.h-hotel. com; Beau Vallon; ste/villa desde 475/1015 €; P ❀ @ 🛜 ❀) Uno de los sitios más bonitos que ha abierto en los últimos años. Ofrece habitaciones extremadamente cómodas y villas con

detalles de madera, mimbre y ropa de cama ideales. El terreno se cierra por el sur con la preciosa playa de Beau Vallon, resguardado por árboles. Los buenos restaurantes, el magnífico servicio y las elegantes zonas comunitarias ponen la guinda al pastel.

★ **Le Méridien**
Fisherman's Cove CENTRO VACACIONAL €€€
(plano p. 291; ✆4677000; www.lemeridienfisher manscove.com; Bel Ombre; d desde 300 €, desayuno incl.; P❋❂⎈▨) Reconocido centro con un sorprendente vestíbulo en forma de arco y 70 elegantes habitaciones con diseño moderno (los baños no están separados de la zona de dormitorio). Las habitaciones están muy juntas unas de otras, pero dan al mar y hay espacios ajardinados. El ambiente es más sociable que íntimo. Hay dos restaurantes, un bar, un *spa* y una piscina. Una pega: la playa es demasiado estrecha.

Petit Amour Villa VILLA €€€
(plano p. 282; ✆2578039; www.petitamourvilla. com; Glacis; d/ste desde 203/280 €, desayuno incl.; P❋@⎈▨) Las constantes críticas positivas son más que justificadas: habitaciones magníficas, vistas fabulosas y decoración que va del lujo clásico a una refinada combinación de maderas oscuras y colores contrastados, además de comidas son deliciosas. La estancia mínima es de tres noches.

Apartments Sables d'Or APARTAMENTOS €€€
(plano p. 291; ✆4247404; www.sables-dor.sc; apt 1/2 dormitorios 350/495 €) Apartamentos independientes, bonitos y modernos en la preciosa playa de Beau Vallon, una de las mejores opciones de este rincón de Mahé. Los dueños son una mina de información sobre la isla y hay muchos restaurantes cerca. La estancia mínima es de seis noches.

Sunset Beach Hotel HOTEL €€€
(plano p. 282; ✆4261111; www.thesunsethotel group.com; Glacis; i/d desde 252/310 €, desayuno incl.; P❋@⎈▨) Este seductor hotel tiene una ubicación privilegiada en un pequeño cabo. Las 28 casitas están divididas en tres categorías y se esconden entre las rocas y los árboles. Las habitaciones, algo viejas, son de forma, tamaño y calidad diferentes (las mejores son las júnior suites) y hay un bonito bar con vistas al mar. Cuenta con acceso directo a la playa y justo enfrente se puede bucear. La estancia mínima es de cuatro noches.

Bliss HOTEL-BOUTIQUE €€€
(plano p. 282; ✆2711187, 4261369; www.bliss-hotel. net; Glacis; d/ste desde 250/400 €, media pensión incl.; P❋❂⎈▨) El edificio Seaside tiene ocho habitaciones decoradas con materiales naturales y grandes vistas al mar. Las del edificio Hillside, al otro lado de la calle, no son tan bonitas, a pesar de su jardín tropical. Dispone de piscina, un pequeño *spa* y un gran solárium de madera con acceso directo a una pequeña playa de rocas.

Hanneman
Holiday Residence APARTAMENTOS €€€
(plano p. 291; ✆4425000; www.hanneman-sey chelles.com; Beau Vallon; estudio 105-126 €, apt 126-234 €; ❋⎈▨) Esta mole no fue diseñada por el arquitecto más inspirado de la isla, pero su interior es mucho más acogedor, con seis impecables apartamentos equipados a la última. También hay un estudio para dos, más pequeño y económico (105 €). Los baños están tan limpios que se podría comer en el suelo. También hay una bonita piscina. En épocas tranquilas se ofrecen descuentos. Está a 5 min andando de la playa.

La Clef des Îles HOTEL-BOUTIQUE €€€
(plano p. 291; ✆537100; www.clefdesiles.com; Beau Vallon; d/tr/c 250/310/370 €; ❋⎈) En plena playa de Beau Vallon, entre una pizzería y un centro de buceo, con una ubicación irresistible en el centro de todo, lo que puede ser perfecto o un problema si se desea tranquilidad. Ofrece cuatro apartamentos de diseño creativo, buen tamaño y totalmente equipados, con terraza o balcón con vistas a la playa.

✖ Dónde comer

En Beau Vallon y sus alrededores hay restaurantes excelentes, algunos de ellos con una gran combinación de comida y vistas.

Si se va a cocinar, en la carretera de la playa y por el cruce de la carretera de Bel Ombre hay tiendas que venden alimentos básicos y artículos de primera necesidad.

Durante el fin de semana, el camino peatonal junto a la playa y el aparcamiento al sur de La Plage Restaurant se llena de puestos que preparan salchichas y pescados a la parrilla y otros platos económicos.

Baobab Pizzería PIZZERÍA €
(plano p. 291; ✆4247167; Beau Vallon; principales 115-175 SCR; ◷12.00-15.30 y 18.30-21.30) Madame Michel dirige este sencillo restaurante en plena playa. Tras pasar la mañana entre

LOS MEJORES PUNTOS DE INMERSIÓN DE MAHÉ

Shark Bank (plano p. 282) Es la inmersión más típica de Mahé, tan solo apta para submarinistas con experiencia. El nombre confunde, porque son pocos los tiburones que se ven en esta meseta de 30 m de altura a 9 km de la costa de Beau Vallon (Mahé). A cambio, se verán rayas moteadas, rayas águila, barracudas, peces murciélago y montones de rubias y jureles. Casi siempre hay corrientes fuertes.

Îlot (plano p. 282) Este afloramiento granítico al norte de Mahé está formado por varias rocas enormes con palmeras en lo alto. La corriente en el canal puede ser muy fuerte, pero el conjunto de rocas alberga una de las zonas con mayor densidad de peces de las Seychelles. El coral sol adorna los cañones y las zanjas y hay montones de gorgonias y otros corales blandos. Está a 15 min en barco de Beau Vallon.

Brissare Rocks (plano p. 280) Pináculo de granito situado 5 km al norte de Mahé, al que se llega desde Beau Vallon. Está lleno de corales de fuego y se concentran muchas rubias, peces loro y fusileros, así como meros y rayas águila. Está cubierto por un mando de esponjas de color naranja y gorgonias blancas.

Twin Barges (plano p. 291) Para cambiar un poco de escenario, estos dos pecios son ideales. Se hallan en el lecho marino, a una profundidad de 20 m en la bahía de Beau Vallon.

'Aldebarán' (plano p. 282) Este barco fue hundido en el 2010 frente a Anse Major; la profundidad máxima es de 40 m. Alberga morenas, meros y rayas.

Alice in Wonderland (plano p. 284) Famoso por sus formaciones coralinas en buen estado. Frente a Anse à la Mouche.

Jailhouse Rock (plano p. 284) Inmersión en corriente muy excitante y con muchos peces, tan solo apta para submarinistas con experiencia. Frente a Pointe Lazare.

Shark Point (plano p. 284) Tiburones puntas blancas, nodriza y grises de arrecife, frente a Pointe Lazare.

---

las olas, nada mejor que recuperar la energía con una *pizza,* un plato de pasta o fish and chips.

★ **Boat House** BUFÉ, PESCADO €€
(plano p. 291; ☑4247898; www.boathouse.sc; Beau Vallon; principales almuerzo 250-500 SCR, bufé de cena adultos/niños 425/250 SCR; ◔12.00-16.30 y 19.30-21.30) Restaurante de toda la vida, ideal para una buena comida. Su bufé de cena de estilo criollo satisface al comensal más hambriento, con unos 20 platos distintos entre los que hay curris criollos, ensaladas y pescado a la barbacoa (normalmente atún o, con un poco de suerte, pargo rojo). También ofrece una buena selección de platos de pescado en el almuerzo.

Coral Asia SUSHI €€
(plano p. 291; ☑4291000; Coral Strand Hotel, Beau Vallon; *nigiri* desde 20 SCR, menús desde 240 SCR; ◔12.00-22.00) En una plataforma elevada sobre la playa, en el Coral Strand Hotel, prepara un *sushi* excelente. Se recomienda el menú Corner, que incluye cuatro cortes de *sashimi,* cuatro piezas de *nigiri,* ocho makis, ensalada,

plato principal caliente y papaya de postre, al razonable precio de 350 SCR.

La Fontaine EUROPEA, PESCADO €€
(plano p. 291; ☑4422288; Beau Vallon; *pizzas* desde 145 SCR, principales 225-575 SCR; ◔12.00-22.00 lu-sa) En este sencillo restaurante en la calle frente a la playa (sin vistas al mar) se sirven platos para todos los gustos, con influencias francesas, italianas e isleñas, aunque el pescado es la estrella.

La Perle Noire ITALIANA, PESCADO €€€
(plano p. 291; ☑4620220; Bel Ombre; principales 310-620 SCR; ◔18.30-21.30 lu-sa) Tiene mucho ambiente, con decoración náutica y marinera repartida por todos los comedores. La comida (sobre todo platos de carne y pescado con un toque italiano) reciben buenas críticas de sus muchos clientes.

La Scala ITALIANA, PESCADO €€€
(plano p. 291; ☑4247535; www.lascala.sc; Danzil; principales 200-450 SCR; ◔19.15-22.00 lu-sa) Uno de los restaurantes preferidos por visitantes y vecinos de la zona, especializado en pasta italiana casera de calidad (los *gnocchi della*

casa son especialmente buenos) y buen pescado en una terraza con vistas al mar. El tiramisú es el final ideal a la cena. Está al final de la de la carretera de la costa, cerca de Danzil.

La Plage
INTERNACIONAL €€€

(plano p. 291; ☑4620240; Beau Vallon; principales 290-575 SCR; ☺12.00-22.00 ju-ma) Con mesas junto al mar y vistas al extremo norte de Beau Vallon, ofrece una presentación impecable, una decoración agradable, grandes mesas bien repartidas y techos altos. Se llena siempre. Sirve platos como *linguini* de pescado y excelente marisco variado.

Dónde beber y vida nocturna

Beau Vallon es la zona más animada de Mahé (teniendo en cuenta que se está en las Seychelles). Los bares de Le Méridien Fisherman's Cove, del Hilton Seychelles Northolme y del Sunset Beach Hotel son ideales para un cóctel al anochecer.

Tequila Boom
CLUB

(plano p. 291; Bel Ombre; ☺21.00-hasta tarde vi y sa) El mejor de los clubes locales, en la calle principal de Bel Ombre, cerca de Beau Vallon. Pinchan animada música local.

Cómo llegar y salir

Hay autobuses regulares de Victoria a Beau Vallon (7 SCR, 15-30 min), tanto directos por la montaña, vía St Louis, o por el camino largo, vía Glacis. El último a Victoria sale hacia las 19.30; si se pierde, un taxi cuesta 200 SCR.

Morne Seychellois National Park

Aunque indudablemente el gran atractivo de Mahé es su espectacular costa, se recomienda dedicar un tiempo a explorar el interior montañoso de la isla. El espléndido Morne Seychellois National Park cubre un impresionante 20% de la superficie de Mahé y alberga una gran variedad de hábitats, desde manglares de costa a la montaña más alta del país, el Morne Seychellois (905 m). Rodeada de denso bosque, la misteriosa parte central del parque está prácticamente deshabitada y solo es accesible a pie.

Puntos de interés y actividades

En caso de no poder recorrer el parque a pie por alguno de los senderos, hay una sinuosa carretera con preciosas vistas que lo atraviesa. Desde la carretera se llega tanto al Mission Lodge como a la fábrica de té.

Mission Lodge
EMPLAZAMIENTO HISTÓRICO

(plano p. 282) Cerca del punto más alto de Mahé, el Mission Lodge tiene un magnífico mirador con vistas espectaculares del centro de la isla y la costa oeste, y algunas ruinas de piedra que lentamente están siendo tragadas por el bosque (la London Missionary Society construyó aquí una escuela en el s. XIX para cuidar de los hijos de esclavos que se habían abandonado en la isla tras la abolición de la esclavitud). La reina Isabel II tomó el té en su pequeño pabellón en 1972.

SeyTé Tea Factory
GRANJA

(plano p. 282; ☑4378221; Sans Souci Rd; 25 SCR; ☺7.00-16.00 lu-vi) Fábrica de té aún en funcionamiento, 3 km por encima de Glaud. Ofrece visitas gratuitas de 20 min que enseñan todo el proceso de fabricación. Es mejor ir antes de mediodía, porque así se podrá ver todo el proceso, desde el secado hasta el empaquetado. También hay una tienda de regalos donde probar y comprar el aromático SeyTé con citronela. Desde el aparcamiento hay vistas de la costa oeste y es posible observar el vuelo de las espectaculares aves tropicales de cola blanca.

Dónde dormir

Entre los árboles, en lo alto de las montañas, se esconden un par de alojamientos muy bonitos. Si no se duerme allí se necesitará un vehículo para ir de excursión o para llegar a los inicios de los senderos.

★Copolia Lodge
B&B €€

(plano p. 282; ☑2761498; www.copolialodge.com; Bel Air, Sans Souci; d 195-275 €, desayuno incl.; P❀☎☒) Mágico, con cierta sensación de aislamiento, a 15 min en coche montaña arriba desde Victoria. En lo alto de un promontorio cubierto de vegetación, esta villa tiene unas preciosas vistas de la costa y del Ste Anne Marine National Park. Ofrece seis luminosas e inmaculadas habitaciones con sábanas limpias, mucho espacio y todo tipo de servicios, como una piscina.

The Station
PENSIÓN €€€

(plano p. 282; ☑4225709; www.thestationseychelles. com; Sans Souci; h desde 200 €) En lo alto de la montaña, este *spa* y hotel es totalmente distinto de cualquier otro de la isla. Lo que más destaca son las habitaciones encaladas, las preciosas vistas desde las zonas comunes y las clases de yoga gratis. Cuenta con restaurante y una bonita tienda que vende aceites esenciales y cosas por el estilo.

Dónde comer

En el parque no hay restaurantes, por lo que hay que llevar provisiones, sobre todo si se va de excursión. En el mirador del Mission Lodge hay un pequeño puesto que vende tentempiés y té.

❶ Cómo llegar y salir

Un reducido número de autobuses conecta a diario Port Glaud y Port Launay con Victoria.

La carretera de las montañas de Victoria a Port Glaud (hay que tomar Bel Air Rd, que se bifurca de Liberation Ave, y continuar por Sans Souci Rd), que atraviesa el Morne Seychellois National Park, es espectacular.

Costa este

Hay que reconocerlo; buena parte de la costa está sobreurbanizada y ya quedan muy pocos sitios atractivos. Y bañarse no es muy tentador debido a la poca profundidad de las aguas y a la profusión de algas, por lo que los amantes de la playa pueden sentirse decepcionados. Eso no quiere decir que la costa este no sea un buen sitio para visitar. Al sur del aeropuerto se esconde una serie de pequeños enclaves y zonas sin urbanizar donde quienes busquen la paz y el aislamiento se sentirán felices.

◉ Puntos de interés y actividades

La playa de Fairyland, no muy conocida, ofrece unas aguas relucientes y buen buceo alrededor de la minúscula Île Souris, que está justo enfrente. También hay buenas playas en Anse Royale, Anse Bougainville, Anse Parnel y Anse Forbans, más al sur.

★ **Takamaka Bay** DESTILERÍA
(plano p. 282; ☑4372010; www.takamaka.sc; Le Cap; circuitos guiados 150 SCR; ☉8.30-16.00 lu-vi, circuitos 10.00-15.00) En este popular circuito se descubrirá la historia de la destilería más importante del país y el procedimiento de fabricación del ron. Dura 30-45 min y termina con una cata y la oportunidad de comprar unas botellas. También hay un paseo por el bosque y una pequeña plantación de azúcar de caña. Cuenta con un bar-restaurante con buena fama.

Le Jardin du Roi JARDINES
(plano p. 284; ☑4371313; Enfoncement, Anse Royale; adultos/niños 110 SCR /gratis; ☉10.00-17.00) En lo alto de la montaña, a 2 km de Anse Royale, este jardín de especies debe su existencia a Pierre Poivre, un empresario francés. Hay un paseo autoguiado por el huerto-bosque de 35 Ha. La casa alberga un museo de una sola sala y un café-restaurante con vistas espectaculares de la costa. En la tienda de regalos se venden jaleas y mermeladas caseras, así como especies.

🛏 Dónde dormir

Aunque no es la zona más bonita de la isla, existen unos cuantos alojamientos familiares a buen precio (para ser Seychelles) desde donde se puede llegar a la costa oeste fácilmente, tanto en coche como en autobús.

★**Chalets d'Anse Forban** BUNGALÓS €€
(plano p. 284; ☑4366111; www.forbans.com; Anse Forbans; d 145-168 €, c 235-336 €; ▣❄🛜) Tranquilidad: este alojamiento familiar cuenta con 12 impecables bungalós totalmente equipados con muebles y colchones nuevos, una gran extensión de terreno, una preciosa playa donde bañarse y pescadores que venden sus capturas en la playa por la tarde. Si se le añaden las tumbonas y que está cerca de una tienda, está claro: es de lo mejorcito. La estancia mínima es de tres noches.

★**Devon Residence** APARTAMENTOS €€
(plano p. 282; ☑2512721; www.devon.sc; Pointe au Sel; villas 100-150 €; ▣❄🛜) En lo alto de una colina cuajada de vegetación, sus cinco villas tienen vistas de Anse Royale. Están muy bien diseñadas, son amplias, luminosas y están extremadamente limpias. Los traslados gratis a/desde el aeropuerto, la limpieza diaria, el wifi gratis, la TV y la lavadora suman para convertirlo en uno de los mejores alojamientos de la zona.

Koko Grove Chalets BUNGALÓS €€
(plano p. 284; ☑2585986; www.kokogrove.nl; Anse Royale; chalés 100-155 €; ▣❄🏊) Si se busca silencio e intimidad, estos tres bungalós de madera, situados en las aterciopeladas montañas color esmeralda por encima de Anse Royale, son ideales, independientes, con acogedores salones y porches privados que dan a una pequeña piscina, con el océano de fondo. Está 400 m antes de Le Jardin du Roi.

Jamelah Apartments APARTAMENTOS €€
(plano p. 282; ☑2523923, 4410819; jamelah@intelvision.net; Le Cap; d 70 €, apt 80-110 €, desayuno incl.;

LOS MEJORES PASEOS POR EL MORNE SEYCHELLOIS NATIONAL PARK

Para los viajeros inquietos, en el Morne Seychellois National Park hay excelentes paseos, con varios senderos que recorren las montañas cubiertas de jungla. Se detallan en una serie de folletos disponibles en el jardín botánico de Victoria (p. 281). Los senderos no están bien señalizados, por lo que merece la pena contratar un guía, que además proporcionará información sobre la naturaleza y la cultura de la zona. Jacques Barreau (4242386, 2579191) y Basile Beaudoin (2514972) guían excursiones y salidas para ver aves por el parque, por 60-90 € por una excursión de un día, con pícnic y transporte incluido (medio día 40-65 €). También se puede llamar a Terence Belle (2722492), que cobra 35-50 € por medio día de excursión, aunque solo trabaja los sábados y domingos. Hay que llevar mucha agua.

De Danzil a Anse Major

La caminata hasta esta remota playa discurre por una costa bordeada por impresionantes formaciones rocosas. El camino empieza al final de la carretera de Danzil, hacia el oeste desde Beau Vallon, unos cientos de metros más arriba del restaurante La Scala. Es una subida sencilla, de 1 h, aunque casi todo el camino queda expuesto al sol. Antes de bajar hasta la playa, el camino pasa por un mirador con unas vistas fantásticas de Anse Major. La playa es muy tranquila y se puede nadar, aunque puede haber corriente. La vuelta se hace por el mismo camino.

De la fábrica de té a Morne Blanc

La imponente mole blanca del Morne Blanc (667 m) y su cara, casi vertical, de 500 m, es un gran destino de excursionismo. Aunque el camino es de tan solo 600 m, es muy empinado, con un desnivel de 270 m en total. Se tarda aproximadamente 1 h en subir y la recompensa es una vista espectacular de la costa oeste. El camino empieza a 250 m de la carretera de la fábrica de té SeyTé (p. 295), en la carretera de Victoria a Port Glaud, y pasa por la antigua plantación. Hay que fijarse en los árboles de jaca y en las especies de aves endémicas, como la suimanga de las Seychelles, el bulbul de las Seychelles o la paloma azul; en la cima sobrevuelan rabijuncos. Para bajar se sigue la misma ruta.

Copolia

Es el paseo más popular de Mahé, y uno de los más sencillos. Además, se tiene la sensación de ser Indiana Jones, porque casi todo el camino recorre la densa jungla, repleta de animales y plantas interesantes. Es el momento de ver insectos hoja y la *Sooglossus gardineri*, la rana más pequeña de la Tierra. Cerca de su punto más alto también pueden verse las inconfundibles plantas carnívoras. El camino empieza en el Chemin Forêt Noire, unos 5 km por encima de Victoria. Aunque se halla a tan solo 1 km de la plataforma de granito de Copolia (497 m), pero la parte final es bastante empinada. Se tardan unas 2 h en ir y volver. Las vistas de Victoria y del Ste Anne Marine National Park son sensacionales.

Trois Frères

Los Trois Frères (tres hermanos) son los tres acantilados que se alzan sobre Victoria. El camino está señalizado desde la caseta de guardabosques de Sans Souci en el Chemin Forêt Noire, a 4 km de Victoria. La primera parte del camino, hasta un quiosco con buenas vistas, es bastante fácil y se realiza en 1 h. La segunda, desde el cruce hasta lo alto (699 m), es difícil de seguir y hay que trepar un poco, por lo que se recomienda un guía. Pero si se quiere seguir, se tardan 2 h más en llegar a la cima. Para bajar hay que volver por el mismo camino.

Mare aux Cochons

Esta excursión, de dificultad moderada, empieza en Danzil. Se separa de la ruta principal que va a Anse Major subiendo por las ruinas de una antigua fábrica de canela, atravesando huertos frutales y de pandanos hasta llegar al valle de Mare aux Cochons, con su pantano de altura. Se puede volver por el mismo camino o seguir hasta Port Glaud. En total son 3-4 h. Los senderos pueden resultar difíciles de seguir; es mejor contratar un guía.

P❋🛜) Este alojamiento de confianza está dirigido por Florie, que tiene mucha vista para satisfacer las necesidades de los viajeros con poco presupuesto. Las dos habitaciones, con balcón y vistas al mar, son un chollo. Si se viaja con niños se recomienda uno de los cuatro apartamentos independientes del otro edificio. Están frente a una playa donde es posible bañarse hasta la cintura durante la marea alta.

Résidence Charlette   APARTAMENTOS €€
(plano p. 282; 📞2715746; www.residencecharlette. com; Le Cap; apt 1/2 dormitorios desde 40/70 €; P❋🛜) Sencillos y con encanto, lo mejor son los precios y la limpieza en estos dos apartamentos independientes situados en mitad de un jardín con césped. Además, se ofrece traslado gratis a/desde el aeropuerto, servicio gratis de lavandería y una cena criolla para estancias superiores a una semana. No se sirven comidas, pero cerca hay varias tiendas.

Lalla Panzi Beach Guesthouse   PENSIÓN €€
(plano p. 282; 📞4376411; www.lalla-panzi-beach. com; Le Cap; h 60 €, desayuno incl.; ❋) Aunque no es un paraíso de playa, es un sitio limpio, cerca del mar. Ofrece cuatro limpísimas habitaciones situadas alrededor de un salón; las nº 2 y 3 tienen vistas al océano. Los muebles son viejos y la decoración un pelín *kitsch*, pero forma parte de su encanto.

🍴 Dónde comer

La costa este de Mahé cuenta con unos cuantos restaurantes de playa que están bien, pero La Grande Maison, en la destilería Takamaka, es uno de los mejores del archipiélago.

Les Dauphins Heureux
Café-Restaurant   CRIOLLA, CAFÉ €€
(plano p. 284; 📞4430100; www.lesdauphinsheu reux.com; Anse Royale; principales 225-450 SCR; ⏱8.00-10.00, 12.00-15.30 y 19.00-21.30 lu-sa, 8.00-10.00 y 13.00-16.00 do) Frente a la playa, con una terraza a la sombra y un jardín tropical. Se puede escoger entre pescados, mariscos, curris y carne de una carta muy elaborada; el cangrejo al jengibre está muy bueno. Los domingos a mediodía sirven un excelente bufé criollo (400 SCR).

Surfers Beach Restaurant   CRIOLLA €€
(plano p. 284; 📞2783703; www.surfersbeach.sc; Anse Parnel; *pizzas* desde 110 SCR, principales 140-330 SCR; ⏱12.00-21.30) En una ubicación sublime con vistas a la preciosa playa de Anse Parnel se halla este local al aire libre, que enamora a todo el que lo pisa. Para disfrutar de las ensaladas, el pescado a la parrilla o el curri de pulpo mientras se siente la brisa en la cara.

Le Jardin du Roi   PESCADO €€
(plano p. 284; 📞4371313; Anse Royale; principales 110-275 SCR; ⏱10.00-16.30) El entorno es maravilloso, en el jardín de especies (p. 296), lo que abre el apetito para un zumo de fruta o una crujiente ensalada. También sirven pescado y bocadillos. Se recomienda dejar hueco para los helados, preparados en la casa con las frutas del huerto.

Kaz Kreol   PESCADO, PIZZERÍA €€
(plano p. 284; 📞4371680; Anse Royale; principales 150-415 SCR; ⏱12.00-21.30 ma-do, 16.00-21.30 lu) En plena playa de Anse Royale, este local con ambiente informal y el encanto de lo viejo sirve una equilibrada oferta de pescado, *pizzas* en horno de leña y carnes, sin olvidar las especialidades chinas. Con todo, no es nada del otro mundo y no son precisamente rápidos.

⭐**La Grande Maison**   CRIOLLA MODERNA €€€
(plano p. 287; 📞2522112; destilería Takamaka, Le Cap; tapas almuerzo 60-120 SCR, principales cena 350-500 SCR; ⏱12.00-15.00 y 19.00-21.30 ma-sa) En la destilería Takamaka Bay (p. 296), es el reino culinario de Christelle Verheyden, una de las cocineras con mayor talento del país. En una casa colonial bellamente restaurada, es ideal para probar los exquisitos sabores que Verheyden ha creado con los mejores ingredientes locales (y, a menudo, ecológicos). También es sumiller, por lo que los vinos son tan buenos como la comida.

🍸 Dónde beber y vida nocturna

Katiolo   CLUB
(plano p. 282; 📞4375453; Anse Faure; hombres/mujeres 100/50 SCR; ⏱21.00-hasta tarde mi, vi y sa) Uno de los clubes más populares de Mahé, bastante elegante, por lo que se impone vestir bien.

🛍 De compras

Domaine de Val des Prés   ARTESANÍA
(plano p. 282; Anse aux Pins; ⏱9.30-17.00) Conjunto de tiendas de artesanía concentradas alrededor de una vieja casa de una plantación que conserva objetos antiguos. El batiburrillo de piezas a la venta incluye maquetas de barcos, cerámica, pintura, ropa y productos fabricados con el versátil cocotero.

ℹ️ Cómo llegar y salir

Desde Victoria salen autobuses regulares a la costa este. El último en dirección a la capital sale de Anse Royale hacia las 19.30.

Costa oeste

La costa oeste es una maravilla para la vista. Aunque hay un par de puntos de interés, lo mejor son las playas y el paisaje litoral. Esta parte de Mahé es más salvaje que la oriental; aquí, verdes montañas se alzan sobre junglas de cocoteros antes de descender suavemente hasta las aguas transparentes.

Existe tan solo un puñado de poblaciones, como los pueblos pesqueros de **Anse Boileau, Grande Anse** y **Port Glaud**. Si lo que se busca es aislarse del mundo, hay que seguir al norte por la estrecha carretera litoral hasta llegar a **Baie Ternay,** el punto más alejado al que se puede llegar.

La costa oeste está conectada con la este por carreteras panorámicas que atraviesan las montañas.

◎ Puntos de interés

Las playas bonitas menudean en la zona, desde el sur, en Anse Petit Police, hasta el norte, en Anse Port Launey.

Anse Major PLAYA
(plano p. 282) Una de las playas más bonitas de Mahé, a la que tan solo se llega a pie desde Danzil. El entorno es espectacular, aunque nadar puede resultar peligroso.

Anse Port Launay PLAYA
(plano p. 282) Cerca del Constance Ephelia (p. 301), 50 m pasada la estación de autobuses de Port Launay, este espectacular círculo de arena puede parecer el paraíso, con sus árboles colgantes, sus aguas color turquesa y sus preciosas vistas.

Petite Anse PLAYA
(plano p. 284) Desde el Four Seasons Resort (p. 301) se llega a esta curva de arena blanca; hay que esperar en la puerta a que un buggy lleve hasta la playa. Se recomienda ir a última hora de la tarde, cuando, a medida que baja el sol, el cielo va poniéndose naranja. Esta playa podría ser el paraíso, a pesar de que el hotel se ha quedado una buena parte, aunque se puede ir a él para beber o picar algo.

Grande Anse PLAYA
(plano p. 282) Grande Anse es un gran tramo de arena que reluce con una belleza intensa

y encantadora. En ninguna otra playa se pueden dar largos paseos en solitario, aunque no se puede nadar debido a las corrientes.

Anse Soleil PLAYA
(plano p. 284) La idílica playita de Anse Soleil es un paraíso de bolsillo. Se puede parar a comer en el restaurante (p. 301), aunque tal vez después no se quiera marchar. Se llega por una carretera secundaria señalizada.

Anse Takamaka PLAYA
(plano p. 284) La suave curva de la playa de Anse Takamaka es ideal para pasear sin trabas por las blancas arenas y observar la puesta de sol. En ella se halla el bar-restaurante Chez Batista's (p. 302).

Anse Louis PLAYA
(plano p. 284) Al norte de Anse à la Mouche la costa es algo menos glamurosa, pero igualmente bonita. Si se consigue llegar a Anse Louis, donde se encuentra el Maia Luxury Resort (p. 300), la recompensa es una playa espectacular.

Anse Intendance PLAYA
(plano p. 284) Un centro vacacional de lujo copa el norte de esta playa de categoría. El extremo sur está casi desierto y se puede nadar y bucear. Las vistas del atardecer son de las mejores de las Seychelles. Desde la comisaría de policía de Quatre Bornes hay que tomar la carretera de cemento de 1,7 km que va hasta la playa.

Anse Petite Police y Police Bay PLAYA
(plano p. 282) Desde el pueblo de Quatre Bornes una carretera conduce a la Police Bay, un lugar espléndido y maravillosamente aislado en el extremo sur de la isla. Por desgracia, las corrientes son demasiado peligrosas para bañarse, pero las playas son ideales.

🏃 Actividades

Underwater Centre/ Dive Seychelles SUBMARINISMO, BUCEO
(☎4345445, 4247165; www.diveseychelles.com.sc; Beau Vallon) Junto con MCSS (www.mcss.sc), este centro de buceo de Beau Vallon organiza excursiones para ver ballenas frente a la costa oeste de Mahé en septiembre y octubre.

Dive Resort Seychelles SUBMARINISMO, BUCEO
(plano p. 284; ☎4372057, 2717272; www.scubadive seychelles.com; Anse à la Mouche; ☺lu-sa) Este popular centro lleva a puntos de inmersión impresionantes frente a la costa suroeste. Bautizo/inmersión, 90/55 €.

🛏 Dónde dormir

En el oeste de Mahé hay desde apartamentos independientes con diversos grados de comodidad hasta algunos de los hoteles más lujosos de Mahé, con todo incluido.

La Rocaille — BUNGALÓS €
(plano p. 284; 📞2524238; lelarocaille@gmail.com; Anse Gouvernement Rd, Anse Soleil; d 70 €; P) Todo un hallazgo, aunque tan solo sea un bungaló situado en la montaña que separa Anse Gouvernement de Anse Soleil. Es sencillo, pero está bien cuidado y el terreno es bastante bonito, con mucha vegetación y aves cantoras. Pero se necesita un coche y no hay aire acondicionado.

Los simpáticos dueños, que viven al lado, ofrecen fruta a sus huéspedes y no tienen problema en llevarles en coche al pueblo para comprar alimentos. La playa más cercana es Anse Gouvernement, 400 m colina abajo.

★ Anse Takamaka View — APARTAMENTOS €€
(plano p. 284; 📞2510007; www.atv.sc; Takamaka; d/c 130/170 €; P❄🍴📶) Las fotos de la web son reales: las vistas desde la terraza son tan espectaculares como parecen, la piscina (con bar) es así de brillante y las tres villas son amplias y cómodas. Es una auténtica maravilla. Dos veces a la semana se sirven comidas (18 €). La estancia mínima es de tres noches.

Está aislada y lejos de la playa, por lo que se necesita un coche. La recogida en el aeropuerto es gratis.

★ La Maison Soleil — APARTAMENTOS €€
(plano p. 284; 📞2712677, 2516523; www.maisonsoleil.info; Anse Soleil Rd; i 90-110 €, d 110-210 €; P❄📶) Si se busca algo tranquilo y acogedor sin un precio excesivo, estos tres apartamentos independientes, con baños impecables y un jardín, son ideales. Los lleva el artista Andrew Gee, que tiene su galería justo al lado. Anse Soleil queda a poca distancia a pie. La estancia mínima es de tres noches.

Anse Soleil Beachcomber — HOTEL €€
(plano p. 284; 📞4361461; www.beachcomber.sc; Anse Soleil; i/d 104/120 €, desayuno incl.; P❄📶) Este negocio familiar, entre las rocas de la idílica cala de Anse Soleil, tiene una ubicación estupenda. Las limpias y sencillas habitaciones con terraza privada no son tan bonitas, aunque los floridos jardines le añaden encanto. Las habitaciones nº 6, 7 y 8 tienen vistas al mar, pero las Premier, más nuevas y algo retiradas de la playa, son más grandes.

Aunque se ofrece media pensión, el Anse Soleil Café (p. 301) está al lado.

Blue Lagoon Chalets — APARTAMENTOS €€
(plano p. 284; 📞4371197; www.seychelles.net/blagoon; Anse à la Mouche; d 140 €; P❄📶) El simpático dueño ofrece cuatro apartamentos vacacionales repartidos por un parque tan bien cuidado como el alojamiento, a dos pasos de la playa. Caben hasta cuatro personas y están totalmente equipados.

Chez Batista's — BUNGALÓS €€
(plano p. 284; 📞4366300; www.chezbatista.com; Anse Takamaka; d 82-106 €, ste desde 165 €, desayuno incl.; P❄📶) Este hotel de toda la vida en la playa Takamaka cuenta con 11 habitaciones, sin vistas y algo sosas, pero correctas; y dos villas en plena playa. Aunque parece siempre lleno y el servicio no es muy regular, tiene una idílica ubicación.

La Residence — APARTAMENTOS €€
(plano p. 284; 📞4371733; www.laresidence.sc; Anse à la Mouche; estudios/apt/bungalós 81/95/175 €; P❄📶) En lo alto de la montaña, ofrece cinco estudios y tres villas totalmente equipados, amplios, sencillos y limpios, aunque algo anticuados. Los edificios son más funcionales que bonitos, aunque desde la terraza hay buenas vistas (a pesar del extraño cable de alta tensión).

Anse Soleil Resort — APARTAMENTOS €€
(plano p. 284; 📞4361090; www.ansesoleil.sc; Anse Soleil; villas 1/2 dormitorios 92/150 €, desayuno incl.; P❄📶) Dirigido por una acogedora familia, este sencillo alojamiento cuenta tan solo con cuatro apartamentos independientes. El mejor es el Kitouz, aunque todos están bien equipados y bien distribuidos, amplios y con terraza desde donde disfrutar las vistas de Anse à la Mouche (eliminando el cable de la electricidad). Se sirven comidas (15 €) bajo demanda.

★ Maia Luxury Resort & Spa — CENTRO VACACIONAL €€€
(plano p. 282; 📞4390000; www.maia.com.sc; Anse Louis; d desde 1955 €, desayuno incl.; P❄@📶🏊) Uno de los hoteles más exclusivos de Mahé, que deja boquiabierto a todo el que lo ve y que nadie quiere abandonar. Con vistas a la espectacular Anse Louis, es verdaderamente bonito, con grandes extensiones de arena blanca, jardines cuidados a la sombra de las palmeras, una espléndida piscina infinita y 30 espectaculares villas, cada una con su propia piscina. Y para su personal no hay imposible.

★ **Banyan Tree** CENTRO VACACIONAL €€€
(plano p. 284; ☑4383500; www.banyantree.com; Anse Intendance; d desde 702 €, desayuno incl.; P❋◈☒) Es un complejo espectacular, con tres puntos destacados: el *spa*, que posiblemente sea el más bonito de Mahé (lo que es mucho decir); la increíble ubicación en una ladera verde con vistas del mar; y las 54 villas elegantes y amplias, iluminadas por el sol, incluso a última hora de la tarde.

★ **Four Seasons Resort** CENTRO VACACIONAL €€€
(plano p. 284; ☑4393000; www.fourseasons.com/ seychelles; Petite Anse; d desde 965 €, desayuno incl.; P❋◈☒) Cons sus gigantescas villas en lo alto de la colina, unas vistas de impresión, mucha sensación de intimidad y un precioso *spa*, este centro de cinco estrellas, abierto en el 2009, es fabuloso para recién casados y enamorados en general. Los dormitorios y los baños son enormes, sencillos a pesar de los detalles de lujo, como las obras de arte que cuelgan en las paredes, los muebles de teca, las sábanas de calidad o las camas *king-size*.

Constance Ephelia CENTRO VACACIONAL €€€
(plano p. 282; ☑4395000; www.epheliaresort.com; Port Launay; d desde 370 €, media pensión incl.; P❋◈☒) Muy ambicioso pero con poco ambiente, este gran centro vacacional no está mal si se consiguen ofertas en línea. Lo mejor son los servicios: dos playas con deportes acuáticos, pistas de tenis, dos piscinas, un gimnasio, cinco restaurante, un club infantil... Gracias a su localización en el extremo noroeste de la isla, recibe luz natural desde la salida hasta la puesta de sol.

Valmer Resort BUNGALÓS €€€
(plano p. 284; ☑4381555; www.valmerresort.com; Baie Lazare; d desde 200 €; P❋◈☒) Un conjunto de villas desciende organizadamente por una ladera cubierta de vegetación, todas ellas con fabulosas vistas del océano. Excepto los cuatro *garden studios*, junto a la carretera y más bien normales, los otros 17 son amplios, luminosos y bonitos. Destaca la piscina, construida a los pies de una enorme roca de granito. Junto a ella hay un restaurante.

AVANI Barbarons CENTRO VACACIONAL €€€
(plano p. 282; ☑4673000; www.avanihotels.com; Barbarons; d desde 415 €, desayuno incl.; P❋◈☒) Al exterior de estilo ochentero no le iría mal un lavado de cara, pero es uno de los centros vacacionales más económicos frente a la playa. La endeble estructura no tiene nada del otro mundo, pero las 124 habitaciones están bien y entre sus servicios hay *spa*, piscina y pistas de tenis, además de restaurantes y jardines.

✖ Dónde comer

En casi todos los restaurantes de los hoteles de lujo aceptan no huéspedes (previa reserva), aunque hay otros sitios para comer por la costa oeste, sobre todo restaurantes junto al mar.

★ **Maria's Rock Cafeteria** CAFETERÍA €€
(plano p. 284; ☑4361812; Anse Gouvernement Rd, Anse Soleil; principales 215-295 SCR; ☺10.00-21.00 mi-lu) Maria, la mujer del artista Antonio Filippin, dirige este original restaurante al lado del taller de su marido. El oscuro interior descoloca un tanto, con mesas de granito y paredes de cemento salpicadas de pintura. Se especializa en pescados y carnes preparados en la misma mesa sobre una piedra caliente. Es mejor evitar las tortitas.

Chez Plume FRANCESA, PESCADO €€
(plano p. 282; ☑4355050; www.aubergeanseboileau. com; Anse Boileau; principales 210-660 SCR; ☺ 19.15-22.00 lu-sa) El abuelo de los restaurantes de la costa oeste sigue dando guerra. Sirve especialidades locales como morcilla criolla y platos de pescado como el misterioso *capitaine blanc* con salsa de fruta de la pasión. La decoración es de un romántico anticuado y el servicio es bueno.

Anchor Café-Islander Restaurant INTERNACIONAL €€
(plano p. 284; ☑4371289; Anse à la Mouche; principales almuerzo 150-295 SCR, principales cena 180-750 SCR; ☺12.00-21.00 lu-sa; ◈☒) Este restaurante familiar se toma muy en serio la cocina. Sus platos estrella incluyen el pescado en costra, curris criollos (también de langosta), pargo rojo a la parrilla y pescado del día. También ofrecen platos vegetarianos.

★ **Anse Soleil Café** PESCADO €€€
(plano p. 284; ☑4361700; Anse Soleil; principales 250-400 SCR; ☺12.00-15.00) Muy recomendable, este pequeño restaurante en plena playa ofrece marisco preparado con sencillez (como cangrejo a la parrilla o curri de marisco) y diversos *chop sueys*. No acepta reservas y tiene pocas mesas, por lo que hay que llegar a las 12.00 en punto o pasadas las 13.30. La brusquedad, que puede llegar a ser grosera, de los camareros, se podría decir que forma parte del encanto.

★ Del Place
CRIOLLA, EUROPEA €€€

(plano p. 282; ☑2814111; Port Glaud; principales 210-545 SCR; ☺11.00-22.00) Este maravilloso local combina el café y la excelente cocina. El protagonista es el pescado local: pulpo recién pescado, pargo rojo cocido en hojas de banana, platos de marisco y curris criollos, incluido el de cangrejo, una delicia poco habitual. Si se le añaden las ensaladas, las tapas, los deliciosos cócteles y las preciosas vistas a la playa, se convierte en uno de los sitios preferidos de la costa oeste.

Chez Batista's
PESCADO €€€

(plano p. 284; ☑4366300; Anse Takamaka; principales 180-450 SCR; ☺12.00-15.30 y 18.30-21.00 lu-sa, 12.00-15.30 do) El impresionante techo de paja, el suelo de arena y la interminable bahía turquesa que se extiende justo frente al comensal ayuda al relax. De hecho, la ubicación suele sobrepasar a la comida, que a veces es correcta y otras, mediocre. El ecléctico bufé de mediodía (405 SCR) es una buena opción de domingo. Se recomienda reservar en fin de semana.

Opera
PESCADO €€€

(plano p. 284; ☑4371943; www.opera-mahe.com; Anse à la Mouche; principales 130-600 SCR; ☺12.00-24.00 ma-do) Al otro lado de la carretera, frente a la playa, pero sin vistas, este restaurante moderno es un buen plan B, con pasta, *pizza, panini* y pescados a la parrilla pasables. El domingo se sirve un bufé con música en directo, pero el servicio puede ser muy lento.

🛍 De compras

El suroeste parece ser una fuente de inspiración inagotable para diversos artistas, por lo que se encuentran galerías señalizadas por toda la carretera litoral.

Michael Adams' Studio
ARTE

(plano p. 284; ☑4361006; www.michaeladamsart.com; Anse à la Mouche; ☺previa cita) En el taller de Michael Adams las serigrafías muestran los vívidos colores de los bosques. Son irresistibles y fáciles de coleccionar, por lo que si se quiere comprar conviene llevar rupias suficientes. Aunque no se haya llamado para quedar, merece la pena parar en el taller si se pasa por allí, aunque no es seguro que esté abierto.

Lazare Gallery
ANTIGÜEDADES

(plano p. 284; ☑2516577; Baie Lazare; ☺9.00-18.00 ma-sa) Ecléctico lugar, en parte museo y en parte tienda de antigüedades, donde rebus-

car entre los tesoros en oferta, como maderas recuperadas del mar, una foto enmarcada del joven duque de Edimburgo y todo tipo de baratijas locales. Está al sur del desvío de Anse Soleil, inmediatamente al norte de la gasolinera.

Gerard Devoud's Studio
ARTE

(plano p. 284; ☑4381515; Baie Lazare; ☺10.00-19.00) Las pinturas de Gerard Devoud animarían cualquier dormitorio. Su taller está en el Valmer Resort, pero los horarios son irregulares.

Art Arc
ARTESANÍA

(plano p. 284; ☑2510977; Baie Lazare; ☺10.00-20.00 mi-sa y lu) El peculiar taller de Antonio Filippin y sus tallas algo subidas de tono se hallan en lo alto de una colina, entre Anse Gouvernement y Anse Soleil.

Tom Bowers
ARTE

(plano p. 284; ☑4371518; artworks@seychelles.net; Chemin Les Cannelles; ☺previa cita) Este artista nacido en Gran Bretaña crea asombrosas esculturas de bronce y, cada vez más, se le encargan obras públicas, como el Liberty Monument (p. 281) de Victoria.

ℹ Cómo llegar y salir

Desde Victoria salen autobuses regulares a la costa este. El último sale de Quatre Bornes hacia las 19.30.

PRASLIN

Una malvada seducción, Praslin cuenta con montones de tentaciones: alojamientos elegantes, una enmarañada jungla que llama a la exploración, montañas que descienden hasta aguas cristalinas, espectaculares tramos de sedosas arenas bordeados de palmeras y un ritmo pausado. No es un sueño, aunque se le parece.

La segunda mayor isla de las Seychelles, casi 45 km al noreste de Mahé, tiene más en común con la calma de La Digue que con el relativo bullicio de Mahé. Es una isla granítica con una cordillera de suaves montañas que la atraviesan por el centro de este a oeste, con un interior fascinante por su flora y sus aves, especialmente el Vallée de Mai. La combinación de tamaño (todo está a una distancia máxima de 90 min) y sus espectaculares puntos de interés la convierten en la opción ideal para unas vacaciones en las Seychelles.

SUBMARINISMO EN PRASLIN Y LA DIGUE

Aride Bank Frente a la isla de Aride, aunque se puede llegar desde Praslin tras una aburrida travesía en barco de 30 min. Es uno de los puntos preferidos de los instructores de buceo, con rayas, pargos, tiburones nodriza, jureles, barracudas y peces Napoleón, además de fantásticas gorgonias.

Isleta Booby (plano p. 306) A medio camino entre Aride y Praslin, este monte submarino siempre está lleno de peces. En menos de 20 m de agua se verán peces loro y Napoleón, morenas, tortugas, rayas águila y tiburones nodriza.

Anse Sévère (plano p. 314) Una inmersión sencilla, cerca de la costa de La Digue.

Cousin (plano p. 306) Inmersión fácil frente a la costa de la isla de Cousin.

Isla Marianne Islote situado al este de La Digue, famoso por su gran densidad de peces (como tiburones grises, pastinacas, barracudas, rayas águila y tiburones nodriza) en un paisaje marino muy delineado.

White Bank Impresionante paisaje marino, con túneles y arcos y gran abundancia de peces, con bancos de jureles y algún que otro tiburón raya.

Ave Maria Rocks Monte marino al noroeste de La Digue, famoso por sus tiburones y su abundante vida submarina.

⊙ Puntos de interés

Lo mejor de Praslin son sus playas, especialmente Anse Lazio, pero también Anse La Blague, Anse Consolation y Anse Volbert.

★ Anse Lazio   PLAYA

Anse Lazio, en el extremo noroeste de la isla, es un entorno de postal se mire donde se mire; de hecho, suele aparecer en los listados de playas más bonitas del mundo. La larga playa está bañada por aguas color lapislázuli, con palmeras y árboles *takamaka* y grandes rocas de granito en cada extremo. Es posible bucear entre las rocas de las puntas de la bahía y en la playa hay un restaurante. A pesar de ser tan popular nunca parece demasiado llena, aunque hay que ir con cuidado con las cosas de valor.

★ Anse Volbert   PLAYA

Esta larga playa curva es la más popular de la isla. Es ideal para bañarse y tomar el sol, así como para practicar deportes acuáticos. Tiene de todo, desde restaurantes hasta hoteles. Justo enfrente hay un pequeño islote, Chauve-Souris, al que se puede llegar nadando para bucear.

★ Vallée de Mai   PARQUE NACIONAL

(plano p. 306; www.sif.sc; adultos/niños menores de 12 años 305 SCR /gratis; ☺8.30-17.30) El espectacular Vallée de Mai, Patrimonio Mundial, es uno de los dos lugares del mundo en el que crece naturalmente la palmera coco de mar (véase recuadro en p. 310). El otro es la cercana isla de Curieuse. También está cuajado de aves; puede verse el bulbul de las Seychelles, endémico; la preciosa paloma azul; el carricero de las Seychelles y el amenazado loro negro de las Seychelles, del que tan solo quedan entre 500 y 900 ejemplares en libertad. Es como un pedacito del Edén. Las últimas entradas se venden a las 16.30.

Tres senderos principales (más varios senderos secundarios que los conectan) recorren este bosque primitivo de color esmeralda, que permaneció virgen hasta la década de 1930. El sendero más corto tiene 1 km; el más largo, 2 km, ambos perfectamente señalizados y fáciles de recorrer, ideales para familias. Caminar por el bosque da una sensación extraña, con las gigantescas hojas del coco de mar a 30 m de altura creando un oscuro dosel. Hay carteles que señalan otros árboles endémicos (más de 50 plantas y árboles), como diversas variedades de pandano y palmeras de las Seychelles.

A las 9.00 y a las 14.00 se realizan visitas guiadas, aunque se recomienda contratar un guía privado y dar un paseo de 1½-2 h; si se va solo no se accederá a mucha información.

Hay un centro de visitantes, un café y una tienda fantástica.

Anse La Blague   PLAYA

Anse La Blague, en la costa este, es perfecta para un pícnic. Pocos turistas llegan a esta aislada playa, que da la sensación de estar cerca del fin del mundo. No hay nada más que árboles *takamaka*, aunque es posible encontrarse con algunos pescadores.

Anse Consolation · PLAYA
En un rincón de la isla al que llegan muy pocos visitantes, es un bonito tramo de arena en el que pasar la tarde.

Anse Marie-Louise · PLAYA
Situada en el extremo sur de la isla. No hay ni aparcamiento ni servicios; hay que dejar el automóvil a un lado de la carretera. Hacia el oeste, por la carretera de la costa, se suceden calas y playas.

Grand Anse · PLAYA
(plano p. 306) Grand Anse tiene una larga y bonita playa, aunque no es la mejor para nadar porque las aguas son poco profundas y hay muchas algas.

Praslin National Park · BOSQUE
(plano p. 306) Este parque nacional se extiende por las montañas del interior de Praslin. En su corazón está el Vallée de Mai, Patrimonio Mundial de la Unesco y uno de los bosques más bonitos de las Seychelles.

ANSE GEORGETTE

Las malas noticias son que la playa de Anse Georgette, un tramo de arena blanca indescriptiblemente bello situado en la punta noroeste de la isla, ha sido engullido por el enorme centro vacacional Constance Lémuria (p. 305). Las buenas, que sigue siendo una playa pública, a la que puede entrar todo el mundo. Para que en las puertas del Lémuria no impidan el acceso conviene llamar antes a recepción, que informará a los guardias de la entrada. Una vez dentro, se puede ir a Anse Georgette a pie o tomar el buggy del hotel, que sale cada hora. También se llega en taxi acuático desde Anse Volbert; **Sagittarius Taxi Boat** (plano p. 306; ☑2512137, 4232234; Anse Volbert; ☺9.00-17.00) ofrece traslados y recogidas (40 € por persona).

Aguas no puede ser más tranquila. Las aguas son calmas; la bahía, segura y las vistas de las verdes montañas, espectaculares. No hay servicios de ningún tipo, pero cualquier cosa que se necesite podrá encontrarse en el hotel, situado en la playa de al lado, al sur.

🏃 Actividades

La naturaleza en Praslin proporciona todo tipo de experiencias memorables, desde el extraño y maravilloso bosque del Vallée de Mai hasta las islas o los arrecifes submarinos.

Buceo y submarinismo
Tanto los submarinistas experimentados como los principiantes cuentan con espectaculares puntos de inmersión frente a la costa de Praslin.

Los mejores sitios de buceo están en Anse Lazio, en los alrededores de la isleta de St Pierre y frente a la Baie Laraie, en Curieuse.

White Tip Dive Centre · SUBMARINISMO, BUCEO
(plano p. 306; ☑2514282, 4232282; www.whitetip divers.com; Anse Volbert) En el extremo este del Paradise Sun Hotel (p. 309), este pequeño centro profesional tiene muchos años de experiencia en la organización de inmersiones por Praslin y La Digue. Los precios son razonables (para ser Seychelles): el bautizo cuesta 75 € y cada inmersión tiene un precio mínimo de 50 €. También se ofrecen paquetes, cursos y salidas de buceo.

Octopus Dive Centre · SUBMARINISMO, BUCEO
(plano p. 306; ☑2512350, 4232350; www.octopusdi ver.com; Anse Volbert) Esta escuela de submarinismo tiene mucha experiencia, más de una década organizando inmersiones por la isla. Un bautizo cuesta solo 70 €. Las inmersiones normales tienen un precio de salida de 50 €. También ofrece paquetes, cursos y salidas de buceo.

Lémuria Dive Centre · SUBMARINISMO, BUCEO
(plano p. 306; ☑4281281; www.constancehotels. com/en/experiences/diving; Anse Kerlan) Esta lujosa escuela de buceo se halla en el centro vacacional Constance Lémuria (p. 305), aunque está abierto a no huéspedes (previa reserva). Ofrece todo tipo de cursos para principiantes y salidas de submarinismo. Un bautizo cuesta 150 € y cada inmersión, 90 €.

Kayak
Alquilar un kayak y explorar Anse Volbert a placer es una buena idea, así como rodear la isla de Chauve Souris. Sagittarius Taxi Boat (p. 304) los alquila.

🛏 Dónde dormir

La demanda de alojamientos en Praslin es muy alta. Para evitar problemas, especialmente en temporada alta, se debe reservar con mucha antelación.

Anse Volbert, con sus restaurantes y otros servicios turísticos, es un buen centro de operaciones. Grand Anse está más concurrido y es menos bonito, aunque también es menos turístico y hay varias buenas alternativas a poca distancia a pie del muelle de Baie Ste Anne.

A medio camino entre Anse Lazio y Anse Volbert está Anse Possession, práctico para ir a ambas playas y un buen sitio si se busca tranquilidad. Hay una estrecha playa, aunque no es comparable con las de Anse Lazio o Anse Volbert.

Grand Anse y Anse Kerlan

Sunset Cove Villa
APARTAMENTOS €€

(plano p. 306; 2513048; www.anochecer-cove-villa. com; Anse Kerlan; h 75-150 €; P❋) A dos pasos del mar. Aunque no hay playa debido a la erosión, el entorno es espectacular. El alojamiento se concentra en dos cómodas casas, bien equipadas y luminosas. No se sirven comidas pero hay un supermercado cerca.

Seashell Self Catering
APARTAMENTOS €€

(plano p. 306; 2513764; csetheve@hotmail.com; Anse Kerlan; d 70 €; P❋🛜) Sólida casa de granito con mucho éxito gracias a su combinación de precio y localización. El mar queda a solo 100 m, aunque la playa no es nada del otro mundo debido a la erosión y las algas. Los dos grandes apartamentos están amueblados con gusto, tienen suelos de baldosas, baños impecables, buenas camas y una terraza. Ambos tienen cocina.

Cerca hay un supermercado.

Islander Guesthouse
APARTAMENTOS €€

(plano p. 306; 2781224, 4233224; www.islander-seychelles.com; Anse Kerlan; d 112-218 €; apt 2 dormitorios desde 177 €, villas desde 253 €; P❋🛜) Bien cuidado y de ambiente acogedor. Los cuatro bungalós (ocho habitaciones en total) son sencillos y están limpios, y la propiedad da a Anse Kerlan. El aire acondicionado se paga aparte (8 €).

Hay un restaurante, el Capricorn (p. 310).

Villas de Mer
HOTEL €€

(plano p. 306; 4233972; Grand Anse; d desde 138 €, desayuno incl.; P❋🛜🏊) Una fantástica opción de precio medio que acaba de ser renovada. Las 10 habitaciones ocupan dos hileras de edificios bajos enfrentados. El ambiente es tranquilo y agradable.

★ Constance Lémuria
CENTRO VACACIONAL €€€

(plano p. 306; 4281281; www.constancehotels. com; Anse Kerlan; d desde 580 €, desayuno incl.; P❋🛜🏊) El mejor establecimiento de Praslin ocupa toda la punta noroeste de la isla. Si el gran vestíbulo y el maravilloso *spa* no consiguen dejar boquiabierto al visitante, lo hará la piscina en tres niveles, las tres fabulosas playas y los jardines en los que las villas se mimetizan con las rocas y las fuentes. La oferta incluye tres restaurantes, un club infantil y un magnífico campo de golf de 18 hoyos (abierto a clientes que no se alojen en el hotel).

Dhevatara Beach Hotel
HOTEL-BOUTIQUE €€€

(plano p. 306; 4237333; http://hermesretreats. com/en/dhevatara.aspx; Grand Anse; d desde 356 €; P❋🛜🏊) Hotel de lujo cuajado de modernidades. Con solo 10 habitaciones divididas en dos categorías (con vistas al jardín y con vistas al océano), es ideal para parejas. Las habitaciones no son enormes y están diseñadas individualmente; las del piso superior cuentan con más luz natural. También hay un *spa*.

Indian Ocean Lodge
CENTRO VACACIONAL €€€

(plano p. 306; 4283838; www.indianoceanlodge. com; Grand Anse; i/d desde 211/242 €, desayuno incl.; P❋🛜🏊) Desde la renovación del 2011 ha subido de categoría, pero manteniendo sus precios razonables; es ideal para disfrutar de un centro vacacional de precio medio sin necesidad de atracar un banco. Las habitaciones combinan el lujo clásico con una elegante simplicidad y tienen balcones con vistas al mar. La oferta incluye una piscina y un restaurante. Es ideal tanto para parejas como para familias.

Castello Beach Hotel
HOTEL €€€

(plano p. 306; 4298900; www.castellobeachhotel. com; Anse Kerlan; i/d 266/330 €; P❋@❋🏊) Hotel de cuatro estrellas que ofrece solo suites de buen tamaño, un restaurante por encima de la media y una preciosa localización con vistas al atardecer en un pequeño tramo de arena. Los suelos de madera y los muebles de mimbre le dan un ambiente agradablemente informal, aunque no todas las suites tienen vistas a la playa.

Zona de Anse Consolation

Bonnen Kare Beach Villa
APARTAMENTOS €€

(plano p. 306; 4322457; www.bonnenkare.com; Anse Consolation; d/c 140/250 €) Buena opción

Praslin

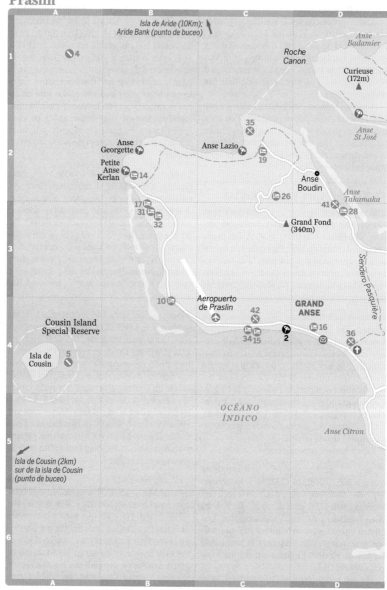

Isla de Aride (10Km);
Aride Bank (punto de buceo)

Roche
Canon

Anse
Badamier

Curieuse
(172m)

Anse
St José

35

Anse
Georgette

Anse Lazio

19

Petite
Anse
Kerlan

14

Anse
Boudin

26

41

28

Anse
Takamaka

17
31

32

Grand Fond
(340m)

Sendero Pasquière

10

Aeropuerto
de Praslin

42

GRAND
ANSE

16

36

Cousin Island
Special Reserve

34 15

2

Isla de
Cousin

5

OCÉANO
ÍNDICO

Anse Citron

Isla de Cousin (2km)
sur de la isla de Cousin
(punto de buceo)

SEYCHELLES PRASLIN

para grupos de amigos o familias, esta apartada villa de cuatro habitaciones que se abre a una idílica cala de arena cumple el sueño de escaparse a una playa privada. La camarera puede preparar comidas si se piden con antelación. No hay aire acondicionado.

**Coco de Mer Hotel
& Black Parrot Suites** CENTRO VACACIONAL €€€
(plano p. 306; 4290555; www.cocodemer.com; Anse Bois de Rose; d incl. desayuno desde 288 €; P✲❄☎✈) El exclusivo Black Parrot Suites, en lo alto de un cabo con fantásticas vis-

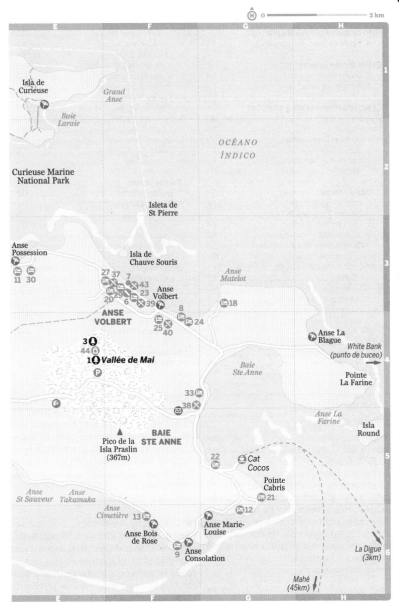

tas al océano, ofrece mimos al cliente en la más estricta intimidad: las 12 elegantes suites y el *spa* atraen a parejas en busca de una luna de miel tranquila (no se permiten menores de 14 años). Siguiendo la costa, el Coco de Mer ofrece 40 habitaciones renovadas, gimnasio, pista de tenis, tiendas y un bar.

Praslin

🛏 Baie Ste Anne y Pointe Cabris

Susan Self-Catering
PENSIÓN €

(plano p. 306; ☎2595569, 4232124; Baie Ste Anne; i/d 35/70 €, desayuno incl.; P❄) Dirigido por una mujer mayor, esta acogedora pensión en el extremo septentrional de Baie Ste Anne ofrece un ambiente relajado. La única habitación es pequeña y los muebles son algo viejos, pero correctos. A pesar de que el entorno no tiene nada de especial, está limpio, es acogedor, el jardín está repleto de colores y la comida (cenas 15 €) tiene buena reputación.

Le Port Guest House
PENSIÓN €

(plano p. 306; ☎4232262; mapool.leport@gmail.com; Baie Ste Anne; d/c 60/100 €; ❄) No muy lejos del muelle, esta agradable pensión cuenta con tres cómodas y sencillas habitaciones, dos de ellas con vistas parciales del mar. Aunque la zona no es lo mejor, Anse Volbert está muy cerca en autobús y la relación calidad-precio es buena.

Le Grand Bleu
APARTAMENTOS €

(plano p. 306; ☎4232437; gbleu@seychelles.net; Pointe Cabris; d 65 €; P❄🛜) Un chollo. Dos villas bien equipadas en un jardín de flores, cada una con dos habitaciones, baños, terraza con unas fantásticas vistas del mar y cocina. No se sirven comidas, pero se puede ir a Chalets Côté Mer & Le Colibri, que está allí mismo y lo lleva la misma familia.

★ Château de Feuilles
HOTEL €€€

(plano p. 306; ☎4290000; www.chateaudefeuilles.com; Pointe Cabris; d desde 580 €, desayuno incl.; P❄🛜🏊) El paraíso espera en esta joya situada en un precioso cabo cercano a Baie Ste Anne. Nueve lujosas villas de paredes de piedra se reparten entre los jardines tropicales de la gran propiedad. La serena sinfonía de tonos terrosos y texturas naturales, los elegantes muebles, las sensacionales vistas, el magnífico servicio (que incluye un coche de cortesía), el romántico restaurante junto a la piscina y la colina... todo es espectacular. Estancia mínima de tres noches.

**Chalets Côté Mer
& Le Colibri**   BUNGALÓS €€€
(plano p. 306; 📞4294200; www.chaletcotemer.com;
Pointe Cabris; d 150-193 €, desayuno incl.; P🅿❄🛜🏊)
Buena opción cerca de Baie Ste Anne, con un
conjunto de bungalós y villas en una fron-
dosa ladera con espectaculares vistas de La
Digue. Los bungalós de Le Colibri son algo
mejores que los sencillos Chalets Côté Mer.
Se recomienda pedir el Colibri, el Magpie, el
Fairytern, el Katiti o el Kato, mejor distribui-
dos. Los más económicos tienen ventiladores.
Estancia mínima de tres noches.

Zona de Anse Volbert

L'Hirondelle   APARTAMENTOS €€
(plano p. 306; 📞4232243; www.seychelles.net/
hirondelle; Anse Volbert; apt desde 145 €; P🅿)
Ofrece cuatro habitaciones sin nada especial
pero cómodas, bien equipadas y con balcón
o terraza con vistas a la laguna. Lo malo es
que no está aislada de los ruidos de la carretera y no hay aire acondicionado. El desayuno
cuesta 10 €.

Rosemary's Guest House   PENSIÓN €€
(plano p. 306; 📞4232176; www.ile-tropicale.com/
rosemary; Anse Volbert; h desde 80 €, desayuno
incl.; ❄🛜) Sí, los precios están bien escritos, aunque parezca mentira. Tranquila y
agradable, esta acogedora pensión ofrece
dos tipos de habitaciones. Las cuatro con
ventilador de los dos edificios más viejos
están algo desgastadas, pero resultan aceptables; las dos con aire acondicionado están
en un edificio moderno que da a la playa.
A pesar de que la propiedad parece un tanto
constreñida, la ubicación es fantástica. Se
sirven comidas bajo comanda.

⭐**Le Duc de Praslin**   HOTEL €€€
(plano p. 306; 📞4232252; www.leduc-seychelles.
com; Anse Volbert; i/d desde 255/330 €, desayuno
incl.; P🅿❄🛜🏊) Esta pequeña isla de glamur,
a tiro de piedra de la playa, es una de las más
apetecibles de Praslin. Las habitaciones, de
buen tamaño y bien amuebladas, tienen todas las comodidades y están situadas alrededor de una bonita piscina y un jardín tropical
bien cuidado. Otra ventaja es su restaurante,
el Café des Arts (p. 311). Si tuviera vistas al
mar sería perfecto.

Acajou Beach Resort   CENTRO VACACIONAL €€€
(plano p. 306; 📞4385300; www.acajouseychelles.
com; Côte D'Or; i/d desde 289/335 €; P🅿❄@🛜🏊)
🍃 Lo mejor de este centro vacacional cerca

de Anse Volbert son las bonitas habitaciones
con detalles de madera y ropa de cama blanca situadas en un jardín tropical. Se abre todo
a una espectacular playa y hay un buen *spa* y
tres restaurantes. La mitad de la electricidad
se genera a través de paneles solares y cuenta
con varios proyectos ecológicos.

Raffles Praslin   CENTRO VACACIONAL €€€
(plano p. 306; 📞4296000; www.raffles.com/pras
lin; Anse Takamaka; d desde 568 €, desayuno incl.;
P🅿❄@🛜🏊) Lujosas villas, todas con una pequeña piscina y muchas con dilatadas vistas.
También ofrece una piscina infinita a dos niveles, siete magníficos restaurantes, un *spa*
de lujo y un servicio impecable. La playa es
fantástica, pero también se está muy cerca
de Anse Lazio.

⭐**Les Villas D'Or**   VILLA €€€
(plano p. 306; 📞4232777; www.lesvillasdorsey
chelles.com; Côte D'Or; d/c desde 252/495 €;
P🅿❄@🛜🏊) Villas independientes bien equipadas y separadas del mar tan solo por un
frondoso jardín con palmeras. Hay 10 villas,
dos de ellas adecuadas para familias. Queda
cerca de Anse Volbert.

Paradise Sun Hotel   CENTRO VACACIONAL €€€
(plano p. 306; 📞4293293; www.paradise-sun.
seychelleshotel24.com; Anse Volbert; d desde
380 €, media pensión incl.; P🅿❄🛜🏊) Quienes
busquen el típico escenario tropical, con
palmeras, vistas y una espléndida playa de
arena blanca justo en la puerta, lo encontrarán aquí. Ofrece 80 cómodas habitaciones
con muebles de maderas oscuras y ladrillos
de granito, mucho espacio y todo tipo de
servicios, como un centro de buceo y otro
de deportes acuáticos.

L'Archipel   CENTRO VACACIONAL €€€
(plano p. 306; 📞4284700; www.larchipel.com;
Anse Gouvernement; d incl. desayuno desde
335 €; P🅿❄🛜🏊) Este centro vacacional se
halla en un gran solar junto a la playa de
Anse Gouvernement (el extremo este de Anse Volbert). Encajados entre las amplias habitaciones independientes hay una piscina
y un restaurante. Ofrece todos los servicios
típicos de un centro vacacional.

Les Lauriers   BUNGALÓ €€€
(plano p. 306; 📞4232241; www.laurier-seychelles.
com; Anse Volbert; i 100-140 €, d 125-175 €, desayuno incl.; P🅿❄🛜) Es un agradable oasis,
a pesar de que no tiene vistas al mar y
de que está diseñado de manera extraña.
Dirigido por los amables Edwin y Sybille,

COCOS SEXIS

Posiblemente sea el fruto más sexi del mundo. El *coco fesse* (el fruto de la palmera coco de mar) asemeja a unas nalgas femeninas. Dada su forma, ha sido fuente de muchas leyendas eróticas. Esta palmera, única, tan solo crece de forma natural en las islas Seychelles.

Únicamente los árboles hembra producen estos frutos, que pueden llegar a pesar hasta 30 kg. El tallo de las flores del árbol macho es decididamente fálico, y puede llegar a medir más de 1 m, lo que aumenta su fama erótica.

La recogida de los frutos está estrictamente controlada por la Seychelles Island Foundation (p. 287), una ONG que gestiona el Vallée de Mai en nombre del Gobierno.

ofrece seis habitaciones sencillas y limpias, más bien pequeñas, así como ocho amplios bungalós. Los postes de madera tallada de la terraza son un bonito detalle. Merece la pena pagar la media pensión (desde 175 € para dos personas) porque el restaurante es fantástico.

🛏 Anse Possession

Chalets Anse Possession   APARTAMENTOS €€
(plano p. 306; ☑4232180; www.chalets-anse-possesion.com; Anse Possession; d 60-100 €, c 100-130 €, desayuno incl.; P✱❂) Cuatro villas de dos habitaciones en un frondoso jardín cerca de la carretera. A pesar de que no son de súper lujo, están limpias, son cómodas, amplias y funcionales, ideales para viajeros sin grandes pretensiones. Se sirven comidas (desde 10 €) bajo demanda. Los dueños pueden recoger a los viajeros en el muelle. La relación calidad-precio es excelente.

Sea View Lodge   APARTAMENTOS €€
(plano p. 306; ☑2711965; www.seaviewlodge-praslin.com; Anse Possession; d 130-200 €; P✱❂) Cuatro alojamientos, dos de ellos villas, situados en una ladera. Los porches tienen unas vistas espectaculares de la bahía y de la isla de Curieuse. Los bungalós Banana, más pequeños, recuerdan a un nidito de pájaro y son ideales para parejas con poco presupuesto, mientras que la casa más grande y más cercana a la carretera es ideal para familias. Todo está súper limpio y totalmente equipado.

🛏 Zimbabwe

⭐**Maison du Soleil**   BUNGALÓ €
(plano p. 306; ☑2576315, 2562780; jeanlouis@ seychelles.net; Zimbabwe; d 50-85 €) Parece demasiado bueno para ser verdad. Esta villa independiente construida en una ladera ofrece unas vistas impagables de Curieuse y de la costa norte de Praslin. Hay otra villa algo más abajo. Ciertamente, los muebles son sencillos, no hay aire acondicionado (ni wifi) y se necesita un coche para llegar, pero son minucias que se compensan con el resto.

🛏 Anse Lazio

Le Chevalier   APARTAMENTOS €€
(plano p. 306; ☑4232322; www.lechevalierbay.com; Anse Lazio; d desde 145 €, desayuno incl.; P✱) Los dueños del restaurante del mismo nombre alquilan ocho habitaciones en dos edificios separados; las mejores están en la casa moderna de la parte trasera. Son algo frías, pero la ubicación es fantástica, a tiro de piedra de una de las playas más famosas del mundo.

🍴 Dónde comer

Como la mayoría de los visitantes come en el hotel o en la pensión, no existen demasiados restaurantes. Los fantásticos restaurantes de los hoteles están abiertos a todo el mundo (previa reserva).

🍴 Grand Anse y Anse Kerlan

Restaurant Paradisier   PESCADO, PIZZERÍA €€
(plano p. 306; ☑4237537; Grand Anse; principales 150-425 SCR; ⏱12.00-21.00) Se considera uno de los mejores restaurantes de Grand Anse; sirve platos criollos clásicos, grandes sándwiches y sabrosas *pizzas* en una terraza con muebles de hierro forjado. También prepara comida para llevar. Si tuviera vistas a la playa sería ideal.

Breeze Garden   CAFÉ €€
(plano p. 306; ☑4237000; Grand Anse; principales 205-350 SCR; ⏱13.00-21.30) Cerca de la iglesia principal de la costa oeste, en una propiedad con mucha vegetación, sirve ensaladas, curris, pastas, *pizzas* y woks en un agradable entorno natural. Se recomienda la tempura de gambas o el curri de pescado criollo. También preparan comida para llevar.

Capricorn   PESCADO €€€
(plano p. 306; ☑4233224; Anse Kerlan; principales 250-425 SCR; ⏱comidas y cenas lu-sa) Está en

Anse Kerlan, en el Islander (p. 305). Es famoso por su pulpo al estilo Patrick (con salsa de azafrán) y por sus postres caseros.

Baie St Anne

Coco Rouge CRIOLLA €€
(plano p. 306; ☑2581014; Baie Ste Anne; principales 140-320 SCR; ◷9.00-14.30 y 18.30-22.00) El secreto del éxito de este agradable restaurante de carretera en Baie Ste Anne es la sabrosa cocina criolla. Sirve pescado fresco y especialidades locales atípicas, como el árbol del pan. El entorno no tiene nada de especial, pero como preparan comida para llevar se puede encargar e ir a la playa que más apetezca. Solo pago en metálico.

Zona de Anse Volbert

★Les Lauriers BUFÉ €€
(plano p. 306; ☑4232241; Anse Volbert; bufé 450 SCR; ◷19.30-22.00 ju-ma) El carismático Edwin y su esposa belga preparan un espectacular bufé criollo para cenar. Empieza con unos deliciosos *hors d'oeuvre* colocados en una mesa en forma de barco (la ensalada de aguacate está de muerte) y continúa con humeantes carnes y pescado a la parrilla (que suele ser pargo rojo, jurel y otros pargos).

★PK's @ Pasquière & Gastropub INTERNACIONAL €€
(plano p. 306; ☑4236242; Anse Boudin; principales 225-495 SCR; ◷11.00-20.30 lu-sa, 9.00-16.00 do) Su ubicación, en una aislada ladera con vistas de la costa, permite verlo desde la carretera. Las mesas están bastante separadas y la carta es mucho más ligera que en otros restaurantes. Los platos de carne y pescado son muy recomendables y está bien de precio.

Gelateria de Luca HELADERÍA, PIZZERÍA €€
(plano p. 306; ☑4232706; Anse Volbert; principales 160-375 SCR; ◷9.00-21.30) La mejor heladería de Praslin. Se recomienda pedir la *coppa tropicale*. También sirven pasta, *pizza* y tentempiés a la hora de comer, y platos más formales para la cena, como costillas de cordero a la parrilla, costillas de cerdo o filete de pescado.

Village du Pecheur PESCADO, INTERNACIONAL €€
(plano p. 306; ☑2611111; www.thesunsethotelgroup.com; Anse Volbert; principales 180-330 SCR; ◷11.00-21.00) Decoración elegante, un suelo de arena que se funde con la preciosa Anse Volbert, y platos como curri de pescado con canela acompañados de *chutney* criollo y arroz.

MERECE LA PENA

ISLA DE CURIEUSE

Esta isla granítica se encuentra a 1,5 km de la costa norte de Praslin. De 1833 a 1965 fue una leprosería y hoy se usa como centro de cría de las tortugas gigantes de Aldabra. Los encargados de la **granja de tortugas gigantes** acompañan a los visitantes a visitar los rediles y luego se puede explorar la isla libremente. Baie Laraie es ideal para nadar y bucear. Desde allí, un camino conduce a **Anse José,** donde se puede visitar la **casa del médico,** un pequeño museo histórico. Si tras el pícnic dan ganas de bañarse, la **playa** es preciosa: un tramo de reluciente arena dorada bordeada de palmeras y gigantescas rocas de granito.

La mayor parte de los visitantes llega en un circuito organizado, normalmente combinado con la visita a Cousin y St Pierre. Los circuitos se organizan a través de los hoteles de Praslin o de cualquier operador turístico. La excursión de todo el día cuestan 125/60 € por adulto/niño e incluye almuerzo, tasas de desembarco y la entrada al parque marino. Como alternativa, se puede contratar un barco para ir desde Anse Volbert. Sagittarius Taxi Boat (p. 304), en la playa, junto al Paradise Sun Hotel, cobra 35 € por ir a Curieuse, tasas y entradas incluidas; la excursión combinada a Curieuse y St Pierre cuesta 40 €. También hay taxis acuáticos en Anse Possession, y se puede llamar a Edwin, de Les Lauriers (p. 309), cuyos circuitos reciben fantásticas críticas de los viajeros.

La Goulue EUROPEA €€
(plano p. 306; ☑4232223; Anse Volbert; principales 150-295 SCR; ◷12.00-21.30 ma-do) Pequeño restaurante que, a pesar de no dar a la playa tiene una terraza por la que corre la brisa. La carta ofrece platos criollos y tentempiés.

★Café des Arts INTERNACIONAL €€€
(plano p. 306; ☑4232170; www.cafe.sc; Anse Volbert; principales 450-800 SCR; ◷12.00-14.30 y 18.00-21.30 ma-do) El restaurante más elegante de Praslin, en el hotel Le Duc de Praslin (p. 309). Velas, cuadros, palmeras, una fresca terraza y el sonido de las olas acariciando la playa encienden cualquier fuego romántico. La co-

mida es igualmente refinada, con sabrosos platos locales.

La Pirogue
INTERNACIONAL €€€

(plano p. 306; 4236677; Anse Volbert; principales 160-680 SCR; 12.00-21.30;) Alegre café restaurante que sirve sencillos platos bien preparados y ensaladas. También ofrece una buena selección de platos de pescado y carne, así como opciones vegetarianas y bocadillos.

Anse Lazio

Bonbon Plume
PESCADO €€€

(plano p. 306; 4232136; Anse Lazio; principales 285-485 SCR; 12.00-15.00) Con su localización (su terraza está en plena Anse Lazio) las mesas están muy solicitadas. Si se quiere tocar la arena con los pies es mejor llamar antes de ir.

Le Chevalier
INTERNACIONAL, PESCADO €€€

(plano p. 306; 4232322; www.lechevalierbay.com; Anse Lazio; principales 200-375 SCR, menús 400-850 SCR; 8.00-15.30, cenas previa reserva) No está en plena playa y la decoración es muy sosa (una gran sala diáfana y embaldosada en la planta baja de una villa moderna), pero la carta ofrece mucha variedad e incluye ensaladas, hamburguesas y pescado. El desayuno se sirve hasta las 10.30.

De compras

Kreolor
ARTESANÍA

(plano p. 306; Vallée de Mai; 9.00-16.30) Posiblemente la mejor tienda de Praslin, situada a la entrada del Vallée de Mai, vende artesanía de madera de precioso diseño (casi todo en forma de coco de mar), joyas y otros recuerdos con gusto.

Información

En Grand Anse, Baie Ste Anne y Anse Volbert hay varios bancos y oficinas de cambio; todos los bancos cuentan con cajeros y servicios de cambio de moneda.

Centro de visitantes del Vallée de Mer
(4236220; www.sif.sc; Vallée de Mer; 9.00-17.00) El centro de visitantes, en el inicio del sendero por el valle, tiene paneles con información sobre las principales especies de aves y plantas, y normalmente, personal cerca para responder preguntas.

Cómo llegar y salir

El aeropuerto de Praslin está a 3 km de Grand Anse y ofrece 25 vuelos diarios a/desde Mahé.

Hay servicios regulares de ferri de Praslin a Mahé y La Digue. El puerto está en Baie Ste Anne.

Cómo desplazarse

Se pueden alquilar bicicletas en los alojamientos o en **Maki Shop** (4277711; Anse Volbert; 9.00-18.00) por 150 SCR al día.

Para moverse por las islitas de la zona se puede fletar un barco, algo que suelen organizar los hoteles o los operadores turísticos.

Praslin cuenta con un buen servicio de autobús (7 SCR) y también hay taxis. Un taxi del muelle de Baie Ste Anne a Anse Volbert o Grand Anse puede llegar a costar 300 SCR.

Una buena manera de ver la isla es en coche, que se puede alquilar directamente en una agencia de alquiler (la oficina de turismo tiene listados) o bien hacerlo a través del alojamiento. Por uno pequeño se pagan unos 50 € al día.

LA DIGUE

Ese paraíso tropical que aparece en innumerables anuncios y folletos de viajes está aquí, con aguas color del jade, encantadoras bahías salpicadas de espectaculares playas y verdes colinas cubiertas de una enmarañada jungla y de altos árboles. Si eso no fuera suficiente, La Digue es el perfecto trampolín para llegar a otras islas de la zona, como Félicité, Grande Soeur e Île Cocos.

A pesar de su exuberante belleza, La Digue ha conseguido evitar en parte el creciente desarrollo turístico que sí afecta a Mahé y Praslin. Aunque no es un sitio desconocido, tiene un ambiente más tranquilo que las otras islas principales, con muy pocas carreteras asfaltadas y prácticamente ningún coche (excepto unos pocos taxis). Es más un sitio para reencontrarse con la naturaleza que un refugio turístico para la *jet set*, lo que permite encontrar alguna playa desierta donde realmente se tiene la sensación de estar en el paraíso.

Puntos de interés

La Passe
POBLACIÓN

(plano p. 314) Visitar la minúscula La Passe es como retroceder en el tiempo a un antiguo puerto tropical. Aparte de unos pocos camiones y taxis, son pocos los vehículos motorizados que pueblan las calles. Hombres y mujeres charlan en el muelle mientras esperan a que llegue el ferri, los niños van en bici por las calles bordeadas de árboles y el sábado por la noche la mayoría de los isleños van al paseo para bailar y beber a lo grande.

Veuve Reserve
RESERVA DE NATURALEZA

(plano p. 314; ☑2783114; La Passe; ⊘centro de información 8.00-12.00 y 13.00-16.00 lu-vi) GRATIS La Digue es el último refugio del monarca colilargo de las Seychelles, conocido como *veuve* (viuda). Esta pequeña reserva forestal, creada para proteger su hábitat natural, alberga unas 15 parejas de estas aves. El macho se distingue por las largas plumas negras de la cola. Hay varios senderos con paneles informativos de la flora.

L'Union Estate
& Copra Factory
EMPLAZAMIENTO HISTÓRICO

(plano p. 314; 100 SCR; ⊘8.00-17.00) En otra época, la principal industria de La Digue era el cultivo del coco y su centro se hallaba en la plantación de L'Union Estate, situada al sur de La Passe. Hoy L'Union Estate es un "parque temático" informal que incluye la Old Plantation House, un cementerio de época colonial, un astillero y un recinto de tortugas gigantes.

Iglesia
IGLESIA

(plano p. 314; La Passe) Con su chocante fachada amarilla y blanca, esta iglesia católica merece una visita. Los domingos por la mañana se llena de devotos vestidos de blanco que cantan emotivos himnos.

⊚ Playas

Anse Source d'Argent
PLAYA

(plano p. 314; 100 SCR; ⊘8.00-17.00) Casi todos los recién llegados van directamente a la playa de Anse Source d'Argent, y es fácil ver por qué: una espectacular playa de arena blanca con rocas de granito esculpidas por la naturaleza y bañada por aguas color esmeralda. Eso sí, no es perfecta: se llena mucho, sobre todo durante la marea alta, cuando la playa casi desaparece del todo. Otro punto en contra es que, aunque es bonita, no es ideal para nadar por la poca profundidad y las ocasionales algas.

En cuanto los visitantes de un día abandonan la isla se puede pasear o acurrucarse a la sombra de los árboles casi en completa soledad. Las mejores fotos se hacen a última hora de la tarde, cuando los colores son más intensos (hay que conservar la entrada). Es una de las pocas playas que dan al oeste, por lo que se pueden ver fabulosas puestas de sol. Si se tiene hambre, un par de tenderetes venden fruta y refrescos.

El camino que va a la playa de Anse Source d'Argent atraviesa la plantación de cocoteros de L'Union Estate. Es decir, que hay que pagar 100 SCR por entrar (entrada válida para un día).

Anse Marron
PLAYA

(plano p. 314) En el extremo sur de la isla, la minúscula playa de Anse Marron es un pedacito de tranquilidad. El hecho de que tan solo se pueda llegar a pie le añade una maravillosa sensación de aislamiento. Además, es preciosa; la media luna de arena blanca está bordeada por un revoltillo caótico de gigantescas rocas de granito, donde hay algunas piscinas naturales protegidas.

Anse Cocos
PLAYA

(plano p. 314) Desde Petite Anse se puede llevar la toalla más al norte hasta la maravillosa playa de Anse Cocos, a la que se llega por un camino poco señalizado que empieza en el extremo sur de Petite Anse. La bahía es espectacular, un tramo de arena blanquísima bañada por aguas turquesa, con casuarinas y altísimas palmeras, ideal para tomar el sol. Las corrientes no permiten nadar, pero es posible darse un chapuzón en la punta norte, donde hay piscinas resguardadas.

Grand Anse
PLAYA

(plano p. 314) En la costa sureste, es una espectacular playa para tomar el sol y se llena menos que la de Anse Source d'Argent porque es más difícil llegar (aunque los 4 km que hay desde La Passe se pueden recorrer a pie o en bicicleta). Es la playa más larga de La Digue, aunque tiene un problema: nadar puede ser peligroso debido a las fuertes corrientes que se producen de abril a octubre. No hay mucha más sombra que la de una enorme casuarina.

Petite Anse
PLAYA

(plano p. 314) Al norte de la playa de Grand Anse, la de Petite Anse forma una maravillosa curva, solo accesible a pie. Las fuertes corrientes la hacen peligrosa para nadar, pero es un lugar precioso en el que relajarse y tomar el sol. Desde la de Grand Anse se tardan 15 min a pie por un camino bien definido.

Anse Réunion
PLAYA

(plano p. 314) Aunque la playa de Anse Réunion, al sur de La Passe, no es comparable con otras de La Digue (suele haber algas flotando en la orilla), está cerca del pueblo y es un buen sitio para ver la puesta de sol.

SEYCHELLES PUNTOS DE INTERÉS

La Digue

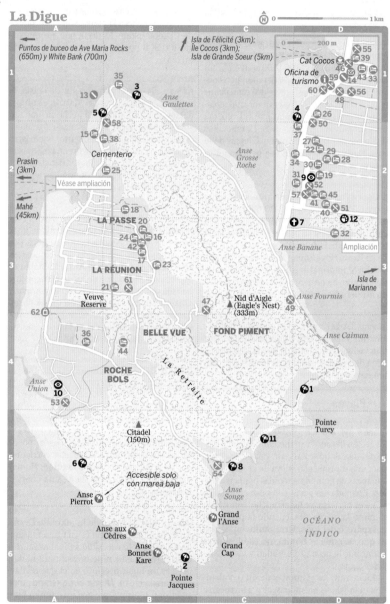

Anse Sévère PLAYA

(plano p. 314) A las afueras de La Passe, al norte, no es la playa más fotogénica de La Digue, pero la paz que se respira al sentarse bajo un árbol *takamaka* es una de las mejores sensaciones de la isla. La acaricia unas aguas color jade que invitan a un chapuzón, con las islas de Praslin, Félicité y Coco al fondo. Al estar protegida por un arrecife de barrera es segura para niños y en el extremo sur se

La Digue

SEYCHELLES ACTIVIDADES

puede bucear. A veces, con los cambios de la marea, se llena de algas.

Anse Patates PLAYA
(plano p. 314) En el extremo norte de la isla, esta playa enmarcada por unas enormes rocas es bonita pero demasiado pequeña para ser perfecta, aunque se puede bucear.

 Actividades

En La Digue no hay tan solo playas preciosas. La isla, a pesar de su tamaño, ofrece una asombrosa variedad de opciones de aventura.

Excursiones en barco
Ir de excursión en barco a las islas de **Cocos, Félicité** y **Grande Soeur** es uno de los mayores placeres del viaje a las Seychelles y merece la pena el gasto. Los circuitos de todo el día suelen parar a bucear en Cocos y Félicité, y a hacer un pícnic en Grande Soeur. Los mejores puntos de buceo están frente a la emblemática Île Cocos.

La mayoría de los alojamientos y agencias de viaje de La Digue organizan este tipo de salidas. Los precios suelen rondar los 115 €, en los que se incluye una barbacoa de pescado para almorzar. También se organizan salidas de medio día (55-65 €).

Buceo y submarinismo
En La Digue se hallan varios puntos de submarinismo magníficos, como el emblemático White Bank. El buceo con tubo es también de

EXCURSIONES POR LA DIGUE

Si tras días de holgazanear en la playa se necesita algo de actividad, lo mejor es ir a explorar los rincones ocultos de la isla, a los que tan solo se llega a pie. Así se descubren lugares que solo conocen los locales. Los caminos no están bien definidos y son difíciles de encontrar y de seguir, por lo que es recomendable contratar un guía. Se recomiendan Robert Agnes, cuya empresa, Sunny Trail Guide (☑2525357; www.sunnytrailguide.net; La Passe, ☺previa reserva), tiene buenas credenciales; Henry Bibi, que dirige Paradise Tours (☺previa reserva); y Gerard Niole, dueño de Coco Trail (☑2502396, 2535447; www.cocotrailguide.com; ☺previa reserva). Cuestan 30-40 € por persona, en función del paseo; se incluye fruta y tentempiés.

Nid d'Aigle

El Nid d'Aigle (nido del águila) es el punto más alto de La Digue (333 m) y tiene unas vistas sensacionales. Desde La Passe hay que seguir la carretera de cemento que sube hasta Snack Bellevue (señalizado) y desde allí tomar el estrecho camino que sale de detrás. Tras 15 min se llega a un cruce, en la cresta; hay que girar a la derecha y seguir el camino 10 min hasta llegar al Nid d'Aigle (sin señalizar). Desde él se puede bajar a Anse Cocos (90 min más), pero para eso es obligatorio contratar un guía, porque el camino queda oculto por la maleza.

De Grand Anse a Anse Cocos

Si solo se tiene tiempo para una excursión, se recomienda esta, la más bonita. La costa entre Grand Anse y Anse Marron es una maravilla: una serie de ensenadas de difícil acceso bañadas por azules aguas, con la obligada playa idílica bordeando la costa y enormes tramos de caóticas rocas de granito. Desde Loutier Coco se tardan 75 min en llegar a Anse Marron (p. 313), una joya solitaria. Está muy mal señalizado, por lo que es necesario un guía. Desde Anse Marron se puede seguir incluso hasta la playa de Anse Source d'Argent con marea baja, aunque hay un tramo (corto) por el que se tiene que andar con el agua hasta la rodilla. Si se continúa hasta Anse Source d'Argent es posible que se pida el pago de 100 SCR al salir de la plantación de cocos L'Union Estate.

Alrededores de Anse Source d'Argent

Desde Anse Source d'Argent es posible realizar una excursión memorable, subiendo las montañas de granito que se alzan sobre la costa suroeste antes de bajar a Anse Pierrot, desde donde se puede seguir por la orilla hasta llegar a Anse aux Cèdres y Anse Bonnet Kare (y de vuelta a Anse Source d'Argent bordeando la costa). Lo bueno de estos espectaculares tramos de arena es su aislamiento y que no existe carretera que llegue a ellos. El ascenso a lo alto de las montañas es difícil, pero las vistas panorámicas desde allí se quedarán grabadas para siempre en la memoria. Es una excursión de medio día, aunque se puede seguir hasta Anse Marron e incluso hasta Grand Anse.

categoría. Algunos de los mejores sitios de la isla son Anse Sévère y Anse Patates. Île Cocos y Félicité parecen hechas a medida para los buceadores, con cristalinas aguas turquesa y montones de corales. Todas las excursiones en barco incluyen paradas de buceo.

Azzurra Pro-Dive　SUBMARINISMO, BUCEO
(plano p. 314; ☑4292525; www.ladigue.sc; Anse Réunion; bautizo/inmersión 95/66 €; ☺8.00-17.00) Este centro de buceo certificado por PADI organiza diversas salidas de submarinismo y cursos. Los paquetes de 6/10 inmersiones cuestan 310/495 € e incluyen el equipo. Está en el La Digue Island Lodge (p. 324).

Trek Divers　SUBMARINISMO, BUCEO
(plano p. 314; ☑2513066; www.trekdivers.com; La Passe; bautizo 90 €, 2 inmersiones 120-135 €; ☺previa reserva) Christophe, que tiene muchísima experiencia, dirige este pequeño centro de buceo. Se ofrecen salidas de medio día y día entero a bordo de un cómodo catamarán.

🛏 Dónde dormir

La Digue destaca por la ausencia de grandes centros vacacionales; en su lugar hay apartamentos independientes, tranquilas villas y pensiones familiares escondidas en estrechos callejones. Aunque la mayoría es de precio medio, es posible encontrar un par de opciones superiores. Todos los alojamientos se hallan en La Passe o sus alrededores. Suelen ofrecerse descuentos por estancias largas. En pensiones y hoteles pequeños no siempre se aceptan tarjetas de crédito; mejor preguntar al reservar.

Zegret
BUNGALÓ €

(plano p. 314; ☑2602599; riciapat@hotmail.com; La Passe; d 60 €) Este sencillo alojamiento es uno de los mejores de La Digue. Cuenta con un gran bungaló de tres habitaciones, un salón y una cocina totalmente equipada. Se encuentra en una propiedad cubierta de vegetación, a poca distancia del centro del pueblo.

Oceane's Self Catering
APARTAMENTOS €

(plano p. 314; ☑4234553, 2511818; www.oceane.sc; La Passe; i/d 65/100 €; ✴🛜) Los cuatro apartamentos de esta villa moderna son algo estrechos y no tienen vistas, pero están limpios, bien equipados y son funcionales. Cuenta con glorietas y un *jacuzzi* en el jardín, lo que transforma un lugar mediocre en un sitio muy agradable. Lo dirige una encantadora familia. Todas las habitaciones tienen una pequeña cocina.

La Passe Guest House-Chez Marie-Anne
PENSIÓN €

(plano p. 314; ☑4234391; lapasseguesthouse@gmail.com; La Passe; i 40 €, d 65-75 €, desayuno incl., bungaló d/c 90/110 €; ✴) Sencillo, sin pretensiones y algo más barato que el resto, algo ideal para los visitantes con presupuestos ajustados. Las cuatro habitaciones no son una maravilla, pero no están mal, y se pueden reservar las buenas cenas criollas (15 €) que prepara Marie-Anne, la simpática propietaria. Si se quiere más intimidad hay un bungaló independiente totalmente equipado. Las habitaciones más caras y el bungaló cuentan con aire acondicionado.

⭐Cabanes des Anges
APARTAMENTOS €€

(plano p. 314; ☑4234112, 2529115; www.cabanesdesanges.sc; La Passe; d/apt 140/160 €, desayuno incl.; ✴🛜) Este reputado alojamiento cuenta con tres habitaciones y seis apartamentos. Está algo apartado de la calle principal, por lo que la paz y el silencio están asegurados. Todo tiene un diseño moderno. Las habitaciones son grandes y luminosas, con suelos de baldosas y baños relucientes.

⭐Chalets d'Anse Réunion
BUNGALÓS €€

(plano p. 314; ☑2564611, 4235165; www.chaletsdansereunion.com; La Passe; d 125 €; ✴🛜) Los tres bungalós son luminosos y están bien equipados, con suelos de baldosas, balcones encarados a la puesta de sol, relucientes baños y generosas habitaciones con altillo. El precioso entorno natural, la cálida bienvenida y los espectaculares precios le ponen la guinda al pastel. La comida es deliciosa (desayuno/cena 13/25 €).

⭐Anse Sévère Bungalow
BUNGALÓS €€

(plano p. 314; ☑4247354; clemco@seychelles.net; Anse Sévère; d/c 115/120 €) Esta sencilla casa independiente de dos habitaciones y vistas al mar, en el extremo sur de Anse Sévère, es una buena opción para familias. El mayor dilema será decidirse por el buceo, nadar o echar una cabezadita en la playa. No hay aire acondicionado, pero sopla una fresca brisa. Hay que reservar con tiempo.

⭐Pension Hibiscus
APARTAMENTOS €€

(plano p. 314; ☑4234029, 2575896; www.hibiscusladigue.com; La Passe; i/d 70/100 €; ✴🛜) Esta pensión brilla con el cuidado de su dueña, la simpática Jennita. Apartada de la calle principal, en una zona tranquila, ofrece cinco habitaciones repartidas en dos casas modernas. Todo está limpio y el entorno es relajado. El parterre de plantas tropicales situado entre las dos casas asegura una mayor intimidad. Al lado de la recepción hay wifi gratis.

O Soleil
APARTAMENTOS €€

(plano p. 314; ☑2734890, 2735311; www.osoleilchalets.com; Anse Sévère; d 135-150 €; ✴🛜) Dirigido por unos americanos, cuenta con seis amplios bungalós al lado de Anse Sévère, totalmente equipados con muebles de calidad, cómodas camas y baños impolutos. Una gran opción.

Pension Michel
BUNGALÓS €€

(plano p. 314; ☑4234003; www.pensionmichel.sc; La Passe; i/d 100/120 €, desayuno incl.; ✴🛜) Si no es absolutamente necesario estar frente a la playa, este alojamiento al final de una calle de tierra es un buen sitio. Un puñado de apartamentos de estilo bungaló, con terracitas y baños renovados rodean un tranquilo jardín. Tiene un restaurante bastante conocido (cenas 300 SCR) y wifi gratis las primeras 24 h.

Villa Veuve
BUNGALÓS €€

(plano p. 314; ☑2516608; www.villaveuve.com; La Passe; d 100-120 €, desayuno incl., d 135-150 €, media pensión incl.; ✴🛜) En una calle sin asfaltar al sur de La Passe se halla este conjunto de blancos bungalós. No tienen mucha gracia, pero son funcionales, están bien equipados, con precios razonables, y están repartidos por un jardín de flores. El restaurante sirve cenas tipo bufé; merece la pena pagar la media pensión.

Maison Charme de L'Île
APARTAMENTOS €€

(plano p. 314; 2512542; www.maisoncharmedelile. com; L'Union, La Passe; d 120 €; ❄️🛜🏊) Comodidad casera y una ubicación extraordinariamente tranquila a buen precio y a 2 min en bici del mar. Los cuatro amplios y luminosos apartamentos, perfectamente cuidados, están decorados con gusto. Hay una pequeña piscina para quienes quieran refrescarse. Todos tienen porche delantero y un pequeño patio. El desayuno cuesta 10 €.

Marie France Beachfront Apartments
APARTAMENTOS €€

(plano p. 314; 4234018; www.ladigueapartments. com; La Passe; d 135 €, desayuno incl.; ❄️🛜) Los tres apartamentos situados encima de la casa de los dueños no tienen mucho ambiente isleño (el blanco nuclear recuerda a un hospital) pero dan a la orilla del mar (no hay playa) y tienen unas vistas fabulosas, algo único en este rango de precio. Todas tienen balcón y una pequeña cocina con nevera y microondas. Se sirven cenas (25 €) bajo comanda.

Kaz Digwa Self Catering
BUNGALÓS €€

(plano p. 314; 2513684, 2575457; kazdigwa@gmail. com; La Passe; d 100 €, c 125-150 €; ❄️) Las palabras que definen este acogedor alojamiento son "funcional" y "acogedor". Ofrece dos bungalós en un precioso jardín, amplios y bien diseñados (el de mayor tamaño tiene dos habitaciones), con cocina fantásticamente equipada. También ofrecen comidas.

JML Holiday Apartment
PENSIÓN €€

(plano p. 314; 2524415; http://jml-apartments. com; La Passe; d 90 €, desayuno incl., 110 €, media pensión incl.; ❄️) Sencillas habitaciones a buen precio en una acogedora pensión situada en un sitio muy tranquilo. Los simpáticos dueños viven arriba y son una gran fuente de información de la zona. Se sirven (bajo comanda) copiosos desayunos y cenas.

Buisson Guesthouse
PENSIÓN €€

(plano p. 314; 2592959; www.buissonladigue.jimdo.com; La Passe; i/d 60/90 €, desayuno incl.; ❄️🛜) En una calle sin asfaltar al sur del puerto se halla esta bonita casa, en una propiedad bien cuidada y llena de flores. Cuenta con dos sencillas y limpias habitaciones. Se recomienda la más grande, que incluye salón por el mismo precio.

Domaine Les Rochers
APARTAMENTOS €€

(plano p. 314; 4235334; www.domainelesrochers. com; La Passe; d 130-170 €; ❄️🛜) Dirigido por una agradable pareja, este lugar dispone de seis grandes apartamentos bien diseñados, con dormitorios separados, baños inmaculados y cocinas bien equipadas, aunque lo mejor son los jardines y la sensación de intimidad. El dueño ofrece mucha información para explorar La Digue. El desayuno es caro, 16 €, pero hay wifi gratis.

Veronic Guesthouse
PENSIÓN €€

(plano p. 314; 4234743, 2592463; seyladigue @yahoo.com; La Passe; i/d/c 40/80/140 €; ❄️) En mitad de un jardín bien cuidado, es una buena opción para viajeros con presupuestos ajustados. Ofrece tres cómodos bungalós totalmente equipados.

Cocotier du Rocher
BUNGALÓS €€

(plano p. 314; 4234489, 2514889; www.cocotier durocher.com; La Passe; d 110-135 €; ❄️🛜) Encantador alojamiento con cuatro bungalós (ocho habitaciones en total) situados en un frondoso jardín tropical. Están totalmente equipados, decorados con gusto e impecablemente limpios. Los más nuevos son más caros. Verena y su hijo Stéphane, los amables dueños, se esfuerzan al máximo para que la estancia sea perfecta. Se puede desayunar (15 €) y cenar (25 €).

Casa de Leela
BUNGALÓS €€

(plano p. 314; 4234193, 2512223; www.casa-deleela.bplaced.net; La Passe; d 120-160 €, c 220-250, incl. desayuno; ❄️🛜🏊) Unos cientos de metros hacia el interior desde la carretera de la costa, este alojamiento es una gran opción, con cuatro bungalós amplios y bien diseñados, con todas las comodidades. Se emplazan entre jardines y, además, hay una piscina, algo raro en La Digue.

Bois d'Amour
BUNGALÓS €€

(plano p. 314; 4234490, 2529290; www.bois damour.de; La Passe; d 110 €) Tres chalés de madera, totalmente equipados, con seis habitaciones en total, en un jardín repleto de flores tropicales y exóticos árboles frutales. Son amplios y están bien distribuidos y recuerdan un poco a las casitas de los relojes de cuco suizos. Por 30 € más se tiene media pensión (desayuno y cena). No hay aire acondicionado ni wifi.

Calou Guest House
BUNGALÓS €€

(plano p. 314; 4234083, 2781327; www.ca louguesthouse.com; La Passe; d 130 €, media pensión incl.; ❊🛜) Este establecimiento de gran reputación está siendo restaurado y se pretendía tenerlo finalizado en el 2017. El nuevo Calou contará con amplios bungalós en mitad de un jardín.

Birgo Guest House
PENSIÓN €€

(plano p. 314; 📞234518; www.birgo.sc; La Passe; i/d 55/110 €, desayuno incl.; ❊☒) Fantástica pensión en un tranquilo jardín. Las ocho habitaciones están limpias y bien organizadas, con aire acondicionado, terraza privada y limpieza diaria. Hay una pequeña piscina.

Fleur de Lys
BUNGALÓS €€

(plano p. 314; 📞4234459; www.fleurdelysey.com; La Passe; d 120 €; ❊☒) El relajado jardín y los perfectos bungalós funcionales de estilo criollo con impecables baños y una pequeña cocina crean un universo de calma. El desayuno cuesta 12 €.

Sitronnelle Guest House
PENSIÓN €€

(plano p. 314; 📞4234230; La Passe; i/d 40/80 €, desayuno incl.; ❊) Buena opción para quien viaje solo, no tanto para parejas, aunque las tarifas pueden negociarse en el caso de estancias más largas. En la carretera interior de La Passe ofrece cinco habitaciones sencillas situadas alrededor de un patio. No tiene un gran ambiente. La cena cuesta 15 €.

★La Digue Holiday Villa
CASITA €€€

(plano p. 314; 📞2514047, 4235265; www.ladigue holidayvilla.com; La Passe; d 165 €; ❊🛜☒) Seis elegantes apartamentos situados en un jardín bien cuidado, decorados con una alegre combinación de madera y piedra, cocinas relucientes, muebles de calidad y tonos suaves de amarillo y verde. Además, en el jardín hay una piscina. Cenas bajo demanda por unas 200 SCR y wifi gratis. Un para relajarse

★Domaine de L'Orangeraie Resort & Spa
HOTEL €€€

(plano p. 314; 📞4299999; www.orangeraie.sc; Anse Sévère; d desde 300 €, desayuno incl.; ❊🛜☒) Lujo tropical en estado puro. Con una distribución espectacular en una ladera, en mitad de un mar de vegetación, es como estar en el paraíso. No se ha escatimado en gastos: paisajismo creativo, materias naturales y servicios de alto copete, como un magnífico *spa* y dos restaurantes. Las villas están decoradas en suaves tonos ocres con sutiles detalles asiáticos, todo muy zen.

La pega es la playa, artificial y no muy agraciada.

Le Repaire
HOTEL-BOUTIQUE €€€

(plano p. 314; 📞2530594, 4234332; www.lerepai reseychelles.com; La Passe; d 190-230 €, desayuno incl.; ❊❊☒) Este hotel, pretende ser *boutique* pero no lo consigue del todo. Luce un cuidado diseño, con muebles elegantes, tonos suaves, amplias duchas, bonito jardín, una minúscula piscina y ubicación frente al mar, aunque no en una buena zona para nadar. Merece la pena pagar más por una habitación superior con vistas al mar; las estándar son más oscuras y no tienen vistas. Wifi y kayaks gratis.

La Diguoise
B&B €€€

(plano p. 314; 📞4234713, 2510332; diguoise@ seychelles.net; La Passe; i 105-180 €, d 180-210 €, desayuno incl.; ❊🛜☒) El gigantesco y exuberante jardín y la preciosa piscina son lo más destacado de este alojamiento situado en una zona muy tranquila. Las habitaciones de las dos casas principales están impecablemente limpias y son de buen tamaño, aunque los muebles están algo ajados. También se ofrecen dos cuartos, más pequeños y menos bonitos, en un edificio bajo de la parte trasera del jardín. La cena cuesta 20 €. Se aceptan tarjetas de crédito, pero se aplica un recargo del 5%. Wifi gratis.

La Digue Island Lodge
CENTRO VACACIONAL €€€

(plano p. 314; 📞4292525; www.ladigue.sc; Anse Réunion; i 95-261 €, d 111-365 €, desayuno incl.; ❊🛜☒) Este batiburrillo cuenta con cabañas demasiado juntas las unas de las otras, una bonita casa de plantación y habitaciones estándar, algunas con vistas al mar. Las zonas comunes están algo viejas, pero la ubicación en la playa y los exóticos jardines no tienen parangón. Cuenta con dos restaurantes, dos bares, un centro de submarinismo y una piscina.

L'Océan Hotel
HOTEL €€€

(plano p. 314; 📞4234180; www.hotelocean.info; Anse Patates; i/d 165/200 €, desayuno incl.; ❊🛜) Apuesta segura frente al mar. Solo tiene ocho habitaciones, por lo que es extremadamente íntimo. Todas tienen magníficas vistas y están decoradas con maderas recuperadas, conchas y cuadros del artista local George Camille. Se recomiendan las Petite Soeur y Grande Soeur. No hay playa, aunque se puede bucear, y cuenta con un restaurante.

Château St Cloud
HOTEL €€€

(plano p. 314; 📞4234346; www.chateaustcloud.sc; La Passe; i 145-250 €, d 200-350 €, desayuno incl.; ❊🛜☒) Uno de los sitios más fiables de la isla, con tres categorías de habitación, precios distintos según el tamaño y la ubicación, restaurante y una bonita piscina rodeada por un jardín tropical.

Lo mejor son las habitaciones superiores, repartidas por una colina cubierta de bosque. Las cuatro *deluxe,* situadas en un antiguo edificio colonial, son enormes y combinan detalles modernos y criollos. Si se prefiere una estándar, es mejor pedirla del piso superior (nº 12-16), con más luz natural.

✖ Dónde comer

La Passe cuenta con algunos restaurantes en toda regla, más los de los hoteles y varios sitios que preparan comida para llevar. También hay tiendas de alimentación y un supermercado.

Mi Mum Takeaway   CRIOLLA €

(plano p. 314; La Passe; principales 50-75 SCR; ⊗11.30-14.00 lu-sa) Escondido junto a un anodino edificio cerca de la calle principal, este animado local suele pasar desapercibido para la mayoría de los visitantes pero los vecinos lo recomiendan mucho. Está muy bien de precio y prepara buenos platos, como estofados, curris, sándwiches y *fish and chips.* Se puede comer al aire libre o pedir para llevar. Hay un pequeño cartel casi enfrente de la gasolinera.

Gregoire's Pizzeria   PIZZERÍA €

(plano p. 314; ☑4292557; La Passe; principales 90-180 SCR; ⊗11.00-14.30 y 18.00-21.30) *Pizzas* de masa fina en horno de ladrillo con ingredientes variados, como pescado ahumado. También preparan buenas pastas. A pesar del color de las paredes, la decoración es algo sosa y no tiene vistas. También para llevar.

Takamaka Café   CRIOLLA, SÁNDWICHES €

(plano p. 314; Anse Sévère; principales 50-180 SCR; ⊗9.00-15.30) Chiringuito de Anse Sévère para recargar pilas con un plato de fruta fresca o un gran sándwich, ensaladas, *fish and chips,* pollo y atún.

Gala Takeaway   CRIOLLA €

(plano p. 314; ☑2525951; La Passe; principales 50-80 SCR; ⊗10.00-20.30 lu-sa) Si se busca algo bueno y rápido a un precio imbatible se recomienda este animado local, cerca de la Veuve Reserve. Se pueden comer delicias económicas como salteado de pescado, cerdo al curri, hamburguesas y ensaladas, y un delicioso pastel de banana. Tiene mesas en el interior y al aire libre.

Bor Lanmer Takeaway   COMIDA RÁPIDA €

(plano p. 314; La Passe; principales 50-60 SCR; ⊗11.30-15.00 y 18.00-21.00) Cerca del cruce principal, este agradable y minúsculo restaurante prepara excelentes *barquettes* (envase de cartón) de arroz frito, pollo o cerdo con verduras, pescado y otros platos criollos a unos precios de risa. Tiene mesas al aire libre.

Tarosa Takeaway   CRIOLLA €

(plano p. 314; La Passe; principales 50-60 SCR; ⊗11.30-14.00 y 18.30-20.00) Para llenar el estómago sin vaciar la cartera se recomienda este animado local de la calle principal. Prepara platos del día, como cerdo al curri, pescado a la parrilla y espaguetis.

Panadería   PANADERÍA €

(plano p. 314; La Passe; ⊗9.00-19.00 lu-sa, 16.00-19.00 do) Minúscula panadería y tienda de alimentación cerca del muelle. Hay que ir pronto porque a las 10.00 ya no queda ni un pastel

STC   SUPERMERCADO €

(plano p. 314; ☑4234024; La Passe; ⊗8.30-18.00 lu-vi, hasta 14.00 sa, hasta 13.00 do) El mejor surtido de la isla. Vende casi todo lo que se pueda necesitar.

★The Fish Trap Bar
& Restaurant   INTERNACIONAL €€

(plano p. 314; La Passe; principales 150-290 SCR; ⊗12.00-15.00 y 19.45-21.00, bar 7.30-22.00; 🛜) En un sitio magnífico frente al agua, este vistoso restaurante es uno de los más bonitos de La Passe. La carta ofrece pescado, carne, ensaladas y platos criollos. También es ideal para tomarse un cóctel afrutado (desde 150 SCR) mientras se ve ponerse el sol sobre el horizonte.

★Chez Jules
Restaurant   CRIOLLA, PESCADO €€

(plano p. 314; ☑4244287; Anse Banane; principales 180-210 SCR; ⊗10.00-16.00) En Anse Banane, en la costa este, ofrece pescado a la parrilla y deliciosa ensalada de pulpo, aunque esas son solo dos de sus especialidades. La guinda del pastel son las vistas del mar.

★Lanbousir   PESCADO €€

(plano p. 314; Anse Union; principales 180-220 SCR; ⊗12.30-15.00) Este destartalado restaurante dirigido por un grupo de amables señoras es ideal para tomar un buen almuerzo después (o antes) de ponerse moreno en la vecina playa de Anse Source d'Argent. Para empezar, se recomienda la ensalada de pescado ahumado; luego, el filete de pescado y para rematar, un pastel de banana o de vainilla. De beber, un coco helado. Está dentro de L'Union Estate & Copra Factory (p. 313).

Zerof
CRIOLLA, BUFÉ €€
(plano p. 314; ☑4234439; La Passe; principales 200-250 SCR, bufé cenas 420 SCR; ◷12.00-15.00 y 18.30-20.30) Perfecto para saborear platos criollos tradicionales antes (o después) de pasar el día en la playa. Los miércoles y los domingos por la noche sirven un excelente bufé con 10 platos criollos.

Refle de Zil
INTERNACIONAL €€
(plano p. 314; La Passe; principales 160-275 SCR; ◷11.30-21.30; 🔊) Lo más difícil de comer aquí es decidirse entre los deliciosos platos de carne, pescado, ensaladas y *pizzas*. Los postres también están muy buenos y, además, hay wifi gratis.

Bellevue
CAFETERÍA €€
(plano p. 314; ☑2527856; Belle Vue; principales 150-200 SCR, cenas 500 SCR; ◷12.00-15.00, cena desde 17.30, bar 10.00-18.00) Para llegar a este nido de águilas hay que hacer una buena excursión, a pie o en bicicleta, pero merece la pena, porque las vistas desde la terraza son geniales. A mediodía sirve los platos de siempre a precios razonables. Por la noche es más romántico y los precios incluyen los traslados a La Passe. Merece la pena.

Chez Marston
INTERNACIONAL €€
(plano p. 314; ☑4234023; La Passe; principales 120-250 SCR; ◷11.30-21.30) La comida no es demasiado buena, pero el ambiente es tranquilo y la carta, amplia, con bocadillos, gambas, curris de pescado o cangrejo, *pizzas,* pastas, tortillas y hamburguesas, además de varias opciones vegetarianas. De postre se sirven tortitas y helados.

★Domaine de L'Orangeraie
Resort & Spa-Le Combava
INTERNACIONAL €€€
(plano p. 314; ☑4299999; Anse Sévère; principales almuerzo 300-420 SCR, cena 450-580 SCR; ◷12.00-15.00 y 19.00-21.15) Elegante restaurante en el Domaine de L'Orangeraie Resort & Spa (p. 319) que ofrece la embriagadora combinación de comida de calidad, ambiente romántico, entorno bonito y servicio impecable. El elegante comedor junto a la piscina del hotel es especialmente mágico por la noche. Se recomiendan sobre todo sus postres (desde 190 SCR); el *brownie* de chocolate con helado de coco es inolvidable.

★Loutier Coco
BUFÉ €€€
(plano p. 314; ☑2514762; Grand Anse; bufé 350 SCR; ◷12.30-15.00, bar 9.00-16.30) Una reforma completa a principios del 2016 transformó este chiringuito informal de Grand Anse en un restaurante en toda regla, con frescos suelos de baldosas, paredes de cemento y un techo como mandan los cánones. Lo que no ha cambiado es el delicioso bufé del almuerzo (hay que ir pronto). La oferta incluye pescado a la parrilla, curris criollos tradicionales y ensalada, fruta y café.

Le Repaire
ITALIANA €€€
(plano p. 314; ☑4234332; www.lerepaireseychelles.com; La Passe; principales 200-400 SCR; ◷12.30-14.30 mi-lu, 19.00-21.30 diario) Le Repaire destaca por sus fantásticos platos típicos italianos. El chef Remo es oriundo de Italia, e importa algunos ingredientes directamente, por lo que la pasta, el *risotto* y las *pizzas* son auténticos, así como los platos de carne y pescado. El comedor es sofisticado pero informal a un tiempo y se abre a un floreciente jardín tropical.

Los postres son deliciosos; entre ellos, un tiramisú adictivo.

🍷 Dónde beber y vida nocturna

El bar-cafetería Tarosa es el más animado del pueblo; los sábados por la noche se transforma en un club al aire libre.

Si lo que se quiere es calidad, es mejor ir a los bares de los hoteles más grandes.

Tarosa
CLUB
(plano p. 314; La Passe; ◷22.00-2.00 vi y sa) Bar al aire libre-club nocturno, es un buen sitio para relacionarse con los isleños.

🛍 De compras

En La Passe hay varias tiendas de recuerdos y un par de galerías de arte, todo ello cerca del muelle.

Barbara Jenson Studio
ARTE
(plano p. 314; ☑4234406; www.barbarajensonstudio.com; Anse Réunion; ◷9.30-18.00 lu-sa) Las obras de Barbara reflejan el paisaje único y la diversidad étnica de la gente de las Seychelles.

🛈 Información

Hospital (☑4234255; La Passe) Servicios de salud básicos.

Oficina de turismo (plano p. 314; ☑4234393; www.seychellesladigue.com; La Passe; ◷8.00-12.00 y 13.00-16.30 lu-vi, 9.00-12.00 sa) Ofrece información básica y ayuda en la organización de circuitos.

ℹ️ Cómo llegar y salir

Se llega fácilmente en barco tanto desde Mahé como de Praslin, que queda a tan solo 5 km.

Inter-Island Ferry Pty (📞4232329, 4232394; www.cat-cocos-seychelles.com; ida adultos/niños 15/7,50 €) cuenta con un servicio de catamarán entre Praslin y La Digue. Salen siete barcos diarios (5 do); desde Praslin zarpan de 7.00 (9.00 do) a 17.15 (17.45 vi, sa y d); desde La Digue, de 7.30 (9.30 do) a 17.45 (18.15 vi, sa y do). El viaje dura menos de 20 min.

Cat Cocos (plano p. 314; 📞4324843; www.cat-cocos-seychelles.com; La Passe; ⊙6.30-17.00) ofrece uno o dos servicios diarios a La Digue desde Mahé (75 €), con una breve parada en Praslin.

ℹ️ Cómo desplazarse

BICICLETA

En la isla hay muy pocas carreteras asfaltadas. Dado que la distancia de norte a sur es de menos de 5 km, la mejor manera de moverse (y la más agradable) es a pie o en bicicleta. Hay montones de bicis en alquiler, tanto en las tiendas del muelle como en los hoteles o pensiones. Se suele cobrar 100-150 SCR al día.

TAXI

No hay muchos taxis. Ir desde el muelle a Grand Anse cuesta una 250 SCR.

OTRAS ISLAS INTERIORES

Además de Mahé, Praslin y La Digue, las otras Islas Interiores importantes son Bird, North, Silhouette, Frégate y Denis. Muy separadas unas de otras, son centros vacacionales exclusivos.

Además de la sensación de exclusividad, lo mejor de todos estos centros es su compromiso ecológico. Todos realizan proyectos de conservación y funcionan como reserva para especies únicas.

Silhouette

Silhouette es la isla en forma de pirámide que se ve en el horizonte desde Beau Vallon, en Mahé. Con sus empinadas montañas boscosas que se alzan desde el océano por encima

de espectaculares playas con palmeras, es un auténtico refugio, a pesar de estar tan solo 20 km al norte de Mahé. Su punto más alto es el monte Dauban (740 m) y cuenta con tramos de playas verdaderamente vírgenes en Anse Mondon, Anse Lascar, Anse Patate y Grand Barbe. Silhouette es famosa por su diversidad biológica y cuenta con diversos hábitats y ecosistemas únicos. Hay un pequeño centro de investigación en el pueblo de La Passe dedicado a la conservación de tortugas gigantes y al seguimiento de otras tortugas marinas y de murciélagos.

🛏️ Dónde dormir y comer

La Belle Tortue VILLA €€€
(📞2569708; www.labelletortue.com; Silhouette; i 260-400 €, d 320-600 €, media pensión incl.; ❄️🛜) Este alojamiento de lujo es más íntimo que un centro vacacional, con seis habitaciones en tres villas modernas abrazadas por exóticos jardines. Son amplias, luminosas y bien decoradas, con elegantes muebles, todo tipo de comodidades y vistas a una bonita bahía. La playa más cercana no es la mejor de la isla, pero se puede nadar y bucear en ella.

Hilton Seychelles Labriz Resort & Spa CENTRO VACACIONAL €€€
(📞4293949; www.hiltonseychelleslabriz.com; Silhouette; d desde 350 €, desayuno incl.; ❄️🛜🏊) Probablemente sea el centro vacacional más asequible de Seychelles, con 111 villas repartidas por una estrecha zona arenosa al este de la isla. La cantidad de servicios es inagotable, con siete restaurantes, un maravilloso *spa* y un centro de submarinismo a la última. Se ofrecen paseos por la naturaleza.

ⓘ Cómo llegar y salir

Casi todos los clientes llegan en barco desde Beau Vallon, en Mahé. Del transporte se encarga directamente el alojamiento.

Isla North

Apenas 6 km al norte de Mahé, North es lo último en exclusividad, y su hotel suele considerarse como uno de los mejores de la región del Índico. La llegada en helicóptero ya lo dice todo: relax, mimos y glamur.

🛏 Dónde dormir

Es una isla privada, por lo que todos los visitantes duermen en el centro vacacional.

North Island   CENTRO VACACIONAL €€€
(☏4293100; www.north-island.com; d 6100 €, pensión completa incl.; ✴@🐾❄) 🚲 Bienvenidos a uno de los hoteles más lujosos del mundo. Lo tiene todo: playas de inmaculada arena blanca, un galardonado *spa,* un restaurante gastronómico, un centro de submarinismo de categoría y, por supuesto, mayordomo para atender todas las necesidades de los clientes. Las 11 suites de ultra lujo, que combinan madera, vidrio y piedra, son la definición del concepto de elegancia tropical.

Hay un gran compromiso ecológico: se están restaurando hábitats naturales para la reintroducción de especies en grave peligro de extinción y el ecologista residente acompaña a los clientes por paseos guiados en los que se pueden ver a las tortugas marinas anidando en la playa. Es uno de esos sitios en los que se ve a grandes magnates y estrellas de cine.

ⓘ Cómo llegar y salir

Todos los huéspedes llegan en helicóptero desde Mahé. El hotel se encarga de todo.

Isla de Denis

Se aterriza en una pista de corales junto al mar. Hay una playa de arena blanca bañada por unas aguas lujosamente cálidas, una reluciente laguna de todos los tonos de azul, desde lapislázuli a turquesa, y palmeras y casuarinas junto a la orilla. Denis es una isla coralina situada 95 km al noreste de Mahé.

Si tomar el sol acaba aburriendo, es posible dar paseos por preciosos caminos o realizar salidas de pesca, buceo y submarinismo. Los amantes de la naturaleza también disfrutarán porque, a pesar de ser pequeña (1,3 km de largo por 1,75 km en su punto más ancho), la isla es hábitat de varias especies, como las tortugas gigantes, los shama de las Seychelles, los monarcas colilargos o los carriceros de las Seychelles. De julio a diciembre es posible ver tortugas gigantes desovando en la playa.

🛏 Dónde dormir

Denis Private Island   CENTRO VACACIONAL €€€
(☏4295999, 4288963; www.denisisland.com; d desde 890 €, desayuno incl.; ✴@🐾) 🚲 Impresionante hotel de 25 villas a dos pasos de la reluciente arena blanca de la playa. Tienen mucho estilo, con detalles en madera, muebles de calidad y elegantes duchas, además de un baño al aire libre. Se organizan salidas de submarinismo y pesca, e incluso cuando está al límite de su capacidad, siempre parece vacío.

La comida es ecológica y se prepara con productos cultivados en la granja de la isla. La clientela, internacional, suele estar formada por parejas, aunque también van familias. Todos los huéspedes se mueven en bicicleta o a pie. No hay piscina, pero nadie la echará de menos con una playa tan increíble justo a la puerta de la habitación.

ⓘ Cómo llegar y salir

Se llega en vuelo chárter desde Mahé. El hotel se encarga de todo.

Isla Bird

Lo último en cuanto a ecoturismo y observación de aves. Cientos de miles de charranes sombríos, charranes blancos y charranes pardos descienden en bandadas entre abril y octubre para anidar en esta isla coralina 95 km al norte de Mahé. Cuando el visitante se sienta en el porche, los pájaros acaban prácticamente posándose encima de la cabeza. Las tortugas carey crían en las playas de la isla de noviembre a marzo, mientras que sus parientes terrestres se pasean pesadamente por el interior. Las tortugas verdes también hacen sus nidos en las arenosas costas.

🛏 Dónde dormir

⭐**Bird Island Lodge**   LODGE €€€
(☏4224925, 4323322; www.birdislandseychelles.com; i/d desde 323/411 €, pensión completa incl.; 🐾) 🚲 No hay TV ni aire acondicionado ni teléfonos, pero sí wifi. Tan solo montones de

ALPHONSE

Esta isla, casi 400 km al suroeste de Mahé, es un destino de fama mundial para la pesca con mosca. Las límpidas aguas de los bancos de arena que cubren el perímetro de la laguna están hechas para luchar con el macabí, el jurel gigante, el pez ballesta y otras especies. Además, Alphonse está explotando su potencial submarino, que no tiene parangón en todo el país (ni en el resto del océano Índico).

Alphonse es una pequeña isla con mucha vegetación rodeada por una enorme laguna y jardines de arrecife. Desde el aire parece un gigantesco diente de tiburón. Aunque tiene buenas playas, no son su principal atractivo.

pájaros, 18 tortugas gigantes, el océano azul y sensacionales playas. Un paraíso virgen con 24 sencillos chalés, de diseño ecológico y muy agradables.

ℹ Cómo llegar y salir

La isla se halla unos 100 km al norte de Mahé y está comunicada por vuelos diarios. El hotel se encarga de los traslados.

Isla Frégate

Esta isla de cuento se encuentra a 20 min en helicóptero de Mahé, y se usa a la vez como reserva de naturaleza y como refugio de millonarios y famosos, que encuentran la paz en el exclusivo Fregate Island Private. Cuenta con siete playas, entre ellas las increíbles Anse Victorin y Anse Maquereau, que suelen considerarse las mejores del mundo.

🛏 Dónde dormir

Fregate Island Private CENTRO VACACIONAL €€€
(📞en Alemania +49 (0) 7221 900 8071; www.fregate.com; Frégate Island; d desde 4500 €, pensión completa incl.; ❈@🛜🏊) 🏖 Este exclusivo hotel, que forma parte del grupo Oetker, ha llevado el concepto del lujo de playa a otro nivel. En lo alto de una colina, las 16 villas con vistas al mar (con piscina y *jacuzzi* al aire libre) están comunicadas a través de caminitos que atraviesan la frondosa vegetación. Las villas nº 3 a 8 tienen acceso directo a la playa.

Aquí es imposible aburrirse. Se puede nadar en las preciosas aguas de la playa de

Anse Macquereau, tomar el desayuno en una plataforma entre los árboles y realizar salidas de pesca, submarinismo o buceo. Además, no hay que irse sin antes dar un paseo guiado con el ecologista residente, que enseña la granja ecológica y el criadero de tortugas gigantes. Con un poco de suerte se verán tortugas carey anidar en la playa de Grande Anse.

ℹ Cómo llegar y salir

La mayoría de los clientes llega en helicóptero desde Mahé. El hotel se encarga de todo.

ISLAS EXTERIORES

Las islas Almirantes están 250 km al suroeste de Mahé. La principal es Desroches. Unos 200 km más al sur, las Alphonse son dos islas coralinas donde se practica la mejor pesca con mosca en agua salada del mundo. La mayor es Alphonse, de 1,2 km de ancho, que cuenta con infraestructura turística.

Las islas Aldabra son las más alejadas. Incluyen el atolón Aldabra, Patrimonio Mundial por la Unesco y reserva natural, que se halla a más de 1000 km de Mahé. En el atolón Aldabra viven más de 150 000 tortugas gigantes y miles de aves migratorias pasan por él. Por desgracia, los extranjeros no pueden visitar las Aldabra por el riesgo de piratería. La Seychelles Island Foundation (p. 287) ofrece información.

🛏 Dónde dormir

Actualmente, el Alphonse Island Resort, en Alphonse, es el único alojamiento disponible. El hotel de la isla de Desroches está cerrado por reformas.

⭐ Alphonse Island Resort CENTRO VACACIONAL €€€
(📞en Sudáfrica +27 21 556 5763; www.alphonse-island.com; isla de Alphonse; h por persona 675-875 US$, media pensión incl.; ⊙nov-abr; ❈🛜🏊) 🏖 Este tranquilo establecimiento seduce con su hilera de acogedores chalés y villas que dan a un jardín desde el que se llega directamente a la laguna. El mobiliario de madera y las comodidades modernas conjugan a la perfección bienestar, encanto rústico y ambiente tropical. Se ofrecen varios paquetes de pesca y submarinismo, y también se pueden solicitar salidas de buceo.

Tanto el centro de submarinismo como el de pesca tienen gran fama por sus servicios y su profesionalidad. También pueden organizarse paseos de naturaleza por toda la isla. En el restaurante hay wifi.

Este hotel en una isla privada ha cambiado de dirección y está cerrado por reformas. Debería reabrir durante el 2017.

❶ Cómo llegar y salir

La única isla accesible es Alphonse, a la que llegan una o dos veces a la semana vuelos chárter desde Mahé. El vuelo dura 1 h.

COMPRENDER LAS SEYCHELLES

Seychelles hoy

Las islas Seychelles han recorrido un largo camino desde la independencia, y se enorgullecen de haber conseguido la estabilidad y una cierta prosperidad. La salud, la educación y la vivienda han ido mejorando y este país insular cuenta hoy con la renta per cápita anual más alta de África. Tras años de gobierno socialista, Seychelles está evolucionando gradualmente hacia una economía de libre mercado que busca atraer a inversores extranjeros. Y otra buena noticia es que el peligro de la piratería ha disminuido considerablemente.

Progreso económico

Económicamente, las Seychelles están en buena forma. En un clima de estancamiento global, el 4,3% de crecimiento de la economía del país en el 2015 (tras un espectacular 6,2% en el 2014) es una cifra de lo más respetable. El turismo, principal pilar de la economía, no ha dejado de crecer en los últimos años y el número de visitantes sigue aumentando, con más de 275 000 personas en el 2016 (160 000 en el 2009 y 208 000 en el 2012). Casi todas las aerolíneas con base en el golfo Pérsico, como Emirates, Qatar Airways (que en breve retomará sus vuelos a las Seychelles) y Etihad ofrecen vuelos frecuentes y a buen precio a las islas desde sus respectivas bases, y ofrecen buenas conexiones con las principales capitales del mundo. Air Seychelles, la aerolínea nacional, también retomó sus vuelos directos a París en julio del 2015, tras cuatro años de parón.

El otro pilar de la economía es la pesca industrial, una de las grandes fuentes de divisas del país. El atún es uno de los pescados más vendidos.

En abril del 2015, dos décadas después de su primera solicitud, el país por fin entró en la Organización Mundial del Comercio (OMC).

Sin embargo, la economía sigue siendo vulnerable a los acontecimientos externos. A pesar de los intentos de fortalecer la agricultura y el uso de productos locales, se siguen importando la gran mayoría de los productos básicos, por lo que cualquier caída en las exportaciones, por pequeña que sea, causa graves problemas económicos.

¿Estancamiento político?

Políticamente, la situación apenas ha cambiado en los últimos 40 años. El partido de gobierno, el Frente Progresista Popular de Seychelles (SPPF, por sus siglas en inglés), dirigido por el presidente James Michel, lleva al mando del país desde 1977.

Tras la campaña por el tercer mandato, el presidente Michel fue reelegido en diciembre del 2015 tras ganar el 50,2% de los votos, con un margen de tan solo 193. Su contrincante, Wavel Ramkalawan, denunció irregularidades y afirmó que el Gobierno había comprado votos.

Aunque René ha sido muy criticado a lo largo de los años, no cabe duda de que ayudó a mejorar la economía. Pero con las mismas caras en el poder durante casi cuatro décadas, muchos isleños ahora quieren un *sanzman* (cambio), más democracia y más libertad de prensa. Las próximas elecciones presidenciales se celebrarán en el 2020.

Drogas en el paraíso

Un grave problema ha empañado la imagen paradisíaca de las Seychelles en los últimos años: el tráfico de drogas (y su consumo). Aunque no se han alcanzado las cotas de contrabando de drogas del Caribe, se considera un gran problema en el país. Según la Oficina de las Naciones Unidas contra las Drogas y el Delito (UNODC, por sus siglas en inglés), el tráfico por mar de heroína y otras drogas a África, Europa y Asia se ha trasladado a la ruta sur en estos últimos años y las Seychelles se han convertido en un importante lugar de paso para los traficantes. Como es un archipiélago tan aislado en mitad del océano Índico, con fronteras porosas y una gran limitación de recursos e infraestructuras para controlarlos, es muy difícil reducir el tráfico de drogas a pesar de haber aumentado los controles y de las incautaciones de la National Drug Enforcement Agency (NDEA). Se cree que las drogas entran en el país tanto en barco como por avión.

Las Seychelles no son tan solo un centro de distribución: el consumo de drogas, sobre todo de heroína, no deja de aumentar. Según las estadísticas del Ministerio de Salud local hay más de 1000 adictos a la heroína en el país, lo que tiene un devastador impacto sobre el tejido social y causa graves problemas de salud pública.

Lucha contra la piratería

Con el aumento de la piratería en todo el océano Índico occidental a finales de la década de 2000, las Seychelles se encontraron expuestas a los ataques de los piratas somalíes. El Gobierno solicitó ayuda a la comunidad internacional y firmó un acuerdo con EE UU y otras naciones occidentales para combatir la piratería en sus aguas territoriales. Y funcionó. Debido a su posición estratégica, el país se ha convertido en el centro de la ofensiva contra los ataques marinos de los piratas somalíes. En el 2013, se creó el Regional Anti-Piracy, Prosecution and Intelligence Coordination Centre (RAPPICC), en colaboración con el Reino Unido. Pretende promover la lucha contra la piratería y el crimen organizado trasnacional de la región mediante la unión de fuerzas de vigilancia y el establecimiento de una mejor coordinación entre servicios de inteligencia. Como resultado, en gran parte gracias a las patrullas navales multinacionales y a la presencia de guardias armados en los barcos de carga, el número de ataques ha disminuido considerablemente en los últimos años.

Historia

Como Mauricio y Reunión, las Seychelles estaban deshabitadas antes de la llegada de los colonizadores europeos; de hecho, está situación se mantuvo hasta el s. XVIII. Los primeros en descubrir la isla fueron los exploradores portugueses, aunque el primer desembarco registrado fue el de un barco de la Compañía Británica de las Indias Orientales en 1609. Piratas y corsarios las usaron como base temporal entre incursión e incursión.

La época colonial

En 1742, Mahé de Labourdonnais, gobernador de lo que hoy es Mauricio, envió al capitán Lazare Picault a investigar las islas. Picault puso a la isla principal el nombre de su jefe, y a la bahía en la que desembarcó el suyo propio, y preparó el terreno para que los franceses reclamaran la propiedad de las islas 12 años más tarde.

Los franceses tardaron un tiempo en hacer algo con las islas. Los primeros 21 colonos y siete esclavos no llegaron a St Anne hasta 1770. Tras una serie de intentos fallidos, empezaron a cultivar especies, mandioca, azúcar de caña y maíz.

En el s. XVIII los británicos empezaron a mostrar interés por las Seychelles. Los franceses no estaban dispuestos a morir por su colonia y no opusieron resistencia a los ataques británicos, por lo que las islas Seychelles se convirtieron en dependencia británica en 1814. Lo único que hicieron los ingleses por el desarrollo de las islas fue aumentar el número de esclavos. Tras la abolición de la esclavitud, en 1835, muchos esclavos liberados de toda la región fueron a parar a las islas. Sin embargo, como muy pocos británicos se quedaron en la isla, la lengua y la cultura francesas siguieron siendo dominantes.

En 1903 las Seychelles se convirtieron en una colonia de la Corona británica, administrada desde Londres. La calma política y económica se mantuvo hasta 1964, cuando se formaron dos partidos políticos. France-Albert René, un joven abogado, fundó el Partido Popular Unido de Seychelles (SPUP, por sus siglas en inglés); otro abogado, James Mancham, dirigió el nuevo Partido Democrático de las Seychelles (SDP).

Independencia

El SDP de Mancham, formado por hombres de negocios y hacendados, ganó las elecciones de 1966 y 1970. El SPUP de René tenía un programa socialista con vistas a la independencia. En junio de 1975 se creó una coalición de ambos partidos, lo que dio una apariencia de unidad en el camino hacia la independencia, que se consiguió unos años después. Mancham se convirtió en el primer presidente de la República de Seychelles y René, en primer ministro.

El extravagante Sir Jim (que así llamaban a James Mancham), poeta y mujeriego, lo apostó todo a la carta del turismo. Se pasó a la *jet set,* volando por todo el mundo con una guapa mujer de la alta sociedad en cada brazo y dio visibilidad a las Seychelles.

Los ricos y famosos empezaron a llegar para pasar las vacaciones e ir de fiesta en fiesta. Adnan Khashoggi y otros millonarios árabes compraron enormes terrenos y las estrellas de cine y los famosos acudían para reforzar su imagen de glamur.

Sin embargo, según René y el SPUP, la riqueza no se estaba repartiendo equitativamente y el país no era más que el parque de juegos de unos pocos millonarios. Según René, los criollos pobres no vivían en mejores condiciones que los esclavos.

La era René

En junio de 1977, poco más de un año tras la declaración de independencia, René y un grupo de mercenarios entrenados en Tanzania dieron un golpe de Estado mientras Mancham asistía en Londres a una conferencia de la Commonwealth. En los años siguientes, René consolidó su posición deportando a los seguidores del proscrito SPD. En contra del Estado socialista unipartidista de René, los *grands blancs* (terratenientes blancos) crearon "movimientos de resistencia" en Gran Bretaña, Sudáfrica y Australia.

El país se sumió en el caos cuando el turismo bajó a tasas mínimas. En la década de 1980 hubo una serie de altercados civiles organizados por los seguidores del SDP, dos motines del ejército y más intentos frustrados de golpe de Estado.

Finalmente y tras enfrentarse a la crítica internacional y a la amenaza de la retirada de ayuda internacional, René dio un giro político a principios de la década de 1990, eliminando el Gobierno unipartidista y anunciando el retorno a la democracia.

En 1992 se celebraron las elecciones bajo la atenta mirada de los observadores de la Commonwealth. René y su renombrado Frente Popular Progresista de las Seychelles lograron el 58,4% de los votos; Mancham, que había vuelto al país, consiguió el 33,7% para el SDP y afirmó que los resultados estaban amañados.

René mantuvo el control del poder mientras que la estrella del SDP siguió decayendo. Finalmente Mancham abandonó el SDP para unirse al centrista Partido Nacional de Seychelles (SNP, por sus siglas en inglés) en 1999. En las elecciones del 2002, el SNP, dirigido por Wavel Ramkalawan, un sacerdote anglicano, confirmó su puesto como principal partido de la oposición al lograr más del 42% de los votos.

El largo camino a la democracia

En abril del 2004, René finalmente cedió la presidencia al antiguo vicepresidente, James Michel, quien había permanecido a su lado desde los inicios. Tras una igualada campaña contra Ramkalawan, el líder de la oposición, Michel ganó las elecciones presidenciales del 2006 con un 53,5% de los votos.

Michel no parecía dispuesto a ceder su poder a ninguno de sus oponentes y disolvió antes de tiempo la Asamblea Nacional, en marzo del 2007, tras un boicot de la oposición. Las elecciones generales de mayo del 2007 se saldaron con 18 miembros del SPPF contra siete del SNP de Wavel Ramkalawan, exactamente igual que antes de la disolución. A pesar de que fueron elecciones democráticas, la oposición afirmó que el Gobierno había comprado votos.

En el frente económico, en el 2008 el país, muy endeudado, se vio obligado a pedir ayuda al FMI. Se aprobó un paquete de reformas que incluía la libre fluctuación de la rupia, la prohibición de las restricciones de cambio de divisas y enormes recortes en gasto público. La deuda se congeló y la economía se restableció con rapidez.

Cultura

Como sus vecinas, Mauricio y Reunión, las Seychelles suelen ponerse como ejemplo de armonía racial y religiosa, y lo cierto es que lo son, en comparación con muchos países. La gran mayoría de la población local es acogedora y amable. No se respiran sentimientos anticoloniales y tras la independencia germinó un sentido orgullo nacional. Incluso se le tiene cariño a costumbres británicas como el té de las cinco. Lo que sí es cierto es que la influencia cultural francesa ha ido decayendo, sobre todo porque se considera bastante elitista.

Vida cotidiana

Gracias a la conexión de las islas con Europa, las Seychelles son sorprendentemente modernas. La isla principal, Mahé, es un lugar bastante sofisticado en el que conviven tanto la ropa occidental, los coches nuevos, los teléfonos móviles y las casas modernas con todo tipo de muestras de la cultura tradicional criolla, como la danza, la música, la hospitalidad, las antiguas creencias, la lengua, la actitud despreocupada y otras costumbres de la vida diaria.

La sociedad continúa dominada principalmente por los hombres, aunque por suerte para las mujeres, el sector turístico emplea a hombres y mujeres por igual.

Casi todos los isleños son católicos, pero el matrimonio es una institución muy impopular. Las razones que dan para no casarse es el recuerdo de la esclavitud, cuando sencillamente no se celebraban matrimonios, y que casarse es caro. Así, un 75% de los niños nacen fuera del matrimonio, algo que no supone ningún problema.

Población

La población de las Seychelles es más africana que la de Mauricio o Reunión, aunque es posible ver todos los tonos de piel y pelo imaginables, resultado de la mezcla de genes franceses y africanos, principalmente, pero también indios, chinos y árabes. Las comunidades india y china son solo una pequeña parte de esta mezcla étnica, el resto son básicamente criollos. La gran mayoría de *grands blancs* fueron desalojados en 1977.

Al igual que en Mauricio y Reunión, lo que une la sociedad de las Seychelles es la lengua, cultura y cocina criollas. Más del 90% de la población tiene como lengua materna el criollo, aunque casi todos hablan también inglés (la lengua del Gobierno y el comercio) y francés.

Religión

Cerca del 90% de la población es católica romana, un 7% es anglicana y un 2,5% pertenece a la Iglesia evangélica, en rápida expansión. El resto forma parte de las pequeñas comunidades hindúes, musulmanas y chinas de Victoria.

La mayoría son fieles asistentes a la iglesia. Los domingos, la catedral católica y la anglicana de Victoria y todos los templos repartidos por las islas, se llenan a rebosar.

También se cree en lo sobrenatural y en la antigua magia de los espíritus conocida como *gris gris*. La brujería fue prohibida en 1958, pero algunos *bonhommes* y *bonne-femmes di bois* (curanderos) siguen practicando sus curas y hechizos, y preparan pócimas de amor, suerte y venganza.

Artes

Como las islas estuvieron deshabitadas hasta hace relativamente poco, lo más parecido a una población indígena son los criollos, que mantienen muchos aspectos de sus orígenes africanos, como las danzas *séga* y *moutia*.

Literatura

Entre los autores locales más importantes en lengua criolla está el poeta y dramaturgo Christian Sevina, la escritora de relatos y dramaturga Marie-Thérèse Choppy, el poeta Antoine Abel y el escritor de misterio Jean-Joseph Madeleine. Por desgracia, sus obras solo se han publicado en criollo.

Hay muy poca ficción en inglés sobre las islas. Los autores suelen centrarse en libros de viajes o autobiografías. La única excepción es Glynn Burridge, que lleva mucho tiempo viviendo en el archipiélago y que escribe relatos en los que mezcla realidad y ficción. Están publicados en dos volúmenes que llevan el título de *Voices: Seychelles Short Stories*, y pueden comprarse en las librerías de Victoria.

Música y danza

Los orígenes indios, europeos, chinos y árabes de los isleños se reflejan en su música. Patrick Victor y Jean-Marc Volcy son dos de los músicos más famosos de las Seychelles, dedicados a la música folk y al pop criollo. Otras estrellas locales son Emmanuel Marie y el ya fallecido Raymond Lebon, cuya hija, Sheila Paul, alcanzó las listas de éxitos locales con una versión actualizada de las románticas baladas de su padre.

Artistas plásticos

En las últimas décadas se han instalado muchos artistas en las islas, creando una industria local dedicada a los turistas hambrientos de *souvenirs*. Las tiendas están llenas de escenas típicas de palmeras y atardeceres, pero es posible encontrar artistas con mucho talento.

Michael Adams es el artista contemporáneo más famoso e inconfundible. George Camille es otro artista reputado que se inspira en la naturaleza. Otros creadores de renombre son Barbara Jenson, que tiene su taller en La Digue; Gerard Devoud, que trabaja en Baie Lazare y Nigel Henry, en Beau Vallon.

También se recomienda buscar las obras de Leon Radegonde, que realiza *collages* abstractos; las de Andrew Gee, especializado en pintura sobre seda y acuarelas de peces; y las pinturas llenas de luz de Christine Harter. El pintor y escultor Egbert Marday pinta increíbles bocetos de pescadores y trabajadores de las plantaciones, aunque es más conocido por la estatua de un hombre con un bastón situada a las puertas de los juzgados de Victoria, en Independence Ave. Lorenzo Appiani es el responsable de las esculturas de las rotondas de cada extremo de 5th June Ave en Victoria.

Comida y bebida

Lo fantástico de la cocina local es su frescura y su simplicidad. Los amantes de la carne deben saber que el océano que rodea las islas tiene una enorme presencia en la cocina, por lo que el pescado es el ingrediente principal de muchos platos. Las influencias culturales también son inconfundibles, con una mezcla de delicias gastronómicas europeas (sobre todo francesas e italianas) y africanas.

Platos básicos y especialidades

Pescado, pescado y más pescado. Y arroz. Es la combinación más habitual (*pwason ek diri*, en criollo) de las Seychelles, y bien rica que está, porque el pescado siempre es fresquísimo. Bourgeois, capitaine, tiburón, jurel, pez loro, mero, pargo o atún, preparados de mil maneras: a la parrilla, al vapor, picados, ahumados, guisados, en salazón, al horno, envueltos en una hoja de banano, etc.

Los amantes del marisco se sentirán en el paraíso, con langostas, cangrejos, crustáceos (como el *trouloulou* y el *teck teck*, dos variedades locales) y pulpos servidos por todas partes.

Las Seychelles están cargadas de frutas tropicales como mangos, bananas, frutipanes, papayas, cocos, uvas, piñas y carambolas. Combinadas con especies se convierten en deliciosos acompañamientos. La vainilla, la canela y la nuez moscada se usan para dar sabor a guisos y otros platos.

También hay carne, sobre todo ternera y pollo, aunque es toda de importación.

Vegetarianos y veganos

Las cartas de los restaurantes de las islas están casi enteramente formadas por pescado, marisco y carne, aunque también se sirven ensaladas o pastas sin carne. Si se va a cocinar es mucho más fácil, porque hay una gran variedad de frutas y verduras.

Dónde comer

Existe todo tipo de restaurantes, desde chiringuitos o locales de comida rápida a restaurantes de lujo. Los hoteles más grandes tienen varios restaurantes, normalmente uno siempre sirve bufés (criollos o de pescado). No hay una gran oferta de tentempiés callejeros, pero sí hay vendedores ambulantes que venden fruta y pescado, una buena alternativa si se quiere cocinar. También hay muchas tiendas de alimentación. El mercado de Victoria es un buen sitio para comprar alimentos frescos.

Bebidas

Las bebidas más naturales y refrescantes son los zumos recién hechos y el agua de coco. Si se quiere algo más fuerte se puede tomar una Seybrew, la cerveza local, que se vende en todas partes. Otra cerveza local es Eku, aunque esta es más difícil de encontrar. En los restaurantes sirven vino.

Medio ambiente

Las Seychelles forman un archipiélago situado a 1600 km de la costa este de África y justo al sur del ecuador. Para ser un país tan pequeño cuenta con una gran diversidad de flora y fauna. Debido al aislamiento y a la llegada tardía de los humanos a las islas, muchas especies son endémicas. Es un refugio para la fauna, especialmente de aves y peces tropicales.

El paisaje

El archipiélago está formado por 115 islas. Las Interiores (como Mahé, Praslin y La Digue) son de granito y las Exteriores, atolones de coral. Las islas de granito, que no comparten el origen volcánico de Reunión y Mauricio, parecen ser los picos de una gigantesca meseta sumergida que se separó de África cuando las placas continentales se movieron hace 65 millones de años.

Fauna y flora
ANIMALES

Los mamíferos y reptiles más habituales son el murciélago de la fruta o zorro volador, el geco, el lagarto o el tenrec (un mamífero similar al puercoespín llegado de Madagascar). También hay serpientes pequeñas, aunque no son peligrosas.

Los más destacables son las tortugas gigantes, que aparecen en el escudo de las Seychelles, y que solo pueden encontrarse aquí y en las islas Galápagos, frente a Ecuador. Los franceses e ingleses eliminaron a las tortugas gigantes de todas las islas excepto de Aldabra, donde por suerte aún viven más de 100 000 ejemplares. Muchas han sido introducidas en las Islas Interiores, donde pasean por los jardines de los hoteles, y en la isla de Curieuse hay una colonia en libertad.

Parece que casi cada isla cuenta con su especie de ave única. En Frégate, Cousin, Cousine y Aride están los shama de las Seychelles (*pie chanteuse* en criollo); en Cousin, Cousine y Aride vive el carricero de las Seychelles; La Digue y Denis cuentan con la *veuve* (monarca colilargo); y en Praslin habita el loro negro de las Seychelles. El autillo descalzo y el cernícalo de Seychelles viven en Mahé, y Bird alberga millones de charranes sombríos.

PLANTAS

Los cocoteros y las casuarinas son los árboles más habituales de las Seychelles. También pueden verse algunos banianos y pandanos, bambúes y unos árboles llamados "tortuga" porque sus frutos se parecen a las tortugas que se alimentan de ellos.

Existen cerca de 80 especies de plantas endémicas. Actualmente tan solo hay bosques vírgenes en las zonas más altas de las islas de Silhouette y Mahé, y en el Vallée de Mai, en Praslin, que también es uno de los dos únicos lugares del mundo donde crece naturalmente la gigantesca palmera coco de mar. El otro lugar es la isla de Curieuse.

Parques nacionales

Las Seychelles actualmente cuentan con dos parques nacionales y siete parques nacionales marinos, además de varias zonas protegidas gestionadas por el Gobierno o por ONG. En total, casi el 46% de la superficie completa del país está protegida, así como 45 km² de océano.

Cuestiones medioambientales

En general, el país dispone de un buen historial en cuanto a la protección de su entorno natural. En 1968, Birdlife International lo empezó todo al comprar la isla de Cousin para estudiar alguna de las especies más amenazadas del país. A continuación, en la década de 1970, se aprobó la legislación para la creación de parques nacionales y reservas marinas.

Tampoco es que el historial del Gobierno sea impecable. En 1998 autorizó una enorme expropiación de terrenos en la costa noreste de Mahé para la construcción de viviendas, que eran muy necesarias. Más recientemente, la construcción de la isla de Eden, una isla artificial con casas de lujo frente a la costa este de Mahé, ha levantado voces de alarma. Ambos proyectos han causado la acumulación de sedimentos, destrozando para siempre la belleza natural de la costa, aunque la alternativa era talar grandes tramos de bosque.

El turismo tiene un efecto similar. Cada año abren más hoteles y alojamientos, sobre todo en playas antes vírgenes o islas apartadas. Por otra parte, el dinero del turismo proporciona los ingresos necesarios para la financiación de proyectos de conservación. La actitud de la población ha ido cambiando a medida que han aprendido a valorar su entorno.

El mayor impulso del cambio llega de la mano de las ONG que trabajan a la vez con las comunidades y el Gobierno. Se han apuntado algunos éxitos espectaculares, como el Magpie Robin Recovery Program, financiado por la Royal Society for the Protection of Birds and Birdlife International. De tan solo 23 ejemplares de shama de las Seychelles que languidecían en la isla de Frégate en 1990, se ha pasado a los 250 repartidos entre Frégate, Cousin, Denis y Cousine. Con los carriceros de las Seychelles se han conseguido resultados similares en Cousin, Cousine y Aride.

Algunos de estos proyectos han incluido la cuidadosa repoblación de algunas islas con sus hábitats originales, reemplazando especies de plantas y animales no autóctonas por variedades nativas. En varias islas también se han decidido por el ecoturismo, como en Frégate, Bird, Denis, North, Silhouette y Alphonse. Las visitas no solo ayudan a financiar los proyectos de conservación, sino que resulta más fácil proteger las islas de predadores y furtivos si están habitadas. Con un poco de suerte, este matrimonio entre la conservación y el turismo permitirá transitar el camino hacia el futuro.

GUÍA PRÁCTICA

ℹ️ Datos prácticos A-Z

ACCESO A INTERNET

→ En Victoria hay un par de cibercafés, pero fuera de la capital son difíciles de encontrar.

→ Muchos hoteles de precio medio y alto ofrecen wifi, al igual que los alojamientos independientes y algunos restaurantes y cafés. En muchos casos solo está disponible en zonas comunes o hay que pagarlo.

→ En esta guía, los establecimientos con wifi se indican con el siguiente icono 🛜.

→ Si se va a pasar una temporada larga en el país puede convenir la compra de un USB de datos del operador de telefonía móvil **Cable & Wireless** (www.cwseychelles.com), que se puede recargar y usar en un ordenador portátil.

→ Las conexiones son bastante lentas en comparación con Occidente.

ADUANA

→ Se pueden entrar en el país sin declarar los siguientes artículos: 400 cigarrillos, 2 l de licor, 2 l de vino y 200 ml de colonia.

→ Todo lo que supere este límite debe ser declarado al llegar. Existen restricciones en la importación de plantas y animales, para los que se requieren permisos.

→ Para exportar el coco de mar se requiere un permiso especial y un certificado emitido por el vendedor.

ALOJAMIENTO

Debe reservarse siempre, especialmente durante la temporada alta (Navidad, Año Nuevo y Semana Santa).

Pensiones y alojamientos independientes

No es necesario rehipotecar la casa para visitar las Seychelles si se duerme en alguna de las pensiones o alojamientos independientes que prosperan en Mahé, Praslin y La Digue. Los alojamientos independientes son casas privadas, villas, residencias, estudios o apartamentos totalmente equipados y que pueden alquilarse por noches. La diferencia entre alojamientos independientes y pensio-

RESERVA DE ALOJAMIENTO

En la página web www.lonelyplanet.es se pueden hacer reservas de alojamiento en línea.

PRECIOS DE ALOJAMIENTO

Las tarifas son para una doble con baño. A menos que se indique lo contrario, el desayuno no se incluye en el precio.

€ menos de 75€

€€ 75-150€

€€€ más de 150€

nes es mínima. Las habitaciones de las pensiones no suelen tener cocina y suelen incluir el desayuno, aunque en muchos alojamientos independientes se ofrecen también desayunos y cenas previa demanda. La calidad es buena; incluso las pensiones más económicas ofrecen habitaciones con baño privado y aire acondicionado, además de servicio de limpieza diario. Ambas opciones son económicas, especialmente para familias o grupos de amigos. Suelen costar de 80 a 190 € por noche y muchas ofrecen descuentos por estancias largas.

También son una gran oportunidad para sumergirse en la cultura local, ya que casi todos son negocios familiares que ofrecen una experiencia más cercana y auténtica que los hoteles.

Centros vacacionales y hoteles

Para quienes viajen cargados de dinero la oferta de ultra lujo es enorme. Parecen directamente sacados de una revista de diseño, con lujosas villas de gran elegancia y fabulosos *spas* en entornos espectaculares.

Para quienes no puedan permitirse tanto, también hay algunos sitios con precios más moderados en Mahé, Praslin y La Digue que cobran unos 250 € por doble.

Los hoteles suelen ofrecer descuentos en línea muy por debajo de sus tarifas oficiales. Merece también la pena consultar en agencias de viaje los paquetes de vuelo y hotel, que suelen salir más económicos.

El precio mínimo es de unos 180 € por persona y noche (media pensión incl.), aunque los precios pueden subir rápidamente hasta los 1000 € por persona y noche.

Todos los hoteles aumentan sus tarifas durante la temporada alta.

En las Seychelles hay muy pocos centros vacacionales con todo incluido y oferta variada de instalaciones de ocio.

RESERVAS

Seychelles Travel (www.seychelles.travel) Opciones de alojamiento.

Seyvillas (www.seyvillas.com) Hoteles y villas independientes originales y auténticos.

Seychelles Bons Plans (www.seychellesbonsplans.com) Selección de establecimientos de calidad y a buen precio.

Seychelles Resa (www.seychelles-resa.com) Ofertas especiales.

Holidays Direct Seychelles (www.holidays-direct-seychelles.com) Especializado en hoteles pequeños y villas, con ofertas de última hora.

Centros vacacionales en islas privadas

Si se quiere combinar el lujo con el aislamiento, las Seychelles ofrecen una serie de lugares ultra exclusivos e indescriptibles, como las islas Alphonse, Bird, Desroches, Félicité, Silhouette, North, Frégate y Denis. En ellas realmente se paga por vivir un sueño. Ofrecen todas las comodidades modernas, pero mantienen el ambiente perfecto de isla tropical y tienen un aire romántico, joven y exóticamente sensual. Cada una de estas islas tiene su propia personalidad y sus devotos, aunque el contacto con la población local es mínimo. Por noche, en pensión completa, se pagará desde 450 a unos escandalosos 4500 €.

CUESTIONES LEGALES

Los extranjeros están sujetos a las leyes del país por el que viajan y no recibirán un trato especial por ser turistas. Si se tiene algún problema legal lo mejor es ponerse en contacto con la embajada.

Todas las ciudades y casi todos los pueblos cuentan con una comisaría de policía. En general, los viajeros no tienen nada que temer de los agentes, que no suelen molestar a los extranjeros y son muy amables si se les pregunta cualquier cosa.

La posesión y consumo de drogas es ilegal y los castigos que se imponen, duros.

DINERO

➜ La moneda oficial es la rupia de las Seychelles (SCR), que se divide en 100 centavos (¢). Los billetes son de 10, 25, 50, 100 y 500 SCR y las monedas, de 1 SCR, 5 SCR, 1 ¢, 5 ¢, 10 ¢ y 25 ¢.

➜ La mejor moneda extranjera para llevar es el euro. Los precios de la mayor parte de los servicios turísticos, como el alojamiento, las excursiones, el submarinismo, el alquiler de coches y el transporte, se indican en dicha divisa y pueden pagarse en la misma (con menos frecuencia, en dólares) tanto en efectivo como con tarjeta. Lógicamente, también se puede pagar en rupias. En los restaurantes, los precios se indican en rupias, aunque se puede pagar con euros.

➜ Los cuatro bancos principales son Barclays Bank, Seychelles Savings Bank, Nouvobanq y Mauritius Commercial Bank (MCB), con sucursales en Mahé, Praslin y La Digue. También hay muchas oficinas de cambio. Por cambios de efectivo no se cobra comisión.

➜ Los cajeros automáticos, que aceptan las principales tarjetas internacionales, están en el aeropuerto y en los principales bancos de Victoria. También pueden encontrarse en Beau Vallon y Anse Royale, en Mahé y en Praslin y La Digue. Sin embargo, conviene recordar que los bancos pueden cobrar comisiones muy altas, por lo que hay que consultarlo antes de viajar.

➜ La mayoría de los hoteles, restaurantes y tiendas turísticas aceptan las principales tarjetas de crédito, aunque muchas pensiones prefieren cobrar en efectivo. Algunos sitios añaden un recargo, normalmente del 3%, para cubrir "costes bancarios".

Tipos de cambio

Consúltese www.xe.com.

Argentina	10 ARS	8,5 SCR
EE UU	1 US$	13,2 SCR
México	10 MXN	6,4 SCR
Zona euro	1 €	14,8 SCR

Propinas

En las Seychelles no se suelen dar propinas, por lo que no se considera una obligación. Los restaurantes y hoteles de lujo a veces añaden a las cuentas un cargo por servicio del 10-15%.

ELECTRICIDAD

Se utiliza la corriente de 220V, 50Hz AC; los enchufes habituales cuentan con tres clavijas cuadradas.

EMBAJADAS Y CONSULADOS

Algunos países con representación diplomática en Seychelles:

Consulado de España (☏438 03 00; Hunt Deltel, Trinity House, Victoria, Mahe; hundel @seychelles.net)

Consulado de Mauricio (☏4 601 100; P.O.

PRECIOS DE RESTAURANTES

Precios de un plato principal, cubierto incluido.

€ menos de 150 SCR

€€ 150-300 SCR

€€€ más de 300 SCR

Box 1310, Mahé; nirmalshah@natureseyche
lles.org)

FIESTAS OFICIALES

Año Nuevo 1 y 2 de enero
Viernes Santo Marzo/abril
Domingo de Pascua Marzo/abril
Día del Trabajo 1 de mayo
Día de la Liberación 5 de junio
Corpus Christi 10 de junio
Fiesta Nacional 18 de junio
Día de la Independencia 29 de junio
La Asunción 15 de agosto
Día de Todos los Santos 1 de noviembre
Inmaculada Concepción 8 de diciembre
Navidad 25 de diciembre

HORA LOCAL

Las Seychelles se hallan en el GMT + 4. Cuando son las 12.00 del mediodía en Victoria, son las 9.00 en Madrid, las 3.00 en Nueva York y las 2.00 en Ciudad de México. Las Seychelles no tiene horario de verano; al ser ecuatorial, la salida y la puesta de sol varía muy poco a lo largo del año.

HORARIO COMERCIAL

Bancos Normalmente 8.30-14.00, lu-vi, sa hasta las 11.00.
Administraciones públicas 8.00-16.00 o 17.00 lu-vi.
Restaurantes 11.00-14.00 o 15.00 y 18.00-21.00 todos los días.
Tiendas y empresas Normalmente, 8.00-17.00 lu-vi; sa hasta las 12.00.

INFORMACIÓN TURÍSTICA

El Seychelles Tourism Bureau (www.sey chelles.travel) es el único organismo de in formación turística del país, y está muy bien organizado. La oficina principal (p. 287) está en Victoria. En Praslin hay dos oficinas y una más en La Digue.

MAPAS

La escasez de mapas del archipiélago es frus trante. El mejor es el de Google Earth. También está *Map of Seychelles*, un mapa turístico de las tres islas principales, disponible en las ofi cinas de turismo de Mahé, Praslin y La Digue.

MUJERES VIAJERAS

En general, las mujeres no deberían tener problemas al viajar solas por las Seychelles. Como en cualquier país, hay que hacer uso del sentido común cuando se vaya a playas aisladas y a zonas de interior en solitario.

TELÉFONO

⇒ El sistema telefónico es eficaz y fiable.
⇒ Se pueden comprar tarjetas telefónicas en **Cable & Wireless** (www.cwseychelles.com). Las llamadas locales, entre las islas principa les y las internacionales cuestan unas 4 SCR por minuto.
⇒ Para llamar a las Seychelles desde el extranjero hay que marcar el prefijo nacional (☎248), seguido de los siete dígitos del número local.
⇒ No hay prefijos de zona.
⇒ Para llamar al extranjero desde las islas hay que marcar 00 más el prefijo del país (☎34 en el caso de España), el prefijo de zona y el número local.

Teléfonos móviles

⇒ Muchos servicios de telefonía móvil ex tranjeros tienen cobertura en las Seychelles, aunque el precio de la itinerancia es altísimo.
⇒ En Mahé, Praslin, La Digue, North, Frégate y Silhouette hay cobertura móvil.
⇒ Si se tiene un teléfono GSM libre se puede usar una tarjeta SIM local (50 SCR) de **Cable & Wireless** (www.cwseychelles.com) o de **Airtel** (☎4610615; Huteau Lane, Victoria; ◷8.30-16.00 lu-vi, hasta 12.00 sa). Para comprar una tarjeta SIM hay que enseñar el pasaporte.
⇒ También existen tarjetas recargables, que pueden cargarse por teléfono o en línea.
⇒ Las llamadas a Europa y EE UU con Cable & Wireless cuestan unas 10 SCR por minuto.

VIAJAR CON NIÑOS

⇒ Las Seychelles son islas muy familiares.
⇒ Casi todos los hoteles tienen ofertas para todas las edades, con servicios de canguro, clubes infantiles y actividades especiales para adolescentes.
⇒ Aunque los niños se lo pasan en grande chapoteando todo el día en la playa, las excur siones en barco por las islas también les gustarán.
⇒ Llevarles a conocer a las tortugas gigantes es un éxito seguro, y visitar alguna de las reservas naturales puede ser muy divertido.
⇒ Encontrar alimentos y productos infantiles

EL CAMBIO CLIMÁTICO Y LOS VIAJES

Todos los viajes con motor generan una cierta cantidad de CO_2, la principal causa del cambio climático provocado por el hombre. En la actualidad, el principal medio de transporte para los viajes son los aviones, que emplean menos cantidad de combustible por kilómetro y persona que la mayoría de los automóviles, pero también recorren distancias mucho mayores. La altura a la que los aviones emiten gases (incluido el CO_2) y partículas también contribuye a su impacto en el cambio climático. Muchas páginas web ofrecen "calculadoras de carbono" que permiten al viajero hacer un cálculo estimado de las emisiones de carbono que genera en su viaje y, si lo desea, compensar el impacto de los gases invernadero emitidos participando en iniciativas de carácter ecológico por todo el mundo. Lonely Planet compensa todos los viajes de su personal y de los autores de sus guías.

puede ser difícil, especialmente fuera de Victoria, por lo que es mejor llevarlos de casa.

VIAJEROS CON DISCAPACIDADES

Casi todos los hoteles de lujo cumplen con las normas internacionales de accesibilidad y suele ser posible contratar a un ayudante si se quiere ir de excursión. Pero, aparte de eso, en las Seychelles hay muy pocas infraestructuras para viajeros con discapacidad y ninguna playa cuenta con acceso para sillas de ruedas.

VIAJEROS LGBT

Los isleños en general toleran las relaciones homosexuales siempre que las parejas no hagan alarde de su sexualidad, aunque en las Seychelles no existe una comunidad LGBT como tal.

Las parejas no tienen por qué preocuparse; nadie ha informado sobre problemas derivados de que parejas del mismo sexo compartan una habitación. Eso sí, las muestras de cariño en público pueden recibir miradas de desaprobación.

VISADOS

➺ Los ciudadanos de casi todos los países occidentales no requieren visado para entrar en las Seychelles, con el pasaporte basta.
➺ Se puede entrar sin problema para el período de la visita (con un máximo de tres meses) pero hay que mostrar un justificante del pago del medio de salida del país. Los funcionarios de inmigración también piden que se proporcione el nombre, dirección y teléfono del alojamiento en las Seychelles; a veces también piden un justificante de la reserva del hotel (o de otro alojamiento).

VOLUNTARIADO

Si se quiere colaborar en el marcaje de tortugas, el control de los tiburones ballena o en la investigación de algunas especies, en **Nature Seychelles** (plano p. 282; ☑4601100; www.na

tureseychelles.org; Roche Caiman), **Seychelles Island Foundation** (p. 287) y **Marine Conservation Society Seychelles** (MCSS; www.mcss. sc) organizan programas de voluntariado.

ⓘ Cómo llegar y salir

La mayoría de los visitantes llega en avión. Algunos también lo hacen en veleros o yates privados.

Es posible reservar en línea vuelos, automóviles y circuitos en lonelyplanet.com/bookings.

AVIÓN

Las Seychelles tiene conexiones directas con España (y otros países europeos), Kenia, India, Madagascar, Mauricio, Reunión, Sudáfrica, Sri Lanka y los EAU. Para otros destinos habrá que hacer escala en Sudáfrica, Europa u Oriente Medio.

Aeropuertos y compañías aéreas

El **aeropuerto internacional de las Seychelles** (plano p. 282; ☑4384400; www.seychellesair ports.travel), 8 km al sur de Victoria, es el único internacional de Seychelles.

Air Seychelles (☑4391000; www.airseyche lles.com; Independence Ave, Victoria; ☺8.00-16.00 lu-vi, hasta 12.00 sa) es la compañía nacional. Tiene un buen historial de seguridad y una red internacional bastante limitada. Comparte código de vuelo con Etihad Airways.

BARCO

No existen servicios de barco entre las Seychelles y otros destinos en el océano Índico.

ⓘ Cómo desplazarse

AUTOBÚS

Si se tiene tiempo, no es necesario alquilar un coche para visitar las islas.

Mahé

En Mahé hay una gran red de autobuses. Los destinos y las rutas suelen estar indicados en la parte delantera de los vehículos. El billete cuesta 5 SCR, independientemente del destino, y se paga al conductor. Las paradas están indicadas y tienen marquesinas; también están señalizadas en el suelo.

Los horarios y planos de ruta pueden consultarse en la terminal de Victoria, donde también se pueden comprar horarios fotocopiados (5 SCR) en la oficina de la **SPTC** (plano p. 286). Los autobuses llegan a todos los puntos de la isla, pero para muchos destinos hay que hacer trasbordo en la capital.

Praslin

Praslin cuenta con un servicio de autobuses bastante eficiente. La ruta básica va de Anse Boudin a Mont Plaisir (para ir a Anse Kerlan), pasando por Anse Volbert, Baie Ste Anne, Vallée de Mai, Grand Anse y el aeropuerto. Los autobuses salen cada hora en ambas direcciones (cada 30 min entre Baie St Anne y Mont Plaisir) de 6.00 a 18.00. También llegan a Anse Consolation y Anse La Blague. Para ir a Anse Lazio hay que bajar en Anse Boudin y andar hasta la playa (20 min; 1 km). En las oficinas de turismo hay horarios. Los billetes cuestan 7 SCR.

Si se quiere tener más independencia, lo mejor es alquilar un coche. La mayor parte de las carreteras de Mahé y Praslin están asfaltadas y en buenas condiciones. Lo más peligroso son las curvas cerradas y la velocidad a la que las toman muchos conductores, sobre todo los de autobús.

Se conduce por la izquierda. Hay que ir con mucho cuidado los viernes y sábados por la noche. El límite de velocidad se supone que está en 40 km/h en zonas urbanizadas, 65 km/h fuera de la ciudad y 80 km/h en la carretera de doble carril que va de Victoria al aeropuerto. En Praslin el límite es de 40 km/h en toda la isla.

En La Digue y el resto de las islas no hay empresas de alquiler; los turistas van a pie o en bicicleta.

Alquiler de automóviles

En Mahé y en Praslin hay muchas empresas de alquiler. Gracias a la competencia, lo más económico en Mahé es un tres o cinco puertas pequeño por 40-50 € al día. En Praslin las tarifas son 5-10 € más caras. Se pueden reservar a través del hotel o la pensión. Muchos dueños de apartamentos y pensiones tienen negociados descuentos para sus clientes. Algunas empresas también tienen oficinas en el aeropuerto.

Para alquilar un coche, el conductor tiene que tener más de 23 años y más de uno de permiso de conducción. Casi todas las empresas aceptan los permisos nacionales.

Air Seychelles se encarga de todos los vuelos entre las islas, tanto regulares como chárter. Los únicos servicios regulares son los que van de Mahé a Praslin, con cerca de 25 diarios en cada dirección. El vuelo, de 15 min, cuesta 132 € ida y vuelta. El equipaje se limita a 20 kg. Air Seychelles también vuela a las islas Bird, Denis, Frégate y Desroches, pero solo en chárteres, que organizan directamente los hoteles de la isla.

A La Digue y Silhouette (y al resto de las islas) se puede llegar en helicóptero.

Mahé es el único centro desde el que salen vuelos internos por las islas.

Entre Mahé, Praslin y La Digue el transporte en barco es muy sencillo, con servicios de ferri regulares y muy eficientes. Para el resto de las islas es necesario fletar un barco o contratar un circuito.

LO BÁSICO

➡ **Periódicos y revistas** Los periódicos más importantes son el diario del Gobierno *Seychelles Nation* (www.nation.sc) y el *Today in Seychelles* (www.today.sc).

➡ **Radio** La Seychelles Broadcasting Corporation (www.sbc.com) dirige la principal cadena de radio y la cadena de música 24 h Paradise FM. Tanto BBC World Service como Radio France International (RFI) se pueden sintonizar en Mahé.

➡ **Fumadores** Está prohibido fumar en lugares públicos cerrados, en centros de trabajo y en transportes públicos; se puede en restaurantes al aire libre, playas y en algunas habitaciones de hotel.

➡ **TV** SBC emite en inglés, francés y criollo. Se pueden ver BBC World, France 24 y CNN vía satélite.

➡ **Pesos y medidas** Se usa el sistema métrico.

De Mahé a Praslin

El catamarán **'Cat Cocos'** (☑4324842, 4324844; http://www.seyferry.com/en/) de Sey Ferry realiza tres viajes de ida y vuelta diarios de Mahé a Praslin. Desde Victoria, el trayecto dura 1 h (no mucho más que el avión, si se incluye el embarque) y cuesta 60 € por trayecto; los menores de 12 años pagan la mitad. En temporada alta se recomienda reservar al menos con un día de antelación, directamente en la compañía del ferri o bien a través de una agencia de viajes.

De Mahé a La Digue

El **Cat Cocos** ofrece uno o dos servicios diarios a La Digue desde Mahé (75 €); realiza una breve parada en Praslin antes de continuar a La Digue.

De Praslin a La Digue

Inter-Island Ferry Pty (p. 322) tiene un servicio de catamarán entre Praslin y La Digue. Se realizan unas siete salidas diarias (5 do) de 7.00 (9.00 do) a 17.15 (5.45 vi, sa, do) desde Praslin y de 7.30 (9.30 do) a 17.45 (18.15 vi, sa, do) desde La Digue. La travesía dura menos de 20 min.

BICICLETA

La bicicleta es el principal medio de transporte en La Digue. En Praslin se pueden alquilar en Anse Volbert o a través del alojamiento. Mahé es algo montañosa para el ciclista ocasional y la gente suele alquilar coches, por lo que es más difícil encontrar sitios de alquiler de bicicletas.

TAXI

Hay taxis en Mahé y Praslin, más un puñado en La Digue. No tienen taxímetro, por lo que hay que acordar un precio antes de salir.

Guía
práctica

Salud

Si el viajero tiene las vacunas al día y toma algunas medidas preventivas básicas, deberá tener muy mala suerte para contraer alguna enfermedad. En Reunión hay enfermedades tropicales, pero es mucho más probable sufrir algún episodio de diarrea leve o torcerse un tobillo que una enfermedad exótica.

Como Reunión y Mauricio han sufrido epidemias de chikunguña, se recomienda informarse al respecto antes de partir.

ANTES DE PARTIR

Antes de emprender el viaje, se aconseja hacer algunos preparativos, sobre todo si ya se sufre alguna enfermedad, pues con ello se ahorrarán muchos problemas. Se recomienda hacerse un chequeo con el dentista y el médico si se toma alguna medicación regularmente o se sufre una enfermedad crónica (p. ej. presión arterial alta o asma). También se deberían llevar unas lentes de contacto o gafas de repuesto (y la receta del óptico encima); un botiquín con todo lo necesario; y ponerse las vacunas necesarias.

Los viajeros pueden inscribirse en la International Association for Medical Assistance to Travellers (www.iamat.org), pues puede ayudarles a buscar un médico competente acreditado en caso de necesidad. También se podría asistir a un curso de primeros auxilios (Cruz Roja lo imparte).

De llevar medicamentos, estos han de ir en sus envases originales, con la etiqueta. También se recomienda llevar una carta firmada y fechada por el médico que describa las condiciones médicas del paciente y los medicamentos, incluidos los nombres genéricos. Y hay que llevar otra de justificación si se viaja con jeringas o agujas.

Seguro

Conviene averiguar con antelación si el seguro abonará los gastos médicos directamente a los proveedores o si los reembolsará al asegurado más tarde (en muchos países los médicos esperan el pago en efectivo). Es vital cerciorarse que el seguro de viaje cubra las actividades al aire libre, incluidos el parapente, submarinismo y barranquismo, así como el traslado urgente en ambulancia a un buen hospital, o la repatriación por vía aérea con un sanitario si fuera necesario. Como no todos los seguros lo contemplan, hay que mirar con lupa la póliza. Si se necesita atención médica, la compañía de seguros puede ayudar a localizar el hospital o clínica más cercanos, o se puede preguntar en el hotel. En caso de emergencia, hay que contactar con la embajada o el consulado.

Botiquín

Se recomienda llevar un botiquín médico de primeros auxilios para utilizarlo en caso de enfermedades o heridas leves. Artículos recomendados:

➡ medicamentos para la diarrea (p. ej. loperamida)

VACUNAS RECOMENDADAS

La Organización Mundial de la Salud (www.who.int/en) recomienda a todos los viajeros estar adecuadamente vacunados de difteria, tétanos, sarampión, paperas, rubéola y poliomielitis, así como de hepatitis B, independientemente del lugar al que se viaje.

Aunque oficialmente no se requiera ninguna vacuna, muchos médicos recomiendan hacerlo contra la hepatitis A y B para mayor tranquilidad; si se procede de una región infectada se requerirá un certificado de fiebre amarilla.

- acetaminofeno (paracetamol) o aspirinas

- antiinflamatorios (p. ej. ibuprofeno)

- antihistamínicos (para fiebre del heno y reacciones alérgicas)

- pomada antibacteriana (p. ej. Bactroban) para cortes y abrasiones (solo con receta)

- crema con esteroides o con hidrocortisona (para sarpullidos alérgicos)

- vendas, gasas, rollos de gasa

- tiritas

- tijeras, imperdibles, pinzas

- termómetro

- navaja

- repelente de insectos con DEET para la piel

- protección solar

- sales de rehidratación oral

- pastillas de yodo (para purificar el agua)

- jeringas y agujas estériles (si se viaja a zonas remotas)

Sitios web

Hay muchas webs con consejos para un viaje saludable, se podría empezar por www.lonelyplanet.com. La Organización Mundial de la Salud publica un libro maravilloso titulado *Viajes internacionales y salud*, que se revisa cada año, y está gratis en línea en www.who.int/ith. Los siguientes portales también son interesantes:

Centers for Disease Control and Prevention (www.cdc.gov)

Fit for Travel (www.fitfortravel.scot.nhs.uk)

MD Travel Health (www.mdtravelhealth.com)

También se puede consultar la web para un viaje sin riesgos del Gobierno del país del viajero, si es que la hay:

EE UU (www.cdc.gov/travel)

España (https://www.msssi.gob.es/ciudadanos/proteccionSalud/vacunaciones/viajero/home.htm)

EN MAURICIO, REUNIÓN Y LAS SEYCHELLES

Asistencia médica y coste

En general, la asistencia médica en Mauricio y Reunión es excelente; en las Seychelles está bastante bien, pero algunos viajeros se han quejado del nivel de la sanidad pública. Generalmente los hospitales públicos son los más económicos, pero también tienen equipamientos más anticuados y los medicamentos deberían actualizarse; los hospitales y clínicas privadas son más caros, pero suelen tener lo último en medicación y equipos y médicos mejor preparados.

Enfermedades infecciosas

La lista es larga, pero no hay que ser paranoico: tomar algunas precauciones básicas suele ser suficiente.

Chikunguña

Esta infección vírica transmitida por la picadura de determinados mosquitos no había existido en el Índico hasta el 2005, cuando una epidemia asoló Reunión, Mauricio y las Seychelles. El atípico nombre significa "enfermedad de aquel que camina encorvado" en makonde, un idioma del este de África, una referencia al dolor articular y a las erupciones protuberantes de los afectados. Raras veces es mortal, aunque puede serlo, y siempre es desagradable. Los síntomas se parecen a los de la gripe: dolor de articulaciones, mucha fiebre y sarpullidos en el cuerpo son los más habituales.

Es importante no confundirlo con el dengue; si a alguien le diagnostican chikunguña estará mal durante una semana como mínimo, posiblemente más.

El dolor de articulaciones puede ser horroroso y no hay tratamiento; los infectados simplemente deben hacer reposo a cubierto (preferiblemente bajo una mosquitera para prevenir recaídas) y hacer ejercicio moderado para evitar el insoportable anquilosamiento de las articulaciones. La mejor forma de evitarlo es prevenir las picaduras de mosquito, de modo que hay que llevar mucho repelente, utilizar un insecticida eléctrico allí donde se pueda y llevar una mosquitera.

Hepatitis A

La hepatitis A se transmite por la comida contaminada (sobre todo el marisco) y por el agua. Provoca ictericia y, aunque raras veces es mortal, el cansancio es prolongado y la recuperación, lenta. Si se ha tenido hepatitis A, no se debería beber alcohol durante los seis primeros meses, pero una vez ya recuperado, ya no hay más problemas a largo plazo. Los primeros síntomas incluyen orina oscura y ojos amarillos y, a veces, fiebre y dolor abdominal. La vacuna de la hepatitis A (Avaxim, VAQTA, Havrix) se aplica mediante una inyección: una sola dosis basta para un año, y otra de recuerdo un año más tarde para 10 años de protección. También se ofrecen vacunas combinadas contra la hepatitis A y la fiebre tifoidea en una sola dosis (Hepatyrix, Tyavax o Viatim).

Hepatitis B

La hepatitis B se propaga por sangre infectada, agujas contaminadas y relaciones sexuales. Una madre infectada puede pasarla al bebé durante el parto. Afecta al hígado, provocando ictericia y, a veces, insuficiencia hepática. La mayoría de los pacientes se recupera completamente, aunque algunos podrían ser portadores crónicos del virus, que podría desembocar en cirrosis o cáncer de hígado. Quienes pasen largas estancias en zonas de alto riesgo o estén más expuestos social o laboralmente deberían inmunizarse. Ahora en muchos países se obliga a vacunar a los niños contra la hepatitis B. Se puede aplicar por separado o conjuntamente con la de hepatitis A (Twinrix). El tratamiento protege durante cinco años como mínimo. Se puede aplicar a lo largo de cuatro semanas o de seis meses.

VIH

El virus de inmunodeficiencia humana (VIH), que causa el síndrome de inmunodeficiencia adquirida (sida), es un problema tremendo en toda África, pero la región más afectada es el África subsahariana. El virus se transmite por vía sanguínea o productos hemoderivados, por relaciones sexuales que incluyan penetración con una persona infectada, y de una madre portadora a su bebé durante el parto y la lactancia. La transmisión por vía sanguínea también incluye el uso de instrumentos contaminados en prácticas médicas, dentales, acupuntura y otros procesos de *body-piercing*, y por vía intravenosa, con agujas infectadas.

En la actualidad no hay cura; hay medicación que sirve para controlar la enfermedad, pero estos fármacos son demasiado caros para la inmensa mayoría de los africanos. Quien crea que puede haber sido infectado de VIH, debe hacerse un análisis de sangre para los anticuerpos no aparecen en la sangre hasta tres meses después del contagio.

Leptospirosis

Se han detectado casos de leptospirosis en Reunión. Se transmite por los excrementos de roedores infectados, especialmente ratas. Puede causar hepatitis e insuficiencia renal, que podrían ser mortales. Los síntomas se parecen a los de la gripe: fiebre, dolor de cabeza, dolor muscular y enrojecimiento de ojos, entre otros. Evítese nadar o pasear por aguas estancadas.

Malaria

El riesgo de malaria en Mauricio y Reunión apenas existe; en las Seychelles es nulo.

Rabia

La rabia se transmite por la mordedura o la saliva de un animal infectado sobre piel lacerada. En Mauricio, Reunión y las Seychelles, los perros son el principal riesgo. Siempre es mortal cuando empiezan los síntomas clínicos (que podrían manifestarse varios meses después de la mordedura), de modo que debería administrarse una vacuna postexposición lo antes posible. Dicha vacuna (tanto si uno ya ha sido o no vacunado con anterioridad) impide que el virus avance hacia el sistema nervioso central. Hay que administrarse tres inyecciones preventivas a lo largo de un mes. Y si el paciente no ha sido vacunado, debe someterse a un tratamiento de cinco inyecciones, la primera de las cuales debe administrarse 24 h después de la exposición o lo más pronto posible si hay herida abierta. Los ya vacunados no necesitan tantas inyecciones postexposición y tienen más tiempo para buscar asistencia médica.

Diarrea del viajero

Esta no es una región donde la diarrea sea inevitable, pero podría ocurrir. A veces los cambios en la dieta alimenticia (utilización de más especias o aceites) son la causa. Para prevenirla, solo hay que comer frutas o verduras frescas si están cocinadas o peladas, y ser cautelosos con los productos lácteos que puedan llevar leche sin pasteurizar. Aunque la comida recién hecha sea una opción segura, los platos o los utensilios para servir podrían estar sucios, de modo que conviene ser muy selectivo cuando se coma en puestos ambulantes.

Si se tiene diarrea, hay que beber muchos líquidos, sobre todo una solución de rehidratación oral que contenga agua (mucha), y un poco de sal y azúcar. Algunas deposiciones líquidas no necesitan tratamiento pero si se empieza a tener más de cuatro o cinco al día, habría que tomar un antibiótico (normalmente un fármaco con quinolonas, como ciprofloxacina o norfloxacina) y un agente antidiarréico (como la loperamida) si no se está cerca de algún lavabo. No obstante, si las heces se acompañan de sangre, la diarrea persiste más de 72 h o se tiene fiebre, escalofríos o fuerte dolor abdominal, se debería acudir a un médico.

Fiebre amarilla

Aunque en Mauricio, Reunión y las Seychelles no hay fiebre amarilla, los viajeros que hayan estado recientemente en un país infectado deberían llevar un certificado de vacunación. Para una relación de dichos países, visítense los portales de la Organización Mundial de la Salud (www. who.int/ith) o los Centers for Disease Control and Prevention (Centros para el Control y Prevención de la Enfermedad; www.cdc.gov). Un viajero sin un certificado actualizado y legal podría ser vacunado y retenido en un lugar aislado durante 10 días o probablemente repatriado.

Submarinismo: salud y seguridad

Estado físico

En teoría, un médico debería examinar al viajero que quiera realizar un curso. En la práctica, la mayoría de las escuelas de submarinismo se limitan a entregar un sencillo cuestionario médico. Se recomendaría una revisión médica si se tienen problemas respiratorios, en los oídos o en los senos. Se desaconseja practicar submarinismo a los asmáticos y a quienes padecen dificultades respiratorias crónicas o problemas en el oído interno.

En Reunión es obligatorio presentar un sencillo certificado médico para hacer submarinismo (no así en inmersiones para primerizos). Los puede facilitar un médico en el país de origen y enviar por correo electrónico al centro de submarinismo o solicitar a un médico de la isla.

Síndrome de descompresión

Es un problema de salud muy grave, normalmente asociado, aunque no siempre, a una imprudencia del submarinista. Los síntomas más comunes son fatiga o debilidad anormal; escozor en la piel; dolor en brazos, piernas (articulaciones o extremidades medias) o torso; mareo y vértigo; pérdida local de sensibilidad, hormigueo o parálisis; y falta de aire.

La enfermedad descompresiva (o bends, su nombre más habitual) la provoca habitualmente sumergirse a demasiada profundidad, permanecer en el fondo demasiado tiempo o subir demasiado rápido. Como resultado el nitrógeno no se metaboliza y permanece disuelto en la sangre en forma de burbujas, normalmente en los huesos y especialmente en las articulaciones o en zonas débiles como antiguas fracturas ya curadas.

Convienen tener en cuenta que la última inmersión debería ser, como mínimo, 24 h antes de tomar un vuelo para minimizar el riesgo de nitrógeno residual en la sangre que puede causar daños descompresivos.

El único tratamiento para la enfermedad de los buzos es colocar al paciente en una cámara de descompresión; las hay en Mauricio, Reunión y las Seychelles.

Seguro

Además de un seguro de viaje normal, se recomienda contratar una póliza que cubra específicamente el submarinismo e incluya la evacuación hasta unas instalaciones de descompresión y el coste del tratamiento hiperbárico en una cámara. Divers Alert Network (www.diversalertnetwork.org) es una organización sin ánimo de lucro para inmersiones seguras y facilita una póliza que abarca la evacuación y la recompresión.

Riesgos medioambientales

Deshidratación

Se llega a este estado tras sudar mucho y perder fluidos sin la reposición adecuada de líquidos y sal. Antes de realizar grandes esfuerzos en países calurosos hay que dejar que el cuerpo se acostumbre al nuevo clima. Los síntomas incluyen dolor de cabeza, mareos y fatiga. El paciente mejorará si toma fluidos con agua y/o zumo de fruta, se refresca con agua fría y un abanico (el objetivo es beber suficiente agua para que la orina sea clara y diluida). Para recuperar las sales perdidas hay que consumir líquidos salados tales como una sopa, y añadir un poco más de sal a las comidas.

Golpe de calor

La deshidratación es el episodio previo al golpe de calor, un problema mucho más grave. En este caso se producen daños en el sistema de transpiración, con un aumento excesivo de la temperatura corporal; comportamiento irracional e hiperactividad; pérdida final de conciencia y muerte. La refrigeración rápida del cuerpo rociando con agua y ventilándolo es ideal. También se requiere reponer fluidos y electrolitos por vía intravenosa (suero).

Mordeduras y picaduras de insectos

En la región los mosquitos no suelen portar ni chikunguña ni dengue, pero otros insectos pueden causar irritaciones e infecciones. Para evitarlas, hay que tomar las mismas precauciones que para la malaria: vestir con pantalones y camisas de manga larga, utilizar repelentes de mosquitos, evitar colonias o lociones muy perfumadas, etc. Las abejas y avispas solo causan problemas importantes a quienes tienen alergias serias a las picaduras (anafilaxis), en cuyo caso hay que llevar una inyección de adrenalina (epinefrina).

En la pluvisilva puede haber sanguijuelas, que se adhieren a la piel para chupar la sangre. La sal o un cigarrillo encendido las hace caer. Las garrapatas pueden provocar infecciones en la piel y otras enfermedades más graves. Si a alguien se

AGUA DEL GRIFO

En Rodrigues el agua del grifo no es potable y se recomienda beberla solo embotellada. En general, el agua del grifo en Reunión, las Seychelles y el resto de Mauricio se puede beber, pero siempre hay que tener mucho cuidado después de un ciclón o tormenta ya que los principales suministros de agua pueden estar contaminados por los animales muertos u otros desechos arrastrados hacia el sistema. Jamás hay que beber agua de los arroyos porque podría ser portadora de enfermedades.

le engancha una garrapata, hay que apretar con unas pinzas la cabeza y extraerla con cuidado.

Vida marina

Hay bastantes especies en el Índico que son venenosas o pueden picar o morder. Hay que ir con mucho cuidado con no pisar los erizos de mar. Otras criaturas infinitamente más insólitas son el pez león colorado con sus ponzoñosas espinas dorsales y aletas, y los peces piedra, muy venenosos, que viven camuflados entre las formaciones coralinas. Algunos moluscos, como los conos, pueden clavar una lengüeta mortífera. Los corales de fuego, que son como matorrales de cepillos amarillentos, producen un escozor intenso al tocarlos.

En los últimos años han preocupado y mucho los ataques de tiburón en Reunión, sobre todo delante de Boucan Canot, St-Gilles-les-Bains, Trois Bassins y Étang-Salé-les-Bains. No hay que apartarse de las playas vigiladas y resguardadas. En las Seychelles se registraron dos ataques mortales de tiburón a bañistas en el 2011; ambos ocurrieron en Anse Lazio.

Idioma

Además del criollo local, en los tres destinos de esta guía se habla francés (que, además, es el idioma oficial). Las cartas en las islas están escritas en francés, con traducciones al inglés en algunos casos.

CRIOLLO

El criollo que se habla en Mauricio, Reunión y las Seychelles es una mezcla de francés y una serie de lenguas africanas, con variaciones regionales. El de las Seychelles es similar al de Mauricio, pero es bastante diferente al que se habla en Reunión. El criollo de Mauricio y las Seychelles es más fácil de entender para los franceses que el de Reunión, a pesar de que Reunión es más francesa que las otras islas.

Mauricio

Las lenguas oficiales de Mauricio son el inglés y el francés. El inglés se usa principalmente en la administración y los negocios. El francés se habla en los círculos intelectuales y culturales y se usa en periódicos y revistas. La gente suele empezar a hablar a los desconocidos en francés y cambia al inglés si ven que no entienden el francés. Casi todos los indomauricianos hablan bhoj-puri, derivado de un dialecto bihari del hindi.

Existen diferencias importantes entre la pronunciación y el uso del criollo y el francés. A continuación se detallan algunas frases prácticas.

¿Cómo está usted?	Ki manière?
Bien, gracias.	Mon byen, mersi.
No entiendo.	Mo pas comprend.
Bien.	Correc.
Mal.	Pas correc.
él/ella/eso	li
¿Tiene...?	Ou éna...?

Me gustaría...	Mo oulé...
Tengo sed.	Mo soif.
¡Salud!	Tapeta!
¡Genial!	Formidabe!

Reunión

El francés es la lengua oficial de Reunión, pero el criollo es la más hablada. Poca gente habla inglés.

Se debe tener en cuenta que una palabra en francés puede significar algo totalmente distinto en criollo, y cuando sí comparten el significado suele pronunciarse de manera distinta en criollo. El criollo también cuenta con varios *bons mots* y curiosas frases hechas, que suelen ser el resultado de la influencia del hindi, árabe y malgache o de las malinterpretaciones de la palabra original francesa. Por ejemplo, un *bonbon la fesse* (caramelo de posaderas) es un supositorio, *conserves* (conservas) son gafas y *cœur d'amant* (corazón de amante) es una semilla de cardamomo. El *coco* es la cabeza, *caze* es una casa, *marmaille* es un hijo, *baba* es un bebé, *band* significa "familia", *le fait noir* significa "noche" y *mi aime jou* significa "te quiero".

Hay dos reglas básicas de pronunciación criolla. La r no suele pronunciarse (y cuando se pronuncia, es suave) y los sonidos suaves de j y ch del francés se pronuncian z y s, respectivamente. Por ejemplo, *manzay* es el equivalente criollo del francés 'manger' (comer), *zamais* se usa en vez de 'jamais' (nunca) y *sontay* en vez de 'chanter' (cantar).

Seychelles

El inglés y el francés son las lenguas oficiales. La mayoría de los habitantes hablan ambas, aunque el francés criollo (llamado kreol seselwa) es la lengua franca. El kreol seselwa fue

PARA SABER MÁS

Para obtener información en profundidad sobre el idioma y conocer algunas frases prácticas, consúltese la guía de conversación *Francés para el viajero* de Lonely Planet.

resucitado y hecho semioficial en 1981 y cada vez se usa más en periódicos y literatura. Actualmente, la mayoría de los isleños habla en inglés a los turistas, francés al hacer negocios y criollo en casa.

El criollo de las Seychelles es similar al de Mauricio y Martinica, pero muy distinto del de Reunión. La suave pronunciación de algunas consonantes francesas se endurece y se dejan de pronunciar algunas sílabas.

La j suave se convierte en 'z', por ejemplo. A continuación se muestran una serie de frases útiles:

Buenos días/ Buenas tardes.	Bonzour.
¿Cómo está usted?	Comman sava?
Bien, gracias.	Mon byen, mersi.
¿Cómo se llama?	Ki mannyer ou appel?
Me llamo...	Mon appel...
¿Dónde vive?	Koté ou resté?
No entiendo.	Mon pas konpran.
Me gusta.	Mon kontan.
¿Dónde está...?	Ol i...?
¿Cuánto cuesta?	Kombyen sa?
Tengo sed.	Mon soif.
¿Me pone una cerveza, por favor?	Mon kapa ganny en labyer silvouplé?

FRANCÉS

En las frases que se indican a continuación se han incluido formas femeninas y masculinas cuando es necesario, indicadas con 'm/f'.

Vocabulario básico

Hola.	Bonjour.
Adiós.	Au revoir.
Lo siento.	Excusez-moi.
Perdón.	Pardon.
Sí./No.	Oui./Non.
Por favor.	S'il vous plaît.
Gracias.	Merci.
De nada.	De rien.

¿Cómo está usted?	Comment allez-vous?
Bien, ¿y usted?	Bien, merci. Et vous?
Me llamo...	Je m'appelle ...
¿Cómo se llama?	Comment vous appelez-vous?
¿Habla inglés/español?	Parlez-vous anglais/espagnol?
No entiendo.	Je ne comprends pas.

Alojamiento

¿Tiene habitaciones libres?	Est-ce que vous avez des chambres libres?
¿Cuánto cuesta por noche/persona?	Quel est le prix par nuit/personne?
¿Se incluye el desayuno?	Est-ce que le petit déjeuner est inclus?

'Camping'	camping
Dormitorio	dortoir
Pensión	pension
Hotel	hôtel
Albergue	auberge
de juventud	de jeunesse
una habitación	une chambre ...
individual	à un lit
doble	avec un grand lit
con literas	avec des lits jumeaux
con...	avec ...
aire acondicionado	climatiseur
baño	une salle de bains
ventana	fenêtre

Direcciones

¿Dónde está...?	Où est ...?
¿Cuál es la dirección?	Quelle est l'adresse?
¿Me puede escribir la dirección, por favor?	Est-ce que vous pourriez écrire l'adresse, s'il vous plaît?

¿Me lo puede indicar (en el plano)?

Pouvez-vous m'indiquer (sur la carte)?

En la esquina	*au coin*
En el semáforo	*aux feux*
Detrás	*derrière*
Delante	*devant*
Lejos (de)	*loin (de)*
Izquierda	*gauche*
Cerca (de)	*près (de)*
Enfrente de...	*en face de ...*
Derecha	*droite*
Todo recto	*tout droit*

Comida y bebida

¿Qué me recomienda?

Qu'est-ce que vous conseillez?

¿Qué ingredientes tiene el plato?

Quels sont les ingrédients?

Soy vegetariano.

Je suis végétarien/végétarienne.

No como...

Je ne mange pas ...

¡Salud!

Santé!

Estaba delicioso.

C'était délicieux!

La cuenta, por favor.

Apportez-moi l'addition, s'il vous plaît.

Quisiera	*Je voudrais*
reservar	*réserver une*
una mesa para ...	*table pour ...*
las (ocho)	*(vingt) heures*
(dos) personas	*(deux) personnes*

Palabras clave

Entrantes	*entrée*
Botella	*bouteille*
Desayuno	*petit déjeuner*
Menú	*menu*
infantil	*pour enfants*
Frío	*froid*
delicatessen	*traiteur*
Cena	*dîner*
Plato	*plat*
Comida	*nourriture*
Tenedor	*fourchette*
Vaso	*verre*

Colmado	*épicerie*
Trona	*chaise haute*
Caliente	*chaud*
Cuchillo	*couteau*
Especialidad	*spécialité*
local	*locale*
Almuerzo	*déjeuner*
Plato principal	*plat principal*
Mercado	*marché*
Carta	*carte*
Plato	*assiette*
Cuchara	*cuillère*
Carta de vinos	*carte des vins*
Con/sin	*avec/sans*

Carne y pescado

Buey	*bœuf*
Pollo	*poulet*
Cangrejo	*crabe*
Cordero	*agneau*
Ostra	*huître*
Cerdo	*porc*
Caracol	*escargot*
Calamar	*calmar*
Pavo	*dinde*
Ternera	*veau*

Fruta y verdura

Manzana	*pomme*
Albaricoque	*abricot*
Espárrago	*asperge*
Judía verde	*haricots*
Remolacha	*betterave*
Col	*chou*
Cereza	*cerise*
Maíz	*maïs*
Pepino	*concombre*
Uva	*raisin*
Limón	*citron*
Lechuga	*laitue*
Champiñón	*champignon*
Melocotón	*pêche*
Guisante	*petit pois*
Pimienta	*poivron*
(roja/verde)	*(rouge/vert)*
Piña	*ananas*
Ciruela	*prune*
Patata	*pomme de terre*

Calabaza	*citrouille*
Chalota	*échalote*
Espinacas	*épinards*
Fresa	*fraise*
Tomate	*tomate*
Verdura	*légume*

Otros

Pan	*pain*
Mantequilla	*beurre*
Queso	*fromage*
Huevo	*œuf*
Miel	*miel*
Mermelada	*confiture*
Pasta/fideos	*pâtes*
Pimienta	*poivre*
Arroz	*riz*
Sal	*sel*
Azúcar	*sucre*
Vinagre	*vinaigre*

Bebidas

Cerveza	*bière*
Café	*café*
Zumo (de naranja)	*jus (d'orange)*
Leche	*lait*
Vino tinto	*vin rouge*
Té	*thé*
Agua (mineral)	*eau (minérale)*
Vino blanco	*vin blanc*

Emergencias

¡Ayuda!
Au secours!
¡Déjeme en paz!
Fichez-moi la paix!
Me he perdido.
Je suis perdu/perdue. (m/f)
Llame a un médico.
Appelez un médecin.
Llame a la policía.
Appelez la police.
Estoy enfermo.
Je suis malade.
Me duele aquí.
J'ai une douleur ici.

Soy alérgico a...
Je suis allergique ...
¿Dónde está el baño?
Où sont les toilettes?

Compras y servicios

Quisiera comprar...
Je voudrais acheter ...
¿Puedo verlo?
Est-ce que je peux le voir?
Estoy mirando.
Je regarde.
No me gusta.
Cela ne me plaît pas.
¿Cuánto cuesta?
C'est combien?
Es demasiado caro.
C'est trop cher.
¿Puede bajar el precio?
Vous pouvez baisser le prix?
Hay un error en la cuenta.
Il y a une erreur dans la note.

Cajero automático	*guichet automatique de banque*
Tarjeta de crédito	*carte de crédit*
Cibercafé	*cybercafé*
Oficina de coreos	*bureau de poste*
Oficina de turismo	*office de tourisme*

Hora y fechas

¿Qué hora es?
Quelle heure est-il?
Son las (ocho).
Il est (huit) heures.
Son las (10) y media.
Il est (dix) heures et demie.

Mañana	*matin*
Tarde	*après-midi*
Noche	*soir*
Ayer	*hier*
Hoy	*aujourd'hui*
Mañana	*demain*
Lunes	*lundi*
Martes	*mardi*

Miércoles	mercredi
Jueves	jeudi
Viernes	vendredi
Sábado	samedi
Domingo	dimanche
Enero	janvier
Febrero	février
Marzo	mars
Abril	avril
Mayo	mai
Junio	juin
Julio	juillet
Agosto	août
Septiembre	septembre
Octubre	octobre
Noviembre	novembre
Diciembre	décembre

Transporte

Barco	bateau
Autobús	bus
Avión	avion
Tren	train
Primer	premier
Último	dernier
Próximo	prochain

Quiero ir a...

Je voudrais aller à ...

¿Para en...?

Est-ce qu'il s'arrête à...?

¿A qué hora sale/llega?

À quelle heure est-ce esqu'il part/arrive?

¿Me puede decir cuándo llegamos a...?

Pouvez-vous me dire quand nous arrivons à ...?

Quiero bajar aquí.

Je veux descendre ici.

Un billete	un billet...
de primera clase	de première classe

de segunda clase	de deuxième classe
ida	simple
ida y vuelta	aller et retour
Asiento de pasillo	côté couloir
Con retraso	en retard
Cancelado	annulé
Andén	quai
Taquilla	guichet
Horario	horaire
Estación de trenes	gare
Asiento de ventana	côté fenêtre
Quisiera	Je voudrais
alquilar...	louer ...
un todoterreno	un quatre-quatre
un coche	une voiture
una bicicleta	un vélo
una moto	une moto
Sillita infantil	siège-enfant
Diésel	diesel
Casco	casque
Mecánico	mécanicien
Gasolina	essence
Gasolinera	station-service

¿Es esta la carretera para ir a ...?

C'est la route pour ...?

¿(Cuánto tiempo) puedo aparcar aquí?

(Combien de temps) Est-ce que je peux stationner ici?

El coche/moto se ha estropeado (en).

La voiture/moto est tombée en panne (à ...).

Se me ha pinchado la rueda.

Mon pneu est à plat.

Me he quedado sin gasolina.

Je suis en panne d'essence.

He perdido las llaves del coche.

J'ai perdu les clés de ma voiture.

Entre bastidores

LA OPINIÓN DEL LECTOR

Agradecemos a los lectores cualquier comentario que ayude a que la próxima edición pueda ser más exacta. Toda la correspondencia recibida se envía al equipo editorial para su verificación. Es posible que algún fragmento de esta correspondencia se use en las guías o en la web de Lonely Planet. Aquellos que no quieran ver publicados sus textos ni su nombre, deben hacerlo constar. La correspondencia debe enviarse, indicando en el sobre Lonely Planet/Actualizaciones, a la dirección de geoPlaneta en España: Av. Diagonal 662-664. 08034 Barcelona. También puede remitirse un correo electrónico a: viajeros@lonelyplanet.es. Para información, sugerencias y actualizaciones, se puede visitar www.lonelyplanet.es.

NUESTROS LECTORES

Muchas gracias a los viajeros que consultaron la edición anterior y escribieron a Lonely Planet para compartir información, consejos útiles y anécdotas interesantes:

Sarah Almond, Michel Bal, Barbara Calvi, Jennifer Cartaino, Howard Chan, Mark Darter, Joseph Funk, Claire Gilmore, Lucie Lacombe, Audun Lem, Samira Lindner, Alexander McLarren, Pertti Metiainen, Jakub Nalepa, Carina Ek Petrini, Will Rogers, Peter Sharrock, Björn Suttka, Eva Torkar, Caroline Vassarotti

AGRADECIMIENTOS

Anthony Ham

Mi sincero y eterno agradecimiento a Matt Phillips, que sigue enviándome a sitios como este, por muchos años más de pasiones compartidas. En Mauricio, mi especial agradecimiento a Deon, de Trou aux Biches, a Laval y Françoise Baptiste; en Rodrigues, a Teddy y Shekti, y al Dr. Vikash Tatayah de la Mauritian Wildlife Foundation. A Jan, por mantener encendido el fuego del hogar y por una vida de sacrificios. Y a Marina, Carlota y Valentina, mis compañeras de fatigas, os adoro.

Jean-Bernard Carillet

Muchísimas gracias a todos los que me encontré por el camino por sus consejos y recomendaciones, como Jean-Paul y Axelle, Cosimo, Isabelle Dupuis y Elsie. De LP, gracias a Matt Phillips por su confianza y a todos los editores y cartógrafos por su compromiso. Un cálido *merci beaucoup* para mi coautor, Anthony, con quien siempre es un placer trabajar. Por último, pero no menos importante, un *gros bisou* para mi hija Eva, que también está enamorada de Reunión.

RECONOCIMIENTOS

Los mapas climáticos son una adaptación de M. C. Peel, B. L. Finlayson y T. A. McMahon (2007): Updated World Map of the Köppen-Geiger Climate Classification, Hydrology and Earth System Sciences, vol. 11, pp. 1633-44. Fotografía de portada: Grand Anse, Praslin, Seychelles; Davide Erbetta/4Corners ©

ESTE LIBRO

Esta es la traducción al español de la novena edición de la guía *Mauritius, Réunion & Seychelles,* documentada y escrita por Jean-Bernard Carillet y Anthony Ham, que también escribieron la edición anterior.

Gracias a Jennifer Carey, Gemma Graham, Liz Heynes, Alexander Howard, Lauren Keith, Claire Naylor, Karyn Noble, Kirsten Rawlings, Kathryn Rowan, Ellie Simpson, Vicky Smith, Angela Tinson, Anna Tyler, Brana Vladisavljevic, Maureen Wheeler.

VERSIÓN EN ESPAÑOL

GeoPlaneta, que posee los derechos de traducción y distribución de las guías Lonely Planet en los países de habla hispana, ha adaptado para sus lectores los contenidos de este libro. Lonely Planet y GeoPlaneta quieren ofrecer al viajero independiente una selección de títulos en español; esta colaboración incluye, además, la distribución en España de los libros de Lonely Planet en inglés e italiano, así como un sitio web, www.lonelyplanet.es, donde el lector encontrará amplia información de viajes y las opiniones de los viajeros.

ENTRE BASTIDORES

Índice

Jardin des 5 Sens (M) 169
Jardins de la Compagnie (M) 49
Le Jardin d'Eden (R) 197
Le Jardin des Parfums et des Épices (R) 252
Le Jardin du Roi (S) 296
Le Labyrinthe En Champ Thé (R) 247
Sentier Botanique de Mare Longue (R) 252
Sir Seewoosagur Ramgoolam Botanical Gardens (M) 15, 82-83, 15
parques y reservas marinos, *véase* parques nacionales y reservas naturales
paseos a caballo 149
Bourg-Murat (R) 228
Chamarel (M) 98
La Fenêtre (R) 209
Mont Choisy (M) 66
Pailles (M) 59
península de Le Morne (M) 104
St-Benoît (R) 260
St-Joseph (R) 243
paseos, *véase* excursionismo
Patrimonio Mundial de la Unesco
Aapravasi Ghat (M) 48-49
atolón Aldabra (S) 324
Le Morne Brabant (M) 104
Reunión 272
Vallée de Mai (S) 14, 303, 14
películas 133
peligros, véase seguridad
península de Le Morne (M) 104-105
Pereybère (M) 77-80, 79
periódicos
Mauricio 154
Reunión 275
Seychelles 335
pesca 92
pesca de altura 92
pescado y marisco 13, 13
pesos
Mauricio 154

Reunión 275
Seychelles 335
picaduras de insectos 341-342
Piton de la Fournaise (R) 10, 40, 227, 231-232, 232, 10, 40
Piton des Neiges (R) 211
Plaine-des-Cafres (R) 227-231
Plaine-des-Palmistes (R) 233-234
plantaciones
Bananaland – Domaine d'Aldachris (R) 262
La Vanilleraie (R) 256
Plantation de la Vanille Roulof (R) 257
plantas
Mauricio 146
Reunión 271
Seychelles 330
playas 18, VII
Anse Cocos (S) VII, VI
Anse Georgette (S) 304, VII, VI-II
Anse Lazio (S) 11, 303, 11
Anse Source d'Argent (S) 313
Anse Volbert (S) 303
Beau Vallon (S) 289, 290
La Digue (S) 313, 314, 315
Mahé (S) 296, 299
Plage de Boucan Canot (R) 191
Plage de Grande Anse (R) 243
Plage de L'Étang-Salé-les-Bains (R) 207
Plage de L'Hermitage (R) 197
Plage de la Souris Chaude (R) 200
Plage de Petit Boucan (R) 191
Plage de St-Pierre (R) 234
Plage de Terre Sainte (R) 234
Plage de Trou d'Eau (R) 200
Plage des Brisants (R) 192
Plage des Roches Noires (R) 192
playa de Carana (S) 290
playa de Gris Gris (M) 118
playa de Tamarin (M) 92

Praslin (S) 303-304
población
Mauricio 136
Reunión 264
Seychelles 328
Pointe aux Canonniers (M) 70
Pointe aux Piments (M) 63-64
Pointe d'Esny (M) 113-116, VII
política
Mauricio 132
Reunión 263-264
Seychelles 325
Port Louis (M) 48-57, 50-51, 2
Port Mathurin (M) 162-167, 166
Poste de Flacq (M) 130-131
Praslin (S) 302-312, 306-307, I
Praslin National Park (S) 304
precios 17
Mauricio 149, 150-151
Reunión 274
Seychelles 331, 333
prefijos de zona 17
presupuesto 17
propinas
Mauricio 151
Reunión 274
Seychelles 332

R
rabia 340
radio
Mauricio 154
Reunión 275
Seychelles 335
rafting en aguas bravas III, II
Reunión 260
rafting, *véase* rafting en aguas bravas
St-Benoît (R) 260
religión
Mauricio 137-138
Reunión 267
Seychelles 328
Reunión 9, 10, 12, 13, 44, 175-278, 176, 178-179, 188, 193, 198, 202, 212-213, 216, 223, 229, 232, 236, 242, 254, II-III
acceso a internet 272

aduana 272
alojamiento 175, 272-274
arte 267-268
bebidas 268-270
cómo desplazarse 277-278
cómo llegar y salir 277
consulados 274
cuándo ir 175
cuestiones legales 274
cultura 266-267
dinero 274
discapacidades, viajeros con 276
dónde comer 175, 268-270
economía 264
electricidad 274
fiestas oficiales 275
historia 264-266
horario commercial 275
imprescindible 176, 176
información turística 275
itinerarios 23, 26
mapas 275
medio ambiente 270-272
niños, viajar con 276
política 263-264
religión 267
turismo 264
viajeros LGBT 276
revistas
Reunión 275
Seychelles 335
río Langevin (R) 248-249
Rivière des Remparts (R) 246
Rivière Noire (M) 91-96
robos 153
Roches Noires (M) 130-131
Rodrigues International Kitesurfing Festival 21
Rodrigues (M) 10, 44, 161-174, 162, 164, 166, 10
actividades 169-170
alojamiento 161, 162-165, 171-172
celebraciones 170
circuitos 167
cocina local 163
cómo desplazarse 173-174
cuándo ir 161
de compras 167
dónde comer 161, 165-167, 172-173
fiestas 170
historia 174
imprescindible 162, 162

La **negrita** indica los mapas.
El azul indica las fotografías.

Leyenda
de los mapas

Puntos de interés

- Playa
- Reserva de aves
- Templo budista
- Castillo/palacio
- Templo cristiano
- Templo confuciano
- Templo hindú
- Templo islámico
- Templo jainita
- Templo judío
- Monumento
- Museo/galería de arte/edificio histórico
- Ruinas
- *Sento* (baño público)/*onsen*
- Templo sintoísta
- Templo sij
- Templo taoísta
- Lagar/viñedo
- Zoo/santuario de vida silvestre
- Otros puntos de interés

Actividades, cursos y circuitos

- *Bodysurf*
- Submarinismo/buceo
- Canoa/kayak
- Curso/circuito
- Esquí
- Buceo
- Surf
- Natación/piscina
- Senderismo
- *Windsurf*
- Otras actividades

Alojamiento

- Alojamiento
- *Camping*

Dónde comer

- Lugar donde comer

Dónde beber

- Lugar donde beber
- Café

Ocio

- Ocio

De compras

- Comercio

Información

- Banco, cajero automático
- Embajada/consulado
- Hospital/médico
- Acceso a internet
- Comisaría de policía
- Oficina de correos
- Teléfono
- Aseos públicos
- Información turística
- Otra información

Otros

- Playa
- Cabaña/refugio
- Faro
- Puesto de observación
- Montaña/volcán
- Oasis
- Parque
- Puerto de montaña
- Zona de *picnic*
- Cascada

Núcleos de población

- Capital (nacional)
- Capital (provincial)
- Ciudad/gran ciudad
- Pueblo/aldea

Transporte

- Aeropuerto
- Puesto fronterizo
- Autobús
- Teleférico/funicular
- Ciclismo
- Ferri
- Metro
- Monorraíl
- Aparcamiento
- Gasolinera
- S-Bahn
- Taxi
- Tren
- Tranvía
- U-Bahn
- Otros transportes

Nota: No todos los símbolos aparecen en los mapas de este libro.

Red de carreteras

- Autopista
- Autovía
- Ctra. principal
- Ctra. secundaria
- Ctra. local
- Callejón
- Ctra. sin asfaltar
- Camino en construcción
- Zona peatonal
- Escaleras
- Túnel
- Puente peatonal
- Circuito a pie
- Desvío del circuito
- Camino de tierra

Límites

- Internacional
- 2º rango, provincial
- En litigio
- Regional/suburbano
- Parque marítimo
- Acantilado
- Muralla

Hidrografía

- Río/arroyo
- Agua estacional
- Canal
- Agua
- Lago seco/salado/estacional
- Arrecife

Áreas delimitadas

- Aeropuerto/pista
- Playa, desierto
- Cementerio cristiano
- Cementerio (otro tipo)
- Glaciar
- Marisma
- Parque/bosque
- Edificio de interés
- Zona deportiva
- Pantano/manglar

LOS AUTORES

Anthony Ham

Mauricio, Rodrigues, las Seychelles Anthony es un escritor de viajes y naturaleza con años de experiencia, que ha colaborado en la redacción de más de 100 guías de Lonely Planet, entre ellas *Madagascar, Mauritius, Réunion & Seychelles* y cerca de dos docenas de países africanos. Cuando no trabaja para Lonely Planet, Anthony escribe sobre África, Oriente Medio, España y Escandinavia para periódicos y revistas de todo el mundo. Sus pasiones son la naturaleza, los lugares salvajes e ir en busca de los lugares más recónditos de la Tierra. Más sobre él www.anthonyham.com.

Jean-Bernard Carillet

Reunión, las Seychelles El periodista y fotógrafo residente en París, Jean-Bernard, ha realizado un montón de viajes por el Índico y ha escrito muchísimo sobre Reunión y las Seychelles. Como instructor de submarinismo, se fue encantado a visitar los mejores puntos de inmersión de la región para esta guía, antes de calzarse las botas de senderismo para explorar los agrestes Cirques de Reunión. En las Seychelles salió en busca de la playa perfecta, del mejor pescado a la parrilla, del rincón más romántico y de los hoteles con mejor relación calidad-precio. Jean-Bernard ha colaborado con muchos títulos de Lonely Planet, tanto en inglés como en francés.

geoPlaneta
Av. Diagonal 662-664. 08034 Barcelona
viajeros@lonelyplanet.es
www.geoplaneta.com - www.lonelyplanet.es

Lonely Planet Global
Lonely Planet Global Limited, Unit E, Digital Court,
The Digital Hub, Rainsford Street, Dublin 8, Irlanda
(oficinas también en Reino Unido y Estados Unidos)
www.lonelyplanet.com - talk2us@lonelyplanet.com.au

Mauricio, Reunión y las Seychelles
1ª edición en español - abril del 2017
Traducción de *Mauritius, Réunion & Seychelles*,
9ª edición - diciembre del 2016
© Lonely Planet Global Limited

Editorial Planeta, S.A.
Av. Diagonal 662-664, 7°. 08034 Barcelona (España)
Con la autorización para la edición en español de Lonely Planet Global Ltd
A.B.N. 36 005 607 983, Lonely Planet Global Limited, Unit E, Digital Court,
The Digital Hub, Rainsford Street, Dublin 8, Irlanda

© Textos y mapas: Lonely Planet, 2016
© Fotografías 2016, según se relaciona en cada imagen
© Edición en español: Editorial Planeta, S.A., 2017
© Traducción: Delia Álvarez, Bettina Batalla, Ton Gras, 2017

ISBN: 978-84-08-16471-5

Depósito legal: B. 19.999-2016
Impresión y encuadernación: GRAFO, S.A.
Printed in Spain – Impreso en España